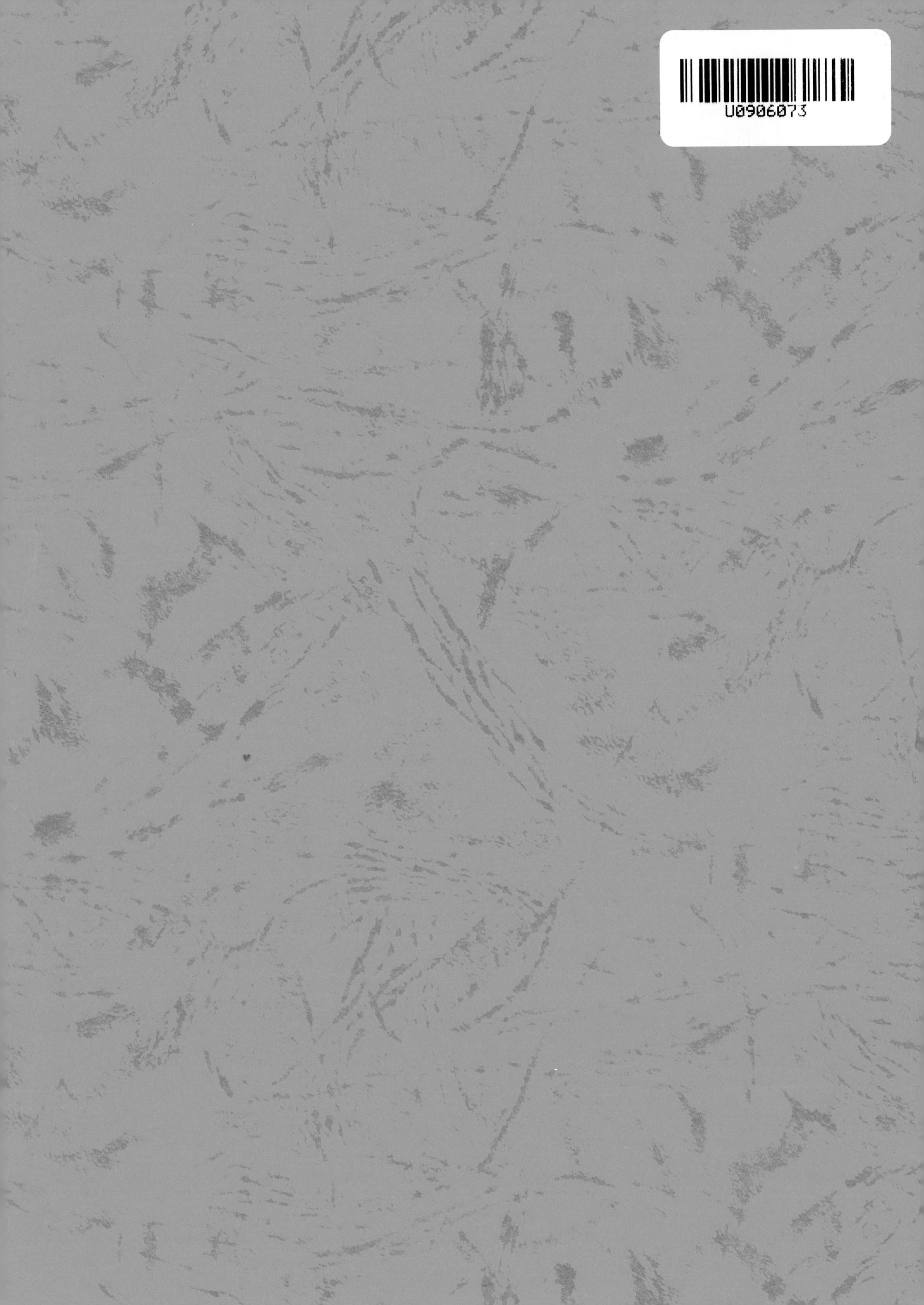
U0906073

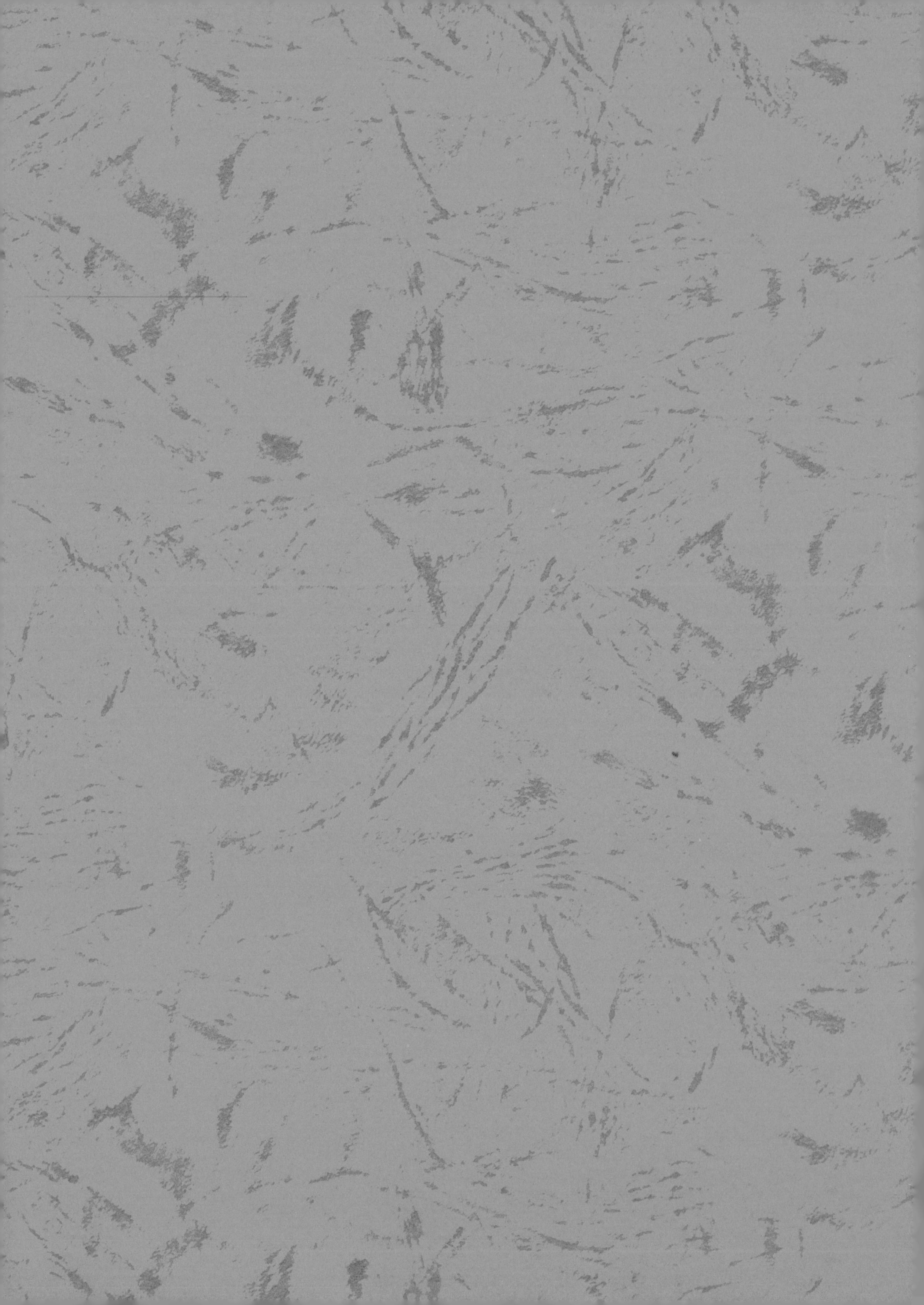

浙江
人力资源和社会保障年鉴

ZHEJIANG RENLI ZIYUAN HE SHEHUI BAOZHANG NIANJIAN

2018

潘伟梁　主 编

《浙江人力资源和社会保障年鉴》编纂委员会 编

图书在版编目(CIP)数据

浙江人力资源和社会保障年鉴. 2018 / 潘伟梁主编;《浙江人力资源和社会保障年鉴》编纂委员会编. —杭州:浙江大学出版社, 2018. 11

ISBN 978-7-308-18764-0

Ⅰ. ①浙… Ⅱ. ①潘… ②浙… Ⅲ. ①人力资源管理—浙江—2018—年鉴 ②社会保障—浙江—2018—年鉴 Ⅳ. ①F249. 275. 5 - 54②D632. 1 - 54

中国版本图书馆 CIP 数据核字(2018)第 267969 号

浙江人力资源和社会保障年鉴 2018

潘伟梁 主 编

《浙江人力资源和社会保障年鉴》编纂委员会 编

责任编辑 冯社宁

责任校对 董雯兰

出版发行 浙江大学出版社

(杭州市天目山路 148 号 邮政编码 310007)

(网址: http:// www. zjupress. com)

排 版 杭州林智广告有限公司

印 刷 浙江新华数码印务有限公司

开 本 889mm×1194mm 1/16

印 张 44. 5

字 数 100 千

彩 插 15

版 印 次 2018 年 11 月第 1 版 2018 年 11 月第 1 次印刷

书 号 ISBN 978-7-308-18764-0

定 价 260. 00 元

浙江大学出版社市场运营中心联系方式: (0571) 88925591; http://zjdxcbs. tmall. com

2017年9月20日，省委书记车俊出席全省人才工作会议并讲话。

2017年9月20日，全省人才工作会议在杭州召开。

2017年6月21日，人社部部长尹蔚民（右三）一行赴余杭区“市民之家”考察调研“最多跑一次”改革成果。

2017年6月21日，省长袁家军（右七）、人社部部长尹蔚民（左七）等参加省政府与人社部在杭举行的《共同推进“互联网+人社”行动提升公共服务水平合作协议》签订仪式。

2017年11月8日，省委副书记、省长袁家军巡视、指导2017浙江-杭州国际人才交流与项目合作大会。

2017年12月25日，省委常委、省委组织部部长任振鹤亲切接见全省“最美公务员”。

2017年11月6日至8日，人社部副部长张义珍（右二）一行5人来浙江调研。

2017年8月3日，副省长熊建平出席“浙江无欠薪”行动电视电话会议并讲话。

2017年3月18日，省委组织部副部长、省人力社保厅厅长王文序（右二）巡视、指导“2017浙江-香港现代服务业高端人才招聘会”。

2017年11月18日，省委组织部副部长、省人力社保厅厅长王文序（中）巡视、指导“2017年浙江-北京高层次人才洽谈会”。

2017年3月28日，省人力社保厅党组副书记、副厅长刘国富（中）在安吉县调研人力社保基层宣传平台工作。

2017年11月7日-8日，省人力社保厅副厅长蔡国春（中）率队赴青田调研社会保障工作。

2017年3月2日-3日，省人力社保厅纪检组长郭敏主持全省人力社保系统2017年党风廉政建设工作会议。

2017年3月31日，省人力社保厅副厅长宓小峰出席“千名专家服务企业服务基层”活动并讲话。

2017年11月1日，省人力社保厅副厅长、省公务员局局长龚和艳（右）参加在杭州举行的纪念我国劳动仲裁制度恢复30周年专题活动，图为给演讲比赛获奖选手颁奖。

2017年10月，省人力社保厅副厅长仉贻泓（中）接见我省参加第44届世界技能大赛的两位冠军。

2017年10月27日，省人力社保厅副厅长陈中（左五）巡视、指导2017年“浙江-武汉人才招聘大会”。

2017年5月14日，省人力社保厅副厅长宋云峰（右）和引才单位代表交流活动成效。

2017年7月20日，省人力社保厅副厅长金林贵（右）走访慰问一线岗位职工。

2017年1月10日，全省人力资源和社会保障工作电视电话会议在杭州市召开。

2017年1月12日，我省企业新型学徒制试点工作在杭州市启动。

2017年2月4日，省人力社保厅全厅干部职工大会在杭州市召开。

2017年2月17日，全省公务员管理工作会议暨2017年全省考录工作部署会在杭州市召开。

2017年3月2日-3日，全省人力社保系统2017年党风廉政建设工作会议在杭州市召开。

2017年3月18日，举办“浙江-香港”现代服务业高端人才招聘会。

2017年3月27日-28日，全省人力资源和社会保障宣传工作座谈会在安吉县召开。

2017年4月11日-12日，全省贯彻落实《浙江省劳动人事争议调解仲裁条例》暨仲裁案件审理模式改革现场推进会在温州市举行。

2017年4月25日，浙江省技能人才校企合作洽谈会在杭州市召开。

2017年5月6日，省人力社保厅2017年“扬团队精神、展阳光活力”运动会在杭州市举行。

2017年6月9日，第19届浙洽会-海外高层次人才项目洽谈会在宁波市举行。

2017年7月20日，全省残疾人创业就业工作现场会在宁波市召开。

2017年7月26日-27日，省人力社保厅务虚会在上虞召开。

2017年8月3日，“浙江无欠薪”行动电视电话会议在杭州市召开。

2017年8月28日，全省劳动人事争议仲裁员集中宣誓活动在杭州市举行。

2017年9月19日，2017年浙江省秋季人才交流大会在杭州市举行。

2017年10月25日，2017中国（浙江）人力资源服务博览会在杭州市举行。

2017年10月27日，2017年浙江-武汉人才招聘大会在武汉市举行。

2017年11月1日，省人力社保厅在杭州市举行纪念我国劳动仲裁制度恢复30周年专题活动。

2017年11月8日，2017浙江-杭州国际人才交流与项目合作大会在杭州市举行。

2017年12月2日，省人力社保厅赴上海市开展上海人才招聘大会。

2017年12月25日，全省“最美公务员”先进事迹报告会在省人民大会堂举行。

2017年11月8日，浙江·杭州国际人才交流与项目合作大会在杭州市举行。

2017年5月11日，宁波市举办“社会保障卡”宣传进乡专项活动。

2017年10月29日，温州市举办2017中国•温州“千企百校”人才合作对接会。

2017年10月28日，湖州市举办“智汇湖州·助力赶超”南太湖精英峰会。

2017年9月21日 ，嘉兴市举办长期护理险失能评定标准专家评审会。

2017年2月28日，绍兴市开展劳动保障监察宣传活动。

2017年4月18日，金华市举行全市人力资源服务行业协会成立大会暨第一次会员大会。

2017年10月27日，衢州市“奇思妙想”创业大赛在衢州市举行。

2017年11月25日，舟山市举办浙江省第四届海洋类毕业生专场招聘会。

2017年9月23日，第五届台州高层次人才智力合作（武汉）洽谈会在台州市举行。

2017年7月24日，丽水市开展为一线劳动者“送清凉，送关爱”工作。

浙江省人力资源和社会保障厅领导班子成员

（2017年12月）

王文序
省委组织部副部长，
厅党组书记、厅长

刘国富
厅党组副书记、副厅长

蔡国春
厅党组成员、副厅长

郭　敏
厅党组成员、纪检组长、
监察专员

龚和艳
厅党组成员、副厅长

仉贻泓
厅党组成员、副厅长

陈　中
厅党组成员、副厅长

宋云峰
厅党组成员、副厅长

金林贵
厅党组成员、副厅长

夏春胜
厅党组成员、人事处处长

《浙江人力资源和社会保障年鉴》编纂委员会成员

《浙江人力资源和社会保障年鉴》
编辑部成员

主　　编　潘伟梁

副 主 编　陆海深　诸葛晓荣　黄志萍

成　　员　孙胜梅　潘璐莎　吴　玮　洪　韬

编纂说明

一、《浙江人力资源和社会保障年鉴》是一部全面反映浙江人力资源和社会保障事业发展情况的资料性年刊，由省人力资源和社会保障厅年鉴编纂委员会组织编纂，每年编纂出版。编纂工作具体事务由年鉴编纂委员会设在省人力资源和社会保障科学研究院的编辑部承办。

二、《浙江人力资源和社会保障年鉴2018》(以下简称《2018年鉴》)记载了2017年全省人力资源和社会保障工作基本概况和主要成就。记载起止时间为2017年1月1日至12月31日。

三、《2018年鉴》收录了反映2017年全省人力资源和社会保障工作重要活动的部分图片资料。全书由特载、机构情况、大事记、全省工作情况、各市工作情况、重要文件选载、厅发文目录、主要统计资料、各市人力资源市场工资指导价位等部分组成。

特载，收录了2017年中央、省和国家有关部门领导关于人力资源和社会保障工作的部分批示和讲话，省人力资源和社会保障厅领导在有关工作会议上的部分讲话。

机构情况，按“单位领导”“机关处室”“直属单位”三个层面，分别记录了截至2017年底省和各市人力资源和社会保障部门领导班子和机构设置情况。

大事记，记录了2017年全省人力资源和社会保障工作的重要事项和活动。

全省工作情况，综合记载了2017年全省人力资源和社会保障部门的主要工作，取得的成绩和荣誉。

各市工作情况，记载了2017年各市人力资源和社会保障部门的主要工作，取得的成绩和荣誉。

本年鉴记载的荣誉，是指以党中央、国务院，省委、省政府，国家和省人力资源和社会保障部门以及所属机构名义评选表彰，涉及人力资源和社会保障部门主要职能和工作业务，冠以“先进”“优秀”“突出”等称谓的事项。记载的对象是被表彰的全省人力资源和社会保障系统单位、部门、个人，市、县（市、区）、街道（乡镇）、社区（行政村）以及上述地方从事人力资源和社会保障相关工作的单位、个人。

重要文件选载，收录了2017年省委、省政府、省级有关部门关于人力资源和社会保障工作的部分重要文件。

主要统计资料，收录了2017年全省以及各市劳动就业、社会保障、收入分配、劳动关系等方面的基本统计资料。

各市人力资源市场工资指导价位，收录了2017年全省各市不同行业、不同职业（工种）人力资源市场工资指导价位。

四、《2018年鉴》记载的基本情况和收录的统计资料，由省人力资源和社会保障厅以及全省各级人力资源和社会保障部门提供。

五、《2018年鉴》的编纂、出版工作得到了各市人力资源和社会保障部门的大力支持，在此深表谢意。由于我们水平有限，书中难免存在疏漏或不足之处，恳请读者批评指正。

《浙江人力资源和社会保障年鉴》编辑部

2018年10月15日

目　录

特　载

一、省领导批示

二、省领导讲话

三、厅领导讲话

机构情况

大事记

全省工作情况

各市工作情况

重要文件选载

浙江省人力资源和社会保障厅发文目录

主要统计资料

一、综合

二、就业和失业

三、技工学校和就业培训

四、监察和仲裁

五、社会保障

六、各市资料

各市人力资源市场工资指导价位

索 引

特　载

一、省领导批示

车俊书记在《省人力社保厅关于人力资源和社会保障部全力支持浙江人社领域“最多跑一次”改革创新突破的情况报告》上的批示

国家人社部大力支持，希望省人社厅不辜负期望，在“最多跑一次”改革上大胆创新，以取得新突破，使办事手续更简便，群众办事更方便，人民获得感更强，努力走在全国前列。

2017 年 7 月 5 日

车俊书记在省人力社保厅有关我省实施“浙江无欠薪”行动情况的汇报材料上的批示

深入开展“浙江零欠薪”行动，切实保障农民工合法权益，是践行以人民为中心发展思想的具体行动，是高水平全面建成小康社会、高水平推进社会主义现代化建设的题中应有之义，也是今年政府工作报告向全省人民作出的庄严承诺。各地各部门要高度重视，创新举措，形成合力，狠抓落实，建立健全治理拖欠农民工工资问题的长效机制，确保欠薪违法行为在我省得到全面治理，切实提高所有劳动者的获得感。

2017 年 7 月 31 日

袁家军省长在省人力社保厅有关我省实施“浙江无欠薪”行动情况的汇报材料上的批示

开展“浙江无欠薪”行动，最大限度减少不和谐因素，确保劳动关系和谐稳定，事关社会公平正义和全省改革发展稳定大局。各地政府要高度重视，精心谋划部署，进一步落实属地监管责任，健全部门协调机制，强化源头治理，加大查处力度，建立完善的治欠保支制度机制，切实维护农民工工资报酬权益，进一步树立浙江发展的良好形象。

2017 年 8 月 1 日

省委常委、常务副省长冯飞在《省人力社保厅以“三个不提交、办事七统一”全面推进“最多跑一次”改革》上的批示

很见实效，做到了减次(最多跑一次)、减项、减时，提高了人民群众的获得感。望利用好人社部与我省就数据共享等方面达成的合作共识，实现数据部门间共享。

2017 年 6 月 30 日

省委常委、组织部长任振鹤在《省人力社保厅关于省级机关公务员平时考核工作有关情况报告》上的批示

三条建议很好！制度建立并不难，难的是坚持制度。请组织部分管部委及处室与人社厅密切配合，共同推动制度的落实落地。

2017 年 6 月 29 日

熊建平副省长在《把握新方位 践行新使命为打造全面小康标杆省贡献人社力量》上的批示

2016 年，全省人力社保系统按照省委、省政府决策部署，锐意改革、扎实工作，在推进就业创业、社会保障、人才人事、优化服务等方面取得新成绩，特别是在保障就业创业、完善医保政策制度、构建和谐劳动关系上有新举措，实现“十三五”良好开局，为全省经济社会发展作出了积极贡献。

2017 年，全省各级人力社保部门要深入贯彻省委、省政府部署要求，坚定信心、开拓进取，统筹抓好高质量就业服务、完善社保体系、人才培养引进、深化人事制度和收入分配制度改革、促进企业职工共建共享等工作，确保完成新增就业、社保扩面、医保改革等既定目标，努力实现各项工作再上新台阶。

2017 年 1 月 4 日

熊建平副省长在《省人力社保厅以“三个不提交、办事七统一”全面推进“最多跑一次”改革》上的批示

人力社保厅的“三个不提交、办事七统一”的做法很有针对性。要继续深化、完善，不断提升。要以“部省协议”为契机，进一步加大“互联网+”的运用，在全省机关中“最多跑一次”改革中走在前列。

2017年7月7日

二、省领导讲话

省委书记车俊在全省人才工作会议上的讲话
——全面落实人才强省工作导向全力打造人才生态最优省

（2017年9月20日）

省委对开好这次全省人才大会高度重视。省第十四次党代会结束后，我们就着手进行准备，并对人才工作开展了专题调研，听取了各方面的意见建议。省委常委会议为此进行了专门研究。这次会议是规模空前的浙江人才群英会，也是深入贯彻落实习近平总书记人才工作重要思想、在新的起点上推进人才强省的动员会。

习近平总书记始终高度重视人才工作。2003年，时任浙江省委书记的习近平同志，主持召开第一次全省人才工作会议，首次提出实施人才强省战略，并把人才强省战略作为“八八战略”的重要组成部分。党的十八大以来，习近平总书记站在进行伟大斗争、建设伟大工程、推进伟大事业、实现伟大梦想的高度，对人才发展和人才工作提出了一系列新思想新论断新要求，深刻指出人才是第一资源，古往今来，人才都是富国之本、兴邦大计；突出强调要树立强烈的人才意识，寻觅人才求贤如渴，发现人才如获至宝，举荐人才不拘一格，使用人才各尽其能；明确要求努力造就一大批能够把握世界科技大势、研判科技发展方向的战略科技人才，培养一大批善于凝聚力量、统筹协调的科技领军人才，培养一大批勇于创新、善于创新的企业家和高技能人才；鲜明提出要着力破除体制机制障碍，向用人主体放权、为人才松绑，让人才创新创造活力充分迸发，使各方面人才各得其所、各展其长；深刻阐明聚天下英才而用之关键是要坚持党管人才原则，做好团结、引领、服务工作，把党内和党外、国内和国外等各方面优秀人才吸引过来、凝聚起来，等等。特别是2015年5月，习近平总书记在浙江调研时明确要求我们，“浙江的人才优势要继续巩固和发展，还要与时俱进、更上层楼”。习近平总书记的这些新思想新论断新要求，极大地丰富和发展了马克思主义人才观，对发展中国特色社会主义人才事业、实施人才强国战略具有重大的理论和实践意义，为我们进一步做好人才工作提供了根本遵循。

这些年来，省委在以习近平同志为核心的党中央坚强领导下，认真续写“八八战略”大文章，全面贯彻落实习近平总书记人才工作重要思想，深入实施人才优先发展战略，铁下心来抓人才、放宽视野抓人才、聚精会神抓人才，推动我省人才事业迈上了一个新台阶。据统计，我省人才资源总量达到1075万人，其中国家“千人计划”专家672人、省“千人计划”专家1750人,海外高层次人才10余万人,高级专业技术人才37.1万人。这些年浙江经济社会各项事业之所以能够继续走在前面,与全省广大人才的辛勤付出是分不开的。你们是我省创业创新的中坚,是浙江改革发展的功臣!省委、省政府感谢你们!全省人民感谢你们!

今年6月召开的省第十四次党代会,按照习近平总书记对浙江提出的“在提高全面建成小康社会水平上更进一步,在推进改革开放和社会主义现代化建设中更快一步,继续发挥先行和示范作用”的要求,确定了坚定不移沿着“八八战略”指引的路子走下去的主题主线,提出了“高水平全面建成小康社会,高水平推进社会主义现代化建设”的总目标和“富强浙江、法治浙江、文化浙江、平安浙江、美丽浙江、清廉浙江”的具体目标,确立了“改革强省、创新强省、开放强省、人才强省”的工作导向。一段时间以来,为了更好地落实省党代会精神,省委、省政府聚焦“四个强省”,一件一件地进行了谋划和部署。在改革强省上,以“最多跑一次”改革为突破口,撬动各方面各领域改革。在创新强省上,把产业创新作为主战场,大力发展高新技术产业,加快改造提升传统产业。在开放强省上,以“一带一路”统领新一轮对外开放,着力打造“一带一路”战略枢纽。在人才强省上,前段时间也有组建之江实验室等大动作。这次会议,我们专门对人才强省进行研究部署。

实现省党代会确定的各项目标任务,关键在人才。浙江比以往任何时候都更需要人才,更渴求人才,也更能成就人才。种子生根发芽需要适宜的环境,人才茁壮成长也需要良好的生态。生态好,则人才聚、事业兴;生态不好,则人才散、事业衰。人才竞争,说到底是人才生态的竞争。我们全面落实人才强省的工作导向,最根本最关键的是要打造人才生态最优省。这个生态不仅体现在人才政策上,体现在创新平台上,也体现在政治、经济、文化、社会和自然环境上。所以,打造人才生态最优省,就必须有平安和谐、诚信友善的社会环境,必须有尊重人才、见贤思齐的人文环境,必须有鼓励创新、宽容失败的工作环境,必须有待遇恰当、无后顾之忧的生活环境,必须有山清水秀、宜居宜业的自然环境,必须有公开平等、竞争择优的制度环境,必须有开明清廉、干净干事的政治环境。从这个意义上说,人才工作是与全省各方面都密切相关的战略性工作。所以,我们把这次会议的主题确定为“全面落实人才强省工作导向、全力打造人才生态最优省”。全省上下要深入学习贯彻习近平总书记人才工作重要思想,认真贯彻中央组织部召开的深化人才发展体制机制改革经验交流会精神,牢固树立人才强省的工作导向,把人才工作摆上更加重要位置,搭好平台、出好政策、创好环境,全力打造人才生态最优省,为“两个高水平”建设汇聚起磅礴的人才伟力。

下面,我讲4点意见:

第一,高度重视人才培养,让更多的本土人才脱颖而出。习近平总书记强调,用才之基在储才,储才之要在育才。浙江历史悠久、底蕴深厚,是一个出人才的好地方。现在全省有常住人口5590万,相当于欧洲的一个中等国家。如果我们能在这么大的人口基数上,源源不断地培育自己的高层次人才、高技能人才,那浙江的发展就有了强大的后劲。我们要把本土人才培养作为人才队伍建设的根本,进一步加大人才培养力度,做大做强我省人才队伍的基本盘。

一要善于发现人才。目前,我省每年有近30万大学生从高校毕业,有近10万取得资格证书的专业技术人员。他们有的在生产及技术一线挥洒汗水,有的在科研岗位默默工作,有的是“土专家”“田秀才”。实际上,英雄不问出处,凡是身上有本事、手里有绝活、能真正发挥作用的都是人才。俗话说："千里马常有，而伯乐不常有。"各级各部门就应当多一点"伯乐"的慧眼和胸怀，牢固树立"大人才"观，以更加开阔的眼界、更加宽广的胸怀，不遗余力地搜索、发现、挖掘身边的人才，把更多的本地人才纳入人才培养和使用的大盘子。

二要突出重点领域的人才队伍建设。省第十四次党代会着眼于推进人才供给侧结构性改革，提出要突出创新型科技人才、企业家和工匠等人才队伍建设，这是很有针对性和前瞻性的。这三支人才队伍量大面广，主体只能是本土人才，建设的立足点和着力点也只能放在本地。要深入实施"万人计划"，组织实施好各类科技计划和重大科技专项，着力培养一大批具有引领国际科学发展趋势、有望推动我省关键核心技术突破的领军人才和创新团队。要拓宽企业家培养渠道，深入开展"浙商名家""浙商薪火""科技浙商"培育行动，培育造就一大批具有企业家精神的现代经营管理人才。要深化技能技术人才培养体制改革，积极推进"百校千企""千企千师"培养工程，打造一支能够支撑起浙江制造的高技能人才队伍。特别是要清醒看到，现阶段这三支队伍都不同程度存在着年龄老化、青黄不接的问题。我们要突出抓好青年人才的培养，及早选苗、跟踪育苗、实践墩苗，破除论资排辈、求全责备等陈旧观念，鼓励"小年轻"挑"大担子"、干"大事业"，促进更多的青年优秀人才像雨后春笋般冒出来。

三要加快本土人才国际化。随着"一带一路"倡议的深入实施，我省对外开放的步伐越来越快，与世界各国的交流合作越来越多。这对本土人才国际化来说，既提出了更高的要求，也提供了难得的机遇。要抓住深入实施"一带一路"倡议的重大机遇，择优选派一批专业技术人才、高技能人才和企业经营管理人才出国学习和工作，积极推动党政机关、国有企业人才赴国际组织和跨国公司挂职锻炼。要鼓励高校和科研院所加强人才国际交流合作，积极引进国外优质资源合作办学，让我省本土人才不出国门也能接受优质的国际教育。

第二，千方百计引进人才，让更多的海内外高层次人才来到浙江、留在浙江。习近平总书记反复强调，要实施更加积极的创新人才引进政策，聚天下英才而用之，广泛吸引各类创新人才特别是我们最缺的人才。近年来，我省积极向海外引才、在国内招才，引进了一大批高层次人才，带动了一大批学科、项目、产业的落地和发展。有媒体报道，去年以来杭州的人才净流入率在全国大城市中是最高的。但我们也要清醒看到，我省人才队伍总体上仍然是大而不强，结构也不够合理，特别是世界级大师奇缺，领军人才、尖子人才也不多。加快引进人才特别是高层次人才，是当前一项刻不容缓的工作。我们要进一步拓宽引才眼界，面向全球招引人才，从全球70亿人中招引人才。要舍得下本钱、放得开手脚，实施更积极、更开放、更灵活的人才引进政策，盯紧目标、主动出击，引进更多的国外顶尖人才和省外高端人才，不断提升我省人才队伍的规模和质量。特别是杭州市、宁波市人才工作基础比较好，城市综合实力比较强，要努力成为服务全省的人才高地。

一要紧贴需求引进人才。省委的决策部署到哪里，人才工作就要推进到哪里。引进人才要服从服务于全省的重大发展战略，要与省委中心工作同步谋划、同步推进，要与经济社会发展深度融合、高度匹配。省委提出，要以"最多跑一次"改革撬动各方面各领域改革，把产业创新作为创新强省主战场，加快改造提升传统产业，大力培育信息、环保、健康、旅游、时尚、金融、高端装备制造、文化等8大万亿产业，积极推进"大湾区""大花园"建设，打造"一带一路"战略枢纽，等等。这些是当前和今后一个时期全省的工作重点，理所应当是我省人才引进的大方向。要坚持以用为本、按需引进，突出

"高精尖缺"导向,制定引才规划、绘好人才地图、列出引才目录,因人施策、精准发力,大力引进那些与我省发展战略高度契合、来了就能顶起一片天的科技领军人才、产业创新人才、经营管理人才、专业技术人才。

二要伸长手臂招揽人才。人才是最稀缺资源,是谁都想要的香饽饽。当前,兄弟省区市在引才上纷纷铆足了劲、砸下真金白银。在这种形势下,"姜太公钓鱼""守株待兔"是等不到人才的,只有拿出"三顾茅庐"的姿态和诚意才可能把人才请过来。要增强竞争意识,抢跑一步、主动出击,把招才引才的手臂伸到省外去、伸到海外去,把工作做到人才家门口去。特别是要抓住引进海外人才的战略机遇期,深入实施"千人计划""海外工程师"计划等工程,坚持每年组团到欧美国家招才引智的好做法,用好浙江籍港澳同胞、海外侨胞和留学人员这一宝贵资源,在海外人才密集地区聘请"引才大使"、建立引才工作站、建立研发机构和孵化器,努力把更多的海外人才和项目引到浙江。

三要优化服务留住人才。人才要引得进,还要留得住。留住人才,比的就是服务,拼的就是用优质服务拴住人才的心。目前,全省各地都出台了一些人才服务举措,效果也是好的。但优化服务是永无止境的,改进服务也是有很大空间的。要以"最多跑一次"改革为牵引,简化人才签证办理、居留申请、项目申报、成果转化等手续,加强知识产权保护,大力发展创业辅导、研发检测、风险投资等生产性服务业。特别是对涉及人才切身利益的住房、医疗、子女就学等问题,要高度重视、尽心尽力解决。比如,我省一些地方房价比较高,已经对引进高层次人才产生了不利影响。对高层次人才的住房问题,各地要尽早谋划,拿出实招。总的原则是,坚持以市场化、货币化为方向,实施合理的购房补贴、租房补贴等政策。比如,国际高端人才比较集中的地方,要加快建设名副其实的国际学校、国际医院、国际社区,切实增强对国际人才的吸引力。接下来,省里还将专门出台加强党委联系服务专家工作的意见,各地各部门都要认真抓好贯彻落实,进一步把服务做到广大人才的心坎上,让他们舒心生活、顺心工作、安心发展。

第三,为人才发挥作用、施展才华提供广阔天地,让各方面人才在浙江各得其所、各展其长。习近平总书记强调,党和人民事业要不断向前发展,就要把各方面人才更好使用起来。我们的人才工作,无论是发现人才、培养人才,还是引进人才,最终目的都是为了更好地使用人才。用好人才,让人才在适合自己的事业中充分发挥作用,就是对人才最大的尊重。我们要放手使用人才,用好用活人才,为各类人才在浙江施展才华、创造价值、实现梦想提供更好的条件。

一方面,要加快搭建人才干事创业的大平台。种下梧桐树,引得凤凰来。对于高层次人才来说,看重的不仅仅是薪酬待遇,更是干事的舞台、发展的平台。建设好人才发展平台,是推进人才强省的关键所在。客观地讲,浙江已经有一些比较好的平台,但总体上平台还不够多、不够大、不够强,难以满足各类人才干事创业的需求。当务之急,要突出打造好三类平台,强化平台对人才的吸附效应:一是产业创新平台。要把杭州城西科创大走廊和城东智造大走廊、钱塘江金融港湾和全省各地的高新区、科技城、"千人计划"产业园、特色小镇等重大创新平台建设作为战略性工程来抓,以产引才、以才促产,促进人才链与创新链、产业链、资金链、信息链深度融合,努力形成新兴产业发展与高层次人才集聚相得益彰的生动局面。二是高等教育平台。高校是培养人才的地方,是集聚人才的地方,也是人才大展身手的地方。知名高校少、高等教育弱,容纳人才的空间就小。要以超常规的思路、超常规的办法、超常规的政策，紧紧抓住国家“双一流”建设的契机，千方百计引进国内外著名高校，切实把我省的高校做优做强做大。三是科技研发平台。浙江在技术创新、成果转化等方面有优势，但在基础研究、尖端研发、原创性研发等方面还比较薄弱，大科学工程、大科学装置几乎没有，一些科技领军人才即使来到浙江，也没法开展重大研究。要加快引进和建设一批顶天立地的国家实验室、重大科学装置、高端研发机构，积极谋划和推动一批最具比较优势、最能带动全局的重大科技创新项目，为科技领军人才施展身手搭建更大的舞台。已经挂牌的之江实验室要尽快实质性运行起来，多多聚集科技领军人才，早出成果、出大成果，争取早日跻身国家实验室行列。

另一方面，要进一步打开智力成果转化的大通道。促进智力成果转化，是人才工作的重要环节。智力成果只有同国家需要、百姓要求、市场需求紧紧结合起来，才能真正转化为现实生产力、产生人才效益。在智力成果转化上，我们要进一步解放思想、创新形式、开拓渠道，积极探索管用实用的招数和办法，切实把人才优势转化为经济优势、发展优势。一要把人才与资本更好地对接起来。浙江民资充裕。这些年，我们鼓励发展天使投资、风险投资、创业投资，为人才创业创新提供了“及时雨”般的金融服务，“人才＋资本”取得了较好的效果。要继续完善人才金融支持体系，积极打造“人才投”“人才贷”“人才保”“人才板”等全链条服务，促进人才与多层次资本市场对接。各级政府要创新人才投入机制，发挥财政资金“四两拨千斤”的撬动作用，引导更多社会资本投资人才，为人才创业创新扶上马、送一程。二要把更多科研成果推向市场。有资料表明，我省创新成果转化率只有20%左右，而西方国家普遍在40%以上。这说明，我们还有很多科研成果藏在深闺无人识，停在纸面上、锁在保险柜里。科研成果是有时效性的，今天的先进成果，如果不及时转化，明天就可能成为一张废纸。要积极推进科技成果权益管理改革，健全技术交易服务体系，深化产学研合作，尽快使更多的科研成果从实验室走向市场，实现从纸到钱的关键一跃。三要为下基层人才配套更多的项目。这些年来，我们重视人才下基层，一定程度上解了基层的人才之渴。但很多人才下去了，许多相关项目却还停留在上面，下基层人才在那里空转。要更好运用柔性用才的办法，把人才和项目紧密结合起来，在鼓励人才下基层的同时，推动配套项目下基层，让下基层人才有用武之地。

第四，进一步完善人才政策，全面优化人才发展环境。去年，我们制定出台了浙江人才新政25条，得到了广大用人主体和人才的普遍欢迎，各地要继续抓好落实。9月16日，中央组织部召开了深化人才发展体制机制改革经验交流会，各地交流了推进人才发展体制机制改革、营造人才发展良好环境经验做法。对于兄弟省区市的好经验好做法，我们要积极借鉴，别人能做到的，我们也要能做到，并力求做得更好。要充分听取各方面的意见建议，坚持效果导向、问题导向和人才满意导向，研究出台《高水平推进人才强省行动纲要》，谋划实施一批最能补齐发展短板、最能激发潜在优势的重大人才举措，最大限度地激发各类人才的创新活力、创业激情和创造智慧。

一要解决好人才评价难问题。人才是干出来的，不是评出来的。一些人才反映，人才评价唯学历、唯职称、唯论文的问题还没有彻底破解，学历造假、专利冒名、论文代写等情况时有发生，一些学历不高、职称不高、论文不多但实际能力强的人才没有得到应有的尊重。人才评价要更加注重品德、能力和工作实绩。同时，对各类人才要实行分类评价，不搞一刀切，基础研究人才以同行学术评价为主，应用和技术开发人才突出市场评价,实用型人才根据职业特点突出业绩导向。目前,各类评审活动还是比较多,有关部门"揭锅盖"揭得有点勤,影响了人才正常的科研教学活动。人才"十年不鸣"没有关系,只要"一鸣惊人"就够了。要有静待花开的耐心和定力,适当延长考核周期,有效减轻人才评审负担,引导人才甘坐"冷板凳"、潜心钻研出成果。

二要解决人才受益难问题。许多人才反映,现在科研项目和经费管理还是条条框框太多,一些规定不太合理,科研投入中存在重物轻人等问题。要认真落实习近平总书记提出的"要让经费为人的创造性活动服务,而不能让人的创造性活动为经费服务"要求,大力改革科研经费管理制度,赋予人才和智力劳动更大的价值,给予科研单位更大的预算调整权。同时,要实行以增加知识价值为导向的分配政策,构建体现复杂劳动价值的薪酬体系和收入增长机制,使科研人员收入与岗位职责、工作业绩、实际贡献紧密联系,让那些有真才实学、作出重要贡献的人才有更多的成就感和获得感。

三要解决人才流动难问题。目前,我省机关事业单位的各类人才约有36万人。过去全省各级机关事业单位,都有一些人主动放弃"铁饭碗",到体制外去闯荡拼搏,不少人发展得很好。现在,全省机关事业单位特别是高校、科研院所内部积淀了大量人才。人才是社会所有的,最终应该为社会作贡献。要下定决心,在人才流动上打破体制界限,积极借鉴国外那种"旋转门"制度的优点,让人才能够在政府、企业、智库间实现有序顺畅流动。省里之所以对事业单位科研人员离岗创业创新专门出台文件,就是要"放虎出山",激活体制内人才,让他们更好地发挥作用。各地各部门要不折不扣抓好落实,把这件好事办好。

最后,强调一下党管人才的问题。人才工作既是党务,也是关系经济社会发展的要务,必须加强党对人才工作的领导,充分利用党的政治优势、组织优势、思想工作优势,深刻把握人才工作内在规律,强化战略思维、辩证思维、系统思维,改进党管人才方式方法,不断提高人才工作的科学化、规范化、制度化水平。一要以更加宽广的胸怀抓人才工作。抓人才工作,各级各部门都担起自己的责任,特别是"一把手"要担起第一责任。要有大胸怀、大情怀,善于发现身边的人才,带头招揽人才、带头服务人才。对人才千万不能有居高临下的姿态,而是要充分尊重、充分信任,放手使用、大胆使用。要加强学习,在多跑人才企业、多与人才交朋友的过程中,不断了解掌握新事物新知识,不断提升做好人才工作的素养和能力。二要在放权松绑上有新的突破。去年以来,中央组织部等有关部门分别出台政策,对科研人员兼职、"裸官"治理、因公出国(境)等问题作出了明确规定,要求实事求是、区别对待。管人才,千万不能简单地套用管党政干部的方式。凡是用人单位可以自己决定的事情,都应当由用人单位决定,真正发挥好用人主体在人才培养、吸引和使用中的主导作用。用人单位也要向下属单位和研发团队放权松绑,赋予创新领军人才更大的人财物支配权、技术路线决定权。纪检、巡视、审计等部门,要在加强规范管理的基础上,多研究鼓励人才创新的工作举措,多探索包容创新的审慎监管制度,为人才发挥作用营造宽松环境。三要处理好有效市场和有为政府的关系。人才资源是经济社会发展的要素资源,必须遵循市场经济规律,使市场在人才资源配置中起决定性作用,依据市场标准评价、使用和激励人才。同时,人才资源又不同于一般资源,不能完全交由市场,需要更好地发挥政府的作用。我们讲各级政府要当有为政府,在人才工作上尤为如此。各地要主动作为、积极作为,切实加强对人才工作的技术供给、制度供给和能力供给,努力打造人才强市、人才强区、人才强县。

同志们！发展的浙江期盼人才，奋进的浙江成就人才。让我们更加紧密地团结在以习近平同志为核心的党中央周围，以改革创新精神、求真务实作风，全面落实人才强省工作导向，全力打造人才生态最优省，为“两个高水平”建设提供强有力人才支撑，以优异成绩迎接党的十九大胜利召开！

熊建平副省长在全省军队转业干部安置工作电视电话会议上的讲话(摘要)

2017 年 6 月 8 日

第一,充分肯定去年的军转安置工作

去年是深化国防和军队改革期间军转安置工作的第一年,安置任务比较重,共 1964 名,比 2015 年增加了 35%。各地、各部门共同努力,积极推进,圆满完成了中央下达的任务,也形成了一些有成效、有特色的做法。主要表现在三方面:

一是高质量完成了安置任务。去年我省安置任务居全国第 11 位,但是计划分配数居第 5 位,尤其是师、团职干部,分别居第 2、3 位,安置难度比较大。在这种情况下,各地各有关部门克服任务重、编制紧等困难,采取积极有力措施,确保军转干部全部得到妥善安置,安置质量也比较高。安置进机关的比例为 90.4%(比全国高 6 个点),其中,师团职干部安置到机关的比例近 93%,安排相应领导职务的超过 70%。此外,功臣模范、艰苦边远、特殊岗位军转干部也都得到了照顾安置。

二是细化落实了相关政策。去年中央 13 号文件下发后,省委常委会作了专题研究,制定了我省的具体实施意见,省人力社保厅还专门制订了军转干部档案接收审核工作细则,为各地工作提供了规范依据。自主择业军转干部有关政策也得到了全面落实,为 1054 名自主择业干部做好退役金标准核定、待遇调整、医疗保险接续等工作。

三是保持了军转干部总体稳定。围绕服务保障 G20 杭州峰会,以企业军转干部为重点,制定专项工作方案,通过提高生活补贴标准、开展走访慰问等方式,细致做好军转干部解困稳定工作。特别是在重大节日、重要节点,实行 24 小时值班和每日信息研判报送制度,与周边省市建立联动处理机制,保持了军转干部总体稳定,全年没有发生一起来省集访、进京上访事件。

这些成绩的取得,是军地密切协作,各级各部门扎实工作的结果,在此,我代表省政府,向大家表示衷心的感谢!

第二,确保全面完成今年军转安置任务

今年是深化国防和军队改革的第二年,改革工作向纵深推进,安置任务较往年更重,工作要求也更高。各地各部门务必引起高度重视,全面贯彻落实中央决策部署,采取更加有力的措施,确保全面完成今年的军转安置任务。这里,就抓好工作落实,我再强调几点:

(一)准确把握形势。与去年一样,今年的安置工作仍面临着正常退役转业和军改裁员相叠加的压力,而且,随着军队战区级以下单位改革的全面铺开,符合安置条件的军转干部人数今年增加比较多,安置任务在原来基础上又进一步加重。全国的安置任务数大约是 8 万多名,比去年增加 38%(去年为 5.8 万)。具体从浙江来看,情况也类似。主要有两个特点:一是安置数量大幅度增加。今年,全省的安置任

务数近2800名，比去年增加约800人，增长40%左右。二是安置去向更加集中。由于中央文件对相关人员的安置去向放宽了条件，一些军转干部的选择余地更大。比如，原来转业到杭州、宁波的，配偶随军落户年限必须满2年，现在已经没有年限要求。初步估算，今年选择安置到杭州的约900多人，大概比去年增加50%，宁波的压力也不小。

（二）抓紧部署推进。因为军改原因，今年工作部署比正常年份晚了近2个月，各地各部门要迅速行动，抓紧开展相关工作。一是尽快摸清底数。一方面，各级人力社保、组织、编制等部门要对当地机关事业单位的编制及其使用情况进行排摸，做到心中有数。另一方面，加强与部队转业部门的衔接，尽早展开档案审核移交工作，建立军转干部基本信息台账，切实掌握安置对象的数量、结构、去向等信息。二是编制安置计划。中央安置任务正式下达后，省人力社保厅要抓紧细化分解，将任务落实到省部属单位和11个市。省里任务下达后，各市要在1个月内拿出当地的安置计划。编制安置计划时，提供的岗位数要略高于安置的任务数。对缺编和近几年安置任务较轻的单位要优先安排，对满编单位允许按规定适当超编，以后通过自然减员逐步调整。中央垂管单位和省直各部门要继续带头接收军转干部，发挥好表率作用。三是确保如期完成。今年的安置任务，要确保在12月底前全面完成。按照这一要求，各地要加快工作进度，倒排时间表，10月底前落实定岗定位，11月底前基本完成安置任务，决不允许出现跨年度安置的情况。

（三）确保安置到位。军转干部是个比较特殊的群体，安置工作的政策性、敏感性也比较强，必须从严把握，规范操作。一是要严格执行政策。近年来，中央和省里出台了一些新的政策文件，作出了一些新的规定。各地各部门要认真学习，准确把握，确保全部落实到位。要对现有的政策和做法作个梳理，凡是与中央要求不一致的，要坚决予以清理和纠正。安置工作中，要强化政策刚性，不得自行设置附加条件，也不得随意提高安置门槛。二是要突出安置重点。继续突出师团职干部和功臣模范等安置重点，按规定予以照顾安排，在安置去向、职务安排、待遇保障给予相应倾斜。各地要用足用好先进后出、带编分配等优惠政策，有领导职数的要尽量安排实职，没有领导职数的要按规定增加非领导职数，尽量予以安排。三是要严肃工作纪律。对省里下达的安置计划，各地各部门都要无条件落实好，不得以任何理由拒绝接收。要严格安置工作程序，公开安置流程，自觉接受社会监督，确保公开透明。对在接收和安置中违规操作、弄虚作假的，要予以严肃处理，并依法依规追究相关责任人的责任。

（四）严格责任落实。当前的军转安置工作，是在国防和军队改革的特殊背景下开展的，各地各部门不能仅仅把它当作一项常规性的业务工作，而是要将其作为一件事关改革发展稳定全局的大事来抓。一是落实属地责任。做好军转安置工作，各级党委政府要负总责，主要领导要经常过问工作进展情况，特别是各位分管领导，要负责抓好具体落实，主动协调解决问题，确保安置工作顺利推进。对未完成军转安置任务或完成任务不力的地区，要按规定予以追责。二是强化部门协作。军地之间要加强沟通衔接，建立会商机制，共同研究解决矛盾困难。人力社保、组织部门要牵头抓总，加强统筹协调，做好计划编制、任务分解、政策指导等工作；编制管理部门要在编制职数上、公安部门要在军转干部落户上、教育部门要在军转干部随迁子女入学上、民政部门要在解决军转干部生活困难上主动服务、全力保障。其他各部门也要各司其职，按分工做好有关工作。三是加强督促检查。各地要积极推进军转安置工作，定期上报工作进展情况。省人力社保厅、组织部要会同有关部门,加强督促检查,对接收安置任务重、工作难度大的市县,进行重点帮助指导;对工作落实不力、进度较慢的地区,进行实地督查,确保安置任务不折不扣完成。

做好军转安置工作,事关改革发展稳定大局,事关军转干部切身利益。特别是今年,国家和省里大事很多,下个礼拜省里要开十四次党代会,下半年中央还要召开十九大,各地各部门要牢固树立"安置就是服务"的理念,尽心尽力、扎实细致做好今年的军转安置工作,切实把军转干部接收好、安排好、使用好,让党委政府放心,让部队满意。

三、厅领导讲话

王文序厅长在全省人力资源和社会保障工作电视电话会议上的讲话(摘要)

(2017 年 1 月 10 日)

这次会议是经省政府批准召开的。主要任务是深入贯彻党的十八大和十八届五中、六中全会精神,认真落实省委十三届九次、十次全会,中央和省委经济工作会议以及全国人力资源社会保障工作会议部署,总结 2016 年工作,分析面临的形势和任务,部署 2017 年工作。

一、2016 年工作回顾

2016 年是实施“十三五”规划的开局之年。面对繁重的改革发展稳定任务,全省人力社保系统认真贯彻落实省委、省政府决策部署,着力强人才、保民生、促和谐,锐意进取、狠抓落实,圆满完成全年工作目标任务,实现“十三五”发展良好开局。

(一) 人才工作持续加强。聚焦人才发展体制机制改革,会同省委组织部出台人才新政 25 条,着力打造人才生态最优省份。赴欧美和北京、上海等地开展引才活动,设立纽约、柏林、悉尼海外人才工作站,全年引进海外高层次人才 1.6 万余名,外国专家 5 万余人次。隆重举行“西湖友谊奖”二十周年系列活动。推荐选拔国务院特贴专家 93 名、省突贡专家 75 名、省 151 人才 322 名;入选国家外专“千人”计划 10 名,入选人数连续 3 年居全国首位。圆满完成省委交办的帮助舟山引才任务。编制专技人员知识更新重点引导目录,完成继续教育 200 余万人次。新建省级博士后工作站 112 家,招收博士后研究人员 910 人。技能人才队伍建设进一步加强,中华技能大奖实现零的突破,13 名高技能人才获得全国技术能手称号;新建国家级公共实训基地 3 家、技能大师工作室 5 家,省级公共实训基地 4 家、技能大师工作室 46 家;企业自主评价技能人才 7.8 万人次,全年新增高技能人才 25 万人。组织专家联系服务企业活动,企业人才工作联系制度深化拓展。成功举办第四届中国(浙江)人力资源服务业博览会、“浙洽会”海外高层次人才洽谈会,全国首家国际人力资源产业园落户杭州。

(二) 就业创业扎实有效。全省城镇新增就业 116 万人以上,失业人员再就业 41.7 万人,其中困难人员就业 13 万人,城镇登记失业率控制在 3% 左右的较低水平。出台高校毕业生就业见习管理办法,全省开发见习岗位 3 万个,帮扶大学生创业 1 万余名,高校毕业生就业创业比例实现双提升。制定创业担保贷款配套政策,加强督查评估,就业创业政策效应逐步显现。在17个县开展农村电商创业精准服务活动,新建农村电商村级服务站3601个,扶持电商创业2.7万人、带动就业18.2万人。举办各类创业大赛105场,录播"奇思妙想浙江行"节目50期,大众创业的氛围更加浓厚。强化就业精准扶贫,帮助7.2万名农村低收入劳动者实现就业。制定出台家庭服务从业人员职业培训政策,为农民工服务工作进一步加强。

(三)社会保障成效显著。率先完成全民参保登记,基本建立动态管理机制,全年新增基本养老保险参保人数186万人、医疗保险35万人、失业保险45万人。新发社会保障卡283万张。全面完成定点医药机构同城互认、个人社保信息网上查询省政府民生实事项目。首次同步调整企业与机关事业单位退休人员基本养老金,惠及全省610万退休人员,正常缴费企业退休人员月人均基本养老金达到2910元。机关事业单位养老保险制度改革有序推进,全省155万人纳入参保范围,参保进度居全国前列。制定实施海洋捕捞渔民养老保障政策。认真贯彻全省卫生与健康大会精神,积极发挥医保的基础性作用。深入推进城乡居民基本医保制度建设,探索长期护理保险试点,职工医保个人账户实现家庭共济互助。系统推进医保支付方式改革,建立医保中药饮片分类管理制度,规范完善定点医药机构协议管理。启动跨省异地就医联网结算试点。工伤预防三年行动计划圆满收官,劳动能力鉴定工作更加规范。阶段性降低社保费率,继续实施企业社保扶持政策,全年累计为企业减负75亿元。组织社保基金第三方审计,基金现场检查和非现场监督得到加强。

(四)机关事业单位人事制度和工资收入分配制度改革深入推进。完善基层公务员考录政策,顺利实施四级联考和公开遴选工作。提升"阳光考录"品牌,针对往年招考中专业资格审核信访投诉多的现象,提出"宜宽不宜严"的工作要求,实现信访事项"零投诉"。启动公安机关执法勤务警员、警务技术职务序列改革试点,做好分类改革相关前期准备工作。根据省委《关于激励干部干事创业治理为官不为的若干意见》,全面推开平时考核工作,会同省委组织部出台《浙江省公务员平时考核办法(试行)》,"日志式"管理平时考核实现省、市、县、乡机关基本全覆盖。精心组织各类公务员培训,扎实建设网络培训平台。巩固清理整治成果,评比达标表彰活动管理成效明显。全面启动中小学教师职称制度改革,分类制定中小学、卫生高级职称评价条件和指导标准。加强公开招聘和岗位管理,首次组织专技二级岗聘期考核。出台鼓励支持事业单位科研人员离岗创业创新实施办法。调整机关事业单位工作人员基本工资标准,积极推进法官检察官和司法辅助人员工资制度改革,完善省属重点高校绩效工资以及儿科医生、护士待遇政策。改进营以下军转干部安置办法,严格档案审核,军转安置任务圆满完成。组织各类人事考试77项,做到了安全无事故。

(五)劳动关系和谐稳定。探索创建"双爱"综合试验区,"双爱"活动成果巩固提升。加强省属国企负责人薪酬宏观管理,设区市国企负责人薪酬制度改革稳步推进。积极指导企业妥善做好去产能过程中的职工安置、劳动关系处理等工作。制定全面治理拖欠农民工工资问题实施意见,落实建设领域欠薪处理责任制,治欠保支有力有效。全年共办结欠薪违法案件5.1万件,为30.7万名劳动者追偿工资35.6亿元,移送拒不支付劳动报酬涉嫌犯罪案件646起。完成女职工劳动保护办法、企业工资支付管理办法的修订工作。贯彻实施省劳动人事争议调解仲裁条例,完善案件管辖等配套规定,各级调解仲裁机构受理争议案件11.7万件,案件结案率和调解率分别巩固在94%、70%以上。

在做好上述工作的同时,我们还编制发布

人力社保事业发展“十三五”规划、国外智力引进规划和全国首个公务员培训规划，深化“四张清单一张网”改革和阳光政务建设，强化信息化对业务领域的保障支撑，推动立法、统计、新闻宣传、调查研究、12333咨询服务、对口支援等工作取得新成效。窗口单位建设不断加强，涌现出了一大批优质服务窗口。省社保中心等14家窗口单位被授予“全国人力资源和社会保障系统2014—2016年度优质服务窗口”荣誉称号。此外，温州市医保中心、湖州市社保中心、嘉兴市社保局综合服务大厅、海盐县劳动人事仲裁院、柯桥区劳动人事仲裁院、金华市人才市场办、衢州市社保局、舟山市社保局、临海市劳动人事仲裁院、庆元县社保局等窗口单位在改进作风、服务群众方面取得优良成绩，这里专门予以表扬。此外，各级人力社保部门以高度的政治意识和大局意识，严格落实属地责任，尽心尽力、众志成城，高标准高质量完成G20杭州峰会维稳安保任务，受到省委、省政府的充分肯定和高度评价。

这些成绩的取得，是省委、省政府高度重视和正确领导的结果，是有关部门大力支持的结果，也是全系统干部职工真抓实干、努力拼搏的结果。在此，我代表厅党组向各级党委政府，向有关部门和全系统干部职工表示崇高的敬意和衷心的感谢！

二、面临的形势与任务

当前，浙江发展正处在新的历史方位上。从国际看，世界经济仍将处于缓慢复杂的进程中，复杂性、不稳定性和不确定性将进一步凸现。从国内看，以人民为中心的发展思想和新发展理念全面贯彻落实，供给侧结构性改革不断深化，经济发展的动力结构、产业结构、要素结构加速重构，国家治理体系和治理能力现代化进程提速。从我省看，随着“拆、治、归”转型升级系列组合拳的持续发力，经济向着形态更高级、分工更优化、结构更合理的阶段演进。省委提出要打造全面小康标杆省，把“浙江的今天”建设得更好，为全面建成小康社会贡献更多的浙江实践、浙江素材、浙江经验。我们要准确把握人力社保工作在经济社会发展大局中的地位和作用，认清方位，找准标杆，创新实干，在新的起点上续写强人才保民生这篇大文章。

一是把提高供给质量作为人才工作的核心任务。抓住了人才就抓住了创新的制高点。要清醒地看到，我省人才队伍大而不强，新兴产业人才、高技能人才偏少，阻碍人才创业创新的体制机制问题依然存在，围绕人才的争夺较以往更为激烈。我们要牢固树立第一资源理念和抢人才意识，抓住培养、引进、流动、评价、激励、使用等重点环节，遵循人才成长发展规律，创新政策和体制机制，构建更加开放包容的人才生态。紧紧围绕重点领域重点产业，统筹开发国际国内人才资源，统筹发挥政府、市场和社会的作用，通过立体化培养，大规模引进，持续壮大人才规模，提升人才质量和国际化水平，聚天下英才为浙江发展所用。

二是把稳就业促创业作为就业工作的主要着力点。就业是最基本的民生、增收的源泉，也是经济发展的底盘。创业是解决就业问题的治本之策。与总量压力相比，当前就业结构性矛盾更为突出，特别是随着新技术、新产业、新业态、新模式不断涌现，就业的观念、需求和形态正发生深刻变化，低端就业逐步萎缩、整体就业水平迈向中高端更加明显。我们要深刻把握这一趋势，提升职业培训的针对性有效性，提供更加优质的就业公共服务产品，帮助劳动者适应市场和环境的变化。要把创业带动就业作为新增长点，激发人才、资本、科技、项目等要素活力，努力在扶持创业上有新的突破，实现促就业、促增收、促发展的多赢。

三是把更加公平更可持续作为社保工作的重要目标。保障民生没有终点。我省已基本建成统筹城乡、覆盖全民、托底有力的多层次社会保障体系,但不同区域、群体间待遇差距依然较大,基金征收减速与待遇刚性增长之间的矛盾越来越突出,抚养比持续降低、代际间负担结构不合理问题日益凸显。我们要强化民本意识和底线思维,着眼于人人享有、公平享有,加快多渠道筹资、监管运营等方面的机制和工作创新,持续推进参保扩面和政策制度完善,鼓励"多缴多得、长缴多报",有效管控可能出现的风险,逐步形成"多档次、可选择"的运行机制,推动社会保障事业更加均衡协调发展。

四是把激发活力作为深化人事制度和工资收入分配制度改革的出发点和落脚点。机关事业单位人事管理和收入分配制度正处在变革之中。我们要持续推进公务员分类改革,拓宽职业发展空间,进一步调动公务员的积极性主动性,提升公务员管理科学化水平。要持续推进以聘用制和岗位管理为重点的事业单位人事制度改革,坚持为人才松绑、向单位放权,加快形成事业单位自我管理、自我发展、自我约束的运行机制。要持续放宽搞活事业单位绩效工资政策,加快建立符合行业特点、体现知识价值的薪酬制度,激发事业单位和工作人员的创新创造活力。

五是把共建共享作为构建和谐劳动关系的基本遵循。经济新常态下,劳动关系进入矛盾凸显期多发期,部分企业欠薪、逃匿现象短期内不会消除,劳资矛盾局部冲突扩散、引发群体性事件的可能性依然存在,劳动关系工作中面临的两难选择增多、处理难度加大。我们要牢牢把握社会主义市场经济条件下企业与职工根本利益的一致性,坚持"双维护"原则,深入开展"双爱"活动,统筹处理好职工权益与企业发展的关系,创新劳动关系协调和矛盾处理机制,深化劳动关系各领域的依法治理、源头治理和系统治理,努力形成共同参与、共同建设、共同享有的格局,促进就业稳定有序、工资稳定增长、企业稳定经营。

落实上述要求,要做到"四个注重":一是注重放管结合优化服务。把"放管服"要求进一步体现和落实到各项改革和工作之中,该放的坚决放彻底,该管的严格管到位,该服务的切实服务好,进一步降低制度性成本、消除创业创新壁垒,提升人力社保管理服务效能。二是注重问题导向超前谋划。当前我们面临的新情况新问题多,推进改革的任务重,特别是不少全国性的改革举措,一旦推出就要结合实际迅速落实。必须增强敏锐性,强化问题意识和前瞻意识,把握趋势、针对症结、遵循规律,做到谋划在前、准备在前、实践在前。三是注重一张蓝图干到底。坚持思路连贯、行动连续,把多年来形成的好品牌努力做大做强,好工作继续领先领跑,好机制长期坚持坚守,特别是要把那些打基础、利长远的事情做实做好,确保"十三五"规划一以贯之实施,各项目标不落空。四是注重责任层层传导。要盯紧重点任务和考核指标,全面落实领导责任、部门责任和岗位责任,确保工作有时间表、路线图、施工单、责任人,确保有人抓、见实效,真正把责任、压力传导到末梢,打通任务落实的"最后一纳米"。

三、2017 年主要工作

今年是全面实施"十三五"规划的重要一年和推进供给侧结构性改革的深化之年,也是干好"一三五"的收官之年。全省人力社保工作的总体要求是:深入贯彻党的十八大以及历次全会精神,全面落实省委十三届九次、十次全会部署要求,按照习近平总书记提出的"秉持浙江精神,干在实处、走在前列、勇立潮头"新要求,牢固树立和落实新发展理念,坚持以"八八战略"为总纲,坚持稳中求进工作总基调,坚持民生为本、人才优先,着力促进就业创业、壮大人才队伍、保障改善民生、深化人事制度和工资收入分配制度改革,构建和谐劳动关系,以改革创新补短板、以实干服务抓落实、以防范风险促和谐，努力开创我省人力社保事业发展新局面，以优异成绩迎接党的十九大和省第十四次党代会胜利召开。

（一）加强高质量就业公共服务。全年新增城镇就业 80 万人以上，失业人员再就业 30 万人，其中困难人员就业 7 万人，城镇登记失业率控制在 4% 以内。一是完善就业创业政策体系，扩大创业担保贷款覆盖面，健全政府购买就业公共服务机制。二是促进重点人群就业，研究制定进一步引导和鼓励高校毕业生到基层工作的实施意见，落实离校未就业高校毕业生实名制登记和跟踪帮扶举措，确保不落一人；实施困难群体精准帮扶工程，确保城镇零就业家庭动态清零，有劳动能力成员的低收入农户至少 1 人就业。做好去产能职工分流安置工作。三是扶持创业带动就业，实施高校毕业生就业创业促进计划，探索设立省级大学生创业引导基金，组织创业培训 2 万人次，扶持大学生创业 8000 人。深化农村电商创业精准服务，培训农村电商人才 10 万人次，扶持创业 2 万人，带动就业 10 万人。认定第三批省级创业孵化基地和首批创业培训示范基地。举办 150 场以上创业大赛，深化“奇思妙想浙江行”系列活动。四是提升失业预警和企业用工监测分析水平；加强省内劳动力余缺调剂，开展就业援助系列活动，提升服务的有效性可及性，促进农民工就地就近就业创业。

（二）加大高层次人才培养引进力度。一是加快研究制定人才新政相关配套政策，放大政策效应，推动改革举措落地生效。二是实施国家百千万人才工程、高层次人才特支计划、省 151 人才工程、钱江人才计划等重大人才项目。以专业技术人才知识更新工程为龙头，以部门行业为主体推进继续教育，加强学时登记服务，举办省级高研班 50 期。改进完善博士后管理制度，探索在地方院校设立省级博士后工作站。三是制定引进外国人才实施意见，实施外国人来华工作许可“两证整合”工作，建立外籍人才分类管理制度。积极发挥“中国杭州国际人力资源产业园”引才引智平台作用。继续赴欧美和国内高校集聚地开展引才活动。支持舟山自贸区、城西科创大走廊和四大都市圈中心城市集聚人才。四是加快发展人力资源服务业，推进引才活动服务外包，加大运用市场机制选才引才力度。举办第五届中国（浙江）人力资源服务业博览会。做精做深企业人才联系工作，组织千名专家服务企业服务基层活动。

（三）促进技能人才增量提质。一是实施职业技能提升行动，推进“百校千企”“金蓝领”培训等工程，着力培育高技能领军人才。瞄准八大万亿产业、10 + 1 传统产业提升和重大战略平台，加大投入、提升实效，实施高技能人才公共实训基地、技能大师工作室、技师培训等项目。推进企业新型学徒制、职业训练院、职业培训包试点工作。加强养老护理员的技能培训和鉴定。二是积极备战第 44 届世界技能大赛，举办 30 个省级技能大赛，以赛促练、以练出才。培育弘扬工匠精神，组织高技能人才表彰和“浙江工匠”系列宣传活动。三是实施技能增收千校行动，开辟招生绿色通道，引导低收入家庭子女读技校、学技能。加强师资和学科建设，提升技工学校培养能力。

（四）推进社会保障改革发展。一是运用全民参保登记成果，深化参保精准扩面，力争到年底本省户籍法定人员基本养老保险参保率达到 80% 以上，基本医疗保险参保率达到 98%。提高退休人员基本养老金水平和城乡居民基础养老金最低标准。探索实行医保同一统筹区同等医疗机构医学检查结果互认，拓展医保个人账户家庭共济，完善医保基本药品目录和大病保险特殊用药目录。二是按照中央统一部署，确保基本养老保险制度改革总体和配套方案落实落地。基本完成机关事业单位养老保险制度改革，完善基本养老保险关系转移接续和个人账户制度，开展职业年金基金投资运营管理。实施新一轮基本养老保险省级调剂补助办法，规范征地转保政策。做好基础养老金全国统筹有关工作。完善企业年金政策，扩大中小企业人才集合年金计划试点范围。推进宁波、桐庐、嘉善长期护理保险试点工作。制定城乡统一的失业保险制度，对领取失业保险金人员实行临时价格补贴。稳步提高工伤保险统筹层次。三是健全省市两级社保基金第三方审计机制，扩大社保基金安全评估试点，强化规范管理和风险防范。组织开展城乡居保经办机构内控制度检查。加大“大处方、大检查”医疗费用监管，把定点民营医药机构纳入医保监管范围。制定相关安全技术标准，完善医保智能监管系统。四是加快推进跨省异地就医住院费用直接结算工作。参保证明实行网上验证和远程打印，推广医保移动支付和劳动能力再次鉴定网上申报。加强政保合作，提升经办服务能力和质量。

（五）深化机关事业单位人事制度改革。一是贯彻实施专业技术类、行政执法类公务员管理规定，按照“成熟一个、纳入一个”的原则稳慎实施。推进聘任制公务员试点和公安机关执法勤务警员、警务技术职务序列改革试点。健全完善公安机关人民警察招录机制。继续打好“阳光考录”品牌，全力守住公务员安全考录底线；深化分类分级招录，严把人员进口关。深化公务员“日志式”管理平时考核工作，强化考核结果运用，推动平时考核在从严管理干部队伍方面取得更大实效。大力推进公务员职业道德建设工程，启动全省公务员“学法用法三年轮训行动”计划，强化公务员依法行政理念。根据中央部署完善表彰奖励制度，规范评比达标表彰活动管理。二是改进事业单位岗位管理，继续完善行业专技岗位结构比例动态调控机制，制定事业单位工作人员交流（选聘）和特设岗位设置管理办法。组织公开招聘、人员聘用、岗位管理大检查。出台深化职称制度改革实施意见，推进高校、卫生、中小学以及科研院所职称改革，开展工程系列职称社会化评价改革试点。推行专技人员资格证书电子化管理。三是不折不扣完成军转安置任务，加大自主择业工作力度，落实企业军转干部解困稳定相关举措。加强随军家属就业安置工作。强化内外部风险管控，确保各项人事考试安全有序。

（六）完善工资收入分配制度。一是落实司法体制改革和监察体制改革的要求，全面实施法官、检察官工资制度改革，进一步完善人民警察工资制度，研究制订监察委员会工作人员待遇保障政策。根据国家统一部署，做好地区附加津贴制度组织实施工作。结合规范奖励性补贴，完善公务员奖金制度，强化省级政府统筹调控权限，赋予市县一定的考核奖励分配权。二是以增加知识价值为导向，分类、分行业加强事业单位绩效工资的政策指导，落实省委人才新政对绩效工资的一系列要求。组织部分地区开展公立医院薪酬制度改革试点工作，完善省属高校绩效工资政策，研究出台完善科研院所绩效工资政策。三是适时适度上调最低工资标准，建立企业薪酬调查信息发布和制造业人工成本监测制度。继续推进国企负责人薪酬制度改革。

（七）加强劳动关系和信访维稳工作。一是深入推进“双爱”活动综合试验区创建，完善劳动关系和谐指数评价机制，加强劳动标准管理。积极稳妥做好化解过剩产能中的劳动关系处理工作。二是贯彻落实新修订的企业工资支付管理办法和即将出台的全面治理拖欠农民工工资问题实施意见，深入开展“浙江无欠薪”行动，以建筑领域和劳动密集型加工制造企业为重点，严格规范劳动用工管理，全面落实工资支付保障制度，依法整治企业欠薪行为，保障劳动者工资权益。开展企业劳动保障守法诚信等级评价工作，对企业实行守信联合激励和失信联合惩戒。推进劳动保障监察执法体制改革。三是贯彻浙江省劳动人事争议调解仲裁条例，推进基层调解组织规范化和仲裁庭标准化建设，建立健全劳动争议多元化解机制，加强裁审衔接和工作协调，劳动人事争议案件年结案率不低于92%、调解率在70%以上。四是运用好G20杭州峰会中形成的维稳安保工作机制，严格落实属地管理、分级负责原则，严格实行重大决策社会稳定风险评估制度，系统梳理和防控化解风险隐患，坚决避免发生系统性、区域性风险，坚决避免因工作不到位引发影响社会稳定的事件，坚决做到增光添彩、不添乱。

（八）夯实事业发展基层基础。一是加强依法行政。配合省人大完成工伤保险条例立法，强化公务员法、社会保险法等重点法律法规实施情况的督查，做好行政复议和行政诉讼应诉工作，加强执法人员知识培训，提升系统依法行政水平。深入开展“政策法规宣传年”“社保政策进高校、进企业、进社区”活动。加强新闻宣传舆论引导，重点改革、重要政策出台，都要同步制定解读、宣传方案和舆情应急方案。二是实施互联网+人社行动。加快社保卡发行应用，持卡人数达到5160万，全部开通102项应用目录。加快数据省级集中和应用系统市级集中建设，强化对就业创业、人才人事、全民参保、异地就医、网络调解、社保基金等业务支撑能力。全面推进人力社保基础库建设，实现人员基础信息、业务状态信息普遍入库和共享联动，初步建立全省统一的个人身份认证平台。加强数据资源开发利用，提升大数据应用水平。三是深化阳光政务建设，编制人力社保公共服务事项目录，升级电子监察平台，归集、监测和分析全省办件信息，加快公共服务基础平台开发，推动网上办事，努力实现群众和企业办事“最多跑一次”。四是加强基层平台建设，积极打造人社服务标准化体系；以就业服务、社保经办、技能鉴定、监察投诉等为重点，提升窗口单位服务能力水平，让老百姓办事更加便捷更有获得感。

（九）打造忠诚干净担当的人社铁军。队伍强才能业务强，业务强队伍会更强。省委十三届十次全会审议通过了从严加强干部队伍建设的决定，强调要努力打造一支勇立潮头的浙江铁军。我们要深入贯彻从严从紧从实要求，持续推进系统党风廉政建设，推动人社干部队伍建设整体加强、更加过硬。一是讲政治，对党忠诚。坚持党的领导，牢固树立“四个意识”特别是核心意识和看齐意识，严守政治纪律和政治规矩，任何时候都不忘初心、对党绝对忠诚，自觉在思想上政治上行动上与以习近平同志为核心的党中央保持高度一致，坚定地维护党中央权威，坚决把省委、省政府决策部署贯彻落实到位。二是有担当，乐于奉献。有权必有责、有责必担当。担当就是勇于负责、善于攻坚、敢于胜利。全系统干部职工都要知责负责尽责，激发干事创业激情，增强事业心和责任感，经常想想自己能为全省工作大局做什么，能为人力社保事业发展做什么，能为本地区本单位做什么，担负起自己该担当的责任。三是业务精，注重学习。要抓好政治理论学习，认真学习习近平总书记系列重要讲话精神和党章党纪党规，不断提高思想觉悟。抓好法律法规学习，提升依法行政水平。抓好业务学习，精通业务是干好工作的前提，不仅要熟悉本岗位工作，还要了解知晓全厅大局的工作，我们的政策不能只是少数人懂，还要让大家都懂。系统每位同志都要加强学习钻研，加强调查研究，把不清楚的搞清楚，努力成为人力社保工作的行家里手。四是作风正，严守纪律。各级党组和领导干部以及基层党组织要切实履行全面从严治党主体责任，层层负责，落细落微，全面落实《准则》《条例》，严肃党内政治生活，弛而不息推进作风建设，督促党员干部追求道德高线、接受法纪约束、按照规矩办事，任何时候都不逾矩、守底线，进一步树立人社系统的良好形象。

在做好上述工作的同时，今年要举全系统之力办好六件实事。一是实施外国人才智力引培工程。推进外专“千人计划”“海外工程师计划”“高校海外精英集聚计划”“万名国际化人才培训工程”，力争全年引进各类国境外专家5万人次以上，其中高层次专家1万人次。二是推进医保改革“三突破”。实行精准扩面，在参保人群基本全覆盖上取得新突破；积极推进医保制度改革，鼓励有条件的设区市探索建立统一的基本医疗保险制度，在加快制度统一上取得新突破；降低起付标准，提高个人缴费比例和报销比例，提高保障精准度，在完善大病保险制度上取得新突破。三是扶持残疾人创业就业。全省建设30家残疾人创业基地，认定10家省级残疾人创业孵化示范基地，组织残疾人电商培训1万人次，帮扶5000名以上残疾人实现创业就业。四是拓展技能人才成长通道。实施国家职业资格目录清单，完善技能人才评价机制，建立国家职业资格鉴定、专项职业能力考核、企业自主评价“三位一体”的技能人才评价体系，确保全年新增高技能人才20万以上。五是着力化解系统信访积案。在全面排查基础上，综合运用法律、政策、经济、行政手段和教育、调解、疏导等方法，积极化解一批信访积案，确保系统平安不出事。六是加快人力社保数据省集中。依托全省数据专网，实时归集就业创业、社会保险、人事人才、劳动关系、基金财务等数据至人力社保数据容灾中心，年底前实现数据省级集中，基于大数据的“互联网+”基础能力显著增强。

同志们，做好今年的人力社保工作任务艰巨、责任重大。让我们更加紧密地团结在以习近平同志为核心的党中央周围，在省委、省政府的正确领导下，振奋精神、开拓进取，苦干实干拼命干，撸起袖子加油干，努力完成全年工作目标任务，为迎接党的十九大和省第十四次党代会胜利召开作出应有的贡献。

王文序厅长在省人力资源和社会保障厅务虚会上的讲话(摘要)

(2017 年 7 月 27 日)

今年以来,全系统上下积极进取、奋发有为,“最多跑一次”改革扎实推进,城镇就业平稳增加,1—6 月新增 59 万人,高校毕业生签约率稳中有升;社保扩面提待进展顺利,机关事业单位养老保险制度改革推进有序,209 家定点医疗机构纳入全国异地联网结算,社保制度运行总体平稳;公务员考录、人才开发、人事管理明显加强,工资收入分配改革进一步深化;劳动关系保持和谐稳定,“六件实事”取得积极进展,主要任务指标超进度完成,5 人入围世界技能大赛代表国家参赛,服务企业服务基层实现新提升。成功承办全国“互联网 + 人社”推进座谈会,签订部省合作协议,在全国人社系统引起较大反响。我们研究制定了鼓励高校毕业生到基层工作、被征地农民转保、新一轮基本养老保险省级调剂办法、“之江工匠”打造行动、浙江“无欠薪”等重大政策,这些改革措施将对相关工作起到有力牵引作用。

这些成绩的取得,为经济社会发展作出了积极贡献,充分说明全系统各方面基础比较扎实,干事创业氛围浓厚,干部队伍有较强履职能力。这次换届,不少新局长上任,尽管时间不长,但进入角色很快,有思路有想法有干劲,为我们系统增添了新鲜血液和动力。老局长也很好发挥传帮带的作用。我相信,站在新的起点,在省委省政府的坚强领导下,在大家共同努力下,全省人社事业一定会实现新的更大发展。

在肯定成绩的同时,也要看到面临的困难与压力。人才供给能力不足,对发展的支撑能力不够强;就业结构性问题突出,质量有待提高;社会保障公平性和可持续性面临较大挑战,机关事业单位人事管理不尽科学合理,劳动关系矛盾易发多发,相关领域改革需要加快推进;公共服务体系建设以及运用互联网、大数据等方面还有薄弱环节。一些重点任务、重点改革落实还不到位、不平衡,六大板块匹配度和工作统筹协调不够,还存在少数干部自我要求不严,不敢担当、不善担当的现象。我们要深刻把握浙江发展对人社工作提出的新任务新要求,认真研究解决存在的突出问题,努力使人社工作更好地服务改革发展稳定大局。下面,我讲几点意见。

一、切实把思想和行动统一到省党代会决策部署上来

省第十四次党代会是我省处在大有可为战略机遇期、干事创业发展黄金期、不进则退转型关键期召开的一次重要会议。会议深入贯彻习近平总书记系列重要讲话精神和治国理政新理念新思想新战略,客观总结过去五年的成就和经验,科学研判面临的形势和挑战,明确提出今后五年的总体要求、奋斗目标和主要任务,全面描绘了实现“两个高水平”的宏伟蓝图。学习贯彻党代会精神是当前和今后一个时期的首要政治任务,我们要全面学习、全面理解、全面领会,认清方位、认清使命、认清责任,对标聚焦党

代会部署要求,奋力开创事业发展新局面。

一是准确把握"坚定不移沿着'八八战略'指引的路子走下去"这一主线。这是这次党代会的灵魂。"八八战略"是习近平总书记在浙江工作时留下的极其宝贵的精神财富,是总书记亲自为浙江设计的总纲领总方略。"八八战略"聚焦如何发挥优势、如何补齐短板这两个关键问题,核心要义是强化现有优势,挖掘潜在优势,把劣势转化为优势,激发新优势。我们要大力弘扬红船精神、浙江精神,锐意创新、担当实干,深刻领悟和运用"八八战略"蕴含的优势论,系统梳理六大板块工作,认真总结这几年走在全国前列的特色做法,进一步做强亮点、巩固优势;找准工作中存在的突出问题和薄弱环节,进一步拉高标杆、对标对表、补齐短板,不断深化"八八战略"在人社领域的实践。

二是准确把握"两个高水平"奋斗目标和"六个浙江"具体目标。2015年习近平总书记在浙江考察时,对浙江明确提出"更进一步、更快一步"要求。"两个高水平"奋斗目标是总书记这一要求的具体化,既体现浙江与全国"两个一百年"历史进程同步,也体现浙江在全面小康和现代化建设上"走在前列""勇立潮头"的要求,指明奋进方向,标注目标高度。"六个浙江"是"两个高水平"在各领域的具体展开,是浙江未来发展的六根擎天大柱。人社部门承担着强人才、保民生、促发展的职责,是实现"两个高水平""六个浙江"的重要领域。我们要准确把握浙江所处的历史方位,自觉把工作放到浙江未来发展的大目标、大背景、大逻辑下去谋划、思考和推进,找准切入点、着力点,为浙江综合实力更强、发展水平更高、人民生活更幸福贡献人社力量。

三是准确把握"四个强省"工作导向和"7+1"重点任务。当前浙江发展正处于爬坡过坎、闯关夺隘的关键阶段。站在"两个一百年"奋斗目标交汇的节点上,要创造新的优势,实现新的高水平发展,关键靠改革、靠开放、靠创新、靠人才。改革强省、开放强省、创新强省、人才强省事关全局和长远,是牵引浙江发展的四台"发动机"。"7+1"重点任务,涉及经济、改革、城乡、法治、文化、社会、生态文明建设和党的建设,是实现"两个高水平"目标的着力点和主攻方向。"四个强省"和"7+1"重点任务,许多直接涉及我们系统,像人才、就业、社保等,本身就是我们分内之事;还有不少需要我们积极提供服务保障,像"人才强省"要为其他三个强省提供支撑。我们要逐条对照党代会提出的任务,理清思路,创新举措,谋划实施一批事关全局、牵引力强的改革举措,谋划实施一批最能补齐发展短板、最能激发潜在优势的人才举措,谋划实施一批群众最期盼、获得感最强的民生举措,以新的状态、新的干劲、新的作风,确保各项任务落地见效。

二、在新起点上谱写人才强省新篇章

人才是经济社会发展的战略性资源、决定性要素。在人口红利优势逐步消减、新旧动能加速转换的背景下,人才的地位与作用更加凸显。人是浙江最重要的资源,改革开放近40年的快速发展,归根到底靠的是人才,浙江今后发展还是要靠人才。省党代会报告强调,统筹推进各类人才队伍建设,舍得下本钱,放得开手脚,争创战略资源新优势,形成聚天下英才共建浙江的生动局面。把"人才强省"作为工作导向,以浓重的笔墨加以论述,在历次省党代会报告中是第一次,体现了省委、省政府对人才工作的高度重视,对人才支撑能力不强的深刻忧思,对天下英才的热切期盼。作为政府人才工作综合管理部门,我们要有等不起、坐不住、慢不得的紧迫感,以对浙江发展高度负责的态度,勇于担当、善于担当,深化人才供给侧结构性改革,努力实现人才供给质量、人才支撑能力"两提升"。

当前和今后一个时期，要着重提高“三个竞争力”。一是提高人才资源竞争力。人才的数量、结构和素质，是衡量人才竞争力的核心指标。要以高层次、高技能和外国人才为重点，既重数量又重质量，既重培养又重引进，把握人才成长规律，注重人口资源、人力资源、人才资源的开发利用，把浙江每一个儿童、少年、青年当作人才来培养；广开进贤之路，广纳天下英才，不求所有、不求所在、但求所用，努力使浙江成为各类人才竞相集聚的高地。二是提高人才效能竞争力。人才效能是指人才的产出效益，把人才用起来、作用发挥好，这是硬道理。要坚持以用为本，深化人才发展体制机制改革，花大气力破除阻碍人才创新创业、发挥作用的障碍，最大限度释放人才潜力，最大限度激发人才活力，不断提高人才对经济社会发展的贡献率。三是提高人才环境竞争力。环境是人才集聚的关键所在，是人才竞争最基本的决定性因素。要转变政府人才管理职能，更好发挥政府在政策制定、平台搭建、公共服务等方面的重要作用，积极发挥用人单位在引才育才用才中的主导作用，充分发挥市场在人力资源配置中的决定性作用。贯彻“最多跑一次”改革理念，深化人才服务机制改革，搭建专业化服务平台，尽快补齐人才服务这块短板，全面打造人才生态最优省份。

这“三个竞争力”相互独立又内在关联，我们要整体谋划、统筹推进、协同提高。具体把握好以下着力点：

一是加快推进人才国际化。浙江发展到现阶段，国际化的命题已现实地摆在面前。受世界经济形势影响，欧美一些国家人才外流趋势明显，为我省提升人才国际化水平提供了难得机遇。车俊书记在我厅上报的海外引才报告上专门批示，“引进高层次人才始终是人才强省的重要内容”。我们要贯彻落实国家“一带一路”战略，顺势而为走出去，只争朝夕抢人才，创新完善与国际接轨、符合人才流动规律的引才政策，开辟人才引进“绿色通道”，更大力度推进海外人才、外国专家引进计划，深入实施浙智侨智回归工程，像抓招商引资一样抓招才引智，像抓浙商回归一样抓海外人才引进，敞开大门汇聚全球优质人才资源。完善住房、医疗、子女教育等配套政策，外国人才相对集聚的城市，要积极开展国际人才产业园建设试点，配套完善国际社区、国际医院、国际学校，营造宜业宜居的良好环境。积极参与长江经济带发展建设。加快本土人才国际化，加大高层次人才出国境培训力度，加强与世界一流学术机构和培训机构合作，鼓励人才更广泛地参与国际交流合作，提升全球视野和国际化水平。

二是加快推进人才专业化。坚持服务发展、以用为本、高端引领、分类开发，深入实施以“151 人才工程”为龙头的各类人才培养工程，培养造就一大批高层次专业人才，不断满足重大产业、重点领域专业化人才需求。聚焦青年创新人才开发，组织青年拔尖人才选拔，提升企业博士后工作站建站质量，促进青年优秀人才脱颖而出。贯彻《技工教育“十三五”规划》，服务实体经济和传统行业转型升级，组织实施“百千万之江工匠培养工程”，健全校企合作、产教融合培养模式，推行新型学徒制，发挥企业、技工院校等在技能人才培养中的主体作用。建立多元化技能人才评价制度，贯通高技能人才与工程技术人才的发展通道，广泛开展技能竞赛和大比武大练兵活动，加大技能人才激励力度，弘扬工匠精神，提升技能人才的经济待遇和社会地位。专技人才、技能人才是两支重要的专业化队伍，必须牢牢抓在手上，加快增量提质，为浙江转型发展、创新发展提供坚强支撑。

三是加快推进人才区域特色化。无论是一个市，还是一个县、一个镇，只有集聚了与产业发展相匹配的人才，才能拥有强劲发展新动能。各地要围绕八大万亿产业，结合当地特色重点产业,着眼发展急需,制定差异化的人才政策,提升人才集聚能力。主动对接"一带一路"综合试验区、自由贸易试验区、海洋经济发展示范区等重大国家战略,义甬舟开放大通道、人工智能等高科技特色小镇、大湾区、大花园、之江实验室、城西科创大走廊、钱塘江金融港湾等重大平台,波音生产基地、绿色石化基地、高校"双一流"建设等重大项目,选定一批人才发展重点领域,培育一批紧缺急需人才,加快形成各地人才特色与优势。需要指出的是,各地人才政策要注意扬长避短,避免千篇一律,我们提倡跨省出海的人才竞争,各地要盘活做优存量、集聚做大增量,防止无序竞争。

四是加快推进人才市场化。要发挥好市场和政府作用,转变政府职能,坚持政府引导、市场主导,既要"有效的市场"也要"有为的政府",构建统一高效的人才市场体系和永不打烊的网上人才市场,优化人才配置模式,形成依托市场识别人才、引进人才、定价人才的机制。深度推广"人才+项目+资本"模式,提高人才引进效益,形成引进一个人才、带来一支团队、跟上一个项目、融到一组投资、发展一个产业、开创一片市场的局面。加快人力资源服务业做大做强,引进国际知名的高端猎头品牌,建设一批人力资源产业园,形成人力资源服务业蓬勃发展的新态势。在人才市场化、产业化方面,我们有不少成功实践,但仍需持续深化,让人才价值在市场大潮中得到充分尊重和实现。

三、扎实推进大众创业促进充分就业

就业是民生之本,是衡量经济运行状况的关键指标。这些年,我省就业局势总体平稳,创业氛围日益浓厚,但高校毕业生等重点群体就业压力仍然较大,劳动力市场技能错配问题进一步显现,招工难与就业难并存的结构性矛盾依然突出。省党代会报告强调,坚持以大众创业促充分就业,优化创业生态环境,实施更加积极的就业政策,完善就业公共服务体系。我们要把促进充分就业放在首要位置,把创业带动就业作为着力点,围绕解决就业结构性矛盾、鼓励自主创业、提高就业质量,多措并举,精准发力,不断夯实经济发展、民生改善的底盘。

一是为劳动者提供更多优质的岗位。伴随着经济转型升级,整体就业水平迈向中高端的趋势更加明显。要加强就业政策与经济政策的协同,顺应双创趋势,创新完善促进创业的政策手段和服务机制,加快新产业、新业态、新模式培育生成,扶持发展吸纳就业能力强的产业,提升岗位创造能力,拓宽就业新空间。积极搭建政府、企业、园区、孵化基地等多元参与、高效专业的就业公共服务平台,打造省、市、县、乡镇、村五级贯通的服务网络,大力推行"互联网+就业服务",实现供需有效对接,提高市场配置效率。

二是为创业者提供更有力的支持。创业是扩大就业、提高就业质量的重要途径,要在更大范围、更高层次、更深程度促进创业。完善落实支持创业的政策举措,加强社保、资金、劳动用工、人才等方面服务,加大创业孵化平台建设力度,构建一批低成本、便利化、全要素、开放式的创业载体,形成开放高效富有活力的创业创新生态系统。会同广电等部门,办好奇思妙想创业创新大赛,激发创业热情。我们要以实实在在的举措,为创业者提供有效支持,让大众创业更加蔚然成风,使浙江成为能创业、创成业的热土。

三是为重点人群和困难人员提供就业帮扶。扎实做好高校毕业生、农村转移劳动力、去产能职工等重点群体的就业,确保就业大局稳、重点群体就业稳。加大对残疾人、困难家庭高校毕业生、低收入农户的就业援助,综合运用公益性岗位安置、就业技能培训、求职创业补贴等手段,强化精准帮扶,确保困难家庭中有劳动能力人员至少一人就业。我们要尽力而为,履行好政府兜底责任,努力使困难群众在全面小康进程中不掉队。

四是为劳动者提升就业创业本领。完善市场配置资源、劳动者自主选择、政府购买服务和依法监管的职业培训工作机制,构建面向全体劳动者的终身培训体系。组织开展针对不同群体的专项培训,创新培训模式,提高培训的针对性有效性。落实技能培训补贴政策,有效整合各类培训资源,提高政府培训资金使用效益,让新进入人力资源市场的劳动者都有机会参加职业培训,企业技术工人都有机会参加技能提升培训,每个创业者都有机会参加创业培训。我们要加快职业培训转型升级,完善就业创业技能形成体系,帮助劳动者适应不断变化的用工需求与市场环境。

四、稳步提高社会保障水平

社会保障是保障民生的重要制度安排,关系“两个高水平”的实现程度。目前,全省户籍法定人员基本养老保险参保率已达84.3%,基本医疗保险参保率超过97%,待遇水平居全国前列,社会保障制度体系日趋完善,但也面临诸多挑战。部分人员还没有纳入社保体系,城乡之间、群体之间保障水平不够均衡;人口老龄化、社保待遇刚性增长、阶段性降低费率,导致社保基金支付压力不断增加,部分统筹区医保基金收不抵支问题越来越突出。省党代会报告强调,坚持均衡优质、公平普惠,切实保障和改善民生,稳步提高社会保障水平。我们要按照党代会提出的要求,坚持全覆盖、更公平、可持续,筑牢社会保障安全网,进一步提升人民群众的获得感幸福感。

一是加快人人享有基本保障。深入推行全民参保计划,精准扩面、精确管理,尽快把未参保人员纳入社保范围,实现法定人员应保尽保。近年来,网络经济、分享经济带动大量就业,其中很大比例属于依托平台企业的灵活就业,要认真研究提出适应新经济特点的灵活就业人员参保缴费措施,切实保障新业态从业人员的社保权益。

二是继续深化社保制度改革。落实好中央养老保险制度改革总体方案和配套政策,认真做好基础养老金全国统筹等相关工作,完善“多缴多得,长缴多得”的养老保险体系,健全城乡统筹和区域转接机制,确保基本养老保险制度行稳致远。推进医保改革“三突破”,鼓励有条件的设区市探索建立统一的基本医疗保险制度,完善大病保险,深化以总额控制为基础、按病种付费为主的医保支付方式改革,推进长期护理保险试点,切实发挥医保在医改中的基础性作用。完善工伤、生育、失业保险制度,努力让社会保障制度更加完备、更加可靠。

三是确保社会保障可持续。始终坚持社会保险“保基本、兜底线”的功能定位,在充分考虑基金和财政承受能力基础上,科学确定待遇,合理引导预期,坚决防止“高福利”陷阱。坚持精算平衡,完善筹资机制,厘清政府、企业、个人的责任,依法规范和加强社保基金征缴。强化社保基金监管,完善第三方审计制度,严防严查严处社保基金“跑冒滴漏”,确保基金安全运行,管好老百姓“养老钱”“救命钱”。

五、着力推进机关事业单位人事制度改革

机关事业单位人事管理正处在变革之中,旧的模式以及阻碍改革的一些瓶瓶罐罐正在打破,新的体系尚未成熟定型。省党代会报告强调,深化干部人事制度改革,大力推进干部队伍专业化建设,完善党政机关、企事业单位等社会各方面人才顺畅流动的制度体系。我们要突出问题导向效果导向,注重分级管理、分类推进,持续深化改革、创新机制,提升机关事业单位人事管理科学化水平,调动各类人员积极性、主动性和创造性。

一是深化公务员分类改革。公务员是治国理政的骨干。要精心实施专业技术类、行政执法类改革和职务与职级并行制度,深化聘任制公务员试点,拓宽公务员职业发展通道。探索建立不同类别公务员考核、培训、录用制度,实行分级分类考录,增强人岗匹配度,实现科学化精细管理。当前,经济新常态和数字化、互联网对政府治理体系和治理能力提出新要求,要持续推进职业道德建设工程,推进学法用法三年轮训计划,推进新思维、新知识、新能力培训,促进公务员能力水平整体提高、全面加强。进一步规范评比达标表彰活动,加强平时考核管理,改进方式方法、提升刚性约束、强化结果运用,开展"最美公务员"选树活动,树立全省公务员队伍的良好形象。

二是深化事业单位人事制度改革。要以规范人事管理、转换用人机制为重点,深化进、用、管、出等各环节的改革,加快形成自我管理、自我发展、自我约束机制。推进岗位管理、人员聘用、考核竞聘、收入分配等配套改革,建立健全岗位设置科学、职务能上能下、注重竞争激励的用人机制,落实单位自主权,为人才松绑。从身份转换、社保接续、待遇确定等方面着手,完善事业单位与机关、企业和其他组织之间人员流动政策,促进人才有序流动。事业单位是高层次人才集聚地、公共服务的重要提供者,我们要不断创新人事制度安排,激发事业单位和各类人才的生机活力。

三是深化职称制度改革。坚持品德能力和业绩导向,破除唯学历唯论文唯资历倾向,构建科学规范的专业技术人才评价体系,切实解决好谁来评、评什么、怎么管的问题。注重企业实际需求,注重人才实践创造,注重行业协会和龙头企业作用发挥,积极为企业人才提供个性化分类评价服务。逐步下放医院、中小学、科研院所等职称评审权,深化"电子证书"改革。我省职称制度改革走在前列,要按照"放管服"要求继续深化拓展,强化事中事后监管,把人才评价这个指挥棒的作用发挥好,激励各类人才创新创业。

四是扎实做好军转安置工作。认真贯彻军改期间军转安置工作部署要求,突出重点、改进办法、拓展渠道、强化督导,协调落实在浙中央垂管单位安置任务,确保安置计划圆满完成。加大自主择业军官就业创业扶持力度,帮助有自主择业意愿的军转干部勇闯市场大潮,实现理想抱负。军转干部是重要的人才资源,我们要从讲政治的高度,把他们妥善安置好、合理使用好。

六、深化工资收入分配制度改革

工资收入直接关系获得感。人民群众希望过上更美好生活、自己的钱袋子鼓鼓的,这是我们的努力方向。省党代会报告强调,完善收入分配机制和劳动报酬增长机制,深入实施低收入农户、低收入产业工人收入倍增计划,让财富分配更加均衡。我们要按照党代会提出的要求,强化机关事业单位和企业工资收入分配宏观指导,规范收入分配秩序,推动形成公平合理、体现劳动价值的收入分配格局。

一是促进低收入群体增收。以农村低收入家庭子女、未升学初高中毕业生、农民工、残疾人等为重点,深入开展就业技能援助行动,给就业困难人员以岗位和技能,让他们有机会通过自己的劳动摆脱贫困、实现增收。落实低收入群体社保补贴政策。完善相互衔接、多层次的医疗保障体系,降低大病保险起付标准、提高报销比例,减轻群众就医看病、大病治疗负担,缓解因病致贫、因病返贫问题。

二是健全劳动报酬正常增长机制。坚持"初次分配和再分配都要兼顾效率和公平,再分配更加注重公平",合理确定体现不同职业群体特点的工资待遇政策。建立公务员和企业相当人员工资水平调查比较制度,完善基本工资和津贴补贴正常调整机制，发挥工资的激励导向作用。深化国有企业负责人薪酬制度改革。建立企业薪酬调查和信息发布制度，适时适度调整最低工资标准，加快建立与劳动力市场基本适应、与企业经济效益和劳动生产率挂钩的工资决定和增长机制，努力实现劳动报酬增长与劳动生产率提高相同步。

三是完善体现知识技能价值的收入分配政策。深化公立医院薪酬制度改革，以此为突破口，推动教育、卫生、科研院所绩效工资改革，完善高层次人才分配激励政策，保障各类人才以知识、技术、管理等创新要素参与利益分配，让有知识、有本领、能创新的人才有获得感、成就感。当前，要采取切实有效措施，完善技能人才薪酬激励机制，对做出突出业绩的技能人才予以奖励，提升技能人才工资待遇，大力营造劳动光荣、技能宝贵、创造伟大的风尚。

七、全力打造和谐劳动关系示范省

构建和谐劳动关系是平安浙江建设的重要内容。劳动关系不和谐，职工权益得不到保障，企业也不可能长远发展。省党代会报告强调，加强和创新社会治理，建设更高水平的平安浙江，建设平安中国示范区。这为构建和谐劳动关系锚定了方向，明确了目标。我们要不断创新劳动关系治理方式，强化源头治理、依法治理、综合治理，在促进劳动关系和谐上更进一步、更快一步。

一是扎实推进“浙江无欠薪”行动。欠薪是影响我省劳动关系和谐稳定最主要的因素，一方面，工程建设领域的深层次矛盾尚未根本解决，依然是欠薪“重灾区”；另一方面，部分企业生产经营困难，导致工资发放难以保证。打工拿钱，天经地义。“浙江无欠薪”是省委、省政府作出的重大决策。各级人社部门要在党委政府的统一领导下，对照创建标准、对照工作进度、对照验收指标，深入推进重点领域专项治理，完善防范处置长效机制，坚决消除存量，有力遏制增量，众志成城，坚决打赢治欠保支攻坚战持久战，确保到2020年所有县（市、区）基本实现“无欠薪”。列为首批试点的16个县（市、区）要强化责任担当，发挥先行示范作用。没有列入试点的也不能有丝毫放松，要对照三个专项治理方案的要求，全力以赴做好防范处置工作，坚决避免出现这边说“无欠薪”，那边却欠薪频发甚至发生极端事件的现象。

二是做精劳动争议调处品牌。深入创建“双爱”活动综合试验区，加快“双爱”活动提质增效，从源头上防控劳动关系突出矛盾。深入贯彻劳动人事争议调解仲裁条例，打造网上调解仲裁平台，加强争议处理效能建设，指导企业、行业完善争议预防协商机制，推进乡镇（街道）“调解、监察、仲裁”三位一体基层劳动关系矛盾化解中心建设，打造劳动争议多元化解升级版，提高调解仲裁结案率和公信力。

三是研究新业态新模式下的劳动关系。互联网等技术的发展应用，催生了平台经济、分享经济。以网约车、电商等为代表的新业态、新经营模式，带来了用工方式和就业形态的深刻变化，雇佣关系呈现灵活化、松散化、复杂化特征，对劳动关系责任主体认定、传统规制模式提出新挑战，部分领域矛盾开始显现。对这些新情况新变化，我们要以“鼓励创新、包容审慎”的态度，认真研究分析，探索政策举措，做到既满足企业灵活用工需求，支持新业态发展，又维护劳动力市场安全性，保障从业人员的应有权益。

八、以“最多跑一次”统领改革和公共服务水平提升

“最多跑一次”是浙江改革的金字招牌。省党代会报告强调，以“最多跑一次”改革撬动各方面各领域改革，以“最多跑一次”的实际成效，倒逼各级各部门减权放权治权和优化服务，充分体现了省委、省政府以自我革命精神全面

深化改革的坚定决心。前一阶段，经过全系统上下共同努力，“最多跑一次”改革开局良好、推进有力。上半场我们做得不错，但下半场任务更加繁重，有不少“硬骨头”要啃。要按照“尽量网上办，最好不要跑”要求，紧盯不放、持续发力，推动“最多跑一次”改革取得更大成效，实现公共服务水平整体跃升。

一是在全面落实部省合作协议上下功夫。人社部对我们系统“最多跑一次”改革高度重视，尹蔚民部长、袁家军省长签订《共同推进“互联网＋人社”行动 提升公共服务水平合作协议》，这是人社部第一次与浙江省政府签订合作协议。车俊书记专门批示：“国家人社部大力支持，希望省人社厅不辜负期望，在‘最多跑一次’改革上大胆创新，取得新突破，使办事手续更简便，群众办事更方便，人民获得感更强，努力走在全国前列。”我们要认真贯彻车书记批示要求，全面落实部省合作协议，深入推进“互联网＋人社”行动计划，围绕全民参保登记大数据应用、医保移动支付等重点项目，确定一批有条件、有基础的试点单位和地区，大胆探索，先行先试，形成一批可复制、可推广的经验，为全国人社系统“最多跑一次”改革树立浙江样板。

二是在打通信息孤岛堵点上下功夫。要做到“信息多跑路，群众少跑腿”，关键在于打破信息孤岛。前期实现“最多跑一次”的公布事项，有的是工作人员自己跑代替群众跑，这种“拿着磁盘到处拷”的做法不符合“互联网＋”精神，也不可持续。实现信息互联共享，这是大势所趋。各级人社部门要按照省厅提出的“三个打破”总体思路和“八统一”标准，加快打破处(科)室之间、层级之间、部门之间的信息孤岛，为实现办事事项一窗受理、一网通办和数据省级集中奠定坚实基础。阳光政务建设，各地认识到位、行动有力，成效比较明显，要继续加大力度，发挥信息化建设后发优势，高起点高标准推进，一张“梯子”联到底，实现互联互通、上下贯通、左右联通。人社数据是重要民生数据，也是国际通用数据，现在各方面要求共享的呼声很高，我们要积极稳妥服务改革大局，在确保数据安全前提下有序开放、打破信息壁垒、实现部门间信息共享。

三是在丰富拓展“最多跑一次”改革上下功夫。省厅已公布的39个主项中，社保22个，占56%；140个子项中社保108个，占77%。下一步，要服务“人才强省”要求，把人才人事领域作为改革的重点来抓，自我加压，及早谋划、统筹推进，把“最多跑一次”理念和要求贯穿于人才人事服务管理的各领域、各环节。同时，高度重视基层治理体系“四个平台”建设，充分发挥基层平台作用，尽可能把办事事项下放到基层，把“最多跑一次”要求落实到基层，把标准化、一站式服务延伸到基层，为老百姓在家门口“就近跑一次”创造条件。

四是在规范完善社保卡应用上下功夫。社保卡是人社部门重要的业务和服务载体。我省持卡规模达到5153万人，基本实现参保人员人手一卡。按照部省合作协议，我省确定为第三代社保卡发卡试点地区，要以此为契机，加强整合梳理，做强做全业务功能，依法依规管好用好。逐步扩宽社保卡在人社领域和其他公共服务领域的应用，发挥社保卡银行账户功能，为持卡人缴费、结算和享受待遇提供支持，实现“一卡多用、一卡通用”。要坚持多行合作、鼓励竞争、市场优选，为群众提供更便捷、高效和优质的服务，使社保卡真正成为我们系统的金名片、群众的贴心卡。

九、从严加强系统干部队伍自身建设

事业成败关键在党、关键在人。我们要按照省党代会关于建设清廉浙江的要求，牢固树立抓党建就是最大政绩的意识，始终保持全面从严治党永远在路上的清醒，切实承担从严治党的主体责任，把严的要求、实的作风、廉的标尺传导到每一名干部，落实到每一项工作，努力打造忠诚担当、清廉过硬的干部队伍。

一要对党忠诚，旗帜鲜明讲政治。深入推进“两学一做”学习教育常态化制度化，不断增强学习党章党规党纪、学习习近平总书记系列重要讲话精神、做合格党员的思想自觉和行动自觉。把讲政治作为第一要求，自觉传承对党绝对忠诚的红色基因，增强“四个意识”，严守政治纪律和政治规矩，坚决维护以习近平同志为核心的党中央权威，始终做到拥护核心、维护核心、紧跟核心。提高政治站位，强化政治意识，增强与领导岗位相适应的政治能力，从巩固党的执政基础、增进民生福祉、促进人的全面发展的角度，来把握和考量人社工作，不断提升工作层次和工作的政治价值。

二要改革创新，担当实干抓落实。创新和实干是红船精神、浙江精神的核心要义。我们要以敢为人先的气魄抓改革，以钉钉子的精神抓落实。(1)增强推动改革的能力，克服老办法不管用、新办法找不到的“本领恐慌”，善于统筹谋划设计，善于找准问题症结，善于总结基层创新，善于用改革新办法推进各领域改革取得新突破。(2)增强抓落实的能力，抓落实要有法度，必须依法依规依纪行事，法律法规规定的必须为，明文禁止的不可为，不随意开政策口子；抓落实要有速度，坚持快字当头、讲求效率，省委省政府有部署，第一时间有行动；抓落实要有力度，坚持干一件成一件，对看准的事抓到底抓到位，不达目的绝不收兵；抓落实要有统筹度，坚持两点论与重点论的统一，转好盘子、弹好钢琴，使六大板块工作协调推进、相得益彰。(3)增强服务群众的能力，坚持群众想什么就干什么，把群众满不满意、认不认可作为评判标准，把工作真正做到老百姓心坎上。

三要依法行政，驰而不息正作风。我们作风实不实、好不好，关乎党委政府的形象和公信力。要带头以更严标准执行中央八项规定，带头践行要求别人做到的自己首先做到，不该拿的坚决不拿，不该发的坚决不发，不该用的坚决不用，推进八项规定精神风化俗成。增强法治素养，带头遵纪守法，提高运用法治思维和法治方式解决问题的能力，做到依法行政、诚信施政。深化窗口单位作风建设，提升服务标准化、规范化水平，让群众到窗口办事开心满意跑一次。经常深入基层、群众和企业，认真开展调查研究，落实密切联系群众制度，做到察民情、接地气、解民忧。特别是各位新上任的局长，要自觉加强理论和业务学习，提高组织开展调查研究的能力，做到应知应会，成为行家里手。

四要严明纪律，坚守底线作表率。人社部门管人管事管钱比较多，廉洁这根弦任何时候都不能松。当前系统反腐倡廉形势依然严峻，上半年案件数量尽管有所下降，但一些案件暴露出的业务领域风险，必须引起高度重视、严加防范。要用身边人身边事加强教育警示，教育广大干部职工克服惯性思维和侥幸心理，知敬畏、存戒惧、明底线。加强制度建设和执行，盯住就业培训、人事考试、社保基金、信息化建设以及帮扶解困资金等风险较高的领域，扎紧织密制度篱笆。各级领导干部是“关键少数”，要增强政治定力、纪律定力、道德定力、拒腐定力，全面落实主体责任，始终牢记纪严于法，自觉履行一岗双责，遵守新形势下党内政治生活的若干准则和党内监督条例，养成在组织和群众监督下工作生活的习惯，慎独慎初慎微，以清正廉洁的形象为系统广大干部作表率。

关于下半年工作，重中之重是要把握一条主线，就是迎接党的十九大胜利召开。各地要按照年初系统工作会议和各位分管厅长的部署，认真抓好落实，特别是要确保就业、“最多跑一次”改革、“六件实事”、信息化建设等重点任务取得实实在在的成效。接下来一段时间，我省将迎来新一轮大安保周期，党的十九大、金砖国家峰会、第四届世界互联网大会将陆续举行，维稳安保工作不容有半点闪失。全系统要按照平安护航十九大的总体部署，坚持属地管理和谁主管、谁负责的原则，深入排摸风险隐患，综合运用各种手段化解信访积案，扎实做好涉军群体、特定利益群体、重点人的稳控工作，强化舆情引导和应急处置，绝不能因工作不到位而引发影响社会稳定的事件，绝不能在我们领域发生影响全局的系统性区域性风险。各市局长要增强忧患意识和底线思维，亲自过问，靠前指挥，从严从实落实各项举措，坚决做到守土有责、守土尽责，不出事不添乱。

关于安全问题，我再强调三点：一要确保政治安全。始终站稳政治立场，强化"四个意识"，保持清醒头脑，自觉做到不造谣、不传谣、不信谣，不妄议、不公开发表违背中央和省委决定的言论。党的十九大即将召开，这个时候我们要高度重视社保、工伤、生育基金不同程度出现的当期缺口，及时采取应对措施，确保基金平稳可持续，以实际行动和工作成效体现讲党性、讲觉悟、讲原则。二要捍卫国家安全。增强国家安全意识、意识形态意识、保密纪律意识，做好文电、机要、信息数据、媒体、网络等各方面的安全保密工作，强化风险隐患排查，健全应急处置预案，落实及时报告制度。当前，围绕国家安全的斗争空前激烈，我们要居安思危、落细落微，坚决捍卫国家核心利益。三要高度重视生产安全。今年以来，全国和我省安全生产形势严峻，党中央、国务院和省委省政府高度关注。全系统要把安全生产摆上重要议事日程，全面排查办公场所特别是高层建筑消防隐患，人力资源市场、技工院校、人事考试等场所人员集聚安全隐患，从严从紧抓好整改落实。各位局长要切实担起责任，党政同责、一岗双责，一旦发生重大安全生产责任事故，对相关责任人员从严从重处理。

同志们，贯彻落实省第十四次党代会精神，责任重大，使命光荣。让我们紧密团结在以习近平同志为核心的党中央周围，大力弘扬红船精神、浙江精神，干在实处、走在前列、勇立潮头，做到深化改革和"互联网 +"的步伐跟得上，创新担当的职责扛得起，从严清廉和维稳安全底线守得住，齐心协力、真抓实干，争先创优，高质量完成全年工作目标任务，奋力谱写强人才、保民生、促发展的新篇章，以优异成绩向党的十九大献礼。

刘国富副厅长在全省人力资源社会保障宣传工作座谈会上的讲话(摘要)

(2017 年 3 月 28 日)

这次座谈会是经厅党组同意召开的,会议主要任务是:贯彻落实全省宣传思想工作会议、全国人社宣传工作座谈会和全省人力社保工作会议精神,总结工作,交流经验,分析形势,明确任务,研究部署今年系统宣传工作,为迎接宣传贯彻党的十九大、省十四次党代会营造和谐稳定的人力社保舆论氛围。下面,我讲三点意见:

一、充分肯定 2016 年全省人力社保宣传工作成绩

(一)聚焦重大政策和重大改革,主题宣传取得新成效。我们紧跟人力社保领域改革和新政策新法规出台,围绕我省建立罕见病保障机制、医保个人账户家庭共济等重大政策和职称评审制度、公务员平时考核等重大改革,协调人民日报、浙江日报等主流媒体做好宣传报道,为政策顺利实施和改革有序推进创造了舆论条件。在全系统组织开展了"政策主题宣传年活动",各地围绕就业创业、社会保障、人才人事、劳动关系等"四大主题",提前策划,精心组织,使政策宣传广泛深入,主题宣传丰富多彩。"奇思妙想浙江行"创业宣传,省厅组建节目组走进 11 个地市、37 个县(市、区)拍摄了 61 位创业典型,在浙江经视播出 50 期节目,生动呈现了"大学生""留学生"和"草根"等创业群体的创业故事,以及故事背后的创业生态环境;医保政策宣传,各地组织开展了政策进广场、进企业、进社区活动,省厅全国首创推出了医保卡通吉祥物"小医""小保",在全国人社系统都引起了较大反响;大力宣传以"双爱"为重点的和谐劳动关系,组织媒体对去年开始实施的《浙江省劳动人事争议调解仲裁条例》进行系列宣传解读,各级人力社保部门还组织开展了广场宣传、知识竞答等活动。这些活动,切实提升了老百姓对我省就业、创业、养老、医保、职称等政策的知晓度,也增强了获得感。

(二)聚焦重点亮点工作,专题策划取得新成果。我们围绕业务成就,在"专"字上精准发力,在"谋"字上下足功夫,在"深"字上做好文章。结合服务企业人才工作成效,厅宣传中心策划采写了《浙江省组织高层次人才助力企业创新》的长篇通讯稿,并在人民网、今日浙江、组织人事报等媒体刊发,浙江日报也以《我省推动"专家联系服务企业"制度全覆盖 政府搭桥破解创新烦恼》为题作了大篇幅的宣传报道;以西湖友谊奖 20 周年为契机,顺势推出《浙江引智工作暨"西湖友谊奖"颁奖 20 周年纪实》的通讯报道;结合高技能人才宣传,在省级主流媒体上开辟"技展宏图""青春坐标 · 匠心别具"等专栏,推出了一系列高技能人才访谈和技校专题方面的宣传。这些专题策划亮点纷呈,社会反响热烈,切实为全省人力社保工作营造了声势,扩大了影响。

(三)聚焦热点敏感问题,舆论应对取得新突破。我们坚持科学监测、准确研判、主动引导

各类社情民意。针对浙江罕见病医保、公务员考录、“人肉靶子”等热点敏感问题，及时召开媒体沟通会主动发声、解疑释惑、强化引导。去年，省厅应对“人肉靶子”的舆情做法，对我们做好今后舆论引导工作有着借鉴指导意义。人民日报、浙江日报等几十家媒体先后予以正面报道，人民日报还刊发了《敢担当才能消杂音》的评论员文章，肯定了省厅舆情应对处置做法。人社部、省委省政府领导也充分肯定，夏宝龙、李强、葛慧君、熊建平等省领导作了批示，省网信办还作了亮点通报。在今年全国人社宣传工作座谈会上，我还以此为案例，介绍了我们浙江舆情引导工作的经验做法。当然，我们不仅仅在“人肉靶子”这件舆情应对上“当战士”，在处理“诸暨母女用父亲医保卡买药获刑”“网曝多省公务员考试泄题”等其他重大舆情方面也一样及时有效、可圈可点。去年，全系统共妥善处理人力社保领域舆情 799 件，其中欠薪舆情 514 件。G20 杭州峰会期间，省厅专门制定《G20 峰会网络安全与舆情应对工作方案》，建立 24 小时值班和零报告制度，期间没有发生重大突发舆情事件，这是我们全系统多年来对舆情工作持续发力、努力实践的结果。

（四）聚焦人社宣传阵地，平台建设取得新进展。在大家共同努力下，《浙江人力资源社会保障》杂志办刊质量不断提高，在省内外同行中形成了影响力。“浙江人社”政务微博、微信 2014 年上线运行以来，强化栏目策划，注重资讯时效，开设的“局长论剑”“技展宏图”“法治人社”“政策问答”“招聘发布台”等系列专题，有鲜度，有温度，也有一定高度，在全国人社系统和省级机关新媒体中形成了较大影响力和美誉度。去年，“浙江人社”共发布信息 721 条，平均每条阅读量超过 4 万人次，热点信息单条阅读量超过 20 万人次。各地新媒体建设加速推进、活力迸发，目前全系统已开通政务微博 66 个、微信 91 个，粉丝总量超过 100 万人次，许多还办出了特色，办出了影响。与此同时，基层宣传平台工作不断加强，特别是桐庐、镇海、安吉、黄岩四个人社部基层宣传平台试点县，因地制宜，积极探索，创造了“社保夜谈”“人社政策微课堂”“入企连心送服务”等经验做法，取得了良好成效。

（五）聚焦创新长效机制，宣传管理取得新提升。我们坚持把打基础、建机制、强队伍作为做好宣传和舆情工作的重要环节，逐步建立起一套行之有效的工作机制。厅党组高度重视宣传工作，在部署重点工作、召开重要会议、举办重大活动、出台重要政策时都要求同步做好宣传和舆情工作。宣传中心积极发挥职能作用，主动加强归口管理和统筹协调，年初制定系统宣传工作要点、全厅宣传工作推进计划，并按月按季细化推进，抓好落实。切实加强系统队伍建设，制定网络舆论引导工作意见，组织开展业务知识培训，全系统干部的新闻素养和舆情工作能力得到有效提升。

二、全面把握我省人力社保宣传工作面临的新形势新要求

（一）深刻把握人力社保宣传工作的使命担当。作为党的宣传思想工作的重要组成部分，全省人力社保宣传工作要时刻讲政治，讲大局，锚定历史方位，扛起使命担当。这是党中央、十九大对我们工作提出的要求。统筹推进“五位一体”总体布局、协调推进“四个全面”战略布局、贯彻稳中求进总基调、保障和改善民生等许多工作都涉及人力社保部门，以优异成绩迎接党的十九大胜利召开，这是今年各项工作的主题主线。我们宣传工作要紧紧围绕这个主题主线来谋划、来部署、来评价和检验，以高度的政治责任感和良好的精神状态，高标准地完成各项宣传任务，为党的十九大增光添彩。这是省委省政府对我们工作提出的要求。省委提出打造全面小康标杆省，为全面建成小康社会贡献更多的浙江素材、浙江实践，进一步加大“放管服”改革力度，推进“最多跑一次”改革。人力社保业务涉及老百姓切身利益，关乎人民福祉和社会稳定，是党密切联系群众的重要渠道和载体。我们要对准坐标、自我加压，把省委省政府对保障和改善民生、筑牢民生底线的重视和关怀传递到老百姓的心坎里，增强人民群众对近年来我省促进就业、社会保障、收入分配、劳动关系等一系列重大决策的获得感和认同感。这是人力社保领域改革对我们工作提出的要求。当前，人力社保工作面临许多新课题新挑战，调结构去产能对扩大就业、社保扩面的压力；企业经营困难对稳定劳动关系的压力；产业结构调整对高层次高技能人才需求的压力等等，这些都是重点难点问题。我们要协调最好的宣传资源，讲清楚当前的形势、改革的重要性紧迫性，讲清楚改革的最终目的、主攻方向和根本路径，讲清楚改革对促进经济社会发展和惠及民生的重大作用，更好地为深化改革营造最有利的舆论氛围。

（二）深刻把握人力社保宣传工作的突出“短板”。一是主动性提升的挑战。人力社保事业蓬勃发展，宣传工作正处于大有可为的窗口期和机遇期。但各地工作发展还不均衡、不协调，工作还有些被动，一些地方对主题宣传、重大政策解读、应对突发舆情反应过慢，缺乏抢占先机的主动性。对此，我们要转变观念，勇于担当，主动作为，切实宣传好、服务好人力社保事业各项改革工作。二是政策感染力、知晓率提升的挑战。总的看，近年来人力社保宣传进步很大，宣传内容更加通俗易懂，方式方法更加贴近群众，群众反响较好。但是依然存在一般性、常规性宣传为主，感染力、吸引力、讲故事能力不强等问题，老百姓对我们政策的知晓率还不太高，政策宣传的“最后一公里”还没有完全打通。三是新媒体加速发展提出的挑战。以互联网为代表的新兴媒体已成为宣传主阵地，全媒体传播已进入移动优先新阶段，舆论环境、媒体格局、传播方式深刻变化，人民群众接受方式从过去阅读报刊、看电视、听广播为主，转变为现在的刷手机为主。怎么样因势而动、顺势而为，加快推进传统媒体与新兴媒体融合，构建全媒体格局，在“两微一端”“三微一端”“全媒体融合”等新媒体实践方面，我们要深入研究，与时俱进，绝不落后。

（三）深刻把握人力社保宣传工作的标准要求。一要牢牢把握正确的政治方向。宣传工作本质上是政治工作，必须始终坚持党的领导，坚定政治方向，强化政治站位。要深入学习贯彻习近平总书记系列重要讲话精神，特别是关于新闻舆论工作的重要阐述，切实增强政治意识、大局意识、看齐意识和核心意识，坚持以人民为中心的工作导向，自觉在思想上政治上行动上同以习近平同志为核心的党中央保持高度一致。二要牢牢把握服务中心、服务大局的基本职责。宣传工作绝不是无源之水、无本之木，要紧紧围绕党委政府和全系统年度中心工作、重点工作，对准焦、把好脉，提高传播力、引导力和影响力，为中心任务助力，为全局工作添彩。三要牢牢把握正确的舆论导向。要把坚持正确舆论导向贯穿到人力社保宣传的全过程和各个环节，弄清楚宣传什么、不宣传什么、怎么宣传等根本问题，把握好时度效，做到既不缺位、也不越位，添彩不添乱；要坚持正面宣传为主，既讲工作成就，增强信心，又讲面临的困难，引导合理预期，充分调动积极因素；要坚持问题导向，针对群众关心关注的人力社保问题，加强信息发布和权威解读，更好地解疑释惑、稳定预期。面对重大突发事件和敏感问题，加强媒体沟通、新闻发布工作，积极回应社会关切，做到重大问题不缺位、关键时刻不失语，特别是面对大是大非问题、政治原则问题，要旗帜鲜明、敢于亮剑，积极营造舆论环境。

三、扎实做好2017年全省人力社保宣传工作

今年宣传工作的总体要求是：全面贯彻党的十八大和十八届历次全会以及省委十三届九次、十次全会精神，深入贯彻习近平总书记系列重要讲话精神，按照全国、全省人力资源社会保障工作会议部署要求，以“讲好人社好故事、唱响人社好声音，迎接宣传贯彻党的十九大、省十四次党代会”为主题主线，以提高群众的获得感和满意度为着力点和落脚点，以“政策法规宣传年”活动为抓手，突出成就宣传、政策宣传、舆论引导和平台建设，为推动人力社保事业改革发展营造良好的舆论氛围。重点抓好以下五个方面的工作：

（一）确保成就宣传深入人心。做深做透重大成就宣传报道，是迎接党的十九大和省第十四次党代会宣传的重头戏，各地要以饱满的政治热情、良好的精神状态，全力以赴完成这一重大宣传任务。一是做大主题宣传。围绕党的十八大、省十三次党代会以来全省人力社保部门在推动关键领域改革、创新驱动发展、保障改善民生等方面取得的突出成就，特别是针对深化阳光政务“最多跑一次”、提高退休人员养老金待遇、创业带动就业、推进“双爱”活动以及深化医保制度改革、职称制度改革等取得的成效，组织各类媒体用最新数据、典型案例和身边人、身边事讲述人力社保事业发展给人民群众带来的实惠。二是做活典型宣传。结合组织开展的“最美人社人”“最美公务员”评选，以及“奇思妙想浙江行”“浙江工匠”等我省人力社保工作品牌，通过制作电视专题节目、拍摄微电影、深入基层一线采访等方式，宣传好近年来涌现出的各类先进典型。做好成就宣传，全系统都要动起来，抓紧梳理主要成就和工作亮点，沟通对接主流媒体，上下同欲，强力推进。

（二）确保政策宣传精准有力。人力社保政策一头连着党委政府，一头连着人民群众。在巩固去年“政策主题宣传年活动”成果基础上，今年要继续深化开展“政策法规宣传年”活动。突出三个方面：一要加强普法宣传解读力度。省厅将开设“法治讲堂”，组织专家学者对社会保险法、浙江省劳动人事争议调解仲裁条例和我省即将修订出台的《企业工资支付管理办法》《女职工劳动保护办法》等法律法规进行解读，切实增强全系统干部职工学法懂法，用好我们自己的部门法。同时，在上半年组织开展“社保政策进高校、进企业、进社区”等活动。各地也要积极行动起来，努力把政策法规送到社区校园、工厂车间、田间地头。二要加强重大政策宣传解读力度，针对就业创业、社会保障、人才人事、劳动关系等群众关心关注的领域开展政策解读，确保政策宣传与业务工作协同推进。这里提醒下，各地制定出台重大政策，务必做到“三同步”：同步制定政策解读文件，同步制定宣传工作方案，同步制定舆情应对方案，确保宣传工作贯穿始终，舆论引导积极主动。三要创新宣传方式方法。用足用好视频直播、新闻发布会、在线访谈、问答解读、编印宣传手册等多种形式，创新开展更具针对性更有成效的普法宣传。积极发挥全系统公共服务窗口、社保经办机构、“12333”电话咨询热线等窗口的宣传功能，总结推广基层宣传平台建设试点县的经验做法，把宣传触角延伸到基层一线，将政策送到每位群众手中，让政策更多更好地惠及民生。

（三）确保舆论引导及时有效。当前我省正处于速度换挡、结构调整、动力转换的关键时期，深化改革仍在路上。虽然人力社保舆论环境总体向好，但也偶有不同声音出现，如何把准社情民意的风向标是当前人力社保舆论工作面临的紧迫任务。一要提高舆情监测和分析研判的准确性，着力构建科学规范的舆情监测体系，做到全面、精准、实时扫描和采集舆情信息，实

现24小时、全网络的监测发现。要牢固树立忧患意识和底线思维,针对公务员考录、养老金待遇调整、信访积案化解、拖欠农民工工资等人力社保领域民生热点问题,及时梳理和防控舆论风险隐患,有针对性地分析研判社会反映,制定舆情应对方案。二要提高舆情处置的实效性,健全系统网络舆情联动应急机制,着眼网上网下、内宣外宣一盘棋,把握舆论引导和管控的时机、节奏和力度。切实做好重大突发事件和敏感问题引导,做到第一时间报告,重大突发事件要在5小时内发布权威信息,24小时内举行新闻发布会,努力做到回应“快”、调查“实”、表态“准”、解读“深”,化解负效应,激发正能量。三要着力壮大省市县三级网评员队伍,建立上下联动的网评工作机制。省厅去年下发了加强网上舆论引导工作的意见,要求各地按照单位公务员人数15%的比例建设网评员队伍,并发展1—2名核心网评员,希望大家真正重视这支队伍,通过专题培训、实战演练、座谈研讨等方式培养“人社网军”,特别是每个市要努力挖掘1—2名在系统有影响的本土大V、中V,在关键时刻能够拉得出、用得上、顶得住。

(四)确保媒体融合优化提升。加速实现媒体资源整合,推动新媒体功能提升,是时代所需、群众所愿、社会所盼。“不日新者必日退”,我们都要挺身融入互联网发展的变革潮流,在思想上更加重视、谋划上更加科学、工作上更加积极、成效上更加明显。一要树立传统媒体和新媒体协同发展的理念,整合信息和平台资源,推进厅和系统内刊、网、端深度融合发展。今年,针对《最新人力资源社会保障政策选编》停办、《浙江人力资源社会保障》杂志赠阅范围缩小等问题,省厅宣传中心已推出了杂志电子版,每期通过厅门户网站、“浙江人社”发布,实现纸媒与数字化结合。二要积极占领新媒体宣传阵地,着力打造全系统新媒体宣传矩阵。各地要主动开设政务微博微信、今日头条等新媒体账号,要借助社会力量,加强与主流媒体、知名网站合作,为我所用,借船出海。同时,不断研究提升、放大新媒体平台的服务功能,着力构建智慧人社、人社微门户。三要把握新媒体传播规律。积极发挥新媒体传播优势,推动分众化传播,精准化推送,提高政策的达到率和覆盖率。牢固树立“互联网+”的意识,主动适应“微时代”“大数据”等新特点,善于运用全媒体多样化的传播方式,多做微博、微信、微电影等“微”字文章,多讲接地气、有生气的网言网语,使宣传工作更加立体、更加鲜活。

(五)确保基础建设保障有力。各级人力社保部门要从讲政治的高度重视宣传工作,谋划宣传工作,坚持不懈地打基础、强队伍、增能力,不断开创宣传工作新局面。一要加强组织领导。习近平总书记指出:看一个领导干部是否成熟、能否担当重任,一个重要的方面就是看他重不重视、善不善于抓宣传思想工作。这既是实践结论,也是政治要求,我们必须透彻领会、认真贯彻。全系统各级要切实负起领导责任,要真正认识到宣传工作的重要性,认识到宣传工作面临的挑战和机遇,切实把宣传工作列入重要议事日程,定期分析研究,常抓常议,做到重要工作靠前指挥,重大宣传专题策划,重要稿件亲自把关,重要舆情直接调控。二要加强队伍建设。宣传工作做得好不好,关键是我们这支队伍铁不铁。各地要把热爱宣传、会做宣传、善做宣传的同志吸引到宣传队伍中来。要通过业务培训、实战练兵,锤炼提高这支队伍的素质素养,确保我们系统的宣传干部不仅对党绝对忠诚,而且本领绝对过硬,做到脑瓜子灵、笔杆子硬、嘴巴子溜,面对负面舆情始终保持战斗者应有的血性,敢于亮剑,勇于作为。三要加强制度建设。制度是工作保障,也是纪律要求、规矩体现。今年,省厅将研究制定党组落实网络意识形态责任制、加强系统新媒体工作、宣传矩阵管理等制度文件,强化宣传工作指导。各地要健全新闻发布、媒体采访、新媒体管理、舆情应对等各项工作制度，严把信息采集“入关口”和信息发布“出关口”，推动宣传工作制度化、规范化运行。四要强化系统策划。着力系统谋划、整体推进、重点突破，想明白我们的优势、特色、重点是什么？我们应该怎么办？各地要建立相应的工作机制，定期研究、协调推动宣传工作，着力解决新媒体运用等具体问题。五要强化绩效导向。建立健全以绩效为导向的宣传工作评价机制，量化评估成效，把软指标转为刚性任务，这个成效主要体现在我们的改革成就、政策举措、亮点工作是否展示在党报党刊、电视电台上，是否获得主流媒体的“点赞”。省厅将建立工作机制，加强对各地的督查通报，推动宣传工作真正落实。总之，今年的宣传工作一定要有亮点、有重点、有声势。

同志们，做好新形势下的人力社保宣传工作意义重大、使命光荣。我们要坚定信心、勇于担当、积极进取、奋发有为，“撸起袖子加油干”，切实为省第十四次党代会和党的十九大胜利召开，为人力社保事业发展提供更加有力的舆论保障。

蔡国春副厅长在全省医保改革“三突破”动员部署电视电话会议上的讲话(摘要)

(2017 年 4 月 21 日)

医保改革“三突破”工作是今年省委、省政府确定的重要改革任务，也是我们举全系统之力推进的六件实事之一。这次会议的主题是：贯彻落实全国和全省卫生与健康大会精神，全面部署医保改革“三突破”主要任务。刚才，湖州、绍兴、衢州、义乌 4 个市作了很好的经验交流。下面，我再讲四点意见：

一、统一思想，深刻认识医保改革“三突破”的重要意义

(一)医保改革“三突破”是我省人力社保系统贯彻全国和全省卫生与健康大会精神的重要举措。去年 8 月 19 日，习近平总书记在全国卫生与健康大会上提出了“把人民健康放在优先发展战略地位”“坚持以人民为中心发展思想”“树立大健康观念”“把健康融入所有政策”等一系列新思想新论断新观点，描绘了“健康中国”的宏伟蓝图，阐述了解决人民群众健康问题的中国方案。同年 11 月 29 日，省委召开全省卫生与健康大会，夏宝龙书记作了题为“树立大健康理念、实施大健康战略，高水平推进健康浙江建设”的讲话，确立了“健康浙江”建设的战略目标。车俊省长明确提出医保改革要力争在“参保全覆盖、统一医保制度、完善大病保险政策”等三方面取得新突破。今年 1 月 16 日，车俊省长在政府工作报告中进一步对医保改革“三突破”作出了具体部署。厅党组高度重视医保改革“三突破”，王文序厅长在全省人力社保系统工作会议上明确将这一重要改革任务列入今年举全系统之力攻坚克难的六件实事。为此，我们要充分认识到医保改革“三突破”是我省贯彻全国和全省卫生与健康大会精神的重要举措，是医保部门推进“健康浙江”建设的主攻突破口。我们一定要把这项改革抓深、抓实、抓细、抓好。

(二)医保改革“三突破”是我省构建更加紧密多层次医疗保障体系的重要机遇。2015 年 11 月 6 日，刘延东副总理在浙江调研医改时专门听取我省医保工作汇报，明确指示“十三五”期间浙江要构建更加紧密的多层次医疗保障体系。这些年来，我们按照中央和省委省政府要求，坚持一张蓝图绘到底，始终把构建多层次医疗保障体系作为织牢民生保障网、全面建成高水平小康社会的重要抓手。去年，我们按照省委统一部署，查补民生领域短板，发现医保制度碎片化是制约我省“十三五”期间构建更加紧密多层次医疗保障体系的主要短板。下一步，我们要精准锁定医保制度碎片化这一主要短板，借助举全系统之力推进医保改革“三突破”的大势，按照“高质量、均衡性”要求，拉高标杆，大刀阔斧，以更广阔的视野、更宏大的气魄、更有力的举措，抢抓我省医保改革新机遇。

(三)医保改革“三突破”是落实中央“精准扶贫、精准脱贫”方略的重要抓手。今年 2 月 22 日，习近平总书记在中央政治局第 39 次集体学习时强调，要更好推进“精准扶贫、精准脱贫”。3月28日，刘延东副总理在全国医改工作电视电话会议上明确指出，要“大力推进健康扶贫”“在大病保险的起付线、封顶线和报销比例方面，要面向困难群众给予重点倾斜”。2014年以来，我省通过建立大病保险制度，完善重特大疾病保障机制，医疗保险“防大病、守底线”功能日益凸显，大病患者经济负担明显减轻。去年，我们通过评估，发现部分困难群众大病负担还比较重，大病保险在提高保障精准度等方面有待完善。下一步，我们要按照省政府要求，精细测算、精准发力、精确保障，调整完善大病保险相关政策，拓展大病特殊药品范围，加大对困难群众倾斜力度，切实贯彻好中央“精准扶贫、精准脱贫”方略，绝不把“因病致贫、因病返贫”带入全面小康。

二、抓住关键环节，积极推进医保改革“三突破”

（一）要在医保参保人群全覆盖方面取得新突破。省政府提出，到今年底全省浙江户籍人口基本医保参保率达到98%。这是硬任务，也是政治任务，各地要在年底前不折不扣无条件完成。主要抓好3个环节：一是核准参保基数。各地要充分用好全民参保登记信息，对照未参保浙江户籍人员名单，组织力量一一排查，核准参保基数。为做好这项工作，省厅专门组织6名干部，分片包干，跟踪指导。各市也要相应建立分片包干制，专人负责，督促到底。二是抓好精准扩面。各地要在核实参保基数的同时，进一步摸清应保未保人员实情，精准掌握未参保原因。对不依法参保的企业，要会同劳动监察部门开展执法检查，督促其依法参保。对参保意愿不强的城乡居民，要做好宣传发动，讲清利弊关系，帮助群众算好经济账和健康账，千方百计动员其参保。三是完善兜底参保机制。对于困难群体，我们要用好政策，竭尽所能帮助其参保。如低保户、特困供养人员、低保边缘户等城乡困难人群，要会同民政部门通过医疗救助出资帮助其参保；登记失业的职工医保参保人员，由失业保险基金出资参保，确保所有符合条件的浙江户籍人员都纳入医疗保障范围。

（二）要在推进医保制度统一方面取得新突破。主要抓好3个环节：一是加快统一职工医保制度。相比城乡居民医保制度，我省职工医保制度碎片化更加严重。目前，除湖州市外，其他10个设区市职工医保制度都没有实现统一。今年省厅将开展相关制度设计，形成全省相对统一的职工医保制度框架和政策标准。各设区市要根据省厅顶层设计，按照全省一盘棋的要求，建立健全全市统一的职工医保制度。特别是嘉兴、绍兴、舟山、丽水等区域发展比较均衡的设区市要加快统一制度步伐。二是深入推进城乡居民医保“七统一”。2016年，省政府办公厅出台《关于深入推进城乡居民基本医疗保险制度建设的若干意见》（浙政办发〔2016〕134号），已经就城乡居民医保制度“七统一”作出部署。目前，湖州、衢州、舟山、丽水等4个市城乡居民医保制度已经实现全市统一。下一步，杭州、宁波、温州、嘉兴、绍兴、金华、台州等7个市要迎头赶上，尽快建立全市统一的城乡居民医疗保险制度。三是要规范医保经办管理。医保工作“三分政策、七分管理”，医保经办各自为政是阻碍医保制度统一的“绊脚石”。健全社保经办服务标准化体系，是今年社保经办领域列入中央深改组重点督办的三项改革任务之一。各级医保经办部门要从经办规程、业务标准、数据统计、基金管理等4个方面着手，提升医保经办一体化程度，提高全省医保大兵团、集约化作战能力。

（三）要在完善大病保险制度方面取得新突破。主要抓好5个环节：一是拓展大病特殊药品范围。大病患者负担重的主要原因是部分治疗必需的特殊药品没有纳入医保。2015年我省通过公开谈判，将15种大病治疗亟需的特殊药品纳入大病报销范围,收到了较好成效。今年,我们将按照部里统一部署,通过公开谈判等方式,再新增部分特殊药品,进一步减轻大病患者经济压力。二是降低大病保险起付标准。从这两年多来的实践看,3 万元的起付标准对困难群体来说还是比较高的门槛。今年,我们要加大对困难群体倾斜力度,进一步降低困难群体大病保险起付标准,研究减免特困群体大病保险起付标准段的负担。三是适当提高大病保险支付比例。经过这些年的努力,大病保险制度基本成型,基金运行总体平稳,为适当提高大病保险支付比例创造了条件。今年,我们正在研究进一步提高大病保险最低支付比例相关政策。各地要结合基金承受能力,适当提高大病保险支付比例,但也要量力而行,防止过度保障。四是完善大病保险筹资机制。我们通过评估,认为人均 25 元的筹资标准和 30% 的个人缴费比例偏低,尚有提升空间。车俊省长在今年政府工作报告中提出要提高大病保险个人缴费比例和报销比例。下一步,我们将会同财政部门共同研究完善大病保险筹资机制,一方面要提高大病保险个人缴费比例,另一方面也要积极争取财政加大投入。五是积极推进大病保险市级统筹。浙政办发〔2014〕122 号文件明确要求“大病保险实行市级统筹,以设区市为单位统一组织实施,实行统一政策体系、统一筹资标准、统一待遇水平,基金实行统收统支,目前暂不具备条件的地区,可以县(市、区)为单位进行过渡,到2017 年底前全面实现市级统筹”。实行大病保险市级统筹,是 2014 年省政府着眼全局、反复研究、权衡利弊在医保制度建设方面慎重作出的重大决策。目前,湖州、衢州、丽水3 个市的大病保险工作做得比较扎实,已经完成市级统筹,基金实现全市统收统支;金华等市也积极跟进,计划年底前将实现全市统收统支。但有的地方认识不够到位,对落实省政府大病保险市级统筹要求行动迟缓。在这里,我要提醒大家,今年是省政府要求完成大病保险市级统筹最后一年,年底前省里将开展专项督查,对进展缓慢、推动不力的要通报批评、严肃追责。尚未完成大病保险市级统筹的设区市一定要高度重视,及时向市政府领导报告,倒排时间,自加压力,抓紧推进。

三、落实落实再落实,确保医保改革“三突破”任务保质保量按时完成

一是加强组织领导抓落实。各级人力社保部门要把医保改革“三突破”作为围绕中心、服务大局的重点任务来抓,把心思凝聚到干事上来,把精力集中到落实上来。省里成立由分管副厅长担任组长、省级相关部门参加的领导小组,统筹协调医保改革“三突破”。下一步,我们将采取干部上挂锻炼形式,由各设区市选派熟悉医保业务的人员,到省厅集中上挂参与医保改革“三突破”重大难题公关。市县人力社保部门要成立相应领导机构,分管局长靠前指挥,抽调精兵强将,组建上通下达、指挥有力的工作平台,为抓好医保改革“三突破”提供强有力的组织保障。

二是加强责任分工抓落实。为抓好医保改革“三突破”,刚才我们签订了责任书,明确了推进这项改革的责任分工、责任内容、责任要求。其中,省厅有 8 项具体责任,各市局有 13 项具体责任。各市局要按照责任书要求,进一步分解任务、细化措施,明确时间表、路线图、施工单;要倒排工期,尽量往前赶,一环扣一环,一步跟一步,力争 10 月底前基本完成各项任务;要把每一项责任落实到岗、落实到点、落实到人,确保流程可追溯、责任可倒查。

三是加强督促检查抓落实。省市两级人力社保部门要按照“下查一级”原则,根据医保改革“三突破”工作方案和责任书,会同相关部门,分阶段、分层次、分内容、分重点,开展督查指导。从 5 月份开始,省厅将按月通报各地医保改革“三突破”进展情况。从7月份开始，对落实不到位的市县，省厅将开展实地督查。各设区市也要一级抓一级，责任压到底，督查抓到底，以督查传递压力，以问责增强实效。同时，对推进有力、成绩显著的地方要予以肯定，树典型、促后进，形成你追我赶、争做标兵的良好工作局面。

四是加强廉政建设抓落实。医保口的同志经常要和医院、药企、药店、保险公司等机构打交道，今年又面临着全省基本医保药品目录调整，能否挡得住诱惑和压力，对大家来说是严峻考验。下一步，省里将出台医保从业人员“八个不准”规定。大家要按照“八个不准”的要求，严守廉政底线，强化风险防范意识，真正做到不该说的坚决不说，不该做的坚决不做，不该去的坚决不去，不该拿的坚决不拿，不该吃的坚决不吃，不碰违法违纪高压线，筑牢干净干事防火墙，打造一支忠诚、干净、担当、有战斗力的医保铁军。

借此机会，我再强调今年四项医保具体工作，希望各地坚持“三医联动”指导思想，统筹兼顾，一并抓好落实。

（一）关于跨省异地就医结算工作。各地要“把好三关”：一是要把好时间关。各地要按照省里统一的时间表、路线图，4月底前完成系统改造；5月15日前完成系统接入，将预付金划拨到位；6月1日前双向开通跨省异地就医结算。二是要把好技术关。各地要抓紧改造信息基础设施，提升数据支撑能力，按照省厅统一要求，做好信息开发和联调测试，确保系统平稳运行。三是要把好服务关。各地要按照“最多跑一次”改革的要求，指导定点医疗机构做好跨省异地就医结算服务，简化服务流程，提高服务质量，进一步方便群众就医。

（二）关于医保基金审计和整改情况。主要抓好四个方面：一是完善医保智能监管平台，加强民营医院和药店监管力度，加强医保药品使用量异常信息监控。二是加强医保定点协议管理，特别是要针对民营医院和药店的特点，研究细化定点协议条款，防范民营医院和药店套取医保基金。三是加强与卫生计生部门、物价部门、食品药品监督部门联动，开展专项治理行动，合力整治民营医院和药店药品销售价格混乱现象。四是研究制定医保药品支付标准管理办法，进一步加强医保药品控费。

（四）关于新版基本药品目录调整。前期，国家对各省基本医保药品目录调整工作提出了具体要求：一是数量要求，甲类药品不调整，乙类药品调整数量（含调入、调出、调整适应症）不超过乙类药品数量15%。按此测算，各省可调整数量为291个。经过比对，我省现行目录药品数量已经远远超过新版国家基本医保药品目录药品数量。二是工作要求，国家要求各省在调整中，要坚持专家评审机制，不得采取任何形式地方保护主义行为，不得干预专家评审结果。在评审过程中，要求各省不接受企业申报，不收取任何费用。三是时间要求，国家要求各省在7月31日前发布本省药品目录，各统筹区在本省药品目录发布后1个月内执行新版药品目录。我省将按国家要求时间点完成各项工作。请各级人力社保部门把好关，向当地政府和相关企业做好解释，说明医保目录调整的相关要求，配合省厅做好工作。

（四）关于医保支付方式改革。一是继续完善医保总额预算管理，各级医保经办机构要尽快建立专业谈判队伍，完善谈判机制。探索与医联体建设相适应的医保总额预算方式。二是积极推进以按病种支付方式为主的复合式支付方式改革。各地要按照浙人社发〔2016〕97号文件要求，进一步扩大病种范围。三是加快推进基层门诊按人头包干和签约医生相结合改革试点，各设区市要加强对所辖试点县市的指导，至少要选择1—2个签约率较高的乡镇或街道先行启动试点。四是强化医保基金支出增速控制，各级人力社保部门分管领导要亲自负责，将医保基金支出增速作为重要监控指标，层层分解，层层落实，确保医保基金支出增速逐年下降，力争“十三五”期间医保基金支出增速控制在10%以内，实现医保基金可持续发展。

医保改革“三突破”惠及全民，关乎全局，影响深远。我们要凝聚共识，上下同心，抢抓机遇，打响打好全省医保改革“三突破”攻坚战，努力开创浙江医保事业新局面，以医保改革的优异成绩向党的十九大和省第十四次党代会献礼！

郭敏纪检监察组长在省人力资源和社会保障厅务虚会上的讲话(摘要)

(2017 年 7 月 27 日)

一、正确认识当前全省系统党风廉政建设和反腐败斗争形势

习近平总书记在中央纪委七次全会上作出了“反腐败斗争压倒性态势已经形成”的判断。从我省系统情况看,也与这个判断相符合,近几年违纪违法案件呈下降趋势。今年 1—6 月份,全省系统查处违纪违法案件 4 起,与去年同期 17 起相比,继续呈向好态势。这与各级人力社保部门党组认真履行全面从严治党主体责任是分不开的。一是各级人力社保部门以上率下,层层压实主体责任,抓党风廉政建设的主动性进一步提高,成效更加明显。二是党内政治生活更加严肃,认真开展“两学一做”学习教育,“三会一课”制度、个人事项报告等规定执行更加严格,党员领导干部纪律意识进一步增强。三是持续加强对重点领域的监督检查,如在社保基金、就业资金等领域专项治理中,引入第三方审计,强化专业性监督,发现问题和综合研判的能力进一步提升,通过问题整改,以点带面的综合效果进一步发挥。四是实践运用监督执纪“四种形态”,红脸出汗、抓早抓小成为常态,对严重违纪问题,实行“一案双查”,严肃问责,政治生态得到进一步优化。

在看到成绩的同时,必须清醒认识到,我省系统党风廉政建设和反腐败斗争形势依然严峻复杂。主要表现在:

一是主体责任落实不平衡的问题依然存在。有些领导干部对落实主体责任的思想认识还不够到位,主动性还不够强,一定程度存在“重业务、轻党建”的倾向和“推着走、被动抓”的问题。有的把党风廉政建设与业务工作割裂开来、对立起来,对自身责任认识不清,以“工作忙”为由,拖延、推诿党风廉政建设任务落实。有的存在“依赖”思想,片面地认为落实主体责任是党组的事,甚至认为是机关党委、纪检监察组的活,没有把自己摆进去,没有把党风廉政建设当作分内之事去研究、布置、落实。

二是业务领域廉政风险仍较突出。从十八大以来我省系统案件情况看,“社保基金、就业资金、信息化建设、事业单位进人管理、人事考试”等五大业务领域问题易发多发,存在较大廉政风险。以今年一起社保费违规减征案为例,分析案件成因,涉案人之所以能轻易得手,主要就是业务经办不规范,内部缺乏监督制约。省厅 2012 年就专门发文,要求各级社保经办机构建立健全“分段把关、分人负责、相互制衡”的经办模式,但一些地方片面强调执行困难,没有很好地贯彻落实,存在较大隐患。

三是内部管理风险隐患不容忽视。从近年巡视、审计、自查情况看,一些下属单位内部管理方面存在较突出的问题,有些还带有一定普遍性。如会议费培训费使用管理不到位、财务管理不规范、固定资产管理混乱,等等。这些内部管理上的风险点,都可能成为问题滋生的温床。

四是作风建设仍有待改进。有些同志对“作风建设永远在路上”没有清醒的认识，仍心存侥幸，违反中央八项规定精神问题在系统内还时有发生。懒政怠政在一些部门、一些干部身上不同程度存在。一些窗口单位不善于根据群众需求提升服务工作，离“最多跑一次”改革工作的要求，还有较大差距。

二、强化责任担当，推动系统党风廉政建设工作

（一）抓长抓常，健全落实主体责任的长效机制。党要管党、从严治党是全党的共同责任，在座的同志都是全面从严治党的责任主体，是落实全面从严治党的“关键少数”。我们要从讲政治的高度，从建设“清廉浙江”的站位，来理解认识、思考谋划、部署推动全面从严治党工作。要建立健全党组（党委）主抓直管的工作机制，定期研究布置党风廉政建设工作并抓好推动落实；要加强机关党委、机关纪委建设，把党风廉政建设日常工作抓实抓好；要支持派驻纪检监察组工作，为其履行监督责任创造更好的条件。要以上率下，做到重要工作亲自部署、重大问题亲自过问、重点环节亲自协调、重要案件亲自督办，把责任传导给班子成员，并层层传导给处室、单位负责人。要克服业务、党建“两张皮”，将廉政要求融入业务工作全过程，切实做到党风廉政建设与业务工作同研究、同部署、同落实、同检查，努力抓出成效，抓出习惯。

（二）加强和规范党内政治生活，构建良好政治生态。习近平总书记指出，党内出现的很多问题，归根到底是政治生活出了问题。严肃党内政治生活，关键是党组织要把自己摆进去，把班子情况摆进去，对照《关于新形势下党内政治生活的若干准则》规定的 12 个方面，查找政治偏差，解决突出问题。领导干部要透过现象看本质，分析判断本单位“森林”与“树木”的状况，摸清楚干部队伍政治、思想和廉洁情况，对净化政治生态要有思考、有举措。要积极参加双重组织生活，讲好党课，经常性开展谈心谈话，把讲政治纪律和政治规矩具体化为实际行动。各级党组织要认真落实“三会一课”制度，把基础工作做扎实。要严格执行请示报告制度，及时完整地报告个人有关事项，这是组织纪律的具体规定，也是对党忠诚的基本要求。

（三）突出重点，严肃监督执纪问责。突出政治监督。加强对落实党内政治生活准则情况的监督检查，进一步推动党内政治生活规范化常态化；加强对中央和省委重大决策部署贯彻落实情况的监督检查，今年要重点监督推动“最多跑一次”改革工作在人力社保系统落地落实。突出重点领域监督。人力社保工作关乎民生福祉和社会稳定，人力社保领域每发生一起违法违纪案件，都会严重损害党和政府的形象。要进一步加强监督检查，查找和防控重点领域风险，继续开展好社保基金、就业资金、人事考试等领域专项治理，严格信息化建设项目全流程控制，规范单位内部管理尤其是财务管理，不断健全制度机制，强化监督制约，规范权力运行。要贯彻落实 7 月 3 日中央纪委扶贫领域监督执纪问责工作电视电话会议精神，对人力社保系统负责的面向贫困家庭的就业补助、培训补贴、创业扶持等扶贫项目和资金，加强监督检查，坚决查处扶贫领域的违纪违规行为，确保扶贫工作取得实效。要驰而不息深化作风建设，继续高标准执行中央八项规定精神、省委“28 条办法”“六个严禁”和厅党组相关规定，坚决防止“四风”反弹回潮。要正确把握监督执纪“四种形态”的深刻内涵和精神实质。过去监督执纪问责存在“宽松软”问题，发现小问题不管不问，出了大问题要么“一脚踹到井里”，要么惋惜说情。“四种形态”根本目的是为了“惩前毖后、治病救人”，改变要么是“好同志”、要么是“阶下囚”的状况。要用好“四种形态”特别是有效运用好第一、二种形态，通过抓早抓小，防微杜渐，防止小错演变成大错，最大限度地保护干部。

最后，真诚希望大家能在管党治党工作中以身作则，作好表率，共同推动系统党风廉政建设不断深化，为我省人力社保事业健康发展提供有力保障。

宓小峰副厅长在全省引进外国人才和智力工作会议上的讲话(摘要)

(2017 年 3 月 8 日)

召开这次全省引进外国人才和智力工作会议,很有必要。刚才厉勇局长作了一个很好的工作报告,对去年的工作进行了总结,明确了今年外专工作目标任务。各位局长也进行了经验交流,听了很受启发。下面我讲几点意见。

一、充分肯定这些年来我省外专工作成绩

我分管引智工作将近六年,记得刚刚分管的时候,我讲过政府引智与市场引智关系,作为引智工作职能部门,如何通过“政府引智”来引导和推动“市场引智”,如何要见树木还要见森林,就是希望我们引智点线上的同志要把工作做出一种态势和格局来。这些年来,在全省各级人力社保部门同志共同努力下,浙江的引智工作上了一个很好的台阶,大家交出了一份很好的“成绩单”。“十三五”期间,全省累计引进各类国境外专家 18.5 万人次,同比增加 39%,其中高层次专家 3.2 万人次;组织实施各类引智项目 5000 余项;选派因公出国境培训人员 1.5 万人次。这些年我省入选国家“外专千人计划”35 人,连续三年保持全国领先;入选省“千人计划”外专项目的比例每年在提高,去年 43 人已超过 20%。去年是“十三五”引智工作开局之年,我们还做了三件有影响的事情:

第一,印发了浙江省引才引智“十三五”规划,确立了今后五年新的引智工作目标任务和原则,并提出了今后一个时期引智工作具体举措。

第二,借助成功举办 G20 杭州峰会东风,省政府召开了“西湖友谊奖”二十周年颁奖大会,并展示了我省引智工作 20 周年成果。车俊省长亲自出席会议讲话,还对 3 位长期为浙江工作服务作出重大贡献的外国专家授予“西湖友谊杰出贡献奖”,对 30 位外国专家授予 2016 年度“西湖友谊奖”。此次会议为我省“十三五”引才引智工作吹响了号角,拉开了序幕。

第三,挂牌成立“中国杭州国际人力资源产业园”,张建国局长亲自莅临杭州,出席杭州国际人才交流大会,并为全国首个国际人力资源产业园授牌,这为我省积极探索市场化、国际化的引智路子创造了条件。

浙江引智工作到目前为止,可以这么说,以“外专千人”“高校海外精英集聚”“海外工程师”等计划为重点,各地相配套的政策项目上梯度支持体系已形成;以每年若干次海内外重大招才引智平台活动等为抓手的省市县三级引才引智联动体系已建立;政府推动、市场主导、企事业单位主体的引才引智工作格局已基本确立。我省引智工作的新格局、新态势已经呈现出来,对此要给予充分的肯定。

二、对下一步我省外专工作的几点想法

这次会议既是一个工作部署会,也是工作讨论研究会。新形势下外专工作面临着很多问

题和难题，需要我们进行研究探讨，通过大家一起讨论互动来深化对工作的认识，从而形成共识，统一思想，统一步调，推进外专工作。做好今后一个时期外专工作，我认为要把握三条：

一是把握趋势看准方向，借势借力推进工作。要做好外专工作，只有对工作形势、发展的方向有正确的认识和把握，才能找准工作的定位，才能谋划好工作思路。去年11月中央关于新时期引才引智综合性指导文件，是继1983年之后又一纲领性文件，标志着我国引才引智事业发展进入新的历史时期。从“引智”的概念到“引进外国人才”概念，是个重大的标志性变化，我想这是基于对“新形势”研判后的新提法。这个“新形势”是什么？我认为：第一是经济全球化、交流国际化已成为一种常态。经过30多年改革开放，“走出去、请进来”形态正趋于深化多样，从经济领域到社会事业发展领域，工作的外向度、国际化程度大大提高。去年，杭州成功举办G20峰会，向世界亮出了杭州“金名片”，极大地提高了杭州乃至浙江在全世界的影响力、知名度，对推进杭州、浙江国际化进程起到了积极作用。发不发达看国际化，先不先进看国际化，没有国际化很难说有现代化。领先也好，一流也好，关键是放在什么层面上比较，以什么样的眼光比较，和谁比较。所以，我觉得全球化、国际化是外专工作最大的形势背景。第二是浙江经济转型升级和社会事业发展大背景。总书记要求浙江走在前列、勇立潮头，对浙江的发展寄予很大的期望。当前，浙江正积极实施创新驱动发展战略，推动传统产业改造升级，加快提高企业自主创新能力，发展形成以八大万亿产业为支柱的产业体系。这就给我们外专工作提供了很大的想象空间和施展舞台。如果我们能引进一大批外国专家，就像当年“星期六工程师”一样，参与浙江的项目开发、技术改造、发挥作用，外专工作对浙江的贡献就很大了。第三是用人主体需求旺盛。浙江的引智重点已从文教领域转到经济领域，现在70%外国专家在企业，并且还扩大到卫生等其他社会事业领域。现在高校要创建一流大学，一流大学要一流的学科支撑，一流学科需要一流的国际化人才，其他科研卫生发展，少不了开展国际合作，引进外国人才。第四是各级党委政府对人才工作的高度重视，对外专工作的重视支持，为我们提供了一个很好的开展工作舞台。我们外专工作正处于历史最好的发展机遇期，要把握趋势方向，乘势而上，推动外专工作再上新台阶。

二是坚持实事求是，注重引才引智规律。从全省来看，我们外专工作发展是不平衡的，这主要还是因为各地的经济社会发展不平衡。外专工作有其自身的特点和规律，它不同于留学人员工作，也不同于其他人才工作。怎么引，如何留，要研究琢磨规律性的特点，不能简单套用一般的人才工作方法，把握不住外专工作特点和规律就干不好工作。各地必须结合地方环境条件开展工作，适合引才的就引才，适合引智的就引智，关键在管用就好。像杭宁等发达地区要继续再接再厉，步子更快一些，积极发挥好引领作用；欠发达地区要创造条件，找准定位寻找工作发力点，虽然发展不平衡，只要规律掌握了，需求摸准了，方法对路了，工作一样能出彩。

三是坚持问题导向，寻找工作路径方法和举措。和做其他工作一样，做外专工作既要提目标任务，更要研究路径、方法、举措，不然就是不落地的概念口号。要把目标任务转化成工作举措，就必须坚持问题导向，只有问题导向才能把工作路径和措施具体化，才能把我们的工作做实做好。我们要着眼于解决问题，把中央和省里对外专工作的要求和精神具体化，结合地方实际，拿出具体可行的措施方案，创造经验提供“样板”，走在前列。

三、关于今年的工作

关于今年引才引智工作,王文序厅长在年初的全省系统会议上作了部署,省外专局今年工作要点也已印发,刚才厉勇局长在工作报告上进行了具体部署。我在这里再强调三项重点工作:

一是要尽快出台中央综合性指导文件在我省的贯彻实施意见,也就是浙江版的“引智新政”。各个市要结合当地实际拿出相应的政策举措。二是实施好外国人来华工作许可“两证整合”工作,推进外国人才管理体制改革。这既是国家的要求,也是外专工作的实际需要。这项工作明天还要专门研究部署。因为涉及到管理体制改革,王厅长对此非常重视,要求各市给予高度重视,大家回去后要向单位“一把手”汇报好,要作为一项政治任务来完成,通过整合,调整理顺职能,充实人员力量,这项工作主要是人社部门内部职能调整,只要大家重视了,就一定能做得好。不能因为我们工作不到位,耽误办事影响形象。三是实施外国人才智力引培工程。这是王厅长在系统工作会议中提出的,要举全系统之力办好的六件实事之首工作,包括推进“外专千人计划”“海外工程师”计划,“高校海外精英集聚计划”、以及“万名国际化人才培训工程”等,力争全年引进各类国境外专家5万人次以上,其中高层次专家1万人次。应该讲目标任务非常明确,大家要一起努力来完成。

这里再提几点要求:

(一)工作站位要高。工作是认识到什么层面,就干到什么程度;站得高,看得远,工作才会有大格局。外专工作舞台很大,外专系统工作同志必须要有国际化的视野、服务全局的意识、海纳百川的胸怀,想大做大。要认真学习领会好中央和省委有关文件精神,主动把外专工作融入省里的创新驱动、转型升级系列重大战略决策部署工作中去,抓住历史机遇期,积极作为,不断创造浙江好经验。

(二)要注重工作机制的建立健全。外专工作要形成“势”,关键在于机制。要加强与组织、公安、外办等部门配合协作,建立健全工作协调推进机制,形成工作例会制度,定期共同研究重要问题,部署推进面上工作。通过机制的“牵引”,把我们外专工作由部门行为变成全局行为、政府行为变成社会行为、市场行为,调动方方面面工作积极性,形成工作的“大合唱”。

(三)要抓工作重点。外专工作的重点是要解决外国专家引进问题。要把工作重心放在引进国外专家组织、专业协会、国际中介等组织机构上,希望每年能有一些外国机构组织的“新面孔”出现在我们的活动上。另外,“中国杭州国际人力资源产业园”牌子挂起来了,管理模式、市场化的合作与运行机制都值得很好研究,希望杭州能在市场化引智方面走出一条路子出来。有了机构组织,再跟合作机制,这样外专工作的“蛋糕”就做大了。各地还要结合省里的大项目、大工程、大平台建设,比如舟山的波音大飞机项目,及时跟进做好工作,类似这种大项目各地都不少,要抓住机会。对已经走出国门,收购兼并外国企业、在外建研发机构、创新平台的民营企业,各地要给予足够的重视,这些企业会有很多资源,要把它开发利用好。

(四)要把省市的平台活动组织好,作用发挥好。今年的招才引才的平台活动不少,欧美等地的国外招聘活动,宁波的浙洽会、杭州的国际人才交流大会,以及还要把外国专家组织请进来,与地方进行对接洽谈等等,一方面主办市要深化创新,办好办出成效;另一方面其他市要借东风,积极参与。组织一次活动不容易,政府要花不少钱,各地要把平台活动利用好,给企事业单位提供一些机会,放大活动成效。

(五)要加强宣传。有关宣传工作,厉勇局长已提了要求。这里我想说的是,我们的宣传工作不仅仅宣传我们政府自己的做法，更要重视单位的典型案例宣传，我们要善于发现总结搞得好的典型，在媒体上进行宣传，也可以召开一些现场会，以典型引路，推动外专工作。用典型案例进行现身说法最有说服力，在宣传别人的同时也宣传了我们自己的工作。

（六）要加强队伍能力建设。工作要打开局面，要有一支敢为善为、本领过硬的工作队伍。外专工作想象空间和可发挥的自由度比较大，关键是我们自己要善于谋划布局、组织协调、总结提升、开拓创新，要有“拳打脚踢”的能力和本领。当前我们又面临新形势、新任务，尤其需要加强业务的学习思考研究，工作不仅要知其然，更要知其所以然，不断提高政策业务水平和谋事办事能力。

最后，强调一下要抓好外专系统党风廉政建设。外专工作资金多项目多，也有一定自由裁量权，要加强监管，规范流程，建立台账，落实好主体责任。在干好工作的同时，确保队伍不出问题。

龚和艳副厅长在全省公务员考试录用工作部署会上的讲话(摘要)

(2017 年 2 月 17 日)

这次会议的主要任务是,认真贯彻落实全国和全省公务员管理工作会议精神,总结交流2016 年全省公务员考试录用工作,研究部署2017 年重点工作。讲三点意见。

一、充分肯定 2016 年考录工作取得的成绩

2016 年,全省组织、人力社保部门按照“干在实处、走在前列、勇立潮头”的要求,在各级党委、政府领导下,围绕中心、服务大局,通过四级联考、紧缺职位招考主渠道共招录公务员8059 名。首次与四级联考同步开展省级机关公开遴选公务员工作,为省级机关遴选公务员62 名。深化专设部分岗位面向残疾人招录公务员,市级机关单位录用 5 名残疾人公务员。服务保障 G20 杭州峰会安保,组织实施了参加G20 峰会安保的省内警校 2016、2017 届毕业生提前考录公务员工作、全省公安机关特警招录(包括从省军区特战分队和武警总队反恐分队招录公安特警)以及安全机关特殊招录等工作。认真完成中央交办的政法干警招录、国考笔试考务、面试监督指导等工作。全年组织各类公务员招考达 13 项,共 30 余万人次参加考试。在各项考录工作中,各级公务员主管部门和招录机关通力合作,周密部署、精心组织,考录平稳有序,社会反响良好。去年工作在以下三个方面成效明显:

(一) 进一步健全完善考录制度。省委、省政府历来重视基层干部队伍建设,我省最早开展面向优秀村干部招录乡镇公务员工作,并坚持每年开展,成为全国推广的重要经验。目前,省里还鼓励有条件的地方开展面向优秀社区正职的招考工作,以进一步优化基层结构,树立基层导向。近两年,我们针对基层人民武装干部队伍建设的需要,同时也为了一定程度上缓解乡镇招考的性别失衡,建立了面向退役大学生士兵招录基层人武专干的机制,对 31 个山区海岛县(市、区)以及其他县(市、区)地处山区海岛的乡镇招录公务员实行特殊倾斜政策,提高基层一线干部“本土化”比例。为配套司法体制改革分类考录的需要,研究制定了《关于招录人民法院法官助理、人民检察院检察官助理工作的实施意见》,以畅通政法专业毕业生进入司法机关的规范便捷渠道。

此外,公安机关人民警察招录机制也进一步健全完善。落实全面深化公安改革精神,按照“三个坚持”的原则改革公安机关人员招录模式。一是坚持优化来源,畅通渠道。对公安院校毕业生和其他考生设置不同招考渠道,两类人员各行其道。二是坚持分类招警,科学考录。按照公安机关人民警察分类管理的要求,划分招考职位类别,实行分类考试。三是开展特殊招录。对反恐、国保等涉密要害职位以及狙击、排爆、网络安全等特殊紧缺职位招考,实行特殊的考录政策。四是修订人民警察考察政审规定。会同省公安厅对考察办法进行了修

订，缩小考察政审的对象范围，并对考察中的其他情形进行了明确。

（二）进一步提升“阳光考录”品牌。2016年全省公务员考录工作严格遵循“公开、平等、竞争、择优”原则，进一步拓宽信息公开渠道，在公开考录工作全流程的同时，主动加强与新闻媒体的联系，积极宣传考录政策，及时发布工作动态，消除考生及社会各界对考录工作的神秘感。进一步强化监督，面试环节，省级机关从省级各单位（包括中央在浙直属单位）大范围抽调考官，实行本系统考官回避，运用考生、考官双抽签系统，通过计算机确定抽签结果；除省级机关外，所有市、县（市、区）均实行考官易地交流，面试期间邀请纪检部门代表、“两代表一委员”对面试组织工作全程予以监督。省级机关考点还邀请厅行风政风监督员、考生家长、媒体代表等人员，通过“视频直播”的方式监督观摩面试。

另外，在对考生专业资格的审核方面，前几年因为部分招考职位专业审核过于严苛，造成较多信访投诉，甚至被质疑为“萝卜招聘”。在去年全省公务员考录工作部署会上，我们提出要面向五湖四海，打破专业壁垒，不拘一格用人才，一般管理岗位原则上不设专业限制，有专业要求的也宜宽不宜严，适用“就近就宽”原则。凡出现专业审核争议的，同级公务员主管部门必须主动介入，协调招录机关慎重处理，难以作出决定的，由公务员主管部门认定。审核上确有问题的，要责令招录机关予以调整并将专业调整情况面向社会公开。去年四级联考中，各市高度重视专业资格审核问题，积极配合、认真落实，成效显著，全年没有接到一例专业资格审核方面的信访投诉。

（三）进一步守牢考试安全底线。在2016年各项公务员考录工作中，各市、县普遍成立了领导小组，主要负责同志亲临一线、靠前指挥，形成全员动员态势。建立了由组织、人力社保部门牵头，教育、公安、无线电管理等多部门合作的考试协调机制，有效防范和打击考试作弊行为，保障考试安全。推进考录违纪违规信息库建设，加大打击违法违纪行为力度。强化内外监督，细化考试组织管理，全力做好考试服务。各市采取多种方式开展警示教育，认真开展自查自纠，及时发现并堵塞安全漏洞，研究解决对策措施，较好地保障了考试安全，获得了人社部和国家公务员局的充分肯定，省人事考试办连续13年被人社部考试中心评为优秀单位。

二、深刻把握当前考录工作面临的新形势

公务员考录是一项专门为党政机关选拔人才的国家法定考试。各级领导重视程度高，人民群众和广大考生关注程度更高。我们必须清醒地看到，在统筹推进“五位一体”总体布局、协调推进“四个全面”战略布局、全面建成小康社会标杆省进程中，浙江公务员考录工作正面临新形势、新使命和新要求。

（一）打造“浙江铁军”对考录工作提出了新要求。党的十八大以来，习近平总书记就干部工作作出了一系列重要论述，提出了许多新思想新观点新要求，指出了新形势下加强干部队伍建设的极端重要性，强调推进宏伟事业、进行伟大斗争，关键在党、关键在人，必须有一批先锋队，特别是建设一支德才兼备的高素质干部队伍。省委十三届十次全会也指出，新形势下，我们要以对党、对历史、对人民、对浙江极端负责的精神，努力打造绝对忠诚、干事担当、干净自律、充满活力的干部队伍，打造一支勇立潮头的浙江铁军。公务员考录是党政机关干部队伍来源的主渠道，对干部队伍建设发挥着重要的基础性作用，是培养选拔好干部、更好打造勇立潮头的浙江铁军的第一关口。因此，做好新形势下考录工作，必须认真贯彻好干部标准，把好公务员队伍的“入口关”，吸引、聚集各类优秀人才进入党政干部队伍，为培养选拔党和人

民需要的好干部、锻造一支勇立潮头的“浙江铁军”打下坚实的基础。

（二）浙江所处新的历史方位使考录工作面临着新使命。当前，浙江正挺立在中国特色社会主义伟大事业的潮头上，正奔跑在“干在实处、走在前列”的跑道上，正站在高水平全面建成小康社会的关键节点上。省委十三届十次全会明确指出，什么样的历史方位决定着什么样的历史使命，什么样的历史使命就需要什么样的干部。要全面落实总书记赋予浙江的新使命、新要求，关键靠高素质的干部队伍。公务员实行凡进必考以来，一大批有基层工作经历、年纪轻、学历高、素质好的人才进入各级党政机关，成效是明显的。但也存在着一些问题，比如山区海岛地区留人难、部分新录用人员岗位匹配性差、适应性不强、性别比例失衡等。这些问题的出现，根源在于考录体制机制还不完全适应精准科学选人用人的要求，如何使考录工作更好地适应建设“浙江的今天”的需要，必须紧紧扭住事关干部队伍建设的重大问题，围绕省委省政府的中心工作，精确制导、精准发力，不断提高考录科学化水平。

（三）市场化配置人才对考录工作造成了新压力。在市场经济中，考录公务员从某种意义上讲，是一种通过市场来竞争人才的行为。我们的招录机关不可能游离于市场主体之外。公务员考录与企业、事业单位招聘相比，体制机制比较严格，不具有灵活性。因此，招录机关更要放下身段，自觉地把自己摆到市场中去发现人才，去抢人才。

（四）考试安全形势给考录工作带来新挑战。近年来，有组织的、以高科技手段为依托的各类考试作弊行为屡禁不止，时刻都在威胁着考试安全的底线。据公安部门介绍，目前高科技作弊设备已发展至第六代，有的作弊设备伪装巧妙，技术先进，很难被视频监控有效捕捉和监考人员及时发现。在 2016 年公务员录用全国联考中，湖南衡阳、江西九江、云南临沧连续发生了情节严重的有组织考试作弊案，这充分说明了目前公务员考试的安全形势十分严峻，必须引起我们的高度警惕并加以严密防范。

三、切实做好 2017 年各项工作

2017 年是全面实施“十三五”规划的重要一年和推进供给侧结构性改革的深化之年，也是干好“一三五”的收官之年。做好全省公务员考试录用工作重点要把握以下五点：

（一）加强紧迫意识，招录优秀人才。当前，浙江正处在新的历史方位上，新的历史方位赋予了浙江向全世界展示中国方案、中国道路、中国智慧之鲜活样本的崇高使命。中央关于人才队伍的分类中，党政人才居六支人才队伍之首位。这就要求考录发挥主入口的作用，吸引、聚集各类优秀人才到各级党政机关中来。不限专业强调的是选人的“面”要广，但更重要的是选出的人“质”要优。这就要求各级公务员主管部门和招录机关进一步强化党政人才意识，增强紧迫感和责任感，根据不同行业类别公务员职位的特殊性，深化分类分级考录，提高测评技术水平，真正把优秀的人才吸纳到公务员队伍中来。

（二）完善招录政策，解决突出问题。在 1 月下旬召开的全国公务员管理工作会议上，中组部常务副部长陈希谈及提升考录科学化水平，增强人岗匹配度问题时强调：要选岗位最需要的人，录用到基层的公务员要接地气、懂乡音、解乡情、亲乡邻；录用到领导机关的公务员，要有较好的理论思维和综合协调能力；录用到艰苦边远地区的，要有吃苦奉献精神，能适应当地环境，立得住脚、扎得下根。提升考录科学化水平，需要技术的提升，也需要政策的支持。针对山区海岛地区招人难留人难、性别比例失衡等问题，要继续对山区海岛地区考录公务员实行政策倾斜。要高度重视基层一线执法单位性

别比例失衡问题。根据基层一线执法单位的工作特点，逐步优化人员性别结构。

（三）坚持安全考录，确保平稳有序。确保考试安全是各级公务员主管部门和考试机构的第一要务，也是我们工作的底线。去年11月，中组部办公厅、人社部办公厅下发了《关于进一步加强公务员录用考试安全工作的通知》，对有效防控考试安全风险提出了明确的要求。全省上下要打起十二分的精神，尤其是考试机构的同志们，要时刻绷紧考试安全这根弦。下好先手棋、打好主动战，把一切安全隐患消除在萌芽状态，牢牢筑起考试安全的铜墙铁壁，确保各项考试万无一失。一是要着重消除内部安全隐患。要完善考试安全管理制度，严格工作程序和监督措施，用制度保证考试安全。强化责任意识，合理确定参与考试各方的职责，做到责任边界清晰、责任后果明确。要加强警示教育，筑牢工作人员思想防线，做到防微杜渐、警钟长鸣。对明知故犯、徇私枉法的，坚决依法惩处。二是要综合治理外部考试环境。要积极行动起来，发挥协调机制作用，通力合作，综合治理，建立长效机制，形成持续打击态势，净化公务员考录的安全环境。三是要完善诚信报考约束机制。要倡导考生诚信报考，加强考生诚信管理，建立诚信档案。要贯彻好《公务员考试录用违纪违规行为处理办法》，修订完善我省公务员考试录用违纪违规行为处理相关规定，完善考生违纪违规档案库，加大对不诚信行为的惩处力度，从制度上杜绝发生不诚信行为。

（四）精心组织安排，抓好工作落实。2017年要着重做好“四级联考”工作，统筹开展紧缺专业和特殊职位公务员考录。要完善公安院校公安专业毕业生招录工作，探索开展从特别优秀的警务辅助人员中招录公安机关人民警察工作。加强公开遴选工作，逐步形成与“四级联考”同步进行的常态机制。要执行好国家新颁发的公务员录用体检标准和操作手册，研究出台新录用公务员“农转非”登记政策。

这里，还要强调一下面向残疾人招录公务员工作。2015年底，省政府《关于加快推进残疾人全面小康社会进程的实施意见》中明确：到2018年，所有省级党政机关、市级残工委成员单位至少有1名残疾人在本单位安置就业。应该说这是一项政治任务，今年招考计划中，省级机关拿出了2个、各市拿出了19个岗位，明年就是目标的最后一年了，希望省级机关和各市要高度重视这项工作，认真抓好落实。没有行政编制的，参公管理单位也行，没有参公编制的，事业单位也可以。

（五）加强自身建设，实现可持续发展。事业兴衰，关键在人，加强考录队伍自身建设，刻不容缓。一是要健全队伍。配强考录工作的领导班子，充实工作队伍。各地从事考录工作的人手都很紧张，组织、人社部门的领导对考录工作要高看一眼，厚待三分，尽可能地配齐配强考录工作人员。二是要提升能力。既要大力实施培训，也要坚持在实践中锻炼提高，使考录工作人员都能成为行家里手或专家权威，不断提高履职能力和服务水平。三是要严格管理。建立科学管用的制度和机制，从严管理考录工作队伍，人人自觉做到遵纪守法、秉公用权、清正廉洁，树立考录工作队伍良好形象。四是要落实责任。动员千遍不如问责一次，要完善可追溯的责任倒查机制，对发生问题的要倒查责任，依法依规严肃处理。

同志们，2017年公务员招录工作即将全面推开。我们要充分认识做好这项工作的重要意义和重大责任，以更加坚定的信心、更加振奋的精神和更加扎实的作风，不忘初心、砥砺前行，全面完成各项工作任务，以良好的精神状态和优异的成绩迎接党的十九大和省第十四次党代会的胜利召开！

仉贻泓副厅长在省人力资源和社会保障厅务虚会上的讲话(摘要)

(2017 年 7 月 26 日)

一、上半年分管工作简要回顾

今年以来,按照年初厅党组的部署,各市局和省厅有关处室、单位认真抓好工作落实,圆满完成了相关工作任务。一是起草完成了《"之江工匠"打造行动》和《浙江无欠薪行动》方案,目前已进入办文程序。二是 11 个市都出台实施了国企负责人薪酬制度改革方案,省属企业实现全覆盖。三是国务院和省政府工资拖欠专项督查顺利完成,追回了被拖欠的农民工的工资,问责了一批失职失察人员。四是第 44 届世界技能大赛选拔赛我省有 5 名选手代表国家出征,参赛人数比上届大赛增加一倍多。五是高技能人才队伍建设取得新进展,上半年全省新增高技能人才 16.5 万人。这是在国家技能职业资格削减了 70% 以上的情况下取得的。六是职业能力和劳动关系口的"最多跑一次"改革取得了积极进展。

二、下半年分管工作的初步考虑

下半年,贯彻落实省第十四次党代会对人力社保工作提出的新要求任务十分繁重,《"之江工匠"打造行动》和《浙江无欠薪行动》将进入实施阶段。这两项行动王厅长十分重视,亲自谋划思路,提出政策措施,她在明天的讲话中还要部署。在此,我就围绕"两个行动"做好下半年工作提几点具体意见,供大家参考。

(一) 扎实推进"之江工匠"打造行动。

实施"之江工匠"打造行动,是实施人才强省战略,补齐高技能人才队伍建设短板,突出高技能人才领军队伍建设的重要抓手,也赋予了今年全系统 6 件实事之一的高技能人才队伍建设新的内涵和要求,各地的职业能力建设工作必须聚焦到"之江工匠"打造行动上来,着力做好以下工作:

1. 贯彻落实好"之江工匠"打造行动及配套政策文件。省政府文件下发后,各地要认真学习,深刻领会文件政策内涵,重点要做好"之江工匠"的培养遴选工作,这项工作的基础在市、县。应该讲,"十二五"以来,各级党委、政府高度重视高技能人才队伍建设,各地的工作基础是好的,也形成了地方特色和品牌。要按照文件要求,结合当地重点产业,做好培养遴选工作,加快形成一支与八大万亿产业和十大传统制造业相匹配,梯次比例合理,职业(工种)结构均衡的高技能人才领军队伍。

2. 推进技工院校改革发展。各地要切实履行属地管理责任,通过体制机制创新,把技工院校打造成技师成长的摇篮、工匠培养的主阵地。要加强对学校专业建设的指导,专业设置要适应"中国制造 2025 浙江行动纲要"和当地特色产业,10 个传统制造业都要有相应的专业培养,满足振兴实体经济对高技能人才的需求。要强化对教育系统所属技工院校办学方向的引导,坚持"贴近生产、贴近市场、贴近就业"的方向,切实纠正目前存在的追求升学率的偏差。

省厅下半年将制定出台推进技工院校改革发展的系统性政策文件，统筹解决阻碍学校发展的一系列问题。

3. 做好职业能力建设的相关工作。一是开展全省30个职业（工种）省级技能大赛，各地要做好组织工作，营造公平的比赛环境，把真正有一技之长的技能人才选拔出来。二是加强职业技能鉴定考试的监管。各地要把这项工作作为体现国家职业资格证书的公信力的重要方面来抓，强化对鉴定现场的管理，确保鉴定公平公正。三是切实贯彻好国家技能职业资格目录清单。目录清单预计下半年要出台，省厅将抓紧出台实施办法。各地要严格按照国家目录清单进行培训、鉴定，绝不能违法行政。

（二）全力以赴实施“浙江无欠薪行动”。

“浙江无欠薪行动”是省政府作出的庄严承诺，事关民生保障、社会公平正义和社会和谐稳定，省政府下周要召开全省电视电话会议进行部署。各地及相关处室、单位对此必须有深刻的认识，提高政治站位，切实贯彻实施好“浙江无欠薪”行动。

1. 切实发挥好人社部门的牵头协调作用。省政府文件下发后，各地要立即行动起来，进一步落实属地责任，主动协调相关部门，组成强有力的工作班子，尽快制定本地区的实施方案，配齐配强各级劳动保障监察机构的人员，强化乡镇劳动保障监察派驻机构建设，把各项工作责任落实到位。

2. 抓好第一批创建试点地区的工作指导。这次申报试点县（市、区）有17个，大大超出了预计数，说明不少市对“无欠薪”行动的认识是到位的。下一步。各市要加强对所属县（市、区）试点工作的指导，帮助解决工作上的困难，及时总结推广好经验好做法。省厅也会对试点地区全力指导帮助，在政策上予以支持，业务上予以指导，对跨部门跨区工作予以协调。没有列入试点的地区，要尽早谋划准备实施，同时，要抓好制造业企业、工程建设项目、企业欠薪失信三项专项治理的落实。

3. 杜绝欠薪案件瞒报漏报现象。今年以来，国务院和省政府加大了对欠薪案件的督查力度，各地对此也有所担心，怕案件多了对当地政府造成压力，由此出现了部分地区瞒报的情况。在最近的国务院第四次大督查中，某个市被举报今年1月份发生了一个大的欠薪案件，这一案件一直没有上报省监察总队，是我们偶然了解到的。对这个问题，各地务必要有清醒认识，现在是信息社会，瞒是瞒不住的。隐瞒不报只会加重问责追责，一旦案件没有处理好或者处理不及时，那追责会更严厉。所以，绝不能有侥幸心理。这一点大家一定要想明白，减少欠薪案件量，根本上要靠踏踏实实的工作、扎实有效的措施来解决，而不是靠瞒报漏报来解决。

此外，要深化“双爱”活动和“双爱”活动示范区创建工作，要与开展“浙江无欠薪”行动有机结合，使两者相互促进、相得益彰。当前正值高温酷暑季节，省安监局、我厅等部门联合下发了有关文件，各地劳动监察机构要加强对高温津贴发放情况的监督检查，尤其要落实建设项目总承包单位或劳务公司的发放责任，保障职工的安全健康。同时，目前是学生暑假期间，各地要加强对非法使用童工的检查，这是一条“高压线”，出了问题同样要问责追责。

最后，对分管口子的“最多跑一次”改革和“互联网＋人社”工作再强调一下。这两项工作涉及劳动关系和职业能力的内容不少，要高度重视。要抓好“最多跑一次”改革，扎实做好“八统一”工作，做到与改革步调一致，绝不能拖全省人力社保系统的后腿。“互联网＋人社”涉及网上培训和网上人才服务，省厅正在构建职业能力一体化信息平台，力争实现网上受理，分级办理，打通省、市、县三级技能人才服务的“最后一公里”，各地要认真做好对接工作。

陈中副厅长在全省残疾人创业就业工作现场会上的讲话(摘要)

(2017 年 7 月 21 日)

一、充分肯定残疾人创业就业工作成绩

习近平总书记指出,残疾人是一个特殊困难的群体,需要格外关心、格外关注。李克强总理专门作出批示,要求进一步落实和完善残疾人就业创业的各项扶持政策,统筹做好残疾人等各类群体就业工作。省委、省政府历来高度重视残疾人就业创业工作,熊建平副省长对推进残疾人就业创业提出了明确要求。今年,我厅会同省残联等部门先后出台了关于残疾人就业创业、创业孵化示范基地创建、职业技能培训等多个文件,把“扶持残疾人创业就业”列为全系统要集中力量办好的六件实事之一,并纳入省政府考核目标任务,促进残疾人就业创业的工作力度不断加大,全省各级人力社保部门做了许多富有成效的工作。

(一) 在推动党政机关带头安置方面,我省是全国第一个单考单招残疾人公务员的省份,去年我厅会同组织、编办、残联专门印发通知,部署省级机关报送安置残疾人计划,加快推进这项工作,应该说效果是明显的,也得到了国务院残工委的充分肯定。2015 年、2016 年省市两级推出面向残疾人的公务员岗位 11 个,成功招录 8 名残疾人;今年全省共推出 22 个岗位,预计有 18 名残疾人进入公务员队伍。同时,今年还有 4 家省属事业单位推出专门面向残疾人的岗位。

(二) 在鼓励创业方面,我们把残疾人列为五类重点人群之一,全面落实创业担保贷款、创业社保补贴、带动就业补贴等政策。2016 年,在安吉开展残疾人电商创业园建园试点工作,探索由残联部门出场地、出资金,人力社保部门送政策、送培训,爱心企业送产品、送服务,社会第三方负责运营的安吉模式。近三年全省扶持残疾人电商创业 2800 多人,帮助残疾人就业近 1 万人。

(三) 在托底安置方面,按照熊省长“就业政策要向残疾人倾斜”的要求,全省各地加大对残疾人就业的援助力度,依托街道(乡镇)和社区(村)服务平台,开发适合残疾人工作的公益性岗位,近三年共安置残疾人 2450 人,为 800 余名残疾高校毕业生及时发放求职创业补贴。

(四) 在就业服务方面,各级人力社保部门定期开展专项招聘活动,利用网站、微信等载体,每年为残疾人推送就业岗位信息 5 万条以上。去年,全省共举办残疾人专场招聘会 96 场,提供岗位 1.5 万个,帮助 1700 多名残疾人实现就业。

虽然前期我们做了大量的、富有成效的工作,但残疾人是最为特殊的、特别困难的群体,残疾人就业创业依然是我们工作中的薄弱环节。目前,我省持证残疾人中有劳动能力和就业愿望的 39 万,已经就业 31 万人,还有 8 万多人未就业。我们要清醒地看到,残疾人就业创业仍然存在渠道不畅、就业层次较低、创业载体

不够丰富、创业率不高等问题,残疾人就业率与全体劳动者就业率相比,为残疾人提供就业创业服务的能力建设与残疾人日益增长的服务需求相比,仍然存在较大的差距。这些问题,都是残疾人就业创业工作的短板,也是我们落实厅六件实事切实要解决的问题,是我们下一步工作的重点和方向。

二、怎样做好残疾人就业创业工作

作为就业创业工作的牵头部门,要发挥职能优势,努力实现理念、政策、方法、服务的“四个转变”,切实做好残疾人就业创业工作。

(一)理念要转变。和三年前推农村电商工作时一样,我们人力社保系统的部分同志在观念上没转过弯来,觉得残疾人就业创业就是残联的事情,我们不是牵头部门,和我们关系不大,用不着这么卖力。这种思想是要不得的,在前面我就谈到,残疾人实现就业创业,对残疾人增收致富是有好处的;对浙江打造全面小康标杆省份是有好处的;对提高我们系统的威信、地位是有好处的;对锻炼我们自身队伍是有好处的,我们何乐而不为呢?爱心和责任是解决弱势群体就业的重要保障。各级人力社保部门要从讲政治的高度,主动作为,转变理念思维方式,树立爱心和责任意识,学习借鉴先进地区经验,积极协同当地残联,将残疾就业纳入大就业工作范畴,加强调查研究,深入分析残疾人致残原因和构成,加强部门联动,合力破解残疾人就业创业难题。

(二)政策要转变。要使残疾人就业创业工作更上一层楼,既要靠思想上重视,更要靠政策以及体制机制的保障。对残疾人的扶持,首先要把普惠政策用足,之前省里出台的21号文件,把持证残疾人列为创业扶持政策的重点人群,目前我们正在抓紧制定国务院28号文件的贯彻意见,准备把持证残疾人纳入到就业困难人员的认定范围。也就是说,残疾人可以享受所有的就业创业扶持政策,如果能把政策用足,就可以发挥巨大的政策效应。其次,除了普惠政策外,残联还针对残疾人的特殊性出台了特惠政策,例如福利企业的税收减免、残疾人两项补贴(困难残疾人生活补贴和重度残疾人护理补贴)等,又比如刚刚出台的关于残疾人就业创业文件,对就业困难残疾人员在企业或公益性岗位上就业的,各地可根据实际延长社保补贴或岗位补贴期限,应该说对残疾人的扶持力度是相当大的,是特殊化的,也是符合残疾人这一特殊群体需求的。对于残疾人这类特殊群体,我们要综合运用普惠政策和特惠政策,把普惠的原则和特惠的要求结合起来,加强政策调研,多做加法,进一步完善政策扶持体系。

(三)方法要转变。帮助残疾人创业就业,要从哪里下手,很多地方可能搞不清楚。那么今天到这里,就是为了解决这个问题。昨天大家实地调研了宁波市残疾人就业创业工作,今天又听了部分地区的交流发言,相信对大家有触动,有感悟,有启发。要做好残疾人就业创业工作,一方面要发挥政策作用、资金作用,用政策和资金的杠杆撬动社会力量促进残疾人就业创业。比如依靠税收减免等政策的激励作用,像奉化新利和毛条公司的工疗车间集中安置80多名残疾人就业。另一方面,要充分发挥市场主体作用,特别是发挥创业孵化基地等平台的作用,充分调动企业招收残疾人的积极性,比如我省的福利企业搞得就很好,吸纳残疾人就业能力强;又比如富阳陆加益残疾人农村电商创业庇护中心,通过电商服务站帮助300多名残疾人实现居家创业。所以要做好工作,我们一定要转变方法,做到四两拨千斤,用我们的政策,用我们的服务,用我们的宣传去引导市场,引导社会,充分调动企业招聘残疾人积极性,聚集各方力量帮助残疾人就业创业。

(四)服务要转变。我们就业系统有一支好的工作队伍,有较为健全的就业创业服务体系,各地要真正把残疾人纳入到我们的服务范围中来,提供优质、精准的就业创业服务。一是服务内容要更丰富。利用我们的职能优势,在创业孵化基地建设、电商培训、政策扶持、基层平台等方面做文章,为残疾人定制丰富的服务菜单。二是服务要更精准。前不久,全国“互联网 + 人社”推进会在我省召开,强调人力社保部门要依托互联网,实现服务功能的升级。人力社保部门和残联部门要实现信息数据共享,通过数据比对,形成实名制的服务清单,要摸清楚残疾人的就业创业和培训需求,根据残疾人的实际和愿望,提供有针对性的精准服务。三是服务要更主动。残疾人行动不便,需要更多的关心和关爱,我们要切实转变工作作风,不要让残疾人跑上门找服务,而是要走进残疾人家门送服务,结合我们“最多跑一次”改革,让数据多跑路,让我们的工作人员多跑路,让残疾人少跑路甚至不跑路。

总之,促进残疾人创业就业这件事,要通过政府促进引导,社会各方支持,市场积极推动,残疾人自强不息,从而形成“政府、社会、市场、个人”共建共促的良好局面。

三、全力以赴抓好今年各项重点工作

(一) 加强组织领导,确保完成目标任务。今年的目标是,全省要建设 30 家残疾人创业基地,认定 10 家省级残疾人创业孵化示范基地,组织残疾人电商培训 1 万人次,帮扶 5000 名以上残疾人实现创业就业,到 6 月底,各项指标任务完成较好,工作进度超时间进度,希望各地继续保持这种工作节奏,进一步压实任务责任,强化协调配合,狠抓落实,圆满完成今年目标任务。在此,我要特别强调的是,最近,我们已将省残联梳理出来的 83741 名未就业残疾人名单下发各市,请各市将名单像去年做低收入农户扶贫工作一样,分发到各县(市、区),并督促各地尽快摸清核实底数,并依托基层平台及时开展就业帮扶。

(二) 加快推进残疾人创业孵化基地建设。创业孵化基地是推动残疾人创业就业的有效载体。目前经我省各级人力社保部门认定的各类创业园有 376 个,应该说,这项工作,我们是有基础的。各地要会同当地残联,加快推进残疾人创业孵化基地建设,积极探索建立残疾人创业就业孵化新机制。一是要省市县三级联动。要按照我厅和省残联《关于开展省级残疾人创业孵化示范基地创建工作的通知》要求,积极创建一批具有较强示范引领作用的示范基地,发挥其辐射带动效应。二是要摸清楚底数。要会同残联开展摸底调查,摸清未就业残疾人的就业创业服务需求,对有劳动能力和就业创业愿望的残疾人,提供孵化场地、培训指导等针对性的帮扶措施。三是政策服务要到位。要将政策、服务送到残疾人创业孵化基地,指导基地加强政策宣传、项目推广、交流互动和孵化培育服务,提高孵化绩效。

(三) 尽快落实残疾人各项就业创业政策。一是抓紧出台实施细则。对于刚刚出台的关于残疾人就业创业、职业技能培训的配套文件,各地要会同残联,抓紧细化政策措施,明确操作流程,提高政策的针对性和实效性。二是推动政策全面落地。对有劳动能力和就业创业意愿的残疾人,要进一步加大扶持力度,重点落实创业担保贷款及贴息、一次性创业社保补贴、创业带动就业补贴、创业孵化补贴等政策,要确保政策不打折扣、全面落地,发挥效用。三是让残疾人办事更方便。全面落实“最多跑一次”改革要求,进一步优化办理流程,精简申报材料,运用网上受理、电子审核、数据共享等新技术,提高经办效率,尽量让残疾人少跑腿、不跑腿,增强残疾人享受就业创业政策的获得感。四是多渠道加强宣传。要通过各类媒体广泛宣传各地好的经验做法、政策和先进典型,特别是要利用“奇思妙想浙江行”创业节目这一平台,宣传残

疾人创业典型,宣传残疾人自强不息的创业精神,宣传残疾人从事农村电商创业的典型,鼓励和引导残疾人到新业态实现就业。

(四)进一步推动机关事业单位按比例就业工作。党政机关、事业单位安置残疾人工作,我们已经开了个好头,有了一定基础,接下来要自上而下深入推进。一是各地要认真贯彻落实机关事业单位带头安置的政策文件,特别要向党委、政府领导主动汇报好,争取领导的支持和各部门的理解。二是各市要参照省人力社保厅等5部门印发《关于做好省级机关按比例安置残疾人就业计划报送工作的通知》的做法,采取计划报送、组织发动、宣传引导等方式,推动机关事业单位按比例安置残疾人就业。三是各级人力社保部门要带头安置残疾人就业,自觉走在前列,起到带头示范作用。

(五)强化残疾人职业培训工作。职业技能培训是帮助残疾人实现就业的有效手段。各级人力社保部门要认真贯彻人社部办公厅、中国残联办公厅印发的《关于实施〈残疾人职业技能提升计划(2016—2020年)〉的通知》和我厅、省残联、省财政厅印发的《关于进一步加强残疾人职业技能培训工作的通知》,会同残联等部门认真组织实施全省残疾人职业技能八大提升计划,进一步加强残疾人职业技能培训,推动残疾人掌握更多实用技术和创业就业技能。确保使新进入就业市场的残疾人有机会至少接受一次以上相应的基本就业技能培训,已经就业的残疾人有机会得到一次以上岗位技能提升培训,具备一定创业条件或已创业的残疾人都有机会接受一次创业培训。

会后,各级人力社保部门要以本次现场会为契机,进一步提高思想认识,认清形势任务,查找自身不足,加大扶持力度,扎实推进残疾人创业就业各项工作,会同当地残联把这件实事办好,让更多的残疾人得实惠,为促进残疾人增收,打造全面小康标杆省份作出更大的贡献。

宋云峰副厅长在全省公立医院薪酬制度改革试点工作电视电话会议上的讲话(摘要)

(2017 年 3 月 24 日)

经省政府同意,今天省人力社保厅、省财政厅、省卫生计生委召开会议,专门就我省贯彻落实公立医院薪酬制度改革试点工作进行部署。下面我讲三点意见。

一、充分认识开展公立医院薪酬制度改革试点工作的重要意义

(一)开展公立医院薪酬制度改革试点工作,有利于推动公立医院综合改革深入推进。深化公立医院改革是保障和改善民生的重要任务,也是医药卫生体制改革的重点和难点。这项改革涉及公立医院管理体制、运行机制、服务价格调整、医保支付、人事管理和薪酬制度等多个方面,需要相互配套,协同推进。开展公立医院薪酬制度改革试点,是公立医院改革的重要环节。通过开展薪酬制度改革试点,推进医疗、医药、医保三医联动改革,挤压虚高药价,规范医疗行为,控制不合理医疗费用,调整医疗服务价格,能够有力推动公立医院综合改革逐步深化,促进公立医院管理体制更加科学,运行机制更加顺畅,服务价格更加合理,药品价格进一步降低,医保制度更加规范。

(二)开展公立医院薪酬制度改革试点工作,有利于增强公立医院的公益性。公立医院是医疗服务体系的主体,要着力解决好群众看病就医问题,必须毫不动摇地坚持公益性的服务方向。长期以来,由于体制机制障碍等原因,部分公立医院药品、检查、化验、耗材等占总收入的比重过高,大处方、大检查现象突出。通过开展公立医院薪酬制度改革试点,健全以公益性为导向的考核评价机制和薪酬分配机制,一方面可以引导公立医院努力破除逐利机制,减轻群众看病就医负担;另一方面能够引导医务人员专注本职工作,不再关注自身创收指标和医院经济指标,从而增强广大医务人员的职业荣誉感和使命感,努力提高医疗服务质量和水平,更好地满足人民群众的看病和就医需求。

(三)开展公立医院薪酬制度改革试点工作,有利于加强公立医院人才队伍建设。医务人员是医药卫生体制改革的主力军,肩负着为广大人民群众提供医疗服务的神圣使命。要全面深化医药卫生体制改革,发展卫生与健康事业,必须充分调动医务人员的主观能动性。通过开展公立医院薪酬制度改革试点,优化薪酬结构,合理确定薪酬水平,健全内部分配机制,完善考评办法,充分体现医务人员技术劳务价值,实现多劳多得和优绩优酬,可以有效调动广大医务人员的积极性、主动性和创造性,鼓励医务人员长期从医、安心从医,吸引更多优秀人才热爱医学、学习医学、献身医学,打造一支品德高尚、技术精湛、服务优良的公立医院人才队伍。

二、准确把握公立医院薪酬制度改革试点的主要政策精神

(一)关于优化薪酬结构。优化薪酬结构是完善薪酬制度、更好发挥薪酬分配保障激励

作用的重要内容。按照功能作用划分，薪酬结构包括保障与激励两大部分，每部分都可根据实际情况和需要设置不同的项目，比如：基本工资、津贴补贴和奖金等。公立医院类型较多，既有综合型医院，又有专科医院，有的医院还兼有研究、教学任务，在医院内部又有医、护、技、药、管等不同的工作岗位。试点地区要从本地实际出发，结合不同公立医院的功能、性质、定位和医院内部不同岗位的职责要求，优化公立医院职工薪酬结构，合理确定工资中的保障部分和激励部分的比重，科学设置薪酬项目。在制度结构上，既可以现行的岗位绩效工资制为基础，合理调整基本工资、津贴补贴和绩效工资各自所占的比重，也可以探索实行年薪制、协议工资制等多种分配模式。

（二）关于合理确定薪酬水平。合理确定和动态调整薪酬水平，是完善薪酬制度、更好地体现医务人员技术劳务价值的关键。一是要合理确定试点地区公立医院总体薪酬水平。试点地区人力社保、财政部门要根据当地经济发展、财政状况、医疗行业特点、公立医院职责定位，按照“允许医疗卫生机构突破现行事业单位工资调控水平，允许医疗服务收入扣除成本并按规定提取各项基金后主要用于人员奖励”的要求，在现有水平基础上合理确定公立医院薪酬水平和绩效工资总量，逐步提高诊疗费、护理费、手术费等医疗服务收入在医院总收入中的比例。二是要合理确定不同公立医院薪酬水平。试点地区公立医院主管部门要综合考虑不同公立医院的工作量、服务质量、公益目标完成情况、成本控制、绩效考核结果等因素，在人力社保、财政部门核定的薪酬水平内，合理确定不同公立医院的薪酬水平，适当拉开收入差距。对高层次人才聚集、公益目标任务繁重，承担科研、教学任务以及需要重点发展的公立医院，或者对绩效考核评价结果优秀的公立医院，适当提高薪酬水平，对考核不合格的医院，要适当降低薪酬水平。三是要建立动态调整机制。试点地区人力社保、财政部门，要结合当地经济发展、财政状况等实际情况，建立公立医院薪酬水平动态调整机制，稳步提高医务人员薪酬水平。

（三）关于推进公立医院主要负责人薪酬改革。公立医院主要负责人代表政府履行办医责任，在完善薪酬制度、促进公立医院持续健康发展中发挥重要作用。推进公立医院改革发展，要着力发挥公立医院主要负责人的积极性。试点地区公立医院主管部门，要研究制定公立医院主要负责人薪酬制度改革方案，建立健全主要负责人薪酬分配激励约束机制。一是要创新制度模式。鼓励探索实行年薪制，将主要负责人的薪酬与本人承担的岗位职责和实际贡献相结合。二是要合理确定薪酬结构。在主要负责人年薪构成中，既要有体现主要负责人岗位职责要求的薪酬项目，也要有与主要负责人年度考核评价结果和任期考核评价结果相结合的薪酬项目，将短期激励与中长期激励结合起来，注重对主要负责人的长期激励。三是要合理确定薪酬水平。主要负责人薪酬水平要根据公立医院考核评价结果、个人履职情况、职工满意度等因素合理确定，既保证他们的薪酬水平高于本院职工平均薪酬水平，又要与本院职工薪酬水平保持合理关系。

（四）关于完善公立医院内部分配办法。落实公立医院分配自主权、完善内部分配办法，是完善薪酬制度、健全公立医院运行机制的内在要求。指导公立医院在核定的薪酬总量内进行自主分配时，要注意做好以下几个方面工作：一是规范程序。公立医院制定内部分配办法要充分发扬民主，广泛征求职工意见，经领导班子集体研究后确定，并在本单位公开，不能搞“一言堂”和暗箱操作。二是注重激励。公立医院内部薪酬分配要反映医、护、技、药、管等不同岗位的职责要求，体现知识、技术、劳务、管理等要素的价值,向关键岗位、紧缺岗位、高风险岗位、高强度岗位倾斜,向高层次人才和业务骨干倾斜;要与医务人员的实际工作量和工作业绩挂钩,鼓励多劳多得,优绩优酬,避免“大锅饭”和平均主义;要体现扶持薄弱学科发展的要求,向人民群众亟需及人才短缺的专业倾斜。三是统筹平衡。在适当拉开内部薪酬分配差距的同时,还要注意兼顾不同学科之间的平衡,适当提高低年资医生薪酬水平,统筹考虑编制内外人员薪酬待遇,推动公立医院编制内外人员同岗、同薪、同待遇。

(五)关于健全考核评价机制。健全考核评价机制,是完善薪酬制度、体现分配导向的重要条件。试点地区要着力完善考核评价体系,推动考核评价结果与薪酬紧密挂钩。一是要改进和加强对公立医院的考核评价。公立医院主管部门要认真落实国家卫生计生委、人社部、财政部、国家中医药管理局《关于加强公立医疗卫生机构绩效评价的指导意见》和国家卫生计生委、国家中医药管理局《关于印发公立中医医院、中西医结合医院绩效评价指标体系》等文件要求,制定科学的公立医院考核评价指标体系,从职责履行、工作量、服务质量、费用控制、运行绩效、成本控制、医保政策执行情况等方面,对公立医院定期组织考核评价,考核结果与医院薪酬总量挂钩。二是要改进和加强对主要负责人的考核评价。公立医院主管部门要制定公立医院主要负责人的绩效考核评价办法,从工作责任、医院管理的实际情况,公立医院公益性考核评价结果和任期目标完成情况等方面,对主要负责人定期进行考核,考核结果与主要负责人薪酬挂钩。三是要改进和加强对医务人员的考核评价。公立医院要制定内部考核评价办法,从岗位工作量、服务质量、行为规范、技术能力、医德医风和患者满意度等方面对医务人员进行考核评价,考核结果与医务人员薪酬挂钩。

(六)关于经费来源。明确经费来源、完善资金管理政策,是完善薪酬制度、合理提高医务人员薪酬水平的重要支撑。《指导意见》明确,公立医院薪酬制度改革试点工作所需经费通过原渠道解决。试点地区要充分借鉴一些地区在破除“以药补医”、建立公立医院运行新机制的成功做法和经验,通过综合施策,逐步提高诊疗费、护理费、手术费等医疗服务收入在医院总收入中的比例。同时,完善公立医院收入中可用于工作人员收入分配的资金管理政策,规范财务管理和监督。

(七)关于加强监督管理。加强对公立医院薪酬分配的监督管理,是确保薪酬制度规范运行、严肃分配纪律的重要保证。试点地区要采取切实可行的措施,加强对公立医院薪酬分配的调控、监督和管理,把严肃执纪作为推进试点工作的重要环节,督促公立医院严格执行国家工资政策。要开正门、堵偏门,加大对医务人员收受红包、回扣等违纪、违规行为的查处力度,一经发现,要严格按照有关规定进行严肃处理。为加强监督管理,公立医院主管部门应按要求于明年初,将公立医院收入分配情况和负责人薪酬水平报同级政府人力社保、财政部门和医改办备案。

三、认真做好公立医院薪酬制度改革试点的组织实施工作

按照国家要求,我省作为综合医改试点省份,需确定3个市作为试点城市。经省政府同意,我省确定的三个试点城市分别是:宁波市、温州市和湖州市,包括3个市所辖县(市、区)。另外,从2016年开始,我省为深入推进全省医药卫生体制改革工作,确定了萧山区、桐庐县、建德市、淳安县、海宁市、嵊州市、普陀区、义乌市、龙游县、玉环县、松阳县为综合医改先行先试地区,这次也同时列入我省公立医院薪酬制度改革的试点范围,这样确保全省每个市至少

有一个县(市、区)作为试点地区,为下一步全省全面推开公立医院薪酬制度改革工作奠定基础。

开展公立医院薪酬制度改革试点工作涉及广大医务人员的切身利益,关系到公立医院综合改革的进程和成效,政策性很强,社会关注度高。试点地区要高度重视、周密安排、精心组织、扎实推进,确保试点工作取得实效。

(一)提高认识,加强引导。试点地区人力社保、财政、卫生计生部门要深刻认识开展公立医院薪酬制度改革的重大意义,把思想统一到党中央、国务院和省委、省政府的决策部署上来,切实加强对试点工作的组织领导。这次会议结束后,要尽快向分管市领导、县领导汇报本次会议精神和有关要求,要在当地党委、政府领导下,把试点工作摆到重要的议事日程,抓紧成立试点工作领导小组。人力社保部门牵头负责,各有关部门密切配合。国家《指导意见》明确,要在推进公立医院管理体制、运行机制、价格调整、医保支付、人事管理改革的同时,开展公立医院薪酬制度改革试点工作。各有关部门要按照要求,牢固树立大局意识,既各司其职,又密切配合,共同推动改革试点取得实效。

(二)精心组织,扎实推进。试点地区要抓紧按照国家改革试点指导意见的原则要求,结合本地实际,研究制定公立医院薪酬制度改革的试点实施意见,制定具体工作计划,细化明确改革任务和责任分工,合理安排工作进度,抓好各项任务的责任落实。考虑到这次改革试点时间紧、任务重,为确保按时完成试点任务,请宁波、温州、湖州三个试点市在5月底前,将改革试点实施方案及实施意见报经当地党委、政府同意后,报省人力社保厅、省财政厅、省卫生计生委备案,并开展组织实施工作;其他11个试点县(市、区)要结合综合医改情况,统筹谋划,协同推进,要抓紧工作进度,原则上于6月底前将方案报省三部门备案。4月份开始,省相关部门将组织开展调研和指导工作,并将在各地进入组织实施阶段后加强跟踪和督查。除宁波、温州、湖州以外的其他8个市,市本级虽然没有直接的改革试点任务,但是要提前介入情况,对所辖试点县(市、区)要加强指导,主动开展调查和研究工作,早准备、早谋划,对全市范围内公立医院薪酬制度改革工作形成总体思路和政策考虑。按照国家要求,试点过程中,各试点地区要从二季度开始,按季度向省三部门报送进展情况;在2018年1月底试点工作结束前,向省三部门报送工作总结。开展公立医院薪酬制度改革试点,缺少现成的经验可以借鉴,试点地区和各公立医院要充分发挥主观能动性,解放思想、大胆创新,积极探索有益做法,为下一步全面深化公立医院薪酬制度改革,建立更加科学合理的薪酬分配机制提供可复制、可持续、可推广的实践经验。

(三)加强舆论引导,维护社会稳定。公立医院薪酬制度改革试点工作非常敏感,各方高度关注,试点地区要密切注意各方面的反应,正确引导社会舆论,避免不必要的炒作,确保试点工作平稳、顺利进行。要把政策宣传和解释工作做细做实,把党中央、国务院和省委省政府的有关政策、要求讲深讲透,把试点的主要考虑讲清楚,引导公立医院和广大医务人员正确看待改革,积极支持改革,使大家正确理解薪酬制度改革主要是建立新机制,不是简单的涨工资,正确认识我们的国情、省情和当前的经济形势,不能脱离实际,对薪酬水平提高抱有过高的期望。为有利于薪酬制度改革试点工作平稳实施,原则上不主动对外宣传,各试点地区要密切注意各方面的反应,及时收集社会评价,主动引导社会舆论,虽然不主动对外宣传,但还是要关注舆情,积极回应社会关切,要制定应急工作预案,对可能影响稳定的问题,提前做好分析研判,发现苗头及时研究处理,争取把问题解决在萌芽状态。试点工作中遇有重大问题或突发事件,要及时向省三部门报告。

同志们，开展公立医院薪酬制度改革试点任务艰巨、责任重大，试点工作中可能面临的矛盾、问题和困难比较多，我们要克服畏难情绪，坚定信心，勇于担当，勇于创新，以高度的责任心和使命感，认真做好试点工作，圆满完成党中央、国务院和省委省政府交给的改革试点任务。

金林贵副厅长在省人力资源和社会保障厅务虚会上的讲话(摘要)

(2017 年 7 月 26 日)

今年以来,我分管的处室、单位按照厅党组的决策部署和有关要求,围绕年度重点改革任务,积极推进各项工作。下半年,主要围绕认真贯彻省第十四次党代会精神,突出推进“最多跑一次”改革和厅党组“六件实事”的落实,结合分管单位职责抓好工作。

一、农民工工作和发展家庭服务业工作方面

上半年,切实发挥省农民工办和省家服办统筹协调、调查研究、信息交流的职能作用,积极推进全省农民工工作和家庭服务业工作的开展。统筹协调方面:研究制订全省农民工工作和发展家庭服务业工作要点、全省农民工职业技能培训年度综合计划,印发全省贯彻执行。组织召开全省农民工工作暨发展家庭服务业工作会议,分析面临的形势任务,研究部署年度重点工作。调查研究方面,积极开展美丽乡村农民工在乡创业就业课题专题调研,研究有关工作方案,省调研组先后赴安吉、临安、德清、开化、金华金东区等地先期进行实地调研。信息交流方面,健全全省农民工工作联络机制,及时沟通交流工作情况。在全国农民工工作暨家庭服务业工作电视电话会议,我省作为全国三个省区之一,在大会上作了经验介绍。另外,做好全国家服办部署开展中心城市家政服务跨省(湖南、湖北、四川和安徽)劳务对接工作。这也是今年人社部在家政服务领域促进就业,精准扶贫的一项工作,根据部里部署重点开展了杭州、宁波、温州和金华四市的对接前期相关准备工作;配合省户改办进一步推进人力社保系统户籍制度配套改革,推进城乡一体化发展。

下半年,重点工作主要有三项:一是做好家政服务从业人员的规范管理和有关工作。结合人社部等六部门将联合下发的《关于加强监督管理促进家政服务业规范化发展的通知》,深入调研,牵头形成家政服务业规范化发展的调研报告,研究制定相关措施。研究制订我省员工制家政企业社保补贴政策到期后衔接延续政策,认真做好全国家服办部署开展的中心城市家政服务跨省劳务对接等工作。二是推进美丽乡村农民工在乡创业就业工作,组织省调研组赴基层实地考察,研究我省开展美丽乡村农民工在乡创业就业政策措施。这项工作既是习总书记“两山理论”在我省美丽乡村的落地实现,更是解决“三农”问题、补齐我省高水平全面建成小康社会农村短板的一个有益尝试和有效途径,希望各市高度重视。三是做好第十一次全国农民工工作督察我省相关工作。

二、人事教育指导服务工作方面

上半年完成的重点工作主要有四项:一是积极推进“最多跑一次”改革,完成中心 BFT“最多跑一次”流程说明,目前已经实现网络报名服务一体化,做到 BFT 报名跑零次。二是根据各市和各行业申报,评审确定 2017 年高研班

计划的项目和期数,并下发省级现代服务业和省级专业技术高研班培训计划文件。三是完成省直公务员网络培训和专业技术人员的各项教育培训指导服务工作,对省级专业技术人员继续教育基地进行年度考核。四是完成2016年度省直机关军队转业干部培训,为我省省直军转干部尽快融入岗位角色打下基础。另外,积极探索人才培养社会合作项目的拓展,主动对接华为全球培训中心,与浙江大学全球创业研究中心、浙江工业大学继续教育学院等签订合作协议。

下半年重点工作:一是做好“最多跑一次”事项梳理工作,配合省政府改革专项督查工作,会同厅人事处组织窗口工作“最多跑一次”培训。二是持续深入做好现代服务业高端人才培养工程,保质保量完成25期省级高级研修班及4期出国培训班,将现代服务业高端人才培养工程打造成人才强省战略的金字招牌。三是切实做好2017年军队转业干部考试和培训工作,确保军队转业干部安置考试的安全,创新抓好军转干部转业培训,积极探索今后军转干部在党校培训的路子。四是加强高层次专业人才的培养力度,完成64期省级专业技术人员高研班和129期自筹项目的工作。另外,完成省直事业单位负责人培训班工作。继续做好省直机关公务员“学法用法”三年轮训工作。

三、劳动能力鉴定工作方面

上半年重点工作:一是做好劳动能力再次鉴定和省部属单位非因工伤残或因病丧失劳动能力鉴定工作,完成747人鉴定,单位和工伤职工满意率达95%以上。二是全面推行再次鉴定网上申报。举办全省劳动能力鉴定业务培训班,目前再次鉴定网上申报率达到37.9%。三是推进“最多跑一次”有关工作,积极做好项目确定、绘制流程图、省市项目比对等工作。另外,加强对市县业务指导和督查,制订提升市县鉴定质量实施方案,推进市县鉴定质量的提升。

下半年,着重在三个方面继续努力:一是编制再次鉴定网上申报内部和外部操作指南,进一步提升再次鉴定网上申报率,提高本级再次鉴定质量。二是进一步提升市县鉴定质量,建立再次鉴定情况定期分析通报制度,举办全省劳动能力鉴定疑难案例研讨培训班。三是进一步加快信息化建设,探索研发利用“远程能力鉴定系统”提高服务能力。另外,扎实做好信访维稳工作,积极解决信访积案,减少新增信访案件。

四、劳动干校有关工作方面

上半年重点工作:一是积极做好老年大学滨江校区建设前期准备工作,进行可行性研究,召开专题会议,咨询有关单位、专家意见,积极与省委老干部局、省发改委沟通协调,同时与滨江区住建局、国土局协调解决历史遗留问题,制定校区建设方案。二是加强学校内部管理,修订完善学校规章制度,制定学校内部财务责任分工制度和廉政风险点防控等措施,强化考核监督和责任追究机制。三是加强学校安全和建设,制订印发《学校安全管理工作具体要求》,确保安全无事故。

下半年重点工作:一是积极协调老年大学滨江校区的立项工作,积极争取省级有关部门支持。二是加强系统内干部的培养研究,积极开展各项培训工作。三是积极做好校园基本建设工作和学校安全保卫等工作。

另外,下半年,我分管的处室单位将在抓好中心工作的同时,突出抓好“两学一做”常态化的学习教育,突出抓好党的十九大和省第十四次党代会精神的学习贯彻,着力强化“四个意识”,以实际行动推进人力社保事业的改革发展。

机构情况

浙江省人力资源和社会保障厅

浙江省人力资源和社会保障厅

杭州市省府路8号省府大楼2号楼

厅领导

王文序　省委组织部副部长，厅党组书记、厅长
刘国富　厅党组副书记、副厅长
蔡国春　厅党组成员、副厅长
郭　敏　厅党组成员、纪检组长、监察专员
宓小峰　厅党组成员、副厅长
龚和艳　厅党组成员、副厅长、省公务员局局长
仉贻泓　厅党组成员、副厅长
陈　中　厅党组成员、副厅长
宋云峰　厅党组成员、副厅长
金林贵　厅党组成员、副厅长
夏春胜　厅党组成员、厅人事处处长
肖　义　副巡视员
厉　勇　副厅级、省外国专家局局长
王平洋　副厅级、省就业局局长

机关处室

办公室
政策法规处
规划财务处(综合计划处)
就业促进和失业保险处
人才开发和市场处
军官转业安置处
职业能力建设处
专业技术人员管理处
事业单位人事管理处
农民工工作处
劳动关系处
工资福利处
养老保险处
医疗保险处
工伤保险处
农村社会保险处
社会保险基金监督处
仲裁信访处
人事处
离退休干部处
直属机关党委
纪检组(监察室)

浙江省公务员局

综合处
考试录用处
考核与奖励处
培训与监督处

浙江省外国专家局

直属单位

浙江省就业管理服务局
浙江省人才市场管理办公室
浙江省人事考试办公室

浙江省人事培训教育中心(省转业军官培训中心、省继续教育学院)
浙江省专家与留学人员服务中心
浙江省人力资源和社会保障宣传中心
浙江省省级单位统发工资办公室
省人才工作对外联络处
浙江省人才市场
浙江省劳动保障监察总队
浙江省劳动人事争议仲裁院
浙江省社会保险事业管理中心
浙江省省级医疗保险服务中心
浙江省劳动能力鉴定中心
浙江省职业介绍服务指导中心
浙江省职业技能鉴定指导中心
浙江省劳动和社会保障干部学校(省技工教师进修学院)
浙江省职业技能教学研究所
浙江省劳动保障电话咨询服务中心
浙江省人力资源和社会保障资产管理中心
浙江省机关事业养老保险中心
浙江省人力资源和社会保障科学研究院
浙江省人力资源和社会保障信息中心

杭州市人力资源和社会保障局

杭州市解放东路18号D座

局领导

叶茂东　局党委书记、局长
吴槐庆　局党委委员、副局长
章　明　局党委委员、副局长、市社会保险管理局局长
黄菊火　局党委委员、副局长
单黎霞　局党委委员、驻局纪检组组长
方海洋　局党委委员、副局长
赵祖国　局党委委员、副局长
王新龙　局党委委员、市外国专家局局长
张　林　局党委委员、市就业管理服务局局长
刘志勇　局党委委员、巡视员
钱　斌　市人才服务局局长
徐　玮　市医疗保险管理服务局局长
郭禾阳　巡视员
柳胜伟　副巡视员

机关处室

办公室
组织人事处
机关党委
政策法规处
规划财务与基金监督处
公务员管理处
培训教育处
就业创业指导处
人才开发和市场处
军官转业安置处
职业能力建设处
专业技术人员管理处
事业单位人事管理处
劳动关系处
工资福利处
养老保险处
医疗生育保险处
工伤保险处
退休人员管理处(基层工作处)
信访处
调解仲裁管理处
行政审批处
杭州市外国专家局

直属单位

杭州市人才服务局

杭州市就业管理服务局
杭州市社会保险管理服务局
杭州市医疗保险管理服务局
杭州市人事考试办公室
杭州市劳动保障监察支队
杭州市劳动人事争议仲裁院
杭州市人力资源和社会保障信息中心
杭州市人力资源和社会保障局咨询服务中心
杭州市企业退休人员管理服务中心
杭州市医疗保险事务受理中心
杭州市专家与留学人员服务中心
杭州市职业技能培训指导中心(市公共实训指导中心)
杭州市职业技能鉴定指导中心
杭州市干部培训中心(杭州市军队转业干部培训中心)
杭州人才市场
杭州第一技师学院
杭州轻工技师学院
杭州退休干部(职工)大学
杭州人才大厦管理中心

宁波市人力资源和社会保障局

宁波市鄞州区和济街95号

局领导

陈　瑜　市委组织部副部长,局党委书记、局长
林惠明　党委副书记、副局长
周永全党委委员、副局长
陈文伟　党委委员、副局长
沃世立　党委委员、纪检监察组组长
陈水良　党委委员、副局长
陈　勇　党委委员、副局长
王效民　副局长
韩洪江　党委委员、巡视员
吴国华　党委委员、副巡视员
邵建耀　党委委员(挂职)
钱义林　市就业管理服务局局长(副局长级)
徐关兴　市社会保险管理局局长
徐　刚　外国专家局局长(副局长级)
王晓光　巡视员
童晓黎　副巡视员
戚伏堂　副巡视员

机关处室

办公室
组织人事处
政策法规处
规划财务与社保基金监督处(综合计划处)
公务员考录调配处
公务员考核培训处
人才开发和市场处
军官转业安置处(市目标管理考核办)
职业能力建设处
专业技术人员管理处
事业单位人事管理处
劳动关系处
工资福利与离退休处(市级机关事业单位退休干部管理办公室)
养老保险处
医疗保险处
工伤生育保险处
仲裁处(市劳动人事争议仲裁院)
行政审批处
信访处
外国专家局(宁波市引进国外智力办公室)
机关党委
驻局纪检监察组

直属单位

宁波市社会保险管理局
宁波市就业管理服务局
宁波市人才服务中心
宁波市人才培训中心
宁波市劳动保障监察支队
宁波市人事考试办公室(宁波市委组织部考试中心)
宁波技师学院
宁波市老年活动中心
宁波市职业技能鉴定指导中心
宁波市社会保障卡管理服务中心(宁波市人社局信息中心)
宁波市人力资源和社会保障“12333”电话咨询服务中心

温州市人力资源和社会保障局

温州市鹿城区学院中路303号

局领导

徐顺聪　市委组织部副部长、局党组书记、局长
董旭辉　局党组副书记、副局长
陈志刚　局党组成员、副局长
胡凯生　局党组成员、纪检组组长
胡正长　局党组成员、副局长
李道钮　局党组成员、副局长
叶兴建　局党组成员、副局长
徐　群　调研员

机关处室

办公室
人事处
政策法规处
规划财务处(综合计划处)
就业促进和失业保险处
公务员考录交流处
公务员考核培训处
人才开发和市场处
军官转业安置处
职业能力建设处
专业技术人员管理处
事业单位人事管理处
劳动关系处(行政审批服务处)
工资福利处
养老保险处(农村社会保险处)
医疗保险处
工伤保险处
内控与社会保险基金监督处
仲裁信访处
机关党委
驻局纪检监察组

直属单位

温州市外国专家局
温州市机关事业单位工资统发办公室
温州市就业管理服务局
温州市劳动保障监察支队
温州市人事考试办公室
温州市人才管理服务办公室(温州市人才市场、温州市人才有限公司)
温州市社会保险管理服务中心
温州市劳动人事争议仲裁院
温州市人力资源和社会保障局经济技术开发区社保分局
温州市人力资源和社会保障信息中心(温州市市民卡管理服务中心)
温州技师学院

温州市职业介绍服务指导中心
温州市人力资源培训学校(温州市继续教育院、温州市军队转业干部培训中心、温州市创业学院)
温州市技术工人交流服务中心
温州市职业技能鉴定指导中心
温州市就业创业训练指导中心
温州市劳动能力鉴定中心
温州市民卡服务有限公司

湖州市人力资源和社会保障局

湖州市民服务中心5号楼(湖州市金盖山路66号)

局领导

王　树　市委组织部副部长,局党组书记、局长
陆凤江　局党组副书记、副局长
沈福群　局党组成员、副局长
丁会强　局党组成员、副局长
池丽萍　局党组成员、副局长
汪　竑　局党组成员、副局长
沈建良　局党组成员、纪检组长
施建永　局党组成员、市社会保险管理局局长
周淮中　调研员
吴云芳　副调研员

机关处室

办公室
政策法规处(行政审批管理处)
财务和基金监督处
就业促进和失业保险处
公务员管理处
军官转业安置处
专业技术人员管理处
教育培训处
事业单位管理处
工资福利处
养老保险处
医疗工伤生育保险处
仲裁和信访处(劳动关系处)
组织人事处
市纪委驻人力社保局纪检监察组
机关党委

直属单位

湖州市社会保险管理局(湖州市社会保险服务中心)
湖州市人才资源开发管理办公室(湖州市人才市场管理中心、浙江省南太湖创新发展研究院秘书处)
湖州市外国专家局
湖州市机关事业单位退休职工活动中心
湖州市专业技术职务任职资格评价服务中心
湖州市高层次人才服务中心
湖州市就业管理服务局
湖州市职业技能鉴定中心
湖州市劳动保障监察支队
湖州市人力资源和社会保障信息中心(湖州市社会保障卡管理中心、湖州市人力资源和社会保障咨询服务中心)
湖州市劳动人事争议仲裁院
湖州市人事考试办公室
湖州市人力资源培训中心

嘉兴市人力资源和社会保障局

嘉兴市南湖区东升东路1042号

局领导

徐　忠　市委组织部副部长、局党委书记、局长

王松林　局党委副书记、副局长
冯俊华　局党委委员、副局长
倪建强　局党委委员、副局长
施　迪　局党委委员、纪检组长
姚晓明　局党委委员、副局长
俞叶君　局党委委员、副局长
黄　炜　局党委委员、副调研员
潘一兵　局党委委员、办公室主任

机关处室

办公室
政策法规处(行政审批处)
计划财务处(社会保险基金监督处)
信息化管理处
公务员管理处(军官转业安置处、市公务员局)
人才开发处
职业能力建设处
专业技术人员管理处(市外国专家局)
事业单位人事管理处
工资福利处
劳动关系处(信访处)
养老保险处
医疗工伤生育保险处
就业促进和失业保险处(与市就业管理服务局合署)

直属单位

嘉兴市人才交流服务中心
嘉兴市人事考试办公室
嘉兴市退休干部管理处
嘉兴市就业管理服务局
嘉兴市劳动保障监察支队
嘉兴市劳动人事争议仲裁院
嘉兴市职业技能鉴定管理中心(嘉兴市高技能人才公共实训管理中心)
嘉兴市劳动能力鉴定中心

嘉兴市社会保障事务局

嘉兴市南湖区禾兴南路334号

局领导

徐　忠　党组书记
俞红平　局长
李　祥　党组成员、副局长
王保国　党组成员、副局长
杨惠清　副调研员

机关处室

办公室
计算机信息管理处(嘉兴市公共事务信息中心)
计划财务处
稽查审计处
业务审核处
参保登记管理处〔南湖区分局、秀洲区分局、经济技术开发区(国际商务区)分局〕
机关事业养老保险处
养老保险待遇处
城乡居民养老保险处(社会救助处)
城乡居民(合作)医疗待遇处
工伤生育待遇处(上海人医疗保险代办服务中心)
异地就医结算处
机关党委

绍兴市人力资源和社会保障局

绍兴市曲屯路368号

局领导

黄奇凡　市委组织部副部长、局党组书记、局长
黄立枫　局党组副书记、副局长
俞有灿　局党组成员、副局长
罗继红　局党组成员、副局长
朱全红　局党组成员、副局长
陈朝晖　局党组成员、副局长
陈剑峰　局党组成员、副局长
吴先朝　局党组成员、市社会保险事业管理局局长
徐文娟　局党组成员、纪检监察组长
柯建华　局党组成员、市人才开发服务中心主任
薛婉娟　调研员
王福荣　调研员
孔建明　调研员

机关处室

办公室
政治处
驻局纪检监察组
政策法规处
财务与社保基金监督处
人才开发处
社会保险处
公务员管理处
事业单位人事管理处
工资福利处
专业技术人员管理处
外国专家局
职业能力建设处
劳动关系处
仲裁信访处
机关党委

直属单位

绍兴市人才开发服务中心
绍兴市就业管理服务局
绍兴市社会保险事业管理局
绍兴市人事考试中心
绍兴市劳动保障监察支队
绍兴市退休干部管理处
绍兴市人力资源和社会保障信息管理中心
绍兴市劳动人事争议仲裁院
绍兴市职业技能开发指导中心
绍兴市公共实训基地

金华市人力资源和社会保障局

金华市双龙南街801号(主楼8楼)

局领导

石骁敏　市委组织部副部长、局党组书记、局长
吕　贤　局党组成员、副局长
杨建飞　局党组成员、副局长
陈宽年　局党组成员、副局长
王锦晓　局党组成员、市纪委驻局纪检组长
周燕祥　局党组成员、副局长
徐金韩　局党组成员、副局长
徐庆妹　局党组成员、局直属机关党委书记
杜跃忠　局党组成员
张　政　局党组成员、办公室主任
黄根寿　副局级
邱　平　副调研员

机关处室

办公室
直属机关党委
仲裁法规处(挂行政审批处牌子)
就业促进和失业保险处
人才开发和市场处(挂市外国专家局牌子)
公务员管理处
军官转业安置处(挂军队转业干部安置工作小组办公室牌子)
职业能力建设处
专业技术人员管理处
事业单位人事管理处
工资福利处(挂退休人员管理处牌子)
社会保险处
基金监督和信息管理处

直属单位

金华市社会保险事业管理局
金华市就业管理服务局
金华市劳动保障监察支队
金华市人才市场管理办公室
金华市人事考试办公室
金华市劳动人事争议仲裁院
金华市人力资源和社会保障信息管理中心
金华市劳动能力鉴定中心
金华市人力资源培训教育中心
金华市职业技能鉴定中心

衢州市人力资源和社会保障局

衢州市柯城区仙霞中路36号

局领导

吴招明　市委组织部副部长,局党委书记、局长
王国忠　党委委员、副局长
牛建彪　党委委员、副局长
蒋天臻　党委委员、社保局局长
向　雄　党委委员、副局长
陈志军　党委委员、就业局局长
童庭伟　党委委员、纪检组长
姜红生　调研员
吴春祥　副调研员

机关处室

办公室
政策法规处
公务员管理处
事业单位人事管理处
专业技术人员管理处
财务与内审处
就业促进与职业能力建设处
工资福利与离退休处
社会保险与基金监督处
仲裁与劳动关系处
信访室
产业集聚区分局(派出机构)
行政审批处(派驻机构)

直属单位

衢州市社会保险事业管理局
衢州市就业管理服务局
衢州市人力资源和社会保障信息中心
衢州市人力资源开发服务中心
衢州市劳动保障监察支队
衢州市人才开发管理办公室
衢州市人事劳动争议仲裁院
衢州市职业技能鉴定中心
衢州市劳动能力鉴定中心
衢州市人事考试办公室

衢州市绿色产业集聚区人力社保所

舟山市人力资源和社会保障局

舟山市新城海天大道681号市行政中心东一号楼

局领导

陈芬芬　市委组织部副部长、局党组书记、局长
金　涛　局党组成员、副局长
许佰军　局党组成员、纪检组长
於立斌　局党组成员、副局长
边雅丽　局党组成员、副局长
禹克亚　局党组成员、副县处长级干部
阎英群　局党组成员、舟山市社会保险事业管理局局长
阮剑鸿　局党组成员、舟山市就业管理服务局局长
张　建　副局长
张家庆　副调研员

机关处室

办公室
组织人事处
机关党委
政策法规处(行政许可服务处)
公务员处(市军队转业干部安置工作小组办公室)
事业单位人事管理处
工资福利处(退休干部管理处)
人才开发和市场处(市外国专家局、市人才市场管理办公室)
职业能力建设处
专业技术人员管理处
劳动关系处
基金监督和内审处
养老保险处
医疗工伤保险处

直属单位

舟山市社会保险事业管理局
舟山市就业管理服务局(舟山海员就业服务中心)
舟山市劳动监察支队
舟山市人事考试办公室
舟山市人力资源和社会保障信息中心
舟山市劳动人事争议仲裁院
舟山市人才公共服务中心
舟山市退休干部活动中心
舟山市原转体单位离退休干部服务中心
舟山市人力资源培训和技能鉴定中心
舟山市劳动能力鉴定中心
舟山市人力资源市场服务中心
舟山市社会保险服务中心
舟山市驻舟海军随军家属就业管理服务处
舟山警备区随军家属就业管理服务处

台州市人力资源和社会保障局

台州市白云山南路233号市行政中心12楼西

局领导

许世斌　局党组书记、局长
李正瑞　局党组副书记、副局长
林云初　局党组成员、副局长
於英姿　局党组成员、副局长
施末勇　局党组成员、纪检组长
姜　渭　局党组成员、副局长
谢建军　局党组成员
陈敦庸　局党组成员、副局长
陈　淼　局党组成员、市社会保险事业管理局局长

机关处室

办公室
政策法规处
公务员管理处
军队转业干部安置工作办公室
人才开发和市场处
就业促进和职业能力建设处
专业技术人员管理处
事业单位人事管理处
劳动关系处
工资福利处
养老保险处
医疗工伤生育保险处
社会保险基金监督处
仲裁信访处
行政审批处
人事处
机关党委

直属单位

台州市社会保险事业管理局
台州市外国专家局
台州市人才市场管理办公室
台州市人事考试办公室
台州市劳动人事仲裁院
台州市就业管理服务局
台州市劳动保障监察支队
台州市人力资源和社会保障信息中心
台州市职业技能鉴定中心
台州市劳动能力鉴定中心
台州市高层次人才服务中心
台州市人才市场

丽水市人力资源和社会保障局

丽水市人民街615号商会大厦

局领导

陈立新　市委组织部副部长,党组书记、局长
张　健　党组副书记,副局长
章　旭　党组成员,副局长
李　锋　党组成员,纪检组长
吴守成　党组成员,副局长
周建雄　党组成员,市社会保险事业管理局局长
王旭彪　党组成员,市就业局局长
李伯华　党组成员,局办公室主任
林建军　副调研员

机关处室

办公室
行政审批处(政策法规处、社会保险基金监督处)
机关党委
公务员管理处(军官转业安置处)
事业单位人事管理处
人才开发管理处(外国专家局)
专业技术人员管理处
职业能力建设处
工资福利处
养老保险处
医疗工伤生育保险处
劳动关系处(仲裁信访处、农民工工作处)

直属单位

丽水市社会保险事业管理局

丽水市就业管理局
丽水市人才管理服务局(市高层次人才服务中心)
丽水市劳动保障监察支队
丽水市人力资源和社会保障信息中心(市人力资源和社会保障咨询服务中心、社会保障卡管理服务中心)
丽水市职业技能鉴定指导中心
丽水市人事劳动仲裁院
丽水市人力资源市场服务中心(市人力资源和社会保障教育培训中心)
丽水市人力资源考试办公室

大事记

浙江省人力资源和社会保障厅大事记

1 月

1 月 3 日 王文序厅长、龚和艳副厅长参加全省扩大有效投资重大项目集中开工启动仪式。

1 月 3 日至 5 日 王文序厅长参加省政府代表团赴四川省考察推进东西部扶贫协作活动。

1 月 4 日 龚和艳副厅长参加省信访工作领导小组会议。

同日 仉贻泓副厅长参加全省经济和信息化工作视频会议。

1 月 4 日至 5 日 仉贻泓副厅长带队赴丽水开展 2017 年春节前保障农民工工资支付工作联合督查。

1 月 6 日 王文序厅长主持召开第 81 次厅党组会，听取关于《浙江省工伤保险条例（草案）》立法情况、关于省委部署开展党组规范性文件备案工作、关于职业年金开展竞争性存放工作情况、关于厅内部控制建设工作方案、全国引进外国人才和智力工作会议精神的汇报，审议《浙江省外国人来华工作许可制度实施方案（送审稿）》，听取全国人力资源和社会保障工作会议暨优质服务窗口表彰大会情况的汇报，审议系统工作会议报告。

同日 王文序厅长、龚和艳副厅长出席浙江省国医大师、全国名中医评选推荐工作领导小组审定会。

同日 龚和艳副厅长参加中央机关直属机构招考公务员面试工作视频会议。

1 月 9 日 王文序厅长列席省委常委会，下午参加车俊代省长征求部分省直单位主要负责人对省委常委会意见座谈会；晚上，王文序厅长、龚和艳副厅长参加县（市、区）委书记工作交流会议。

同日 刘国富副厅长到省联合接待中心接待群众来访。

同日 陈中副厅长带队赴阿里研究院调研阿里巴巴集团人才工作。

同日 宋云峰副厅长参加省司法体制改革试点工作领导小组第五次全体会议。

同日 厅召开新闻通气会，对我省医保定点医药机构同城互认完成情况以及医保个人账户活化政策和购买商业健康险等相关情况进行通报，之后召开媒体说明会，就我省职称制度改革进展情况进行说明。

1 月 10 日 全省人力资源和社会保障工作电视电话会议在杭州召开，会议深入贯彻党的十八大和十八届五中、六中全会精神，认真落实省委十三届九次、十次全会，中央和省委经济工作会议以及全国人力资源社会保障工作会议部署，总结 2016 年工作，分析面临的形势和任务，部署 2017 年工作。省委组织部副部长，省人力社保厅党组书记、厅长王文序同志作了题为《把握新方位 践行新使命 为打造全面小康标杆省贡献人社力量》的工作报告。会议由厅党组副书记、副厅长刘国富同志主持。

同日 王文序厅长、宋云峰副厅长向熊建平副省长专题汇报收入分配有关工作。

同日 仉贻泓副厅长出席 2017 年春节前

保障农民工工资支付工作联合督查情况座谈会。

1月11日 各市人力社保局长座谈会在杭州召开,会议听取各市人力社保局2017工作思路和打算,对落实全省系统会议精神进行再动员、再部署。省委组织部副部长,省人力社保厅党组书记、厅长王文序主持会议并讲话。

同日 王文序厅长、龚和艳副厅长参加省纪委十三届六次全会第一次大会。

同日 仉贻泓副厅长参加全国安全生产电视电话会议。

同日 宋云峰副厅长出席省直军转干部座谈会并讲话。

同日 肖义副巡视员参加省委深改组文化体制改革专项小组全体会议。

1月11日至12日 郭敏纪检组长参加省纪委十三届六次全会。

1月12日 王文序厅长走访慰问正厅长级离退休老同志。

同日 刘国富副厅长参加全省宣传思想工作会议。

同日 蔡国春副厅长参加全省财政地税工作电视电话会议,下午主持召开浙江省2017年度医保药品支付标准制定工作会议。

同日 宓小峰副厅长参加浙江省中小学正高级教师专业技术职务评审会议。

同日 陈中副厅长参加浙江省钢铁行业淘汰落后产能工作专项督查汇报反馈会。

1月13日 王文序厅长参加省“三改一拆”“五水共治”成就展开幕式;之后,王文序厅长主持召开第82次厅党组会,传达省纪委十三届六次全会精神,审议《厅2017年党风廉政建设工作要点》(送审稿),审议2017年一季度厅党风廉政建设工作计划,听取部分处室(单位)履行党建和党风廉政建设主体责任情况、关于十九大代表候选人初步人选名单和省十四次党代会代表选举工作汇报,听取关于巡视整改情况的报告;下午,王文序厅长参加2016年度市委书记抓基层党建工作述职评议会。

同日 陈中副厅长赴临安对接台湾医学项目落户青山湖科技城事宜。

1月13日至14日 蔡国春副厅长赴武汉参加医保改革与创新座谈会。

1月14日 王文序厅长参加“两会”党员代表、委员会议。

同日 宓小峰副厅长参加2017年援派干部人才新春座谈会。

1月15日 王文序厅长列席省政协十一届五次会议开幕式。

1月15日至19日 刘国富副厅长参加省政协十一届五次会议,18日参加联组讨论。

1月16日 王文序厅长列席省委常委会第195次会议。

1月16日至20日 王文序厅长参加省十二届人大五次会议。

1月17日 宓小峰副厅长参加省政协十一届五次会议联组讨论。

同日 仉贻泓副厅长带队再次对杭州市2017年春节前保障农民工工资支付工作进行督查。

同日 陈中副厅长参加全省企业“降成本”大调研工作动员部署协调会。

1月19日 王文序厅长列席省政协十一届五次会议闭幕式。

1月19日至20日 副厅长、省公务员局局长龚和艳赴北京参加全国公务员管理工作会议。

1月20日 王文序厅长主持召开第83次厅党组会,听取关于省第十四次党代会代表候选人初步人选推荐情况、关于基层党组织星级评定和民主评议党员情况的汇报,研究年度考核及近期人事工作。

同日 刘国富副厅长走访慰问离休老同志及遗属。

同日 宋云峰副厅长参加新春专场慰问演出。

1月21日 王文序厅长陪同陈金彪秘书长参加省直机关工委党组民主生活会。

1月22日 王文序厅长参加2017年省直老同志迎春团拜会,下午参加全省审计工作电视电话会议。

同日 龚和艳副厅长参加省委政法工作会议,下午参加全省信访局长会议。

1月23日 宓小峰副厅长带队赴省农科院调研并慰问外国专家。

同日 陈中副厅长参加2017年省部标准化工作联席会议。

1月24日 王文序厅长陪同省委袁家军副书记走访慰问副省以上老同志。

同日 龚和艳副厅长召集相关处室研究2017年全省公务员管理会议暨全省公务员考录会议准备工作。

1月25日 王文序厅长参加浙商座谈会,下午参加省委全面深化改革领导小组第十四次会议,晚上参加2017浙商联欢会。

1月26日 王文序厅长参加2017年春节团拜会。

2月

2月4日 王文序厅长主持召开第84次厅党组会,新任厅党组成员金林贵与厅领导班子成员见面;之后,召开全厅干部职工大会,回顾总结过去一年工作,表彰先进处室(单位)和个人,对2017年工作进行动员和部署。省委组织部副部长,省人力社保厅党组书记、厅长王文序主持会议并讲话。

同日 王文序厅长向车俊省长专题汇报收入分配有关工作。

同日 宋云峰副厅长参加贯彻中央三部门电报精神碰头会议。

2月6日 王文序厅长列席省委常委会第200次会议。

同日 蔡国春副厅长到省联合接待中心接待群众来访。

同日 副厅以上领导干部参加全省剿灭劣V类水工作会议。

2月7日 王文序厅长主持召开厅退休老同志座谈会,听取老同志代表对厅党组及人力社保工作的意见建议,刘国富、金林贵副厅长参加会议;下午,王文序厅长参加全省东西部扶贫协作座谈会暨省对口支援工作领导小组第十次会议。

同日 刘国富副厅长参加审计署上海特派办审计浙江省2017年重大政策措施落实跟踪情况进点会议。

同日 宓小峰副厅长参加全省高校思想政治工作座谈会。

2月7日至8日 王文序厅长陪同车俊省长赴衢州调研。

2月8日 刘国富副厅长主持召开“两代表一委员”、服务对象座谈会,听取省人大代表、政协委员和服务对象代表对我厅工作的意见建议。

2月9日 王文序厅长参加省委农村工作会议。

同日 龚和艳副厅长主持召开省直部门人事处长座谈会,听取对我厅工作的意见建议。

同日 陈中副厅长参加全省扶贫开发工作会议。

2月10日 王文序厅长主持召开审计工作专题会议,刘国富副厅长参加;下午,王文序厅长参加车俊省长听取“最多跑一次”改革有关工作精神汇报会。

同日 蔡国春副厅长主持召开部分企业代表座谈会,征求企业对我厅工作的意见建议。

同日 宓小峰副厅长参加之江实验室组建

方案征求意见专题会议。

同日 仉贻泓副厅长召集有关厅局、企业和技工院校负责人座谈会，听取对我厅工作的意见建议。

同日 陈中副厅长在嘉兴科技城主持召开座谈会，征求嘉兴科技城的部分科研院所、企业对我厅人才工作等方面的意见建议。

同日 宋云峰副厅长主持召开分管领域的服务对象座谈会，听取对我厅工作的意见建议。

2月13日 王文序厅长主持召开"最多跑一次"改革专题会议；下午，王文序厅长向熊建平副省长汇报厅2017年重点工作安排，蔡国春、陈中副厅长参加汇报会。

同日 肖义副巡视员参加全省统战部长会议。

2月14日 刘国富副厅长参加省人大财经委召开的省级部门联系会。

同日 郭敏纪检组长召开部分政风行风监督员座谈会，征求对我厅有关工作的意见建议。

同日 宓小峰副厅长参加高校、科研院所、医院有关负责人座谈会，征求对我厅有关工作的意见建议。

同日 陈中副厅长参加省水资源管理和水土保持委员会会议。

2月15日至17日 人社部办公厅郑玄波副主任一行来浙江调研信息化工作及筹备全国"互联网+人社"推进会相关情况，刘国富副厅长参加座谈会。

2月15日至17日 蔡国春副厅长赴南宁参加全国社会保险局长座谈会。

2月16日 王文序厅长参加省人大内司委召开的省级对口联系部门座谈会。

同日 宓小峰副厅长参加人才工作座谈会。

同日 陈中副厅长参加省级重点企业研究院负责人知识产权国际研修班有关问题协调会，下午参加研究支持娃哈哈国际科创小镇建设有关问题专题会。

同日 我厅委托省政府采购中心组织实施的职业年金基金竞争性存放项目，经评标委员会评审，中标银行为工商银行、农业银行、中信银行、中国银行和建设银行(按名次排序)。

2月16日至17日 宋云峰副厅长带队赴嘉兴、湖州开展退役军人安置情况三部委联合督查。

2月17日 省委组织部、省人力社保厅、省公务员局在杭州联合召开全省公务员管理工作会议暨2017年全省考录工作部署会。省委组织部常务副部长于跃敏出席会议并讲话，省委组织部副部长、省人力社保厅厅长王文序主持会议，省人力社保厅副厅长、省公务员局局长龚和艳部署2017年全省考录工作。

同日 宓小峰副厅长参加2016年度省教授级高级工程师资格评审委员会评审会议。

同日 仉贻泓副厅长参加落实国务院办公厅解决农民工拖欠工资督查意见整改会议。

2月17日至18日 郭敏纪检组长陪同驻人社部纪检组组长耿文清一行赴金华、浦江调研党风廉政建设工作。

2月19日 熊建平副省长、王文序厅长、仉贻泓副厅长参加国务院办公厅解决拖欠农民工工资问题专项督查组反馈会议。

2月20日 王文序厅长列席省委常委会第202次会议。

同日 厅召开2016年度厅党组民主生活会，厅党组书记、厅长王文序代表厅党组作对照检查，厅班子成员开展了严肃的批评和自我批评。省纪委、省委组织部有关领导到会指导。

2月21日 王文序厅长参加全省高校思想政治工作会议，下午参加浙江政协·民生论坛——切实保护残疾人合法权益。

同日 宋云峰副厅长带队赴桐庐开展退役军人安置情况三部委联合督查。

2月21日至23日 四川省人社厅张光伟

副厅长一行来浙江学习考察深化职称制度改革工作,宓小峰副厅长参加座谈会。

2 月 22 日 王文序厅长参加第九批援疆干部人才欢送会。

同日 刘国富副厅长参加全省公安机关网络安全保卫工作会议。

2 月 22 日至 24 日 郭敏纪检组长、宓小峰副厅长赴武汉参加全国人社系统 2017 年党风廉政建设工作座谈会。

2 月 22 日至 24 日 国家公务员局副局长张义全一行来浙江调研,龚和艳副厅长陪同到浙江海事局巡视公务员面试工作,并汇报我省公务员考录工作。

2 月 23 日 厅召开领导班子和领导干部年度考核暨"一报告两评议"大会,省委组织部副部长,省人力社保厅党组书记、厅长王文序代表厅党组作班子工作总结,省委组织部有关同志到会指导;之后,王文序厅长主持召开专题会议,听取关于国务院办公厅督查组来我省督查欠薪有关情况的汇报,仉贻泓副厅长参加会议。下午,王文序厅长参加省政府第 81 次常务会议。

同日 宋云峰副厅长参加推进浙江大学眼科医院建设工作专题会议。

同日 金林贵副厅长参加全省机关事务管理工作会议。

2 月 24 日 王文序厅长参加省委建设法治浙江工作领导小组第十六次会议;下午,王文序厅长、龚和艳副厅长参加省政府第九次全体(扩大)会议、省安全生产工作会议。

同日 蔡国春副厅长陪同熊建平副省长接见国家社会保险费征收体制评估组。

同日 宋云峰副厅长参加公立医院薪酬制度改革试点工作电视电话会议。

2 月 26 日至 27 日 刘国富副厅长赴北京参加全国人力资源和社会保障宣传工作座谈会并作经验交流发言。

2 月 27 日 王文序厅长列席省委常委会第 203 次会议,下午参加省委财经领导小组会议。

同日 蔡国春副厅长参加浙医二院国际医学中心开业典礼,下午参加中央政法委综治办召开的全国电视电话会议。

同日 仉贻泓副厅长到省法制办研究确定全省人力社保领域行政执法专项监督检查评估总结。

2 月 27 日至 28 日 全省人力社保信访维稳工作座谈会在杭州召开,龚和艳副厅长出席并讲话。

2 月 28 日 王文序厅长、蔡国春副厅长参加熊建平副省长召开的专题会议,汇报我省被征地农民转保工作情况;下午,王文序厅长主持召开专题会议,听取高校毕业生就业创业工作情况的汇报,陈中副厅长参加会议。

同日 蔡国春副厅长接见浙江人寿总经理赵鹏一行。

同日 陈中副厅长参加习近平总书记在全国政协十二届四次会议民建、工商联委员联组会上重要讲话学习贯彻情况座谈会。

同日 2017 浙江省春季人才交流大会在杭州和平会展中心成功举办,陈中副厅长巡视招聘会。

3 月

3 月 1 日 王文序厅长出席省委党校春季学期开学典礼,下午参加全省人民防空会议,

同日 蔡国春副厅长参加全省地质灾害隐患综合治理工作电视电话会议。

同日 全国部分省市事业单位人事制度改革座谈会在杭州召开,人社部副部长、国家公务员局局长傅兴国出席会议并讲话,浙江省委组织部部务会议成员(副厅长级)王利月主持会

议并致辞,浙江省人力社保厅副厅长宓小峰致辞,人社部事业司司长鲁士海、中组部公务员管理办公室副主任宿彦参加会议。

同日 龚和艳副厅长参加全省编办主任会议暨全省编办系统先进集体先进工作者表彰会。

同日 仉贻泓副厅长参加2017年全民科学素质行动计划实施工作专题汇报会。

3月2日 王文序厅长随省委袁家军副书记赴东部战区(南京)走访慰问。

同日 部分省级主管部门、事业单位负责人座谈会在杭州召开,人社部事业司鲁士海司长出席会议并讲话,宓小峰副厅长主持会议。

3月2日至3日 全省人力社保系统2017年党风廉政建设工作会议在杭州召开,会议全面学习贯彻党的十八届六中全会和省委十三届十次全会精神,认真落实中央纪委七次全会、省纪委六次全会和全国人社系统2017年党风廉政建设工作座谈会、全省人力社保工作会议部署,总结2016年全省系统党风廉政建设工作,分析形势,明确2017年重点任务。王文序厅长出席会议并讲话,郭敏纪检组长主持会议并参加各市局纪检组长座谈会。

3月3日 王文序厅长、蔡国春副厅长参加省委老干部工作领导小组会议。

同日 宓小峰副厅长陪同人社部事业司鲁士海司长赴宁波调研。

同日 龚和艳副厅长巡视浙江省国税局招录公务员面试工作。

同日 陈中副厅长参加省支持浙商创业创新促进浙江发展工作领导小组第六次(扩大)会议。

3月5日 郭敏纪检组长参加中央纪委来浙调研“深化纪检监察体制改革问题”座谈会。

3月6日 王文序厅长听取人力社保研究院专题工作汇报,宋云峰副厅长参加会议。

同日 仉贻泓副厅长参加落实国办解决农民工拖欠工资专项督查要求专题会议。

同日 宓小峰副厅长、龚和艳副厅长先后到省联合接待中心接待群众来访。

3月6日至8日 国家外专局王春副司长一行2人来浙江调研,宓小峰副厅长参加座谈会。

3月7日 王文序厅长、蔡国春副厅长、龚和艳副厅长赴台州调研督查。

同日 陈中副厅长参加全省残疾人事业发展大会。

3月7日至8日 蔡国春副厅长赴玉环、温岭调研督查。

3月8日 王文序厅长、龚和艳副厅长赴温州调研。

3月8日至9日 全省引进外国人才和智力工作会议在杭州召开,宓小峰副厅长出席会议并讲话。

3月9日 王文序厅长参加引导和鼓励高校毕业生到基层工作电视电话会议;下午,王文序厅长主持召开第85次厅党组会,听取关于全省宣传思想工作会议、全国人社宣传工作座谈会精神的情况,关于省公务员局搬迁办公用房事宜的情况,关于厅2017年审计工作安排的情况,关于报废部分固定资产的情况汇报,研究巡视整改和近期人事工作。

同日 陈中副厅长参加中央改革办督察组来浙召开的省直有关部门座谈会。

同日 肖义副巡视员参加贯彻落实《中共中央国务院关于推进安全生产领域改革发展的意见》专题报告会。

3月10日 王文序厅长、龚和艳副厅长出席全省老干部工作先进集体和先进工作者表彰大会;之后,王文序厅长出席厅机关离退休干部党支部活动;下午,王文序厅长参加全国深化职称制度改革工作部署电视电话会议。

同日 蔡国春副厅长参加义务植树劳动。

同日 宓小峰副厅长赴北京参加全国深化

职称制度改革工作部署电视电话会议并作经验交流发言。

同日 仉贻泓副厅长参加司法雇员编制及首批司法雇员招录工作专题会议。

3月13日 王文序厅长主持召开研究鼓励和引导高校毕业生到基层工作的实施意见专题汇报会,陈中副厅长参加会议。

同日 蔡国春副厅长会见辉瑞公司高层领导。

同日 宓小峰副厅长参加省公务用车制度改革工作领导小组会议。

3月13日至16日 人社部社会保障研究所金维刚所长一行4人来浙江调研,蔡国春副厅长参加3月14日举行的人社部社会保险费征缴体制专题调研座谈会。

同日 陈中副厅长参加全国农民工工作暨家庭服务业工作电视电话会议并作交流发言,全国会议结束后,主持召开省农民工工作领导小组办公室成员暨发展家庭服务业促进就业联席会议办公室成员工作会议并讲话。

同日 宋云峰副厅长参加浙江省省直房委会2017年度工作会议。

3月14日至15日 王文序厅长随熊建平副省长赴衢州市督查全面从严治党主体责任和意识形态工作主体责任落实情况。

3月15日 宓小峰副厅长参加以"促进学前教育规范发展"为主题的浙江政协·民生论坛。

同日 2017浙江—香港现代服务业高端人才招聘会新闻发布会在香港举行,陈中副厅长出席并发布。

3月15日至16日 蔡国春副厅长赴重庆参加人社部举办的2017年版国家基本医保药品目录培训。

3月16日 副厅以上领导参加全省领导干部会议。

3月17日 龚和艳副厅长参加省平安办(综治办)主任会议。

3月18日 蔡国春副厅长会见人保资产管理有限公司总裁助理撒承德。

3月19日 2017浙江—香港现代服务业高端人才招聘会在香港举办,王文序厅长、陈中副厅长巡视招聘会。

3月20日 王文序厅长列席省委常委会第204次会议;之后,王文序厅长主持召开"无欠薪浙江"专题会议,仉贻泓副厅长参加会议;下午,王文序厅长参加省委建设平安浙江领导小组和省"五水共治"工作领导小组会议。

3月21日 王文序厅长主持召开听取"工伤保险条例"立法情况专题会议,蔡国春副厅长、龚和艳副厅长参加会议;下午,王文序厅长主持召开深化企业人才工作联系制度专题会议,陈中副厅长参加会议。

同日 蔡国春副厅长参加省政协"深化'三医联动改革'、推进健康浙江建设"重点课题研究部署会。

3月21日至24日 陈中副厅长赴北京参加全国失业保险工作座谈会、全国就业工作座谈会。

3月22日 王文序厅长参加省重点高校建设座谈会。

同日 副厅以上领导参加全省剿灭劣V类水誓师大会。

3月22日至23日 宓小峰副厅长赴余姚健锋培训城调研人才培训项目,赴舟山调研考察绿色石化渔山基地、波音项目、舟山交投集团建设情况,并参加座谈交流。

3月22日至24日 人社部、财政部、卫生计生委联合调研组来浙江调研基层医疗卫生事业单位分配激励机制和公共卫生事业单位绩效工资政策情况,宋云峰副厅长参加座谈会。

3月23日 龚和艳副厅长参加省评比达标表彰工作协调小组全体会议。

3月23日至24日 蔡国春副厅长赴深圳

参加中国医保研究会召开的 2017 年医疗保险研究工作会议。

3 月 24 日 王文序厅长、宓小峰副厅长参加全省组织部长会议;下午,王文序厅长、仉贻泓副厅长、陈中副厅长参加熊建平副省长听取支持鼓励高校毕业生到基层工作政策制定情况汇报会。

同日 宓小峰副厅长出席全省专业技术人才知识更新工程工作会议并讲话。

同日 仉贻泓副厅长参加省委袁家军副书记专题研究企业减负担降成本工作会议。

同日 江苏省政协副主席范燕青一行来浙调研,陈中副厅长参加座谈会。

同日 宋云峰副厅长出席公立医院薪酬制度改革试点工作电视电话会议并讲话。

3 月 25 日至 26 日 蔡国春副厅长赴上海参加复旦大学城市发展研究院举办的新时期医疗保障体制改革研讨会。

3 月 26 日 龚和艳副厅长巡视浙江省国家安全机关招录公务员面试工作。

3 月 27 日 王文序厅长、蔡国春副厅长向省委常委会汇报我省城乡居保基础养老金标准调整工作。

同日 蔡国春副厅长带队到省人大财经委对接《浙江省工伤保险条例》立法工作。

同日 宓小峰副厅长参加 2017 年全省经济社会发展重点报道选题对接会。

同日 我省公务员“学法用法三年轮训行动”在杭州正式启动,省人力社保厅副厅长、省公务员局局长龚和艳出席启动仪式并讲话。

同日 仉贻泓副厅长参加全国国土绿化和森林防火工作电视电话会议暨全省春季农业生产和森林消防工作电视电话会议。

3 月 27 日至 28 日 全省人力资源和社会保障宣传工作座谈会在安吉召开,刘国富副厅长出席会议并讲话。杭州市、宁波市、嘉兴市、金华市、台州市、安吉县人力社保局在会上作经验交流。

3 月 27 日至 29 日 人社部法规司、社保中心、信息中心来浙江调研“五证合一、一照一码”登记制度改革工作,蔡国春副厅长参加座谈会。

3 月 28 日 蔡国春副厅长参加 2017 年全国医改工作电视电话会议。

同日 陈中副厅长赴嘉兴参加浙江中科院应用技术研究院第二届理事会第一次会议。

3 月 28 日至 30 日 仉贻泓副厅长赴重庆参加全国劳动保障监察工作座谈会。

3 月 28 日至 30 日 宋云峰副厅长赴贵阳参加 2017 年全国人事考试工作座谈会。

3 月 29 日 省政协副主席、省台盟主委张泽熙一行来我厅调研“深化三医联动改革,推进健康浙江建设”重点课题,蔡国春副厅长参加座谈会;下午,蔡国春副厅长参加全省金融工作电视电话会议。

3 月 29 日至 30 日 全省社保基金监督及风险防范座谈会在绍兴召开,龚和艳副厅长出席会议并讲话。

3 月 30 日 王文序厅长参加省委全面深化改革领导小组第十五次会议;下午,王文序厅长、蔡国春副厅长参加熊建平副省长召开的研究职工基本养老保险有关情况专题会议。

3 月 31 日 王文序厅长、龚和艳副厅长参加全省建设平安浙江工作会议;下午,王文序厅长列席省政府第 82 次常务会议,审议《浙江省工伤保险条例(草案)》和《浙江省女职工劳动保护办法(送审稿)》。

同日 2017 年领取社会保险待遇资格协作认证工作启动会在绍兴召开,人社部社保中心尹志远书记出席会议并讲话,蔡国春副厅长出席会议并致辞,浙江、绍兴、上海、山东、苏州分别作经验交流发言。

同日 宓小峰副厅长赴象山出席千名专家服务企业服务基层象山行活动暨第一轮合作项

目签约仪式，并为浙江省专家服务基地（象山）授牌。

同日 龚和艳副厅长参加省十二届人大五次会议代表建议和省政协十一届五次会议提案交办会。

同日 仉贻泓副厅长参加杭钢创建六十周年总结暨第三次创业推进大会。

同日 肖义副巡视员参加全省“五水共治”“三改一拆”和小城镇环境综合整治督查工作会议。

4 月

4 月 1 日 王文序厅长参加中国（浙江）自由贸易试验区挂牌暨建设动员大会，之后参加省普法教育领导小组会议；下午，王文序厅长主持召开第 86 次厅党组会，传达学习省委全面深化改革领导小组第十五次会议和全省建设平安浙江工作会议精神，听取关于全国就业失业工作座谈会精神及贯彻意见的汇报，听取关于《厅保密工作办法》、《厅涉密人员管理暂行办法》等 2 个规章制度起草情况的汇报，听取关于浙江人力社保大楼食堂经营管理有关事项的报告，学习《中国共产党党委（党组）理论学习中心组学习规则》，听取关于《2017 年厅党组中心组理论学习计划》的情况汇报，听取关于《2017 年厅机关党建工作要点和责任分工》和厅第一届趣味运动会活动方案的情况汇报，听取关于对省委巡视发现涉嫌违纪问题线索开展纪律审查工作进展情况的汇报，听取关于全国劳动保障监察工作座谈会精神及贯彻意见的汇报，研究近期人事工作。

同日 陈中副厅长参加冯飞副省长主持召开的研究企业减负担降成本政策措施会议。

4 月 5 日 王文序厅长召开专题会议，听取浙江省高技能人才工作情况汇报，仉贻泓副厅长参加会议。

同日 龚和艳副厅长参加省事业单位改革领导小组会议。

4 月 5 日至 6 日 宓小峰副厅长赴湖州参加全省工业设计发展工作现场会，并赴长兴调研人才工作。

4 月 6 日 王文序厅长赴衢州反馈全面从严治党主体责任和意识形态工作主体责任落实情况督查情况；下午，王文序厅长、陈中副厅长参加省委人才工作领导小组第 22 次会议。

同日 龚和艳副厅长参加贯彻中央“两办”加强乡镇政府服务能力建设和经济发达镇行政体制改革文件意见起草会议，之后参加省基层治理体系“四个平台”建设领导小组第一次会议。

4 月 7 日 王文序厅长参加国务院安委会安全生产巡查动员汇报会。

同日 仉贻泓副厅长参加浙江渔场修复振兴暨“一打三整治”协调小组第四次成员单位（扩大）会议。

4 月 7 日至 8 日 蔡国春副厅长赴西安参加 2017 年中国医疗保险西部论坛年会。

4 月 8 日 宓小峰副厅长参加浙江省名中医研究院成立十周年暨《中医药与健康》小学教材首发仪式。

同日 陈中副厅长参加浙江省海外高层次人才联谊会第三次会员代表大会暨“国际人才板”集中挂牌仪式。

4 月 10 日 王文序厅长召开专题会议，研究深化企业人才工作联系制度，陈中副厅长参加会议；下午，王文序厅长、蔡国春副厅长参加车俊省长主持召开的专题会议，研究我省企业职工基本养老保险工作。

同日 仉贻泓副厅长、陈中副厅长分别到省联合接待中心接待群众来访。

4 月 10 日至 11 日 2017 全省各级机关考试录用公务员考务工作部署会在杭州召开，宋云峰副厅长出席会议并讲话。

4月11日 王文序厅长参加省委陈金彪秘书长主持召开的省第十四次党代会报告起草组会议。

同日 贯彻落实《浙江省劳动人事争议调解仲裁条例》暨仲裁案件审理模式改革现场推进会在温州召开,龚和艳副厅长出席并讲话。

同日 陈中副厅长参加全省钢铁行业去产能督促落实工作会议。

4月11日至12日 王文序厅长赴衢州参加推进"最多跑一次"改革座谈会。

4月12日 王文序厅长召开专题会议,听取劳动干校工作汇报,仉贻泓副厅长参加会议。

同日 2017外国专家组织海外高层次人才项目(浙江·绍兴)对接洽谈会在绍兴举行,国家外国专家局副局长夏鸣九、经济技术司司长徐皓庆、省人力社保厅副厅长宓小峰及绍兴市政府领导出席开幕式。

同日 仉贻泓副厅长出席省防范处置企业拖欠工资工作领导小组联络员会议并讲话。

同日 陈中副厅长赴嘉善参加浙江嘉善县域科学发展示范点建设推进会暨专家研讨会。

4月12日至13日 蔡国春副厅长赴武汉参加全国长期护理保险试点工作座谈会。

4月13日 王文序厅长参加全省全面实施标准化战略暨国家标准化综合改革试点动员推进电视电话会议。

同日 宓小峰副厅长参加贯彻落实《关于进一步把社会主义核心价值观融入法治建设的指导意见》电视电话会议。

同日 副厅以上领导干部参加浙江论坛报告会。

4月13日至16日 仉贻泓副厅长赴深圳参加全国职业能力建设工作座谈会。

4月14日 王文序厅长参加全省国家安全领导小组第5次全体会议,下午参加省政府与省总工会联席会议。

同日 宓小峰副厅长参加2017年长三角地区知识产权发展与保护状况新闻发布会。

4月17日 王文序厅长、龚和艳副厅长参加县(市、区)委书记工作交流会议。

同日 蔡国春副厅长列席省委常委会第207次会议,下午参加人社部召开的2017年调整退休人员基本养老金工作视频会议。

同日 全省劳动人事争议仲裁员续聘暨学习贯彻《浙江省劳动人事争议调解仲裁条例》培训班在杭州举办,龚和艳副厅长出席并作动员讲话。

同日 仉贻泓副厅长参加农民工欠薪自查情况和处理意见专题会议,下午参加全省禁毒工作电视电话会议。

4月18日 全国人大内司委副主任委员何晔晖一行来浙专题调研养老院建设情况,蔡国春副厅长参加座谈会。

4月18日至20日 宋云峰副厅长率省联合调研组赴宁波市、湖州市开展公立医院薪酬制度改革试点工作调研。

4月19日 王文序厅长参加全省科学技术奖励大会。

同日 2017浙江—成都人才招聘会新闻发布会在成都举行,陈中副厅长出席并发布。

4月20日 王文序厅长到浙江大学、浙江工业大学调研"双一流"建设工作。

同日 蔡国春副厅长参加浙江大学与衢州市共建高水平医联体签约仪式。

4月20日至22日 2017"浙江—四川就业扶贫劳务协作专场招聘会"分别在四川省宜宾市屏山县和乐山市峨边县举办,陈中副厅长赴屏山县巡视招聘会。

4月21日 王文序厅长参加省政府第21次法律专题学习会、省政府第83次常务会议。

同日 蔡国春副厅长出席全省医保改革"三突破"视频会议并讲话。

同日 杭州市暨西湖区构建和谐劳动关系

综合试验区现场推进会在杭州市西湖区转塘街道召开,龚和艳副厅长出席并讲话。

4月22日 2017浙江—成都人才招聘会在四川大学举办,陈中副厅长巡视招聘会。

4月22日至23日 全省各级机关单位考试录用公务员笔试顺利举行,王文序、蔡国春、郭敏、宓小峰、龚和艳、仉贻泓、宋云峰、夏春胜、厉勇等厅领导分别到各考区巡视。

4月23日至28日 龚和艳副厅长赴北京参加国家行政学院公务员管理专题研讨班。

4月24日 王文序厅长列席省委常委会。

同日 陈中副厅长参加冯飞副省长主持召开的研究协调减轻企业负担、降低企业成本有关政策措施专题会议。

4月24日至25日 郭敏纪检组长带队赴宁波调研落实全面从严治党主体责任等情况。

4月25日 蔡国春副厅长带队赴温州集体调研机关事业单位养老保险业务经办工作。

同日 宓小峰副厅长参加孙景淼副省长主持召开的研究农业供给侧结构性改革试点(德清)方案会议。

同日 2017年(第十届)浙江省技能人才校企合作洽谈会在之江饭店举办,陈中副厅长巡视洽谈会。

4月25日至27日 宋云峰副厅长率省联合调研组赴温州和苍南开展公立医院薪酬制度改革试点工作调研。

4月26日 郭敏纪检组长参加全国纪检监察信访举报工作视频会议。

同日 仉贻泓副厅长出席"浙江无欠薪"三年行动计划调研座谈会。

4月26日至28日 蔡国春副厅长陪同省人大常委会冯明副主任赴温州开展《浙江省工伤保险条例(草案)》立法调研。

4月27日 王文序厅长主持召开第87次厅党组会,学习任振鹤同志在省委人才工作领导小组会议上的讲话精神,听取关于厅"最多跑一次"改革工作情况的汇报,听取全国职业能力建设工作座谈会精神及我省贯彻实施安排的汇报,听取关于政务移动办公系统建设有关情况的汇报,听取关于处室(单位)2016年度落实全面从严治党主体责任检查情况汇报,审议《一季度厅党风廉政建设工作情况和二季度重点工作计划(送审稿)》,研究联系企业、服务基层工作有关安排,研究近期人事工作,听取关于就业局等3家单位固定资产处置的情况汇报。

同日 仉贻泓副厅长赴上海学习考察建设领域欠薪治理工作。

4月27日至28日 蔡国春副厅长赴南京参加人社部医改工作座谈会。

4月28日 王文序厅长参加浙江省庆祝"五一"国际劳动节暨表彰劳模先进大会。

同日 蔡国春副厅长赴南京参加综合医改试点省座谈会。

5月

5月2日 王文序厅长列席省委常委会第210次会议;下午,王文序厅长主持召开专题会议,研究互联网+人社行动及厅网络整合工作,刘国富副厅长参加会议。

同日 龚和艳副厅长参加省政协委员"走进基层、走进群众"活动月优秀委员表彰暨2017年活动月活动动员会。

5月2日至3日 陈中副厅长赴台州参加台州人才资源项目推介会。

5月3日 王文序厅长主持召开专题会议,研究"浙江无欠薪"三年行动计划,仉贻泓副厅长参加会议。

同日 宓小峰副厅长参加国家信息经济示范区调研工作座谈会。

5月4日 王文序厅长主持召开第88次厅党组会,研究近期人事工作;下午参加省委全体扩大会议,之后参加省二季度工作部署会。

同日 宓小峰副厅长参加民进浙江省第十次代表大会开幕式。

5月5日 王文序厅长参加全省“两学一做”学习教育常态化制度化工作座谈会。

同日 蔡国春副厅长参加公立医院综合改革工作汇报会。

同日 仉贻泓副厅长参加国防教育专题座谈会。

同日 金林贵副厅长参加国务院年度消防工作考核反馈会。

5月6日 仉贻泓副厅长参加浙江省第三届职业教育活动周启动仪式。

5月8日 王文序厅长列席省委常委会第211次会议。

同日 蔡国春副厅长参加省人大财经委全体会议,审议《浙江省工伤保险条例(草案)》。

同日 宓小峰副厅长参加2017中国设计智造大奖颁奖典礼。

同日 宋云峰副厅长到省联合接待中心接待群众来访。

5月8日至10日 人社部宣传中心赵英副主任(主持工作)来浙江调研人社新媒体建设有关情况,刘国富副厅长陪同调研并参加座谈会。

5月9日 龚和艳副厅长参加浙江省女科技工作者协会成立大会。

同日 陈中副厅长参加全国残疾人康复工作电视电话会议,下午参加省促进战略性新兴产业发展工作领导小组会议。

同日 宋云峰副厅长参加省委办公厅召开的党内法规工作联席会议。

5月9日至10日 龚和艳副厅长带队赴宁波、余姚对宁波市本级及余姚市城乡居民养老保险经办内控检查工作开展省级督查。

5月10日 王文序厅长、陈中副厅长参加全国就业创业工作暨2017年普通高等学校毕业生就业创业工作电视电话会议。

同日 蔡国春副厅长参加成岳冲副省长主持召开的研究我省2017医改深化工作专题会议。

5月11日 王文序厅长赴舟山参加中国(浙江)自由贸易试验区建设领导小组第三次会议。

5月12日 郭敏纪检组长参加全国纪检监察信访举报工作电视电话会议。

同日 宓小峰副厅长参加省直机关工委扩大会议。

同日 龚和艳副厅长参加全省社会治安综合治理创新工作会议。

5月12日至21日 宋云峰副厅长率团出访德国、英国、丹麦,分别在德国柏林和英国伦敦举办了大型海外高层次人才洽谈活动,并与一批专业人才协会和知名高校代表进行了交流洽谈。

5月13日 蔡国春副厅长参加民革浙江省第十四次代表大会开幕式。

5月15日至16日 广东省人社厅谢树兴副厅长一行来浙江开展降低企业用工成本调研,仉贻泓副厅长参加座谈会。

5月15日至16日 陈中副厅长赴余姚参加第四届中国机器人峰会暨智能经济人才峰会。

5月16日 广东省政府参事、省人力社保厅原巡视员林王平一行来浙江调研高技能人才工作,仉贻泓副厅长参加座谈会。

5月17日至19日 金林贵副厅长带队赴安吉、临安和德清调研农民工创业就业问题。

5月18日 王文序厅长主持召开专题会议,研究阳光政务和党风廉政建设,郭敏纪检组长参加会议。

同日 宓小峰副厅长参加乡镇文化员“定向培养”工作协调会。

同日 陈中副厅长赴湖州参加湖州人力资

源服务产业园开园仪式并致辞。

5月19日 各市人力社保局长会议在杭州召开，主要任务是布置系统近期重点工作，对标对表、明确要求，确保年初部署的各项任务落地见效。省委组织部副部长，省人力社保厅党组书记、厅长王文序出席会议并讲话。厅党组副书记、副厅长刘国富主持会议，并对系统推进“最多跑一次”改革进行部署。之后，王文序厅长、蔡国春副厅长参加省政府企业职工基本养老保险有关工作部署会议。

5月22日 王文序厅长参加省政府召开的“最多跑一次”改革新闻发布会。

同日 郭敏纪检组长到杭州市下城区来华留学生创业园调研。

同日 龚和艳副厅长到省国税局考试录用公务员二次调剂面试现场进行巡视。

5月22日至23日 宓小峰副厅长赴安徽金寨参加全国专技工作会议。

5月23日 陈中副厅长参加第五届中国杭州大学生创业大赛总决赛。

5月24日 王文序厅长主持召开第89次厅党组会，传达全省纪检监察工作会议精神，听取职业年金基金以及厅属单位竞争性存款续存问题的汇报，听取《浙江省人力资源和社会保障厅统计数据管理办法》起草情况的汇报，审议《浙江省扩大海外工程师引进计划暂行办法（送审稿）》，听取省劳动保障宣教中心综合楼拆建工程新增资金筹措建议的报告，研究近期人事工作。之后，王文序厅长参加省十二届人大常委会第四十一次会议第一次全体会议，下午参加打破信息孤岛实现数据共享推进“最多跑一次”改革专题会议。

同日 宓小峰副厅长参加全省侨务工作联席会议。

同日 龚和艳副厅长参加全省“一带一路”国际合作高峰论坛维稳安保工作讲评会议。

5月25日 蔡国春副厅长参加2017年度“沪苏浙皖闽”四省一市综合医改联席会议。

同日 宓小峰副厅长到杭州职业技术学院调研职称制度改革。

同日 金林贵副厅长出席全省农民工工作暨发展家庭服务业工作会议并讲话。

5月25日至30日 王文序厅长率浙江代表团出访加拿大、美国、日本，分别在波士顿、硅谷、东京举办了大型海外高层次人才洽谈活动，并访问了一批著名高校、人才机构和企业。

5月26日 刘国富副厅长参加“开好党代会、迎接十九大”重大主题宣传动员会。

同日 郭敏纪检组长参加省纪委十三届七次全会。

同日 陈中副厅长参加全国全面推进“多证合一”改革电视电话会议，之后参加省政府残工委全体会议。

同日 金林贵副厅长参加省十二届人大常委会第四十一次会议第二次全体会议。

5月31日 刘国富副厅长参加省委全面深化改革领导小组第十六次会议。

同日 蔡国春副厅长、郭敏纪检组长、宓小峰副厅长分别带队赴金华、台州、湖州开展“最多跑一次”改革暨党风廉政建设工作指导检查。

6月

6月1日 蔡国春、宓小峰、龚和艳等副厅长分别带队赴金华、湖州、绍兴开展“最多跑一次”改革暨党风廉政建设工作指导检查。

6月1日至2日 郭敏纪检组长、仉贻泓副厅长分别带队赴台州、温州开展“最多跑一次”改革暨党风廉政建设工作指导检查。

6月1日至3日 王文序厅长率浙江代表团继续出访加拿大、美国、日本。

6月2日 龚和艳副厅长出席省级机关和省属单位录用公务员面试工作部署会并讲话。

6月3日 宓小峰副厅长参加百千万人才工程国家级人选等4个人才项目的评审工作。

同日 “2017年浙江省高校毕业生就业公益性招聘大会”在杭州和平会展中心举行，陈中副厅长巡视招聘会。

6月3日至4日 全省各级机关单位考试录用公务员面试在全省各考点顺利举行，蔡国春、宓小峰、龚和艳、仉贻泓、陈中、宋云峰、金林贵、夏春胜等厅领导对省级机关和省属单位面试情况进行巡视。

6月5日至6日 刘国富副厅长、陈中副厅长分别带队赴宁波、舟山开展“最多跑一次”改革暨党风廉政建设工作指导检查。

6月5日至6日 宓小峰副厅长赴丽水参加浙江省专家联系服务企业、竹产业提升发展研讨会暨丽水市“双百引领计划”工作推进会。

6月5日至7日 金林贵副厅长带队赴衢州开展“最多跑一次”改革暨党风廉政建设工作指导检查。

6月6日 王文序厅长参加省委理论学习中心组“一带一路”专题学习。

同日 龚和艳副厅长参加省委深化文化体制改革专项小组(扩大)会议。

同日 宋云峰副厅长带队到杭州、余杭开展“最多跑一次”改革暨党风廉政建设工作指导检查。

6月6日至7日 蔡国春副厅长陪同省人大常委会副主任刘力伟赴丽水开展《浙江省工伤保险条例(草案)》立法调研。

6月6日至8日 仉贻泓副厅长赴上海出席2017年中国国际技能大赛(上海赛区)。

6月7日 陈中副厅长参加省推进杭州城西科创大走廊建设联席会议第四次全体会议。

6月8日 王文序厅长主持召开专题会议，研究组建厅统一政务咨询投诉举报处理平台，龚和艳副厅长参加会议；下午，王文序厅长、宋云峰副厅长参加全国、全省军队转业干部安置工作电视电话会议。

同日 蔡国春副厅长参加浙江省老年病和肿瘤专科联盟暨高水平医联体签约授牌仪式。

同日 仉贻泓副厅长参加全省社会组织清理整顿和规范管理工作会议。

6月8日至9日 我厅举办第19届浙洽会海外高层次人才项目洽谈对接活动，9日上午，熊建平副省长、王文序厅长巡视洽谈活动现场。

6月8日至9日 陈中副厅长赴北京参加失业保险工作座谈会。

6月9日 蔡国春副厅长主持召开医保目录调整第一次领导小组会议。

同日 我厅召开“引导和鼓励高校毕业生到基层工作政策发布”媒体通气会，对省委办公厅、省政府办公厅出台的《关于进一步引导和鼓励高校毕业生到基层工作的实施意见》进行政策解读，陈中副厅长出席发布会并通报有关情况。

6月11日 王文序厅长参加中国共产党浙江省第十四次代表大会各代表团、列席人员组召集人会议，下午参加预备会议。

6月12日至15日 王文序厅长参加中国共产党浙江省第十四次代表大会。

6月13日 宓小峰副厅长调研省机电集团和浙江建设技师学院。

同日 龚和艳副厅长参加全国推进简政放权放管结合优化服务改革电视电话会议。

6月14日 王文序厅长主持召开第90次厅党组会，研究近期人事工作。

同日 蔡国春副厅长参加人社部、财政部来浙江调研企业职工基本养老保险有关问题座谈会。

同日 龚和艳副厅长参加三峡移民群体稳定工作专题会议。

6月14日至15日 宓小峰副厅长赴义乌调研浙江省机电技师学院和义乌市人社局“最多跑一次”改革。

6月14日至15日 浙江省人力资源服务业发展推进会在义乌召开,陈中副厅长出席会议并讲话。

6月14日至15日 宋云峰副厅长赴长春参加全国人社系统政策研究工作座谈会。

6月14日至16日 人社部基金监管局张永清副局长一行来浙江调研浙江省本级、杭州市基金监督工作,龚和艳副厅长陪同调研并参加座谈会。

6月15日 陈中副厅长参加国家发改委贯彻落实《加快推进新型城镇化建设行动方案》电视电话会议。

6月16日 郭敏纪检监察组长参加省纪委十四届一次全会。

同日 金林贵副厅长出席杭州师范大学三替家政分院2017届毕业生毕业典礼。

6月19日 王文序厅长主持召开第91次厅党组会,传达学习中国共产党浙江省第十四次代表大会精神,审议《吴顺江同志任期经济责任审计整改情况的报告(送审稿)》,听取2017年度百千万人才工程国家级人选等4个人才项目评审推荐情况的汇报,审议《"之江工匠"打造行动(2017—2020)(送审稿)》,听取关于残疾人就业创业政策起草情况的汇报,听取全国"互联网+人社"推进座谈会会务保障工作的汇报,审议《关于推进"两学一做"学习教育常态化制度化的实施方案(送审稿)》,听取关于2016年党费收缴工作专项检查中清理收缴党费使用意见、成立厅直属单位退休人员联合党支部等有关情况的汇报,审议《浙江省人力资源社会保障厅关于深入推进"互联网+浙江人社"行动的实施意见(送审稿)》,宓小峰副厅长通报留学人才公寓管理有关情况。

同日 龚和艳副厅长参加重点改革任务落实情况现场督察座谈会。

6月20日 省政府新闻办举行浙江省加强劳动者权益保护新闻发布会,省人力社保厅仉贻泓副厅长、省法制办杨必明副主任出席发布会,并对今年上半年审议通过的《浙江省企业工资支付管理办法》(修订)、《浙江省女职工劳动保护办法》(修订)两个政府规章进行通报并答记者问。

6月21日 人社部与浙江省政府签订共同推进"互联网+人社"行动提升公共服务水平合作协议,人社部部长尹蔚民、浙江省政府代省长袁家军、人社部副部长游钧、浙江省政府副省长熊建平出席签约仪式,省人力社保厅王文序厅长参加签约仪式。

同日 蔡国春副厅长陪同人社部游钧副部长一行赴桐庐调研社保工作。

同日 龚和艳副厅长出席省公安消防总队"向人民报告"主题报告会。

6月22日 仉贻泓副厅长参加国务院安委会安全生产巡查反馈会。

6月22日至23日 全国"互联网+人社"推进座谈会在杭州召开,中组部副部长、人社部部长尹蔚民,副省长熊建平出席会议并分别讲话,人社部副部长游钧主持会议,王文序厅长、刘国富副厅长参加会议,其他厅领导列席会议;全国人力资源社会保障厅(局)办公室主任座谈会、人力资源社会保障系统网络安全形势研讨会同时在杭州召开;22日,浙江省委常委、组织部长任振鹤会见尹蔚民部长、游钧副部长一行;23日,浙江省委书记车俊会见尹蔚民部长、游钧副部长一行。

6月23日 宓小峰副厅长参加省政府第13次法律专题学习、第86次常务会议。

6月23日至25日 蔡国春副厅长陪同全国社会保险学会胡晓义会长赴丽水、台州调研。

6月26日 王文序厅长、刘国富副厅长、宓小峰副厅长参加全省党政领导干部依法执政专题研讨班开班式。

同日 龚和艳副厅长参加《浙江省社会治安综合治理条例(修订草案)》征求意见座

谈会。

同日 仉贻泓副厅长参加第三届“最美禁毒人”揭晓仪式。

同日 2017国内知名大学暑期社会实践活动欢迎仪式在赞成宾馆成功举行,陈中副厅长出席欢迎仪式并讲话。

6月27日 王文序厅长参加第35次浙江政协·民生论坛——发展职业教育,助推制造业转型升级。

同日 刘国富副厅长参加2017年省经济责任审计工作联席会议。

同日 我厅召开浙江省特种设备专业工程职称制度改革媒体恳谈会,宓小峰副厅长出席会议并通报我省职称制度改革等有关情况。

6月27日至28日 金林贵副厅长赴石家庄参加全国工伤保险座谈会。

6月27日至29日 郭敏纪检监察组长赴西安参加部分省区市派驻人社厅(局)纪检组长工作座谈会。

6月28日 全国《人事考试安全管控的实践与体系建设探索》课题研讨会在义乌召开,宋云峰副厅长出席研讨会并讲话。

6月29日 王文序厅长参加全省绿色金融改革创新试验区建设动员部署电视电话会议,晚上参加“一心向党”——浙江省迎接党的十九大交响合唱音乐会。

同日 宓小峰副厅长参加省直机关思想政治工作交流会。

同日 仉贻泓副厅长参加宣传贯彻《浙江省气象灾害防御条例》座谈会。

6月29日至30日 刘国富副厅长陪同省人大常委会副主任刘力伟赴杭州、绍兴开展《浙江省工伤保险条例(草案)》立法调研。

6月29日至30日 蔡国春副厅长赴合肥参加中国医疗保险研究会2017年年会。

6月30日 王文序厅长参加全省国有企业党的建设工作会议,下午参加省经济体制改革工作领导小组会议暨“放管服”改革推进会。

同日 陈中副厅长参加推动返乡创业工作电视电话会议。

7月

7月1日 王文序厅长主持召开第92次厅党组会,听取厅“最多跑一次”改革工作自查情况,2017年我省退休人员基本养老金等待遇调整实施方案情况,第五批全省事业单位专业技术二级岗位人选申报推荐和审核工作情况,全国“互联网+人社”推进座谈会有关情况,二季度处室(单位)主要负责人履行党建和党风廉政建设工作情况,厅本级和下属4家单位固定资产处置情况的汇报,审议《关于支持安吉县加快创建“两山”重要思想实践示范县的意见》,研究近期人事工作。

同日 陈中副厅长出席2017台湾、香港大学生浙江暑期实习活动欢迎仪式并讲话。

7月3日 王文序厅长、蔡国春副厅长列席省委财经领导小组2017年第二次会议,审议退休人员调待方案。

同日 刘国富副厅长、龚和艳副厅长分别到省联合接待中心接待群众来访。

同日 仉贻泓副厅长参加全省消防安全工作紧急会议。

7月4日 宋云峰副厅长参加省防震减灾工作领导小组会议。

同日 金林贵副厅长参加全省党内法规工作会议。

7月4日至7月6日 山东省人社厅党组副书记、副厅长夏鲁青一行12人来浙江考察就业创业及信息化建设工作,陈中副厅长参加座谈会。

7月5日 郭敏纪检监察组长参加部分省直派驻纪检监察组负责人座谈会。

同日 宓小峰副厅长参加全国种业人才发展和科研成果权益改革工作推进视频会。

同日 龚和艳副厅长参加“最多跑一次”改革工作专题会。

7月6日 王文序厅长主持召开第93次厅党组会,听取关于部分省(区、市)派驻人社厅(局)纪检组长工作座谈会精神,关于建立健全社会保险基金第三方审计机制有关情况,关于二季度党风廉政建设工作情况和三季度重点工作计划,关于开展全面从严治党主体责任落实情况重点督查工作方案,关于巡视发现问题线索相关责任人的调查结论及处理意见的报告;下午,王文序厅长参加省十二届人大六次会议。

同日 龚和艳副厅长带队赴绍兴调研“最多跑一次”改革、人才工作、劳动人事争议多元处理及信访积案化解等工作。

7月6日至7日 金林贵副厅长赴金华市金东区、磐安县调研农民工在乡创业就业工作。

7月7日 王文序厅长、宓小峰副厅长参加全省党政领导干部依法执政专题研讨班结班式。

同日 仉贻泓副厅长参加省消防安全委员会全体成员会议。

7月10日 王文序厅长、龚和艳副厅长参加全省扩大有效投资重大项目集中开工活动启动仪式。

同日 蔡国春副厅长参加国家尘肺病防治工作督办汇报会。

7月11日 宓小峰副厅长参加对口协商和界别协商会议。

7月12日 全省2017年退休人员养老金调整工作电视电话会议在杭州召开,蔡国春副厅长出席会议并讲话。

同日 宋云峰副厅长参加省政府专题会议。

同日 金林贵副厅长到杭州朝晖家政市场调研如何进一步加强家政服务行业规范发展。

7月13日 金林贵副厅长出席由常山县委、县政府举办的“常山阿姨”杭州推荐会。

7月13日至14日 宓小峰副厅长赴安吉、湖州调研。

7月14日 王文序厅长参加浙江政协·民生论坛——加强农业科技推广与应用。

同日 蔡国春副厅长听取全省老农保衔接并轨工作进展情况汇报。

同日 宓小峰副厅长参加事业单位改革专题会议。

同日 龚和艳副厅长参加省府大楼行政后勤中心通信服务职责划转工作协调部署会。

同日 仉贻泓副厅长参加浙江省工商联第十一次代表大会开幕式。

同日 陈中副厅长参加省退役士兵安置和权益保障工作专班扩大会议,之后参加国务院第四次大督查实地自查工作部署会。

同日 金林贵副厅长到杭州三替集团公司调研如何进一步加强家政服务行业规范发展。

7月14日至15日 蔡国春副厅长赴南京参加医保药品管理研讨会。

7月15日 陈中副厅长出席2017年浙江“海峡两岸暨香港”大学生暑期实习交流联谊活动。

7月16日至18日 王文序厅长赴北京参加部2017年年中务虚会。

7月17日 刘国富副厅长列席第十四届省委常委会第4次会议。

同日 仉贻泓副厅长参加全省全域旅游发展暨万村景区化工作推进会。

7月18日 刘国富副厅长参加省政协“最多跑一次”改革举措落实情况专项集体民主监督省直部门专题汇报会。

同日 蔡国春副厅长参加医疗养老部门座谈会。

7月19日至20日 宋云峰副厅长赴太原参加部分企业军转干部解困和稳定工作联合座谈会。

7月20日　我厅和杭州市人力社保局在杭州联合开展“送清凉送关爱”慰问活动，王文序厅长带队实地走访慰问西湖区文体中心项目和阿里巴巴网商银行项目建设工地职工，并检查了解企业高温津贴制度等落实情况。金林贵副厅长参加慰问活动。

同日　仉贻泓副厅长参加全国安全生产电视电话会议。

同日　金林贵副厅长出席2017年省直事业单位负责人培训班开班典礼并讲话。

7月20日至21日　全省残疾人创业就业工作现场会在宁波召开，陈中副厅长出席会议并讲话。

7月21日　王文序厅长到省联合接待中心接待群众来访，龚和艳副厅长陪同接访。

同日　郭敏纪检监察组长赴桐庐调研乡镇（街道）人力社保服务窗口建设情况。

同日　龚和艳副厅长参加第二批群团改革事业单位方案讨论会。

7月24日　王文序厅长参加最高检、浙江省委追授俞秀成同志荣誉称号命名表彰大会；下午，王文序厅长、仉贻泓副厅长向熊建平副省长专题汇报“浙江无欠薪”行动工作；晚上，王文序厅长、龚和艳副厅长参加县（市、区）委书记工作交流会。

同日　“杭州国际人才创业创新园”建园启动仪式在中国（杭州）智慧信息产业园举行。人社部副部长、国家外专局局长张建国，浙江省委常委、杭州市委书记赵一德出席并讲话。王文序厅长会前拜会了张建国局长一行。张建国局长、徐立毅市长分别代表国家外专局和杭州市政府签署《共同推进杭州国家自主创新示范区建设国际人才创业创新园合作备忘录》，并与宓小峰副厅长一起为拱墅区、西湖区、高新区（滨江）三个试点园区授牌。下午，国家外专局和宁波市政府在宁波签署《引进外国人才智力建设名城名都合作框架协议》，张建国局长和裘东耀市长等见证签约，夏鸣九副局长、宋越舜副市长分别代表双方在协议上签字，宓小峰副厅长出席签约仪式。

7月25日　王文序厅长参加省政府第87次常务会议。

同日　仉贻泓副厅长陪同省政协副主席蔡秀军一行赴杭州调研高技能人才建设工作。

同日　金林贵副厅长参加省十二届人大常委会第四十三次会议第一次全体会议。

7月26日　宓小峰副厅长参加第二批省重点高校建设工作专题会议。

7月26日至27日　2017年厅务虚会在绍兴上虞召开，会议认真学习贯彻省第十四次党代会精神，坚定不移沿着“八八战略”指引的路子走下去，总结上半年工作，研究当前和今后一个时期人力社保工作形势和任务，部署下半年重点工作，确保圆满完成全年目标任务，以优异成绩迎接党的十九大胜利召开。省委组织部副部长，省人力社保厅党组书记、厅长王文序作了题为《新使命 新征程 新作为 为实现“两个高水平”奋斗目标作贡献》的讲话。会议由省人力社保厅党组副书记、副厅长刘国富主持。

7月26日至27日　陈中副厅长参加推进大众创业万众创新政策落实情况评估调研省直部门座谈会。

7月27日　金林贵副厅长参加省十二届人大常委会第四十三次会议第二次全体会议。

7月28日　王文序厅长列席第十四届省委常委会第5次会议；下午，王文序厅长参加省十二届人大常委会第四十三次会议第三次全体会议。

同日　副厅以上领导干部参加浙江论坛报告会。

7月29日　陈中副厅长参加促进民间投资相关政策落实情况政府部门座谈会。

7月31日　北京市人社局徐熙局长一行11人来浙江调研“互联网+人社”建设工作，王文序厅长、刘国富副厅长出席座谈会；下午，王文序厅长参加离任经济事项交接会，之后召开厅党组理论学习中心组（扩大）会议。

同日 龚和艳副厅长参加全省维稳工作专题会议。

同日 仉贻泓副厅长参加《浙江省军人军属权益保障条例》执法检查审议意见落实专项督查情况座谈会。

同日 陈中副厅长参加全省人才工作会议筹备协调会。

同日 宋云峰副厅长参加驻浙部队“八一”座谈会。

8 月

8 月 2 日 王文序厅长参观考察嘉善归谷智造小镇，下午出席嘉善县域科学发展示范点建设现场交流会和全省特色小镇规划建设工作现场推进会。

同日 龚和艳副厅长到省联合接待中心接待群众来访。下午，全省非公有制企业、商会（协会）和省部属单位劳动人事争议调解员培训班在杭州举办，龚和艳副厅长出席并作动员讲话。

同日 宋云峰副厅长赴省委党校调研教职工待遇情况。

8 月 2 日至 5 日 蔡国春副厅长赴上海参加医疗保险治理能力提升专题研讨会。

8 月 2 日至 3 日 金林贵副厅长赴云和县、松阳县等地调研农民工在乡创业就业工作。

8 月 3 日 王文序厅长主持召开专题会议，研究省直单位人才住房建设工作，陈中副厅长参加会议。之后，王文序厅长、仉贻泓副厅长参加全省开展“浙江无欠薪”行动电视电话会议。下午，王文序厅长参加省委全面深化改革领导小组第十七次会议。

同日 刘国富副厅长参加省思想政治工作研究会第十二次会员大会。

同日 郭敏纪检监察组长赴义乌调研乡镇（街道）人力社保服务窗口建设情况。

8 月 4 日 王文序厅长参加全省“三改一拆”和小城镇环境综合治理推进会，下午参加全省安全生产电视电话会议暨省安委会全体（扩大）会议。

同日 刘国富副厅长参加省政务公开领导小组扩大会议。

8 月 6 日至 10 日 陈中副厅长陪同车俊书记赴新疆、青海考察对口支援工作。

8 月 7 日 蔡国春副厅长到省联合接待中心接待群众来访。

8 月 9 日 刘国富副厅长参加袁家军省长主持召开的省政府打破信息孤岛实现数据共享推进“最多跑一次”改革第二次专题会议，并作典型发言。

8 月 9 日至 11 日 蔡国春副厅长带队赴广东考察学习。

8 月 10 日 2017 年推进公务员培训工作座谈会在杭州举行，龚和艳副厅长出席会议并讲话。

同日 仉贻泓副厅长参加全省文化产业发展大会。

同日 宋云峰副厅长参加省司法体制改革暨党的十九大维稳安保工作推进会。

8 月 11 日 刘国富副厅长参加中央第二环境保护督察组督察浙江省工作动员会，之后参加省委省政府环境保护工作汇报会。

8 月 14 日 刘国富副厅长、龚和艳副厅长参加省政府第十次全体会议。

同日 限时完成城乡居民纳入跨省异地就医直接结算系统视频会议在杭州召开，蔡国春副厅长出席会议并讲话。

8 月 15 日 刘国富副厅长参加省委理论学习中心组专题学习会。

8月16日　蔡国春副厅长参加熊建平副省长召集的“事改企老人”参加机关事业单位养老保险经费分担情况会议。

8月17日　蔡国春副厅长参加成岳冲副省长召开的民办教育工作专家座谈会。

8月18日　仇贻泓副厅长参加省防范处置企业拖欠工资工作领导小组办公室成员会议。

8月20日至24日　龚和艳副厅长带队赴云南省和湖北省调研公务员管理工作，并在云南省开展了公务员对口培训送教上门工作。

8月21日　宋云峰副厅长参加全省维稳工作专题视频会议。

8月22日　蔡国春副厅长参加江苏省人大来浙考察深化医药卫生体制改革工作座谈会。

同日　陈中副厅长赴绍兴开展科技人才党政目标责任制考核。

8月22日至24日　刘国富副厅长赴济南参加全国人力资源和社会保障法治工作座谈会，并作题为《以“最多跑一次”改革为抓手 不断深化“放管服”改革在浙江的实践》的典型发言。

8月23日　王文序厅长参加省政协十一届二十六次(专题议政性)常委会议和省政府法律顾问聘任仪式。

同日　蔡国春副厅长主持召开医保改革领导小组第二次会议。

同日　仇贻泓副厅长参加省综合交通改革与发展领导小组第四次会议。

同日　宋云峰副厅长参加全省深化支部主题党日暨“两学一做”学习教育现场推进会。

8月24日　王文序厅长、蔡国春副厅长参加全省深化医药卫生体制改革工作电视电话会议。

同日　金林贵副厅长参加加强政府自身建设行动计划工作部署会。

8月25日　王文序厅长主持召开第95次党组会，传达省政府第十次全体会议、“打破信息孤岛实现数据共享推进‘最多跑一次’改革”第二次专题会议、全国人力资源和社会保障法治工作座谈会精神，听取2017年部门预算调整安排情况、《关于加强高校专业技术岗位结构比例调控的通知》起草情况、关于我省军转安置工作有关情况、关于浙江人力社保大楼物业公开招标工作情况、关于《省第十四次党代会报告涉及人社工作任务和责任清单》《贯彻省政府第十次全体会议精神推进“十大行动计划”重点工作分工方案》制定情况、关于公务员招录工作16条改革举措情况的汇报，审议《厅领导班子述职报告》(送审稿)，研究近期人事工作。之后，王文序厅长参加浙江省人民政府与阿里巴巴集团战略合作会议，下午参加省政府第88次常务会议。

8月28日　我厅召开省委届末考察组进驻动员大会，王文序厅长主持会议，届末考察组组长李剑飞同志作动员讲话。下午，王文序厅长参加政府理财治税专题研讨班开班式。

同日　陈中副厅长出席第二届“梦想中国·智汇嘉善”创新创业大赛决赛。

8月29日　龚和艳副厅长参加省群团改革专项小组会议。

8月30日　王文序厅长主持召开第96次厅党组会，听取全省深化医药卫生体制改革工作电视电话会议精神、关于“奇思妙想浙江行”创业宣传活动情况汇报，研究近期人事工作。之后王文序厅长主持召开专题会议，再次研究省直单位人才住房建设工作，郭敏纪检监察组长参加会议。下午，王文序厅长参加省保健委员会会议。

同日　仇贻泓副厅长参加省级人民政府履行教育职责评价试点工作动员部署会议。

同日　陈中副厅长参加全面创新改革试验工作督察专题会议。

同日 宋云峰副厅长参加全省党委(党组)理论学习中心组学习经验交流会。下午,我厅召开民主推荐干部大会,推荐8名处级非领导干部,宋云峰副厅长主持会议并作动员讲话。之后,宋云峰副厅长参加全省退役士兵安置和权益保障相关工作汇报会。

同日 金林贵副厅长参加全省消除集体经济薄弱村视频会议。

8月31日 国务院医改办主任王贺胜一行来浙调研医改工作并召开浙江省综合医改座谈会,蔡国春副厅长参加座谈会。

同日 龚和艳副厅长参加省府大楼通信服务职责划转工作动员部署会议。

同日 金林贵副厅长参加全国医疗联合体建设现场推进会。

9月

9月1日 刘国富副厅长参加冯飞常务副省长召集的"最多跑一次"改革工作汇报会。

同日 龚和艳副厅长参加全省公安队伍建设工作会议。

同日 仉贻泓副厅长参加第四次全省妇女儿童工作会议。

同日 陈中副厅长出席高校毕业生就业创业工作电视电话会议并讲话。

同日 宋云峰副厅长参加国务院督导检查反馈会。

9月1日至2日 蔡国春副厅长赴北京参加基本养老金调整机制国际研讨会。

9月1日至2日 金林贵副厅长赴深圳参加全国医疗联合体建设现场推进会。

9月2日 陈中副厅长出席全省服务小微企业成长暨2017民企对接现代技术现代金融活动月启动仪式。

同日 宋云峰副厅长出席2017年省151人才工程第三层次培养人员评审会议。

9月3日 陈中副厅长赴嘉善出席第二届全球创新创业大赛。

9月4日 刘国富副厅长列席省委常委会第9次会议,下午出席省委党校秋季学期开学典礼。

同日 龚和艳副厅长到省联合接待中心接待群众来访。

同日 陈中副厅长出席2017年全省质量月活动启动仪式。

9月5日 省政协副主席吴晶率监督组来我厅调研"最多跑一次"改革举措落实情况,刘国富副厅长汇报工作。

同日 龚和艳副厅长参加第二轮影响社会稳定矛盾问题摸排调研工作督查汇报会。

同日 全省"浙江无欠薪"行动推进会在杭州举行,仉贻泓副厅长出席会议并讲话。

9月5日至6日 全国劳动人事争议调解仲裁信息化工作推进会在杭州举行,龚和艳副厅长出席会议并讲话。

9月5日至6日 金林贵副厅长赴台州调研农民工在乡创业就业工作。

9月6日 刘国富副厅长参加之江实验室第一届理事会,之后参加之江实验室成立大会。

同日 龚和艳副厅长参加干部监督工作联席会议。

同日 宋云峰副厅长参加"完善全民健康大数据管理"专题对口协商座谈会。

9月6日至8日 蔡国春副厅长赴哈尔滨参加全国医疗(生育)保险工作座谈会暨深化医保支付方式改革部署会。

9月6日至7日 龚和艳副厅长陪同人社部调解仲裁司冯怡司长到杭州市西湖区、拱墅区调研。

9月7日 仉贻泓副厅长参加规范建设工程领域保证金和推进综合保险工作座谈会。

同日 宋云峰副厅长参加驻京信访工作专

题协调会。

9月11日 刘国富副厅长、宋云峰副厅长列席省委常委会。

同日 陈中副厅长参加省政协十一届五次会议第66号重点提案调研座谈会。

9月11日至13日 金林贵副厅长赴石家庄参加全国家政服务劳务对接扶贫行动签约活动。

9月12日 刘国富副厅长参加全省传统制造业改造提升工作推进会。

同日 仉贻泓副厅长参加全省被征地农民基本生活保障政策落实情况审计进点视频会议。

同日 陈中副厅长参加省退役士兵安置和权益保障工作专班第二次工作会议,之后参加全省质量形势分析会。

9月13日 刘国富副厅长参加省委信访工作会议。

同日 陈中副厅长出席第三届浙江国际健康产业博览会开幕式,下午参加省政府与质检总局系列签约仪式。

9月14日 刘国富副厅长参加高层次人才座谈会。

9月15日 刘国富副厅长参加省人大法工委全体会议讨论《浙江省工伤保险条例》(草案),之后参加省政府第89次常务会议。

同日 龚和艳副厅长召开座谈会,与省委政法委政治部主任朱巧湘一行商量记功奖励有关工作。

同日 仉贻泓副厅长参加省防范处置企业拖欠工资工作领导小组办公室实体化办公会议。

同日 陈中副厅长出席2017年浙江省双创活动周启动仪式。

9月15日至16日 浙江省省属企业产学研对接合作暨人才招聘会在武汉召开,陈中副厅长出席。

9月18日 全省系统“平安护航十九大”信访维稳工作座谈会在杭州召开,刘国富副厅长出席并讲话,龚和艳副厅长作工作部署。

同日 金林贵副厅长参加2017年浙江省网络安全宣传周活动启动仪式。

9月19日 刘国富副厅长列席省委常委会第13次会议。

同日 仉贻泓副厅长参加促进道路货运行业健康稳定发展电视电话会议。

同日 2017年浙江省秋季人才交流大会在杭州举行,陈中副厅长出席并巡视大会。

同日 宋云峰副厅长参加农业科技人员激励机制创新试点工作座谈会,之后出席第三届中国设计智造大奖发布会。

9月19日至28日 龚和艳副厅长率队赴美国、加拿大、日本开展留学人员慰问洽谈活动。

9月20日 刘国富副厅长参加2017浙江·台湾合作周开幕式和推介会。

同日 厅领导班子成员参加全省人才工作会议。

9月20日至21日 宋云峰副厅长赴苏州参加2017年度华东片区企业军转干部工作区域协调会。

9月21日 刘国富副厅长参加全省人才工作会议。

9月21日至22日 蔡国春副厅长赴义乌参加全省基层群团改革工作现场推进会。

9月22日 由熊建平副省长领办、我厅主办的省政协“培育工匠精神,振兴技能人才”专题重点提案办理工作座谈会召开,仉贻泓副厅长参加座谈会。

同日 陈中副厅长参加冯飞常务副省长领办的省政协第90号重点提案办理工作座谈会。

9月22日至23日 仉贻泓副厅长、陈中副厅长赴宁波出席2017中国浙江宁波人才科技周。

9月23日 陈中副厅长赴宁波出席2017年中国浙江·宁波高学历人才开放式洽谈会。

9月25日 刘国富副厅长参加省委全面深化改革领导小组第十八次会议。

同日 郭敏纪检监察组长、宋云峰副厅长参加浙江省纪检监察系统表彰大会。

同日 仉贻泓副厅长出席2017浙江省企业领袖峰会。

同日 陈中副厅长赴嘉兴出席2017"星耀南湖"精英峰会开幕式和浦江创新论坛嘉兴论坛。

9月26日 刘国富副厅长参加省十二届人大常委会第十四次会议第一次全体会议。

9月27日 刘国富副厅长参加省政府打破信息孤岛、实现数据共享,推进"最多跑一次"改革第三次专题会议。

同日 陈中副厅长参加浙江省人工智能发展专家委员会成立大会。

9月29日 全省医保支付方式改革现场推进会在金华举行,蔡国春副厅长出席会议并讲话。

同日 陈中副厅长参加推进落实技能提升补贴政策经验交流电视电话会议。

9月30日 王文序厅长主持召开第97次党组会,传达学习《中央新疆工作协调小组关于新疆若干历史问题研究座谈纪要》,传达全省党委(党组)理论学习中心组学习经验交流会和全省深化支部主题党日暨"两学一做"学习教育现场推进会精神,传达全省深化平安浙江建设暨党的十九大维稳安保工作会议精神,听取关于就业创业工作座谈会情况,关于继续聘请厅政策咨询专家、法律顾问,关于采购药学、中药学(初、中级)机考技术服务的情况,关于舟山市开展聘任制公务员招聘工作的情况,《关于加强农业林业事业单位专业技术岗位结构比例动态调控的通知》起草情况,关于2017年国家级和省级高技能人才建设项目情况,2017年度浙江省海外工程师引进计划申报人选审核情况,《关于加强外国人才引进工作进一步提升人才国际化水平的实施意见》起草情况,关于浙江省深化职称制度改革实施意见起草情况,关于2017年度省151人才工程入选人员初步建议方案,关于2018年拟建电子政务项目的情况,关于厅领导信访维稳下访督查安排和十九大期间厅维稳安保工作方案的情况,关于全国医疗(生育)保险工作座谈会暨深化支付方式改革部署会情况汇报,审议《关于做好当前和今后一段时期就业创业工作实施意见(送审稿)》,研究近期人事工作。

同日 蔡国春副厅长参加省十二届人大常委会第四十四次会议第三次全体会议。

同日 龚和艳副厅长出席省委组织部评比表彰专题会议。

10月

10月9日 龚和艳副厅长主持召开2018年全省各级机关考试录用公务员工作专题会议,之后参加全省维稳安保工作视频会议。

同日 仉贻泓副厅长到省联合接待中心接待群众来访。

同日 陈中副厅长参加全省企业上市和并购重组推进工作电视电话会议。

10月9日至11日 蔡国春副厅长赴宁波、舟山督查医改工作。

10月10日 刘国富副厅长参加熊建平副省长召集的收入核定机制和养老服务工作专题研究会议,下午主持召开全省人力社保系统"平安护航十九大"维稳工作视频会并作工作部署。

10月10日至12日 龚和艳副厅长赴绍兴市、新昌县等地调研"十九大"安保维稳、"最多跑一次"改革及联系企业人才工作情况。

10 月 11 日 宋云峰副厅长出席第六批省宣传文化系统“五个一批”人才评审会。

10 月 12 日 刘国富副厅长主持召开专题会议，研究“更稳定的工作”“更可靠的社会保障”工作，陈中副厅长参加会议。

同日 龚和艳副厅长参加党的十九大维稳安保工作暗访检查动员培训会。

10 月 12 日至 13 日 金林贵副厅长赴衢州开展信访维稳下访督查和联系企业服务基层工作。

10 月 13 日 刘国富、蔡国春、陈中副厅长参加熊建平副省长召集的“更可靠的社会保障”和“更稳定的工作”专题研究会议。

同日 宋云峰副厅长参加全省城市基层党建工作推进会。

10 月 14 日 王文序厅长主持召开专题会议，研究大湾区建设人才工作，陈中副厅长参加会议。

10 月 14 日至 21 日 仉贻泓副厅长赴德国、阿联酋考察职业教育和观摩第 44 届世界技能大赛。

10 月 16 日 全省人力社保系统维稳工作视频汇报会在杭州召开，刘国富副厅长出席会议并作工作部署。

10 月 16 日至 18 日 蔡国春副厅长到省委党校参加健康浙江建设专题培训班学习。

10 月 17 日 龚和艳副厅长出席中央机关及其直属机构公务员招考浙江大学宣讲会。

同日 宋云峰副厅长出席 2017 年度省千人计划评审会议。

10 月 19 日 宋云峰副厅长再次出席 2017 年度省千人计划评审会议。

10 月 21 日至 24 日 青海省人社厅李榆林副厅长一行 8 人来浙调研回访人社援青工作，陈中副厅长参加座谈会。

10 月 22 日 蔡国春副厅长赴上海参加第十一届中国卫生技术评估论坛。

10 月 25 日 宋云峰副厅长参加界别协商会议。

10 月 26 日 仉贻泓副厅长出席“无欠薪”建设工作调研督查汇报会。

10 月 27 日 刘国富副厅长参加省政府第 90 次常务会议。

同日 龚和艳副厅长召集全省“最美公务员”选树活动领导小组办公室会议。

同日 2017 浙江—武汉人才招聘大会在武汉大学举行，陈中副厅长出席。

同日 宋云峰副厅长参加全省学位委员会会议。

10 月 29 日 宋云峰副厅长出席 2017“智汇湖州 · 助力赶超”南太湖精英峰会——“海外赤子为国服务行动计划”人才智力洽谈活动。

10 月 30 日 熊建平副省长宴请国家外国专家局组织来浙休假的高端外国专家并致辞。国家外国专家局副局长尹成基出席招待晚宴并讲话，刘国富副厅长主持。

10 月 31 日 蔡国春副厅长出席全省老农保遗留问题清理工作推进会。

同日 全省劳动人事争议仲裁院负责人知识更新培训班在杭州举办，龚和艳副厅长出席开班仪式并作动员讲话。

11 月

11 月 1 日 蔡国春副厅长陪同熊建平副省长赴嘉善调研养老服务业工作。

同日 省人力社保厅、省劳动人事争议仲裁委员会在杭州举办纪念我国劳动仲裁制度恢复 30 周年专题活动，龚和艳副厅长出席活动并讲话。

同日 宋云峰副厅长参加全省维稳安保工作视频会议。

11 月 1 日至 2 日 刘国富副厅长赴温州调

研人力社保工作。

11月1日至2日 仇贻泓副厅长率队赴湖州、长兴调研今后五年及明年工作思路。

11月2日 蔡国春副厅长参加中国医保研究会王东进会长医保调研评估座谈会。

同日 2018年全省公务员考试录用工作部署会在杭州举行,龚和艳副厅长出席会议并讲话。

11月3日 蔡国春副厅长参加海峡两岸长期照护保险制度建设研讨会。

同日 龚和艳副厅长出席省级机关处级公务员任职培训班宪法宣誓仪式及结业典礼。

同日 陈中副厅长出席杭州市第五届大学生就业创业师友计划启动仪式。

同日 金林贵副厅长参加全国冬春农田水利基本建设电视电话会议暨全省冬春农田水利基本建设和森林消防电视电话会议。

11月5日 王文序厅长主持召开第98次党组会,听取关于三季度厅党风廉政建设工作情况和四季度重点工作计划,关于对外专局党支部和教研所党支部开展巡察情况,关于2016年度企业职工基本养老保险省级调剂金补助方案情况,关于进一步完善大病保险制度的情况,关于职业年金基金归集账户开立工作情况,关于进一步完善省属事业单位绩效工资政策推动人才创业创新相关政策起草情况,关于商请省工商银行更新社会保障卡制卡机等设备情况,关于解决青田县结对帮扶资金的情况,关于2017年度省级引智项目资助遴选工作的情况,第44届世界技能大赛我省选手参赛情况的汇报;审议关于赴德国、阿联酋考察情况,关于报废部分固定资产的报告;研究近期人事工作。

11月6日 熊建平副省长来我厅宣讲党的十九大精神。

同日 刘国富副厅长列席省委常委会。

同日 宋云峰副厅长到省联合接待中心接待群众来访。

11月6日至8日 人社部张义珍副部长一行5人来浙江调研,刘国富、陈中副厅长陪同并出席座谈会。

11月6日至8日 蔡国春副厅长赴温州出席部分省市工伤保险待遇管理工作座谈会。

11月6日至8日 仇贻泓副厅长赴内蒙古参加全国专家服务工作座谈会。

11月7日 刘国富副厅长参加袁家军省长听取之江实验室推进工作情况汇报会。

同日 龚和艳副厅长率队赴绍兴、诸暨开展谋划今后五年及明年工作思路调研。

同日 金林贵副厅长赴上海调研家庭服务业工作。

11月7日至8日 蔡国春副厅长率队赴青田调研今后五年及明年工作思路。

11月8日 副厅以上领导干部参加中央宣讲团党的十九大精神报告会。

11月9日 副厅以上领导干部参加省委十四届二次全体(扩大)会议。

11月9日至12日 2017浙江—哈尔滨人才招聘会在哈尔滨举行,陈中副厅长出席相关活动。

11月10日 刘国富副厅长参加省政府第91次常务会议,下午参加民营企业家座谈会。

同日 龚和艳副厅长出席基本养老保险基金委托投资工作部署会议。

11月11日 蔡国春副厅长出席迪安诊断“2017中美精准医疗高峰论坛”。

11月13日 刘国富副厅长列席省委常委会。

同日 龚和艳副厅长参加中央机关及其直属机构2018年度考试录用公务员考务工作部署视频会议。

11月13日至14日 蔡国春副厅长赴武汉参加部分省份社保工作集中调研座谈会。

11月14日 仇贻泓副厅长参加全省医养结合试点工作交流会。

11月14日至16日 龚和艳副厅长率队赴金华、东阳、浦江调研今后五年及明年工作思路。

11月14日至16日 宋云峰副厅长率队赴嘉兴、桐乡调研今后五年及明年工作思路。

11月14日至16日 金林贵副厅长率队赴宁波调研今后五年及明年工作思路。

11月15日 蔡国春副厅长出席浙一医院“未来医院建设与发展论坛”,下午参加省人大立法项目听取意见座谈会。

11月15日至18日 2017浙江—北京高层次人才洽谈会在北京举行,王文序厅长、陈中副厅长出席相关活动。

11月16日 刘国富副厅长到滨江海创园调研工作。

11月17日 刘国富副厅长参加省政府第92次常务会议。

同日 龚和艳副厅长出席第三届劳动争议预防与治理讲坛暨宁波人力资源服务系列讲座——“人力资本治理之钥:规章制度”。

同日 仉贻泓副厅长陪同央视焦点访谈节目组采访世界技能大赛冠军蒋应成。

11月17日至18日 蔡国春副厅长赴上海参加长期护理保险研讨会。

11月20日 “技能铸就梦想”首场主题宣讲活动在杭州举行,仉贻泓副厅长出席活动并讲话。

11月20日至23日 刘国富、金林贵副厅长率队赴湖北学习考察。

11月21日 龚和艳副厅长参加省青年联合会第十一届委员会第一次全体会议和省学生联合会第九次代表大会开幕式。

同日 宋云峰副厅长参加省军民融合发展委员会第一次会议。

11月22日 龚和艳副厅长参加深化统计管理体制改革提高统计数据质量工作推进会,下午参加省委第二轮巡视工作动员部署会。

同日 2017年军人随军家属就业安置专场招聘会在杭州举行,仉贻泓副厅长巡视招聘会。

11月22日至23日 宋云峰副厅长率队赴江苏学习考察。

11月23日 龚和艳副厅长参加在线矛盾纠纷多元化解平台上线运行工作协调会,下午参加全省金融工作会议。

11月24日 王文序厅长主持召开第99次党组会,听取关于调整失业保险金标准的情况,关于浙江省国际人才交流协会与行政机关脱钩方案,关于2018年度省人力社保厅因公出国(境)计划有关情况的汇报;研究近期人事工作。之后,王文序厅长听取今后五年及明年工作思路汇报,刘国富、蔡国春、仉贻泓副厅长参加。

同日 宋云峰副厅长出席2017年度省高级经济师任职资格评审委员会评审会议。

11月25日 龚和艳副厅长参加亚组委第二次执行委员会会议暨第二次全体委员会议。

同日 金林贵副厅长出席首届浙江家庭服务企业发展论坛。

11月26日 王文序厅长再次听取今后五年及明年工作思路汇报,刘国富、龚和艳、陈中、宋云峰、金林贵副厅长参加。

11月27日 蔡国春副厅长列席省委常委会,下午参加“最多跑一次”改革专题协商座谈会。

同日 龚和艳副厅长陪同熊建平副省长会见以色列驻华大使何泽伟一行。

11月28日 蔡国春副厅长主持召开医保改革“三突破”领导小组会议。

同日 龚和艳副厅长参加省城市管理和综合行政执法工作部门联席会议第一次全体会议。

同日 云南省人社厅信息化建设考察团来浙江考察,仉贻泓副厅长出席座谈会。

11月29日 龚和艳副厅长到浙江大学宣讲选调生招录政策。

同日 仉贻泓副厅长参加第四届世界浙商大会。

11月29日至12月2日 2017浙江—上海高层次人才洽谈会在上海举行，陈中副厅长出席相关活动。

11月30日 龚和艳副厅长出席全省公安系统功模表彰大会。

同日 全省开展“浙江无欠薪”行动现场会在安吉举行，仉贻泓副厅长出席并讲话。

12月

12月1日 刘国富副厅长陪同袁家军省长会见中国人寿保险（集团）公司董事长、党委书记杨明生一行。

同日 龚和艳副厅长参加第四届世界互联网大会维稳安保工作战前动员视频会议。

12月1日至2日 仉贻泓副厅长在安徽学习考察。

12月1日至2日 陈中副厅长在上海出席高层次人才洽谈会。

12月3日至4日 陈中副厅长赴乌镇参加第四届世界互联网大会。

12月4日 刘国富副厅长主持召开专题会议，研究人才工作如何支持传统产业改造提升。

12月5日 刘国富副厅长列席省委常委会第25次会议。

同日 蔡国春副厅长主持召开大病保险特殊药品谈判领导小组第二次会议。

同日 陈中副厅长出席青年拔尖人才评审动员会。

12月5日至6日 龚和艳副厅长赴北京宣讲我省选调生公务员招录政策。

12月6日 蔡国春副厅长参加熊建平副省长听取有关审计工作情况汇报会。

同日 金林贵副厅长参加省部标准化工作联席会议。

12月6日至8日 陈中副厅长赴宁波参加中国（宁波）人力资源服务创新创业大赛决赛、人力资源与经济协同发展研讨会、全国人事人才科研工作交流会。

12月7日至9日 蔡国春副厅长赴昆明参加中国医保研究会第二届五次常务理事会。

12月8日至10日 龚和艳副厅长陪同人社部副部长、国家公务员局局长傅兴国一行在金华、义乌、浦江调研及巡视中央机关及其直属机构2018年度考试录用公务员浙江考区笔试工作。

12月8日 仉贻泓副厅长参加全省生活垃圾分类处理工作动员会。

12月10日 王文序厅长主持召开第100次党组会，听取省公务员考录工作有关情况的通报，研究近期人事工作。

同日 王文序、蔡国春、龚和艳、陈中、宋云峰、金林贵等厅领导巡视中央机关及其直属机构2018年度考试录用公务员浙江考区笔试工作。

12月11日 王文序厅长主持召开第101次党组会，传达重要文件精神。

同日 刘国富副厅长列席省委常委会；晚上，刘国富、龚和艳副厅长参加县（市、区）委书记工作交流会。

同日 蔡国春副厅长参加成岳冲副省长召集的研究民办教师参加补充医疗保险事宜会议。下午，蔡国春、仉贻泓、宋云峰副厅长参加中央文件精神传达会。

同日 龚和艳副厅长参加人社部和最高人民法院共同召开的全国劳动人事争议裁审衔接电视电话会议。

同日 陈中副厅长到浙江医药工业公司调

研人才工作。

12月11日至12日 2017年度全省劳动人事争议裁审衔接暨疑难案件研讨会在杭州召开，龚和艳副厅长出席会议并讲话。

12月11日至12日 金林贵副厅长赴开化出席“开化是个好地方”世界名糕点制作邀请赛暨气糕品牌提升与产业发展论坛。

12月12日 蔡国春副厅长到省联合接待中心接待杭州农民合同工群体来访。

同日 龚和艳副厅长主持召开全省“最美公务员”先进事迹报告会筹备工作部署会。

12月12日至13日 宋云峰副厅长陪同成岳冲副省长赴广东考察调研。

12月12日至14日 蔡国春副厅长赴湖南学习考察。

12月13日 刘国富副厅长参加红船干部学院筹备工作领导小组会议。

同日 龚和艳副厅长参加袁家军省长主持召开的国有企业负责人座谈会。

同日 仉贻泓副厅长参加全国2018年春节前保障农民工工资支付工作视频会议。

12月14日 刘国富副厅长参加袁家军省长主持召开的打破信息孤岛实现数据共享推进“最多跑一次”第四次专题会议；下午，刘国富、龚和艳副厅长召集专题会议，研究省公务员考录工作。

同日 陈中副厅长赴绍兴出席奇思妙想浙江行创业大赛绍兴市总决赛。

同日 宋云峰副厅长参加成岳冲副省长召集的县域医共体建设试点工作启动会。

12月14日至15日 金林贵副厅长赴绍兴调研农民工返乡创业工作。

12月15日 龚和艳副厅长参加省政府党组务虚会。

同日 仉贻泓副厅长到部队调研随军家属安置工作。

12月16日 陈中副厅长参加2017首届钱塘江论坛。

同日 宋云峰副厅长出席第五批省特级专家评选工作领导小组会议。

12月18日 刘国富副厅长主持召开全面推进“最多跑一次”改革第65次专题会议。

同日 陈中副厅长出席第九届“海外学子浙江行”活动启动仪式。

同日 金林贵副厅长出席2017年度省部属单位军队转业干部培训班动员会并讲话。

12月18日至19日 宋云峰副厅长参加东部战区拥军支前军地联席会议第一次会议。

12月19日 蔡国春副厅长出席浙江省医养结合工作联席会议第二次全体成员会议。

同日 陈中副厅长参加省级有关部门工作座谈会。

12月19日至20日 刘国富副厅长赴北京与人社部对接工作。

12月19日至20日 龚和艳副厅长赴绍兴出席全省公务员管理改革推进工作座谈会。

12月20日至22日 金林贵副厅长带队赴安徽开展浙皖家政服务劳务对接扶贫工作。

12月21日 刘国富副厅长列席省委常委会。

同日 仉贻泓副厅长参加全国建设职业训练院工作座谈会。

同日 陈中副厅长参加省农业科创园、浙江农艺师学院、省农业农村规划研究院筹备工作专题会议。

12月22日 刘国富副厅长参加深改组领导小组会议，下午参加省政府专题会议。

同日 蔡国春副厅长主持召开全省人力社保系统宣传贯彻《浙江省工伤保险条例》视频会议。

同日 龚和艳副厅长传达中央经济工作会议精神，陈中副厅长参加。

同日 宋云峰副厅长参加反邪教工作省有关部门座谈会。

12月23日至24日　金林贵副厅长赴台州出席“好阿姨”互联网+家庭服务人员活动启动仪式。

12月24日　王文序厅长参加中央第二环境保护督察组督查浙江省情况反馈会。

12月25日　副厅以上领导参加省委经济工作会议。

同日　全省“最美公务员”先进事迹报告会在杭州举行。会前，任振鹤部长、朱从玖副省长接见先进代表，王文序厅长、龚和艳副厅长参加接见并出席报告会。之后，王文序厅长主持召开第102次党组会议，听取关于大病保险特殊药品第二轮谈判情况的汇报，审议《关于加强民办职业培训学校监督管理的意见（送审稿）》，听取关于省“万人计划”青年拔尖人才遴选评审工作情况的汇报，听取省公务员考录工作有关情况的通报，听取2018年两节期间保障农民工工资支付工作有关情况的通报，研究近期人事工作。

同日　蔡国春副厅长主持召开第二轮大病保险特殊药品谈判领导小组第三次会议。

同日　宋云峰副厅长出席省中小学正高级教师职务任职资格评审。

同日　仉贻泓副厅长参加全省国有企业职工家属区“三供一业”分离移交推进会。

12月25日至26日　蔡国春副厅长赴上海参加中国医疗保险研究第二届东部论坛。

12月26日　王文序厅长参加2017年度全省基层党建述职评议会，下午参加全省人才工作述职评议会并述职。

同日　刘国富副厅长传达省委经济工作会议精神；之后，刘国富、龚和艳副厅长召集专题会议，研究省公务员考录系统有关事项。

同日　龚和艳副厅长参加全省综合行政执法工作电视电话会议暨举行全省综合行政执法队伍换装仪式。

12月26日至27日　宋云峰副厅长赴舟山调研军转安置工作。

12月27日　刘国富副厅长参加浙江省2018年贯彻落实国家重大政策措施情况等事项审计工作进点会。

同日　陈中副厅长参加国家质量工作考核实地核查首次会议。

12月28日　刘国富、龚和艳、宋云峰副厅长再次召集专题会议，研究省公务员考录系统有关事项。

同日　广东省人社厅原党组副书记、巡视员陈康团一行来浙调研人力资源服务产业，陈中副厅长出席座谈会。

同日　宋云峰副厅长参加省第十三届精神文明建设“五个一工程”表彰会。

12月28日至29日　王文序厅长参加全国人力资源和社会保障工作会议暨先进集体和先进工作者表彰大会。

12月29日　刘国富副厅长参加省级前100项高频事项系统应用推广和运维保障工作部署会，下午到之江实验室调研。之后，刘国富、龚和艳、宋云峰副厅长再次召集专题会议，研究省公务员考录系统有关事项。

12月30日　宋云峰副厅长出席第五批省特级专家评选会。

全省工作情况

全省工作情况

城乡就业

【概况】 全省城镇新增就业 127.22 万人，比上年增加 10.99 万人；城镇失业人员再就业 45.05 万人，比上年增加 3.4 万人，其中就业困难人员实现就业 12.88 万人，比上年减少 0.12 万人。城镇零就业家庭 189 户、消除 189 户，实现基数归零。城镇登记失业率为 2.73%。

【实施积极的就业政策】 5 月，出台《中共浙江省委办公厅浙江省人民政府办公厅印发〈关于进一步引导和鼓励高校毕业生到基层工作的实施意见〉的通知》（浙委办发〔2017〕46 号），进一步健全高校毕业生到基层工作长效机制。

10 月，出台《浙江省人民政府关于做好当前和今后一段时期就业创业工作的实施意见》（浙政发〔2017〕41 号），进一步优化就业创业生态环境，促进创业带动就业，推动实现更加充分、更高质量的就业。

【创业带动就业】 2017 年，全省开展创业培训 7.83 万人，其中大学生 2.40 万人，扶持大学生创业 2.11 万人。发放创业担保贷款 23.24 亿元，同比增长 106.21%，贴息 5777.43 万元，建立创业担保基金 8.56 亿元。开展农村电商培训 16.48 万人次，扶持农村电商创业 3.22 万人，带动就业 17.77 万人。截至 2017 年底，全省建成国家级创业孵化示范基地 4 家，省级 63 家，人社部门认定的创业基地 339 家，在园企业总数 2.16 万家，带动就业近 14 万人；其中大学生创业基地 199 家，在园企业 1.42 万家，带动就业 9.3 万人。

6 月，省人力社保厅、省财政厅、省残联联合下发《关于进一步促进残疾人就业创业的通知》（浙人社发〔2017〕77 号），进一步加大残疾人就业创业扶持力度，促进残疾人就业增收和共享发展成果。

6 月，省人力社保厅办公室、省残联办公室印发《关于开展省级残疾人创业孵化示范基地创建工作的通知》（浙人社办发〔2017〕43 号），对各地创建省级残疾人创业孵化示范基地提出了明确要求，进一步推动残疾人创业孵化基地建设。

7 月，省人力社保厅、省残联在宁波市联合召开全省残疾人创业就业工作现场会。省人力社保厅党组成员、副厅长陈中，省残联党组成员、副理事长黄树良出席会议并讲话，对下一步工作进行再动员和部署。

12 月，省人力社保厅下发《关于公布第三批省级创业孵化示范基地名单的通知》，杭州市大学生创业园（禧福汇电商创意产业园）等 26 家基地被确定为浙江省省级创业孵化示范基地。

5 月至 11 月，省人力社保厅组织来自电商协会、高等院校、风险投资、平台企业、电商培训、法律咨询、创业园区、文化创意等单位的专家们下基层、走企业、做培训，共赴 15 个县开展精准服务，帮助解决资源对接、仓储物流、人才支持等需求 323 项，服务创业者 2000 余人。

3 月至 12 月，全省人力社保部门举办各类创业大赛 100 余场，在浙江经视录播“奇思妙想浙江行”节目50期,在浙江电视台举办创业大赛3场,其中全省总决赛1场。

【高校毕业生就业】 全年共完成大学生见习10204人,帮扶14750名2017届离校未就业高校毕业生实现就业;共举办高校毕业生公益性专场招聘会1009场,推出各类面向毕业生的岗位80.7万个,举办高校毕业生就业指导咨询专场312场,服务毕业生8.4万人次。

2月,省人力资源和社会保障厅、省教育厅、省财政厅、省民政厅、省残联印发《关于做好2017年高校毕业生求职创业补贴发放工作的通知》(浙人社发〔2017〕24号),启动2017届高校毕业生求职补贴申报工作。

3月,举办2017年全国高校毕业生就业网络联盟春季联合招聘周,共组织单位209家,发布岗位信息2224个。

4月,举办全国民营企业招聘周活动,共组织单位504家,发布岗位信息21476个。

6月,举办2017年全国高校毕业生就业网络联盟夏季联合招聘周,共组织单位109家,发布岗位信息1032个。

9月,举办2017年全国高校毕业生就业网络联盟秋季联合招聘周,共组织单位1235家,发布岗位信息15254个。

11月,举办高校毕业生就业创业导师工作座谈会,向56名就业创业导师颁发聘书。

11月,举办2017年全国高校毕业生就业网络联盟冬季联合招聘周,共组织单位1699家,发布岗位信息25337个。

11月至12月,举办全国人力资源市场高校毕业生就业服务周活动,共组织单位2007家,发布岗位信息28835个。

全年,联合浙江建筑职业技术学院等,共计举办大学生就业能力提升培训讲座10期,参训2000余人。

【公共就业服务活动】 根据2017年全国公共就业服务专项活动安排,全省开展“就业援助月”“春风行动”“民营企业招聘周”“高校毕业生就业服务月”“高校毕业生就业服务周”等专项活动。

1月,以“就业帮扶、真情相助”为主题的“就业援助月”活动,全省走访就业困难人员和零就业家庭3.06万人(户);登记认定未就业困难人员1.98万人;帮助1.8万名就业困难人员实现就业;7.54万名就业困难人员享受扶持政策。

2月至3月,围绕“促进转移就业、助力脱贫攻坚”的活动主题,举办省内“人力资源余缺调剂招聘会”“农民工专场招聘会”“工会就业创业援助月”“巾帼专场洽谈会”等招聘活动,全省组织专场招聘活动846次,为107.39万人提供公共就业创业服务,组织职业技能培训4.09万人,其中参加创业培训7229人;提供劳动维权服务和法律援助5.99万人。

4月,围绕“促进供需精准对接,助力创新驱动发展”主题举办“民营企业招聘周”活动,服务对象以高校毕业生为重点,同时面向其他各类求职者。全省共组织9019家民营企业参加招聘周活动,提供岗位16.72万个,最终签订就业(意向)协议5.1万人。

9月,以“开展实名制精准服务,助推高校毕业生就业创业”为主题,开展高校毕业生就业服务月系列活动。全省组织了187场高校毕业生公益性专场招聘会,提供岗位10.18万个;提供就业指导2.32万人次,推荐就业1.95万人次;开展就业援助56人。

11月至12月,开展以“发挥市场决定性作用,服务高校毕业生就业”为主题的高校毕业生就业服务周活动。全省组织了89场大型公益性现场招聘会,提供岗位19.6万个,9.7万人次毕业生参加现场招聘会,110万余人次参与网上招聘会。

省职业介绍服务指导中心组织开展和具体承办公共就业服务活动。

1月至2月,举办2017年省内余缺调剂系列招聘会13场,共组织企业2587家,提供岗位9.5万余个,现场达成就业意向4.8万人。

2月至3月,举办“春风行动”主题招聘会2场,共组织单位84家,提供岗位1506个,达成就业意向102人。

4月,举办2017年浙江省技能人才校企合作洽谈会。共组织省内近900家企业与省内外121所职技院校参会,签订校企合作协议1576份,协议输送职技院校毕业生(实习生)3.3万余人。活动另设浙北、宁波分会场开展对接活动。

10月至12月,举办2017年浙江省技能人才岗位进校园系列招聘会,与省内13家职技院校合作,共组织企业3779家,提供岗位7.7万余个,进场应聘近3.6万人,现场达成意向1.3万人。

12月,举办省、市属国有企业残疾人就业招聘会,组织企业70家,提供岗位532个,现场达成就业意向425人。

此外,1月至12月,举办就业援助等日常公益性专场招聘会共46场,组织单位1405家,提供岗位2.2万余个,入场应聘1万余人次,现场达成意向1739人。

全年,举办各类现场招聘会73场,组织单位7841家,提供岗位19.5万个,达成就业意向6.3万人。

【公共就业服务信息系统】 省人力资源网共计发布2.5万家单位招聘岗位39.7万余个。实现浙江省人力资源网与杭州、宁波、温州、绍兴、衢州、湖州、嘉兴等7个地市级公共就业服务机构招聘信息数据联网。开展省人力资源网及微网站、微信服务号功能性维护升级改版工作。完成浙江省人力资源网应用系统和数据库迁移至政务云平台,省就业创业和事业保险数据管理服务平台“职介服务”板块需求方案确认工作。

(王维东　刘真真)

养老保险

【概况】 全省企业职工基本养老保险参保人数为2501万人,比上年增加178万人,其中在职职工参保人数为1816.4万人;享受待遇人数为684.2万人,比上年增加71.8万人;基金收入2430亿元,支出2058亿元,累计结余3597亿元,基金支付能力为21.7个月。

全省机关事业单位养老保险(含统筹试点)参保人数为211.71万人,其中在职参保人数为148.44万人,纳入基金支付的退休人数为63.27万人。当期基金收入693.99亿元,当期支出649.75亿元,历年累计结余112.65亿元。省本级机关事业单位养老保险参保单位759家,比上年增加64家;参保人数17.47万人,比上年增加6.59万人;基本养老保险基金收入43.14亿元,累计结余4.31亿元。

【养老保险待遇】 4月,省人力资源和社会保障厅、省财政厅印发《关于明确部分离休干部“两费”保障经费筹资标准的通知》(浙人社发〔2017〕43号);7月,省人力资源和社会保障厅、省财政厅印发《关于2017年调整退休人员基本养老金的通知》(浙人社发〔2017〕84号),统一机关事业单位和企业退休人员基本养老金调整办法;同月,省人力资源和社会保障厅、省财政厅印发《关于调整企业职工死亡后遗属生活困难补助费等标准的通知》(浙人社发〔2017〕91号);8月,省人力资源和社会保障厅、省财政厅印发《关于2017年企业退休人员基本养老金计发办法有关问题的通知》(浙人社发〔2017〕92号),明确2017年企业退休人员基本养老金计发办法，合理衔接新老退休人员基本养老金水平。

调整提高机关事业单位退休人员基本养老金标准，涉及省本级管理的退休人员5.49万人。开展退休“中人”养老待遇新老办法对比计发工作，省本级改革后暂领取预发养老金的退休“中人”8000余人，已按新的计发办法领取养老金。

【机关事业单位养老保险经办】 各级经办机构按照省委省政府提出的“最多跑一次”改革要求，优化业务流程，精减办事材料，压缩办事时限，拓展网上功能，参保登记、待遇核发等主要经办业务全部纳入“最多跑一次”事项，实现主项名称、子项名称、使用材料、办事流程、业务流程、办理时限、表单内容八统一，以及法律法规和规范性文件无明确规定的、由本部门出具或可通过本部门信息系统数据交换的、可自行查验获取的材料，不再要求参保单位和个人提交的改革目标。省机关事业养老保险中心按照人社部、财政部有关文件规定，通过公开招标方式开设职业年金基金归集账户。

【机关事业单位养老保险制度改革】 贯彻落实机关事业单位养老保险待遇计发等配套政策，指导各地平稳有序推进制度改革工作。率先基本实现人员全覆盖，工作进度位居全国前列。配合省事改办研究制定省属事业单位转企改制的养老保险政策，并做好具体落实工作。

【养老保险企业减负】 6月，全省集中减征近1万家“小升规”企业基本养老保险费1.9亿元。

【被征地农民转保】 5月，经省政府同意，省人力资源和社会保障厅、省财政厅、省地方税务局、省国土资源厅、省农业厅下发《关于完善被征地农民衔接转入企业职工基本养老保险政策的通知》（浙人社发〔2017〕59号），明确完善个人缴费政策，提高政府补贴标准，加大土地出让收入划转政策力度，要求地方政府切实做好被征地农民养老保障工作。

【养老保险省级统筹】 4月，经省政府同意，省人力资源和社会保障厅、省财政厅、省地方税务局出台新一轮（2016—2018年）基本养老保险省级调剂补助办法，进一步压实地方政府主体责任；6月，制定《浙江省企业职工基本养老保险工作目标考核办法》。11月，根据新一轮省级调剂补助政策，经省政府同意，对全省7个市县拨付2016年度省级调剂补助资金共13亿元。

【企业年金管理】 在指导海宁市、义乌市、安吉县、龙游县、上虞区、南浔区继续推进试点工作的同时，将温州市纳入试点范围。

（钱颖 余斌）

医疗生育保险

【概况】 2017年，全省基本医疗保险参保覆盖面进一步扩大，参保人数达到5251.64万人，全省基本医疗保险户籍参保率达到98.9%。其中：城镇职工基本医疗保险参保人数2117.44万人，比上年增加99.94万人，基金收入902亿元，支出670.16亿元，分别比上年增加140.01亿元和97.87亿元，基金滚存结余1481.14亿元，比上年增加231.85亿元；城乡居民基本医疗保险参保人数3134.20万人，比上年增加158.41万人，基金收入339.74亿元，支出327.01亿元，分别比上年增加44.21亿元和42.03亿元，基金滚存结余87.43亿元，比上年增加13.22亿元。

省本级参保单位1376家，各类参保人员

27.17 万人，基金收入 32.33 亿元、支出 20.62 亿元，分别比上年增加 2.03 亿元和 0.15 亿元，统筹基金滚存结余 44.70 亿元，比上年增加 6.96 亿元。

【基本医疗保险待遇】 全省城镇职工基本医疗保险政策范围内住院医疗费报销比例 83%。基层城乡居民医疗保险政策范围内住院医疗费报销比例 70%。

【医保改革“三突破”】 医保改革“三突破”工作是省委省政府确定的重要改革任务，也是我们全省人力社保部门举全系统之力推进的六件实事之一。主要目标有三项：在医保参保人群全覆盖方面取得新突破，在推进医保制度统一方面取得新突破，在完善大病保险制度方面取得新突破。4 月，召开全省动员部署电视电话会议，省厅与各市签订医保改革“三突破”工作责任书，明确责任分工。5 月，出台《全省医保改革“三突破”工作方案》（浙人社发〔2017〕53 号），成立全省医保改革“三突破”工作领导小组，明确目标任务和工作要求。截至 2017 年末，全省户籍人口基本医疗保险参保率达到 98.96%，出台《关于进一步完善大病保险制度的通知》（浙人社发〔2017〕135 号）。

【长期护理保险制度】 在宁波国家试点基础上，增加桐庐县、嘉善县作为省级试点。指导推动宁波市、嘉兴市、嘉善县、桐庐县出台长期护理保险试点方案。6 月，嘉兴市全面推开长期护理保险试点，出台长期护理保险暂行办法，9 月正式启动实施。9 月，宁波市出台长期护理保险制度试点方案，年底前在海曙、江东、鄞州 3 个区启动实施。

【推进基本医疗保险制度统一】 推进设区市职工医保制度和城乡居民医保制度统一。湖州、舟山、丽水等 3 个市职工医保制度已经实现全市统一，湖州、衢州、舟山、丽水等 4 个市城乡居民医保制度实现全市统一。杭州市出台基本医疗保障办法和市区实施细则，统一全市基本医保制度和市区统一经办管理。绍兴市统一市区的职工医保和城乡居民医保政策。舟山市统一全市待遇政策，实施参保人员医疗费报销全市互通联办。鼓励有条件的设区市探索建立全民医保制度。丽水、温州两市先后出台全民医保办法和相关文件，按照权责对等原则，分档设置相应缴费和待遇水平，推动职工医保和城乡居民医保两个制度逐步并轨，形成统一的政策体系。

【基本医疗保险关系转移接续】 2017 年全省各地认真做好医疗保险关系转移接续工作。2017 年度全省跨统筹地区流动就业转移接续人次达 40.03 万人，转移基金达 5.16 亿元，相比去年在转移人次和金额上分别增长 45.46% 和 73.74%，转移接续工作量继续增大，个人账户转移资金进一步沉淀。

【基本医疗保险异地结算】 为适应异地就医业务的快速发展，我省对异地就医结算省级平台进行了升级改造，创新“定点直连”，实现经办、异地就医备案、跨省异地就医结算规则省级“三统一”。截至年底，我省省内异地就医定点医疗机构 222 家，省内异地就医联网结算费用 83.01 亿元。根据人社部统一部署，我省全力推进跨省异地就医住院费用直接结算工作。6 月 16 日，我省 71 个异地就医结算区、54 个信息系统和 207 家异地定点医疗机构全部接入国家平台并联网运行，提前 3 个半月完成国家部署的任务。6 月 22 日，尹蔚民部长在杭州红会医院调研考察时，见证了新疆病人在浙江住院费用顺利刷卡结算，对我省异地就医工作给予充分肯定。截至 12 月底，我省跨省异地就医直接结算医疗机构214家,实现县域全覆盖;外省异地就医直接结算9671人次,总费用27015.93万元;省内发生跨省异地就医直接结算3201人次,总费用6255.66万元。

【医保“最多跑一次”改革】 深入推进医保“最多跑一次”改革,对涉及医保业务经办事项进行改革优化和经办流程再造,全省人社系统“最多跑一次”医疗保险经办事项统一为8个主项、27个子项,将原有办事材料725份精简为517份,取消办事材料208份,实现13个事项即时办理,并将备案类事项延伸到定点医疗机构。

【深化医保支付方式改革】 11月,出台《关于开展肝移植术基本医疗保险按绩效支付试点工作的通知》(浙人社发〔2017〕134号),确定4家医院,开展为期5年试点,根据患者术后生存情况、医疗质量、费用负担等因素对医疗机构进行绩效评价和支付结算。12月,出台《浙江省人力资源和社会保障厅关于印发〈浙江省省级及杭州市基本医疗保险按病种付费工作方案(试行)〉的通知》(浙人社发〔2017〕138号),确定107种病种的付费标准。支持金华市先行先试“病组点数法”支付方式,推出628个病组,为全省探索“精控基金、精准付费、精细管理”改革新路子。推进基层门诊按人头付费改革试点,按照一市一县模式,在建德市、宁波市江北区、温州市洞头区、德清县、海宁市、嵊州市、东阳市、开化县、舟山市普陀区、玉环县、龙泉市等11个县(市、区)开展医保门诊按人头付费和家庭医生签约服务相结合改革试点。

【完善大病保险制度】 12月,会同省民政厅、省财政厅、省卫生计生委、省保监局制定出台《关于进一步完善大病保险制度的通知》(浙人社发〔2017〕135号),重点完善了4方面政策:一是健全大病保险筹资机制,将大病保险年人均最低筹资标准从原来25元提高到40元,参保人员个人筹资比例从原来30%提高到40%。二是提高大病保险支付比例,将大病保险合规医疗费用最低支付比例从原来50%提高到60%。三是加大困难人群倾斜力度,特困供养人员、最低生活保障家庭成员大病保险起付标准以下的合规医疗费用,通过医疗救助予以补助。四是扩大大病保险特殊药品范围,组织开展第二轮大病保险特殊药品谈判,及时将28个我省大病患者临床亟需的特殊药品纳入大病保险支付范围,7个为我省2015年第一轮大病保险特殊药品谈判续约药品,21个为新增大病保险药品,基本满足了参保患者大病用药需求。

【探索“互联网+医保”】 按照人社部与浙江省签订的《共同推进“互联网+人社”行动提升公共服务水平合作协议》,根据《关于印发浙江省医疗保险移动支付工作试点方案的通知》要求,省本级和杭州、宁波、湖州、嘉兴、丽水等开展以“诊间结算+移动支付+医保监管”为主要内容的试点。目前,已在3家省级医院和40家二级以上医院推开医保移动支付试点。省里下步将建设以移动支付身份认证平台和个人自费清算平台为核心的全省统一医保移动支付系统,将网上业务办理延伸到手机客户端。

【基本医疗保险药品目录管理】 8月,出台《关于执行国家基本医疗保险、工伤保险和生育保险药品目录(2017年版)等有关事项的通知》(浙人社发〔2017〕100号),将2017年版国家药品目录中新增药品和36个国家医保谈判药品先行纳入我省医保支付范围,与现行2010年版省药品目录合并实施,于9月1日起正式执行。

【完善慢性病门诊医保政策】 9月,会同省卫生计生委、省商务厅、省食药监局出台《关于进一步完善慢性病门诊医保政策有关事项的通知》(浙人社发〔2017〕106号),建立健全慢性病特殊病种和处方管理,探索慢性病药品第三方配送,提高慢性病患者保障水平。

【推进日间手术医保结算试点】 4月,经商省卫生计生委,广泛听取临床专家意见,出台《关于开展日间手术医保结算试点工作的通知》(浙人社发〔2017〕48号),在省内三甲医院开展日间手术医保结算试点,完善术前门诊费用和门诊放化疗费用医保结算政策,减轻患者医疗费用负担。

【调整完善康复项目医保支付】 3月,为落实国务院和人社部加快推进残疾人小康进程的要求,出台《关于进一步调整完善基本医疗保险部分医疗康复项目的通知》(浙人社发〔2017〕33号),调整完善22项残疾医疗康复项目,进一步满足残疾人医疗保障需求。

【生育保险】 全省生育保险参保职工1294万人,享受生育保险待遇职工34万人、62万人次,其中生育人数25.6万人,计划生育待遇享受8.4万人次,医疗待遇享受34.4万人次,生育津贴待遇享受27.6万人次。基金收入37.8亿元,支出36.7亿元,累计结余41.36亿元;其中医疗费用支出10.2亿元,生育津贴支出26.5亿元。

(陈李杰　马　野)

失业保险

【概况】 2017年全省失业保险参保人数1382.85万人,比上年增加65.85万人,其中农民工参保人数669.82万人,占参保总人数的48.44%。领取失业保险金人数20.87万人,比上年减少1.61万人。领取农民合同制工人一次性生活补助人数29.10万人,比上年减少0.77万人。基金收入74.23亿元,支出63.31亿元,累计结余411.93亿元。2017年8月出台《浙江省失业保险关系转移接续暂行办法》,统一并优化省内失业保险关系转移政策。

【失业保险待遇】 全省失业保险金平均水平为1340.02元,比上年增加18.54元;为19.92万领取失业保险金人员缴纳职工基本医疗保险费,支付职工基本医疗保险费2.89亿元。

【失业保险基金促进就业预防失业】 全省失业保险基金促进就业预防失业支出32.82亿元,占基金总支出的51.84%,同比降低12.36%。其中稳岗补贴项目支出9.45亿元,比去年降低5.5%,惠及4.75万家企业289万职工。2017年6月出台《浙江省失业保险支持参保职工提升职业技能实施办法》,至年末,全省共为1082人发放技能提升补贴163.74万元。

【失业保险阶段性降低费率】 根据国家和省的相关规定,从2017年5月1日至2018年12月31日,失业保险单位费率由1%降为0.5%,个人费率仍按0.5%执行。为90.18万家用人单位减征19.2亿元。

(王维东)

工伤保险

【概况】 2017年,全省工伤保险参保单位108.34万家,参保人数1977.17万人,其中农民工参保1004.48万人。工伤保险基金合计收入58.23亿元,合计支出51.49亿元,累计结余93.63亿元。全年认定工伤人数15.52万人,其中工亡1393人。2017年全省工伤保险平均费率为0.59%,较去年略有下降。

【工伤保险待遇】 9月,出台《浙江省人力资源和社会保障厅、浙江省财政厅关于2017年调整退休人员基本养老金的通知》(浙人社发〔2017〕84号),自2017年1月1日起,与养老金同步调整提高一级至四级工伤职工伤残津贴标准,以及工伤退休人员养老金标准。增加金额低于当地此次企业退休人员基本养老金调整平均额度的,按平均额度予以补足。同月,出台《浙江省人力资源和社会保障厅、浙江省财政厅关于调整企业职工死亡后遗属生活困难补助费等标准的通知》(浙人社发〔2017〕91号),自2017年1月1日起,对符合条件的因工死亡人员供养亲属抚恤金,每人每月增加95元。另外,随着全省在岗职工年平均工资的公布,对工伤人员生活护理费标准进行了相应调整提高,较去年人均提高142元,增幅为8%。

2017年,全省享受工伤保险待遇人数为19.42万人。其中一级至十级工伤享受待遇人数77120人;未达伤残等级工伤享受待遇人数106004人;领取工亡待遇人数(含供养亲属)11119人;领取生活护理费1976人;配置辅助器具547人次。

【工伤保险立法】 9月30日,省十二届人大常委会第四十四次会议审议通过了《浙江省工伤保险条例》,并定于2018年1月1日起实施。这是我省经过多年实践探索并通过严格立法程序而出台的工伤保险工作领域第一部地方性法规。《浙江省工伤保险条例》共7章40条。在参保缴费、基金管理、认定鉴定、待遇标准等工伤保险工作各个环节,在全国率先解决了一些保障力度不一、权利义务界限不清、部分待遇标准不明等问题;在政府层面建立工作协调机制、建立工伤保险基金省级调剂金、用人单位为职工多头参保、工伤待遇直接发放给职工个人、试行实习学生和超过法定退休年龄人员参保等方面开辟了新领域。《浙江省工伤保险条例》汇集了我省工伤保险制度改革的成果,形成了一系列完善工伤保险制度的"浙江方案",在保障职工工伤权益、分散用人单位工伤风险、维护社会和谐稳定等方面具有十分重要的意义,标志着我省工伤保险事业全面进入了法治化轨道。

【劳动能力鉴定】 2017年,全省工伤职工劳动能力初次鉴定82890人,再次鉴定1653人,非因工或因病丧失劳动能力程度鉴定6992人。其中,为77906人被鉴定伤残等级,4542人评定生活障碍程度。

(王 黎 李 锋)

城乡居民基本养老保险

【概况】 全省城乡居民基本养老保险参保总人数1200.70万人,比上年末减少32.42万人。其中城镇居民参保人数97.29万人,农村居民参保人数1103.40万人,60周岁及以上领取养老金人数537.92万人。全年基金总收入158.52亿元,同比增长5.6%;基金总支出157.43亿元,同比增长9.6%;基金累计结余151.89亿元,同比增长0.7%。

【城乡居民基本养老保险待遇】 经省委、省政府同意,3月,省人力资源和社会保障厅、省财政厅联合印发《关于调整城乡居民基本养老保险基础养老金标准的通知》(浙人社发〔2017〕37号),明确从1月1日起,全省城乡居民基本养老保险基础养老金最低标准由每人每月120元调整为135元。

【老农保问题清零】 6月,省人力资源和社会保障厅办公室印发《关于贯彻落实人社部解决老农保遗留问题文件精神的通知》(浙人社办发〔2017〕35号)，要求年底前实现老农保遗留问题清零目标。至12月底，全省11个市、89个县(市、区)均全面完成清零任务。原存余的239万老农保人员中，96.5万人衔接到基本养老保险制度，101万人退还本息终止老农保关系，两项合计占清理前总数的82.6%，剩余41.5万人纳入城乡居民基本养老保险信息系统进行常态化管理。

【出台社保扶贫政策】 10月，省人力资源和社会保障厅、省财政厅、省扶贫办转发人社部、财政部、国务院扶贫办《关于切实做好社会保险扶贫工作的意见》(浙人社发〔2017〕111号)。省人力资源和社会保障厅印发《关于贯彻落实社会保险扶贫工作意见有关问题的通知》(浙人社发〔2017〕119号)，明确了我省社保扶贫的目标任务、支持政策和工作要求，建立遏制致贫返贫的长效机制，帮助困难群体抵御年老、疾病、工伤、失业等风险。

(刘晓露)

社会保险基金监督

【基金监督制度】 7月，以省社会保险监督委员会的名义，在全国率先出台《关于建立健全社会保险基金第三方审计机制的意见》，全面推进社保基金第三方审计工作，在社保基金第三方审计机制上取得突破。

【基金监督检查】 1月至7月，根据人社部部署，以各地自查、地市互查、省级督查的方式开展城乡居民养老保险经办机构内部控制专项检查，形成全省检查报告上报人社部。各地根据自查及互查反馈情况发现的问题举一反三，开展整改，推动完善我省城乡居民养老保险经办工作。

3月，在绍兴召开全省社保基金监督及风险防范座谈会，分析全省基金安全形势、研究对策措施，布置全省年度工作计划，并结合典型案例，开展风险警示。

5月至12月，在宁波、湖州、衢州三市扩大社会保险基金安全评估试点，加力推动安全评估工作。重点突出以“1+X”(以医疗保险为主、其他评估险种自选)为形式，建立了查评互动机制，并将社保经办内控作为评估的重要内容，加强评估结果应用。

7月至12月，委托浙江同方、中汇2家会计师事务所，分别对嘉兴市本级及海宁市、舟山市本级及岱山县、台州市本级及玉环市、丽水市本级及龙泉市2016年度社保基金财务管理情况开展审计，要求被审计单位对照审计报告逐条落实整改，并提高整改成果运用。

7月至12月，根据人社部部署，以养老保险重复领取、死亡冒领为重点，组织开展“四项指标”疑点核查工作。核查投入人员力量共1091人，核查疑(重)点信息332659条。

【企业年金监管】 全省累计建立年金制度企业3122家，比上年增加355家；净资产293.64亿元，比上年增加36.35亿元。

(商卓群)

社会保险经办管理

【省本级社会保险概况】 2017年，省本级养老保险参保人数41.73万人，比上年增加1.3万人；医疗保险参保单位1376家，参保人数26.94万人，比上年增加1.11万人；工伤保险参保人数40.16万人，比上年增加0.38万人；生育保险参保人数28.51万人，比上年增加0.05万人。

省本级享受养老保险待遇13.28万人，支付养老保险金等各项待遇68.51亿元；支付工伤待遇2.24万人次，支付工伤基金1.75亿元；

女职工获生育保险补偿0.94万人次,支付生育保险金3.48亿元。全年新办理省本级社会保险参保单位登记66家,新参保和续保人员39247人,减少中断32803人,养老保险退保2558人。

【省本级社会保险待遇调整】 2017年继续围绕“发放”和“安全”四个字,履行好“待遇核发、保障民生”的职责,按照“柜员”制经办模式下的业务流转,在既定时间节点,严格按照政策审核、计发待遇,继续确保待遇发放不出偏差,基金安全得到保障。省本级全年共审核发放养老保险各项待遇13.2849万人,68.5083亿元。根据浙人社发〔2017〕84号文件,2017年企业和机关事业退休人员继续同步调整养老金。经过历年调待的实践,在中心领导的部署下,在有限的时间内严格依照政策审核把关,与信息部门、财政部门代发、宣传部门的协调到位,避免多发、少发、漏发等情况的发生。省本级在6月30日前顺利完成11.63万人的调整补发工作,月人均调整额度231.34元。同时,指导全省调整工作,统一经办口径,实行养老金调整日调度制度,及时掌握各地调待进度和数据统计情况,确保7月底前全省全部按时完成。在全省上下共同努力下,截至7月30日,各地均按时完成调待任务。据统计,全省共有626.56万名企业退休人员参加调待,月人均调整额度137.65元。调待到位后引导退休人员正确认识和理解调整政策,做好信访解释工作,确保今年的调整工作平稳实施,切实维护了社会保障的根本信誉。

【全民参保登记】 在完成本省户籍人员参保登记的调查和建立动态机制的数据库后,2017年全民参保计划进一步落实内外部数据的实时更新联动,实现了与公安、法院、民政、工商等部门的数据共享机制,与全省各统筹区业务信息系统的联网,并应用在精准扩大社会保险覆盖面、防止重复参保和重复领取待遇等工作,加快了社会保险从制度全覆盖向人员全覆盖迈进,2017年底,本省户籍法定人员基本养老保险和医疗保险参保率分别达到88.63%和98.96%。同时,为“最多跑一次”提供公共服务数据,实现全省民生和人口管理信息共享,助力公共服务、社会管理大数据平台建设。

【社会保险关系转移接续】 全省医疗保险关系转移接续40.03万人次,转移基金5.16亿元,其中跨省转移接续11.11万人次,转移基金1.31亿元,省内转移接续28.92万人次,转移基金3.85亿元。

【社会保险稽核】 7月起,省人力资源和社会保障厅对省级机关、省部属事业单位和社会团体、原行业统筹单位等开展2017年劳动保障书面审查和社会保险登记证验证及书面结稽核工作。全省稽核医疗保险参保单位3818户,追回医疗保险基金692万元;稽核定点医疗机构、定点零售药店2.67万家,相关个人961万人次,追回医疗保险基金2578万元。省本级查处医疗保险违规案件11起,追回基金5.70万元;年审查处缴费不足单位4家,补缴医保费653万元。

【定点医疗机构、定点零售药店管理】 “方便群众看病购药,实行省市医保、市县医保定点医院、定点药店同城互认”被列入2016年省政府十方面民生实事。截至2017年底,省本级定点医疗机构共558家,其中三级定点医疗机构35家,二级定点医疗机构23家,一级及以下定点医疗机构500家;定点零售药店985家。

【医疗保险医师协议管理】 贯彻落实《浙江省基本医疗保险协议医师管理暂行办法》(浙人

社发〔2014〕43 号)和《浙江省医保医师协议管理实施细则》(浙人社发〔2014〕79 号)等文件精神,统一规范全省医疗保险医师服务编码、服务协议、积分管理,71 个统筹区均建立了医保医师制度。截至 2017 年底,全省医保医师共 12.10 万名。省本级医保医师扣分 7 人,其中扣 12 分 1 人,扣 1 分 6 人。

【“互联网 + 政务服务”、“最多跑一次”等改革】 结合“互联网 + 政务服务”、“最多跑一次”的推进,2017 年加快组织实施社保证明网上自助打印和在线验证。9 月,全省两类四张社保证明(个人社保证明、个人历年养老保险参保证明、个人养老待遇证明和单位社保证明)依托政务服务网,自助打印和在线验证上线应用。在浙江参保的每一个参保单位和个人,都可以通过互联网自助打印统一的、签署了有效电子印章的社保证明,社会管理部门也可通过网络在线查询、验证。证明五花八门、适用不一的历史翻页,社保证明“全省一证通”成现实。2017 年 11 月通过自助打印的社保证明 5.2 万余份。

(马　野　苗　静　丁晶晶)

人才开发和市场管理

【规划、指导、督查】 积极配合省委组织部,制定出台《高水平建设人才强省行动纲要》(浙委发〔2017〕14 号)。完成省委主要领导交办的《关于我省人才住房保障情况的调研报告》等课题。围绕我省八大万亿产业,配合行业主管部门,制定出台产业人才发展规划。8 月,会同省委组织部、省科技厅等部门,赴绍兴市开展 2016 年市县党政领导科技术进步和人才工作目标责任制考核工作。会同省委组织部,开展省人才新政贯彻落实情况专项督察工作。9 月,配合省委办公厅、省委组织部,召开全省人才工作会议,全面落实省委关于树立人才强省工作导向,打造人才生态最优省的工作部署。指导杭州市创建全国首家国际人才创业创新园。

【高层次人才引进和科技项目洽谈】 组织 7 场大型赴外招聘引才活动,全省 2197 家企事业单位分赴香港、成都、武汉、哈尔滨、北京、上海六地招贤纳才,共提供岗位 45351 个,进场应聘 7 万余人次,达成初步意向 1.9 万余人次。举办高洽会 7 场,201 家省内外知名企业参会,推出各类高端职位 2300 多个,2600 余名英才前来应聘,达成初步意向 850 余人。分别为浙江省国资委、中国联合工程公司、华东医药股份有限公司及盾安供应链管理有限公司等 7 家企业举办了 9 场专场招聘会,共邀约 1800 余名中高级人才到场洽谈,精准对接引才受到企业肯定。

3 月,连续 9 年组织企业赴香港举办现代服务业高端人才招聘会,现场达成初步意向 910 余人。5—6 月,会同省委组织部、省外侨办,分别在伦敦、柏林、波士顿、硅谷和东京等地举办系列海外高层次人才项目对接活动,达成初步合作意向 1100 多项,有 130 项人才项目签订合作协议。赴北京、上海、成都、哈尔滨、武汉举办系列引才活动,共接洽高层次人才 4.3 万多人,达成初步就业意向 1.2 万多人次。

【“三支一扶”工作】 会同共青团浙江省委等有关部门、高校、相关县(市、区)共同协作与努力,推动了“三支一扶”工作的深入开展。全年在岗志愿者 133 人,其中 2017 年招募志愿者 80 人,2016 年续期在岗志愿者 53 人。

【人力资源服务业发展】 5 月,在义乌召开全省人力资源服务业推进会,总结各地发展人力资源服务业的经验做法,查找问题短板,明确对策举措。批准义乌市设立省级人力资源服务产业园。10月,举办第五届中国(浙江)人力资源服务业博览会。博览会以“连接、跨界、融合”为主题,邀请了世界500强企业、互联网企业、知名人力资源服务机构、浙江民营龙头企业等共120多家单位参展。江苏、湖南、陕西、河南等20多个省市组团参加,参展规模创下历史新高。加大行业人才培养力度,10月在杭州举办全省人力资源服务业行业领军人才培训研讨班。

【人事代理服务】 新增代理单位101家,新接收流动人员人事档案20648份,全年流动人员人事档案增至191433份,集体户口挂靠2.1万名。全年完成初定职称2700余人,中高级职称评审2500余人。根据“最多跑一次”改革的相关要求,对全省系统事项流动人员人事档案管理服务和高校毕业生就业手续办理进行全面梳理,完成省、市两级“最多跑一次”事项的八统一工作及省本级信息系统数据共享、对接改造等工作。首创公共服务新模式,就集体户口落户事宜和翠苑派出所联合办公,将以往20个工作日的办结时限缩短至当天办结。简化优化高校毕业生就业手续办理,由我市场起草,三部门联合发文进一步优化高校毕业生在浙就业手续。截至2017年底,党委下属党员9265人,3个基层党委,1个党总支和300个支部。全年接转组织关系1229人,发展党员7人,转正69人,培训党员2500人次。同时完成了人事代理失联党员全面排查及全体党员的信息采集工作。

【青年人才培养】 9月—12月,开展首批“省万人计划”青年拔尖人才评审选拔工作。面向全省自然科学、工程技术、哲学社科及经济金融等领域,遴选优秀创业创新青年人才50名。

（崔　巍　刘渊慧）

专业技术和留学人员管理

【高层次选拔和服务】 开展“百千万人才工程国家级人选”推荐工作,经人社部批准,全省共有16人入选。配合省委组织部选拔省“千人计划”201人,国家“千人计划”111人。在继续坚持突出能力业绩导向、推荐重心下沉、评价分类多元、突出标志性成果、强化培养功能等改革探索基础上,进一步围绕我省重大产业、重点领域以及重点高校建设需求,针对青年创新人才特点,组织开展省151人才的选拔培养工作。2017年新选拔第三层次培养人员400名,资助80名。对2012年、2014年、2016年入选人员分别进行了期满、中期和年度考评,考核通过862人。

【专技人才知识更新工程】 3月,省专业技术人才知识更新工程指导协调小组出台《关于印发2017年度全省专业技术人才知识更新工程实施计划的通知》(浙专指〔2017〕3号)。全年共完成5万名高端、创新型专技人才培训,200万人次的岗位培训等工作。5月,省人力资源和社会保障厅办公室印发《浙江省人力资源和社会保障厅办公室关于印发2017年度国家级和省级专业技术人员高级研修班计划的通知》(浙人社办发〔2017〕39号),举办62期省级专业技术人员高级研修班,培训重点领域紧缺人才7309人。举办智能制造、物联网、智慧农业、新材料等优势产业的6期国家级高级研修班。开展省级继续教育基地年度培训计划申报备案,编印《基地培训计划项目书》,全年省级基地完成培训项目497余期,培训专技人员6万多人次。12月,对23家省级专业技术人员继续教育基地进行周期评估,其中省海洋与渔业干部学校等5家单位被评为优秀等级,同时新设立杭州师范大学等19家省级继续教育基地。

专业技术人员继续教育学时管理配套服务进一步完善,新增公需课程 28 门,开发推出手机移动端学习平台和微课程学习模式,全年为经济、海洋与渔业、农业科研、国土资源等四个系列省级专业技术人员,提供公需课程在线学习和继续教育学时登记服务近 3000 人次。发放专业技术人员继续教育学时登记卡 5426 份。

【博士后科研工作站】 截至 2017 年底,建有博士后科研流动站 84 个、国家级博士后工作站 202 家,浙江省博士后工作站 477 家。全年招收博士后研究人员约 1100 人,其中企业博士后研究人员 500 多名,占本年度博士后进站总人数的 45% 左右,到企业的博士后数量逐年增加。全年共新设省级博士后工作站 108 家,下发《关于 2017 年度博士后设站授牌等有关情况的通知》,对设站后首次招收博士后研究人员进站的 98 家单位集中公布,授予“浙江省博士后工作站”牌子。对 2 个地市,18 家工作成效突出的流动站、工作予以通报表扬,对连续 2 年没有博士后招收进站的 26 家省级工作站,根据管理规定,撤销设站资格。进一步下放权限,指导浙江大学推进博士后管理改革试点工作,支持浙江大学制定出台《关于进一步加强博士后队伍建设的若干意见》。提高省级博士后专项经费至 2200 万元。选拔浙江省优秀博士后 15 名,择优资助博士后科研项目 160 项;配合全省人才工作会议开展高层次人才宣传,在浙江党建频道分 20 期对 20 名省突贡和省优秀博士后进行了视频宣传。

【留学人员创业和科技项目资助】 全省省级以上留学人员创业园 22 家,其中国家级创业园 5 家,入园留学人员 20837 人。累计创办企业 4738 家,涉及电子信息、生物医药、软件开发、新能源新材料、光机电一体化、生态环境等高新技术产业,技工贸总收入 1069.2 亿元。获留学人员回国创业启动支持计划 2 项,海外赤子为国服务行动计划 1 项。

【专家和留学人员科研服务活动】 实施千名专家“双服务”活动。深入实施千名专家服务企业服务基层活动,加强专家资源供给侧建设,通过建立省级专家库,为区县市提供专家匹配,形成省市县三级联动,在全省组织 1200 余名专家开展决策咨询、产业助力、支农帮扶、送医下乡等形式的活动共 45 场。其中,省里牵头开展活动 5 场,为全省开展专家服务提供示范引领;各地牵头开展 40 项,省里给予专家匹配支持,极大地推动了专家资源向基层一线柔性流动,助力当地经济社会发展。

聚焦产业发展开展专家服务工作。按照专家协同产业的路径,发挥全省专家资源作用,积极开展专家服务产业发展活动,聚焦传统制造业改造提升和战略性新兴产业培养,分行业组建专家服务组加强指导服务。如服务南浔电梯产业,组织 20 名专家通过坐诊洽谈、实地对接、座谈指导等形式,为当地“智能电梯小镇”建设提供智能制造发展思路,解决企业改造升级、创新发展需求;服务台州市医化产业,指导当地创建“国家级专家服务基地”,遴选 16 位生物医药领域 151 人才,赴浙江“千人计划”台州生物医化产业研究院,开展组团式服务,为基层协同创新公共平台提供人才支撑;配合我厅治水督导组,组织 14 位治水专家,赴宁波奉化开展“干部 + 专家”服务剿灭劣Ⅴ类水活动。

探索专家服务活动的实效性和新模式。以象山县为试点,探索专家服务活动的实效性和新模式。为企业和人才搭建“选亲”“相亲”“结亲”平台,前期供给专家资源库,由企业自主挑选专家,做到专家与企业精准匹配;期间精心安排洽谈环节,做到专家与企业深入交流对接;期后安排专员跟踪推进,做到洽谈成果落地开花,通过两轮对接,已达成 17 个合作项目落地,并建立首个省级专家服务基地。举行第三轮活动,针对象山针织产业改造提升,推进浙江理工大学与象山县政府签订战略合作协议,共建实体化运作的浙江理工大学象山针织产业研究院,探索校地合作新模式。

【职称制度改革】 3月,省人力资源和社会保障厅印发《关于做好2017年度职称评审工作的通知》(浙人社发〔2017〕38号)。4月,省人力资源和社会保障厅印发《关于开展高级职称评审复审工作的通知》(浙人社发〔2017〕40号),明确将复审作为高评委管理工作的重点,进一步健全自查、巡查和抽查相结合的复审制度,并形成《浙江省2016年度职称评审督察复审报告》,通报全省。5月,省人力资源和社会保障厅印发《浙江省特种设备专业高级工程师职称改革工作实施方案(试行)的通知》(浙人社发〔2017〕62号),首次在工程系列探索开展“社会化评价”试点,强化能力业绩导向,建立量化评价体系,授权行业协会,承接评审工作。7月,省人力资源和社会保障厅首次对高级经济师业务能力测评实施人机对话考试。7月,省人力资源和社会保障厅依次印发《浙江省机电制造专业高级工程师任职资格评价条件(试行)的通知》(浙人社发〔2017〕87号)、《浙江省特种设备专业高级工程师任职资格评价条件(试行)的通知》(浙人社发〔2017〕89号)、《浙江省信息技术专业高级工程师任职资格评价条件(试行)的通知》(浙人社发〔2017〕93号),制定完善了机电制造、特种设备、信息技术等专业的职称评价标准。下半年,在省人民医院、省中医院、省中山医院、省新华医院、丽水市中心医院、丽水市人民医院等6家医院开展了卫生领域职称自主评聘改革的试点工作。9月,省人力资源和社会保障厅印发《关于做好事业单位专业技术职务评聘结合工作的通知》(浙人社函〔2017〕129号),进一步强调全省事业单位专业技术人员职称评审应在核定的专业技术岗位结构比例内进行。省人力资源和社会保障厅会同有关部门开展全省95个高级专业技术资格评审委员会评审工作,全省获高级专业技术资格2万人。全年开展51项专业技术资格考试,考试报名接近86万人次,取得相应专业技术资格20余万人次。

【职业资格考试管理】 4月,出台了《关于部分专业技术人员资格考试实行考后资格审查的通知》,对一级建造师等21项专业技术人员资格考试实施资格后审;7月,集中公布了20项我省自行设置的职业资格事项,督查落实国务院已取消的434项职业资格,报请省政府同意转发国家职业资格目录并提出贯彻要求;10月,出台了《关于加快推进专业技术人员资格信息化工作的意见》,建立高级职称评审与专技考试信息集中公布平台,依托浙江政务服务网,先后对高级职称、省考和国考职业资格实行电子证书,推进全省专技数据集中工作;12月,转发了《人力资源社会保障部关于公布国家职业资格目录的通知》,严格落实国家职业资格目录,加强对国家职业资格设置实施的监管,做好目录公布后续衔接工作。深入开展最多跑一次,领取省考证书“零跑次”,领取国家职业资格证书实行“网上申领,快递送达”。

【海外高层次人才引进】 举办各类海外引才活动。一是组团赴北美、欧洲开展引才活动。5月,会同省委组织部组织省内200余家引才单位,先后在英国、德国、美国、加拿大和日本等5个国家举办海外高层次人才洽谈会,紧紧围绕我省八大万亿产业,推出人才需求1900多个、科技项目需求200多个,共接洽3000多名海外高层次人才,现场达成1100多项初步合作意向,有130项人才项目合作签订了协议,活动成果得到车俊书记的批示肯定。二是会同举办杭州国际人才交流与项目合作大会。会同省委组织部、杭州市,共同邀请来自27个国家地区的400余名海外高层次人才和37家海外人才组织社团来杭合作交流。三是开展“网聚海智·留行浙江”活动。坚持“走出去”与“请进来”相结合,组织56位国家“千人计划”专家和71位海外高层次人才,分别在杭州、温州、嘉兴、湖州、绍兴和衢州等地开展项目路演、人才对接等活动。

建立重点人才项目推进制度。坚持高端引领原则,深化海外引才成果,对引才活动达成的意向开展重点人才项目跟踪推进,重点锁定今年海外引才活动中层次较高、意向较强的海外人才,通过持续跟踪推进,康斯坦汀、郭鸿、费德里克和托马斯等4位加拿大皇家科学院院士项目已分别落户舟山市普陀区、嘉兴市南湖区、温州市高新区和嘉兴市秀洲区创业创新。对这项工作,任振鹤部长给予了批示肯定:“落地见效,战功卓著,不虚此行;打算甚好,再接再厉,时不我待。”

发布海外引才渠道联络图。按照“共建共享、紧密务实、动态管理”原则,面向全球人才集聚的城市,通过省市共建海外引才工作站的形式,建立一张海外布局全面、引才路径清晰的引才渠道联络图,提供给全省各地共享。11月,联络图在第四届世界浙商大会“人才强省”政策推介会上发布,任振鹤部长为其中14家海外引才工作站授牌。

【海外人才窗口服务】 全省受理海外学历学位、中外合作办学学位认证申请8702人次,办理《浙江省海外高层次留学回国人才工作证》703份,办理《浙江省海外高层次人才居住证》234份,办理留学人员其他相关证明104项。

(汪小洲　童　欢　谢　吟　韩凯军)

人事考试管理

【概况】 2017年全年共组织进行各项人事考试项目78项,参考854137人次,2036870科次(模块)。组织完成了2017年各级机关考试录用公务员工作和2018年度中央机关及其直属机构考试录用公务员笔试,报名确认人数分别达245299和60131人次,人数比2016年均有所增加。组织实施了68项专业技术资格考试,参考人数为416885人次。积极做好社会化考试服务工作。为省部属和市县178家单位提供事业单位招聘人员考试、选调考试、竞争上岗考试等,共完成各类考试笔试命题48套,面试命题21套,参考人数为124452人次。完成资格考试证书电子化工作。我省已将省级管理的二级建造师、省药学、医疗器械、工业设计、档案、群众文化、图书资料等资格考试实现证书电子化,考生已可自行从浙江政务服务网查询和打印证书。对国家管理的专业技术资格考试,已经实现考生可自行从浙江政务服务网查询和打印电子成绩证明,该证明作为浙江省内参加相应系列、级别专业技术职务评聘、岗位聘任或执业注册的有效凭证,同时开发系统实现考生可以自行在网上申请,采取EMS寄送的方式将证书送达考生本人,实现“跑零次”。

【考试制度和考试安全】 完善内控制度手册,对《浙江省人事考试办公室内部控制手册》1.0版本进行进一步梳理,专门召开科室分工部署会,按照科室职能尚未制定的制度进一步完善,共完善命题、阅卷、备用卷使用、机房管理、印章管理、成绩查对、经费报销、电话接听等8项制度,完成《浙江省人事考试办公室内部控制手册》1.1版本。2017年,共认定和处理了考试违纪违规考生1661人,取消全科成绩572人,取消单科成绩1089人。

【考试管理机构建设】 我省各市考办均已建成试卷保密库房,但人事考试基地建设却刚刚起步,进度也比较缓慢。目前建设较为齐全的仅有宁波市、温州市、金华市和义乌市以共建形式建立标准化考试基地且规模不大,其余地市均没有考试基地。

(姜海峰)

职业能力建设

【高技能人才培养】 4月,省人力资源和社会保障厅公布2016年度享受国务院政府特殊津贴人员名单,杭州汽轮机股份有限公司吴国林等11名高技能人才入选。

7月,人力资源社会保障部办公厅财政部办公厅公布2016年国家级技能大师工作室名单,其中,加西贝拉压缩机有限公司钱辛慰技能大师工作室等5个技能大师工作室入选;至此,我省已有国家级技能大师工作室22个。

9月20日,在杭举行的全省人才工作会议上,10位省杰出创新人才奖获得者受到表彰,省委书记车俊,省委副书记、省长袁家军等省领导颁奖。其中,2015年第43届世界技能大赛汽车喷漆项目金牌获得者、杭州技师学院整形涂装系特级教师杨金龙,作为我省高技能人才唯一代表受到表彰。

10月,省人力资源和社会保障厅、省财政厅公布2017年浙江省技能大师工作室名单,浙江巨化股份有限公司董晓燕技能大师工作室等36个技能大师工作室入选;至此,全省共有浙江省技能大师工作室282个。

省政协十一届五次会议“培育工匠精神,振兴技能人才”提案,被列为省政协专题重点提案,由省政府熊建平副省长领办、省政协蔡秀军副主席督办、省人力资源和社会保障厅主办。经与会办单位开展专题调研、与提案人进行充分沟通,于9月省政府办公厅召开专题重点提案办理工作座谈会后,省人力资源和社会保障厅正式行文答复提案人。

11月,省人力资源和社会保障厅组织我省技工院校6名优秀德育教师和6名世界技能大赛获奖选手组成宣讲团,分赴我省技工院校开展“技能铸就梦想”主题宣传活动,推动党的十九大精神深入学习宣传贯彻,进一步激发广大技工院校学生“学技能、练技能、走技能成才之路”的热情。

12月,省委人才工作领导小组办公室省人力资源和社会保障厅省财政厅联合下发《关于高水平打造高技能人才队伍的意见》(浙人社发〔2017〕139号),要求加快建立“企业主体、市场引导、政府推动”的高技能人才培养机制,建设一批高质量的高技能人才培养平台,着力营造高技能人才竞相迸发的成长环境。到2022年,形成一支“百千万”高技能领军人才,新增高技能人才120万人,高技能人才占技能人才比例达到30%以上,在全国率先建成高技能人才强省。

全省新增高技能人才30.7万人,高技能人才达278.7万人,占技能劳动者总数的28.8%。

【职业技能培训】 6月,省人力资源和社会保障厅省财政厅省残疾人联合会联合下发《关于进一步促进残疾人就业创业的通知》(浙人社发〔2017〕77号),进一步加大残疾人就业创业扶持力度,促进残疾人就业增收和共享发展成果。

6月,省人力资源和社会保障厅浙江省财政厅联合印发《浙江省失业保险支持参保职工提升职业技能实施办法》(浙人社发〔2017〕81号),发挥失业保险促进就业作用,提升参加失业保险职工的职业技能。

11月,省人力资源和社会保障厅在全省开展培训机构和鉴定机构专项检查工作,进一步规范培训机构和鉴定机构行为，促进我省职业技能培训鉴定工作健康发展，维护国家职业资格制度的权威。

开展2017年“金蓝领”高技能人才国外培训工作，分别组织赴美国技工院校管理培训班、赴德国信息技术培训班、赴英国数控加工技术培训班，共有71名优秀高技能人才、职业院校骨干教师参加技能提升培训。

大规模开展职业培训，全省参加政府补贴性职业技能培训人数为85.8万人。

【职业技能大赛】 3月，人力资源社会保障部下发《关于授予职业技能竞赛优秀选手全国技术能手荣誉称号的决定》（人社部发〔2017〕17号），对在2013—2016年国际、国内各类职业技能竞赛活动中取得优异成绩的选手，授予“全国技术能手”荣誉称号并颁发奖章、奖牌和荣誉证书。其中，我省有46人获得“全国技术能手”荣誉称号。

5月，省人力资源和社会保障厅等6部门发文表彰2016年浙江省职业技能大赛优秀选手和优秀单位，决定授予获得省级一类大赛各项目第一名的陈君峰等15人“浙江省首席技师”荣誉称号；授予获得省级一类大赛第二至五名、二类大赛第一至三名的夏明等214人“浙江省技术能手”荣誉称号；授予35岁以下获得省级一类大赛前八名、二类大赛前五名的陈君峰等223人“浙江省青年岗位能手”荣誉称号；浙江凯喜雅国际股份有限公司等22家单位为“高技能人才培养奖”获奖单位；杭州市、绍兴市、宁波市等3个市人力社保局为“优秀组织奖”获奖单位。

10月14日至19日，在阿联酋阿布扎比第44届世界技能大赛中，我省5名选手勇夺2枚金牌3个优胜奖，创造了我省参加世界技能大赛以来的最好成绩。其中，杭州技师学院蒋应成获得汽车喷漆项目金牌，浙江建设技师学院崔兆举获得瓷砖贴面项目金牌，杭州运河技工学校王芹获得美发项目优胜奖，浙江建设技师学院顾威烈获得抹灰与隔墙系统项目优胜奖，绍兴市中等专业学校郑科获得管道与制暖项目优胜奖。12月，省人力资源和社会保障厅下发《关于表扬第44届世界技能大赛浙江省获奖选手和为参赛工作作出突出贡献的单位及个人的决定》（浙人社发〔2017〕143号），对参加第44届世界技能大赛的选手、技术指导专家组成员，予以通报表扬和奖励，并晋升相应职业资格；对在第44届世界技能大赛参赛工作中作出突出贡献的单位，予以通报表扬。

2017年浙江省技能大赛以“弘扬工匠精神，厚植工匠文化”为主题，着力提高竞赛质量，创新竞赛形式，丰富竞赛内容，推广竞赛成果，加强竞赛选拔体系建设，推动技能人才培养模式改革，促进提高技能人才培养质量，为高技能人才队伍建设、服务企业发展和备战44届世界技能大赛提供坚实基础、营造良好氛围。2017年浙江省职业技能大赛共组织开展30项，其中省级一类大赛8项、省级二类大赛22项。

【职业技能鉴定概况】 全省共组织职业技能鉴定共计94.7万人，获职业资格证书77.9万人，其中获初级工证书19.49万人，获中级工证书28.40万人，获高级工证书27.86万人，获技师证书19172人，获高级技师证书2612人。其中高级工以上获证30.0万人，占获证总人数的38.5%。

【职业技能鉴定管理】 根据国家职业资格改革工作要求，开展2017年全国、全省统一鉴定和定期鉴定工作；企业人力资源管理师、心理咨询师等国考职业的二级鉴定成功采用机考模式；根据部分取消“双证书”学生鉴定，设立技工院校（职业院校）专场鉴定与部分取消职业补考,规范院校学生参加职业技能鉴定;开展全省性培训机构、鉴定机构大检查,从严落实考生资格核查。全年实现统考鉴定6.6万人次。

【企业自主评价】 全省已有3.2万家企业参与自主评价,累计实现企业人才评价39.5万,其中高技能人才19.5万。开展"321"行动企业培训师、劳动关系协调员考核,积极开拓人才培养模式。

【公共实训基地建设】 7月,人力资源社会保障部办公厅财政部办公厅公布2016年国家级高技能人才培训基地名单,其中,浙江交通技师学院等5个单位入选;至此,我省已有国家级高技能人才培训基地18个。

9月,省人力资源和社会保障厅省财政厅联合印发《浙江省省级高技能人才公共实训基地绩效考核办法》(浙人社发〔2017〕109号),进一步规范省级高技能人才公共实训基地建设项目工作,充分发挥公共实训资源效用。

10月,省人力资源和社会保障厅、省财政厅公布2017年浙江省省级高技能人才公共实训基地建设项目名单,宁波市交通技工学校等6家单位入选;至此,全省共有省级高技能人才公共实训基地37个。

【技工院校发展概况】 7月,省政府印发《关于设立杭州萧山技师学院的批复》(浙政函〔2017〕79号)及《关于设立桐乡技师学院的批复》(浙政函〔2017〕80号),同意在杭州市萧山区高级技工学校的基础上设立杭州萧山技师学院,在桐乡市高级技工学校的基础上设立桐乡技师学院。

全省共有技工院校77所,其中技师学院21所,高级技工学校5所;招生人数4.72万人;在校学生14.17万人,毕业生人数3.3万人,毕业生就业率为99%;开展社会培训18.98万人。

【技工院校教学管理】 3月,召开了全省国家职业资格与双证制衔接工作会议;指导各市对技工院校申报专业的培养目标、课程设置、教学设施设备和师资队伍等方面进行评估,共有28所学校101个专业通过评估。11月,省人力资源和社会保障厅举办全省技工院校校长培训班。

7月,人力资源社会保障部办公厅下发《关于公布2017年度劳动出版"技能雏鹰"奖学金获奖名单的通知》(人社厅函〔2017〕154号),其中我省温州技师学院柯险峰等7名同学获奖。11月,有10所技工学校的工作室被授予"浙江省技工院校创新创业示范工作室"荣誉称号。

【技工院校教研教改】 4月,全省技工院校第二届"青春CEO创意梦想"移动电子商务大赛在金华举行;5月,全省技工院校德育教学案例评比活动在杭州举行;全省技工院校第二届数学素养知识比赛在宁波举行;全省技工院校三人制学生篮球校际邀请赛在宁波举行;全省技工院校师生创新创意大赛在温州举行。

6月,全省技工院校语文微课设计比赛在杭州举行;全省技工院校机械、电工电子青年教师教学能力比赛在嘉兴举行。

7月,全省技工院校工业机器人专业建设交流会在嘉兴召开。

10月,全省技工院校电气自动化设备安装与维修专业技能抽测竞赛在宁波举行;全省技工院校学生英语演讲比赛在绍兴举行。

11月,组织开展全省技工院校教学论文评比活动,产生一等奖52篇、二等奖85篇,三等奖118篇;全省技工院校第二届教职员工气排球校际邀请赛在宁波举行;第二届全省技工院校信息化技术应用微课设计比赛在温州举行;全省技工院校会计专业学生技能比赛在金华举行。

全省技工院校教学业务调研重点课题立项37个，一般课题立项51个，其中8个重点课题入选厅级课题立项；重点课题通过结题21个，一般课题通过结题38个。

【技工院校教材建设】 3月，省职业技能教学研究所印发《浙江省职业技能培训教材开发项目的通知》（浙职技教〔2017〕13号）确定职业技能培训教材开发项目7本。

【技工院校师资队伍】 1月，省人力资源和社会保障厅下发《关于张建娣等135位同志具有技工院校教师高级专业技术资格的通知》（浙人社函〔2017〕7号）。

6月，省人力资源和社会保障厅下发《关于王妙娟等9位同志具有技工学校教师正高级专业技术资格的通知》（浙人社函〔2017〕97号）。至此，我省已有正高级专业技术资格技工学校教师29人。

9月，全省技工院校宣传工作能力培训班在杭州举行。2017年全年组织开展了机器人技术、机电一体化、心理辅导能力、职业核心能力等十二期省级师资培训班，共培训全省技工院校教师650余人。

（陈中杰　石越航　付　彦）

外国专家和智力引进项目管理

【概况】 2017年，全省共引进国（境）外各类专家5.1万人次，其中高层次专家约1.2万人次。各级财政资助实施引智项目698项，其中国家财政资助35项，省财政资助86项，各市财政资助或聘用单位自筹经费577项。审核执行各类出国（境）培训项目154个，选派各类人员赴国（境）外培训2681人次。

【外国专家引进】 全省入选国家“千人计划”外专项目的外国专家14人，其中2名短期专家首次入选，入选人数为历年最多，并连续4年位居全国第一。入选国家“高端外国专家项目”的外国专家14人，入选省“外专千人计划”39人。落实省委“人才新政”，会同省委组织部、省财政厅出台《浙江省扩大海外工程师引进计划暂行办法》（浙人社发〔2017〕78号），公布确定首批81位海外工程师，省和相关地方财政共资助1620万。3家省属高校新入选国家2017年度地方高校“学科创新引智计划”。新建省级引智示范推广基地和引智示范单位8家。继续实施“百村引智示范”项目，选定20项引智成果在全省20个行政村进行推广。

【出国（境）培训项目】 组织实施“现代服务业高端国际化人才培养计划”“金蓝领出国（境）培训计划”“企业家经营管理培训项目”“151”人才出国（境）研修等重点国际化人才培养项目，并配合省委组织部组织了4期省管干部赴外培训班。

【外国专家管理】 组织开展中国政府“友谊奖”申报工作，2名外国专家获中国政府“友谊奖”。平稳有序推进“两证整合”工作，4月1日起全面实施外国人来华工作许可制度，全省办理《外国人工作许可通知》3582件、《外国人工作许可证》10797件、短期工作许可534件。

【国际交流与合作】 6月9日至15日，第十九届浙洽会海外高层次人才智力合作洽谈会在宁波举办，来自美、德、日及东欧等19个国家和地区45家机构的92位代表参加，活动期间共推出人才技术供给项目633个，其中：各类国际高端人才智力项目527个，技术项目106个，主要涉及节能环保、新能源化工、高端装备制造、新材料、生物制药等。宁波主场活动当场达成合作意向371项。10月29日至11月4日，由国家外国专家局举办的2017年度高端外国专家休假活动在浙江举行。来自12个国家的28名中国政府友谊奖获奖专家、“外专千人计划”入选专家及家属参加此次活动。熊建平副省长在杭州宴请了国家外国专家局副局长尹成基和外国专家并致辞。11月3日至8日，由国家外国专家局举办的国家“千人计划”外国专家浙江行活动在我省举行。来自10个国家的14名国家“千人计划”专家及家属参加此次活动。11月27日至30日，应国家外国专家局张建国局长邀请，以色列新任驻华大使何泽伟(Zvi Heifetz)先生一行4人来我省考察引才引智工作。11月27日下午，熊建平副省长在杭会见大使一行，就进一步加强浙江与以色列在人才科技等方面的友好务实合作进行了深入交流。11月29日，省委常委、杭州市委书记赵一德会见大使一行。

（王　琨）

公务员管理

【公务员队伍建设】 始终把政治建设摆在首位，牢牢把握从严治党的主基调，深入推进“两学一做”学习教育常态化制度化，把学习贯彻习近平新时代中国特色社会主义思想和十九大精神作为公务员培训教育的首要内容，用科学理论武装头脑、指导实践、推动工作，公务员队伍理想信念更加坚定，精神状态更加饱满，履职行为更加规范，工作作风更加务实。

【公务员分类改革】 积极推进分类改革试点。完成公安机关警员和警务技术职务序列改革试点，有8116名民警的职务完成套改，其中：执法勤务警员7784名，警务技术民警332名。共有4507名民警晋升上一级职务，占全部试点民警数的55.5%，有效拓展了广大民警的职业发展空间，民警职业荣誉感和归属感进一步增强。配合国家做好行政执法类和专业技术类公务员摸底调研工作，为下一步推进公务员分类改革打好基础。配合做好承担行政职能事业单位改革试点有关工作，在全国率先出台实施人员分流安置方案。

【公务员管理信息化建设】 强化公务员管理基础工作，规范公务员管理信息系统建设。联合省委组织部完成全省公务员信息采集入库，逐步推进省直机关信息库联网运行。首次依托信息库做好公务员统计直统，高标准做好公务员统计工作，得到国家通报表扬。

【公务员考试录用】 全年共录用公务员8066名。组织开展全省四级联考、紧缺职位公务员考录工作，计划录用公务员6466名，网络报名人数27.49万人，缴费确认人数24.19万人，最终录用公务员6198名，其中省市县计划面向残疾人考录公务员22名，最终录用18名。组织开展面向部属公安院校公安专业毕业生招录工作，录用中国人民公安大学、中国刑事警察学院、南京森林警察学院、铁道警官高等专科学校四所部属警察类院校浙江籍毕业生240名。组织实施浙江警察学院、浙江警官职业学院2017届警察类毕业生考录公务员工作，录用公务员1076名。单独提前组织全省国安系统特殊招录工作，录用公务员90名。录用2017届政法干警学员毕业生457名。首次组织实施藏汉双语公务员招录工作，分别为公安和司法行政系统招录3名和2名西藏籍公务员。此外，19家省级机关单位计划面向市级以下机关单位遴选公务员60名，通过资格初审3353人，实际遴选公务员49名。

继续开展浙江警官职业学院招录省属监狱系统人民警察学员工作，计划招录学员100名，缴费确认3275人，录取学员94名。继续开展公安机关特殊人才招录工作，录取侦查学专业学员7名。8月，省委组织部、省人力社保厅、省公务员局召开了全省公务员考录改革研讨会，梳理出分为当年实现、分期试点、逐年推动等三种类型的16条改革举措，得到了省长袁家军、组织部长任振鹤的批示肯定。

【公务员培训监督】 启动学法用法三年轮训，全省轮训启动暨省直单位第一期轮训班开班已于3月开始，全省各市皆部署并完成了88379名公务员的轮训任务。举办任职班130位处长、副处长参加为期两个月的脱产任职培训。举办研修班110名处级公务员参加为期21天的“深入推进法治政府建设”专题脱产研修培训。举办专门培训班33名省直单位年度考核优秀年轻公务员能力提升培训班。举办初任班76名省级机关新录用公务员初任培训。做好国外培训，组织38名处级公务员赴美国、英国为期两个月的培训。省公务员局培训与监督处组织开展公务员东西部对口培训工作。举办浙江新疆生产建设兵团、浙江青海“互联网+政府管理创新”专题对口培训，8月份开展“送教上门”工作，浙江·云南大理、楚雄开展“基层公务员综合能力提升”专题培训，2800人次大理、楚雄基层公务员参加培训。同时组织出版了浙江省公务员“十三五”培训系列教材《大数据时代政府治理创新》及课件。省公务员局培训与监督处受理并处理了嘉兴平湖市时国忠再申诉案，依法依规保障公务员合法权益和机关正常工作秩序。

【公务员考核】 督促有关市、省直有关单位深化完善公务员考核工作。在会同省委组织部对省直机关开展全面调研的基础上，形成了平时考核情况调研报告，有关加强考核结果运用的建议意见，得到了省委组织部部长的批示肯定。2017年底前举办了省直单位优秀年轻主任科员专题培训班。

完成全省行政机关公务员年度考核工作。全省2017年度公务员考核优秀等次40497人，基本称职152人，不称职116人，连续三年年度考核优秀记三等功6268人。认真贯彻落实中共中央组织部、人力资源和社会保障部、国家工商行政管理总局、国家公务员局印发的《关于规范公务员辞去公职后从业行为的意见》。

【先进典型选树】 会同省委组织部、省委宣传部组织开展“选树全省最美公务员 展示浙江铁军风采”活动，共选树105名全省“最美公务员”，通过召开先进事迹报告会、开辟网络宣传专栏、录制访谈节目、制作宣传特刊、上线领导干部网络学院等形式，大力宣传全省“最美公务员”的先进事迹，在全省公务员队伍中形成了比学赶超的浓厚氛围，社会反响较好。

【政府评选表彰】 会同省级有关部门共评选推荐社会治安综合治理等19个系统的全国先进集体109个、先进工作者(劳动模范)211名。会同省公安厅表彰全省公安系统模范集体25个、模范人民警察20名。会同省工商联、省外侨办等7个部门评选表彰全省系统先进集体160个，先进工作者355名。配合省体育局做好第十三届全运会取得优异成绩单位和个人记功奖励工作，由省政府给予2个集体记集体一等功，16名个人记一等功，93名个人记二等功。会同省公安厅做好省级见义勇为人员记功奖励工作，由省政府记一等功23人。

【评比达标表彰】 围绕省委、省政府工作大局，经积极争取国家公务员局的支持，报经中央核准，通过项目变更调整设立了浙江省标准创新贡献奖、健康浙江建设、“放管服”改革等表彰项目，有效推动了标准强省、健康浙江、“最多跑一次”改革等省委省政府重点工作的落实,在推动中心工作中发挥了较好作用。根据国家评比达标表彰工作协调小组部署,对各类试点示范活动进行了书面调研。

(何文华　陈　伟　周　奕　程开成)

事业单位人事管理

【事业单位人事管理】 1月,省人力资源和社会保障厅完成省直事业单位人事工资管理系统升级,所有人事管理业务通过系统申报审核,实现对内“最多跑一次”。3月,省人力资源和社会保障厅完成2017年全省事业单位工作人员年报数据统计上报工作。10月,省委组织部、省人力资源和社会保障厅开展集中检查调研事业单位人事管理工作,通过自查自纠、实地检查、调研座谈等形式,切实加强全省事业单位人事管理工作。

【事业单位岗位管理】 7月,省委组织部、省人力资源和社会保障厅印发《关于公布浙江省事业单位专业技术二级岗位聘任人选名单的通知》(浙人社发〔2017〕86号),确定166人为第五批浙江省事业单位专业技术二级岗位聘任人选,认定4人为省外引进事业单位专业技术二级岗位聘任人选。9月,省人力资源和社会保障厅、省教育厅印发《关于完善高校专业技术岗位结构比例调控的通知》(浙人社发〔2017〕105号)。10月,省人力资源和社会保障厅、省农业厅、省林业厅印发《关于加强农业林业事业单位专业技术岗位结构比例动态调控的通知》(浙人社发〔2017〕120号)。省人力资源和社会保障厅批复45家省属事业单位岗位设置及变更,完成5家单位134人岗位设置认定工作,核准备案339家省属事业单位岗位聘任变动8919人,办理省属事业单位管理岗位五、六级职员等级晋升89人。

【事业单位聘用制度】 7月,省委组织部、省人力资源和社会保障厅印发《关于公布第二批事业单位专业技术二级岗位聘期考核合格人员名单的通知》(浙人社发〔2017〕82号),参加聘期考核107人,合格107人。8月,省人力资源和社会保障厅、省编制委员会办公室、省财政厅印发《关于解决省级医院聘用人员历史遗留问题的备忘录》。

【事业单位公开招聘】 4月,省卫生和计划生育委员会、省发展和改革委员会、省教育厅、省人力资源和社会保障厅、省财政厅印发《关于开展2017年基层卫生人才定向培养工作的通知》(浙卫发〔2017〕44号),继续开展基层卫生人才定向培养工作。4月,省农业厅、省教育厅、省人力资源和社会保障厅印发《关于开展2017年定向培养基层农技人员工作的通知》(浙农科发〔2017〕14号),继续开展基层农业人才定向培养工作。4月,中共浙江省委宣传部、省教育厅、省财政厅、省人力资源和社会保障厅、省文化厅印发《关于开展定向培养乡镇文化员试点工作的通知》(浙文公共〔2017〕11号),启动乡镇文化员定向培养工作。4月,省人力资源和社会保障厅、省残疾人联合会组织部分省属事业单位定向招聘残疾人工作。4—5月,省人力资源和社会保障厅组织部分省属事业单位定向招聘随军家属工作。省人力资源和社会保障厅审核省属事业单位公开招聘方案382批次,核准145家省属事业单位公开招聘2124人,备案42家省属事业单位公开招聘1929人,办理省属事业单位人员调动手续381人次。

【事业单位创业创新】 8月,省人力资源和社会保障厅印发《浙江省鼓励支持事业单位科研人员离岗创业创新实施办法》政策解读和《事业单位科研人员离岗创业创新协议书(参考文本)》,便于各地各单位更好地理解和执行。

【事业单位分类改革】 9月,浙江省事业单位改革领导小组办公室、省财政厅、省人力资源和社会保障厅印发《关于印发省属经营类事业单位转企改制安置费用提留和管理办法的通知》(浙事改办〔2017〕35号)。

(陈　曦)

工资福利

【公安机关职务序列改革工资试点政策】 2月,人力资源和社会保障、财政部印发《公安机关执法勤务警员职务序列改革试点工资政策和公安机关警务技术职务序列改革试点工资政策的通知》(人社部规〔2017〕2号)。3月,省人力社保厅、省财政厅出台了《关于贯彻落实人社部规〔2017〕2号文件有关问题的通知》(浙人社发〔2017〕39号),并做好杭州、金华两个试点地区的组织实施工作。

【人民警察值勤岗位津贴和加班补贴政策】 6月,人力资源和社会保障、财政部印发了《关于执行人民警察法定工作日之外加班补贴有关问题的通知》(人社部规〔2017〕9号)和《关于执行人民警察值勤岗位津贴有关问题的通知》(人社部规〔2017〕10号)。12月,省人力社保厅、省财政厅出台了《关于贯彻执行人民警察值勤岗位津贴和法定工作日之外加班补贴有关政策的通知》(浙人社发〔2017〕145号),并开展组织实施工作。

【政法委机关工作津贴政策】 11月,根据国家统一部署,省人力社保厅、省财政厅转发《人力资源社会保障部、财政部关于建立政法委机关工作津贴有关问题的通知》(浙人社发〔2017〕121号),对全省各级政法委机关、司法行政机关、防范和处理邪教问题领导小组办公室公务员发放特岗津贴。

【公立医院薪酬制度改革试点工作】 1月,人力资源和社会保障、财政部、国家卫生计生委、国家中医药管理局印发了《关于开展公立医院薪酬制度改革试点工作的指导意见》(人社部发〔2017〕10号)。根据国家的统一部署,经省政府同意,确定了宁波市、温州市、湖州市3个试点市和萧山区等11个综合医改先行先试县(市、区)作为试点地区。试点期间,各地按照"允许医疗卫生机构突破现行事业单位工资调控水平,允许医疗服务收入扣除成本并按规定提取各类基金后主要用于人员奖励"的要求,合理确定公立医院绩效工资水平和绩效工资总量。

【完善省属事业单位绩效工资政策】 11月,根据《中共中央办公厅国务院办公厅印发〈关于实行以增加知识价值为导向分配政策的若干意见〉的通知》(厅字〔2016〕35号)、《中共浙江省委浙江省人民政府关于深化人才发展体制机制改革支持人才创业创新的意见》(浙委发〔2016〕14号)等文件精神,省人力社保厅、省财政厅出台《关于进一步完善省属事业单位绩效工资政策推动人才创业创新的若干意见(试行)》(浙人社发〔2017〕1321号)。该文件的出台,旨在构建充满活力的人才激励机制,进一步支持省属事业单位创新发展,通过指导省直各主管部门和事业单位健全完善绩效考核办法,建立起绩效工资水平与考核结果挂钩的动态增长机制并制订完善高层次人才激励、横向社会服务项目等方面的分配管理办法。

【精减退职等人员生活困难补助费标准调整工作】 经省政府同意,省人力社保厅会同省委组织部、省财政厅印发了《关于调整机关事业单位工作人员死亡后遗属生活困难补助费等标准的通知》(浙人社发〔2017〕94号)和《关于调整精减退职人员生活困难补助费标准的通知》(浙人社发〔2017〕95号)两个文件,对我省机关事业单位精减退职、遗属和计划外长期临时工等三类人员补助标准继续进行调整。

(罗　锋)

省级单位统发工资管理

【概况】 省级统发工资单位206家,统发工资人数1.28万人,应发工资21.90亿元,其中基本工资5.41亿元,代扣工资4.36亿元,实发工资17.54亿元。

【省级机关统发工资管理】 省级单位统发工资办公室全年审核办理五年晋级2143人,两年晋档1601人,职务晋升1686人,新增863人,减少829人。

【省属事业单位工资管理】 省属事业单位实行绩效工资制度单位527家,职工人数7.59万人;应发工资(不含应休未休年休假工资报酬)113.01亿元,其中基本工资30.57亿元,绩效工资67.64亿元。基础性绩效工资执行类别为:执行一类基础性绩效工资标准单位120家,执行二类基础性绩效工资标准单位221家,执行三类基础性绩效工资标准单位85家,自主分配单位101家。经费类别和单位数量为:财政适当补助单位412家,经费自理单位109家,企业化管理单位6家。

(陈　源)

军队转业干部安置

【概况】 2017年,中央下达浙江省当年军队转业干部安置任务2747名,实际接收2742名,实际报到2716名。其中各级机关(含参照《公务员法》管理事业单位)安置2156名、事业单位安置199名、企业安置15名,自主择业346名,安置随调家属74名,随迁274名。

【军队转业干部安置重点】 全省计划分配安置的师团职干部672人中,各级机关(含参照《公务员法》管理事业单位)安置比例为93.15%。其中4名正师职干部,全部安排省直单位副厅级领导职务;32名副师职干部,安排相应领导职务11名,安排平职非领导职务20名(其中进班子19名),安排低一职非领导职务1名。任职满最低年限的184名正团职干部,除3名进企业外,安排相应领导职务或者进班子127名,占70.2%;平职非领导职务40名,占22.1%。荣立二等功以上和长期在边远艰苦地区、特殊岗位工作的201名军队转业干部机关(含参照《公务员法》管理事业单位)安置比例为97.5%。

【军队转业干部自主择业】 完成全省自主择业军转干部年度增资工作,月人均增资62.4元;先后2次开展退役金标准调整和补发工作,月人均增加退役金1021元。完成新增346名自主择业军转干部报到、档案接转和退役金核定等工作。全省领取自主择业军转干部退役金人数1054人,人均退役金8460元/月。

【军队转业干部教育培训】 7月,制定出台《关于探索开展军队转业干部进高等学校专项培训的实施意见》(浙转联〔2017〕1号),并选定宁波市、金华市和公安系统试点先行。3家单位选送26名军转干部分别在宁波大学、浙江师范大学和浙江警察学院3所高校,9个专业,进行为期一年的带薪脱产培训。8月,会同各部队转业办组织开展进省直安置军转干部前移培训。12月,组织开展省直军转干部岗前培训,153名军转干部参加培训,培训为期47天,共分理论学习、党风廉政、互动课堂、素质提升和网络培训等5个模块。

【企业军队转业干部解困】 深入开展工作调研,对周边省市、其他人群的收入水平进行类比分析,为调整企业退休军转干部生活补贴标准做准备工作。指导各市深入开展关心关爱企业军转干部活动,在春节、“八一”期间普遍开展走访慰问,对生活特困和医疗负担较重人员开展重点帮扶。

(任保玉)

劳动关系

【“双爱”综合试验区创建】 全省创建“双爱”活动综合试验区94家,其中市级为主创建10家。试验区覆盖企业33518家,涉及职工370余万人。

【协调劳动关系三方机制】 3月,省协调劳动关系三方会议第二十八次会议在杭州召开,三方会议及办公室成员出席会议,会议由省三方会议主席、省人力社保厅副厅长仉贻泓主持。会议通过三方会议及办公室部分成员调整的建议,研究全省最低工资标准调整安排,讨论《关于和谐劳动关系企业工资集体协商质效提升计划的意见》(征求意见稿),通报2017年劳动关系协调重点工作安排。

【劳动关系和谐指数评价】 8月,省构建和谐劳动关系工作领导小组办公室发布2016年度各设区市劳动关系和谐指数,平均值达84.55。

【全省最低工资标准调整】 11月,省政府制定下发《浙江省人民政府关于调整全省最低工资标准的通知》(浙政发〔2017〕43号),从2017年12月1日起,全省最低月工资标准调整为2010元、1800元、1660元、1500元四档,非全日制工作的最低小时工资标准调整为18.4元、16.5元、15元、13.6元四档。

【国企负责人薪酬管理】 省深化国有企业负责人薪酬制度改革联席会议印发《浙江省省管企业负责人薪酬管理监督检查暂行办法》(浙国企薪改发〔2017〕1号)。组织薪酬审核部门对22家省管企业、22家省直部门管理企业经营业绩情况进行考核,完成2016年度省属企业负责人薪酬分配工作。推动实现设区市管理国有企业负责人薪酬制度改革全覆盖。

【随军家属就业安置】 认真贯彻落实国务院中央军委批转《军人随军家属就业安置办法》(国发〔2013〕42号)和省政府省军区批转《浙江省军人随军家属就业安置实施办法》(浙政发〔2014〕25号)文件精神,按照“社会就业为主、内部安置为辅,鼓励扶持自主就业创业”的原则,采取“社工岗位专项招聘、机关事业单位编外用工岗位和大中型民营企业岗位专场招聘会双向选聘”等办法,推动落实社会就业;采取“公务员身份对口安置、事业编身份划岗定向招聘、国有企业按比例接收安置”等办法,推动落实内部安置;采取“设立军属就业服务专窗、搞好岗前职业技能培训、协调落实税费减免政策、发放一次性货币补助”等办法,鼓励和支持自主创业就业,取得了显著的成效。2017年度驻浙部队共有1167名有就业需求的随军家属(含往年积累未安置的人数),有698人得到妥善安置。

(闫　磊)

农民工管理服务

【政策调研和工作检查】 3月,在全国农民工工作暨家庭服务业工作视频会议上，陈中副厅长就我省全面贯彻落实国务院关于进一步做好为农民工服务工作的意见情况作经验交流发言，全国会议后，召开省农民工工作领导小组办公室成员暨发展家庭服务业促进就业联席会议办公室成员工作会议，研究部署全省年度有关工作。4 月，印发《浙江省农民工工作领导小组 2017 年工作要点》，并组织成员单位实施。5 月，金林贵副厅长带队赴杭州临安、湖州德清和安吉等地就农民工返乡创业就业情况进行调研。同月，全省农民工工作和发展家庭服务业工作会议在杭州召开，传达国务院农民工工作领导小组全体会议精神，汇报交流农民工工作和发展家庭服务业工作开展情况，研究部署年度重点工作。6 月，我省做好新市民培训工作提高农民工融入城市能力的做法，在全国新市民培训现场会上作了经验交流。8—12 月，金林贵副厅长带队先后赴丽水、台州、宁波、衢州、金华、绍兴等地，就农民工返乡创业就业进行专题调研。12 月，国务院农民工工作领导小组开展第十一次全国农民工工作督察，积极做好全省农民工工作开展情况自查和对各市督查工作。

【关爱帮扶农民工活动】 发挥省农民工办组织协调作用，推动相关成员单位把农民工纳入“春送岗位、夏送清凉、秋送助学、冬送温暖”活动。6 月，根据国务院农民工办《关于印发“十三五”时期农民工职业技能培训年度综合计划的通知》，印发《浙江省 2017 年农民工职业技能培训综合计划》，全省年度组织农民工职业技能培训超过百万人次。7 月，省人力资源和社会保障厅组织全系统开展“送清凉送关爱”活动，王文序厅长、金林贵副厅长带队赴杭州市西湖区文体中心项目、阿里巴巴网商银行项目工地慰问奋战在高温一线的农民工，向农民工发放饮料、药品、毛巾等防暑降温物品。

【发展家庭服务业】 5 月，印发《浙江省发展家庭服务业促进就业联席会议 2017 年工作要点》，并组织成员单位实施。同月，召开全省发展家庭服务业工作会议，安排部署全省发展家庭服务业工作。6 月，协助人社部国际劳动保障研究所来我省开展“外籍家政工人有关问题”课题调研。7 月，金林贵副厅长在杭州出席由常山县委、县政府举办的“常山阿姨”杭州推荐会。7—8 月，针对杭州发生的保姆纵火案事件，按照省委省政府领导批示要求，召开专题会议，并赴家政市场、大型家政企业调研走访，听取情况汇报，深入剖析问题，提出进一步规范家政行业发展对策措施。9 月，联合省职介中心组织部分重点家政企业经营管理人员赴香港培训，学习香港先进的家庭服务管理经验与理念。11 月，为贯彻落实国家发改委等 17 个部委《家政服务提质扩容行动方案》，指导浙江省家庭服务业协会举办以“创新规范、提质扩容、共享发展”为主题的首届浙江家庭服务业发展论坛大会，130 多家企业参会，政府部门、专家学者、行业协会和家服企业等共商家政服务提质扩容发展大计。12 月，为落实人社扶贫工作部署，金林贵副厅长率金华市家庭服务业协会、龙头家政企业赴安徽省开展家政服务劳务对接洽谈、考察活动。

（韩朝利）

劳动保障监察

【概况】 全省各级劳动保障监察机构主动监察用人单位 17.25 万家（次），涉及劳动者 492.05 万人，接到劳动者举报投诉 3.12 万件，立案办结各类违法案件 1.8 万件；清退用人单位违法收取的抵押金 88.51 万元，补签劳动合同 14.62 万份；实施行政处罚 1235 件，罚款

1026.84万元;追发劳动者工资等待遇9.68亿元,涉及劳动者10.27万人。立案办结欠薪案件数、涉及人数、涉及金额同比均下降25%以上。

【浙江“无欠薪”】 7月,省府办印发《浙江省人民政府办公厅关于深入开展“浙江无欠薪”行动的通知》,正式开启了我省“无欠薪”创建的序幕。“浙江无欠薪”行动以建设“无欠薪”县(市、区)为载体,以实施欠薪易发领域和重点环节治理为抓手,确保违法欠薪行为得到全面治理,确保劳动者按时足额领取工资,确保不发生因欠薪引发重大群体性事件;到2020年形成制度完备、覆盖城乡、责任落实、监管高效的欠薪治理格局。随后,根据自愿申报及地区实际,省防范处置企业拖欠工资工作领导小组遴选了滨江区、奉化区等17个县(市、区)作为第一批“浙江无欠薪”试点。8月,省防范处置企业拖欠工资工作领导小组印发了《“浙江无欠薪”行动专项治理方案》、《“无欠薪”县(市、区)考核验收标准》、《浙江省防范处置企业拖欠工资工作领导小组成员单位职责分工》等四个文件,就“浙江无欠薪”行动进行了具体部署和落实。下半年,省防范处置企业拖欠工资工作领导小组办公室对17个试点县(市、区)组织开展了多轮调研督查,分别召开了“浙江无欠薪”工作推进会、安吉现场会等,全力推进“无欠薪”创建工作。按照工作计划,17个试点县(市、区)“无欠薪”建设工作的考核验收将于2018年一季度进行。

【劳动保障监察专项行动】 全省开展农民工工资支付情况专项检查,共1.19万人(次)参加检查,检查用人单位8.4万户,涉及职工324万人,查处拖欠工资用人单位5963户,涉及职工9万人,共计责令用人单位支付7.36万名职工工资及赔偿金77552.9万元,向公安机关移送涉嫌拒不支付劳动报酬案件99件,有力维护了职工工资报酬权益和社会稳定。

3月,联合工商部门在全省组织开展清理整顿人力资源市场秩序专项检查,共出动7409人(次),检查13842户次;取缔非法职业介绍活动25件,查处未经许可和登记擅自从事职业中介活动13件,查处提供虚假就业信息和虚假招聘信息6件、扣押劳动者或被录用人员居民身份证或收取押金财物4件、以职业中介为名牟取不正当利益案件11件;责令改正34件,责令退赔求职者求职费用20.41万元,行政处罚6件,罚款6.15万元。

7月至8月,组织开展用人单位遵守劳动用工和社会保险法律法规情况专项检查,共检查用人单位4.68万户,涉及劳动者145万人,查处劳动用工和社会保险违法行为3235件,补签劳动合同3.45万份,责令支付劳动者工资及补偿赔偿金3246万元,督促323户用人单位申请社会保险登记,督促265户用人单位缴纳社会保险费689万元,追回骗取社会保险基金35万元,行政处罚131件罚款72.2万元,移送司法机关案件6起。

【“两卡一金”欠薪保障机制】 全省累计筹集企业工资支付保证金48.29亿元,当年工资支付保证金8844.72万元。各地政府累计筹集欠薪应急周转金7.78亿元,当年支出欠薪应急周转金2327.2万元。全省累计发放农民工记工考勤卡6.2万张。正式出台《浙江省企业工资支付管理办法》,并于2017年5月1日起施行。

【劳动保障监察“两网化”建设】 在网格化建设方面,加强乡镇(街道)基层欠薪防范处置能力,在乡镇(街道)建立劳动保障监察派出机构,根据实际工作需要配齐配强劳动保障监察员或者协管员。在信息化建设方面,开发完成省劳动保障监察信息系统(三期)和手机端移动执法APP,推进案件网上办理、执法全过程记录等。进一步完善省劳动保障监察公共服务平台,方便劳动者网上举报投诉和用人单位网上书面审查等。

【用人单位守法诚信建设】 全省各级劳动保障监察机构共书面审查用人单位61.14万家,省本级书面审查省辖用人单位近2000家。严格执行人力社保部《重大劳动保障违法行为社会公布办法》要求,各级人力社保局累计在各级主流媒体上向社会公布重大劳动保障违法行为475户。同时,根据上级文件精神,分别起草了《浙江省人力资源和社会保障厅等17部门关于印发〈关于对严重拖欠工资用人单位及有关人员开展联合惩戒的合作备忘录〉的通知》和《浙江省拖欠工资"黑名单"管理实施办法》,进一步加大对严重拖欠工资行为的失信惩戒力度,营造守法守信的良好社会氛围。

(包晓挺)

调解仲裁

【示范仲裁庭创建活动】 全省新增在硬件设施、信息化装备、案件处理质量、队伍建设和配套保障等方面在全省起到示范和引领作用的示范仲裁庭17家,合计达33家。

【要素式审理模式改革试点】 在杭州、宁波、温州、湖州、丽水五地开展仲裁案件要素式办案模式改革试点,运用要素式办案模式审理案件,平均庭审时间约50分钟、平均裁决书字数约2000字、平均审理期限35天,较原先分别下降44%、50%、28%。

【劳动人事争议调解】 全省各级劳动人事争议仲裁委员会及基层调解组织案外处理劳动人事争议案件6.47万件,涉及劳动者人数10.6万人;办结案件5.79万件,结案率为89.5%,涉案金额14.77亿元。其中,集体争议案件1180件,涉及劳动者3.05万人,平均每案涉及劳动者26人。

【劳动人事争议仲裁】 全省各级仲裁机构立案受理劳动人事争议案件4.91万件,涉及劳动者6.76万人。其中,集体争议案件531件,涉及劳动者1.8万人,平均每案涉及劳动者34人。全省各级仲裁机构共审结案件4.98万件(含上年度结转3430件),结案率为94.7%,完成省政府设定92%的年度考核目标,挽回损失18.59亿元。全省各级仲裁机构立案受理后调解结案3.73万件,占结案数的74.89%。

【调解组织和仲裁机构建设】 全省已建立乡镇(街道)基层调解组织1367个,其中派出庭211个;配备调解员3668人。规模以上企业建立调解组织4.5万家。全省109家劳动人事仲裁院配备专职仲裁员565人,兼职仲裁员1243人。建筑面积60平方米以上,配备监控、投影、质证等设备的规范化仲裁庭122个,调解室179个。

【法律援助工作】 全省各级仲裁机构均设立法律援助工作站,为12193名农民工等符合条件的案件当事人提供法律援助,涉及经济标的3.29亿元。

【劳动人事争议调解仲裁信息系统】 启动浙江调解仲裁网络服务平台建设,探索异地视频调解、网上庭审,完成网络平台系统开发并进入测试阶段。

【案件处理政策】 3月,省劳动人事争议仲裁委员会(以下简称省仲裁委)发布《2016年度全省劳动人事争议十大典型案例》(浙劳人仲

〔2017〕1 号)。6 月,省仲裁委印发关于《劳动人事争议调解仲裁公民代理的若干意见》(浙劳人仲〔2017〕3 号)。7 月,省仲裁委印发《浙江省劳动人事争议仲裁员宣誓规定》(浙劳人仲〔2017〕3 号)。9 月,省仲裁委印发《关于实行劳动人事争议仲裁案件跨区域预受理的意见》(浙劳人仲〔2017〕6 号)。12 月,省仲裁委印发《浙江省劳动人事争议仲裁终局裁决适用规定》(浙劳人仲〔2017〕9 号)。

【仲裁制度宣传】 8 月,全省各级仲裁机构以县为单位举行宣誓,各地 1200 余名专、兼职仲裁员进行集中宣誓。11 月,省人力社保厅、省仲裁委专题举办活动纪念我国劳动仲裁制度恢复 30 周年,表扬了 48 位从事仲裁工作连续 15 年或累计 20 年的在岗仲裁员、十大办案能手、十大调解高手、优秀仲裁庭审和优秀仲裁文书,并举行演讲比赛。

(潘　琦)

政策法规

【"最多跑一次改革"】 全省人社部门以群众和企业最现实、最紧迫、办事量最大的事项为切入点,在规范办事标准、精简申请材料、推动数据共享、提升改革层次、推进"互联网 +"等方面重点突破,有力推进了人社业务就简、就近、就快办理,增强了群众和企业的获得感。总结推广的申请材料"三个不提交"、办事标准"八统一"在 2017 年的全国法治人社工作座谈会、全国"互联网 + 人社"推进会、全国人力资源社会保障工作会议、省政府打破信息孤岛实现数据共享专题会等会议上作经验交流发言,得到人社部和省委省政府主要领导的肯定,荣获 2017 年度全省"最多跑一次"改革先进集体。制定《全省系统"最多跑一次"事项指导目录》及"八统一"梳理表,全省系统 58 项主项、255 项子项,厅本级 33 项主项、88 项子项;印发全省系统"最多跑一次"《指导目录》事项办事表单共 149 份(申请表单 43 份、结果表单 78 份、申请和结果合成表单 28 份),进一步提升了办事标准化水平。经过三轮精简,厅本级事项申请材料,减少 26%;22 项子项可以全程网上办理,实现"跑零次";着手修改或废止不适应"最多跑一次"要求的规范性文件 4 件。11 个市局平均精简材料 23%;缩短办理时限 27%。积极打破处室间、层级间、部门间信息孤岛,加快推进数据共享,建成 16 个省集中系统,向省数据管理中心归集 2 亿多条数据。

【立法调研】 全力推进《浙江省工伤保险条例》《浙江省企业工资支付管理办法》(修订)、《浙江省女职工劳动保护办法》(修订)立法工作。三件法规规章均已经审议通过,其中,《浙江省企业工资支付管理办法》(修订)、《浙江省女职工劳动保护办法》(修订)、《浙江省工伤保险条例》分别于 2017 年 5 月 1 日、2017 年 6 月 1 日、2018 年 1 月 1 日起施行。

【行政争议和行政复议诉讼】 共处理行政复议案件 30 件;参加省法制办受理的行政复议案件 6 件,复议机关均依法维持了我厅的具体行政行为;参加行政应诉案件 28 件,我厅均胜诉。举办全省系统行政执法专业法律知识培训班,两期共 240 余人参加。

【规范性文件管理】 做好行政规范性文件的合法性审查、登记备案、发布审核以及异议审查答复工作。对 38 件厅行政规范性文件、6 件省政府代拟稿进行合法性审查,对 6 件规范性文件进行异议审查答复,并对设区市的行政规范性文件进行登记备案。开展行政规范性文件集中清理,清理出继续有效行政规范性文件 1156 件,废止失效 31 件,制定印发《关于公布继续有效行政规范性文件目录的通知》(浙人社发〔2017〕127号)、《关于公布部分废止失效行政规范性文件目录的通知》(浙人社发〔2017〕131号),并在门户网站和省政府网站公布。荣获2017年度全省优秀合法性审查意见书。

【法制宣传和普法活动】 贯彻落实"七五"普法规划,印发实施《2017年全省人力资源和社会保障宣传工作要点》,全面落实法治宣传教育责任清单制度。印发《关于实施全省公务员"学法用法三年轮训行动"计划的通知》,全省公务员"学法用法三年轮训行动"项目荣获2017年全省法治宣传教育优秀项目。荣获2017年度重点单位法治宣传教育责任清单制度第三方评价结果先进单位。荣获2017年度浙江省法治政府建设(依法行政)先进单位。

(潘　剑)

规划财务和综合计划

【综合统计】 5月,省人力资源和社会保障厅编制完成2016年度浙江省人力资源和社会保障事业发展统计公报。5月,省人力资源和社会保障厅制定印发《厅统计数据管理暂行办法》(浙人社发〔2017〕64号)。

【计划管理】 1月,省人力资源和社会保障厅制定2017年全省人力资源和社会保障事业发展计划。3月,省人力资源和社会保障厅下发《关于通报2016年全省人力资源社会保障工作目标任务完成情况和下达2017年目标任务的通知》(浙人社发〔2017〕36号),向各市分解下达2017年全省人力资源社会保障工作目标任务。

【财务管理】 3月,省财政厅、省人力资源和社会保障厅下发《关于下达2017年人力社保和就业专项资金的通知》(浙财社〔2017〕22号),明确各地市2017年人力社保和就业专项资金分配。3月,根据《财政部 人力资源社会保障部 国家卫生计生委关于编报2016年社会保险基金决算的通知》(财社〔2016〕143号)规定的程序和要求,省财政厅、省人力资源和社会保障厅、省卫生计生委联合编制了2016年浙江省社会保险基金决算草案。12月,根据《财政部 人力资源社会保障部 国家卫生计生委关于编报2018年社会保险基金预算的通知》(财社〔2017〕168号)规定的程序和要求,省财政厅、省人力资源和社会保障厅、省卫生计生委联合编制了2018年浙江省社会保险基金预算。

(石孟华)

12333电话咨询服务

【概况】 2017年,省本级12333专线来电总数30万个,其中提供专业咨询服务28.7万个,综合接通率95.7%。分拣处理省统一政务咨询投诉举报平台人力社保(包括省长信箱、部门信箱、省政务服务网和厅网站)网上来信8600件。

【电话咨询服务平台建设】 2月,省人力社保厅办公室省信访局办公室联合转发《人力资源社会保障部办公厅关于开展12333全国统一咨询日活动的通知》(浙人社办函〔2017〕1号)。3月与信访部门共同组织开展以"话说居民养老保险"为主题的"12333全国统一咨询日"活动,现场服务群众3万余人次,发放宣传资料6万余份。浙江12333微信公众号推出"城乡居民基本养老保险知识有奖问答",线上参与5万余人次。同月,杭州市、宁波市、台州市12333咨询服务中心被人社部办公厅确定为全国12333电话咨询服务示范单位。6月,承接省统一政务咨询投诉举报平台人力社保来信处理工作。同月,参加首届全国人社信息化创新应用展,展示12333工作成果。12月,宁波市12333咨询服务中心被人社部授予全国人力资源社会保障系统先进集体。全年指导各地积极协助信访部门,继续推进12333热线与12345等政务热线整合衔接。全省地市12333热线除宁波市本级外,其他全部并入12345等政务服务热线。

(吴海兵)

信息化建设

【信息化建设规划】 协助做好六月全国"互联网+人社"推进座谈会各项工作,起草部省合作框架协议。根据人社部《关于印发"互联网+人社"2020行动计划的通知》(人社部发〔2016〕105号)文件精神,印发了《关于深入推进"互联网+浙江人社"行动的实施意见》(浙人社发〔2017〕67号),明确我省"互联网+人社"的建设思路。启动了浙江省人社厅信息化建设规划编制,科学规划我省人力社保系统信息化发展方向。

【数据省级集中建设】 明确数据省集中工作目标和主要任务,建立工作调度制度,明确各方工作任务和职责,要求各地认真做好每月常规调度,及时发现问题、解决问题,确保数据省集中工作全省推进。分批分次赴全省开展了数据省集中全面调研工作,摸清需集中数据库底数,做好硬件支撑平台搭建,支撑全省人力社保数据集中存储和计算处理。建设全省数据省集中专网,确保数据传输网络畅通。推进数据向上归集,实现核心业务数据省集中,目前全省已有310个人社信息系统的82T数据完成了省集中。

【异地就医联网系统建设】 完成了省级"一卡通"异地就医平台升级改造、标准规范发布和全省技术培训,推进了全省56个统筹区和214家异地定点医院异地就医系统的升级改造和接入,6月20日前全部接入部跨省异地就医平台,提前三个月完成跨省异地就医系统改造任务。协助人社部参加了中宣部、国家发改委等部门牵头组织的"砥砺奋进的五年"大型成就展。根据厅里统一部署,对跨省异地就医直接结算重点是城乡居民纳入异地就医结算情况,进行了督查。

【社会保障卡建设】 2017年新增持卡人数291万人,完成全年发卡任务数的145%,持卡人数已占我省常住人口数的94%。启动第三代社会保障卡发行和应用筹备工作,研究学习第三代社会保障卡相关技术规范和建设要求,先后赴山西省、四川省和湖北省学习第三代社会保障卡试点经验。加强浙江省基础信息库(省级持卡库)建设。升级完善了卡鉴权服务接口,为全省异地就医持卡人员提供卡鉴权和备案检测服务。推进省市间单位基础信息实时共享,累计完成交易1.65亿次。推进浙江省社会保障卡管理系统建设,完成系统开发和正式上线,与16家合作银行完成接口对接。截至年底,宁波、温州、湖州、金华和衢州5个市卡管系统完成向省卡管系统的迁移工作。全省社保卡在人社领域的应用已达100项,实现了退休人员养老金、失业人员失业金发放,灵活就业人员社会保险费征缴,医疗保险报销,工伤和生育保险金支付等各项金融应用。根据《关于印发社会保障卡读写终端接口规范的通知》(人社信息函〔2016〕38号)文件要求,对全省所有社会保障卡读写终端动态库进行升级,全面支持全国各地社会保障卡在我省的应用和卡内密码服务。

【电子政务信息系统建设】 按照浙江政务服务网要求,深化阳光政务建设,升级改造阳光政务系统权力目录库、网上办事平台、一体化经办平台和电子监察平台，实现办件数据实时上传，阳光政务系统和政务服务网深度融合，使厅阳光政务办事大厅与政务服务网网上办理的事项保持一致、无缝对接，形成以事项为核心的业务应用一体化系统。完善阳光政务综合监测分析平台功能，实现“最多跑一次”事项相关业务办理全流程实时监察、动态预警和成效检验，确保权力运行的规范化、公开化、程序化、可控化，为业务决策提供支持。做好“最多跑一次”事项“八统一”规范性梳理，建设统一数据共享交换平台，完成电子档案归档、快递送达接口的开发，为全省各级各类系统提供统一共享接口。推进电子印章平台建设，应用于全省专技人员资格考试查询、全省社保参保证明打印、省级医保个人权益单打印和全省机关事业参保证明打印等。

【打破信息孤岛实现数据共享工作】 2017年着力打破内部处室之间、系统层级之间、横向部门之间的信息孤岛，完成了涉及“最多跑一次”前100项高频事项数据串的共享需求、数源等确认工作和省本级所有事项共享清单确认工作，制定并完善人社数据仓建设方案，初步形成人社内部共享数据仓。充分利用省公共资源数据库，通过与省公共数据共享平台的对接，推进跨部门数据的共享利用。积极参与省政府数据归集，新增归集数据超过2.1亿余条。推进数据共享联调工作，完成了省级部门高频事项的人社省本级50项子项的单点登录、数据内外部共享、页面改造、反馈悬浮窗、办事进度查询等数据共享联调相关工作，受到了省政府办公厅表扬。

【其他重点业务系统建设】 继续建设和完善全民参保登记、机关事业养老保险、社会保障“一卡通”异地就医、人社电子档案管理、劳动保障监察、劳动人事争议仲裁、人事考试、省直事业单位人事管理、专业技术人员继续教育、高层次人才项目管理、全省统一12333短信平台等多个省集中系统，支撑了各项人力资源和社会保障业务的有序开展。

（王　津）

宣传　培训　教育

【宣传工作重点】 3月，省人力资源和社会保障厅办公室印发《2017年全省人力资源和社会保障宣传工作要点》（浙人社办发〔2017〕19号），并进一步明确2017年人力资源社会保障宣传工作任务清单。

3月至4月，《浙江人力资源社会保障》编辑部约请22个市、县（市、区）人力资源社会保障部门主要领导，以“把握新方位　践行新使命　为打造全面小康标杆省贡献人社力量”为主题，畅谈本地区年度工作的新思路、新目标、新举措。

5月至10月，围绕“开好党代会、迎接十九大”，在全系统组织开展人社成就宣传，11个市在浙报等7家主流媒体刊发成就宣传稿件823篇。其中，《人民日报》7月20日整版报道了《浙江省第一位外籍劳模在中国企业的24年“洋劳模”老西》的故事；《浙江日报》8月24日头版头条“贯彻党代会迎接十九大”专栏报道了《我省社保工作再上台阶》；《中国劳动保障报》9月5日重磅推出“砥砺奋进的五年——浙江篇”报道。

围绕省委省政府“最多跑一次”改革部署，结合“阳光政务”“最多跑一次”“互联网+人社”，组织开展系列专题宣传，浙江日报、浙江卫视等9家媒体刊发我厅“最多跑一次”稿件20余篇。

围绕省委人才工作会议，策划开展人才工作造势宣传，录制播出了20集省突贡专家、优秀博士后电视节目,组织媒体记者深入嘉善、余姚、新昌宣传我省人才环境,浙江日报整版报道了嘉善人才工作,浙江卫视、经视播出了20篇人才工作新闻。

全年围绕人力社保中心工作组织全系统开展"政策法规宣传年"系列宣传活动,突出就业创业、社会保障、人才人事、劳动关系处等"四大主题",策划开展"全省人才工作会议""奇思妙想浙江行""最美人社人""最美公务员""高技能人才培育行动"等系列专题宣传。

深入挖掘系统先进典型,成功推出爱岗敬业、忠诚为民基层人社系统好干部——舟山市嵊泗县人力社保局洋山分局干部倪芳芬同志的先进事迹。新华社、中央电视台、光明日报、中国组织人事报、浙江日报、浙江卫视等中央、省级媒体纷纷来浙江采访报道。2018年1月25日,省委书记车俊专门做出批示:倪芳芬同志,群众亲切称她为"阿芬"。她作为一名基层的人社部门的干部,十几年如一日,始终心里装着群众,努力让办事群众办事最多跑一次,认真履职尽责,办好每一件小事,让群众满意,实属不易。值得我们每一个党员干部学习。

积极协调中央和我省主流新闻媒体采访,全年举办新闻发布会、通气会8场,媒体恳谈会3场,就社会公众关注的热点问题和有关政策进行解读。及时主动发布新闻通稿,人民日报、浙江日报、浙江卫视、浙江发布等9家主流媒体共刊登我省系统稿件1176篇,其中厅本级391篇;全省系统在人社部《中国组织人事报》《中国劳动保障报》刊登稿件505篇;我省2017年宣传工作得到了人社部的充分肯定,部办公厅《关于2017年〈中国组织人事报〉和〈中国人才〉杂志宣传工作情况的通报》(人社〔2017〕214号)、《关于2017年〈中国劳动保障报〉新闻宣传工作情况的通报》(人社〔2017〕212号),我厅考核位居各省市前列被通报表扬。在2017年全国人力资源和社会保障宣传工作座谈会上,刘国富副厅长作了《健全机制、提升能力、突出实战,推动舆情工作与人社工作良性互动》的经验发言。

【宣传工作队伍和平台建设】 3月,在安吉举办全省人力资源和社会保障宣传工作座谈会。

5月,面向系统60名核心网评员在省网信办实训基地举办了网评员培训。

8月至10月,在全厅组织开展了一场人社舆情形势专题讲座和四场实战练兵活动,共有2628人次跟帖参与论战,15337人次围观论战,营造了重视舆情和"当战士不当绅士"的工作氛围。

牵头对厅网站资源进行整合,制定《省人力社保厅网站资源整合工作方案》,将厅15家网站整合为4个一级网站、11个二级网页组成的网站集群。目前,厅门户网站已完成改版并迁移至省政府云平台,其他子网页上线有序推进。

完成杂志改版,开设"人社讲堂""最多跑一次"等新栏目,在厅门户网站实现杂志电子阅读。完成"浙江人社"平台功能改造,建立"浙江人社"宣传矩阵,11个市本级入驻"今日头条",全系统有91个单位开通了"头条号"。"浙江人社"全年发布信息1297条,平均每条阅读量达3万人次。据中国新媒体大数据共享平台监测,"浙江人社"WCI指数(影响力)在全国省级人社系统政务微信公众号中排名第二位,在我省36个已开通政务微信的省级部门中排名第六位。

【网络舆情应对处置】 加强舆情日常监测、交办和处置力度,强化系统联动。围绕党的十九大、互联网大会等重大活动,制定工作方案,落实24小时舆情值班和零报告制度,期间没有发生重大舆情和次生舆情。及时妥善处理了职业培训暗访、公务员考录网站瘫痪、舟山军转干部上访、浙大教授"你妈是你妈"等重大舆情事件,全年处理舆情700件。

【人才培训活动】 加强本土高层次人才和本土人才国际化培养,举办省级现代服务业高级研修班25期,培训学员1577人;举办各类现代服务业高端人才培养出国培训班3期,培训高端人才69名;举办国内培训班2期,培训学员217人。组织中国国际化人才外语考试(BFT)2次,实考人数268名。协助厅人事处举办全省人力资源社会保障系统窗口工作"最多跑一次"改革培训班1期,培训学员117人。提升事业单位工作人员素质能力,举办事业单位负责人培训班,历时16天。与华为技术有限公司合作,共同举办"2017华为浙江ICT人才联盟双选会",邀请了40家华为生态企业和10几家相关本科高职院校。现场提供就业岗位近300个,收到简历261份,最终与企业达成初步意向的毕业生约100人。举办特色培训班,提高本土人才专业化。举办BIM引领建筑大数据与建筑工业化高级研修班199人;产业互联网发展高级研修班23人;经济形势分析高级研修班61人;新形势下企业战略人力资源管理高级研修班13人;企业家领导力与智慧修养高级研修班47人。

7月,省劳动干校协同厅人事处完成厅科级干部能力提升培训班,共计培训45人。10月,与温州市洞头区人力社保局合作举办一期海洋农业电子商务职业经理人培训班,共计培训42人。

(孙　凌　韩凯军　马友发)

科学研究

【课题立项和结题评审】 2月,省人力资源和社会保障厅办公室印发《关于开展2017年浙江省人力资源和社会保障科研项目申报工作的通知》(浙人社办发〔2017〕12号),组织开展科研项目申报、立项工作,共收到课题申报材料500余份。6月,省人力资源和社会保障厅印发《关于公布2017年浙江省人力资源和社会保障科学研究课题立项名单的通知》(浙人社发〔2017〕69号),共确定立项课题126个。7—12月,组织专家评审,完成2016年度立项人力社保科研课题的结题工作。

【人力资源和社会保障科学研究】 重点开展了人才、就业创业、社会保障、收入分配、劳动关系以及"互联网+"等方面的课题研究,主要形成了以下一些研究成果和报告:一是牵头做好袁家军省长主持的《关于加快"三农"发展全面转型的工作体系和配套政策研究》课题中相关子课题研究工作,形成了《我省农村社会保障和农民工就业提升报告》。二是会同厅工资福利处完成《进一步促进城乡居民收入持续合理增长对策研究》课题研究,该课题报告得到了熊建平副省长的批示肯定。三是牵头完成了部就业司《中国特色积极就业政策创新理论研究》课题任务中要求我厅完成的相关课题报告。四是围绕"更稳定的工作""更可靠的社会保障"和"更满意的收入"到省内外开展调研,形成了《如何实现"更可靠的社会保障"》报告。五是做好厅主要领导重点调研课题《"互联网+人社"工作运行机制研究》相关工作,形成了初稿。六是受厅委托,具体承担了全省劳动关系和谐指数的测评工作,并同时完成了《浙江省最低工资标准调整评估报告》的研究工作。七是完成了《浙江省人力资源服务模式创新——"互联网+人力资源服务业"的发展方向及模式》和《新常态下劳动关系和谐指数评价机制完善》等合作课题的研究工作。

此外,还定期选取有关人才新政、公务员分类改革、技能人才培养、职称制度改革、劳动力供求关系、社会保障等资讯和研究院相关科研成果,编辑《人力社保参考》,呈送厅领导决策参考。

【志书编纂】 积极做好《浙江通志》"人力资源卷"和"社会保障卷"两卷志书编纂工作。两卷志书基本完成初稿,人力资源卷已进入初稿修改阶段。完成《浙江人力资源和社会保障年鉴2017》的出版发行工作。

(洪 韬)

学会工作

【理论研究与学术交流】 5月,组织召开"互联网+人社"学术研讨会,邀请浙江大学、省委党校有关专家围绕"互联网+人社"主题做专题辅导,厅相关处室单位、各市人力社保局、各地人力社保学会等共70余人参加研讨会。

(洪 韬)

对口支援和结对帮扶

【对口支援西藏自治区】 10月,会同省国资委在拉萨和那曲联合举办就业援藏招聘会,参加企业123家,提供岗位2070个,进场人数1890余人,初步达成就业意向635人,发放岗位信息手册3000余份。

【浙江青海劳务合作】 7月,与青海省人社厅签订《对口支援海西州人力资源社会保障工作协议书》,并于10月份进行对接会谈,就电商创业援青等合作项目达成了初步意向。

【省内结对帮扶】 10月,举办2017年青田县仁庄镇"最美侨乡"培训班1期,共52名仁庄籍华商及镇干部参训。

【就业扶贫工作】 3月,与辽宁、吉林两省签订《东北等困难地区劳务协作框架协议》。9月,组织宁波、温州、金华和衢州等地赴辽宁、吉林开展劳务协作对接。

4月,在四川省宜宾市屏山县和乐山市峨边彝族自治县举办2017"浙江—四川"就业扶贫劳务协作专场招聘会,参加企业122家,提供就业岗位13000多个,进场人数14350余人次,初步达成就业意向4112人,其中建档立卡贫困人员1096人。

5月,与宁夏回族自治区人力社保厅签订《专题会议纪要》,确定两省人力社保领域开展合作的重点工作任务。

6月,组织"2017屏山县电商和物流精英培训"和首期"桐庐—榕江"电子商务培训班,四川省屏山县和黔东南州榕江县政府相关部门负责人、核心骨干,各企业、乡镇电商创业青年等共计72人参加培训。

2017年,组织举办余缺调剂系列招聘会13场,参加企业2587家,提供岗位9.5万个,进场人数21万余人,达成就业意向4.8万人。

(王维东 刘真真)

各市工作情况

各市工作情况

杭 州 市

【城乡就业】 深化落实“杭州就业创业新政27条”,出台《关于进一步明确市区就业创业政策一体化相关问题的通知》(杭人社发〔2017〕329号)、《关于贯彻〈浙江省失业保险支持参保职工提升职业技能实施办法〉的意见》(杭人社发〔2017〕275号),更新《市区享受灵活就业补助和社保补贴的岗位(工种)目录》,完善杭州市4.0版就业创业政策体系。修订《杭州市就业创业指数评价体系(试行)》,优化就业创业工作综合考评办法,引导各区、县(市)支持创业、提高就业质量。出台《杭州市成长型大学生创业企业投资引导基金管理办法(试行)》,优化大学生创业服务。出台《杭州市新引进应届高学历毕业生生活补贴发放实施办法》,吸引高学历毕业生来杭就业创业。发布《2016年度杭州市接收高校毕业生就业情况报告》。

鼓励引导全民创业带动就业,成立省内首家“杭州市创业陪跑扶持基金会”,实施农村电子商务就业创业认定和政策扶持,新增发放创业担保贷款2.49亿元,新增认定小微创业园6家。转型升级网尚空间,搭建以“人才+资本”为特色的“互联网”创业平台。建设创业陪跑空间,打造杭州大众创业生态联盟基地。举办第五届中国杭州大学生创业大赛、大学生网络创业大赛,举行杭州众创大会,搭建创业赛会平台,促进投融资对接。杭州参赛项目《青团社》获“奇思妙想浙江行”创业大赛总决赛冠军。深入实施杭州大学生杰出人才培育计划,新增跨境电商创业实训项目,全市创业实训大学生4.89万人。全年资助大学生创业项目250个、1267万元;资助留学人员在杭创新创业项目54个、1160万元;全市新增大学生创业企业1561家、带动就业7412人。

全市城镇新增就业29.71万人,接收高校毕业生7.93万人,失业人员再就业11.04万人,失业保险参保净增41.85万人,年末城镇登记失业率1.7%。全市就业技能培训1.43万人,创业培训1.11万人,进城务工农村劳动者培训3.23万人。发放2409家企业稳岗补贴4.03亿元,惠及职工52.76万人。

【社会保险参保情况】 全市职工基本养老保险、基本医疗保险、工伤保险、生育保险、失业保险参保人数分别达583.45万人、897.53万人、462.44万人、390.73万人、416.01万人,比上年末分别新增参保50.94万人、56.9万人、34.03万人、41.4万人、41.85万人,全市基本养老、医疗保险参保率巩固在95%、98%以上。

【社会保险政策】 修订《杭州市基本医疗保障办法》(杭政〔2017〕64号)、《杭州市基本医疗保障办法市区实施细则》(杭政办〔2017〕6号),出台《杭州市区基本养老保险统筹管理若干问题的意见》(杭人社发〔2017〕288号)《关于萧山余杭富阳三区与主城区工伤保险一体化工作有关问题的通知》(杭人社发〔2017〕323号),萧山余杭富阳三区就业社保纳入市本级统筹。稳妥实施机关事业养老保险制度改革,全市规范机关事业单位基本实现参保全覆盖。

全市126.2万企业退休人员月人均增加基本养老金153元,调整后主城区企业退休人员基本养老金平均水平为2927.25元/月。调整提高机关企事业单位退休人员和城乡居民养老金,完善被征地农民基本生活保障与职工基本养老保险的转保衔接政策。实现参保人员跨省异地住院医疗费直接结算,医保个人账户实行家庭共济。建立健全慢性病病种管理制度,高血压等16种疾病纳入慢性病门诊管理范围,规范慢性病长期处方管理,一次处方医保用药量由最多4周延长至最多12周。实施特殊药品大病保险,全年报销特殊药品大病保险2452人次4698.09万元。实施医疗救助,市本级救助医疗困难人员114万人次,困难基金支付2.35亿元。落实社保领域减负惠企供给侧改革要求,减征企业医保1个月,实施生育保险费率、失业保险费率临时性下调,全年为企业减负36.38亿元。

【社会保险经办管理】 推进跨省异地就医住院直接结算工作,杭州市医保接入全国联网系统,省外5429家定点医疗机构、715个统筹区实现跨省异地就医,保障全市900余万参保人员异地就医结算需求。推进全民参保登记,建立社会保险基础数据库动态管理机制,参保登记率达到100%"全民"目标。完成基层社保服务综合标准化国家级试点和标准体系建立,建设街道(乡镇)人力社保站样板窗口15个。实施城乡居民养老保险经办机构内部控制专项检查,开展社保基金疑点信息核查,防控社保基金运行风险。推进实施医保总额预算付费制度,开展医保定点医药协议管理,完善医保智能监管平台,加强对医疗服务异常信息的实时监控,开展定点医药机构日常巡查、专项检查和第三方审计,持续规范医保"两定"机构服务行为。

【人才引进与开发】 出台《关于加快推进杭州人才国际化的实施意见》(市委〔2017〕19号)和《杭州市加快发展人力资源服务业实施细则》(杭人社发〔2017〕240号),提出"全球聚才十条"、"开放育才六条"等政策。编制发布《杭州市2017年度"1+6"产业国际化紧缺人才需求目录》。杭州市政府与国家外专局签订合作备忘录,共建全国首个国际人才创业创新园。开展高层次人才分类认定工作,至年末全市认定高层次人才1958人。举办首届杭州人力资源服务品牌展和人力资源服务和产品创新分享会,承办2017中国(浙江)人力资源服务博览会。组织开展新一轮市全球引才"521"计划第二批遴选工作,55人入选。举办"创客天下·2017杭州市海外高层次人才创新创业大赛",遴选引进世界各地创新创业人才项目,达成合作意向45项。举办"2017浙江·杭州国际人才交流与项目合作大会",新增外籍(非华裔)人才创新创业项目洽谈,举行"创新与未来产业"杭州论坛,大会签约项目206个,签约金额29.3亿元。征集470个海外人才和项目需求,组织20余家引才单位分别前往美国、欧洲等地开展海外高层次人才洽谈活动,达成合作意向100余个。人才净流入率和海外人才净流入率均居全国城市榜首。

【专业技术和留学人员管理】 16人入选"国家千人计划",54人入选"省千人计划"。选拔杭州市"131"中青年人才培养计划(2016—2020)第一层次培养人选50名、第二层次培养人选150名、第三层次培养人选505名,入选省"151"人才工程第三层次培养人选34名,选派15人赴美国参加"信息(智慧)经济产业创新与发展"短期培训,结合杭州市重点发展产业领域选聘钱江特聘专家30名。新增省级博士后工作站23家,引进博士后研究人员69人。加强职称管理服务,推进职称改革,制定《杭州市县及以下卫生高级专业技术职务任职资格评价条件(试行)》,对全市纳入岗位管理的事业单位正式在编人员实行评聘结合。拓展“专业技术人员学习新干线”平台服务功能,平台注册单位1.2万余家、学员68万余人,资助市级专业技术人才知识更新工程培训项目35个、资金50万元。评审资助54个留学人员在杭创新创业项目1160万元,4人入选“2017年中国留学人员回国创业启动支持计划”、获资助110万元,1人入选“2017年度高层次留学人才回国资助”、获资助30万元,7个项目入选2017年度省“钱江人才计划”D类项目择优资助、获资助35万元。

【职业能力建设】 实施培育“杭州工匠”行动计划(2016—2020),全年培养高技能人才3.99万人,组织首个“杭州工匠”培训团22人赴德国开展现代制造技术培训项目,17人分别赴德国、英国、美国参加“金蓝领”出国(境)培训。建成省级技能大师工作室4家,新认定市首席技师20名、市技术能手69名、市级技能大师工作室35家、市技师工作站4家。做好高层次人才分类认定工作,70名技能人才被认定为C、D、E类高层次人才。修订《杭州市高技能人才直接认定办法》《杭州市技能人才自主评价办法》,全年评价企业技能人才1.06万人次。组织各类市区级技能竞赛163场、带动岗位练兵38.7万人次。杭州参赛选手蒋应成、王芹分别获第44届世界技能大赛汽车喷漆项目金牌和美发项目优胜奖。推进技工院校试点建立新型学徒制,杭州技师学院获批建设全省首个职业训练院。

【国外智力引进】 实施杭州市“115”引进国(境)外智力计划实施意见(2016—2020),全年引进资助国外智力项目229个,其中高端年薪项目23个。杭州市政府与国家外国专家局签署合作备忘录,杭州列入高端外国专家“一卡通”试点城市。外国人入境就业许可和外国专家来华工作许可整合为外国人来华工作许可,许可服务窗口延伸至各区、县(市),至年末,全市发放外国人工作许可证3900余件。全年引进外籍人才6150名,同比增长10.6%。连续7年入选“外籍人才眼中最具吸引力的中国城市”。

【公务员管理】 全市组织招录公务员949人。创新公务员引才育才,针对偏远地区乡镇设置岗位面向本地生源或本地户籍招考,建立面试基地,在全国“双一流”大学开展选调生招考,开展新录用公务员接访、走访、暗访“三访”集训。出台《杭州市公务员行为守则》,推进公务员职业道德建设工程。县以下机关公务员职务职级制度平稳落地,公安警务序列改革试点稳步推进。围绕G20峰会保障工作圆心,评选市直单位、区(县、市)、基层站所3个层面“十佳公务员”各10人,评选市“最美公务员”105人。开发公务员管理信息系统,实现公务员管理工作网络化。扎实开展公务员培训工作,“干部学习新干线”移动平台上线。举办“公务员知识大讲堂”4期,开展市直公务员任职培训、处级公务员能力建设培训、新录用公务员初任培训、年度考核基本称职及以下、基本素质培训等四类培训,952人参训。

【事业单位人事管理】 招聘引进事业单位工作人员1646人。深化事业单位分类招聘,实施高层次、紧缺专业技术岗位自主招聘和市属事业单位管理类、通用专业技术类岗位统一招聘,组织市属事业单位统一招聘考试2次,全年公开招聘1486人。开展高层次人才引进备案审核,引进高层次人才6人。出台《杭州市进一步完善基层文化事业单位文化专业人才公开招聘工作的指导意见》,推进基层文化单位工作人员招聘工作改革。27人经省厅批准聘为专业技术二级岗位,按照能力、业绩、贡献等评判标准评审甄选专业技术三级岗50人、工勤技能一级岗1人。鼓励和支持科研人员离岗创业创新,办理离岗创业手续4人。

【工资福利】 稳慎推进机关事业单位各项工资改革,法官检察官工资制度改革、公安两个职务序列人民警察试点工资改革、公立医院薪酬制度改革试点顺利完成。继续完善收入分配政策,出台完善绩效工资实施办法,允许事业单位对急需紧缺高层次人才单独制定收入分配政策、科技成果转化受益用于分配等项目不纳入绩效工资总量;加大对部分群体的收入分配倾斜力度,制定办法对儿科、护理、精神卫生等医护人员群体实施收入分配倾斜。

【军队转业干部安置】 接收军转干部738名,其中计划安置568名、自主择业170名,计划安置基本实现当年接收、当年安置、当年培训。实施自主择业军转干部退役金年审调整、医疗保障和培训工作。组织开展培训考试、随军家属专场招聘会等工作,安置随调家属7人、随军家属249人。

【劳动关系】 开展企业关爱职工、职工热爱企业"双爱"活动示范区创建,强化劳动关系工作机制。加强协调劳动关系三方机制建设,开展"工资集体协商集中要约行动",全市签订工资专项集体合同2.22万份,涵盖企业8.28万余家,覆盖职工320万余人。从2017年12月1日起,市区(不含临安区)最低月工资标准调整为2010元,非全日制工作的最低小时工资标准调整为18.4元。发布2017年杭州市劳动力市场工资指导价位和养老护理员工资指导价位。市区全社会平均工资提高到61174元。区、县(市)国有企业负责人薪酬制度改革有序开展。劳动关系和谐指数全省第一,实现七连冠。

【劳动保障监察】 深化劳动保障监察网格化、网络化"两网化"管理,实施"杭州无欠薪"专项治理行动,各级劳动保障监察机构全年共监察检查用人单位17.5万余户(次),立案查处各类劳动保障违法案件7184件向公安机关移送涉嫌拒不支付劳动报酬犯罪案件62件,为2.68万名劳动者追回工资待遇2亿余元。组织实施防范处置企业拖欠工资、清理整顿人力资源市场秩序、用人单位遵守劳动用工和社会保险法律法规情况、以"招聘、介绍工作"为名从事传销活动、快递行业、劳务派遣用工情况等专项检查7次。加快"智慧劳动监察"建设,在市、区、街道(乡镇)三级劳动监察机构上线试运行"智慧劳动监察"信息系统,推动劳动监察信息数据整合和全域联动执法。

【调解仲裁】 推广调解、仲裁、监察"三位一体"一站式基层劳动关系综合协调服务平台模式,建立乡镇(街道)劳动纠纷多元化解平台22家。实施智慧调解工程,初步搭建乡镇(街道)劳动纠纷统一受理、联调联动、信息共享、协调办理的信息化平台。创新企业内部劳动纠纷预防化解机制,以企业调解组织、矛盾化解中心、"双爱"活动、职工之家为平台打造"四位一体"矛盾纠纷化解模式。建立市和区、县(市)两级仲裁委与人民法院的工作联系人制度,裁审衔接机制进一步健全。全市处理劳动人事争议案件10912件,结案率94.87%,其中调解结案7856件,裁决结案3056件,调解结案率72%。

【劳动保障电话咨询】 12333咨询服务整体划转12345市长公开电话。

【信息化建设】 推进"互联网+人社"行动,优化升级智慧就业、智慧监察、社会保险和医疗保险等信息系统,实时共享个人参保证明、养老金领取、医疗费用结算单等6类数据,推广运用电子社保卡、城乡居民医保支付宝续保缴费,实现证历本在医院换发,开展医保移动支付试点,在医保定点医药机构通过扫描二维码代替刷卡操作。搭建“互联网+”双创服务平台,高层次人才创业创新服务实现职称评审、项目申报、人才认定、购房申请、政策咨询等线上完成。全市110个事项在浙江政务服务网实现网上申请,21个事项实现全流程网上办理。

【对口支援和结对帮扶】 建立与黔东南州、恩施州劳务协作工作机制和劳务协作联席会议制度,与恩施州签订《家政服务劳务对接扶贫行动协议》,帮助黔东南贫困劳动力实现转移就业和稳定就业。协助建立对口地区劳务输出联络平台,黔东南州挂牌成立驻杭劳务工作站17个。组织191家企业赴黔东南州、恩施州举办招聘会11场、提供就业岗位2.12万个。

【获省级以上荣誉】

荣誉集体

1. 省委、省政府表扬在全省党的十九大维稳安保工作中作出突出贡献的集体
   杭州市人力社保局
2. 全省人力资源和社会保障系统先进集体
   杭州市人才服务局
   下城区人力社保局
   滨江区人力社保局
   桐庐县人社局
   临安区社会劳动保险办公室
3. 省厅表扬人力社保系统在党的十九大维稳安排工作中作出突出贡献的集体和个人
   杭州市社会保险管理服务局
   杭州市劳动保障监察支队
   上城区劳动保障监察大队
   江干区人力社保局
   拱墅区企业退休人员服务中心
   西湖区人力社保局
   高新区(滨江)人力社保局
   余杭区人力社保局
   富阳区人力社保局
   临安区人力社保局
   桐庐县人力社保局
   杭州经济技术开发区劳动监察大队
4. 2017年度全省人力社保系统信访维稳工作成绩突出单位
   杭州市人力社保局
   上城区人力社保局
   临安区人力社保局
   建德市人力社保局
5. 2017年度全国就业宣传工作先进单位
   杭州市就业管理服务局
6. 2017年度全国社会保险宣传工作先进单位
   杭州市社会保险管理服务局
7. 2017年度浙江省劳动保障监察系统模范集体
   下城区劳动保障监察大队
   江干区劳动保障监察大队
   杭州经济技术开发区劳动保障监察大队
   余杭区劳动保障监察大队
   富阳区劳动保障监察大队
8. 2017年度全省劳动人事争议案件处理工作优秀单位
   上城区劳动人事争议仲裁委员会
   江干区劳动人事争议仲裁委员会
   拱墅区劳动人事争议仲裁委员会
   西湖区劳动人事争议仲裁委员会
   萧山区劳动人事争议仲裁委员会
   余杭区劳动人事争议仲裁委员会
9. 2017年度全省劳动人事争议案件处理工作优秀派出庭
   下城区劳动人事仲裁委员会武林街道派出庭

拱墅区劳动人事仲裁委员会祥符街道派出庭

西湖区劳动人事仲裁委员会转塘街道派出庭

大江东劳动人事仲裁委员会新湾街道派出庭

10. 2016—2017年度省级“青年文明号”

富阳区社会保险管理中心服务大厅

11. 全国乡镇(街道)劳动争议调解综合示范单位称号

西湖区转塘街道劳动争议调解中心

12. 全国12333电话咨询服务示范单位

杭州市人力资源和社会保障局咨询服务中心

荣誉个人

1. 省委、省政府表扬在全省党的十九大维稳安保工作中作出突出贡献的个人

杭州市劳动保障监察支队　徐天飞

杭州市劳动人事争议仲裁院　罗士匡

萧山区人力资源和社会保障局　陈钊娇

淳安县人力社保局　郑志军

2. 省厅表扬人力社保系统在党的十九大维稳安排工作中作出突出贡献的个人

杭州市人力社保局　秦　亮

杭州市医疗保险管理服务局　梁　娟

上城区人力社保局

潘晓雯　刘义莲　王　岩

下城区人力社保局

范哲敏　龚艾青　姜维青

江干区人力社保局

方　芳　唐学基　张彬晨

拱墅区人力社保局

朱海涛　李　梦　郑才岳

西湖区人力社保局　邱少华　孙依莎

高新区(滨江)人力社保局

何　俊　丁永芳　王立峰

萧山区人力社保局

陈钊娇　干国峰　孔繁盛

余杭区人力社保局

张　迪　张宇晓　戚艳梅

富阳区人力社保局

丁中苏　孙申华　舒　清

临安区人力社保局

柳闻霞　郑　斌　张　宇

桐庐县人力社保局

汪　民　虞剑平　刘莉劳

淳安县人力社保局

方玄琴　徐素琴　王鑫马

建德市人力社保局

郑志安　钟浩清　陈卫国

杭州经济技术开发区人力社保局

张　蕾　柏惠瑛　富毅军

西湖风景名胜区人力社保局　方国兴

大江东产业集聚区人力社保局　薛星楼

3. 全省人力资源和社会保障系统先进工作者

杭州市劳动保障监察支队支队长　何梅亮

杭州市人力社保局　余志新

上城区紫阳街道人力社保站　丛维维

江干区九堡街道人力社保站　莫丽娟

下城区人力社保局　吴志财

拱墅区人力社保局　王　婷

西湖区人力社保局　高海军

萧山区劳动人事争议仲裁院　孙利刚

桐庐县人力社保局　周政洪

淳安县人力社保局　徐亚平

建德市人力社保局　方　敏

西湖风景名胜区人力社保局　陆俊良

大江东产业集聚区社会发展局　陈永江

4. 2017年度全国就业宣传工作先进个人

杭州市就业管理服务局　胡雁飞

5. 浙江省劳动保障监察系统办案能手

杭州市劳动保障监察支队　徐春林

西湖区劳动保障监察大队　童卫民

建德市劳动保障监察大队　　许宏德

6. 2017年度全省劳动人事争议案件处理工作优秀个人

杭州市劳动人事争议仲裁委员会　　罗士匡

高新区(滨江)劳动人事仲裁委员会　周锦荣

富阳区劳动人事仲裁委员会　　李晓波

杭州经济技术开发区劳动人事仲裁委员会　　梁宇栋

7. 浙江省巾帼建功标兵

富阳区人力社保局　　张月虹

(骆椿美)

宁波市

【城乡就业】 深入实施就业优先战略和积极就业政策,大力推进高校毕业生、残疾人就业创业,创新搭建“甬优桥”政校企新型合作平台,整合实现一体化多平台在线就业自助服务,全市各级人力资源市场服务企事业单位9.8万家次,同比增长22.68%;发布岗位148.8万个次,同比增长29.92%。全年城镇新增就业18.5万人,失业人员再就业6.9万人,困难人员再就业1.75万人,登记失业率控制在2%以内。坚持创业带动就业,创新举办中国宁波青年大学生创业大赛,全年发放各类创业担保贷款6.31亿元,新增创业实体16.2万家,带动就业83.7万人;全省率先打造“四有”创业服务品牌,创业集市作为全省唯一创业服务类项目入选首届全国创业就业服务主题展,并获评全国优秀项目;市就业局被评为“十二五”全省残疾人工作先进集体。

【社会保险参保情况】 全市基本养老保险参保429.6万人,退休人员105.4万人,工伤保险参保330.9万人,生育保险参保266.2万人,城乡居民医疗保险参保329.4万人,城镇职工医疗保险参保380.8万人。全市户籍人口基本养老、基本医疗保险参保率分别达到94.3%和99.2%,分列全省第一、第三;建筑业工伤保险参保净增25.9万人,增长8.7%。将住建、交通、城管、水利四大行业建设项目基本纳入工伤保险范围,全市工伤保险待遇享受人数为2.6万人,基金支出7.5亿元。

【社会保险经办管理】 出台《工伤康复管理办法》《工伤保险定点服务机构协议管理办法》,大力规范工伤认定程序,落实失业保险降费政策,全年减征失业保险费4.1亿元。全面开展基金专项核查检查和第三方审计,梳理排查一、二级内控风险点58个,在47项关键业务中实行电子复核及分级审批,803家定点医疗机构、1743家定点零售药店实行定点服务协议管理,远程智能监管系统实现人脸识别并覆盖908个定点医药机构,全年共查实社保欺诈疑点信息259条,追回养老待遇132万元;发现并查处违规定点医药机构266家,追回各类违规费用1422万元。

认真做好被征地农民转保、“老农保”专项清理和区划调整政策统筹与业务移交指导等相关工作,4.4万名被征地农民转入基本养老保险,如期完成13.6万名“老农保”专项清理工作;182万原新农合人员纳入城乡居民医保,167.5万参保人员免费享受健康体检。

【人才引进与开发】 全年组织举办第十九届浙洽会、第十九届“高洽会”、“深圳·宁波周”人才合作交流交流活动、“浙江·台湾合作周”宁波专场人才合作项目、甬港合作论坛等多项活动。其中,浙洽会引才活动共邀请来自美、德、日、俄及东欧等19个国家45个专家组织和国际人才中介机构、美日澳等国海外留学人员团体、中国杭州国际人力资源产业园入驻人才中介企业的92位代表参会,整场活动共推出人才技术供给项目633个,与我省400余家企事业单位达成意向371项。高洽会邀请872家省内重点企事业单位参会,推出岗位4750余个,需求各类人才1.1万余名,吸引130所全国各地高校,1.2万余名高层次人才进场洽谈,达成意向3600余人次。

优化"明日菁英"服务平台,全年累计举办各类人才招聘近400场次,近5万名大学生来甬工作。创新举办重大引才活动,组织1600余家次单位赴30个城市66所高校招聘6600余人。全年新增各类人才18万人(总量达219.6万人),其中高技能人才4.2万人,高级职称以上人才6500人,海外工程师203人。

【专业技术和留学人员管理】 开展服务"三重企业"和千名专家服务基层活动,深入中科院材料所、兵科院宁波分院、诺丁汉大学、激智科技、江丰电子等单位帮助解决人才实际困难70余项;成功创建国家级专技人员继续教育基地,实现上海海事大学宁波研究生院落户,全年新建博士后工作站21家、进站博士84人。全年新增国家百千万人才3人、国家"外专千人计划"专家2人,新增省151人才43人、市领军和拔尖人才516人,国家"外专千人计划"达13人。

【职业能力建设】 深入实施"技能宁波"三年行动计划,全国率先发布技能人才发展蓝皮书,制定出台职业技能培训补贴和竞赛管理两个办法,启动宁波市公共实训中心及技师学校迁建工程的前期工作和全市首批企业新型学徒制试点,在全国计划单列市中率先承办"技能中国行——走进宁波"活动,全年完成各类劳动者职业技能培训19.57万人次,高技能人才培训3万人次,新增技能大师工作室10家,世界技能大赛国家集训基地实现"零"的突破。

【国外智力引进】 在副省级城市中率先与国家外专局签署引智合作框架协议,深化推进意大利CSMT中心以及与芬兰、乌克兰合作项目,完善"一县一品牌"特色引智平台,新增海外人才工作站2家,引进"海外工程师"1486人;深化外国人来华工作许可"两证合一"改革,颁发全省第一张、全国第二张外国人工作许可证,办证数量领跑全省。中星中东欧新材料研究院和中东欧国家引智工作站落户揭牌,实现人才项目引进、民营体制运行、军民融合发展和专家利益保障等多项突破。目前,在甬工作的外国人达到3200余人(本科及以上学历的占86%,博士192人,硕士768人,本科1792人),在甬外国留学生超过3600人。

【公务员管理】 广泛开展"最美公务员"选树活动,97人获评全市"最美公务员",15人获评全省"最美公务员"。升级市直机关公务员双对考核系统。全省率先实行新录用公务员"以师带徒"培养制度,组织公务员"学法用法"三年轮训等各类脱产培训35期、3919人次。规范公务员考录工作,新录用公务员615名。

【事业单位人事管理】 制定出台全市医疗卫生机构专业技术岗位结构比例调整政策,开展重点工程基层一线高层次人才岗位聘任工作调研,落实事前报备、委托面试、人员调动(流动)公示制度,我市事业单位人事管理做法在全国事业单位人事管理工作会议上交流。强化人才开发理念,组织开展事业单位人事管理调研,研究制定激发事业单位活力的政策措施。规范事业单位公开招聘工作,严格执行违纪违规行为处理规定,加强区县(市)监督指导,探索建立公开招聘应聘人员诚信档案库。

【工资福利】 根据省委巡视要求和市委、市政府决策部署,会同市财政局做好全市规范津贴补贴和目标考核奖工作,全面实现区县(市)津补贴发放“三统一”,目标考核奖达到规范要求,市直机关公务员待遇进一步提高。完成法官、检察官薪酬制度改革,稳慎推进公立医院薪酬制度改革。

【军队转业干部安置】 全年安置军转干部468名,其中计划安置435名,自主择业33名。计划安置的435名军转干部中,师职干部11名,团职干部135名,营以下和技术干部289名。

【劳动关系】 发挥市构建和谐劳动关系领导小组作用,突出抓好劳动关系协调,深入开展“双爱”主题宣传和“双爱双示范”评选活动,企业劳动合同签订率达98%,已建工会企业集体合同签订率达到95%,劳动关系和谐指数列全省第二位。

【劳动保障监察】 加强劳动保障监察执法和劳资纠纷调处,完成国务院和省政府两级重点督办案件办理,扎实推进“宁波无欠薪”行动,开展拖欠农民工工资问题、建筑施工企业劳动用工等专项检查,处理各类欠薪案件4007件,追回拖欠工资2.95亿元、处置劳动人事争议案件2.91万件,结案率、调解率分别达到92%、70%以上。

【调解仲裁】 全年各级劳动人事争议仲裁委员会及基层调解组织共受理劳动人事争议案件28037件(其中人事争议24件),涉及劳动者人数39676人。各级仲裁机构立案受理案件10885件(含人事争议24件),涉及劳动者18128人,结案率为92.5%,调解率为74.2%,涉案金额4.18亿元。调解组织调解案件17152件,涉及劳动者21548人,调解结案率为99.7%,涉案金额为2.99亿元。

【劳动保障电话咨询】 全市来电总量232万人次,比去年同期下降7.5%,电话接通率89.1%,咨询电话评价满意率达98.8%。市中心来电总量达126万人次,比去年同期下降13.3%,电话接通率87.2%,咨询电话评价满意率达98.8%。受理网上咨询、微社区等8000余件,社保卡自助语音挂失14371余件。截至目前,12333微信平台已对外发布人力社保热点咨询98条,专题问答47篇,向社会公众群发人力社保相关政策资讯240条,直接送达人数累计超过860万人次。

【对口支援和结对帮扶】 3月,在黔西南召开州县两级人社部门东西部劳务协作座谈会,会上宁海县与晴隆县现场签署就业劳务协作协议,全市7家人力资源服务机构与兴义市、晴隆县、普安县就业部门达成劳务合作意向,宁波多家知名企业与黔西南州院校建立校企合作关系。

【获省级以上荣誉[含所属县(市、区)]】

荣誉集体

1. 全国人力资源和社会保障系统先进集体
   市人力资源和社会保障“12333”电话咨询服务中心
   浙江省重才爱才先进单位
   市人才服务中心
2. “十二五”浙江省残疾人工作先进集体
   市就业管理服务局
3. 浙江省人力资源和社会保障系统先进集体
   海曙区劳动人事争议仲裁院
   镇海区大学生创业服务中心
   鄞州区人力资源和社会保障局
   余姚市社会保险事业管理处
   象山县社会保险管理中心
4. 浙江省人力社保系统党的十九大维稳安保工作突出贡献集体

海曙区人力资源和社会保障局
江北区人力资源和社会保障局
镇海区人力资源和社会保障局
鄞州区人力资源和社会保障局
余姚市人力资源和社会保障局
宁海县人力资源和社会保障局
象山县人力资源和社会保障局

5. 2017年全国清理整顿人力资源市场秩序专项行动取得突出成绩单位

海曙区劳动保障监察大队
北仑区劳动保障监察大队

6. 2017年度全省劳动人事争议案件处理工作优秀单位

北仑区劳动人事争议仲裁院
鄞州区劳动人事争议仲裁院
慈溪市劳动人事争议仲裁委员会
宁海县劳动人事争议仲裁委员会

荣誉个人

1. 浙江省人力资源和社会保障系统先进工作者

宁波市社会保险管理局　俞亚东
江北区就业管理服务处　乐纹芹
镇海区劳动保障监察大队　余　波
北仑区人力资源和社会保障局　吴敏慧
鄞州区就业管理中心　王　斌
奉化区人力资源和社会保障局　范亚娟
余姚市城镇职工医疗保险管理中心　张春燕
宁海县人力资源和社会保障局　华　东
象山县劳动人事争议仲裁院院长　张　晓
宁波国家高新技术产业开发区人力资源和社会保障局　蒋晨莉
宁波东钱湖旅游度假区人力资源和社会保障服务中心　张健民

2. 浙江省人力社保系统党的十九大维稳安保工作突出贡献个人

海曙区劳动保障监察大队　张鹏程
海曙区劳动人事争议仲裁院　皇甫薇薇
海曙区社会劳动保险管理所　赵志刚
海曙区集士港镇劳动保障监察中队　周章波
海曙区望春街道劳动保障监察中队　楼剑虹
余姚市人力资源和社会保障局　俞永民
余姚市人力资源和社会保障局　蒋学范
余姚市人力资源和社会保障局　郑百权
余姚市人社局劳动保障监察大队　赵建华
宁海县人力资源和社会保障局　俞昌标
宁海县人力资源和社会保障局　詹晓东
宁海县人力资源和社会保障局　胡　娟
宁海县人力资源和社会保障局　顾秀珏
象山县人力资源和社会保障局　胡嘻嘻
高新区人力资源和社会保障局　王甬军
杭州湾人力资源和社会保障局　张百郎
杭州湾人力资源和社会保障局　苗心忠

（叶文锦）

温州市

【就业创业】 市人力资源和社会保障局联合市财政局、市金融办、市人行温州支行联合印发《温州市创业担保贷款实施办法(试行)》(温银发〔2017〕72号),进一步放宽贷款条件。联合市财政局印发《温州市区引导和鼓励高校毕业生到基层工作实施细则》(温人社发〔2017〕252号),明确了高校毕业生就业创业补贴申报对象、申报条件、补贴标准及期限、申报材料和申报程序。

举办以“创业创新　转型发展”为主题的2017温州创博会、奇思妙想浙江行”创业大赛温州选拔赛、2017温州十大创业创新领军人物、十大创业孵化示范基地(企业)、创业创新高峰论坛等系列活动。温州全市设立了3.73亿元的创业担保基金,发放创业担保贷款568笔,共计1.78亿元,带动8000余人实现就业。发放高校毕业生就业补贴360万元。发放公益性岗位补贴1739.99万元、就业困难人员社保补贴826.73万元、小微企业新招高校毕业生社保补贴5.35万元、岗位补贴1766.99万元。发放稳岗补贴1.45亿元,惠及企业10841家。发放技能提升补贴6.6万元,补贴人数35人。

全市新增城镇就业人数132933人,城镇失业人员实现再就业19846人,其中困难人员实现再就业7000人,全市失业保险参保1144576人,净增15577人,城镇登记失业率1.83%。

【社会保险参保情况】 全市企业职工基本养老保险参保人数272.22万人,比上年增加26.57万人;机关事业单位基本养老保险参保人数30万人,比上年增加0.08万人;城乡居民基本养老保险参保人数208.23万人,比上年增加1.94万人;职工基本医疗保险参保人数179万人,比上年增加10.95万人;城乡居民基本医疗保障参保人数596.03万人,比上年减少0.53万人;失业保险参保人数114.46万人,比上年增加1.56万人;工伤保险参保人数250.35万人,比上年增加6.57万人;生育保险参保人数112.39万人,比上年增加7.89万人;被征地农民基本生活保障参保人数40.11万人,比上年增加0.61万人。是年,全市户籍法定人员基本养老保险参保率达到85.39%,基本医疗保险参保率达到98.73%。

【社会保险政策】 市人力社保局、市财政局联合印发《关于调整城乡居民基本养老保险基础养老金标准的通知》(温人社发〔2017〕126号)。市人力社保局、市地税局联合印发《温州市企业人才集合年金试行办法》(温人社发〔2017〕286号)。市人力社保局印发《关于转发浙江省人力资源和社会保障厅关于贯彻落实社会保险扶贫工作意见有关问题的通知》(温人社发〔2017〕265号)。

市人力社保局、市财政局联合印发《转发浙江省人力资源和社会保障厅 浙江省财政厅关于2017年调整退休人员基本养老金的通知》(温人社发〔2017〕152号),调整市区255132名企业退休人员基本养老金,人均增加153.51元/月,本次基本养老金调整后,市区企业退休人员(含退职人员)基本养老金月平均水平为2657.73元。调整机关事业单位23783名退休人员基本养老金,人均增加277.90元/月,调整后为6642.65元/月。

【社会保险经办管理】 11月,市编办下发《关于同意整合市级社保经办机构等有关事项的批复》(温市编〔2017〕69号),温州市社会保险管理中心更名为温州市社会保险管理服务中心,温州市医疗保险管理中心成建制划入。中心核定编制70名,其中领导职数4名。落实"最多跑一次"改革要求,全面梳理所有服务事项,社保医保窗口办理事项共65项,其中"最多跑一次"事项64项,占总办事事项的98.5%;办事材料由338件精简至152件,精简材料达到55.03%。推进跨省异地就医住院费用直接结算,截至12月,省外异地就医住院医疗费用已成功刷卡结算970笔,支付医保基金1507万元;省外来温就医结算成功108笔,发生医疗费用185万元。推进机关事业单位养老保险制度改革,累计完成3795家应纳入省机关保系统单位的采集、征缴、支付、调整待遇和基金清算等工作。机关事业养老保险业务经办系统累计纳入参保人员282600名,其中在职人员203662人,退休人员72780人。开展年度社会养老保障待遇人员领取资格认证工作,市本级退休(供养)人员领取资格认证率达99.5%以上。

市人力资源和社会保障局印发《市级干部保健对象参加温州市区基本医疗保险工作方案》(温人社办发〔2017〕3号);联合市财政局印发《关于做好市区参加职工基本医疗保险企事业退休人员体检服务工作的通知》(温人社

发〔2017〕210号)。原市医疗保险管理中心印发《关于严格执行〈温州市基本医疗保险用药管理办法〉用药量的通知》(温医险中心〔2017〕2号),参保人员门诊就医用药,急性病不超过3日量,普通门诊不超过7日量,特殊病种和需长期服药并经市人力资源和社会保障行政部门批准的慢性病、老年病,处方量可放宽至1个月。

创新打造瓯海、瑞安、龙湾等社保·银行合作网点,累计经办社保业务13148笔,未参保对象节约时间约2.2万小时,少跑约8.5万公里。深化“红色旋风”医保专项巡查,抽调精干力量组建7支巡查队伍,全年巡查定点医药机构668家,暂停或取消医保协议21家,移交公安机关3人,追回医保基金526.51万元。

【人才引进与开发】 全市举办各类人才招聘会388场,参会单位1.33万家,提供岗位20.73万个;全年组团赴海内外人才集聚城市举办温州专场招聘会28场,达成人才引进意向1342人。

首次举办中国温州“千企百校”人才合作对接会,达成合作意向515项,签约项目100个。首创举办“智汇温州·再创辉煌”全球精英赛,共有243个海外项目参赛,12个获奖项目在温州路演决赛,截至目前,4个获奖项目已在落地注册办理中。举办2017中国温州民营企业高层次人才交流大会,达成人才引进和项目合作意向160多个,现场集中签约76个,其中签订正式合作协议30个。组织开展全市重点产业紧缺人才和岗位调查,形成《2017温州市重点产业紧缺人才需求目录》并向社会发布,涉及电气、泵阀等18个产业156个岗位。

【专业技术和留学人员管理】 全市入选百千万人才工程国家级人选2人、省151人才工程第三层次培养人选19人,评选民营企业高层次人才享受市政府特殊津贴11人。继续实施省市系列人才培养工程,对141名入选2016年度551人才工程的培养人员进行科研项目资助,重点资助高层次人才创新技术项目14个;选派28名551人才到国内外高校、科研院所进修,聘请23名国内外知名专家担任551人才导师。开展各类“扶工扶农”活动31次,受益群众6000余人,累计投入人才专项经费836.8万元。选择5家中小学校开展中初级资格自主评聘改革试点。印发《温州市县及以下卫生高级专业技术职务任职资格评价条件(试行)》(温人社发〔2017〕179号),科学设置县及以下卫生高级资格评价标准。印发《温州市专业技术人员继续教育学时管理实施细则(试行)》(温人社发〔2017〕264号),完善全市继续教育工作管理体系。全年累计晋升高级资格1963人,评定地方特色行业专业技术人才411人,通过考试取得各类专业技术资格9262人。

【职业能力建设】 联合市财政局印发《关于公布2017年温州市区职业培训补助项目和标准的通知》(温人社发〔2017〕127号),重点扶持支柱产业和紧缺工种技能人才培训。

新建市级高技能人才公共实训基地3家、市级技能大师工作室20家。荣获浙江省“万人计划”高技能领军人才2名,享受温州市政府特殊津贴资格6名,评选市级工业和服务业“名师名家”98名。组织8期共320名高技能人才赴南开大学、华中科技大学、上海东华大学等知名院校进行提升培训学习,选送7名高技能人才参加省厅组织的赴美国、德国、意大利等国为期3周的“金蓝领”培训。全年举办涉及电力、交通运输等19个行业的技能竞赛项目39个,近2000选手参加比赛,带动全市3万多人“岗位大练兵”,产生了113名市级技术能手。

全市高技能人才培养22615人,进城务工农民培训51382人,农村劳动力转移培训8544人,大学生创业培训3175人,全年参加职业技能鉴定 85569 人,实施技能人才自主评价的企业 1389 家。

【国外智力引进】 全市入选“国千”6 人、“省千”18 人,市“580 海外精英引进计划”27 人;申报引进国(境)外专家智力项目 142 个,入选国家级引智项目 5 个,入选省级项目 21 个、市级重点 55 项,资助经费 358.3 万元;获中国政府友谊奖 1 人。

【公务员管理】 全市共录用公务员 666 名,其中四级联考 609 名,选调生村官 50 名,紧缺职位招考 7 名,市本级 13 家机关全市公开选调公务员 17 名。启动实施“公务员学法用法三年轮训行动”计划,全年全市完成培训 12803 人。全年组织公务员各类培训 5.77 万人次,其中市本级有 92 人参加任职培训班、381 人参加初任培训、2523 人参加学法用法轮训、3125 人参加知识更新培训。全面推行公务员平时考核,实现全市公务员单位全覆盖。我市 11 人获评浙江省“最美公务员”。

【事业单位人事管理】 全市公开招聘并录取聘用 4255 人,其中博士 4 人、硕士 182 人、本科 3036 人、专科 1028 人、中专 5 人。市本级 743 人,其中博士 2 人,硕士 67 人,本科 490 人,专科 184 人。

市本级全年共核准认定(含重新核准)78 家事业单位的岗位设置,及时为 5926 人调整岗位,完成 104 家市属事业单位的聘期考核和新一轮竞聘上岗,经报省厅批准 4 人聘为专业技术二级岗位。完成 319 家市属事业单位年度考核工作。制订出台《温州市鼓励事业单位科研人员离岗创业创新有关人事管理实施细则》(温人社发〔2017〕87 号)。制订出台《关于加强医疗卫生机构专业技术岗位结构比例调控管理的通知》(温人社发〔2017〕167 号),调整医疗卫生机构专业技术岗位中高级结构比例。是年,全市首次举办事业单位新进人员培训班,市直事业单位 280 名新招录人员参加培训学习。

【工资福利】 出台《温州市人民政府办公室关于转发市人力社保局等部门温州市公立医院薪酬制度改革试点工作实施意见的通知》(温政办〔2017〕56 号)。联合市财政局、市卫计委印发《关于市级公立医院绩效工资总量核定试行办法的通知》(温人社发〔2017〕150 号)、《关于温州市市级公立医院院长年薪制管理试行办法的通知》(温人社发〔2017〕151 号)。联合市财政局印发《关于调整完善部分生产经营类事业单位工资收入分配政策的通知》(温人社发〔2017〕244 号)。

完成全市 894 名员额制法官检察官工资套改工作。调整完善市直机关事业单位考核奖金。落实人均 4800 元儿科医生岗位补贴,护士上浮两个薪级工资和工作满 30 年儿科医生按 100% 原基本工资计发退休待遇。调整落实了地质勘探、地理测绘、体育、船员等特殊行业事业单位工作人员基本工资标准。完善市委党校创收激励机制和中心血站超工作量补贴政策。调整提高精减职工、计划外长期临时工和遗属生活困难等补助标准。

全年纳入机关事业统发单位 202 家,其中机关单位(含参公事业单位)133 家,统发人员 16192 人,其中机关单位(含参公事业单位)7562 人,实际发放工资 11.53 亿元,其中机关 6.6 亿元,新增 1101 人,其中机关单位(含参公事业单位)381 人。全年代扣个人所得税 1654 万元,住房公积金 2.27 亿元。全年完成考核合格晋升机关级别档次工资 2093 人次,晋升薪级工资 8056 人次,审核统发工资变动办理手续 15000 人次,统发数据变动 32000 人次。全年办理市管干部退休 99 人,发放退休证 3000 本;审核机关事业单位一次性退休补贴 191 人,审批退休劳模荣誉津贴 13 人次，机关工作人员一次性抚恤金 79 人次，审核发放市直机关特殊生活困难补助 3 人；审核优秀公务员健康休养 196 人次，工龄更改（重建）审批 41 人次。事业单位不占职数管理八级职员任职资格培训 1524 人，评审聘任市直机关技师职务 14 人。发放政调企退休人员慰问金 617 人。

【军队转业干部安置】 浙江省下达温州市当年军队转业干部安置任务 192 名，随调家属安置任务 6 名。实际接收军转干部 192 名，实际报到 188 名；随调家属实际接收 3 名，实际报到 3 名。军转安置计划中，各级机关（含参照单位）安置人数 156 名，事业单位安置 13 名，自主择业安置 19 名。

【劳动关系】 调整全市最低工资标准，市区最低月工资标准达到 2010 元。开展创建"双爱"活动综合试验区工作，确定温州康奈集团等 20 家企业为温州市"双爱"活动示范企业，瓯海经济开发区等 4 个园区为温州市"双爱"活动示范区。全市企业劳动合同签订率达到 98.03%，已建工会企业集体合同签订率达到 100%，农民工和小微企业劳动合同签订率巩固在 92% 以上。全市已取得行政许可劳务派遣企业 144 家，涉及劳务派遣人员 3.51 万人，取得行政许可劳务派遣企业的劳务派遣人员劳动合同签订率达到 100%，社会保险参保率达到 100%。

【劳动保障监察】 全市出台《关于全面治理拖欠农民工工资问题的实施意见》（温政办〔2017〕104 号），进一步健全源头防控、动态监管和失信惩戒相结合的制度保障体系。市人力社保局印发《温州市劳动保障诚信示范企业红名单管理办法》（温人社发〔2017〕160 号），以近 100 条的具体激励政策宣扬守信，引导和带动更多的用人单位自觉规范用工，评选产生了全市首批 50 家诚信示范红名单企业。全年全市累计受理各类劳资纠纷举报投诉案件 7570 起，办结 7443 起，为 2.63 万名劳动者追偿工资 3.28 亿元，人数和金额同比分别下降 20.76% 和 33.55%，其中处置欠薪群体性案件 488 起，涉及人数 12708 人、金额 1.83 亿元，同比分别下降 34.67%、50.49% 和 50.34%；处置欠薪突发性事件 54 起，涉及人数 1553 人、金额 3585.25 万元，同比分别下降 29.87%、61.75% 和 58.42%；处置企业欠薪逃匿案件 51 起，同比持平，涉及人数 546 人，同比下降 46.89%，涉及金额 720.34 万元，同比上升 7.23%。因涉嫌拒不支付劳动报酬罪，向公安机关移送案件 92 件，涉及人数 1718 人、金额 2473.1 万元，其中公安机关立案 44 件、法院判决 23 件，被告入刑 27 人。

【调解仲裁】 全市共处理劳动人事争议案件 5847 件，涉及劳动者 6377 人，其中十人以上集体争议案件 17 件，涉及劳动者 390 人；已办结 5408 件，结案率 92.49%，涉案金额 14200.72 万元；调解结案 3967 件，调解率 73.35%；一裁终局 640 件，一裁终局率 44.41%。启动要素式办案模式改革，有效缩短办案周期，提高裁决质量。

【信息化建设】 社会保障·市民卡累计发放 795 万张，开通人社部《社会保障卡应用目录》102 项中的 95 项应用目录，实现了旅游惠民、77 城公共交通互联互通等应用。上线了市民掌上服务大厅—温州市民卡 APP，集全市政务、人力社保、市民卡、公共服务等 50 多项服务内容。印发了《温州市"互联网 + 人社"2020 行动计划》，全力打造"互联网 + 人社"惠民工程，率全国之先启用人力社保 24 小时自助服务厅，内设自主研发的人力社保全功能自助服务一体机

3台,集市民卡业务办理、社保业务查询,医保账户家庭共济、异地就医申请,参保证明打印,退休体验预约等应用功能为一体,为参保人提供了“一站式”全天候自助服务。

【获省级以上荣誉】

荣誉集体

1. 浙江省示范文明单位
温州市人力资源和社会保障局
2. 浙江省人力资源和社会保障系统先进集体
温州市社会保险管理中心
温州市劳动人事争议仲裁院
3. 全省劳动人事争议案件处理工作优秀单位
温州市劳动人事争议仲裁委员会
温州市洞头区劳动人事争议仲裁委员会
4. 第二届“全国敬老文明号”
温州市社会保险管理中心
5. 2016—2017年度省级青年文明号
温州市医疗保险管理中心

荣誉个人

1. 浙江省人力资源和社会保障系统先进个人
温州市人力资源和社会保障局　徐顺聪
温州市人力资源和社会保障局　潘锦灿
温州市人力资源和社会保障局　潘剑龙
2. 全省劳动人事争议案件处理工作优秀个人
温州市劳动人事争议仲裁委员会　刘颖颖
温州市劳动人事争议仲裁委员会　柳景珏
温州市劳动人事争议仲裁委员会　叶青青
3. 全省劳动人事争议案件处理工作优秀派出庭
温州市瓯海区劳动人事争议仲裁委员会高教园区派出庭
4. 全省劳动人事争议基层调解优秀单位
温州市鹿城区劳动人事争议仲裁委员会仰义街道办事处
温州市龙湾区蒲州街道劳动人事争议调解委员会
温州和合拉链有限公司调解委员会
德力西电气有限公司劳动人事争议调解委员会(乐清市)
瑞安市滨海新城劳动人事争议调解中心
5. 全省劳动人事争议基层调解优秀个人
温州市劳动人事争议人民调解委员会　谢丽君
温州市劳动人事争议人民调解委员会　胡皖瓯
温州市鹿城区丰门街道劳动监察中队　黄云胜
温州市瓯海区劳动人事争议调解委员会　胡海华
乐清市劳动争议人民调解委员会　周杜建
泰顺县劳动人事争议人民调解委员会　胡荣岭
6. 全省党的十九大维稳安保工作中作出突出贡献的个人
温州市人力资源和社会保障局　林振宽
温州市人力资源和社会保障局　王新铭
温州市人力资源和社会保障局　黄亚祺
温州市人力资源和社会保障局　潘雷义
温州市人力资源和社会保障局　余悦虹
7. 全省“最美公务员”
温州市社会保险管理服务中心　潘海翔
8. 全省劳动保障监察系统模范集体
温州市鹿城区劳动保障监察大队
温州市龙湾区劳动保障监察大队
苍南县劳动保障监察大队
9. 浙江省劳动保障监察系统办案能手
温州市瓯海区劳动保障监察大队　姚海勇
乐清市劳动保障监察大队　吴朋理
瑞安市劳动保障监察大队　叶　霖
永嘉县劳动保障监察大队　叶焕文

(潘　憭)

湖州市

【城乡就业】 制定下发《湖州市深入推进大学生创业十条扶持政策》(湖政办发〔2017〕28号)、《关于进一步扶持大学生就业创业新十条政策(试行)的通知》(湖政办发〔2017〕108号)、《湖州市区创业担保贷款管理办法(试行)》的通知(湖银发〔2017〕32号),成立全市大学生就业创业工作联系会议,提出“5年聚引30万名大学生和其他各类人才”目标。召开聚引更多大学生来湖就业创业“开门听建议”座谈会,举办全市第四届创业大赛和首届高校在校大学生创业大赛,推选项目获得“奇思妙想浙江行”创业大赛总决赛二等奖。成功创建特色小镇市级就业创业指导站3家,新建市级创业示范园6家(累计24家)、省级4家,集聚初创型企业2769家,带动就业18799人。全市开展创业培训1.02万人,发放创业担保贷款2.19亿元,新增大学生创业4714人。推进农村电商创业,建成或在建农村电商孵化园8家、建成农村电商服务站1300个,覆盖率为37.94%。推进农村电商人才培养,培训农村电商人才14822人,扶持农村电商创业5231人,带动就业26315人。

深入开展全国失业预警试点,全市建立就业失业监测点1451个,覆盖县区5个产业集群。建立技能人才校企合作联盟,组织浙北技能人才校企合作洽谈、贵阳人力资源合作洽谈、春秋季招聘会等活动58场次,推出就业岗位9.64万个,为企业培养输送技能人才8556人,有效保障企业用工和求职者就业。

实施重点人群精细化就业援助,健全就业困难人员实名制服务机制,完善就业困难人员数据库,确保就业困难人员登记率和就业援助信息管理系统录入率达到100%,高质量完成全市6770名残疾人的就业创业情况的信息摸排工作。全市落实就业困难人员灵活就业社保补贴12345人次4314.93万元,企业吸纳就业困难人员社保补贴和公益性岗位补贴1576人次827.6万元;发放城镇职工失业保险金21299人次2650.48万元、农民工一次性生活补助6684人2861.53万元、缴纳领取失业金人员职工医保费543.18万元。

全市城镇新增就业10.6万人,失业人员再就业3.95万人、困难人员实现就业7430人,城镇登记失业率为2.22%。全市城镇零就业家庭始终保持动态归零。

【社会保险参保情况】 全市职工基本养老保险参保人数达到143.84万人、城乡居民基本养老保险参保人数达到53.35万人,城镇职工基本医疗保险参保人数达到124.78万人、城乡居民基本医疗保险参保人数达到143.57万人,失业保险参保人数达到72.31万人,工伤保险参保人数达到83.57万人,生育保险参保人数达到71.64万人。

【社会保险政策】 发布《关于印发湖州市基本医疗保险费用结算管理暂行办法的通知》(湖人社发〔2017〕8号)、《关于贯彻落实慢性病门诊医保政策有关事项的通知》(湖人社发〔2017〕131号)、《关于开展基本医疗保险按病种付费试点工作的通知》(湖人社发〔2017〕133号)、《关于调整我市城乡居民基本养老保险基础养老金标准的通知》(湖人社发〔2017〕106号)、《关于调整城乡居民基本医疗保险筹资标准的通知》(湖人社发〔2017〕128号)。全市企业退休人员月均养老金从2309元提高至2389元,市区被征地农民基本生活保障金、补助金标准调整分别从每月664元和538元提高至每月738元和598元,城乡居民基础养老金从每月135元提高至150元,市区和三县失业保险金标准分别从每月1245元和1148元提高至

1350元和1245元。市区城乡居民基本医疗保险成年人筹资标准1060元/人·年(政府补助每人每年提高至710元/人·年),二级及以下医疗机构政策范围内门诊和住院报销比例分别达50%和75%以上。全市大病保险累计赔付金额8749.1万元,受益人群7071人,最高报销金额达40.49万元。为3136家企业发放失业保险援企稳岗补贴4645.64万元。落实就业促进补贴政策,发放就业困难人员灵活就业社保补贴等6169.94万元。

【社会保险经办管理服务】 制定发布《关于公布2017年度湖州市区个体劳动者等缴纳社会保险费标准的通知》(湖人社发〔2017〕56号)。全市建立基本医疗保险定点医疗机构426家(含社区卫生服务站),定点零售药店596家,开通市内异地就医联网医疗机构167家,省异地就医联网医疗机构17家,跨省异地就医联网医疗机构17家。办理社保转移接续12108人次,累计为91.01万人次提供异地就医刷卡结算,结算医疗费用6.44亿元。

【人才引进与开发】 制定出台《湖州市高校毕业生就业见习管理暂行办法》(湖人社发〔2017〕13号)、《湖州市重点产业急需紧缺人才需求目录制定发布实施暂行办法》(湖人社发〔2017〕43号)、《湖州市高层次人才分类目录》(湖人社发〔2017〕44号)、《关于进一步完善高层次人才服务机制的实施办法》(湖人社发〔2017〕80号)、《关于印发深入贯彻湖州市地校合作行动计划全面推进创业创新促进工程实施方案的通知》(湖人社发〔2017〕138号)。

全市引才总量达2.93万人,其中急需紧缺人才4133人、高层次人才2383人、湖州籍人才2350人。实施"南太湖精英计划",引进领军型创业创新团队和人才211个,入选国家"千人计划"13人、省"千人计划"19人。开展引进人才项目绩效第三方评估,组织对298个"南太湖精英计划"项目进行绩效评估。围绕"5年聚引30万名大学生和其他各类人才",深化"9360"急需紧缺人才引进战略合作联盟,编制重点产业人才需求目录。制定完善高层次人才服务机制实施办法,全面设立人才问题"O2O"处理、"123"人才服务日、高层次人才交流联谊和"人才+"对接合作人才服务四大机制。扩面升级"湖州服务绿卡",制发新卡54张。

【专业技术和留学人员管理】 转发《浙江省151人才工程联席会议办公室关于做好2017年度省151人才工程第三层次培养人员选拔工作的通知》(湖人社发〔2017〕35号)、《浙江省人力资源和社会保障厅关于做好事业单位专业技术职务评聘结合工作的通知》(湖人社发〔2017〕120号),发布《关于印发湖州市县及以下卫生高级专业技术职务任职资格评价条件(试行)的通知》(湖人社发〔2017〕63号)、《关于做好2017年度市1112人才工程学术技术带头人培养人选和后备人选选拔工作的通知》(湖人社发〔2017〕83号)、《关于印发〈湖州市人才发展"十三五"规划〉任务分工方案》的通知(湖人社发〔2017〕95号)、《湖州市企业创新型人才中级专业技术职务评价办法》(湖职改办〔2017〕1号)、《关于做好全市高层次人才中级专业技术资格确认工作的通知》(湖人社函〔2017〕71号)、《湖州市"南太湖精英计划"人才项目退出管理办法(试行)》(湖精英领〔2017〕2号)、《关于印发〈关于进一步完善高层次人才服务机制的实施办法〉的通知》(湖人社发〔2017〕80号)、《关于对湖州市高层次人才"服务绿卡"服务内容进一步扩面升级的通知》(湖人社发〔2017〕126号)。

全年组织2批人才项目评审,累计引进"南太湖精英计划"领军型创业创新团队和人才211个,其中领军型创业团队107个。入选国家“千人计划”13人,列全省第二;入选省“千人计划”人才项目19人。入选浙江省“万人计划”青年创业人才1人,入选省151人才工程第三层次培养人员18人。选拔市1112学术技术带头人培养人选及后备人选172人,完成市1112人才工程年度考核366人、中期考核81人、期满考核116人。新设省级博士后工作站15家,新招收进站博士12人。5个项目获2017年度全省博士后科研项目择优资助,1人被评为2017年度浙江省优秀博士后;做好博士后科研人员生活补助、安家补助等申报发放工作。举办省级专业技术人员高级研修班16期,参加高研班专业技术人员达960余人。围绕重点产业,加快推进工程领域职称改革,积极争取浙江省电池专业高级工程师评审权限试点下放我市。根据全省统一部署,推动实现专技人才在线自主打印职称证书。积极推进留学人员回国创新创业工作,长兴留学生创业园成功创建为浙江省留学人员创业园。组团参加美加日、德英招才引智活动,新聘海外引才大使4位,新建引才工作站3家,健全完善了我市在海外的招才工作网络。入选人社部“海外赤子为国服务行动计划”重点资助项目1项,举办“智汇湖州助力赶超”南太湖精英峰会——“海外赤子为国服务行动计划”人才智力洽谈活动,达成合作意向98项,签约项目22个。

【职业能力建设】 制定发布《关于推进“中国制造2025”开展“百家制造企业”技能人才自主评价和培养工作的通知》(湖人社发〔2017〕98号)、《关于推进“中国制造2025”打造“百家技能大师工作室”工作的通知》(湖人社发〔2017〕99号)、《关于实施“金蓝领万人计划”(2017—2020年)的通知》(湖人社发〔2017〕113号)、《关于公布2017年湖州市技能大师工作室名单的通知》(湖人社发〔2017〕117号)。

新增制造业技能人才自主评价企业100家,新增高技能人才1.8万人,会同市总工会评选产生“南太湖工匠”20人,8人入选“浙江工匠”。新建国家级技能大师工作室1家、省级技能大师工作室2家,市级技能大师工作室14家。推荐湖州工程技师学院(筹)为国家级高技能人才培训基地,安吉高级技工学校建成世界技能大赛国家集训基地,基地选手获“管道与制暖”项目世界技能大赛中国选拔赛第1名、中国国际技能大赛第1名,世界技能大赛优胜奖。《培育“湖州工匠”打造“制造品牌”》创新案例获得2017年第三届全国人才工作创新案例优秀奖。

【国外智力引进】 制定发布《关于整合外国人来华工作许可事项的通知》(湖人社发〔2017〕73号),整合“外国人来华就业证”和“外国专家证”为统一的“外国人来华工作许可”,并实行外国人来华工作分类制度。入选国家级引智项目3项、省级项目11项,4人入选国家外专“千人计划”,6人入选省外专“千人计划”,18人入选省海外工程师,列全省第二。组织2017外国专家组织湖州行活动,邀请了26个外国专家组织的49位代表与来自各县区的120家企业的代表进行洽谈。

【公务员管理】 制定下发《关于2017年实施市直单位公务员“学法用法三年轮训行动计划”的通知》(湖人社发〔2017〕46号),组织全市公务员开展“学法用法三年轮训行动”。切实做好县以下机关职务与职级并行工作,认真开展公务员分类改革摸底统计。全市机关考录公务员501名。组织办理公务员科级非领导职务晋升57人次、公务员调任转任224人次。

【事业单位人事管理】 制定出台《湖州市鼓励支持事业单位科研人员离岗创业创新实施细则(试行)》(湖人社发〔2017〕26号),下发《关于调整医疗卫生机构专业技术岗位结构比例控制标准的通知》(湖人社发〔2017〕52号)、《关于加强农业林业事业单位专业技术岗位结构比例动态调控的通知》(湖人社发〔2017〕124号),进一步完善事业单位专技岗位结构比例动态调控机制,鼓励支持事业单位科研人员离岗创业创新,有序推进卫生、中小学教师职称改革。市属事业单位公开招聘工作人员394人、选聘高层次及紧缺专业人才294人。

【人事考试管理】 全市组织实施各级各类人事考试30场,参考人数达9.44万人次。

【工资福利】 出台《关于印发湖州市开展公立医院薪酬制度改革试点工作实施方案的通知》(湖政办发〔2017〕53号)、《湖州市公立医院绩效工资总量核定办法(试行)》(湖人社发〔2017〕127号),制定下发《关于进一步完善市属事业单位高层次人才绩效工资管理有关问题的通知》(湖人社发〔2017〕112号)。推进公立医院薪酬制度改革试点,制定公立医院绩效工资核定办法、公立医院绩效考核办法和公立医院院长年薪制管理办法。套改并兑现市法院、检察院70名员额内法官、检察官基本工资;核定法检两院工作人员的绩效考核奖金。建立儿科医生岗位补贴,提高儿科医疗服务累计工作满30年的儿科医生退休待遇,上浮医疗卫生事业单位的护士两级薪级工资;提高高校科研和服务地方奖励项目标准。完成市本级230家事业单位绩效工资结算核定工作,指导部分事业单位完善绩效工资分配方案。

【军队转业干部安置】 2017年全市共接收安置军转干部143名,其中计划安置128名,自主择业15名;计划安置军转干部中,副师职干部1名,团职干部33名,营职及以下计划安置的转业干部94名。市本级50名营职及以下的军转干部100%安置在党政机关,基本上做到了部队、用人单位、军转干部本人"三满意"。妥善安置随调家属8名。

【劳动关系】 制定下发《关于调整全市最低工资标准的通知》(湖政发〔2017〕44号),市区和三县最低月工资标准调整至1800元和1660元。推进国有企业负责人薪酬制度改革。发布市区企业298个职业(工种)人力资源市场工资指导价位。有序组织劳动关系和谐指数测评,切实规范劳动关系行政许可。深入推进"双爱"活动示范区创建,完善动态调整机制。评选产生第六批劳动关系和谐企业49家、和谐工业园区1家。规模以上企业"双爱"活动参与率达100%。

【劳动保障监察】 出台《关于深入推进"无欠薪"县(区)建设的实施意见》(湖政办发〔2017〕70号)、《湖州市继续开展拖欠农民工工资问题专项整治行动方案》(湖人社发〔2017〕14号)、《湖州市制造业企业欠薪专项治理方案》(湖人社发〔2017〕109号)、《湖州市劳动保障守信红名单和失信黑名单管理办法(试行)》(湖人社发〔2017〕140号)。

召开全市"无欠薪"县(区)建设工作会议,承办"浙江无欠薪"行动现场会,全面推进"无欠薪湖州"建设。开展农民工工资支付情况、清理整顿人力资源市场秩序暨整顿劳务外包承揽秩序等专项行动,检查用人单位1.76万家,涉及职工49.51万人;处理欠薪案件3721件,立案处置欠薪案件97件,向公安机关移送涉嫌拒不支付劳动报酬案件25件。

【调解仲裁】 出台《关于进一步健全完善乡镇(街道)劳动争议多元化解机制的实施意见》(湖人社发〔2017〕141号),进一步加强基层劳动争议体系建设。

全市建立各类劳动人事争议调解组织共5016家,实现乡镇(街道)及规上企业实现调解组织全覆盖。成功创建市仲裁院、南浔区仲裁院为第二批省级示范庭。推进落实劳动人事争议仲裁调解案件快办机制,积极开展“要素式”审理模式试点,全市仲裁机构立案受理劳动人事争议案件1665件,结案率96.89%、调解撤诉率85.12%。

【12333电话咨询】 承办12345政府热线2107件,满意率达98.54%。

【信息化建设】 出台《湖州市人力社保数据省级集中建设方案》(湖人社发〔2017〕24号)、《湖州市人力资源和社会保障信息系统市级集中实施意见》(湖人社发〔2017〕33号),成立人力社保核心应用系统“市集中”工程建设领导小组,启动“市集中”工程,加快打破信息孤岛,实现信息共享。全市实际累计持卡人数285.45万人,已激活金融功能的社会保障卡持卡人数215.73万人,占75.58%,开通社保卡应用91项。

【获省级以上荣誉】

荣誉集体

1. 全国人力资源和社会保障系统先进集体
   湖州市人力资源和社会保障局
2. 2017年全国清理整顿人力资源市场秩序专项行动取得突出成绩单位
   安吉县劳动保障监察大队
3. 全省人力资源和社会保障系统先进集体
   南浔区人力资源和社会保障局
   吴兴区朝阳街道人力资源和社会保障服务中心
4. 浙江省2016年度劳动保障监察工作目标管理成绩突出单位
   湖州市劳动保障监察支队
   吴兴区八里店镇劳动保障监察中队
5. 党的十九大维稳安保工作作出突出贡献的先进集体
   湖州市人力资源和社会保障局
   吴兴区劳动保障监察大队
   德清县劳动保障监察大队
   长兴县人力资源和社会保障局
   安吉县人力资源和社会保障局
6. 省级巾帼文明岗
   南浔区人力资源和社会保障局阳光办事大厅

荣誉个人

1. 党的十九大维稳安保工作作出突出贡献的先进个人
   湖州市人力资源和社会保障局 李　云(省委省政府颁发)
   湖州市人力资源和社会保障局 黄建章
   湖州市人力资源和社会保障局 孙　丽
   湖州市人力资源和社会保障局 周　健
   湖州市人力资源和社会保障局 李旭辉
   吴兴区人力资源和社会保障局 黄新发
   吴兴区人力资源和社会保障局 杨　帆
   吴兴区人力资源和社会保障局 莫小燕
   湖州市人力资源和社会保障局 李旭辉
   南浔区人力资源和社会保障局 李　梅
   南浔区人力资源和社会保障局 周云飞
   南浔区人力资源和社会保障局 陈中山
   南浔区人力资源和社会保障局 王阿三
   德清县人力资源和社会保障局 沈建伟
   德清县人力资源和社会保障局 丁永琴
   德清县人力资源和社会保障局 费新伟
   德清县人力资源和社会保障局 蔡姚伟
   长兴县人力资源和社会保障局 朱宝成
   长兴县人力资源和社会保障局 赵永华
   长兴县人力资源和社会保障局 周德发

长兴县人力资源和社会保障局　　施云火
安吉县人力资源和社会保障局　　杨奎强
安吉县人力资源和社会保障局　　杜　京
安吉县人力资源和社会保障局　　丁　胜
安吉县人力资源和社会保障局　　章　红
湖州开发区　　俞顺英
太湖度假区　　景振伟

2. 全省人力资源社会保障系统先进工作者

湖州市人力资源和社会保障局　　马运成
吴兴区人力资源和社会保障局　　孙一兵
南浔区人力资源和社会保障局　　王建国
德清县人力资源和社会保障局　　姚水龙
长兴县人力资源和社会保障局　　杨　力
安吉县人力资源和社会保障局　　顾建强

3. 浙江省优秀农村工作指导员

吴兴区人力资源和社会保障局　　杨　帆

4. 中国劳动保障报社优秀通讯员

湖州市人力资源和社会保障局　　蒋柏焰

（郑一栋）

嘉兴市

【城乡就业】　2017年，全市城镇新增就业11.53万人，帮助城镇失业人员再就业5.24万人，就业困难人员再就业1.69万人，失业保险参保净增人数3.37万人，农村电商扶持创业4023人，农村电商带动就业2.08万人，城镇登记失业率2.82%，社会就业率91.52%。

出台《嘉兴市创业基地认定管理办法（试行）》，加快《嘉兴市创业贷款实施办法（试行）》、《嘉兴市本级促进就业创业专项资金管理办法》等政策落实落地。加强创业项目、创业师资、创业导师“三库”建设以及创业平台建设。

2017年，全市共有创业服务机构111家，征集创业项目631个，创业导师178人。我市《工业自动化智能制造专家》项目参加“奇思妙想浙江行”创业大赛总决赛并获三等奖，创历届嘉兴参赛获奖历史之最。积极参与第四批嘉兴市“南湖百杰”优秀人才评选活动，评选出“创业新苗奖”10人。全市共有1791名大学生实现自主创业，带动就业7625人，申请发放创业贷款319笔，贷款金额8485万元。开展农村电商创业平台建设行动、农村电商创业人才培育行动、农村电商精准帮扶行动，目前，共认定嘉兴市创业基地43家，农村电子商务创业孵化园5家，建立县级服务中心11个，建立村级电商服务站511个，村级服务站人数604人，落实补贴资金448.17万元，认定第二批创业小镇7家。全市共发放稳岗补贴资金15925.55万元，享受补贴企业8184家。

全市企业经营状况和用工情况月监测统计样本企业955家，块状监测企业471家；共调查67999家法人企业（不包括个体工商户）的用工情况。与四川省宜宾市人力资源和社会保障局等5个地方签订跨区域人力资源合作协议。组织嘉兴荷美尔食品有限公司等53家企业和嘉兴市职业技术学院等8所学校赴杭州和湖州参加“2017浙江省技能人才校企合作洽谈会”，共提供就业岗位1670个，与省内外技工（职业）院校达成合作意向103项，与市内外企业达成合作意向120项。赴四川省宜宾市、乐山市开展浙川就业扶贫招聘会，为我市和对口支援地区搭建了人才供需的直通桥梁。根据国务院扶贫办的要求，遴选就业扶贫基地7家。

开展公共就业服务专项活动，组织开展“就业援助月”“春风行动”“人力资源合作交流月”“高校毕业生就业服务月和服务周”等公共就业服务专项活动。2017年，全市共举办各类公共招聘活动499场，46278家用人单位累计提供就业岗位953624个，进场求职490792人次，达成就业意向219866个，求人倍率为1.94。走访就业困难人员和零就业家庭444户，帮助就业困难人员实现就业人数644人，保持“零就业家庭”动态消零。帮助就业困难人员享受政策7206人,辖区内招用就业困难人员并享受扶持政策的企业总数856家。共办理台港澳人员就业证148人,台港澳人员就业证延期128人。推荐国家级充分就业社区,根据申报第四批国家级充分就业社区的要求,我市推荐的海盐县武原镇朝阳社区被认定为第四批国家级充分就业社区。

【社会保险参保情况】 2017年,全市参加企业职工基本养老保险人数为223.86万人,比上年末增加13.05万人。其中参保缴费人员155.9万人,中断缴费人员6.69万人,离退休人员61.26万人,分别比上年末增加6.78万人、1.45万人和4.81万人;全市参加城乡居民社会养老保险人数为66.79万人,其中参保缴费人员23.25万人,领取养老金人数43.54万人;全市参加职工基本医疗保险人数为216.52万人,比上年末增加8.01万人,其中在职人员167.24万人,离退休人员49.28万人;全市参加城乡居民基本医疗保险人数为176.56万人,比上年末增加-1.87万人;全市参加失业保险人数122.1万人,比上年末增加3.37万人;全市参加工伤保险人数为175.29万人,比上年末增加5.92万人;全市参加生育保险人数为151.1万人,比上年末增加5.54万人。

【社会保险政策】 扎实推进医保改革“三突破”。户籍人口参保率达到98.8%,取得参保全覆盖新突破;建立城乡一体“1+1”的基本医疗保险制度,落实全市参保范围、统筹层次、资金筹集、保障待遇、经办服务、基金管理、医保监管“七统一”;制定实施市级统筹的大病保险制度。不断深化医保支付方式改革。做好药品目录摸底和医保支付标准工作,全市公立、民营医院自3月1日、定点药店自4月1日起执行药品医保支付价,9月1日起执行国家新版目录标准。完成按“病种”付费改革,在部分县(市)探索开展基层门诊按“人头付费”和“按床日付费”。整体完成机关事业单位养老保险改革。全市8.63万人纳入机关事业单位养老保险系统参保缴费,完成率超过99%,实现人员全覆盖。

推进养老保险双提机制,全年首次新增人数22.57万人,完成全年目标的376%;提升职工基本养老保险待遇水平,月人均增加143.83元。优化养老保险城乡统筹体系,调整被征地居民养老基本生活保障衔接职工基本养老保险缴费和待遇标准,完善被征地居民养老保险政策,在调整增加城乡居民基础养老金的基础上,探索研究建立稳定的“居保调待”体系。开展老农保遗留人员清零工作。全面优化退休审核经办服务模式,加强退休审批日常管理。

“建立长期护理制度”被列为2017年市政府实事工程,在深入考察调研的基础上,制订出台了《嘉兴市长期护理保险暂行办法》和四个配套实施办法,形成了长期护理制度“1+4+X”的政策架构。长期护理保险制度实行“四统一”的运行模式,即政策统一,五县(市、区)统一按照“1+4+X”长护险制度体系施行;城乡统一,将职工医保和城乡居民医保参保人员全部纳入;待遇统一,不分年龄、户籍、医保险种,享受一个待遇标准;系统统一,使用一个信息系统。

【社会保险经办管理】 “最多跑一次”改革成效明显。全面优化服务事项,确定14个大项、56个子项“最多跑一次”,实现全市社保经办服务事项名称、申请材料、办事流程等“八统一”。以减材料、优流程为抓手,实施“三个不提交”“三步精减法”,申报材料减少24%,办事表单减少23%,单笔业务平均办理时间从40分钟减少到15分钟。全面精简服务流程,医保规定病种门诊备案由20个工作日简化为当场办结,转院登记备案有效期从3个月延长至1年，取消异地安置就医地签章程序，4类社保常用证明作为全省试点在浙江政务服务网在线打印和验证。全面扩大服务半径，市社保服务大厅完成“一窗受理”改造，市行政服务中心新设4个社保综合服务窗口，桐乡社保服务窗口整体迁入公共服务中心，全市75个镇（街道）实现社保服务全覆盖，并将窗口延伸至部分村（社区）。海盐、海宁率先实现医保待遇结算全面下放至镇（街道）平台。

两项民生实事项目全面落实。牵头完成“实现全市医保实时结算”，加强与各县（市）和市级责任部门的沟通协调，争取各级卫计部门支持，集中力量做好系统开发和联调测试。至10月底，已全面超额完成目标任务，将市域范围主要生活区域内444家医药机构纳入全市异地医保经办系统，实现参保人员就医购药实时刷卡结算。推进实施“建立并实施长期护理制度”，积极参与制订长期护理保险政策和相关配套制度，完成3家协办服务机构的采购和签约，全市确定定点服务机构106家，组织失能等级评定2071人，其中评定为重度失能人员1761人，首批373人已享受待遇。

全国跨省异地就医结算顺利完成。按照省人社厅统一部署，嘉兴市于6月20日如期完成全市跨省异地安置退休人员数据备案、维护上传和信息系统改造、社保卡应用环境部署等联网准备工作，全市6个统筹区、18家定点医院全部通过省厅测试验收，成功接入国家跨省异地就医结算平台。

【人才引进与开发】 全市引进各类人才4.52万人，其中高层次人才3521人。全市共举办各类现场招聘活动500余场，其中大型、专业型招聘活动100多场，跨地区招聘100多场，提供就业岗位60余万个，嘉兴人事人才网注册会员单位54292家，登记简历58万余份，发布职位信息12万余条，日均点击量维持在10万人次左右。

深入实施“创新嘉兴·精英引领计划”，出台人才新政并制定相关实施细则15条，调整“创新嘉兴·精英引领计划”实施办法，明确集中评审、创业大赛、直接认定和孵化移植等四条人才项目遴选通道。全市新增创业创新人才项目95个，其中集中评审入选58个（创业类人才项目47个，创新长期项目9个，创新短期项目2个）；“红船杯”嘉兴全球创业创新大赛，遴选创业类人才项目30个（一等奖5名、二等奖10名、三等奖15名）；海外孵化创业人才项目7个；累计引进人才项目904个（创业人才项目848个，创新人才项目56个）。在“创新嘉兴·精英引领计划”的带动下，全市新增国家“千人计划”专家54名，累计215名；新增省“千人计划”专家21名，累计157名；在848个创业类人才项目中，已有740个项目完成工商注册，全市已向领军人才拨付各类财政资金9.65亿元。

【专业技术和留学人员管理】 加强专业技术人员管理服务，推进高层次人才队伍建设。出台《关于嘉兴市职称外语和计算机应用能力考试有关问题的通知》（嘉人社〔2017〕39号），明确所有系列中级及以下资格，在评定和聘任时，职称外语和计算机应用能力考核不作要求。年内，推荐3人申报国家百千万人才工程，首次推荐9位高层次创新创业人才参评浙江省“万人计划”青年拔尖人才，推荐王海涛等16位同志申报省151人才工程第三层次，8位同志入选。核准公布各类专业技术资格16488人、执业（职业）资格2778人。举办各类专技人员高研班14期，实施专技人员公需科目和专业科目培训，全年轮训人数12万余人次。出台《嘉兴市人才载体建设支持办法（试行）》，制定了《博士后“两站一基地”建设》、《进站博士后资助》、《在嘉工作博士后补助》操作细则等，新建博士后工作站24家。3人获得省“钱江人才计划”D类项目择优资助。

【职业能力建设】 全市新增高技能人才23500人。入选万人计划”高技能领军人才1名,国家级技能大师工作室1家,省级技能大师工作室2家,认定市技能大师工作室15家,新产生10位“工匠之心”南湖百杰。选拔推荐31名技校教师参加全省学科带头人,13名入选;选拔推荐4名技工院校业务骨干参加“金蓝领”高技能人才国内(外)培训班;组织160多名技工院校专业教师和实习指导教师参加机械、电工电子、建筑等省级教师培训班、技师研修班和教研组教研活动;组织发动全市技工院校教师、学生300多人次参加汽车、会计、英语专业技能等20多项比赛,获得15个一等奖。新增海宁技师学院(筹)城市轨道交通运输与管理专业,指导海盐技工学校成功申报亮点创新工作室。

组织选拔44名选手参加网络布线、移动机器人、时装技术等11个项目比赛,其中网络布线、时装技术项目选手获得全国前三,进入国家集训队;组织完成了29个竞赛项目,全市参加竞赛人员超过万人,产生78名技师和700多名高级工。支持并协助嘉兴技师学院、平湖高级技工学校分别成功申报国家级、省级高技能人才公共实训基地,组织维修电工等10个职业工种的技师培训考核470人,组织完成人力资源管理师等8个统考职业工种的培训和考核3889人。1至12月共开办创业培训班315期,完成创业培训8308人;开办农村电商培训班407期,完成农村电商培训16280人。

【国外智力引进】 全面实施“两证整合”落实专人办理,设置“专门办证窗口”。共办理外国人工作许可通知155件,外国人工作许可证649件,总计804件。出台了《引进“海外工程师”“域外专家”和“引智项目”资助实施办法》,5位外国专家入选省“海外工程师计划”,15位外国专家入选市“海外工程师计划”,新建外国专家工作站3家。推荐项目入选国家级首席项目1项,国家级重点项目2项,省级常规项目2项,获得国家、省资助资金107.9万元,审定了8个项目为2017年度市级“引智项目”,共资助16万元。

【公务员管理】 2017年全市各级机关计划考试录用公务员478名,实际录用470名。全市计划录用选调生村官20名,实际录用20名。完成17名人民警察学员招录工作。组织科级干部培训班、公务员初任培训班、军转干部上岗培训班、公务员学法用法轮训、知识更新培训和专门业务培训等,参与总人数达10000多人次。办理转任审批90名、调任3名,核准科级非领导职务职数和任职资格24人,办理公务员录用审批6次565人、公务员登记2批次672人。在全市机关部门(单位)中全面开展公务员平时考核工作,建立了统一的公务员平时考核平台。

【事业单位人事管理】 优化岗位管理的动态调整机制,按照增编增岗、减编减岗原则,及时调整事业单位专业技术岗位结构比例和最高岗位等级。嘉兴市属共有81家事业单位重新调整(核定)岗位设置方案,受理岗位聘任认定1231人;向省里择优推荐10名专业技术二级岗聘任人选,经省人力社保厅核准聘用4名;因违法犯罪被判处有期徒刑,开除2人。嘉兴市属事业单位通过公开招聘,实际聘用工作人员425人,其中硕士研究生184人,博士研究生4人。2017年嘉兴市属事业单位工作人员应参加年度考核9792人,实际参加考核9485人,未参加考核307人;实际参加考核人员中,确定优秀等次1707人,合格等次7771人,基本合格5人,不合格2人。

【工资福利】 从2016年1月1日起,市中级法院、市检察院和海盐县法院、海盐县检察院列入首批工资制度改革试点单位,其他县(市、区)法院、检察院从2016年12月起实施工资制度改革。从2017年起进行公立医院薪酬制度改革试点,省人力社保厅确定海宁市作为我市唯一列入试点地区,时间为期一年。2017年8月10日,以市"两办"名义印发《市人力社保局、市财政局关于严格执行机关事业单位津补贴和奖励政策的通知》,全面加强对市级机关、事业单位津贴补贴和奖励的管理,提出了"三个严格、三个全面"的要求,即严格执行津补贴和奖励政策,严格执行财政政策,严格规范财务核算行为,全面开展自查自纠,全面规范津贴补贴,全面落实第一责任。

【军队转业干部安置】 2017年,全市共安置1名国企身份的随军家属,共接收安置军转干部164名,随调家属2名,其中安置在各级机关及参公事业单位142名,比例高达94.04%,安置在事业单位8名,另有13名自主择业。

【劳动关系】 深入推进《嘉兴市深入开展"双爱"活动计划(2014—2017年)》,2017年全市规上企业开展"双爱"活动参与率达到100%,已建工会企业集体合同签订率达97.6%。发布2016、2017年全市劳动关系和谐指数测评结果。调整全市最低工资标准,最低月工资标准从1660元调整至1800元,非全日制工作的最低小时工资标准从15.2元调整至16.5元,增长幅度分别为8.4%和8.6%。

【农民工管理服务】 组织全市农民工工作领导小组成员单位参加全国农民工工作暨家庭服务业工作电视电话会议,进一步做好为农民工服务各项工作。落实2017年度农民工工作和家庭服务业促进就业工作,配合省农工办完成关于开展美丽乡村农民工在乡创业就业课题调研的工作任务。支持农民工返乡创业,对依法办理工商登记注册的农民专业合作社、家庭农场、种养大户、建筑业小微作业企业等生产经营主体,可按规定享受小微企业扶持政策。

【劳动保障监察】 全市主动监察用人单位16378家,开展劳动保障书面审查4.6万家,完善企业欠薪治理机制,为0.99万名劳动者追回被拖欠工资和赔偿金0.79亿元。全年共受理举报投诉案件2870件,向公安机关移送涉嫌拒不支付劳动报酬案件20件,立案19件。

【调解仲裁】 2017年全市各级劳动人事仲裁机构全年立案受理案件2549件,涉及劳动者4118人,结案率92.4%,总调撤率达78.1%,结案经济标的12093.9万元。全年基层劳动争议调解机构受理劳动争议5534件,调解率达96.8%。

【信息化建设】 公共事务一体化平台基本建成。大力建设被列为国家信息惠民试点城市和新型智慧城市标杆市重点项目——"公共事务一体化经办平台",系统逐步完成了与五险系统、交换平台、社保市民卡系统及政务云的技术对接,构建了"分段把关、分人负责、相互制衡"的综合柜员制服务模式,在实现社保业务"一窗受理、集成服务"的同时,极大地提高了经办风险防控能力。该平台已在驻市行政服务中心大厅服务窗口、22个镇(街道)服务中心及3个试点村(社区)服务窗口全面上线运行。

"互联网+社保"服务能力不断提升。以"市民之家"App为重要在线服务平台,新增"家庭共济绑定"、"个人档案查询"、"自谋职业参保"等重要便民功能。系统引入社保市民卡服务密码和人脸识别技术保障个人账户安全,让群众实现足不出户即可在线办理医保账户“家庭共济”业务。开发完成自谋职业社保参保登记功能,本地户籍人员可以在手机端实现自谋职业的社保网上参保、终止和查询。推动在线移动医保支付应用,以“市民之家”App为载体的“掌上医院”在新安国际医院全流程上线,市民可以用手机“刷脸”结算医保费用。市民卡“诊间结算”应用日益成熟,市本级、海宁、桐乡全年诊间结算96万笔,有效缓解重复排队问题。

全面推进省社会保障卡管理系统在本地的对接应用,全市社会保障卡持卡人数超过430万人,金融社会保障卡发放数量已达320万张。在全市域建立600多个线下服务网点,包含6个中心大厅,87个由农商银行、农业银行、邮储银行代理的全业务服务网点,509个由其他合作银行代理的公交充值及查询服务网点。

【获省级以上荣誉】

荣誉集体

1. 2017年度中国劳动保障报宣传工作做得好的单位
   嘉兴市人力资源和社会保障局
2. 2017年度《中国退役军人》杂志宣传工作成绩突出单位
   浙江省嘉兴市军转办
3. 全省人力资源和社会保障系统先进集体
   嘉兴市人力资源和社会保障局
   嘉兴市社会保障事务局
   嘉善县就业管理服务处
   平湖市人力资源和社会保障局
4. 党的十九大维稳安保工作作出突出贡献的集体
   嘉兴市人力资源和社会保障局
   嘉兴市社会保障事务局
   秀洲区人力资源和社会保障局
   嘉兴市经济技术开发区人力资源和社会保障局
5. 2017年度全省人力社保系统信访维稳工作成绩突出单位
   嘉兴市人力资源和社会保障局
   秀洲区人力资源和社会保障局
   海盐县人力资源和社会保障局
6. 2017年度全省劳动人事争议案件处理工作优秀单位
   嘉善县劳动人事争议仲裁委员会
   平湖市劳动人事争议仲裁委员会
   海盐县劳动人事争议仲裁委员会
7. 2017年度全省劳动人事争议基层调解优秀单位
   嘉兴秀洲高新技术产业开发区劳动争议调解委员会
   嘉善县西塘镇劳动人事争议调解委员会
   海盐县于城镇人力资源和社会保障所
   海宁市海昌街道劳动人事争议调解委员会
   嘉兴港区乍浦镇劳动人事争议调解委员会
8. 2017年度全省劳动人事争议案件处理工作优秀派出庭
   海宁市联调中心派出庭
   桐乡市劳动人事争议仲裁委员会第一派出庭
9. 2017年全国清理整顿人力资源市场秩序专项行动取得突出成绩单位
   海盐县劳动保障监察大队
10. 2017年度全省劳动保障监察系统模范集体
    秀洲区劳动保障监察大队
    平湖市劳动保障监察大队
    桐乡市劳动保障监察大队
11. 全省第二批劳动人事争议示范仲裁庭
    嘉善县劳动人事争议仲裁院
    海盐县劳动人事争议仲裁院
12. 第四批国家级充分就业社区
    海盐县武原街道朝阳社区

13. 浙江省第四届省公共管理创新案例——嘉兴市社会保障事务局开发运作的嘉兴市个人信用评价体系

荣誉个人

1. 浙江省党的十九大维稳安保工作先进个人(中共浙江省委浙江省人民政府颁发)
   刘　丹
2. 党的十九大维稳安保工作作出突出贡献的个人
   嘉兴市人力资源和社会保障局陈建峰
   赵　昱
   嘉善县人力资源和社会保障局
   万玉明　章智钢　俞斌峰
   平湖市人力资源和社会保障局
   刘　洪　苏　静　沈中华
   海盐县人力资源和社会保障局
   许宏亮　张　琦　潘　辉
   海宁市人力资源和社会保障局
   徐亚峰　马利萍　胡云峰
   桐乡市人力资源和社会保障局
   沈惠松　吴海峰　陈卫健
   南湖区人力资源和社会保障局
   俞　锋　李汉东　蔡红梅
   秀洲区人力资源和社会保障局
   毛宏飞　牛　犇　曹颖霞
   嘉兴市经济技术开发区人力资源和社会保障局　马万里　苏　阳
   嘉兴港区人力资源和社会保障局
   周　蕾　陶海良　郑森明
3. 全省人力资源和社会保障系统先进工作者
   嘉兴市人力资源和社会保障局　陈树庆
   嘉兴市社会保障事务局　俞忠华
   嘉兴市劳动保障监察支队　商克恭
   南湖区人力资源和社会保障局　史林华
   秀洲区劳动保障监察大队　潘志良
   平湖市人力资源和社会保障局　潘　贤
   海盐县劳动人事争议仲裁院　尹永康
   海宁市人力资源和社会保障局　杨雪平
   桐乡市劳动保障监察大队　李　梵
4. 浙江省劳动保障监察系统办案能手
   南湖区劳动保障监察大队　许臻耀
   海宁市劳动保障监察大队　胡云峰
   海盐县劳动保障监察大队　黄玉超
5. 全省“最美公务员”
   海盐县劳动人事争议仲裁院　尹永康
6. 2017 年度全省劳动人事争议案件处理工作优秀个人
   嘉兴市劳动人事争议仲裁委员会　章天丽
   南湖区劳动人事争议仲裁委员会　吴亦萍
   桐乡市劳动人事争议仲裁委员会　周佳英
7. 2017 年度全省劳动人事争议基层调解优秀个人
   嘉兴市秀洲区洪合镇劳动争议调解委员会
   朱伟强
   嘉善县魏塘街道劳动人事争议调解委员会
   王灿明
   海宁市硖石街道劳动人事争议调解委员会
   袁汉平
   海盐县武原街道劳动争议调解委员会
   吴寅根
   桐乡市濮院镇劳动人事争议调解委员会
   蒋跃良

(李　清　吴铭杰)

绍兴市

【城乡就业】　绍兴市新增城镇就业 12.5 万人,5.2 万城镇失业人员实现再就业,其中 1.03 万就业困难人员实现再就业。完成“就业通”自助求职一体机在浙江越秀外国语学院镜湖校区、浙江农业商贸职业学院、绍兴市职教中心、绍兴中专、绍兴职业技术学院、浙江邮电职业技术学院、绍兴文理学院、绍兴文理学院(元培学院)、浙江工业职业技术学院等高职院校和绍兴银泰城的进驻,实现全市高校全覆盖。截至年底,现有注册企业1419家,日均在招职位达3706个;高校毕业生累计注册人数达1837人,发送求职简历次数2999次。7月至12月,市人力社保局、市教育局、市财政局、团市委联合主办第8届绍兴市大学生创业大赛,大赛分高校组和社会组,征集项目250余个,经过初选、展示、初赛和决赛等多环节的比拼,获圆满成功。10月,在浙江农业商贸职业学院举行高校组决赛。12月,在浙江经视举行社会组决赛及颁奖仪式。大赛最终有56个项目团队获奖。其中,"航空发动机燃气轮机叶片的研发与制造"项目以其对我国民用航空事业的突出贡献,获社会组一等奖;绍兴职业技术学院的"绍兴市越城区青创自动化科技中心"和浙江农林大学暨阳学院的"出岫草木染体验馆"两项目获高校组一等奖 。

【社会保险参保情况】 全市基本养老保险参保328.95万人(其中职工养老保险224.9万人,城乡居民养老保险104.05万人);全市基本医疗保险参保461.85万人(其中职工医疗保险179.33万人,城乡居民医疗保险282.52万人);全市工伤保险、生育保险和失业保险参保人数分别达到160.32万人、115.21万人和131.81万人。

【社会保险政策】 1月,全面实施三区统一的职工医保和城乡居民医保制度,实行缴费标准、待遇标准和信息系统的统一。全面实施全市统一的大病保险制度,实现保障对象、筹资机制、待遇标准、信息系统和经办服务的"五统一"。8月,印发《关于全市执行〈国家基本医疗保险、工伤保险和生育保险药品目录(2017年版)〉等有关事项的通知》。11月,印发《绍兴市人力资源和社会保障局等4部门关于进一步完善慢性病门诊医保政策有关事项的通知》。12月,印发《绍兴市人力资源和社会保障局关于加强36种国家医保谈判药品落实工作的通知》。12月,印发《绍兴市人民政府关于建立全市的统一生育保险制度的通知》(绍政发〔2017〕30号)。12月,印发《关于调整城乡居民基本养老保险基础养老金标准的通知》,全市城乡居民基础养老金统一从去年的145元/月提高到160元/月。同时,连续第13年提高退休人员养老金水平,人均月增资131.51元。

【社保经办管理】 6月,印发《市区社会保障事务管理事权划转实施方案》(绍市人社发〔2017〕77号),划转除市级机关事业单位社会保险以外的2大类69项其他社会保险经办及审核职能至越城区,划转工作人员75名。此次事权划转后,社保业务基本实现越城区与柯桥区、上虞区同职、同权、同责。6月,我市跨省异地就医直接结算工作正式上线,按照计划,稳步推进职工医保和城乡居民医保参保人员跨省异地安置退休人员、异地长期居住人员、常驻异地工作人员和异地转诊人员的备案工作。9月,首笔海南参保病人在我市跨省住院成功刷卡结算,这标志着我市作为参保地和就医地真正实现了"双向结算"成功。截至2017年12月底,我市已成功备案7782人次。

全面落实职工医保个人账户家庭共济政策,个人账户历年结余资金可用于支付近亲属无个人账户或个人账户历年结余不足时,在浙江省定点医药机构发生的按规定由个人承担的自理、自负、治疗性自费门诊医疗费用和支付近亲属使用除国家扩大免疫规划以外的预防性免疫疫苗费用。

按照国家关于城市公立医院综合改革试点有相关规定,我市进行了多种形式的医保支付方式改革试点,推进了医保费用总额包干、按床日付费、按人头付费等付费方式改革工作。在市人民医院、市中医院、市妇保院等三家市级公立医院开展试点开展按病种付费方式改革工作，选定105个病种实施按病种付费工作。

【人才引进与开发】 5月，出台《关于实施优秀高校毕业生集聚工程的若干政策意见》，毕业生来绍应聘免费提供食宿及交通补贴；在绍就业最高可获得35万元房票补贴或3.6万元租房补贴。在全市范围内启动“绍兴专列·招才引智高校行”活动，发动用人单位以专业对口、岗位匹配的形式赴合肥、昆明、哈尔滨、重庆、北京、上海等地精准引才。在“积极走出去”同时，“大力请进来”，举办4期“名校学子绍兴行”活动，邀请85名全国高校毕业生免费来绍考察交流。

全年组织全市性外出引才21场，参会单位920家次，提供岗位22247个，达成意向6549人次，其中硕士以上人才1820人次。11月，绍兴市举办第十五届“海内外博士绍兴行”活动，参加活动的海内外博士达到245人，分别来自中、美、英、德等13个国家，另有北美浙大校友会、中美科技创新合作中心、波士顿中美医药协会等留学生组织的9位负责人出席；参会企业多达443家，活动达成合作意向13项，达成初步合作意向93项。全年引进各类人才7万人，其中新增就业大学生3.6万人。

【专业技术与留学人员管理】 5月，出台《绍兴市海外引智百千万工程实施意见》，计划到2019年末，全市引进高端海外工程师200名，实施国外引智项目1000个，聘请使用海外人才智力1万人次。依靠引进的海外人才和智力项目带动企业技术团队发展，提升自有人才素质，拓宽企业国际视野，在工程技术、设计研发、生产管理等多个方面提高企业竞争力。出台《引进国外技术、管理人才项目管理暂行办法》，进一步加强对引进外国专家项目的管理，提升引进外国专家项目工作水平。2017年完成博士后工作站新设站7家，新进站博士后14名。目前我市共有博士后科研工作站63家，其中国家级19家，省级44家，全市在站从事课题研究的博士后达53人。2017年，宝业集团股份有限公司恽燕春荣获2017年度浙江省优秀博士后称号。组织浙江省博士后科研项目择优资助申报工作，共上报12个博士后科研项目，入选8个；完成省“钱江人才计划”C、D类项目择优资助申报工作，入选C类1项，D类2项；推荐151人才工程第三层次培养人选18名，10人入选；累计有288人入选省“151”人才工程，其中获重点资助4人、第一层次名单7人、第二层次名单61人、第三层次名单216人。

【职业能力建设】 2017年，全市开展职业技能鉴定8.01万人，培养高技能人才3.76万人，技能人才直接评价试点企业达到3046家。5月，出台《“技能绍兴”三年行动计划》，通过实施“绍兴工匠”培育工程、校企合作平台提升工程、高技能人才集聚工程三大工程建设一支数量充足、结构合理、技艺精湛、素质优良的高技能人才队伍。截至2017年底，全市拥有技工院校6所，在校学生15177人，在职教职工1499人；2017年招生5951人，毕业生2738人。绍兴技师学院（筹）易地新建步伐继续加快，项目落户协议签订，规划设计报批，招标咨询代理确定。新昌技师学院（筹）正式投入使用，并已启动摘筹程序。投入1900多万（市财政976万，省财政963万）建设市公共实训基地二期，新改扩建现代装备制造技术、工业机器人柔性智造、产业用纺织品性能检测、新能源汽车SSC综合等实训中心（室）。10月，绍兴市选手郑科取得第44届世界技能大赛本届世界技能大赛管道与制暖项目的优胜奖。

【国外智力引进】 2017年执行国家级和省级

引智项目67个,其中,国家级引智项目10个,省级引智项目57个。21人申报国家外专“千人计划”,入选5人,入选人数创新高,为全国地级市之最;23人申报浙江省外专“千人计划”,入选6人;入选“省海外工程师引进计划”6人。引进“海外工程师”158名,13个项目获2017年度绍兴市引进“海外工程师”年薪资助。新设浙江(绍兴)外国专家工作站8家。利用我市驻德国、澳大利亚和日本三家海外联络站,首次组团赴日本、澳大利亚开展外出引才活动,现场引进海外博士1名,达成引进意向7人、合作项目18个。

4月,2017外国专家组织海外高层次人才项目对接洽谈活动在绍举行,邀请47名海外专家组织和人才中介机构代表与我市近170家引智需求企业参会。共有53家企业与专家组织和机构代表达成合作意向97项,已有11个项目落地或取得实质性进展。

6月,绍兴·新昌海外高层次人才智力项目洽谈对接活动在新昌县举行。来自美国、法国、俄罗斯等18个国家、33个组织机构的65名专家,与绍兴市100多家引智企业进行对接交流,有43家企业共69个人才智力项目达成合作意向。

【公务员管理】 通过浙江省各级机关单位考试录用公务员518人(其中,公务员四级联考487名,选调生“村官”30名,人武专干学员1名),24363人缴费确认,考录比为47.03∶1。招考面向部属公安院校毕业生51名。制定下发2017年面试考官库更新补充方案及通知,对全市82名面试考官人选进行面试知识专题培训考核,并纳入公务员面试考官库,全市公务员面试考官库中考官共计1085名。

成立市公务员“学法用法三年轮训行动”计划实施工作领导小组及其办公室,印发《2017年市级机关实施公务员学法用法轮训通知》,明确轮训计划安排和各单位联络员工作职责,建立了分级管理平台,开发绍兴市公务员“学法用法三年轮训行动”在线报名管理系统和在线考试系统。全年在绍兴市委党校(市行政学院)共安排8期轮训,实际参加培训1593名,经测试全部合格。计划利用三年时间,使全市公务员普遍接受一次宪法、行政法、公务员法和职业道德建设系统培训。

【事业单位人事管理】 通过考试公开招聘事业单位工作人员3124人,其中,市本级583人,县(市、区)2143人,镇(乡、街道)398人。4月,出台《绍兴市鼓励支持事业单位科研人员离岗创业创新实施细则》,鼓励事业单位在编在岗科研人员,携带科研项目、成果或技术创业创新。深化绩效工资改革,以市农科院为试点单位进行“绩效工资+X”分配制度改革,在绩效工资的基础上,可将成果转化收入的50%用于科研人员奖励分配。

【工资福利】 完成人社部部署的企业薪酬调查任务,薪酬调查的企业为503家;组织制造业人工成本监测调查,按照部里最新要求,我市有75家企业列入部制造业人工成本监测调查目录。发布全市248个职业(工种)人力资源市场工资指导价位,供用人单位在招工、工资集体协商、人工成本管理和劳动者求职时参考。

8月,在对全市涉及16个行业503家单位2016年度企业薪酬调查的基础上,结合绍兴市经济发展水平及人才、人力资源市场工资水平情况,修订了248个职业(工种)的工资指导数据,供用人单位在招工、进行工资集体协商和人工成本管理及劳动者求职时使用。

【军队专业干部安置】 安置军转干部131名。其中,副师职干部3名,团职干部27名,营职以下干部101名。此外,同时接收自主择业干部

4名,军转干部随调家属14名。131名军转干部,安置在行政岗位90名,安置在参公岗位41名。14名军转干部随调家属,安置在公务员岗位1名、安置在事业岗位7名、安置在国企岗位6名。

【劳动关系】 探索建立"双爱"综合试验区,全年完成6家试验区创建工作。

【劳动监察】 办结各类劳动保障举报投诉案件2201件,为13276名劳动者追回劳动报酬8342亿元;作出行政处罚案件179件。完成4.76万家企业信用评价的书面审查,认定AAAAA级信用企业185家、失信企业16家。

6月,出台全省首个《关于建立健全劳动保障诚信激励和失信惩戒工作机制的意见》,明确了激励和惩戒的对象、情形、措施和期限,以期营造守信用工的和谐劳动氛围;引入"红黑名单"管理制度,实行诚信激励和失信惩戒工作机制。8月,市政府召开全市电视电话会议,专题部署我市"无欠薪"创建工作。9月,领导小组印发《"绍兴无欠薪"行动实施方案的通知》。决定在2017年全市各区、县(市)开展创建。柯桥区、嵊州市作为省级无欠薪示范点在2018年率先完成验收。

【调解仲裁】 各级劳动人事仲裁机构办结劳动人事争议案件4964件,涉及标的2.67亿元,结案率92.41%,调解率71.25%。制定出台《建立健全劳动人事争议人民调解衔接工作机制的指导意见》,进一步发挥人民调解在劳动人事争议调解中的优势和作用。诸暨和嵊州劳动人事争议仲裁院被评为省级示范仲裁庭。

【信息化建设】 市市民卡服务网点由635个增加至644个,398余万人申领社会保障市民卡,发卡部门制卡381万张,实现市区图书借阅、三级综合性医院市民卡诊间结算、市直机关党员缴费,志愿者服务,利用"绍兴市民卡"微信公众号充值等功能应用。12月,市人民医院门诊大厅举行医保移动支付启动仪式,市人力社保局黄奇凡局长、市卫计委袁立江主任参加启动仪式。医保移动支付项目启动后,在绍兴市人民医院就诊的患者,只需在手机上进行实名认证、绑定医保卡,就可以进行医保结算,自费部分可通过支付宝或微信钱包支付,不需要到收费窗口或自助机排队门诊结算。绍兴市将继续深入实施医保移动支付项目,计划在2018年6月份基本实现全市二级以上公立医院医保移动支付上线应用。

【人社业务"全市通办"】 11月,在全省率先实现人社业务"全市通办"。利用互联网技术,采用"收办分离"方式,建立起人力社保服务"四级窗口联动、三级直接审核、两端互通经办、一体化运行"的"全市通办"工作体系,共建立市、县、镇(街道)、村(社区)四级"全市通办"业务受理点1186个,截至年底,共实现70个人社业务事项"全市通办",基本实现70%的人社业务家门口办理。

(王佳峰)

【获得省级以上荣誉】

荣誉集体

1. 全国巾帼建功先进集体名单
   绍兴市人力资源和社会保障局
2. 浙江省人力资源和社会保障系统先进集体
   绍兴市人力资源和社会保障局
   绍兴市劳动保障监察支队
   绍兴市柯桥区人力资源和社会保障局
   诸暨市劳动人事争议仲裁院
3. 2017年度全省劳动保障监察系统模范集体
   绍兴市柯桥区劳动保障监察大队
   嵊州市劳动保障监察大队

4. 2017年度全省劳动人事争议案件处理工作优秀单位
 绍兴市劳动人事争议仲裁委员会
 绍兴市柯桥区劳动人事争议仲裁委员会
 诸暨市劳动人事争议仲裁委员会
 嵊州市劳动人事争议仲裁委员会
5. 2017年度全省人力社保系统信访维稳工作成绩突出单位
 绍兴市人力资源和社会保障局
 绍兴市柯桥区人力资源和社会保障局
6. 2017年度全省人事考试工作优秀单位
 绍兴市人事考试中心

荣誉个人

1. 浙江省人力资源和社会保障系统先进工作者
 绍兴市人力资源和社会保障局 徐长春
 绍兴市越城区人力资源和社会保障局 李海堂
 绍兴市柯桥区人力资源和社会保障局 傅东升
 绍兴市上虞区劳动保障监察大队 黄华梁
 诸暨市人力资源和社会保障局 马丽学
 嵊州市人力资源和社会保障局 赵长春
 新昌县人力资源和社会保障局 陈晓辉
2. 2017年浙江省劳动保障监察系统办案能手
 绍兴市越城区劳动保障监察大队 屠炜锋
 诸暨市劳动保障监察大队 赵 伟
3. 2017年度全省劳动人事争议案件处理工作优秀个人
 绍兴市劳动人事争议仲裁委员会 吕越红
 绍兴市越城区劳动人事争议仲裁委员会 周伟群
 绍兴市上虞区劳动人事争议仲裁委员会 周萌芳
 新昌县劳动人事争议仲裁委员会 盛凯凯

（王佳峰）

金华市

【城乡就业】 市人力资源和社会保障局、市财政局印发《金华市区促进就业资金使用管理办法(暂行)》(金人社发〔2017〕2号)、《金华市高校毕业生就业见习管理实施细则(暂行)》(金人社发〔2017〕60号)、《金华市区失业保险支持参保职工提升职业技能实施办法》(金人社发〔2017〕106号)。市招才局、市人力资源和社会保障局印发《金华市青年创业社区认定管理办法》(金人社发〔2017〕87号)、《创业大赛获奖项目在金义科创廊道落地资助办法》(金人社发〔2017〕88号)。市招才局、团市委、市人力资源和社会保障局印发《金华市青创导师认定管理办法》(金人社发〔2017〕90号)。

全市接收应届毕业生3.03万人,打造青创工场41家,帮扶8437名大学生实现创业。全市各级人力资源社会保障部门举办招聘会、校企对接会、外省劳务洽谈等活动258场,促进就业15.1万余人,实现3202户农村低收入农户家庭至少一人就业目标。

全市城镇新增就业10.38万人,失业人员再就业3.67万人,其中就业困难人员实现就业8562人,城镇登记失业率2.49%;农村电商培训3.36万人,农村电商创业人数3384人,农村电商带动就业1.72万人;发放创业担保贷款2.16亿元;帮助残疾人创业就业687人,残疾人电商创业培训1317人。

【社会保险参保情况】 全市基本养老保险参保人数356.6万人,比上年增加18.08万人,参保率为89.14%;基本医疗保险参保人数491.28万人,比上年增加6.19万人,参保率为99.23%;失业保险参保人数85.01万人,比上年增加5.28万人;工伤保险参保人数140.58万人,比上年增加4.79万人;生育保险参保人数88.83万人,比上年增加6.53万人;被征地农民基本生活保障参保人数25.77万人,比上年减少0.74万人。

【社会保险政策】 市人民政府办公室印发《金华市大病保险实施办法》(金政办发〔2017〕105号),设立"选缴保费法"大病保险制度,实现市级统筹。市人力资源和社会保障局、市财政局、市卫计委、市市场监管局、市物价局印发《金华市基本医疗保险住院付费办法的通知》(金人社发〔2017〕116号),在全市实施"病组点数法"医保支付方式改革。

市人力资源和社会保障局、市财政局印发《关于调整城乡居民基本养老保险基础养老金标准的通知》(金人社发〔2017〕46号),金华市区城乡居民基本养老保险基础养老金由每人每月120元调整为150元。市人力资源和社会保障局、市财政局、市地税局印发《关于调整市区生育保险政策的通知》(金人社发〔2017〕62号)。市人力资源和社会保障局、市财政局印发《关于调整金华市区失业保险待遇的通知》(金人社发〔2017〕110号),市区失业保险金发放标准提高到1350元。全市51.08万名企业退休人员人均每月提高128.59元,养老金每月达到2083.31元。

【社会保险经办管理】 市人力资源和社会保障局印发《金华市社会保险经办风险管理专项行动实施方案的通知》(金人社发〔2017〕63号)。市人力资源和社会保障局印发《深化推进"最多跑一次"实施"110"工作机制的意见》(金人社发〔2017〕73号),推行人力社保自助业务"一点即办"、承诺事项"一次办结"、约办事项"代寄上门"零次跑的"110"工作机制,实现"最多跑一次"服务117项。完成跨省异地就医结算,全市共有28家定点医疗机构按时开启跨省结算业务。开通社会保险网上申报规模企业5436家,覆盖率达到95.6%。建立全民参保登记数据库,全民参保登记率达到100%。全年市区创建"社保家园"达标单位91个,企退人员社会化管理服务13.8万人次,登记率达98%。

【人才引进与开发】 市人民政府办印发《金华市"婺州友谊奖"评选管理办法》(金政办发〔2017〕4号)。全市组织企业参加赴美欧高层次人才项目对接、沿高铁线引才、百企万岗进校园、百家名企进名校等活动240余场,引进各类人才2.9万人次,其中新增高层次人才2079人。市委人才领导小组办公室、市人力资源和社会保障局、市财政局、市国土局、市建设局印发《金华市人才住房保障实施细则(试行)》(金人社发〔2017〕36号),完成789人市区人才住房保障新政的购房补助兑现工作,累计补助金额达3500万元。

【专业技术和留学人员管理】 金华市职称改革领导小组办公室印发《金华市企业技能人才中初级专业技术资格评价条件(试行)》(金市职改办字〔2017〕15号),首次评审出工程师63人,助理工程师17人。

全市累计申报入选"千人计划"专家83人、市外引进80人,入选省级创业创新团队2个;评选产业"双龙计划"人才项目203个,实际落户127个,产税创业项目48个,实现产值12.4亿元,缴纳税收8300万元。

全市选推省"万人计划"、省"151"等高层次人才24名,选拔第六批市"321"人才94名。新建博士后科研工作站3家。召开金华博士联谊会第三次会员代表大会,完成理事会换届,组织开展"金华博士金东行"等项目对接活动,"北大数研金华智慧城市研究院"项目落地金义都市区。2017年全市新增专业技术人才4.16万人,新增高技能人才2.76万人。

全市共建博士后科研工作站36家、国家级留学人员创业园1家,创业园内留学人员创业企业总数55家,年度技工贸总收入3.35亿元。新增高级专业技术资格1900人,中级专业技术资格14592人,组织一级建造师、执业药师、计算机等各项职(执)业资格考试2.54万人次。

【职业能力建设】 全市新增2家国家级高技能人才培训基地、1家技能大师工作室、3家省级技能大师工作室、1家省级公共实训基地,永康市高级技工学校获省政府批复筹建永康市五金技师学院。全市共建24家省级技能大师工作室,51家市级技能大师工作室,33家职业技能教育名师工作室,35个高技能人才培训基地。评选10名金华市首席技师,组织10场25个项目职工职业技能竞赛,参与职工数超过3万人。

全市组织各类培训38836人,开展各类职业技能考核鉴定7.98万人,培养高技能人才2.76万人。

【国外智力引进】 全市入选国家和省级引智项目12个,获国家和省项目资金79.5万元。3人入选省海外工程师引进资助计划。赴美国、加拿大、日本等地现场洽谈海外留学人才与项目,组织8家企业共80个人才需求项目参与现场对接。

全市引进外国专家58人,申报国家"千人计划"51人、省"千人计划"45人,初步入选国家"千人计划"3人、省"千人计划"10人,入选总数比2016年增长18.2%。

【公务员管理】 全市公开招录公务员600名。启动公务员"学法用法三年轮训行动",培训10795人。举办初任公务员培训5期,参加培训人员620人。公务员网络在线学习1.7万人,专业技术人员网络在线学习3.7万人,完成2017年市直新录用公务员体验式实践锻炼活动。

【事业单位人事管理】 市委组织部、市人力资源和社会保障局印发《关于开展事业单位岗位聘期考核工作的通知》(金人社发〔2017〕13号)、《金华市鼓励支持事业单位科研人员离岗创业创新实施细则(试行)》(金人社发〔2017〕30号)。市人力资源和社会保障局、市卫计委印发《关于加强金华市医疗卫生机构专业技术岗位结构比例管理的通知》(金人社发〔2017〕18号)、市人力资源和社会保障局印发《金华市引进人才特设岗位设置管理实施办法》(金人社发〔2017〕49号)。

全市公开招聘事业单位职工4534人,其中市直事业单位招聘499人。办理市直属事业单位工作人员调动手续88人,录用手续643人。

【工资福利】 市人力资源和社会保障局印发《关于劳动人事争议仲裁办案补贴的补充意见》(金人社发〔2017〕107号)、《关于职业院校社会服务收入管理分配问题的意见》(金人社发〔2017〕109号)。

市人力资源和社会保障局印发《关于高层次人才集聚事业单位绩效工资管理有关问题的通知》(金人社发〔2017〕108号),建立事业单位高层次人才绩效工资管理办法,对学校、医院、科研院所等高层次人才集聚的单位予以政策倾斜,增加单位绩效工资总量,超过考核奖人均数部分不列入单位绩效工资总量。

开展公安机关人民警察职务序列工资改革试点,落实市本级公安系统1114人工资。按职务等级工资标准调整市本级的初次员额内法官、检察官共109人的工资。

2016年度市区在岗职工(含劳务派遣)年平均工资为53152元。

【军队转业干部安置】 全市安置军队转业干部236人名,其较2016年增加54人。安置到公务员岗位(含参照公务员法管理事业单位)的178人,安置到事业单位的20人,企业岗位1人,自主择业的37人。对24名随军家属落实接收单位或进行了货币化安置。开展军转干部进高校培训省级试点,13名市直机关军转干部参加培训。

【劳动关系】 金华市防范和处置欠薪领导小组印发《开展"金华无欠薪""543"行动实施方案》(金防欠薪发〔2017〕1号),建立"四书两金"劳动监察执法模式,开展"三进三送一承诺"80余场,走进企业、工地、社区2.87万家,发放法律法规手册17.9万册,发放宣传资料19.5万份,签订不欠薪承诺书2.86万份;全市共立案查处欠薪案件1063起,为1.3万名劳动者追回工资1.2亿元,欠薪案件、人数、追回金额同比分别下降61%、52%和59%。

全市共建立11个"双爱"综合试验区,完成10个县(市、区)劳动关系和谐指数测评和发布。

【农民工管理服务】 金华市委办公室印发《关于开展"千个部门千家企业结对集体经济薄弱村"行动实施意见》(金委办发〔2016〕37号),扎实推进农民工帮扶工作。

全市农民工稳定就业5.6万人,开展农民工职业技能培训3.6万人,农村劳动者自主创业6713人。

【调解仲裁】 市人力资源和社会保障局印发《关于开展乡镇(街道)劳动争议调解综合示范工作的指导意见》(金人社发〔2017〕103号),全市劳动人事争议仲裁机构共审理办结仲裁案件4227件,调节率为79.8%;全市调解组织当期共受理各类争议案件9564件,结案率为94.2%。

【信息化建设】 推进社会保障·市民卡建设,累计发卡512万张。完成数据省集中,深化阳光服务平台建设,实现"最多跑一次"改革服务事项"八统一"。顺利接入部省两级医保结算平台,实现跨省异地就医实时结算;升级医保结算系统,实现病组点数法应用推广和医保一站式结算。强化公共服务平台建设,推出电子职称证书和就业创业证,开发"金华人社"手机APP实现刷脸认证。

【获省级以上荣誉】

荣誉集体

1. 浙江省人力资源和社会保障系统先进集体
   金华市就业管理服务局
   金华市劳动保障监察支队
   婺城区人力资源和社会保障局
   东阳市劳动人事争议仲裁院
2. 浙江省劳动保障监察系统模范集体
   东阳市劳动保障监察大队
   永康市劳动保障监察大队
   浦江县劳动保障监察大队
   义乌市劳动保障监察大队
3. 2017年度全省劳动人事争议案件处理工作优秀单位
   东阳市劳动人事争议仲裁委员会
   义乌市劳动人事争议仲裁委员会
   永康市劳动人事争议仲裁委员会
   浦江县劳动人事争议仲裁委员会
4. 2017年度全省劳动人事争议案件处理工作优秀派出庭
   兰溪市劳动人事争议仲裁委员会工会派出庭
   义乌市劳动人事争议仲裁委员会工会派出庭

荣誉个人

1. 浙江省人力资源和社会保障系统先进个人
   金华市社会保险事业管理局 潘 雷
   金华市婺城区劳动监察大队 郑显军
   金华市金东区人力资源和社会保障局 盛勇军
   兰溪市人力资源和社会保障局 徐建光
   东阳市人力资源和社会保障局 黄正明
   义乌市人力资源和社会保障局 吴群伟
   永康市社会保险事业管理局 吴方人
   浦江县人力资源和社会保障局 陈志平
   武义县社会保险事业管理局 吴冉冉
   磐安县人力资源和社会保障局 马晓华
2. 浙江省劳动保障监察系统办案能手
   金华市金东区劳动保障监察大队 方建存
   永康市劳动监察大队 陈金辉
   武义县劳动监察大队 楼 剑
   义乌市劳动监察大队 王 晖
3. 2017年度全省劳动人事争议案件处理工作优秀个人
   胡建民 金华市劳动人事争议仲裁委员会
   黄立忠 金华市婺城区劳动人事争议仲裁委员会
   王剑英 兰溪市劳动人事争议仲裁委员会
   王庆其 武义县劳动人事争议仲裁委员会

(钱建迅)

衢州市

【城乡就业】 全市城镇新增就业3.98万人,城镇失业人员实现再就业1.79万人,就业困难人员实现就业0.52万人,发放创业担保贷款4270万元,城镇登记失业率2.67%,低于3.5%的省控线,就业局势保持总体稳定。加快高品质创业园建设,市大创园西区园成功引进网易严选客服中心项目。全市12家人社部门认定的创业园年产值11.33亿元,带动就业5万余人,新增3家省级创业孵化示范基地和1家省级创业培训示范基地,成功举办2017年"奇思妙想"创业大赛。全面推进"线上+线下"招聘服务转型升级,线上改版衢州就业网,实现与无线衢州微信、衢州人社APP等平台数据互联共通,成功打造无纸化招聘市场;线下举办春交会、8.8人才交流会、周六公益性招聘会等各类招聘会171场。通过阶段性下调失业保险费率、落实失业保险稳岗补贴政策,为1.65万家参保单位降费8700余万元,为1385家企业发放补贴3800余万元。在全省范围内率先以政府购买服务方式对基层平台进行资金补助,有效调动了基层平台工作积极性。累计开发河道保洁、垃圾清运、护林防火等"绿色"公益性岗位1442个,助力衢州"两山"实践。

【社会保险参保情况】 扎实推进全民参保工作,全市职工基本养老保险参保人数68.99万人,城乡居民基本养老保险参保人数102.88万人,被征地农民基本生活保障期末参保人数21.56万人,职工医疗保险参保人数64.33万人,城乡居民基本医疗保险参保人数173.67万人,工伤保险参保人数37.65万人,生育保险参保人数32.40万人,失业保险参保28.79万人。全市户籍人口基本养老保险参保率达88.33%,基本医疗保险参保率达98.67%。

【社会保险政策】 按照"并转退"要求,推进老农保遗留问题清理,全市20.1万名老农保参保人员按期完成退保、转保、并轨,衢江区社保局在全省老农保遗留问题清理工作推进会上作经验介绍,5个县(市、区)社保局收到省人力社保厅的表扬信。出台《关于开展市区普通门诊付费方式改革的通知》《关于深化医保支付方式改革的实施意见》等文件,规范医疗机构管理,引导和加强定点医疗机构自觉控费,防止医保基金过快增长，医保基金支出增幅15.39%，增幅明显下降。完成机关事业单位退休“中人”按新老办法对比计发工作，全市共补发机关事业单位退休“中人”3648万元；市本级、柯城区、衢江区和江山市完成按市政府原试点政策规定建立的个人账户余额支付工作，共支付4256万元。对全市20.25万名企业退休人员进行基本养老金调整，人均月增资141.79元；工伤供养月待遇和工伤定期伤残月津贴分别提高95元和148元；发放费用502.5万元为全市4.19万名企业退休人员做好健康体检工作。

【社会保险经办管理】 市社保局迁至西区办公，办事大厅纳入市行政服务中心管理办公室统一管理。全力推进“最多跑一次”改革，按照全面梳理、分类布置、分步快走的要求，对申请材料、经办流程进行全面梳理，实现“最多跑一次”22类共75项业务经办“八统一”，7个事项实现了“就近跑”，4个事项实现“不用跑”。申请材料由336份减少至234份，精简了30.4%；办事事项表单由46份减少至36份，精简了21.17%；事项办理时限由1019工作日调整到860工作日，平均提速15.6%。作为2017年市政府为民办实事项目之一，在全省率先建设完成市级医疗保险便捷支付系统，覆盖全市21家二级以上定点医疗机构，实现手机预约挂号、实时挂号、实时缴费、医保个账支付、报告查询等功能，并可查询个人社保信息。将业务下放至银行网点办理，实现全市银行“一站式”经办社保业务，全市首批共5家银行72个网点能代办3大类8项社保业务，在全省率先实现社保卡业务经办“最多跑一次”。完成全市15家异地就医联网结算定点医疗机构系统改造、测试、预付金拨付及异地就医备案等工作，异地长期居住人员、常驻异地工作人员经备案后，直接持个人社保卡实现跨省住院就诊即时刷卡结算。以浙江衢化医院为试点，在全省首推工伤保险医疗费用直接刷卡结算。实行业务内控专项稽核规范化制度化，开展专项稽核检查，建立业务经办日常稽核机制，对发现的问题及时进行整改。

【人才引进与开发】 组团赴南昌、成都、宁波、西安、武汉、哈尔滨、沈阳、北京、合肥、上海等地招聘人才，引进高层次人才152人，其中博士16人，硕士136人。

【专业技术和留学人员管理】 入选国家“千人计划”1人，省“千人计划”1人。入选省“151”人才工程三层次5人。发放高层次人才津贴1078.8337万元，一次性奖励357.7834万元，安家补助540万元。获各类专业技术资格6086人，其中正高级资格72人，副高级资格651人。

【职业能力建设】 开展全市技能大赛网络现场直播，全市各部门高质量举办51个职业（工种）的全市性技能大赛，5000多人参加竞赛，带动万人岗位练兵活动。市本级共开展电工、焊工、育婴员、养老护理员等职业技能培训72期，惠及5469人。全市审核发放技师人才津贴588万元。举办“衢州百工”系列宣传活动，发现和宣传了一批典型高技能人才，营造传承、致敬“工匠精神”的浓厚氛围。

【国外智力引进】 申报国家、省引智项目55项。其中，国家高端项目1项、省重点引智项目立项1项。引进外国专家57人，实施出国（境）培训项目6个。

【公务员管理】 公开招考录用公务员455人，提前启动2018年公务员考录工作。给予40家集体及个人行政奖励，318人获三等功，2128人获嘉奖。扎实开展“学法用法三年轮训行动”。

【事业单位人事管理】 审核办理晋升、新进等入岗7218人次。推荐符合专业技术二级岗位条件人选2名,省厅审批通过2名。组织全市专业技术三级岗位的聘任工作,共评审通过74人。公开招聘事业单位工作人员2125人(含赴外招聘535人),其中市本级324人(含赴外招聘73人)。完善了全市专技三级岗位评聘办法,落实了事业单位科研人员离岗创业创新政策,探索了事业单位特设岗位管理试行办法。

【工资福利】 完成机关事业单位在职工作人员各类福利待遇审核10805件次。落实法官检察官和司法辅助人员工资改革政策,完成33名入额法官及37名入额检察官员额工资套改,并核定绩效考核奖金671.8万元。推进县以下机关公务员职务与职级并行相关政策完善工作,市本级共审核25人,其中享受正处级待遇1人,副处级待遇4人,正科级待遇4人,副科级待遇16人。

【军队转业干部安置】 接收军转干部安置任务92人(其中自主择业15人,计划安置77人)。计划安置军转干部中,团职干部14人,营职及以下干部63人。各县(市、区)计划安置营职及以下干部33人(其中柯城6人、衢江7人、龙游6人、江山10人、常山2人、开化2人)。安置在党政机关(含参照《公务员法》管理事业单位)73人,事业单位4人。

【劳动关系】 全市规模以上企业劳动合同签订率达为99.1%,小企业劳动合同签订率达95.8%。全市已建工会企业4711家,集体合同签订率为94.8%,涉及职工22.6万人。依法规范企业劳务派遣用工,审批劳务派遣经营许可企业5家、延续劳务派遣经营许可5家、通过年检18家。全市最低工资标准调整为1660元,非全日制工作最低小时工资标准调整为15元。

【劳动保障监察】 全市各级劳动保障监察机构在农民工工资专项检查期间主动监察用人单位3874家,涉及劳动者6.081万人,查处欠薪单位61家,追回欠薪102.267万元。全年共受理劳动者举报投诉1441起,涉案金额10665.6万元,结案率为98.7%。累计筹集建筑施工企业工资保障金16734.24万元,各级政府筹集欠薪应急周转金3760万元。

【调解仲裁】 全市各级劳动人事争议仲裁委员会共立案处理劳动争议案件1257件,涉及劳动者1827人,结案1527件,结案率达100%。双方当事人申请仲裁经济标的6531.5万元,通过仲裁委调解裁决维护双方当事人合法权益4562.2万元,为劳动者挽回损失4110.3万元。

【劳动保障电话咨询】 受理人力社保咨询来电32064个。即时办结“12345”政府服务热线交办工单152件。受理答复“通衢问政”来信咨询150件。

【信息化建设】 全市社保卡就医购药交易1705余万笔,涉及1024家医疗机构。跨省异地就医一卡通上线运行,异地就医25余万人次,总费用46472余万元。全民参保登记入库314余万人。人社一体化系统支持全市125个“最多跑一次”业务事项(子项),全市6个县(市、区)、乡镇(街道)各级业务均采用统一经办系统办理,全年业务量38.4万余件,其中市本级66392件。推广使用人事业务管理信息系统,系统中在职公务员14316人,在职事业单位人员40460人,通过系统办结业务19569笔。局网站多年累计总访问突破787万人次,日均访问量超7800次,比前一年访问量增加

57.4%左右。发放 PSAM 卡 948 张,审批 22 家协议机构接入金保网络。

【获省级以上荣誉】

荣誉集体

1. 2017 年度浙江省人力社保系统信访维稳工作成绩突出单位
   衢州市人力资源和社会保障局
   龙游县人力资源和社会保障局
2. 2017 年度浙江省人力资源和社会保障系统先进集体
   衢州市社会保险事业管理局
   龙游县人力资源和社会保障局
   常山县劳动保障监察大队
3. 2017 年度浙江省劳动保障监察系统模范集体
   柯城区劳动保障监察大队
   常山县劳动保障监察大队
4. 2017 年度党的十九大维稳安保工作作出突出贡献的集体
   衢州市劳动保障监察支队
   柯城区人力资源和社会保障局
   龙游县人力资源和社会保障局
5. 2017 年度全省劳动人事争议案件处理工作优秀单位
   龙游县劳动人事争议仲裁委员会
   常山县劳动人事争议仲裁委员会
6. 2017 年度浙江省第二批劳动人事争议示范仲裁庭
   龙游县劳动人事争议仲裁院

荣誉个人

1. 2017 年度浙江省劳动保障监察系统办案能手
   衢州市劳动保障监察支队　张哲都
   柯城区劳动保障监察大队　徐　伟
2. 2017 年度浙江省劳动保障监察工作成绩突出个人
   江山市劳动保障监察大队　黄慧华
3. 2017 年度浙江省党的十九大维稳安保工作先进个人
   衢州市人力资源和社会保障局　严　欣
   衢州市劳动保障监察支队　李　艇
   衢江区劳动保障监察大队　宋永广
   江山市劳动保障监察大队　黄慧华
   常山县人力资源和社会保障局　朱　瑜
   常山县社会保险事业管理局　刘　健
   常山县劳动保障监察大队　周木金
4. 2017 年度全省人力社保系统十九大维稳安保工作先进个人
   衢州市人力资源和社会保障局　严　欣
   龙游县人力资源和社会保障局　叶杏友
   龙游县人力资源和社会保障局　兰伟富
   龙游县社会保险事业管理局　倪　峻
   龙游县社会保险事业管理局　王　越
5. 2017 年度全省人力社保系统信访先进个人
   衢江区人力资源和社会保障局　胡　晨
   衢江区人力资源和社会保障局　王　坤
   衢江区社会保险事业管理局　方红南
   衢江区劳动保障监察大队　宋永广
6. 2017 年度浙江省人力社保系统先进工作者
   衢州市劳动保障监察支队　秦耿秀
   柯城区人力资源和社会保障局　吴笑家
   衢江区人力资源和社会保障局　吴水标
   龙游县人力资源和社会保障局　邵月旭
   江山市人力资源和社会保障局　张　阳
   常山县人力资源和社会保障局　胡志良
   开化县人力资源和社会保障局　程先朝
7. 2017 年度全省劳动人事争议案件处理工作优秀个人
   衢江区劳动人事争议仲裁委员会　程　凯
   江山市劳动人事争议仲裁委员会　叶晓玲
8. 2017 年度全国无偿献血奉献奖铜奖

江山市人力资源和社会保障局　　朱琦能

（郑　欢）

舟山市

【城乡就业】　4月，舟山市人力社保局、市民政局、市财政局、市总工会、市妇联印发《关于进一步加强家庭服务从业人员职业培训的实施意见》（舟人社发〔2017〕74号）；11月，舟山市人力社保局、市财政局下发《关于转发〈浙江省失业保险支持参保职工提升职业技能实施办法〉的通知》（舟人社发〔2017〕211号）。全市举办和参加各类公益性人力资源招聘会、人才交流会132场，累计参会单位超过4700家次，提供岗位7.6万个，登记求职25067人次，达成初步就业意向8634人。全年新增城镇就业1.65万人，引导和帮助4811名失业人员实现再就业，其中就业困难人员2324人，城镇登记失业率控制在2.62%，零就业家庭保持"动态归零"；全年组织创业培训1302人，扶持创业429人，发放创业担保贷款345笔7468万元，同比增长58%。全市2266家企业获稳岗补贴，补贴金额3004.37万元，惠及企业员工8.17万人。

【社会保险参保情况】　2017年，全市养老保险参保人员83.08万人，比去年新增1.94万人。其中，职工基本养老保险56.49万人，比上年新增2.7万人；机关事业单位养老保险5.65万人，比上年新增0.1万人；城乡居民基本养老保险20.95万人，比上年减少0.85万人。全市医疗保险参保人员96.65万人，比去年新增1.09万人。其中，城镇职工基本医疗保险参保人数40.56万人，比上年新增1.65万人；城乡居民基本医疗保险参保人数56.09万人，比上年减少0.56万人。全市失业保险参保人数22.3万人，工伤保险参保人数35.78万人，生育保险参保人数21.99万人，分别比上年新增0.89万人、1.79万人、0.86万人；被征地农民基本生活保障人数3.07万人，比上年减少0.43万人。全市养老保险和医疗保险户籍法定人员参保率分别达到86.72%和98.87%。

【社会保险政策】　8月，舟山市人民政府印发《舟山市市、区社会保险管理体系一体化改革实施方案》（舟政发〔2017〕44号）；8月，舟山市人民政府办公室印发制定出台《舟山市市级多渠道筹措社会保障风险金管理办法（试行）》（舟政办发〔2017〕110号）；9月，舟山市地方税务局、舟山市财政局、舟山市人力社保局印发《关于调整企业社会保险费行业最低申报比例的意见》（舟地税发〔2017〕30号）。5月，普陀区人力社保局、普陀区财政局、普陀区卫生计划局印发《舟山市普陀区城乡居民基本医疗保险普通门诊按人头付费改革实施办法（试行）》（舟普人社〔2017〕33号）；12月，市人力社保局、市卫生计生局、市财政局出台《舟山市基本医疗保险特殊（慢性）病种门诊医疗管理办法》（舟人社发〔2017〕228号）、《舟山市基本医疗保险按病种付费管理办法（试行）》（舟人社发〔2017〕243号）。12月，市人力社保局、市财政局、市卫生计生局、市民政局印发《关于进一步完善大病保险制度的通知》（舟人社发〔2017〕244号）；2月，舟山市人力社保局制定出台《舟山市工伤简易程序认定暂行办法》（舟人社发〔2017〕32号）。

提高社会保险待遇水平，全市城乡居民基本养老保险基础养老金标准提高至每人每月160元，企业退休人员基本养老金调整为人均2278.47元。全市重选缴费档次的2680名传统海洋捕捞渔民和9512名遗孀待遇全部发放到位。全市城乡居民医保年度基金最高支付限额从26.9万元提高到29.05万元，纳入大病保险支付范围的特殊药品年度支付最高限额从

35.33 万元提高到 41.56 万元。12 月起,全市失业保险金标准调整为每人每月 1440 元,全年累计发放失业保险金 5821.9 万元。

减轻企业社会保险负担,对"小升规"企业养老保险、医疗保险单位缴费比例实行临时性下浮,全年减征社会保险费 114 万余元。从 2017 年 5 月 1 日至 2018 年 12 月 31 日对失业保险费率进行阶段性下调,单位费率由 1% 降至 0.5%,个人费率仍按 0.5% 执行。

【社会保险经办管理】 10 月,"舟山市人力社保综合服务大厅"正式启用,社保所有经办服务事项全部实现"前台受理、后台办理、网上流转、实时可控",在全省率先实行"一窗受理、集成服务",至年底共"一窗"受理社保经办 16259 人次,按时办结率达到 100%。开展标准化国家级试点创建工作,完成《服务依据标准》、《服务项目标准》和《服务要求标准》等标准手册的编制。实现"医疗费用报销"、"参保证明开具"、"社保卡重置"等经办事项全市互通联办。完成浙江省跨省异地就医住院费用直接结算试点工作,异地就医结算系统 6 月正式上线运行。提前完成老农保遗留问题清零任务。全市企业退休人员社区管理率达到 97.28%。

推广企业网上申报,完善网上申报系统功能应用,全市共有 1102 家企业已开通企业网上申报功能,占比 70% 以上,共办理 3.5 万笔业务。推进机关事业单位养老保险业务网上经办,纳入机关保参保范围的单位全部实现网上申报,网上办理业务占可申报业务的 82%。实现个人社保信息网上查询和参保证明网上打印。

加强基金安全监管,制定出台《内部稽核办法》及《内部控制实施细则》,重新梳理和评估各经办岗位的风险状况与风险等级。完善医保智能监管系统,实行中药饮片分类管理,推进医保医师库动态管理,充实医保审核的基础数据,共剔除不合理医疗费用 913 万元,追回违规医疗费用 47 万元。加强稽核检查,完成对普西医院等三家定点医疗机构的第三方审计、城乡居保经办机构内控制度自查和省内互查、本市定点医疗机构中民营医疗诊所和门诊部专项检查及养老保险重点指标专项稽核,全市社保稽核面达到 24.52%,按规定补缴社会保险费 478.6 万元全部入库。

【人才引进与开发】 全年共引进年薪 30 万以上紧缺高端人才 51 人,其中机关事业 13 人、院校 4 人、国企 5 人、民企 29 人。累计引进紧缺高端人才 269 人,其中机关事业单位 71 人、国企 14 人、民企 138 人、科创人才 29 人。组织"智汇聚才·同舟共话"人力资源系列主题活动 2 期,全市各类重点骨干企业人力资源(人事)工作的分管领导、负责人等近 180 人次参加培训。组织赴宁波、南京、哈尔滨等市外引才活动 10 场次,共引进各类高校毕业生 6200 余名,其中帮助浙石化公司引进高校毕业生等专业人才 1170 余人。

【专业技术和留学人员管理】 5 月,舟山市委组织部、市人力社保局、市财政局印发《关于加强博士后工作站建设的若干意见》(舟人社发〔2017〕90 号),聚焦重点产业,强化监督管理,加强资金保障,加快推进博士后工作站建设。是年,浙江海洋开发研究院郑斌入选国家百千万人才,并被授予"有突出贡献中青年专家"荣誉称号。南海实验学校金可泽等 8 人入选省 151 人才工程第三层次培养人员。至年末,全市有专业技术人员 96056 人,其中高级职称专业技术人员 6504 人、中级职称专业技术人员 35312 人、初级职称专业技术人员 54240 人。

【职业能力建设】 12 月,舟山市委组织部、市人力社保局、市财政局印发《关于进一步加强高技能人才队伍建设的若干政策》(舟人社发〔2017〕247号)。启动实施以“5152”为主要内容的“千岛工匠”培育计划,积极开展企业自主评价工作,指导企业依据国家职业标准结合自身产业特点和技能需求进行企业技能人才自主评价。目前,我市共有430家企业开展了企业培训师、油品储运调和操作工等50多个工种10194名职工的技能人才评价工作。全年新增高技能人才6040人,其中高级工5397人、技师643人。持续深入开展职业技能比武活动,全市共有500余名选手参加港贸物流、海工船舶、城市建设、旅游健康、现代服务5大行业板块16个职业(工种)的市级一类比武。通过大比武活动产生技师51名、高级工160余名。6名工人被命名为“浙江省技术能手”,47名工人被命名为“舟山市技术能手”,36名工人被命名为“舟山市青年岗位能手”。成功举办第四届中国海员技能大比武,来自46个参赛队的525名选手参加9大项目的比赛,其中香港、澳门和台湾的5家航海院校共34人首次组队参赛,赛事规模、开放程度和配套活动均创下历届新高。

【外人才智力引进】 8月,舟山市委组织部、市人力社保局、市公安局、市财政局出台《关于深化引智园区创建全力服务保障自贸试验区建设的实施意见》(舟人社发〔2017〕154号),聚焦引才聚才、平台建设、路径模式、出国培训和人才服务五大板块,引领自贸港区背景下的海外引才引智工作。10月,市人力社保局、市海洋与渔业局出台《舟山市远洋捕捞行业引进外籍船员申请来华工作许可工作流程》(舟人社发〔2017〕204号),进一步规范流程、优化材料,确保外籍船员有序引进,全力保障新区远洋渔业发展。12月,市人力社保局、市财政局出台《舟山市引进国外智力专项经费使用管理暂行办法》(舟人社发〔2017〕221号),明确引智经费的使用范围、资助标准和拨付程序,提高资金使用效益。围绕重点战略、重点项目、重点行业发展,组织实施引智项目30个,其中国家、省重点引智项目15个;引进外国人才智力578人次,其中高层次外国专家95人次,3人入选省、市海外工程师,首次引进加拿大两院院士康斯坦汀教授项目落户舟山。新聘任中国国际人才交流协会为舟山市引才引智特别支持单位,聘任该协会6名驻外代表为高级顾问。组织自贸港区建设、江海联运管理、海上花园城市等4个出国培训班,选派80名专业技术人才赴外培训。8月,市编委办批准单独设立舟山市外国专家局,为舟山市人力社保局正科级内设机构,负责全市国(境)外人才智力引进工作。

【公务员管理】 2月,舟山市委组织部、市委宣传部、市人力社保局、市司法局、市委党校、舟山行政学院等6部门印发《关于实施全市公务员“学法用法三年轮训行动”计划的通知》(舟人社发〔2017〕34号),启动全市公务员“学法用法三年轮训行动”工作。是年,集中利用39天时间,分13期、每期3天,组织全市2386名科级及以下公务员参加专题轮训和考试,并将轮训结束与单位年度考评和个人年度考核挂钩,取得明显成效。组织781名科级以上领导干部参加公务员面试考官培训和理论测试,并为750名考试合格人员制发公务员面试考官资格证书。是年,全市公开招考录用公务员248人,并对86名市本级和定海区新录用公务员进行初任培训。对全市符合公务员(参照)登记条件的288人进行公务员(参照)登记。

【事业单位人事管理】 5月,舟山市委组织部、市人力社保局出台《关于转发浙江省鼓励支持事业单位科研人员离岗创业创新实施办法(试行)的通知》(舟人社发〔2017〕100号),明确我市事业单位在编在岗科研人员携带科研项目、成果或技术到市内企业从事科技研究、科技开发和科技服务工作或在市内创办企业可保留人事关系。7月，市委组织部、市人力社保局印发《关于加强医疗卫生机构专业技术岗位结构比例管理的通知》（舟人社发〔2017〕144号），10月，市委组织部、市人力社保局印发《关于加强事业单位专业技术岗位结构比例调控的实施办法》（舟人社发〔2017〕201号），突出重点、形成导向，分类指导、有保有压，进一步搞活事业单位聘用。经推荐申报，省人力社保厅核准我市5名事业单位专家获聘专业技术二级岗，我市获聘人数累计突破10人。全年市本级各类事业单位公开招聘33次，共推出招聘计划437人，办理新进人员聘用手续271人，其中博士7人，硕研96人；完成市本级33家事业单位岗位设置或调整，共办理2679人次岗位变更；办理市本级事业单位人员调配149人次。

【工资福利】 根据新区党工委管委会《功能区绩效薪酬实施办法（试行）》（浙舟新党发〔2016〕8），指导各功能区结合实际制定绩效薪酬分配方案并批复。根据《关于法官、检察官和司法辅助人员工资制度改革试点实施办法》（人社部发〔2016〕65号），精心实施法官、检察官待遇落实工作，指导各县区做好基层法检两院的工资套改、工改保留津贴审核等工作。根据《关于开展公立医院薪酬制度改革试点工作的指导意见》（人社部发〔2017〕10号），指导普陀区结合医药卫生体制改革情况制定薪酬改革方案。7月，普陀区人力社保局、普陀区财政、普陀区卫生和计生局出台《舟山市普陀区公立医院薪酬制度改革实施办法》（舟普人社〔2017〕61号）。是年，全市机关工作人员4568人晋升级别工资，事业单位23853人增加薪级工资。办理机关事业单位正常职务（岗位）变动、交流调动等3615人次；办理市直机关事业单位临时退休费154人，连续工龄认定252人。调整机关事业单位精减退职、遗属和计划外长期临时工生活困难补贴标准，调整后标准分别为1370元/月、1145元/月、990元/月。

【军队转业干部安置】 9月，中共舟山市委办公室 舟山市人民政府办公室印发《关于做好深化国防和军队改革期间舟山市军队转业干部安置工作的通知》（舟委办发〔2017〕70号），对我市军转干部安置政策进行适当调整，将岱山县纳入全市统一安置范围，探索实施军转干部分类安置。全市安置军队转业干部139人，其中计划安置107人，自主择业32人。计划安置的军转干部中，安置到机关（含参照《公务员法》管理事业单位）85人，安置到事业单位22人，均完成上岗培训。

【劳动关系】 7月，舟山市构建和谐劳动关系工作领导小组出台《关于进一步构建和谐劳动关系的实施意见》（舟构建发〔2017〕1号），在全市范围内开展舟山市“双爱”活动综合试验区创建活动。全市企业劳动合同签订率为97.3%。12月1日起，我市最低月工资标准从1660元调整为1800元，非全日制工作的最低小时工资标准从15.2元调整为16.5元。舟山市列全省各市劳动关系和谐指数测评排名继续保持第三。

【劳动保障监察】 4月，舟山市人力社保局印发《舟山市劳动保障监察工作目标管理量化评分标准》（舟人社办发〔2017〕18号），强化劳动保障监察目标管理，推进我市劳动保障监察“机构标准化、人员专业化、执法规范化”建设；6月，市人力社保局印发《舟山市劳动保障监察行政执法全过程记录工作实施细则（试行）》（舟人社发〔2017〕120号）和《舟山市劳动保障监察行政处罚裁量权适用标准》（舟人社发〔2017〕121号），进一步规范我市劳动保障监察行政执法程序，提高我市劳动保障监察依法行政水平;7月,市人力社保局印发《舟山市劳动保障监察案件集体讨论制度》(舟人社发〔2017〕140号),进一步规范劳动保障监察行政执法行为,提高案件办理质量;8月,市人力社保局印发《舟山市人力社保局关于规范劳动保障监察建议书制度的通知》(舟人社发〔2017〕153号),寓服务于监管,加强劳动保障监察机构与用人单位之间工作沟通,有效地引导企业守法诚信。8月,舟山市防范和处置企业拖欠工资工作领导小组办公室印发《舟山市深入开展"浙江无欠薪"行动实施方案》(舟防处办〔2017〕5号),全面推进我市开展"浙江无欠薪"行动工作;10月,市防处办抽调市人力社保局、市发改委、市住建局、市总工会等单位相关工作人员,开展实体化办公,推动各地各部门抓好"无欠薪"县(区)建设工作。是年,全市劳动保障监察机构监察用人单位1252家,受理劳动举报投诉案件416件,其中欠薪案件389件,追回欠薪2670.19万元,涉及劳动者1724人;处置因欠薪引发的突发性事件8起,涉及劳动者108人,涉及金额158.84万元;作出行政处罚案件11件,涉及金额59500元。全年筹集工资支付保证金32870万元,筹集欠薪应急周转金5151.54万元。

【调解仲裁】 是年,全市各级仲裁机构立案受理劳动争议案件1370件,上年未结134件,涉案人数1573人,涉及金额8875.63万元。审理结案1408件,调解撤诉1153件,调解率81.89%,结案金额4840.39万元,结案率为93.62%。根据地域、行业等特点,全市共建立仲裁派出庭5个,其中包括全国第一个远洋渔业派出庭。

【劳动保障电话咨询】 是年,全市12333电话咨询服务专线来电总数95475个,其中市本级(含定海)74240个,占全市来电总量的77.76%。来电总量中人工服务电话38001个,自动语音29271个,放弃量28203个。舟山市12333咨询服务中心于2017年12月26日正式并入浙江舟山群岛新区社会公共服务与监督中心。

【信息化建设】 结合"互联网+人社"2020行动计划,编制《舟山市人社信息一体化建设总体规划》。是年,制定《舟山市人社信息一体化一期建设方案》并启动一期建设。结合最多跑一次,完成标准制定、一体化基础支撑平台规划、数据中心建设,将人才、人事、专技、社会保险和公共就业等数据全面整合,打造标准化经办平台。完成舟山人社APP开发建设,集信息查询、便捷服务、在线办理等功能于一体,免费向公众提供社会保险、就业创业、人事人才、劳动关系等领域的各类服务,实现线上线下一站式智能服务。

【获省级以上荣誉〔含所属县(区)〕】

荣誉集体

1. 2017年度全省人力资源和社会保障系统先进集体
   舟山市人力资源和社会保障局
   普陀区劳动人事争议仲裁院
   岱山县就业管理服务处
2. 省人力社保系统在党的十九大维稳安保工作中做出突出贡献的集体
   舟山市劳动监察支队
3. 全国创业就业服务展示交流活动"优秀项目奖"
   舟山公共就业服务信息化大平台
4. 2017年度全省人事考试工作优秀单位
   舟山市人事考试办公室
5. 2017年度全省劳动人事争议案件处理工作优秀单位名单
   舟山市普陀区劳动人事争议仲裁委员会

6. 2017 年度全省劳动人事争议案件处理工作优秀派出庭名单

舟山市普陀区劳动人事争议仲裁院六横镇派出庭

7. 2017 年度全省劳动人事争议基层调解优秀单位名单

舟山市衢山镇劳动保障站

嵊泗县菜园镇劳动人事争议调解委员会

和润集团劳动争议调解委员会(舟山市普陀区)

荣誉个人

1. 全国人力资源社会保障系统先进工作者

舟山市嵊泗县人力资源和社会保障局洋山分局　倪芳芬

2. 浙江省党的十九大维稳安保工作先进个人

舟山市劳动监察支队　施贤斌

3. 2017 年度全省人力资源和社会保障系统先进工作者

舟山市人力资源和社会保障局　吴新利

舟山市社会保险事业管理局　陈　国

定海区人力资源和社会保障局　王　永

定海区临城街道劳动保障站　金彩芬

4. 省人力社保系统在党的十九大维稳安保工作中做出突出贡献的个人

舟山市人力资源和社会保障局　钟　森

舟山市劳动人事争议仲裁委员会　王　宏

5. 2017 年度全省劳动人事争议案件处理工作优秀个人名单

舟山市劳动人事争议仲裁委员会　陈　洁

舟山市定海区劳动人事争议仲裁委员会　余佳勇

6. 2017 年度全省劳动人事争议基层调解优秀个人名单

舟山市定海区人民政府双桥镇劳动争议调解中心　张喆琼

舟山市普陀区人民政府沈家门劳动争议调解委员会　张轩豪

舟山市岱山县高亭镇人事劳动争议调解委员会　李雯芸

(安佳媚)

台州市

【城乡就业】　4 月,台州市政府办公室印发《关于进一步完善市区困难群众基本生活价格补贴机制的实施意见》(台政办发〔2017〕27 号);台州市人力资源和社会保障局 台州市财政局印发《失业保险支持参保职工提升职业技能实施办法》(台人社发〔2017〕120 号)。

组织开展"高校毕业生就业服务月""高校毕业生公益性招聘会""高校毕业生校园招聘会""春风行动"等专项活动。组织高墙内招聘——首届台州临海监狱就业推介会。精准帮扶残疾人就业创业,全年帮扶残疾人创业就业 1900 人,残疾人电商培训 1400 人。全年组织就业创业培训 27636 人,发放培训补贴 1673 万元。创新创业担保贷款模式,全年发放贷款 4.6 亿元,贴息 613.21 万元,帮助 1800 多名创业者实现创业。首次以市政府名义举办 2017"创赢台州"创业大赛,共收到 160 多个参赛项目,层次规模以及社会影响力显著提升。举办首期创业导师培训班,首次评选出台州十佳创业导师,其中 3 位还在全省创业导师大赛中获奖,获奖人数列全省第二,并获得优秀组织奖。深化企业减负,从 2017 年 5 月 1 日至 2018 年 12 月 31 日,失业保险单位费率由 1% 降为 0.5%,可减轻企业负担 1.67 亿元。全市累计发放稳岗补贴 1.01 亿元,享受企业 1.24 万家。

全年城镇新增就业 12.15 万人,引导和帮助 3.68 万名失业人员实现再就业,帮助 0.81 万名就业困难人员实现再就业,分别完成省厅年度任务数的 184.04%、167.29%、224.03%;城镇登记失业率控制在 2.05% 水平。

【社会保险参保情况】 截至2017年底，全市职工基本养老保险参保人数为194.42万人，比上年末增加18.85万人；城乡居民基本养老保险参保人数为208.75万人，比上年末减少10.95万人；其中，60周岁以下参保人数151.49万人，比上年末减少9.14万人。职工基本医疗保险参保人数为135.81万人，比上年末增加6.77万人；其中，在职人员114.53万人，离退休人员21.28万人。城乡居民基本医疗保险参保人数为465.53万人，比上年末减少8.91万人。失业保险参保人数 万人，比上年末增加万人。工伤保险参保人数为181.95万人，比上年末减少6.12万人。生育保险参保人数为87.23万人，比上年末增加4.79万人。

【社会保险改革】 大力推进市区社保一体化，1月，统一了市区城乡居民基本医疗保险待遇及筹资标准。5月，印发《台州市区社会保险经办服务延伸实施方案》（台政办便函〔2017〕80号）和《关于印发台州市区社会保险经办规程的通知》，规范统一了社保登记申报、社保关系转移、职工医疗结算等经办规程。7月，统一市区职工工伤、生育保险费率。11月，出台了《台州市区被征地农民养老保障办法》。率先出台《台州市职工基本医疗保险居家医疗护理暂行办法》，完成职工医保居家护理项目备案数137家。出台《关于开展"日间手术"医保结算方式改革试点的通知》，规定18个病种，20种手术方式纳入"日间手术"医保结算管理。6月19日，我市10个统筹区15家医疗机构正式接入国家异地就医结算系统，我市近600万名参保人员在全国7000多家医疗机构看病就医实现实时刷卡结算。率先实现社会保险监督委员会全覆盖，并率先建立社保基金监管系统应用工作规则；在全市开展社保基金安全评估试点全覆盖，首次开展社保基金财务委托第三方审计，全力保障基金安全，

【社会保险经办管理】 全市户籍法定人员基本养老保险参保率达86.29%，基本医疗保险参保率达99%，完成老农保清零工作。市区乡镇（街道）社保经办服务分中心已建成15个，村居服务点2个，服务事项共30多项；银行网点分中心已建成10家，服务事项9项。深化实施医保协议管理，启用医保视频监控。台州市区开展4次联合稽查，对市区部分定点医药机构进行突击检查，检查发现31家定点零售药店存在违反医保服务协议的行为，12家定点医疗机构存在违反医保服务协议的行为，由各经办机构追回违规基金，并作出相应处理。已解除8家医保服务协议，暂停30家医保服务协议1-6个月，15家定点医药机构给予告诫一次，并在市区范围内予以通报，在台州主流媒体、"台州人社"微信公众号曝光。

【人才引进与开发】 参与制定《台州人才新政三十条》（台市委办发〔2017〕105号），并在人才新政三十条框架下，全面梳理我市人才政策，牵头制定出台了18个人才新政配套政策。实施"500精英倍增计划"，创新"评审认定""直接认定""以赛代评"等方式，组织召开两场"500精英计划"人才大型评审会。全年共收到776个人才项目申报，同比增长55%；经评审入选231人，完成率154%。建立"人才项目+民企民资"合作平台，举办"项目+资本"对接会3场。全年新增创业企业67家，完成率112%。5月，我组织召开人才项目资源推介会，100多个尖端项目推介我市企业。组织9家重点企业赴欧洲、美加日引才，达成合作意向38个。9月22日至24日，举办第五届台州市高层次人才智力合作（武汉）洽谈会，现场签订18个人才科技合作项目，接洽应聘者7977人，达成初步意向3238人。11月11日至12日组织台州

国际人才合作大会,成效历年最佳。11 月 19 日举办上海·台州周高层次人才洽谈大会,创新实施“人才邀约 + 人才推荐 + 封闭式洽谈”模式,我市参会单位接待应聘者 872 人,达成初步意向 181 人。举办首次高层次人才联谊沙龙,组织外国专局迎新联谊会、人才林建设等活动 20 余场;首批人才公寓启用。

【专业技术和留学人员管理】 台州医药化工产业专家服务基地获批国家级专家服务基地,全国唯一的医化类专家服务基地。全省首创“千人计划”台州生物医化产业研究院,2017 年 9 月 27 日揭牌成立。深化博士后工作,有国家级博士后科研工作站 14 家,省级 16 家。2017 年海正集团博士后工作站正式独立招收博士后。创新建立台州博士后创新实践基地 13 家,2017 年首次在建筑、农林、银行业探索开展博士后工作,分别在方远集团、百花园林集团、民泰银行设立台州市博士后创新实践基地。全力推动我市上市公司博士后工作全覆盖。深化职称制度改革,出台了《台州市化工专业工程师任职资格评价条件(试行)》(台人社发〔2017〕70 号)和《台州市机电制造技术专业工程师任职资格评价条件(试行)》(台人社发〔2017〕69 号)等工程系列的中级评价条件,积极打破学历资历限制。开始实施了无纸化网上申报和评审程序,让专技人员“少跑腿”。

【职业能力建设】 出台《台州市“杰出台州工匠”认定实施办法》和《台州市规上企业引进“首席技能大师”认定实施办法》,首批共认定“杰出台州工匠”、“首席技能大师”17 名;全年培养新增高技能人才超 4.7 万人,完成年度目标的 213%。印发《关于做好 2017 年台州市职业技能竞赛的通知》,以“弘扬工匠精神,厚植工匠文化”为主题,组织开展市级一类大赛 7 项、二类大赛 13 项。10 月,召开台州市县市区人才新政及高技能人才工作新闻发布会。台州技师学院筹建工作有序推进,2017 年招收新生 932 名;新校区于 2017 年 12 月 28 日盛大开工。

【国外智力引进】 深入实施《台州市引进外国专家和国外智力(2016—2020)行动计划》,积极开展海外工程师评选,全年入选省级海外工程师 12 人,人数位列全省第三。评选市级海外工程师 28 个。加强与海外机构合作,与中美企业波士顿创新中心(CUBIC)签署了“台州——波士顿人才离岸创新创业平台及跨境人才服务合作协议”,在美国设立我市首家境外孵化器。在美国、加拿大、意大利、乌克兰设立 4 家海外引才工作站;与美国浙江创新中心建立合作关系。

【公务员管理】 圆满组织全市各级机关公务员录用考试。全面深化公务员日志式管理的结果应用。制定出台《台州市行政奖励实施细则》。开展五期公务员“学法用法三年轮训行动”。

【事业单位人事管理】 出台了《市属事业单位普通职员管理办法》(台人社发〔2017〕55 号)、《台州市鼓励支持事业单位科研人员离岗创业创新实施细则(试行)》(台人社发〔2017〕52 号),《关于进一步完善公办学校、医院与民办学校、医疗机构之间人才合理有序流动的意见》(台人社发〔2017〕112 号),不断创新事业单位人事管理模式。积极支持教育卫生等社会事业领域改革,全力支持配合卫生、教育等部门开展“健康一卡通”、三乙医院统一管理、台州国际医院、教师“市管校聘”改革试点等工作。

【工资福利】 出台《台州市事业单位绩效工资监督管理办法》,加强对事业单位绩效工资的监管,破解了事业单位绩效工资监管真空的现状。

【军队转业干部安置】 接收军转干部168人,副师1人,正团10人,副团38人,营及以下技术干部110人。妥善安置7名随调家属。创新军转干部培训方式,探索军转干部进高校专项培训,共同制定订单式、定向定岗培训。扎实做好企业退休军转干部慰问解困,全省第二区域企业军转干部慰问解困工作现场会在台州召开。

【劳动关系】 2016年度我市劳动关系和谐指数排名上升到全省第四。6月,发布2016年度各县(市、区)劳动关系和谐指数,全市综合指数平均值达到85.71分,较去年上升2.05分,劳动关系保持总体和谐稳定。从2017年12月1日起,台州市区、临海、温岭、玉环范围内执行1800元的最低月工资标准,非全日制工作的最低小时工资标准为16.5元;在天台、仙居、三门范围内执行1660元的最低月工资标准,非全日制工作的最低小时工资标准为15元。

【劳动保障监察】 实施"台州无欠薪"行动,9月,市政府召开"台州无欠薪"创建工作推进部署会,印发了《台州市人民政府办公室关于全面治理拖欠农民工工资问题实施意见的通知》(台政办发〔2017〕60号)和《台州市人民政府办公室关于印发〈"台州无欠薪"行动工作方案〉的通知》(台政办发〔2017〕62号),玉环市被列为全省"无欠薪"县(市、区)建设首批试点。大力实施工资支付专项整治行动,全市受理处置欠薪案件3799件,为13567名劳动者追回工资1.36亿元,同比分别下降22.3%、37.8%、40.4%,治理欠薪做法得到国务院领导批示肯定。市劳动保障监察支队荣获台州市劳动模范集体。

【调解仲裁】 创新建立劳动监察和劳动仲裁合力维权机制。全市各级仲裁机构和调解组织受理案件8464件,结案率93.8%,调解率84.5%。

【信息化建设】 全面完成全市数据集中,构建市级数据集中支撑平台。开通"台州掌上人社",参保缴费、参保证明验证、养老生存认证、亲情社保和家庭共济等10多项功能在手机微信上办理。在全省率先实施"社银联通"工程,依托银行窗口向市民提供五险参保、信息查询、社保卡办理等业务。深化社保卡管理应用,目前全市发卡580万张,除搭载102项人力社保服务应用外,还开通公交、"健康一卡通"、公共自行车、图书借阅等10多项公共服务应用。全市建成300多个社保卡服务网点,开通"网上办理"和市区服务网点周末无休服务。完成电子档案项目建设。

【对口支援和结对帮扶】 局中层干部赴新疆生产建设兵团第一师阿拉尔市对口支援。结对帮扶三门县浦坝港镇桃屿村。

【获省级以上荣誉】

荣誉集体

1. 全省人力资源和社会保障系统先进集体
   台州市人力资源社会保障信息中心
   黄岩区社会保险管理中心
   临海市劳动监察大队
   温岭市劳动人事仲裁院
   玉环市社会保险管理中心
2. 在党的十九大维稳安保工作中作出突出贡献先进集体
   台州市人力资源和社会保障局
   台州市黄岩区人力资源和社会保障局

台州市路桥区人力资源和社会保障局
临海市人力资源和社会保障局
温岭市人力资源和社会保障局
天台县人力资源和社会保障局

3. “十二五”时期浙江省残疾人工作先进集体
台州市人力资源和社会保障局

4. 2017 年全国清理整顿人力资源市场秩序专项行动取得突出成绩单位
临海市劳动监察大队

5. 全国 12333 电话咨询服务示范单位
台州市人力资源和社会保障咨询服务中心

6. 浙江省创业导师大赛优秀组织奖
台州市人力资源和社会保障局

7. 2015—2016 年度全省计算机软件资格考试工作先进集体
台州市人事考试培训中心

8. 2017 年度全省劳动人事争议案件处理工作优秀单位
临海市劳动人事争议仲裁委员会
温岭市劳动人事争议仲裁委员会
三门县劳动人事争议仲裁委员会

9. 2017 年度全省劳动人事争议基层调解优秀单位
台州市黄岩区西城街道劳动人事争议调解委员会
台州市路桥区劳动人事争议法律服务中心
温岭市泽国镇劳动争议调解委员会
玉环市大麦屿街道办事处劳动争议调解委员会
三门县珠岙镇劳动人事争议调解委员会

10. 全省第二批劳动人事争议示范仲裁庭
温岭市劳动人事争议仲裁院
三门县劳动人事争议仲裁院

11. 全省劳动人事争议案件处理工作优秀派出庭
台州市椒江区劳动人事争议仲裁庭海门街道派出庭
台州市路桥区劳动人事争议仲裁庭金清派出庭
临海市劳动人事争议仲裁委员会杜桥镇派出庭
温岭市劳动人事争议仲裁委员会松门镇派出庭

12. 全省仲裁制度恢复 30 周年纪念活动优秀组织单位
三门县人力资源和社会保障局

荣誉个人

1. 全国人力资源社会保障系统先进工作者
台州市人力资源和社会保障局　李国进

2. 2017 年度全国军转宣传工作先进个人
台州市人力资源和社会保障局　王　斌

3. 全省人力资源和社会保障系统先进个人
台州市人力资源和社会保障局　江黎明
台州市人力资源和社会保障信息中心　林仙透
椒江区高层次人才引进与服务中心　王仁华
路桥区人力资源和社会保障局　任守超
临海市人力资源和社会保障局　金卫东
玉环市劳动保障监察大队　胡存尧
天台县社会保障信息中心　葛爱萍(女)
仙居县人力资源和社会保障局　林黎明
三门县人力资源和社会保障局　张　伟

4. 全国计算机技术与软件技术资格(水平)上机考试工作先进个人
台州市人事考试办公室　缪　准

5. 2015—2016 年度全省计算机软件资格考试工作先进个人
台州市人事考试办公室　吴　敏

6. 2017 年度全省劳动人事争议案件处理工作优秀个人
台州市路桥区劳动人事争议仲裁委员会　陈方华
玉环市劳动人事争议仲裁委员会　黄　山

天台县劳动人事争议仲裁委员会　　梁　龚

7. 2017年度全省劳动人事争议基层调解优秀个人

台州市椒江区三甲街道办事处　　汤庆树

台州市路桥区劳动人事争议法律服务中心　　王　杰

临海市头门港新区管委会劳动争议调解委员会　　葛建能

温岭市大溪镇劳动争议调解委员会　孙小波

玉环市清港镇劳动争议调解委员会　王维鹏

三门县沿海工业城管理委员会　　包崇千

（洪　赞）

丽水市

【城乡就业】 贯彻落实《国务院关于做好当前和今后一段时期就业创业工作的意见》(国发〔2017〕28号)等文件精神,完善政策举措,优化公共服务,就业形势总体稳定。全市城镇新增就业18386人,指导和帮助7795名城镇失业人员实现再就业,其中就业困难人员就业2605人;期末城镇登记失业率为2.66%,控制在4%以内。深入贯彻《浙江省人民政府办公厅关于印发浙江省激发重点群体活力带动城乡居民增收实施方案的通知》(浙政办发〔2017〕65号),大力促进城乡居民增收,城镇居民人均可支配收入增长8.4%。

丽水市人力资源和社会保障局 丽水市财政局出台《关于印发〈丽水市创业园认定管理办法(试行)〉的通知》(丽人社〔2017〕133号),加强创业孵化平台建设管理。丽水市人力资源和社会保障局出台《关于加强农村困难家庭就业帮扶工作的通知》(丽人社〔2017〕198号),发挥就业在精准扶贫中的重要作用,采取多种措施促进农村贫困劳动力实现就业创业、增加收入。丽水市人力资源和社会保障局 丽水市财政局出台《关于公布市本级高校毕业生就业见习基地的通知》(丽人社〔2017〕183号)决定同意浙江维康药业股份有限公司等12家单位为丽水市本级高校毕业生就业见习基地。认真贯彻落实失业保险降费政策,失业保险费单位缴费部分实行临时性下调,费率由1%降为0.5%,受惠企业1.2万家,涉及职工22.8万。积极实施援企稳岗补贴政策,全市发放稳岗补贴企业327家,补贴金额1232万元,受惠企业职工达3.8万人。

为用人单位和高校毕业生、城乡求职者搭建供需平台,共组织举办各类招聘会43场,参会单位3000多家,提供就业岗位7.7万个。赴贵州、广西跨省开展人力资源交流和劳务协作。及时掌握企业发展状况和用工趋势,加强660家企业用工定点监测。实施丽水市职业培训“百千万”计划,提升劳动者就业创业能力,共举办596个培训班,投入培训资金2543.2万元,培训3.43万人。深入开展就业创业服务规范化建设,实现第一批5个“一卡通办”事项和9个“全市通办”事项。加快建设“互联网+”公共服务平台。

实施高校毕业生就业创业促进计划,推出见习岗位1381个,安排见习610人,离校未就业高校毕业生实名登记帮扶率达到100%。加强农村困难家庭就业帮扶工作,新认定就业困难人员1800人次,为4728人次发放社保补贴1719万元,公益性岗位安排就业困难人员107人。落实残疾人就业创业扶持政策,组织残疾人电商培训1124人,帮扶残疾人创业就业377人。共为327家企业发放稳岗补贴1232万元,受惠企业职工达3.8万人,受理技能提升补贴申请500余人,补贴总额达70万余元,居全省第一位。农村电商培训、扶持农村电商创业两个指标被列入全市十方面民生实事并提前全年目标任务,分别完成14909人、3337人。

全面落实创业担保贷款政策,出台关于支持大众创业促进就业政策实施细则,首次通过公开竞标方式确定创业担保基金存放银行，发放创业担保贷款 4209 万元。共发放创业园建设补贴 95 万元，认定市本级创业园 7 家和市级创业园 9 家，成功创建省级创业孵化示范基地 3 家。参与举办创业论坛 56 场、创业大讲堂 52 场、农村电子商务精准服务活动 30 多场。联合在丽高校举办创业大赛和职业生涯规划大赛，改进“奇思妙想 · 创赢绿谷”创业创新大赛赛制，参赛项目和人数参创历年之最。首次通过公开竞标确定职业培训示范项目承办主体，首次开展市本级职业技能（创业）培训培训示范基地评选认定。“超市、农村电商、农家乐民宿创业培训”项目作为全国唯一该类项目入选“首届全国创业就业服务展示交流活动”，获“优秀项目奖”。

【社会保险参保情况】 全市养老保险参保人数为 167.6 万人，参保率达到 84.45%；医疗保险参保人数 234.46 万人，参保率达到 98.79%；工伤保险、生育保险和失业保险参保人数分别为 78.16 万人、26.79 万人、23.13 万人。被征地农民衔接转入企业职工基本养老保险人数达 22.4 万人，转保率为 88.1%。实际持社保卡人数 263 万。调整退休人员基本养老金，惠及全市 24.16 万名退休人员；城乡居民基本养老保险基础养老金标准由每人每月 120 元调整为 135 元。职工医疗保险和城乡医疗保险政策范围住院报销比例分别达到 85% 以上和 75% 左右，支付限额分别为 28 万元和 15 万元；大病报销比例达到 55%，支付限额达 20 万元。失业保险待遇市本级、莲都区、青田县、缙云县为 1148 元/月，其他县为 1035 元。

【社会保险政策】 2017 年，开展“统一的全民医保制度”省级试点，丽水市人民政府出台《关于印发〈丽水市全民医疗保险办法〉的通知》（丽政发〔2017〕70 号），建立以基本医疗保险为主体、大病保险为延伸和拓展、多形式补充保险供选择的多层次的全民医疗保险办法，促进医保从“人人享有”到“公平享有”转变。深化医保付费方式改革，完善总额预算管理，将各县（市）城乡居民在市级公立医院住院医疗费用纳入总额预算中加以控制管理；将按床日付费范围从专科医院拓展到综合医院的专科病房；在市本级五家市级医院对生育等八个病种实行按病种付费；在市级公立医院开展日间手术费用纳入住院支付并探索按病种付费管理。将慢性病人需常年服用的治疗性药物，在基层医疗机构的一次处方量延长到 12 周。着力解决参保人数达近 30 万人的老农保遗留问题，率先完成限期清零目标任务，并在全国城乡居民养老保险业务培训会上作经验介绍。会同市财政局、市地方税务局出台《关于市直原事业单位养老保险统筹基金清算有关问题的通知》（丽人社〔2017〕91 号），对原事业单位养老保险统筹基金进行清算。与建设、交通、水利部门联合印发市本级 2017 年建筑业工伤保险专项检查工作方案，开展建筑业工伤保险专项检查活动，建立在建、新建施工项目工伤保险参保信息共享制度，确保新开工项目工伤保险 100% 参保。

【社会保险经办管理】 2017 年，开展城乡居民医疗保险基金安全与绩效评估省级试点，加强风险防控、强化基金监督、增强管理效率，保障和推动城乡居民医疗保险制度平稳健康可持续发展。亲情社保建设列入全市十方面民生实事，社保家庭共济人数为 53916 人，共济金额达 4290 万元。开启外伤核查政保合作新模式。按照宽进严管的要求，分两期增补医保定点医药机构 57 家，并对新增的定点医药机构医技人员开展医保专题培训。对市本级所有定点医药机构开展专项巡查，对 86 家定点医药机构开展信用等级评定工作；根据医保控费成效情况，对市本级五家公立医院开展绩效考核。11 月 1

日起，通过数据信息互通、前台后台贯通、内部外部联通，打破群众办理城乡居民社会保险业务事项属地办理限制，第一批个人基础信息修改、证明打印、养老待遇核发、生存认证等18项城乡居民社会保险业务实施9县(市、区)业务全市通办。

【人才引进与开发】 2017年，全面贯彻《中共丽水市委 丽水市人民政府关于加强创业创新人才队伍建设的意见》(丽委发〔2016〕38号)，着力加强人才队伍建设。丽水市人力资源和社会保障局出台《关于印发〈丽水市"华发人才"开发引进实施办法(试行)〉的通知》，创新人才开发引进机制，充分利用各类人才资源，为我市经济社会发展提供更多人才支撑和智力保障。组织鉴定37894人次，涉及49个职业(工种)，培养高技能人才5729人。入选省151人才工程第三层次培养人员10人，市138人才第一层次15人、第二层次65人，在浙江大学举办有49人参加的市138人才高级研修班。新建成博士后工作站4个。引进急需紧缺人才和高层次人才2038名。

【人才引进与开发】 2017年，根据省厅统一部署，对我市培养期内的省151人才工程重点资助对象2人、第一层次2人、第二层次9人进行考评，确定优秀等次2次，合格等次11人。组织对市直11个单位的17名首席专家2016年度工作业绩进行考核督查，确定7人为"好"等次，发放激励性绩效工资3万元；确定10人为"良好"等次，发放激励性绩效工资2.5万元。开展精准服务企业专项行动，通过宣传一批政策、联系走访一批企业、组织一组公益培训活动、开展一系列招才引智活动和破解一批难题等"五个一"举措，集中走访企业50家，发放惠企政策等相关资料300余份，为企业解决实际困难60余个。组织开展第三批丽水市重点企业创新团队评选工作，全市共申报推荐32个企业创新团队，经过专业组初审、现场答辩评审、专家评议打分等程序，提出10个市重点企业技术创新团队建议名单。编制《2017年—2018年丽水市紧缺人才开发导向目录》，共收录93类紧缺岗位。首次举办有40余人参加的企业人力资源经理高级研修班。连续7年举办丽水—武汉人才招聘会，拓宽"人才金桥"，累计与13家知名人才服务机构和35所高校签订人才合作框架协议。

市区人才服务单位已达32家，人才服务专员超过40名。人才卡、人才公寓、安家补助等11项人才政策业务全部实现网络申报、部门联审，实现人才和用人单位"一次都不用跑"。全市12万份高校毕业生和流动人员人事档案实现基础信息全市联网、微信查询，毕业生就业报到等项目全省最早实现"一卡通办"。开展人才政策服务进产业园区、人才讲坛、专家作品拍卖会等9项人才服务系列活动。联合会总会及十个专家委员会全年共开展专家成果展、大花园建设发展论坛、各类建言献策和服务基层的活动近60场次。

【专业技术和留学人员管理】 深入推进"双百引领计划"，丽水市人力资源和社会保障局出台《关于开展企业技术服务需求调查启动第二批"双百引领计划"专家匹配工作的通知》(丽人社〔2017〕1号)，在全市范围内开展企业技术难题需求征集，共征集到80余项企业技术难题及需求，并在丽水学院、丽水职技院、市农科院、市林科院以及省内外高校、科研院所中进行专家匹配，第二批51名挂职人才与46家企业匹配成功，并派驻企业开展为期两年的挂职工作。全市已累计选派两批博士(教授)82名进驻75家企业挂职，其中市外院校及科研院院所专家36名。召开浙江省专家联系服务企业、竹产业提升发展研讨会暨丽水市"双百引领计划”工作推进会，邀请国内外竹产业领域知名专家、企业家代表进行竹产业相关主题报告和交流。召开丽水市博士后工作现场观摩培训会和浙江省博士后工作交流培训会。丽水市人力资源和社会保障局出台《关于公布2017年度浙江省博士后科研项目择优资助人员名单的通知》（丽人社〔2017〕156号），浙江金马逊机械有限公司游张平博士后等5位博士后科研项目获省级博士后科研项目择优资助。丽水市人力资源和社会保障局出台《关于做好2017年省级现代服务业和专业技术人员高级研修班项目申报工作的通知》，组织开展省级现代服务业和专业技术人员高级研修班申报工作，共上报16个省级专业技术人员高级研修班和6个省级现代服务业高研班。

按照分类改革要求，实施精细化管理，分设建筑工程，交通工程，水利和海洋与渔业工程，质量技术监督、安全和医药工程，广播电视工程、林业工程、企业工程、综合工程等八个中评委，各系列高级工程师资格及事业单位工程师资格由相应的中评委组织评审（推荐）。将中小学教师中级评审权下放到各县（市、区），取消职称外语和计算机应用能力统一要求。全面实行评聘结合，对全市纳入岗位管理的事业单位正式在编人员，所在单位在核定的岗位结构比例内开展职称评审推荐工作。市中心医院、人民医院被列入我省卫生高级职称自主评聘唯一市级试点单位，为全省卫生高级职称自主评聘改革提供可借鉴、可复制、可推广的鲜活样本。按照“三破三重”导向，即破除“唯学历、唯资历、唯论文”，突出“重品德、重能力、重业绩”导向，制订完善教育、卫生、经济、工程等系列评价标准，制定18个专业量化评分办法。深入推进职称评审“最多跑一次”改革，启动开发集“网上申报缴费、网上资格审查、网上专家评议、网上发文发证”于一体的“云上职评”管理系统。做好2017年度高级工艺美术师推荐工作。完成2016年企业工程中初级评审工作。对我市2016年度卫生、中小学高评委有关工作进行全面复审。

【职业能力建设】 评选第四批丽水市首席技师10名、第四批丽水市“五养”技能大师60名、丽水市技能大师工作室10家。为2016年度“丽水市首席技师”、“丽水市技能大师工作室”领办人、高级技师、列入《丽水市2016年度紧缺人才开发导向目录》的技师共97人，发放高技能人才政府岗位津贴62.45万元。推荐俞云祥、田晓村2位同志为2017年浙江“万人计划”高技能领军人才候选人。周金甫技能大师工作室、王岳田技能大师工作室被省厅备案为省级技能大师工作室。实施“重点产业岗位技能提升千人培训计划”，制定市本级职业技能（创业）培训计划，组织数控车工、钳工、焊工、烹饪、健康管理师、养老护理员、汽车修理工等13个工种1000余人参加培训，共计补贴101.98万元。组织丽水市非物质文化遗产（青田石雕）高技能人才研修班，共有50名学员参加学习。组织“金蓝领”培训，选派浙江晨龙锯床股份有限公司的柏友周参加英国数控加工技术培训班。举办首届丽水市“金牌技师”职业技能竞赛和2017年丽水市青瓷宝剑职业技能竞赛，分别有100名和129名选手参加，共选拔出20名“丽水市技术能手”和30名丽水市“金牌技师”。联合水利、农业、残联、公安、卫生、教育、交通等部门开展水工闸门运行工、动物防疫、保安等20余个工种的职业技能竞赛。指导缙云县开展“机床小镇杯”职业技能竞赛，云和县开展云和师傅·工匠传统木艺大赛。助推龙泉青瓷宝剑技师学院预摘筹工作。推进“技能脱贫千校行动”，指导9县（市、区）人力社保部门与市内技工院校签订协议，通过结对帮扶的方式，组织低收入农户家庭劳动力接受技工教育或职业培训。技工院校师生在浙江省技工院校第二届学生数学素养知识竞赛、浙江省首届“梦想杯”中职学生征文大赛、2017年“和也杯”第十二届浙江国际传统武术比赛、丽水市第十五届中等职业学校师生技能大赛等比赛中屡获佳绩。

【国外智力引进】 获批省级引智项目共14项,其中百村引智示范项目5项(连续4年全省第一),获省外专局资助经费55.4万元。首次举办外国专家现代农业项目成果专场推介会,邀请在浙江的法国果蔬技术专家、巴基斯坦农业生物技术专家来丽水进行现场农业项目推介,共有12家农业企业参加交流洽谈。根据省厅统一部署,“外国人入境就业许可”和“外国专家来华工作许可”,统一整合为“外国人来华工作许可”。

【公务员管理】 全市各级机关考录公务员519人,公务员参考人数为17162人,考录比为33:1,再创我市新高。再创我市新高。坚持把公开遴选和公开选调公务员成为市直单位转任公务员的主渠道,共有13个单位通过公开遴选或公开选调公务员36名。市本级事业单位共招(选)聘工作人员315人,其中引进高层次专业技术人才115人(博士研究生15人、硕士研究生100人),招聘工作实现零违纪零投诉。

【公务员管理】 2017年,会同市委组织部、市委宣传部在全市开展“选树全市最美公务员 展示丽水铁军风采”活动,经市选树活动领导小组遴选并报市委常委会审议通过,共有98名公务员确定为丽水市“最美公务员”候选人。上报9名全省“最美公务员”候选人选,8人被选树为全省“最美公务员”,其中市纪委的蔡昱被确定为全省重点选树宣传对象并在全省“最美公务员”事迹报告会上宣讲。落实《中共丽水市委组织部 丽水市人力资源和社会保障局关于印发〈丽水市市级机关公务员平时考核工作实施细则(试行)〉》的通知》(丽组通〔2016〕37号),确保市直机关(单位)公务员平时考核工作全覆盖。县(市、区)的公务员平时考核工作平台建设工作有序推进。启动公务员“学法用法三年轮训行动”,计划三年完成对全市15000多名公务员每人为期三天的脱产培训。2017年全市共轮训公务员4761名,其中市直机关举办培训班三期,1030名公务员参加。启动开发全市公务员网络培训系统。根据国家、省级对评比达标表彰工作和浙江省行政奖励工作有关规定,会同相关部门开展对全市“护航G20,平安夺金鼎”、“五水共治”、“文明城市创建”等重点工作中表现突出的集体和个人进行行政奖励,对市场监管局、安监局、金融办等单位在大要案查办、专案查办、辅导企业成功上市等工作中作出突出贡献的集体和个人进行即时奖励。

【事业单位人事管理】 丽水市人力资源和社会保障局出台《丽水市规划建筑设计院等4家生产经营类事业单位改制人员费用提取意见》(丽人社〔2017〕202号),牵头启动市属4家从事生产经营类事业单位改制工作。中共丽水市委组织部 丽水市人力资源和社会保障局出台《关于进一步加强事业单位专业技术岗位管理工作有关问题的补充意见》(丽人社〔2017〕179号),从岗位设置、竞聘上岗、考核管理等八个方面对专业技术人员岗位管理进行规范。落实有关促进公办与民办学校、医疗机构之间人才合理有序流动的政策规定,对公立医院医生、学校教师到“两民机构”工作和回流到原单位的程序进行规范,有效提高事业单位岗位管理的规范化水平。贯彻“阳光招考”理念,建立事业单位专业面试考官库,保障面试考官质量,保证公开招聘工作的公平性、公开性、公正性;在相关政府网站、局微信公众号等及时公布笔试成绩、面试成绩、递补人员名单及拟聘用人员名单等,增强招聘工作的透明度。督促全市事业单位加强聘期考核工作,把聘期考核作为事业单位人事管理的中心环节,指导事业单位及主管部门积极探索形式多样、便捷有效的聘期考核方法和途径,强化考核结果的运用,将聘期考核结果作为下轮竞聘或续聘的主要依据。落实省厅关于鼓励支持事业单位科研人员离岗创业创新的政策规定,要求事业单位在稳妥运行的前提下,严格审核材料、严格控制条件,严格办理程序,保障符合离岗创业条件的科研人员能够离岗创业创新。会同市编办、林业、教育、职业技术学院等各相关职能部门,联合丽水职业技术学院和浙江农林大学采用"2+2"培养模式,定向培养本科学历林技人员,指导全市各县(市、区)规范开展招录工作。

【工资福利】 2017年,依托公务员平时考核系统,加强公务员队伍的管理与考核,由各单位按月对本单位工作人员进行考核,并发放考核奖。参照省直单位G20一次性专项奖金发放标准,对市本级机关事业单位的在职在编人员和离退休人员发放一次性专项奖金。根据《丽水市人力资源和社会保障局关于进一步规范丽水市本级机关事业单位编外用工使用管理的意见》(丽人社〔2016〕284号),从2017年7月起调整编外用工工资标准,全年人均经费从人均46000元增加到48160元。参加市政府组织的提升基层医疗卫生服务能力调研组,探索基层医疗卫生事业单位在人力社保、财政部门核定的绩效工资总量内,对基层医疗卫生事业单位实行绩效工资差异化管理,统筹确定各单位的绩效工资总量。

【军队转业干部安置】 2017年,省下达安置任务32名,其中计划分配30名、自主择业2名;随调家属2名。计划分配人员中,副团职8名、营职14名、连排职4名、技术干部4名。开展军转干部和随调家属的档案审查、复核工作,确保每个环节步骤无差错。开展军转干部的理论考试及面试工作,实施"五公开"阳光安置政策,不断增强安置工作透明度。做好军转干部安置后的上岗前培训,参训率和合格率均达100%。首次组织部分优秀的军转干部到浙江大学参加为期一周知识更新培训。根据省统一部署,利用年审登记,做好信息采集,完成全国自主择业工作信息平台推广运行工作。完成退役金标准调整及2016年新增的自主择业干部退役金核定工作。协调有关部门落实好随军(随调)就业安置及随迁子女转学、入学等方面的权益。建立解困帮扶长效机制,采取春节、"八一"等重大节假日进行普遍慰问和重点走访形式,特别对因病因灾等原因导致家庭困难的企业军转干部加大个案帮扶力度。

【劳动关系】 市人力社保局围绕"六有六要"目标,推进"企业关爱职工、职工热爱企业"活动(简称"双爱"活动),市政府召开全市"双爱"综合试验区创建工作部署会议,推进"双爱"活动综合试验区创建。全市共建立10个试验区,参与创建企业达214家,评选出浙江方正电机股份有限公司、燕京啤酒(浙江丽水)有限公司、意尔康集团等20家"双爱"示范企业。开展"双爱"宣传周集中宣传,全市共发放宣传资料15000余份,接受现场咨询420余次。贯彻《中共丽水市委 丽水市人民政府关于深化市管企业负责人薪酬制度改革的实施意见》(丽委发〔2017〕17号),推动市管国有企业负责人薪酬制度改革落地生效。圆满完成维稳安保各项工作任务,实现人力社保系统局面稳定。

【农民工管理服务】 落实《丽水市人民政府办公室关于全面治理拖欠农民工工资问题的实施意见》(丽政办发〔2017〕119号),全面治理拖欠农民工工资问题,切实保护农民工合法权益,维护社会和谐稳定。做好上级对我市解决拖欠农民工工资问题工作情况开展专项督查的相关迎检工作。丽水市农民工工资支付应急领导小组办公室出台《关于调整丽水市建筑业企业农民工工资支付保证金缴退有关事项的通知》(丽农工支应急办〔2017〕1号),对以保函形式缴纳、连续三年无严重拖欠予以返还等做出规定,共返还符合三年无拖欠28家企业保证金1900万元。

【劳动保障监察】 贯彻《丽水市人民政府办公室关于印发丽水市开展"丽水无欠薪"行动实施方案的通知》(丽政办发〔2017〕88号),推进"丽水无欠薪"建设。开展工资支付情况、人力资源市场秩序整顿等4次专项行动,共抽调检查人员1160人次,对近3000家用人单位进行检查,责令376家存在违反劳动保障法律法规行为的用人单位进行整改。全市共办理各类案件697件,其中欠薪案件331件,清欠金额5847.14万元,动用政府应急周转金垫付劳动者工资160.5万元。全市主动监察各类用人4804户。开展跨区域、跨部门的全市联合交叉执法检查、快递行业双随机抽查等行动,探索突破地域限制、部门局限、业务单一的执法检查新模式。

【调解仲裁】 试行特聘(兼职)仲裁员办案,扩大要素式办案模式运用范围。建成"一站式"仲裁服务窗口,集"咨询—立案—受理—法援—送达—代写申请书"等多项服务于一体,最大限度为维权劳动者提供便利。市仲裁院被评为全国人力资源社会保障系统2014—2017年度优质服务窗口,并连续八年获得全省劳动人事争议案件处理工作优秀单位。全年共立案受理劳动人事争议3405件,涉案金额7768.18万元,结案3340件,结案率98.1%;调解2747件,调解率82.2%。建立多元化调解格局,探索劳动争议仲裁巡回庭制度,全市仲裁院积极开展仲裁巡回庭办案,共处理疑难案件67件,涉案金额480余万元。切实推进法律援助工作,法援工作站共接待咨询942人,申请法援215件,受援人数215人,涉案金额840.83万元,法援工作站已成为农民工劳动争议维权主渠道。

【信息化建设】 完善"网上社保""掌上社保""亲情社保"服务组合拳,开发丽水掌上社保微信版及小程序,"诊间结算+医保移动支付"作为就医一卡通重点案例在首届全国人社信息化创新应用展上展出。建成社会保障卡综合运用示范基地,并在全国社会保障卡综合运用经验交流研讨会上做经验介绍。用"互联网+"思维推进为民服务信息系统建设,丽水掌上人社功能不断增加和完善;完成数据中心升级改造,编制完成丽水市人力资源和社会保障信息系统安全防护(一期)、丽水市职称评审和人事管理系统、丽水市劳动监察网络指挥综合管理系统(一期)和丽水市人力社保数据省级集中等4个项目的建设方案,并通过市经信委的立项审批。在6月初率先实现跨省就医刷卡实时结算。探索社保卡跨部门应用,与财政合作利用社保卡发放涉农补助资金。

【最多跑一次改革】 优化流程、精减材料,37个主项、115个子项实现全市"八统一"。实施"局长坐班""处长双包干"等制度,推动单位业务网上办、个人业务掌上办、复杂业务窗口办、难办业务局长办。社保待遇领取资格实现全球"漫游"刷脸认证。开通支付宝缴纳城乡居民社会保险费服务,实现"国内业务国外办"。突破跨部门联办事项"集成服务"难题,实现"诊间结算+医保移动支付",社保卡补卡、被征地农民转保、灵活就业人员新参保等业务"三跑变一跑"。开展"一卡通办""同城通办""全市通办”省级试点,44 个“一卡通办”事项,办事群众手持一张社保卡就能办成事。初步构建形成网络全覆盖、数据全共享、线上线下同推进的信息化体系和窗口平台、基层平台、网上平台、移动平台“四台合一”便民化体系,我局“最多跑一次”改革工作在市委市政府年底考核中得分名列市直部门第一。

【获省级以上荣誉】

荣誉集体

1. 浙江省人力资源和社会保障系统先进集体
   丽水市人力资源和社会保障局
   缙云县人力资源和社会保障局
   莲都区劳动人事争议仲裁委员会
   龙泉市就业管理服务局
   青田县社会保险事业管理局
2. 2017 年度浙江省劳动保障监察系统模范集体
   龙泉市劳动保障监察大队
   青田县劳动保障监察大队
   景宁县劳动保障监察大队
3. 2017 年度全省劳动人事争议案件处理工作优秀单位
   丽水市劳动人事争议仲裁委员会
   龙泉市劳动人事争议仲裁委员会
   青田县劳动人事争议仲裁委员会
   缙云县劳动人事争议仲裁委员会
   遂昌县劳动人事争议仲裁委员会
4. 党的十九大维稳安保工作作出突出贡献的集体
   云和县人力资源和社会保障局
   景宁县人力资源和社会保障局
5. 浙江省工人先锋号
   缙云县人力资源和社会保障局职业能力建设科

荣誉个人

1. 全国基层理论宣讲先进个人
   庆元县人力资源和社会保障局　吴永德
2. 2015—2016 年度省优秀农村工作指导员
   龙泉市人力资源和社会保障局　练　敏
3. 全省人力资源社会和保障系统先进工作者
   莲都区人力资源和社会保障局　秦艺峰
   龙泉市人力资源和社会保障局　叶伟军
   云和县人力资源和社会保障局　李建宁
   缙云县人力资源和社会保障局　赵　杰
   遂昌县人力资源和社会保障局　雷永春
   松阳县人力资源和社会保障局　叶黎平
4. 浙江省劳动保障监察系统办案能手
   莲都区劳动保障监察支队　周建星
   缙云县劳动保障监察大队　周赛杰
5. 2017 年度全省劳动争议案件处理工作优秀个人
   丽水市劳动人事争议仲裁委员会　季建荣
   丽水市劳动人事争议仲裁委员会　黄力莎
   云和县劳动人事争议仲裁委员会　朱美云
   缙云县劳动人事争议仲裁委员会　田文婉
   庆元县劳动人事争议仲裁委员会　吴修荣
6. 党的十九大维稳安保工作作出突出贡献的个人
   龙泉市人力资源和社会保障局　周欧蕾
   龙泉市人力资源和社会保障局　方　伟
   龙泉市人力资源和社会保障局　张建辉
   云和县人力资源和社会保障局　金建明
   云和县社会保险事业管理局　傅绍康
   云和县人力资源和社会保障局　汤　芳
   庆元县人力资源和社会保障局　杜国瑞
   缙云县人力资源和社会保障局　朱　斌
   缙云县人力资源和社会保障局　卢肖霄
   缙云县人力资源和社会保障局　尚海龙
   缙云县人力资源和社会保障局　周望阳
   遂昌县人力资源和社会保障局　刘江菊

遂昌县人力资源和社会保障局　　周冬芽

遂昌县人力资源和社会保障局　　项伟友

景宁县人力资源和社会保障局　　胡华君

景宁县人力资源和社会保障局　　潘昌宝

景宁县人力资源和社会保障局　　雷　毅

7. 浙江省“书香之家”

庆元县人力资源和社会保障局　　吴修荣

（周　广）

重要文件选载

浙江省人力资源和社会保障厅等5部门关于对我省部分系列专业技术人员资格实施电子证书管理改革试点的通知

浙人社发〔2017〕4号

各市和义乌市人力资源和社会保障局、经信委、文广新局、档案局、药监局,省直有关单位:

为加快推进"互联网+政务服务",简化办事流程,创新服务模式,改革专业技术人员资格证书管理方式,经研究决定,对我省部分系列专业技术人员资格实施电子证书管理改革试点。现将有关事项通知如下:

一、对省工业设计、省药学、省医疗器械、省档案系列初级及中级专业技术人员资格考试取得的资格证书,以及省工业设计、省档案、省群众文化、省图书资料系列高级专业技术人员资格考试取得的考试合格证明,实施电子证书,不再发放纸质证书。

二、加盖电子印章的专业技术人员资格电子证书与纸质证书具有同等法律效用,可作为我省相应系列专业技术资格评审或岗位聘任的有效凭证。专业技术资格电子证书的任何形式的电子再转换版本,不具备同等法律效力。

三、考试合格人员可登录浙江政务服务网(www.zjzwfw.gov.cn),自行下载或打印本人专业技术资格电子证书。

四、浙江政务服务网面向社会开放查询证书信息(包括当年的和历年的)功能,并可对电子证书进行验核。

五、对遗失的往年发放的纸质证书,不再补办纸质证书,由持证人自行登录浙江政务服务网下载打印电子证书作为更换。

六、持电子证书的专业技术人员应严格按照规定规范使用,严禁伪造、篡改、滥用。违规行为经查证属实的,记入个人信用记录,并由有关部门按照相关规定进行处理。

七、各市人力社保和相关行业主管部门要加强对电子证书使用的指导和监管。省级人力社保部门要加强电子证书管理,面向公众提供电子证书真实性验核服务,协助浙江政务服务网做好专业技术资格电子证书的数据传输、信息安全备份,以及电子证书的归档、共享等工作,确保数据信息有效利用和安全可靠。

八、试点过程中,各市人力社保和相关行业主管部门,要相互配合,积极推进证书管理方式改革,并做好宣传、解释和服务工作。对试点碰到的问题,要及时收集研究,并报告省人力社保厅专技处。

九、本通知自发布之日起实施。

附件:1. 初、中级专业技术人员资格证书(样本)

2. 高级专业技术人员资格考试合格证明(样本)

浙江省人力资源和社会保障厅

浙江省经济和信息化委员会

浙江省文化厅

浙江省档案局

浙江省食品和药品监督管理局

2017年1月16日

附件 1

初、中级专业技术人员资格证书(模板)

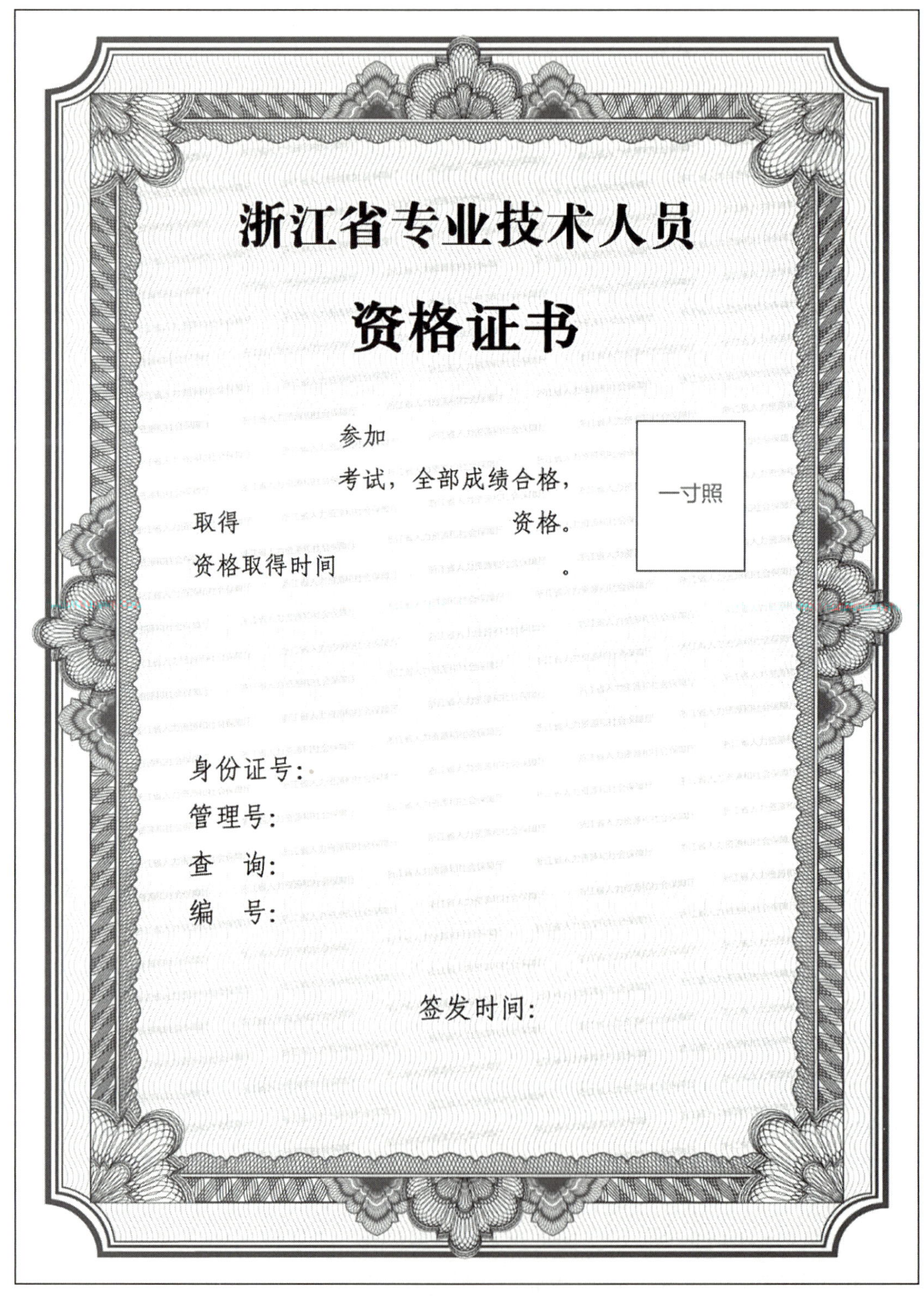
浙江省专业技术人员

资格证书

参加

考试，全部成绩合格，

取得 资格。

资格取得时间 。

一寸照

身份证号:

管理号:

查 询:

编 号:

签发时间:

附件 2

高级专业技术人员资格考试合格证明(模板)

PTA

浙江省专业技术人员资格考试

合格证明

于　　　　参加

考试,成绩合格。其成

绩从　　　年度起　　个年度内申报相

应资格评审时有效。

一寸照

身份证号:

管理号

查　询:

编　号:

签发时间:

浙江省人力资源和社会保障厅　浙江省文化厅关于印发《浙江省美术专业中、高级专业技术职务任职资格评价条件(试行)》的通知

浙人社发〔2017〕6号

各市、县(市、区)人力资源和社会保障局、文化局,省级有关单位:

根据国家和我省职称改革有关文件精神,我们制定了《浙江省美术专业中、高级专业技术职务任职资格评价条件(试行)》,现印发给你们,请遵照执行。在执行中遇到的问题请及时反映,以便不断修改完善。

浙江省人力资源和社会保障厅
浙江省文化厅
2017年1月18日

浙江省美术专业中、高级专业技术职务任职资格评价条件(试行)

第一章　总则

第一条　为了客观、公正、科学地评价我省美术专业专业技术人员的技能和水平,加强美术专业专业人才队伍建设,根据中央和我省职称工作有关文件精神,结合我省美术事业发展实际,制定本评价条件。

第二条　本评价条件适用于我省从事美术及相关专业的管理、研究、实践等工作的在职在岗专业技术人员,包括美术馆、纪念馆、书画院等美术机构的在职在岗专业技术人员。根据美术专业专业工作的不同类别,具体分为美术实践与理论类专业(包括美术创作、美术理论研究、美术评论)和美术馆管理类专业(包括美术管理规划、美术展览策划与实施、美术展览陈列设计与实施、美术藏品研究与利用、美术藏品保管与保护修复、公共教育、美术培训、美术编辑等专业工作)。

第三条　美术专业中、高级专业技术职务任职资格名称和等级分别为:

美术实践与理论类专业:三级美术师为中级任职资格,二级美术师为副高级任职资格,一级美术师为正高级任职资格。

美术馆管理类专业:馆员为中级任职资格,副研究馆员为副高级任职资格,研究馆员为正高级任职资格。

第四条　按照本评价条件，经相关评委会评审通过并获得美术专业专业技术职务任职资格者，表明其具有相应的专业技术水平和能力，是聘任相应专业技术职务的重要依据。

第二章　申报条件

第五条　基本条件

（一）拥护党的路线、方针、政策，遵守国家法律法规。

（二）致力于美术事业，热爱本职工作，认真履行岗位职责，具有良好的职业道德和敬业精神，追求德艺双馨，坚守艺术理想和艺术良知，坚持健康的艺术趣味，同行间相互学习，切磋技艺，取长补短，反对门户之见，无侵犯他人知识产权的行为。

第六条　学历（学位）、资历条件

（一）中级专业技术职务任职资格

具备下列条件之一者，可申报中级专业技术职务任职资格：

1. 具有大学本科学历，取得初级专业技术职务任职资格后，聘任满 4 年。

2. 具有研究生学历或硕士学位，取得初级专业技术职务任职资格后，聘任满 2 年。

（二）副高级专业技术职务任职资格

具备下列条件之一者，可申报副高级专业技术职务任职资格：

1. 具有大学本科以上学历或硕士学位，取得中级专业技术职务任职资格后，聘任满 5 年。

2. 具有博士学位，取得中级专业技术职务任职资格后，聘任满 2 年。

（三）正高级专业技术职务任职资格

具有大学本科以上学历或硕士学位，取得副高级专业技术职务任职资格后，聘任满 5 年，可申报正高级专业技术职务任职资格。

（四）具有以下学历（学位），可初定相应的专业技术职务任职资格

1. 具有研究生学历或硕士学位，从事专业工作满 3 年（学历或学位取得前后从事本专业或相近专业的工作年限可以相加，但学历或学位取得后从事专业工作须满 1 年），经考核合格，可初定中级专业技术职务任职资格。

2. 具有博士学位，经考核合格，可初定中级专业技术职务任职资格。

3. 博士后科研流动站、工作站出站人员，在站期间圆满完成研究课题，取得科研成果者，经考核合格，可初定副高级专业技术职务任职资格。

第七条　破格申报条件

对不具备第六条规定的学历（学位）、资历条件，但专业技术业绩和成果突出，具备下列条件者，可以逐级破格申报相应的专业技术职务任职资格。破格申报仅限于学历破格或资历破格中的一项，其中资历破格提前时间原则上不超过 1 年。

（一）破格申报中级专业技术职务任职资格，应同时具备下列条件中的 2 项以上

1. 作为主要贡献者获得县级以上科研、业务项目（课题）奖项 1 项以上（奖项划分等级的，应在二等奖以上）。

2. 作为主要成员参与市（设区市，下同）（厅）级以上科研、业务项目（课题）2 项以上。

3. 获得县级以上劳动模范、先进工作者称号；或被市级以上政府部门评为单项先进工作者。

4. 作品入选全省性以上展览（含专题展览）4 次以上。

5. 作品在全省性以上展览（含专题展览）获得奖项 1 次以上（奖项划分等级的，应在三等奖以上）。

6. 在公开发行的刊物或国家重点美术馆馆刊上，或在省（部）级以上专业性学术会议上（编入正式出版的论文集）发表本专业论文 2 篇以上，其中在本专业核心期刊发表 1 篇以上；或正式出版专业专著、译著 1 部以上。

(二) 破格申报副高级专业技术职务任职资格,应同时具备下列条件中的2项以上

1. 作为主要贡献者获得市(厅)级以上科研、业务项目(课题)奖项2项以上(奖项划分等级的,应在二等奖以上)。

2. 作为主要成员参与省(部)级以上科研、业务项目(课题)2项以上。

3. 获得市级以上劳动模范、先进工作者称号;或被省级以上政府部门评为单项先进工作者。

4. 作品入选全省性以上展览(含专题展览)6次以上;或主持省级以上美术创作工程项目1次以上。

5. 作品在全省性以上展览(含专题展览)获得奖项2次以上(奖项划分等级的,应在三等奖以上)。

6. 在国家重点美术馆举办个展1次以上。

7. 在公开发行的刊物或国家重点美术馆馆刊上,或在省(部)级以上专业性学术会议上(编入正式出版的论文集)发表本专业论文3篇以上,其中在本专业核心期刊发表1篇以上;或正式出版专业著作或译著1部以上。

(三) 破格申报正高级专业技术职务任职资格,应同时具备下列条件中的2项以上

1. 作为主要贡献者获得国家级科研、业务项目(课题)奖项1项以上;或作为主要贡献者获得省(部)级科研、业务项目(课题)奖项2项以上(奖项划分等级的,应在二等奖以上)。

2. 主持国家级科研、业务项目(课题)1项以上;或作为主要成员参与国家级科研、业务项目(课题)2项以上。

3. 获得省级以上劳动模范、先进工作者称号;或被国家级政府部门评为单项先进工作者。

4. 作品入选全国性展览(含专题展览)4次以上;或主持国家级美术创作工程项目1次以上。

5. 作品在全省性以上展览(含专题展览)获得奖项3次以上(奖项划分等级的,应在二等奖以上);或在全国性展览(含专题展览)获得奖项1次以上(奖项划分等级的,应在二等奖以上)。

6. 在国家重点美术馆举办个展1次以上。

7. 在公开发行的刊物或国家重点美术馆馆刊上,或在省(部)级以上专业性学术会议上(编入正式出版的论文集)发表本专业论文4篇以上,其中在本专业核心期刊发表2篇以上;或正式出版专业著作或译著2部以上。

第八条 转(兼)评申报条件

担任其他专业技术职务1年以上,因工作岗位变动,现实际从事美术专业工作满1年以上的,须转评与现聘专业技术职务等级相对应的美术专业专业技术职务任职资格;或因实际工作岗位需要,担任其他高级专业技术职务1年以上,符合相应申报条件的,可兼评美术专业高级专业技术职务任职资格。

转(兼)评后聘任美术专业专业技术职务满1年后,方可申报高一级专业技术职务任职资格。

第九条 其他条件

(一) 年度考核等次要求

申报评审中级专业技术职务任职资格的人员,近4年的年度考核须均为合格以上;申报评审高级专业技术职务任职资格的人员,近5年的年度考核须均为合格以上,并至少有1年年度考核为"优秀"等次。破格申报人员任现职以来至少有2年年度考核为"优秀"等次。

(二) 继续教育要求

任现职期间参加继续教育和培训,并达到我省规定的继续教育要求,并提供相应的证明材料。

第三章 评审条件

第十条 申报评审人员除须具备第二章规定的申报条件外,还须达到相应的评审条件。

第十一条 专业理论知识要求

（一）中级专业技术职务任职资格

1. 掌握艺术学、美术学、博物馆学、美术馆学等与本专业相关的基础理论和基本知识。

2. 了解美术及相关专业工作的政策法规、工作要求和服务规范。

3. 具有一定的专业研究水平。

（二）副高级专业技术职务任职资格

1. 系统掌握艺术学、美术学、博物馆学、美术馆学等与本专业相关的专业理论知识和专业知识。

2. 熟悉美术及相关专业工作的政策法规、工作要求和服务规范。

3. 具有较高的专业研究水平和指导下一级专业技术人员从事美术及相关专业工作的能力。

（三）正高级专业技术职务任职资格

1. 精通艺术学、美术学、博物馆学、美术馆学等与本专业相关的专业理论知识，较全面地掌握本专业相关学科的专业知识。

2. 熟悉美术及相关专业工作的政策法规、工作要求和服务规范，掌握本专业的前沿信息和发展趋势。

3. 具有突出的专业研究水平和指导下一级专业技术人员从事美术及相关专业工作的能力，是地市或全省范围内本专业领域的业务带头人。

第十二条 工作能力和业绩要求

（一）美术实践与理论类

1. 三级美术师

（1）从事美术创作专业工作的人员，应具有一定的专业技能和艺术造诣。

（2）从事美术理论研究或美术评论专业工作的人员，应具有一定的专业理论水平和专业学术成果。

2. 二级美术师

（1）从事美术创作专业工作的人员，应具有较高的专业技能和艺术造诣。

（2）从事美术理论研究或美术评论专业工作的人员，应具有较高的专业理论水平和专业学术成果。

3. 一级美术师

（1）从事美术创作专业工作的人员，应具有精湛的专业技能和艺术造诣。

（2）从事美术理论研究或美术评论专业工作的人员，应具有高深的专业理论水平和专业学术成果。

（二）美术馆管理类

1. 馆员

（1）从事美术管理规划专业工作的人员，须作为主要成员完成规划项目1个以上。

（2）从事美术展览策划与实施专业工作的人员，须主持完成美术展览的策划和实施2个以上，并取得一定的社会效应。

（3）从事美术展览陈列设计与实施专业工作的人员，须主持完成美术展览的陈列设计和实施2个以上，并取得一定的社会效应。

（4）从事美术藏品研究与利用专业工作的人员，须主持完成藏品展览的策划和实施2个以上，并取得一定的社会效应；或在公开发行的刊物或国家重点美术馆馆刊上，或在市（厅）级以上专业性学术会议上（编入正式出版的论文集）发表藏品研究论文2篇以上。

（5）从事美术藏品保管与保护修复专业工作的人员，须独立做好藏品保管工作，完成藏品档案（库房总账、藏品建档、藏品数据库等，下同）1000件以上，并为2个以上展览提供展品（含藏品基本信息与介绍等，下同）；或具备美术藏品科技保护理念和相关技术，作为主要成员参与科研项目（课题）1个以上；或编制美术藏品保护规划、方案1项以上，并熟练掌握某一种类美术藏品的修复技术，作为主要成员完成一般美术藏品的修复工作。

（6）从事公共教育专业工作的人员，须具有一定的文字能力和组织策划能力，独立策划实施公共教育项目4个以上,并取得一定的社会效应。

(7)从事美术培训专业工作的人员,能够独立、系统地讲授本专业课程,作为主要成员完成全省培训项目2个以上并编写相关的教案、讲义,有较好的教学实绩。

(8)从事美术编辑专业工作的人员,须作为主要成员编辑完成美术期刊5期以上或美术图书3种以上,做好专业资料的研究、保管、整理等工作,有一定的工作成果。

(9)其他美术相关专业岗位的人员,比照以上八类人员的条件执行。

2. 副研究馆员

(1)从事美术管理规划专业工作的人员,须主持完成规划项目1个以上;或作为主要成员完成规划项目2个以上。

(2)从事美术展览策划与实施专业工作的人员,须主持完成美术展览的策划和实施5个以上,并取得较好的社会效应。

(3)从事美术展览陈列设计和实施专业工作的人员,须主持完成美术展览的陈列设计和实施5个以上,并取得较好的社会效应。

(4)从事美术藏品研究与利用专业工作的人员,须主持完成藏品展览的策划和实施5个以上,并取得较好的社会效应;或在公开发行的刊物或国家重点美术馆馆刊上,或在省(部)级以上专业性学术会议上(编入正式出版的论文集)发表藏品研究论文4篇以上。

(5)从事美术藏品保管与保护修复专业工作的人员,须独立做好藏品保管工作,完成藏品档案2000件以上,并为5个以上展览提供展品;或熟练掌握美术藏品科技保护理念和相关技术,须作为主要成员参与科研项目(课题)2个以上;或编制美术藏品保护规划、方案2项以上,并熟练掌握某一种类美术藏品的修复技术,独立完成一定数量的美术藏品修复工作。

(6)从事公共教育专业工作的人员,须具有较好的文字能力和组织策划能力,独立策划实施公共教育项目6个以上,并取得较好的社会效益。

(7)从事美术培训专业工作的人员,能够独立、系统地讲授本专业课程,主持完成全省培训项目1个以上,有明显的教学实绩;或作为主要成员完成全省培训项目3个以上并编写相关的教案、讲义,有明显的教学实绩。

(8)从事美术编辑专业工作的人员,须主持完成编辑美术期刊8期以上或美术图书5种以上,做好专业资料研究、保管、整理等工作,有较好的学术成果。

(9)其他美术相关专业岗位的人员,比照以上八类人员的条件执行。

3. 研究馆员

(1)从事美术管理规划专业工作的人员,须主持完成规划项目2个以上。

(2)从事美术展览策划与实施专业工作的人员,须主持完成美术展览的策划和实施8个以上,并取得显著的社会效应。

(3)从事美术展览陈列设计和实施专业工作的人员,须主持完成美术展览的陈列设计和实施8个以上,并取得显著的社会效应。

(4)从事美术藏品研究与利用专业工作的人员,须主持完成藏品展览的策划和实施8个以上,并取得显著的社会效应;或在公开发行的刊物或国家重点美术馆馆刊上,或在省(部)级以上专业性学术会议上(编入正式出版的论文集)发表藏品研究论文6篇以上。

(5)从事美术藏品保管与保护修复专业工作的人员,须独立做好藏品保管工作,完成藏品档案5000件以上,并为8个以上展览提供展品;或精通美术藏品科技保护理念和相关技术,须主持科研项目(课题)1个以上;或作为主要成员参与科研项目(课题)3个以上;或编制美术藏品保护规划、方案3项以上,并精通某一种类美术藏品的修复技术,主持制定修复规划,审定技术方案，指导或独立完成一定数量的重要美术藏品修复工作。

(6)从事公共教育专业工作的人员，须具有较高的文字能力和组织策划能力，独立策划实施公共教育项目10个以上，并取得显著的社会效益。

(7)从事美术培训专业工作的人员，能够独立、系统地讲授本专业课程，主持完成全省培训项目2个以上并编写相关的教案、讲义，有显著的教学实绩。

(8)从事美术编辑专业工作的人员，须主持完成修改、编辑、审核美术期刊15期以上或美术图书8种以上，做好专业资料研究、保管、整理等工作，有较高的学术成果。

(9)其他美术专业岗位的人员，比照以上八类人员的条件执行。

第十三条 学术和专业成果要求

(一) 中级专业技术职务任职资格

1. 三级美术师

(1)美术创作专业，申报三级美术师资格，任现职期间作品入选全省性以上展览(含专题展览)3次以上，同时具备下列条件中的1项以上：

①独立完成县级以上科研、业务项目(课题)1项以上；或作为主要成员参与县级以上科研、业务项目(课题)2项以上；或作为主要成员参与市(厅)级以上科研、业务项目(课题)1项以上。

②在公开发行的刊物或国家重点美术馆馆刊上，或在市(厅)级以上专业性学术会议上(编入正式出版的论文集)发表本专业论文1篇以上。

③作为主要成员正式出版专业著作、译著、编著1部以上。

(2)美术理论研究和美术评论专业，申报三级美术师资格，任现职期间应具备下列条件中的2项以上：

①独立完成县级以上科研、业务项目(课题)1项以上；或作为主要成员参与县级以上科研、业务项目(课题)2项以上；或作为主要成员参与市(厅)级以上科研、业务项目(课题)1项以上。

②在公开发行的刊物或国家重点美术馆馆刊上，或在市(厅)级以上专业性学术会议上(编入正式出版的论文集)发表本专业论文2篇以上。

③作为主要成员正式出版专业著作、译著、编著1部以上。

2. 馆员

(1)申报馆员资格，任现职期间应具备下列条件中的2项以上：

①独立完成县级以上科研、业务项目(课题)1项以上；或作为主要成员参与县级以上科研、业务项目(课题)2项以上；或作为主要成员参与市(厅)级以上科研、业务项目(课题)1项以上。

②在公开发行的刊物或国家重点美术馆馆刊上，或在市(厅)级以上专业性学术会议上(编入正式出版的论文集)发表本专业论文1篇以上。

③作为主要成员正式出版专业著作、译著、编著1部以上。

(二) 副高级专业技术职务任职资格

1. 二级美术师

(1)美术创作专业，申报二级美术师资格，任现职期间作品入选全省性以上展览(含专题展览)4次以上；或作品入选全省性以上展览(含专题展览)3次以上，其中获得奖项1次以上(奖项划分等级的，应在三等奖以上)；或作为主要成员参与省级以上美术创作工程项目1次以上。同时具备下列条件中的1项以上：

①作为主要贡献者获得市(厅)级以上科研、业务项目(课题)奖项1项以上。

②作为主要成员参与市(厅)级以上科研

项目(课题)2 项以上;或作为主要成员参与省(部)级以上科研项目(课题)1 项以上。

③在国家重点美术馆举办个展或联展 1 次以上。

④在公开发行的刊物或国家重点美术馆馆刊上,或在省(部)级以上专业性学术会议上(编入正式出版的论文集)发表本专业论文 2 篇以上。

⑤正式出版专业专著或译著(含合著)1 部以上。

(2)美术理论研究和美术评论专业,申报二级美术师资格,任现职期间应具备下列条件中的 2 项以上:

①作为主要贡献者获得市(厅)级以上科研、业务项目(课题)奖项 1 项以上。

②作为主要成员参与市(厅)级以上科研项目(课题)2 项以上;或作为主要成员参与省(部)级以上科研项目(课题)1 项以上。

③在公开发行的刊物或国家重点美术馆馆刊上,或在省(部)级以上专业性学术会议上(编入正式出版的论文集)发表本专业论文 3 篇以上。

④正式出版专业专著或译著(含合著)1 部以上。

2. 副研究馆员

申报副研究馆员资格,任现职期间应具备下列条件中的 2 项以上:

(1)作为主要贡献者获得市(厅)级以上科研、业务项目(课题)奖项 1 项以上。

(2)作为主要成员参与市(厅)级以上科研项目(课题)2 项以上;或作为主要成员参与省(部)级以上科研项目(课题)1 项以上。

(3)在公开发行的刊物或国家重点美术馆馆刊上,或在省(部)级以上专业性学术会议上(编入正式出版的论文集)发表本专业论文 2 篇以上。

(4)正式出版专业专著或译著(含合著)1 部以上。

(三)正高级专业技术职务任职资格

1. 一级美术师

(1)美术创作专业,申报一级美术师资格,任现职期间作品入选全国性展览(含专题展览)2 次以上;或作品入选全省性以上展览(含专题展览)5 次以上,其中获得奖项 2 次以上(奖项划分等级的,应在二等奖以上);或作为主要成员参与国家级美术创作工程项目 1 次以上。同时具备下列条件中的 1 项以上:

①作为主要贡献者获得省(部)级以上科研、业务项目(课题)奖项 1 项以上。

②作为主要成员参与省(部)级以上科研、业务项目(课题)2 项以上;或作为主要成员参与国家级科研、业务项目(课题)1 项以上。

③在国家重点美术馆举办个展 1 次以上。

④在公开发行的刊物或国家重点美术馆馆刊上,或在省(部)级以上专业性学术会议上(编入正式出版的论文集)发表本专业论文 3 篇以上,其中在核心期刊发表 1 篇以上。

⑤正式出版专业专著或译著 1 部以上。

(2)美术理论研究和美术评论专业,申报一级美术师资格,应具备下列条件中的 2 项以上:

①作为主要贡献者获得省(部)级以上科研、业务项目(课题)奖项 1 项以上。

②作为主要成员参与省(部)级以上科研、业务项目(课题)2 项以上;或作为主要成员参与国家级科研、业务项目(课题)1 项以上。

③在公开发行的刊物或国家重点美术馆馆刊上,或在省(部)级以上专业性学术会议上(编入正式出版的论文集)发表本专业论文 4 篇以上,其中在核心期刊发表 1 篇以上

④正式出版专业专著或译著 1 部以上。

2. 研究馆员

申报研究馆员资格,应具备下列条件中的 2 项以上:

(1)作为主要贡献者获得省(部)级以上科研、业务项目(课题)奖项1项以上。

(2)作为主要成员参与省(部)级以上科研、业务项目(课题)2项以上;或作为主要成员参与国家级科研、业务项目(课题)1项以上。

(3)在公开发行的刊物或国家重点美术馆馆刊上,或在省(部)级以上专业性学术会议上(编入正式出版的论文集)发表本专业论文3篇以上,其中在核心期刊发表1篇以上。

(4)正式出版专业专著或译著1部以上。

第四章　附则

第十四条　美术专业高级专业技术职务任职资格采取量化考核的辅助评价手段,申报对象量化考核分数达到一定标准的方可提交评委会评审。具体量化考核评价标准由省文化厅另行制定。

第十五条　申报美术专业高级专业技术职务任职资格人员,提供的论文、论著将提交同行专家进行鉴定,送审论文、论著必须是公开发表或出版的,所述内容应与申报专业一致。论文送审结果作为高评委评审的重要依据之一。

第十六条　本评价条件为相关部门对申报对象进行申报资格审查和相应评审委员会对申报对象进行综合评价的重要依据,评审委员会在对申报对象所提交材料充分审议的基础上,结合鉴定和量化考核得分情况,以投票表决的方式,好中选优,产生评审结果。

第十七条　本评价条件涉及的工作业绩、专业学术成果等均应为任现专业技术职务后所获得,并须提供真实有效的证明材料。

第十八条　本评价条件有关词语或概念的特定解释

(一)科研项目奖项:指发明奖、科技进步奖、社科成果奖等。

(二)业务项目奖项:指国家文化部门设立的展览、典藏、学术研究、公共教育奖项以及各级专题调研或研究课题所得奖项等。

(三)国家重点美术馆:由文化部组织评定并授牌"国家重点美术馆"的公益性美术馆。

(四)全国性展览:指中宣部、文化部、中国文联、中国美协、中国书协等国家级政府文化主管部门或团体主办的全国性展览,如"全国优秀美术作品展览""全国美术作品展览"等。全省性美术展览:指浙江省委宣传部、浙江省文化厅、浙江省文联、浙江省美协、浙江省书协等省级政府文化主管部门或团体主办的全省性展览,如"浙江省美术作品展览""'沙孟海奖'全浙书法大展"等。

(五)国家级美术创作工程项目:指中宣部、文化部等国家级政府文化主管部门实施的全国性美术创作工程项目,如"国家重大历史题材美术创作工程""中华文明历史题材美术创作工程"等。省级美术创作工程项目:指浙江省委宣传部、浙江省文化厅等省级政府文化主管部门主办的全省性美术创作工程项目,如"浙江省重大历史题材美术创作工程"等。

(六)评价条件中的主要成员、主要贡献者:指个人排名前3位的成员。

(七)公开发表、出版:指论文、著作在有"CN"刊号、"ISSN"或"ISBN"编号的出版物上发表或出版发行。

(八)本条件中所规定的学术成果和业务工作,如果没有特别指出,均指独著、独立创作、第一作者和第一完成人。

(九)条件中所规定的科研项目、业务项目、美术创作工程项目,均指项目已结项。

(十)条件中所规定的业务项目(课题)须提供项目计划、项目完成总结、项目完成后单位的认定或考核、评估材料。

(十一)专业论文包括美术专业相关的调查报告。

(十二)本专业核心期刊以北京大学公布的当期中文核心期刊目录为准。

（十三）市（厅）级：指设区市和正厅级单位。

（十四）本评价条件所称“以上”，均含本级或本数量；“年”均为周年，时间可计算至申报当年的12月31日。

第十九条 申报人员有下列情形之一者，取消评审资格。已通过评审的人员，取消其资格，由发证机关收回其资格证书；并从次年起3年内不得申报相应资格评审：

（一）伪造、变造证件、证明的。

（二）提交虚假申报材料的。

（三）任现专业技术职务后有严重违反纪律行为，在申报材料中未反映的。

第二十条 本评价条件自2017年2月1日起施行。

浙江省人力资源和社会保障厅等5部门关于做好2017年高校毕业生求职创业补贴发放工作的通知

浙人社发〔2017〕24号

各市和义乌市人力资源和社会保障局、财政局，各普通高等学校，各相关技工院校：

根据《浙江省人民政府关于支持大众创业促进就业的意见》(浙政发〔2015〕21号)精神，现就做好2017年高校毕业生求职创业补贴发放有关工作通知如下：

一、发放对象和标准

(一)求职创业补贴发放对象为在毕业年度内有就业意愿、积极求职并符合下列条件之一的全日制普通高等学校毕业生(技工院校高级工班和技师班的毕业生参照执行)：

1. 来自城乡居民最低生活保障家庭；
2. 孤儿；
3. 持证残疾人；
4. 在学期间已获得国家助学贷款(不含生源地信用贷款)。

升学、出国、应征入伍、参加基层服务项目、定向培养以及暂无就业意愿的除外。

(二)求职创业补贴发放标准为1500元/人。

二、申请发放程序

(一)毕业生自愿申请。3月10日至3月25日，符合条件的毕业生可登录“公共就业创业服务网上办事大厅”(以下简称“网上办事大厅”，网址：http://www.zjjy.gov.cn/)注册申请并上传相关证明材料。申请人信息将与省民政厅社会救助信息管理系统、省残联残疾人信息库核对，核对通过者免予上传证明材料。高校统一提供已获得国家助学贷款的学生名单，并加盖学校公章和贷款发放银行公章的，名单上的申请人可免予上传证明材料。

(二)学校初审、公示。3月13日至4月3日，各高校通过“网上办事大厅”进行初审。对免予上传证明材料的申请人，学校仅需核对毕业生个人信息，无需收取纸质材料和公示。对其余申请人，学校要严格审查资格，将人员信息提交人力社保部门进行网上预审核，并通知通过预审核的申请人提交求职创业补贴申请表(附件1)、本人身份证复印件、相关证明等纸质材料，一式三份；学校在查验材料原件并将初审通过人员名单公示5个工作日后，于4月17日前将所有申请人相关材料、公示原件、求职创业补贴发放一览表(附件2)等纸质材料报送人力社保部门。

(三)审核拨付。5月5日前，人力社保部门和财政部门完成审核，6月30日前将补贴资金拨付到毕业生个人账户。

三、其他事项

(一)要明确告知申请人认真如实填报申请材料，因材料不全或信息有误导致补贴款不能发放到账的，后果由申请人自己负责。申请人虚报冒领求职创业补贴的,须退回补贴资金并由高校将不良记录记入本人档案。

（二）因故无法在5月5日前通过审核的应届毕业生,可于次年与2018届申请者一起向学校提交申请,审核通过后于2018年发放求职创业补贴,未通过则不可再次申请。

（三）省部属高校求职创业补贴由学校所在地市级财政列支,省财政在下达人力社保和就业专项转移支付资金时作为因素给予体现。各相关部门要严格按照要求认真审核把关,及时把补贴发放到位。有条件的地方可对免予上传证明材料的申请人先行发放补贴,以便学生尽快领取。

本通知自公布之日起实施。

联 系 人：蔡一帆

联系电话：0571－85151526

电子邮箱：cyf@ zjhrss. gov. cn

附件：1. 浙江省高校毕业生求职创业补贴申请表

2. 浙江省高校毕业生求职创业补贴发放一览表

3. 各市人力社保部门联系方式

浙江省人力资源和社会保障厅

浙江省教育厅

浙江省财政厅

浙江省民政厅

浙江省残疾人联合会

2017年2月24日

附件 1

浙江省高校毕业生求职创业补贴申请表

学校(院系):　　　　　　　　　　　　　　　　　　　　　学号:

<table>
<tr><td rowspan="11">学生基本情况</td><td>姓　名</td><td></td><td>性别</td><td></td><td>民族</td><td></td><td rowspan="5">彩色一寸
免冠照片</td></tr>
<tr><td>出生年月</td><td colspan="2"></td><td>学　历</td><td colspan="2"></td></tr>
<tr><td>身份证号</td><td colspan="5"></td></tr>
<tr><td>生 源 地</td><td colspan="2"></td><td>专　业</td><td colspan="2"></td></tr>
<tr><td>移动电话</td><td colspan="2"></td><td>QQ</td><td colspan="2"></td></tr>
<tr><td>电子邮箱</td><td colspan="6"></td></tr>
<tr><td>银行账号</td><td colspan="6"></td></tr>
<tr><td>开户行</td><td colspan="6"></td></tr>
<tr><td>就业去向</td><td colspan="6"></td></tr>
<tr><td>困难类型</td><td colspan="6">□城乡低保家庭　□残疾人　□孤儿　□在学期间获得国家助学贷款</td></tr>
<tr><td colspan="5">是否通过社会救助信息管理系统、全国儿童福利信息管理系统、残疾人信息库核对;是否在高校提供的贷款名单中</td><td colspan="2">□是　□否</td></tr>
<tr><td>学生申请</td><td colspan="7">本人申请领取求职创业补贴,申报情况属实,请予批准。
申请人(签字):　　　　年　月　日</td></tr>
<tr><td>学校意见</td><td colspan="7">该生填报情况属实,经公示无异议,同意上报。
学校公章
年　月　日</td></tr>
<tr><td>职能部门联审</td><td colspan="3">人力资源社会保障部门意见
盖　章
年　月　日</td><td colspan="4">财政部门意见
盖　章
年　月　日</td></tr>
</table>

备注:证明材料附后。

附件 2

浙江省高校毕业生求职创业补贴发放一览表

填报学校：（盖章）　　　　填报日期：　　年　　月　　日

序号	姓名	专业	就业去向	手机号码	困难类型	是否免交纸质材料与公示	开户行及银行账号

审核人：　　　　填表人：　　　　联系电话：

附件 3

各市人力社保部门联系方式

杭州市就业管理服务局
马　宁　0571－87916063
宁波市就业管理服务局
陈晓妤　0574－87112905
温州市就业管理服务局
周敬超　0577－89090311
湖州市人才市场管理中心
黄佳芸　0572－2021199
嘉兴市就业管理服务局
胡润嘉　0573－82228910
绍兴市人才市场管理办公室
夏甜甜　0575－81503290

金华市就业管理服务局
方　力　0579－82366885
衢州市就业管理服务局
徐　坤　0570－3086759
舟山市就业管理服务局
杜　旻　0580－2027273
台州市就业管理服务局
张　丹　0576－88201858
丽水市就业管理局
谭筱夏　0578－2118553
义乌市就业管理服务局
应海平　0579－85435263

浙江省人力资源和社会保障厅关于进一步调整完善基本医疗保险部分医疗康复项目的通知

浙人社发〔2017〕33号

各市、县(市、区)人力资源和社会保障局,嘉兴市社会保障事务局:

为贯彻落实《国务院关于加快推进残疾人小康进程的意见》(国发〔2015〕7号)和《人力资源社会保障部 国家卫生计生委 民政部 财政部 中国残联关于新增部分医疗康复项目纳入基本医疗保障支付范围的通知》(人社部发〔2016〕23号)要求,进一步提高我省参保人员医疗康复保障水平,结合我省实际,决定调整完善基本医疗保险部分医疗康复项目。现将有关事项通知如下:

一、将徒手平衡功能检查等13项医疗康复项目列入基本医疗保险支付范围,对基本医疗保险支付的言语能力评定(一般失语症检查)等9项医疗康复项目限定支付范围进行调整(见附件)。

二、一个疾病过程的康复治疗支付原则上不超过90天(精神障碍康复治疗每年不超过90天,脑瘫按该项目限定支付规定执行)。对超过规定支付期限的患者,由具有康复医学诊疗资质的医疗机构评估,经医保经办机构审核同意后,可适当延长支付期限,延长支付期限原则上不超过3个月(脑瘫按规定支付期限执行)。

三、各级人力社保部门要高度重视,切实做好基本医疗保险部分医疗康复项目的调整完善工作,及时更新医保信息系统,确保参保人员医疗费用按时结算。

本通知自2017年4月1日起执行。

附件:调整完善基本医疗保险部分医疗康复项目表

浙江省人力资源和社会保障厅

2017年3月1日

附件

调整完善基本医疗保险部分医疗康复项目表

序号	编码	项目名称	项目内涵	备注	甲乙分类	自理比例	限定支付范围	备注
1	34020000100	徒手平衡功能检查			甲		评定间隔时间不短于14天。	新增
2	34020000200	仪器平衡功能评定			甲		评定间隔时间不短于14天。	新增
3	34020000500	手功能评定			甲		明确手功能障碍患者,总时间不超过90天,评定间隔时间不短于14天。	新增
4	34020002500	手功能训练			甲		有明确的手功能障碍,一个疾病过程支付不超过90天。	新增
5	34020002200	轮椅功能训练		每次不少于45分钟	甲		需要长期使用轮椅且能够自行操作的患者,支付不超过30天。	新增
6	34020002700	有氧训练			甲		由于疾病或损伤导致的全身运动耐力下降患者,一个疾病过程支付不超过90天。	新增
7	34020003500	儿童听力障碍语言训练		每次不少于30分钟	甲		6岁以下听力障碍儿童,由取得听觉口语师资格的人员开展,以个别化训练为主要方式,每周最多支付一次,支付不超过一年。	新增
8	34020003200	职业功能训练		每次不少于45分钟	甲		法定就业年龄段且有就业意愿,经过PARQ医学筛查适合进行职业功能训练的患者,支付不超过90天。	新增
9	34020002400	平衡功能训练			甲		有明确的平衡功能障碍,一个疾病过程支付不超过90天。	新增
10	31040102800	助听器选配试验			乙	10%－20%	限中度以上听力减退,每年支付不超过2次。	新增
11	31040103000	真耳分析			乙	10%－20%	和助听器选配实验结合,每年支付不超过2次。	新增
12	31040102700	定向条件反射测定			乙	10%－20%	限4周岁以下儿童。	新增
13	34020001400	失认失用评定			乙	10%－20%	限器质性病变,一个疾病过程支付不超过3次。	新增
14	34020000800	言语能力评定(一般失语症检查)			乙	10%－20%	疑似言语功能障碍患者,不包括言语功能不能恢复的患者,一个疾病过程支付不超过两次。	调整限定支付范围

续 表

序号	编码	项目名称	项目内涵	备注	甲乙分类	自理比例	限定支付范围	备注
15	34020000801	言语能力评定（构音障碍检查）			乙	10% －20%	疑似言语功能障碍患者，不包括言语功能不能恢复的患者，一个疾病过程支付不超过两次。	调整限定支付范围
16	34020000802	言语能力评定（言语失用检查）			乙	10% －20%	疑似言语功能障碍患者，不包括言语功能不能恢复的患者，一个疾病过程支付不超过两次。	调整限定支付范围
17	34020001100	吞咽功能障碍评定			乙	10% －20%	一个疾病过程支付不超过三次。	调整限定支付范围
18	34020002100	减重支持系统训练		每次不少于40分钟	乙	10% －20%	由神经、肌肉、骨骼疾患导致的独立行走障碍患者，支付不超过30天。	调整限定支付范围
19	34020002300	电动起立床训练		每次不少于45分钟	乙	10% －20%	住院期间，以减少卧床并发症为治疗目的或者以直立行动为康复目标，支付不超过30天。	调整限定支付范围
20	34020002601	关节松动训练（大关节）			乙	10% －20%	有明确的关节活动障碍，一个疾病过程支付不超过90天。	调整限定支付范围
21	34020003900	康复评定	含咨询		甲		有明确的功能障碍；评定由3名以上专业人员开展，至少包含两个评估项目；一个住院期间医保支付不超过三次；两次评定间隔时间不短于14天。	调整限定支付范围
22	34020003100	作业疗法	含日常生活动作训练	每次不少于45分钟	甲		日常生活动作训练限存在日常生活活动能力障碍（ADL）的患者，重度患者支付不超过90天，中度患者支付不超过60天，轻度患者支付不超过30天，每14天训练经功能量表评定后取得明确功能进步才可继续支付。	调整限定支付范围

浙江省人力资源和社会保障厅　浙江省财政厅关于调整城乡居民基本养老保险基础养老金标准的通知

浙人社发〔2017〕37 号

各市、县(市、区)人力资源和社会保障局、财政局,嘉兴市社会保障事务局:

根据《浙江省人民政府关于进一步完善城乡居民基本养老保险制度的意见》(浙政发〔2014〕28 号)精神,为更好地保障城乡居民参保人员老年基本生活,共享经济社会发展成果,经省政府同意,从 2017 年 1 月 1 日起,全省城乡居民基本养老保险基础养老金标准由每人每月 120 元调整为 135 元。

调整城乡居民基本养老保险基础养老金标准,充分体现了省委、省政府对民生保障工作的重视和对广大城乡居民参保人员的关心。各地要高度重视,切实加强领导,精心组织实施,积极筹措资金,确保参保人员待遇及时调整到位。

浙江省人力资源和社会保障厅

浙江省财政厅

2017 年 3 月 18 日

浙江省人力资源和社会保障厅　浙江省财政厅关于明确部分离休干部“两费”保障经费筹资标准的通知

浙人社发〔2017〕43号

省级有关单位、行业单位、中央企业：

根据省人力社保厅、省财政厅《关于调整部分离休干部“两费”保障经费筹资标准的通知》（浙人社发〔2014〕105号）规定，在杭省属企事业、原行业养老保险统筹的行业单位离休干部离休费保障经费筹资标准按每人每年9.2万元筹集，其中离休干部所在单位按每人每年5万元缴纳，其余部分由省财政补贴；在杭省属企事业、原行业养老保险统筹的行业单位和中央企业离休干部医药费保障经费由离休干部所在单位按每人每年12万元缴纳，其余部分由省财政补贴；离休干部无固定收入的配偶或遗孀医药费由离休干部所在单位按每人每年2万元缴纳。上述筹资标准执行至2016年12月31日。

经研究，决定将浙人社发〔2014〕105号文件规定的筹资标准执行期延长至2019年12月31日。

浙江省人力资源和社会保障厅
浙江省财政厅
2017年4月5日

浙江省人力资源和社会保障厅等3部门关于阶段性降低失业保险费率有关问题的通知

浙人社发〔2017〕47号

各市、县(市、区)人力资源和社会保障局、财政局、地方税务局,嘉兴市社会保障事务局:

为进一步减轻企业负担,增强企业活力,促进就业稳定,根据《人力资源社会保障部财政部关于阶段性降低失业保险费率有关问题的通知》(人社部发〔2017〕14号)有关规定,经省政府同意,现就我省阶段性降低失业保险费率有关问题通知如下:

一、从2017年5月1日至2018年12月31日(费款所属期),全省失业保险单位费率由1%降为0.5%,个人费率仍按0.5%执行。

二、各地要综合考虑失业保险参保人数增长、待遇提高,以及促进就业试点和预防失业工作等因素对基金支付能力的影响,合理制定失业保险基金使用计划,切实保障基金支付可持续。因降低费率造成统筹地区当年失业保险基金收不抵支的,先由当地基金历年结余支付,不足部分再由省级失业保险调剂金调剂和当地财政按规定补贴。

三、统筹地区失业保险基金滚存结余支撑能力下降至24个月以下的,报经省人力社保厅、省财政厅同意后,可继续开展扩大失业保险基金支出范围试点。

阶段性降低失业保险费率政策性强,社会关注度高,各地要把思想和行动统一到中央和省委省政府决策部署上来,加强组织领导,精心筹划实施。执行中遇到的问题,请及时向省人力社保厅、省财政厅、省地税局报告。

浙江省人力资源和社会保障厅
浙江省财政厅
浙江省地方税务局
2017年4月1日

浙江省人力资源和社会保障厅浙江省卫生和计划生育委员会关于开展日间手术医保结算试点工作的通知

浙人社发〔2017〕48号

各市、县(市、区)人力社保局、卫生计生委(局),嘉兴市社会保障事务局,省级医院:

为深入贯彻党中央、国务院和省委、省政府关于深化医药卫生体制改革的决策部署,落实《国家卫生计生委 人力资源社会保障部关于印发开展三级医院日间手术试点工作方案的通知》(国卫医函〔2016〕306号)等文件精神,有效提高医院住院周转率,合理控制医疗费用,提升医保基金使用绩效,减轻参保人员负担,结合我省实际,决定开展日间手术医保结算试点工作。现将有关事项通知如下:

一、试点医院和范围

符合国卫医函〔2016〕306号文件对日间手术试点医院条件、试点病种及术式等要求,经省卫生计生委确定的省内三级甲等医院先行试点。条件成熟后逐步推广到其他医院和疾病诊断。

试点医院由各设区市卫生计生和人力社保部门共同推荐后报省卫生计生委(日间手术试点医院推荐表见附件)。省级医院报名参加试点工作的,直接向省卫生计生委申请,并由省卫生计生委确定。

二、费用结算和管理

日间手术医疗费用医保按一次普通住院结算,在同一医院发生的且与日间手术诊断相关的门诊费用一并纳入该次住院费用结算。恶性肿瘤门诊放化疗费用按医保住院费用结算。

(一)患者经门诊确诊需行日间手术的,由医院与患者签订手术知情同意书。日间手术前两周在该院发生的符合规定的门诊费用纳入住院医保结算,相关费用明细归入该日间手术病历。

(二)超过两周的门诊费用仍按门诊费用结算。办理日间手术登记手续后遇年度结转,其费用视同住院结算处理。

(三)已签订手术知情同意书,但因各种原因未行日间手术的,相关费用仍按门诊结算。

日间手术费用原则上按项目支付。有条件地区可探索试行按病种支付,医保部门通过谈判协商等方式,合理确定日间手术病种支付标准。

三、工作要求

推进日间手术医保结算试点是深化医药卫生体制改革的重要内容,各地要统一思想,提高认识,制定完善试点实施方案,在省卫生计生委确定试点医院、病种后,抓紧推进这项工作。各地人力社保、卫生计生部门要加强沟通,协调处理试点工作中的问题和困难。

各级医保经办机构要做好相关医保信息系统改造和费用结算工作,规范日间手术费用结算和报销流程,指导试点医院准确上传费用明细。

各试点医院要加强日间手术医疗质量安全管理,结合临床路径管理工作,减少不必要的检查与治疗,做到合理检查、合理治疗。同时,按照《浙江省日间病历书写规范(试行)》要求,做好日间手术的医疗记录,积极开展日间手术效果评估和绩效考核,确保日间手术安全开展。

本通知自2017年7月1日起执行。

附件:日间手术试点医院推荐表

浙江省人力资源和社会保障厅

浙江省卫生和计划生育委员会

2017年4月13日

附件

日间手术试点医院推荐表

序号	医院名称	医院等级	联系人	联系电话	是否有日间手术基础
					1. □无　□有。 2. 是否建立日间手术中心 □是　□未建立 3. 2015年、2016年日间手术例数,排前十位日间手术术式及完成例数,开展日间手术的临床科室清单。

市卫生计生委(局)(盖章)　　　　市人力社保局(盖章)
市卫生计生委(局)联系人(电话):________　　　　市人力社保局联系人(电话):________

注:省卫生计生委医政处联系人邵文杰,电话:0571－87709044,传真:0571－87709179。

浙江省人力资源和社会保障厅等12部门关于部分专业技术人员资格考试实行考后资格审查的通知

浙人社发〔2017〕54号

各市人力资源和社会保障局、经信委、建设局(建委、建管局、房产管理局、住房保障局)、环保局、交通运输局(委)、民政局、质监局、药监局、测绘局、安监局、档案局、公安局,省直有关单位:

为加快推进"最多跑一次"改革工作,进一步提高专业技术人员考试资格审查工作质量和效率,为应试人员提供更优质便捷的服务,经研究决定,对一级建造师等21个类别(见附件)的专业技术人员资格考试实行考后资格审查,不再进行考前报考资格现场审查工作。现就做好有关事项通知如下:

一、符合附件所列考试项目规定报考资格的人员,通过网络报名和缴费成功后,即可参加考试。承担考务工作的人事考试机构应配合相关行业部门将考试报考资格向社会公开,并通过考试公告、报考须知或准考证应考注意事项等多种渠道将考后资格审查等相关事宜告知应试人员知晓。

二、应试人员在网络报名时应承诺报考信息真实且符合报考资格,不得提供虚假信息,不得冒用他人信息报名参加考试。如在考后资格审查中发现应试人员违背真实性承诺的,按《专业技术人员资格考试违纪违规处理规定》(人社部令第31号)第十条进行处理,当次全部科目考试成绩认定无效,对故意弄虚作假的,将记入专业技术人员资格考试诚信档案库。

三、根据省人力社保厅等18部门《关于明确专业技术人员资格考试报考条件审查工作职责分工的通知》(浙人社发〔2013〕226号),考后资格审查工作由相关省级行业主管部门负责,其中:一级建造师执业资格考后资格审查由省人力社保厅调整为省住建厅,注册设备监理师考后资格审查由省人力社保厅调整为省设备监理协会,其他考试考后资格审查工作仍按上述通知规定的职责分工执行。各地资格审查工作由各设区市(含义乌市)相应行业主管部门具体实施,各级人事考试机构做好相应配合工作。

四、考试成绩公布后,在规定年度内全部科目成绩达到相关规定标准的应试人员,应在规定的时间内,携带首次报考时符合资格条件的证明材料,到相关行业主管部门指定的地点进行资格审查,逾期不提交或未能完整提交资格证明材料的,将视为自动放弃考试成绩。具体考后资格审查部署工作由省级行业主管部门另行通知。

五、各级行业主管部门要按照统一步骤,精心组织,周密部署,落实好审查场地和人员,利用媒体网络发布、手机短信提示等服务手段及时告知考生资格审查的时间、地点和相关须知,切实落实资格审查主体责任,严格认真做好资格审查工作。各地人事考试机构要积极协助,密切配合,做好服务工作,确保工作质量。

六、各级人力社保部门要进一步加强对专业技术人员资格考试考后资格审查工作的监督检查。各地考后资格审查通过人员名单,由各地行业主管部门会当地人力社保部门后上报。省级行业主管部门汇总后,一并报送省人力社保厅。

七、其他暂未列入考后资格审查的考试,相关省级行业主管部门,要积极与上级考试主管部门沟通,抓紧研究工作方案,争取加快推进改革,更好地为广大应试人员提供服务。

本通知自发布之日起施行。

附件:实行考后资格审查的专业技术人员资格考试

浙江省人力资源和社会保障厅
浙江省住房和城乡建设厅
浙江省经济和信息化委员会
浙江省环境保护厅
浙江省交通运输厅
浙江省民政厅
浙江省质量技术监督局
浙江省食品药品监督管理局
浙江省测绘与地理信息局
浙江省安全生产监督管理局
浙江省档案局
浙江省公安厅
2017 年 4 月 18 日

附件

实行考后资格审查的专业技术人员资格考试

序号	考试名称	考后资格审查负责部门
1	一级建造师(10个专业)	省住房与城乡建设厅
2	一、二级注册建筑师	省住房与城乡建设厅
3	监理工程师	省住房与城乡建设厅
4	勘察设计行业(16个专业)	省住房与城乡建设厅
5	房地产估价师	省住房与城乡建设厅
6	注册城市规划师	省住房与城乡建设厅
7	造价工程师(土建、安装)	省住房与城乡建设厅
8	环境影响评价工程师	省环保厅
9	机动车检测维修士、机动车检测维修工程师	省交通运输厅
10	助理社会工作师、社会工作师	省民政厅
11	一级注册消防工程师	省公安厅
12	一、二级注册计量师	省质监局
13	注册设备监理师	省质监局委托省设备监理协会
14	注册测绘师	省测绘与地理信息局
15	注册安全工程师	省安监局
16	执业药师(药学、中药学)	省食品药品监督管理局
17	省药学(初、中级)	省食品药品监督管理局
18	省医疗器械(初、中级)	省食品药品监督管理局
19	经济(初、中级)	省人力社保厅
20	省档案(初、中、高级)	省档案局
21	省工业设计(初、中、高级)	省经信委

浙江省人力资源和社会保障厅等5部门关于完善被征地农民衔接转入企业职工基本养老保险政策的通知

浙人社发〔2017〕59号

各市、县(市、区)人力资源和社会保障局、财政局、地方税务局、国土资源局、农业局,嘉兴市社会保障事务局:

近年来,省委、省政府高度重视被征地农民养老保障工作。根据省政府《关于调整完善征地补偿安置政策的通知》(浙政发〔2014〕19号)精神,各地积极开展被征地农民衔接转入企业职工基本养老保险工作,推进了基本养老保险制度并轨,提高了被征地农民保障水平,但也存在"人地不对应"、未来基金支付压力增大等问题。为进一步完善被征地农民衔接转入企业职工基本养老保险政策,经省政府同意,现将有关事项通知如下:

一、完善个人缴费政策

从2017年7月1日起,按规定可参加企业职工基本养老保险的被征地农民,由基本生活保障制度转入企业职工基本养老保险或按规定通过补缴参加企业职工基本养老保险的,其缴费基数不得低于上一年度当地在岗职工平均工资,缴费比例为18%。原个人缴费优惠部分由当地政府从土地出让收入等资金中安排补助。

从2017年7月1日起,被征地农民参加企业职工基本养老保险的,应划转的基本生活保障资金须在被征地农民参保后一个月内划转到位。以前被征地农民参保应划转企业职工基本养老保险基金的资金,须在2017年6月底前划转到位。

二、提高政府补贴标准

从2017年1月1日起,在保持原政府出资标准的基础上,按照新参加企业职工基本养老保险的被征地农民人数,由当地政府以参保时上一年度当地在岗职工平均工资为缴费基数、按18%的缴费比例,一次性提取5年的费用充实当地社会保障风险准备金,所需资金由当地政府从土地出让收入等资金中安排,专项用于弥补企业职工基本养老保险基金缺口。

三、加大土地出让收入划转政策力度

从2017年1月1日起,上年末企业职工基本养老保险基金支付能力在9个月及以下、9-18个月(含18个月)、18个月以上的市(县),从土地出让收入中充实社会保障风险准备金的比例由省政府《关于建立社会保障资金多渠道筹措机制的意见》(浙政发〔2004〕36号)规定的不低于5%分别调整至不低于8%、7%、6%,专项用于弥补企业职工基本养老保险基金缺口。

四、工作要求

(一)加强组织领导,确保落实到位。各级政府和各有关部门要从讲政治、讲大局的高度,增强做好被征地农民衔接转入企业职工基本养老保险工作的责任感和大局观，切实加强领导，精心组织实施，确保政策落实到位。

（二）加强协调配合，形成工作合力。各有关部门要加强沟通协调，各司其职、各负其责。各地人力社保部门负责落实完善个人缴费政策，实现新老政策平稳衔接；财政部门负责落实政府补贴标准、落实土地出让收入充实社会保障风险准备金政策，增强基金保障能力；地税部门负责做好基金征收工作，努力实现应收尽收；国土资源部门负责规范参保指标核定，尽快研究出台“人地对应、到户到人”的指导性意见，逐步实现信息化、精确化管理；农业部门负责做好农村承包地确权工作，建立确权成果信息化共享机制。

（三）加强基金监管，严肃财经纪律。各级政府要严格按照浙政发〔2004〕36号文件要求，2016年底前从土地出让收入中充实社会保障风险准备金比例不到5%的市（县），原则上在2017年底前整改到位。对于土地出让收入充实社会保障风险准备金政策落实不到位的市（县），不得批准征地，不得享受省级调剂金和奖补资金。

（四）加强政策宣传，营造良好氛围。各级政府和各有关部门要加强政策宣传，妥善处理实施过程中出现的问题，确保被征地农民衔接转入企业职工基本养老保险政策稳妥顺利实施，切实维护广大被征地农民合法权益，促进社会和谐稳定。各地在实施过程中出现的新情况、新问题，要及时向省人力社保厅、省财政厅、省地税局、省国土资源厅、省农业厅报告。

浙江省人力资源和社会保障厅
浙江省财政厅
浙江省地方税务局
浙江省国土资源厅
浙江省农业厅
2017年5月13日

浙江省人力资源和社会保障厅 浙江省质量技术监督局关于印发浙江省特种设备专业高级工程师职称改革工作实施方案(试行)的通知

浙人社发〔2017〕62号

各市、县(市、区)人力资源和社会保障局、质监局,省级有关单位:

根据中央深化职称制度改革意见精神,我们制定了《浙江省特种设备专业高级工程师职称改革工作实施方案(试行)》,现印发给你们,请遵照执行。在执行中遇到的问题请及时反映,以便不断修改完善。

浙江省人力资源和社会保障厅
浙江省质量技术监督局
2017年5月22日

浙江省特种设备专业高级工程师职称改革工作实施方案(试行)

为进一步推进工程类职称改革,根据中央深化职称制度改革意见精神,结合我省实际,现就我省特种设备专业高级工程师职称制度改革,制定以下工作实施方案:

一、总体思路

根据特种设备行业职业特点,从促进行业规范管理和人才队伍建设要求出发,坚持以用为本、业绩导向,建立以行业评价为主体、特种设备专业标准为核心的高级工程师评价体系,探索实现个人自主申报、业内公正评价、单位择优使用、政府指导监督的社会化评审机制,为推进工程系列职称制度改革提供可复制、可推广的经验。

二、评审对象

本实施方案规定的评审对象是指我省从事特种设备行业领域的科学研究、生产(包括设计、制造、安装、改造、修理)、检验检测等工作的企事业单位在职在岗专业技术人员。

三、改革内容

(一)分设专业。在工程系列质量专业中,将特种设备专业分设出来,独立设置特种设备专业高级工程师职务。授权省特种设备安全与节能协会建立省特种设备专业高级工程师任职资格评审委员会,承接特种设备专业高级工程师任职资格评审工作。其他工程高评委不再受理特种设备专业高级职称评审申报。

（二）制定评价标准。在省人力社保厅、省质监局指导下，省特种设备安全与节能协会要遵循特种设备行业人才成长规律，组织业内单位和专家，研究制定特种设备行业高级工程师评价标准。

（三）创新评价体系。以评价标准为基础，探索建立科学的评价体系。在评价内容上要打破学历、资历、论文门槛，突出特种设备岗位标志性业绩和成果，真正实现“干什么、评什么”，促进评价与使用相结合。在评价方式上要建立科学、精准的量化赋分体系，加大刚性比重，采用面试答辩、实践操作、业绩展示等多种评价方式，提高评价的针对性和科学性。

四、实施流程

（一）工作部署

省人力社保厅、省质监局指导省特种设备安全与节能协会，向社会公开评价标准和量化赋分体系，发布年度评审通知，明确相关申报评审要求和程序。建立由业内专家组成的高评委专家库，其中来自企业专家不少于三分之二。

（二）申报评审

1. 个人申报。专技术人员根据评审标准，准备相应评审材料，向所在单位进行申报，并对所有申报材料的真实性做出承诺。

2. 单位考核推荐。用人单位根据工作岗位需要，对申报人员进行考核推荐，并将所有申报材料向单位全体人员公示不少于 5 个工作日。事业单位还应按评聘结合要求履行竞聘推荐程序。

3. 主管部门审核。由各设区市或省级单位的主管部门，对申报材料进行审核后，报送高评委。

4. 评前准备。省特种设备安全与节能协会承接高评委评审组织工作，开展申报人员资格审查。协会应提前 10 个工作日，向省人力社保厅、省质监局报告申报对象资格审查、评前公示情况、评审执行委员会组成和评审具体程序等工作方案，经核准同意后开展高评委评审工作。

5. 高评委评审。按规定抽取组成的年度执行评委会，按照评价办法和评价标准，对送审人员进行评审。评审结果报省人力社保厅、省质监局备案。

（三）其他要求

1. 省特种设备安全与节能协会要研究提出行业继续教育方案，着眼于行业人才队伍专业水平提升，加快特种设备人才知识更新，增强继续教育工作的针对性和有效性；要把参加行业继续教育作为重要评审依据，推进人才评价与继续教育制度相衔接，形成“评价 + 培养”的人才队伍建设模式。

2. 要加强特种设备专业高级工程师队伍的后续管理。建立健全岗位注册和考核机制，将执业情况、诚信记录、岗位业绩等纳入考核体系，并作为岗位续聘和晋升的重要依据。

3. 对评审通过人员，颁发由省人力社保厅、省质监局监制，省特种设备安全与节能协会用印的特种设备专业高级工程师任职资格证书。证书在全省范围内有效。

五、工作要求

（一）规范履行程序。省特种设备安全与节能协会要健全高评委工作程序和评审规则，严肃评审纪律，明确高评委工作人员和评审专家责任，强化评审考核，建立倒查追责机制。有关纪检监察部门要加强对评审工作的日常监督，对违反评审工作纪律或利用职权徇私舞弊的，要严肃追责。

（二）加强指导监管。省质监局要切实履行行业管理职能，加强对行业协会评审工作的管理，进一步指导完善行业评价标准和量化评价体系，对专家库组建、执行评委会抽取以及高评委评审工作进行事中监管。省人力社保厅会同省质监局建立健全复审机制,形成改革制度闭环。在复审中发现评审标准把握不严、程序不规范、有失公平公正、群众举报反映问题强烈的,将责令纠正,对违纪违规的要追究相关人员责任。经整改仍无明显改进的,收回评审权。

(三) 认真总结完善。省特种设备安全与节能协会要针对改革后的新情况、新问题,及时总结经验,结合特种设备行业特点和人才职业发展,进一步完善量化评价体系,创新评价方式方法,推动行业规范管理和人才队伍创新发展。

各地可参照本实施方案,研究制定特种设备专业工程师、助理工程师职称改革工作方案,报上级人力社保和质监部门备案。

本实施方案自 2017 年 7 月 1 日起施行。

浙江省人力资源和社会保障厅　浙江省文化厅关于印发浙江省艺术系列职称评价条件（试行）的通知

浙人社发〔2017〕65号

各市、县（市、区）人力资源和社会保障局、文化局，省级各有关单位：

根据国家和我省职称改革有关文件精神，我们制定了《浙江省艺术系列职称评价条件（试行）》，现印发给你们，请遵照执行。在执行中遇到的问题请及时反映，以便不断修改完善。

浙江省人力资源和社会保障厅

浙江省文化厅

2017年5月22日

浙江省艺术系列职称评价条件（试行）

第一章　总　则

第一条　为了客观、公正、科学地评价我省艺术专业技术人员的业绩、能力和水平，按照中央和我省深化职称制度改革要求，根据《艺术专业职务（艺术等级）试行条例》（职改字〔1986〕第56号），结合我省艺术事业发展和人才成长特点，制定本评价条件。

第二条　本评价条件适用于我省从事艺术专业工作的在职在岗专业技术人员申报相应职称的评价。根据艺术专业工作的不同类别，具体包括编剧（文学编辑）、导演、作曲、指挥、舞台美术设计（含人物造型、服装、灯光、音响、视频等设计）、演出监督、演员、演奏员、舞台技术（含服装、灯光、音响、化妆、道具、绘景、装置、专职舞台监督等操作）等专业工作。

第三条　艺术系列职称的名称和等级按《艺术专业职务（艺术等级）试行条例》的规定执行。增设演出监督专业，一级演出监督为正高级职称，二级演出监督为副高级职称，三级演出监督为中级职称，四级演出监督为初级职称。

第二章　申报

第四条　职业道德

（一）拥护中国共产党的路线、方针、政策，遵守国家法律法规。

（二）致力于艺术事业，敬业爱岗；追求德艺双馨，坚守艺术理想和艺术良知，坚持健康的艺术趣味；能秉持同行间相互学习、切磋技艺、取长补短的态度，不存门户之见，无侵犯他人知识产权的行为。

第五条 申报条件

专业技术人员达到第五条、第七条规定的要求,并具备下列条件之一的,可申报相应职称评审:

(一)符合《艺术专业职务(艺术等级)试行条例》规定的正常晋升学历、资历条件。

(二)专业技术人员按照评审条件的量化赋分,达到规定分值的。

第六条 转(兼)评申报条件

担任其他专业技术职务1年以上,因工作岗位变动,现实际从事艺术专业工作1年以上的,须转评与现聘专业技术等级相对应的艺术系列职称;或因实际工作岗位需要,担任其他高级专业技术职务1年以上,符合申报条件的,可兼评艺术系列高级职称。

转(兼)评后聘任艺术系列专业技术职务满1年后,方可申报高一级职称。

第七条 其他条件

(一)年度考核等次要求

申报初、中级职称的,近4年的年度考核须均为合格以上;申报高级职称的,原则上任现职以来至少有1年年度考核为"优秀"等次。

(二)继续教育要求

任现职期间参加相关继续教育学习,并达到规定学时。

第三章 评审

第八条 申报者除具备第二章规定的申报条件外,还需达到相应的评审条件。

第九条 艺术知识和素养

(一)四级专业技术资格

1. 掌握本专业及相关专业的基础理论和基本知识。

2. 了解艺术创作、舞台演出的基本规律和专业要求。

(二)三级专业技术资格

1. 掌握本专业及相关专业的基础理论和基本知识。

2. 了解和掌握艺术创作、舞台演出的基本规律和专业要求。

3. 具有一定的专业研究水平,有与本专业相关的艺术总结或论文。

(三)二级专业技术资格

1. 一般应系统掌握本专业及相关专业理论知识和专业知识。

2. 熟悉和系统掌握艺术创作、舞台演出的规律和专业要求。

3. 具有较高的专业研究水平和指导下一级专业技术人员从事艺术创作和舞台实践的工作能力。

4. 通过高评委办公室组织的专业理论知识考试或面试。

(四)一级专业技术资格

1. 一般应系统掌握本专业理论知识,全面掌握相关专业学科知识。

2. 熟悉和系统掌握艺术创作、舞台演出的规律和专业要求,了解本专业和相关艺术专业的前沿发展现状。

3. 具有突出的专业研究水平和指导下一级专业技术人员从事艺术创作和舞台实践的工作能力,是省内本专业领域的业务带头人。

4. 通过高评委办公室组织的专业理论知识考试或面试。

第十条 艺术水平和成就

(一)编剧

四级编剧

1. 具有独立创作能力,能参与完成一般剧目的编剧工作。

2. 有1部以上作品被采用。

三级编剧

1. 有较熟练的创作技巧,有一定的创作经验和相应的创作水平。

2. 有1部以上作品正式公演。

二级编剧

1. 有熟练的创作技巧和较丰富的创作经验,对自己的艺术创作成果有较高水平的总结与论述。

2. 有2部以上作品正式公演,有1部作品参加省级以上文艺汇演活动,作品具有较高的思想性和艺术性,并得到省内外同行专家的认可。

3. 在指导、组织创作工作和培养专业创作人员等方面有较大成绩。

一级编剧

1. 有纯熟的创作技巧和丰富的创作经验,有高水平创作理论的阐述和总结。

2. 有2部以上作品正式公演,有1部作品参加国家级文艺汇演活动或列入省重点扶持剧目,作品能深刻地反映生活,具有较高的思想性和艺术性,有独特的艺术风格,在国内外享有较高的声誉。

3. 在指导、组织创作工作和培养专业创作人员等方面有显著成绩。

(二) 文学编辑

四级文学编辑

1. 具有基本的编辑能力,能参与完成一般作品的编辑工作。

2. 在本专业刊物上发表过论文或文章。

三级文学编辑

1. 具有一定的独立编辑能力,能参与完成较为重要的作品、题材的采编、组稿和编辑工作。

2. 在本专业省级以上报刊发表过5篇以上有一定影响力的论文或文章。

二级文学编辑

1. 具有较强的独立编辑能力,能担任某一个版块或栏目的题材创意、独立撰稿、采编组稿和编辑出版工作。

2. 在本专业国家级以上报刊发表过3篇或省级以上报刊发表过5篇以上有一定影响力的论文。

3. 能指导和培养编辑专业人员,并有较大成绩;每年需独立承担编辑(主编)本专业报刊50万字以上。

一级文学编辑

1. 具有很强的独立编辑能力,有独特的创新能力和开拓性,能策划和设计不同版块或栏目,并能率领整个团队,高水平地完成题材创意的撰稿、采编、组稿和编辑出版工作。

2. 在本专业国家级以上报刊发表过5篇或省级以上报刊发表过8篇以上有影响力的论文。主编本专业的书籍1部以上(30万字左右)

3. 在指导和培养编辑专业人员方面有较大成绩;每年需独立承担编辑(主编)本专业报刊60万字以上。

(三) 导演

四级导演

1. 具有独立导演能力,能参与完成一般剧目的导演和排演工作。

2. 参与执导1部以上作品正式公演。

三级导演

1. 有较熟练的导演技能,能独立完成导演的各项职责,有一定的导演经验和相应的创作水平。

2. 独立执导1部以上作品正式公演。

二级导演

1. 有熟练的导演技能,有完整的导演构思,有丰富的导演工作经验,能对作品做出独到分析和阐述,并呈现于舞台实践。

2. 独立执导2部以上作品正式公演,有1部作品参加省级以上文艺汇演活动,作品具有一定思想性和艺术性,得到专家和社会的好评。

3. 在指导和培养导演专业人员方面有较大成绩。

一级导演

1. 有纯熟的导演技能,有完整的导演构

思,有丰富的导演工作经验,有高水平的理论总结和舞台实践。

2. 独立执导2部以上的作品正式公演,有1部作品参加国家级文艺汇演活动或列入省重点扶持剧目,作品是社会所公认的优秀艺术作品,对艺术事业的发展能起到引领作用,能在国内产生较大的影响力。

3. 在指导和培养导演专业人员方面成绩显著。

(四) 作曲

四级作曲

1. 具有独立作曲能力,能承担一般音乐创作工作。

2. 有1部以上独立完成的作品被采用。

三级作曲

1. 有较为熟练的创作技巧,有独立的创作能力,有一定的创作经验和相应的创作水平。

2. 有1部以上独立完成的作品正式公演。

二级作曲

1. 有熟练的创作技巧和丰富的创作经验,作品具有较高的思想性和艺术性,有较强的艺术感染力和艺术特色。

2. 独立完成2部以上的作品正式公演,有1部作品参加省级以上文艺汇演活动,得到专家和社会的好评和认可。

3. 在指导和培养作曲专业人员方面有较大的成绩。

一级作曲

1. 有很高的创作能力,有纯熟的创作技巧和丰富的创作经验,有高水平的理论总结和舞台实践,对艺术事业的发展贡献显著,在国内有较大的影响力。

2. 独立完成2部以上的作品正式公演,有1部作品参加国家级文艺汇演活动或列入省重点扶持剧目,作品能深刻反映社会生活,具有很高的思想性和艺术性,已形成独特的艺术风格,得到专家和社会的好评。

3. 在培养和造就作曲专业人员方面有显著成绩。

(五) 指挥

四级指挥

1. 具备独立指挥能力,能完成一般性演出任务的排练及指挥工作。

2. 担任过1部以上中型作品公演的指挥。

三级指挥

1. 具备熟练的指挥技能,胜任中型以上乐队的指挥工作。

2. 担任过3部以上中型作品公演的指挥。

二级指挥

1. 能精准体现作品的艺术精髓和风格,具有较高的乐队掌控能力和艺术表现力。

2. 担任过2部以上交响音乐会、民族管弦乐音乐会或大型剧目成功公演的指挥,在行业内具有较高的知名度。

3. 在指导和培养指挥专业人员方面有较大的成绩。

一级指挥

1. 有丰富的指挥经验,有显著的将乐队业务水准提升至省内一流行列的才干,在省内具有较高的声誉、在国内有知名度。

2. 担任过5部以上交响音乐会、民族管弦乐音乐会或大型剧目公演的指挥,在社会上具有较大影响力的重要公演的指挥,并呈现完美的艺术表现力。

3. 在培养和造就指挥专业人员方面有显著成绩。

(六) 舞台美术设计

四级舞美设计师

1. 具有独立舞美设计能力和了解现代舞美制作工艺,能完成一般剧目的舞美设计工作。

2. 独立设计完成1部以上作品正式公演。

三级舞美设计师

1. 有独立进行舞美设计的能力,有一定的舞美设计经验和相应的创作水平，具有指导、协调舞台技术各部门人员开展工作的能力。

2. 独立完成2部以上的作品正式公演。能做到设计的作品与剧目的思想内容相统一，得到专家和社会的好评。

二级舞美设计师

1. 掌握现代舞美制作工艺，具有组织与指挥舞台设计开展全面工作，有较丰富的舞美设计经验和较高创作与审美水平。

2. 独立完成2部以上的作品已公演，有1部作品参加省级以上文艺汇演活动，能做到设计作品与剧目思想内容和艺术风格高度统一，得到专家和社会的好评。

3. 指导和培养舞美设计专业人员有较大的成绩。

一级舞美设计师

1. 对现代舞美制作工艺有研究，有丰富的舞美设计经验和较高创作与审美能力，有高水平的理论总结和艺术实践，能解决舞美设计中的各种理论和实际问题。

2. 独立完成3部以上的作品正式公演，有1部作品参加国家级文艺汇演活动，所设计的作品有独特的艺术风格，具有国家水平，并得到专家和社会的好评，贡献显著。

3. 培养和造就舞美设计专业人员方面成绩显著。

（七）演出监督

四级演出监督

1. 具有一定的演出策划、经济核算和协调监督能力，能够独立从事各类演出活动的组织与协调工作。

2. 有1部作品以上参与监督演出的实践经验。

三级演出监督

1. 具有一定的演出策划、经济核算和协调监督能力，有独立组织10台以上各类演出活动的实践经验。

2. 有2部监督演出的新作品获市级专业比赛奖。

3. 监督国内外专业艺术表演团体演出30场以上，取得显著的社会效益，获得较好的经济效益和专家好评。

二级演出监督

1. 具有很强的演出策划、经济核算和协调监督能力，出色地组织过20台以上各类演出活动的实践经验，在国内有较大影响。

2. 有2部监督演出的新作品获省级专业比赛奖。

3. 监督国内外专业艺术表演团体演出40场以上，取得显著的社会效益，获得较好的经济效益和专家好评，并有报刊发表文章予以评论推介。

一级演出监督

1. 具有很强的演出策划、经济核算和协调监督能力，出色地组织过30台以上各类演出活动的实践经验，在国内有较大影响。

2. 有监督演出的新作品1部获全国性专业比赛奖、2部获省级专业比赛奖。

3. 监督国内外专业艺术表演团体演出50场以上，取得显著的社会效益，获得较好的经济效益和专家好评，并有报刊发表文章予以评论推介。

（八）演员

四级演员

1. 具有一定的表演能力，能完成演出任务。

2. 有一定的舞台实践经验。

三级演员

1. 有较熟练的表演技艺和较丰富的舞台表演经验，能独立完成单位分配的工作角色。

2. 有1部大型作品或3部小型作品担任主要角色，或5部作品担任配角的舞台实践经验。

3. 每年参与演出的场次达到本单位相关艺术品种演出场次的70%以上。

二级演员

1. 有熟练的表演技艺和丰富的舞台表演经验,有一定的艺术思考能力和总结能力。

2. 有2部大型作品中担任主要角色,杂技、舞蹈、声乐等门类有5部小型作品中担任主要角色,其中有1部主演的作品参加省级以上文艺汇演。

3. 每年参与演出的场次达到本单位相关艺术品种演出场次的50%以上。

4. 能准确地领会作品思想内涵,圆满地完成担负的表演任务,得到专家和观众好评。在本地区有较高影响力,在指导和培养演员方面有较大成绩。

一级演员

1. 有精湛的表演技艺和丰富的舞台表演经验,有较高的艺术表现力和总结能力。

2. 有3部大型作品担任主要角色,杂技、舞蹈、声乐等门类7部以上小型作品担任主要角色,其中有1部主演的作品参加国家级文艺汇演或列入省重点扶持剧目。

3. 每年参与演出的场次达到本单位相关艺术品种演出场次的40%以上。

4. 在表演艺术上已形成独特的风格或流派,为同行专家和社会所公认;在表演艺术方面有卓越贡献,在国内享有声誉,在培养和造就专业人才方面成绩显著。

(九)演奏员

四级演奏员

1. 具备称职的演奏技能,能胜任演出的合奏及伴奏任务。

2. 每年参与演出的场次达到本单位演出场次的90%以上。

三级演奏员

1. 具备较高的音乐素养,具有合奏、独奏、领奏、主奏能力,为乐队的基本力量。

2. 每年参与演出的场次达到本单位演出场次的90%以上。

二级演奏员

1. 具有较高的合奏、独奏、主奏能力,在乐队中起骨干作用。获得省级赛事二等奖或国家级赛事三等奖(戏曲类演奏员或获省级以上戏剧赛事个人演奏奖,或担任2部获省级以上戏剧赛事优秀剧目奖作品的主奏,或担任3部获省级以上戏剧赛事优秀剧目奖作品的主要伴奏),为本专业的优秀演奏人才。

2. 除戏曲类以外的演奏员,应担任过独奏节目的演出。

3. 每年参与演出的场次达到本单位演出场次的80%以上。

一级演奏员

1. 具备精湛的独奏、主奏水准,在乐队中体现尖子作用,获得省级赛事一等奖或国家级赛事二等奖以上(戏曲类演奏员或获省级以上戏剧赛事个人演奏奖,或担任2部获省级、1部获国家级戏剧赛事优秀剧目奖作品的主奏,或担任3部获省级、1部获国家级戏剧赛事优秀剧目奖作品的主要伴奏),为省内本专业的杰出演奏人才。

2. 除戏曲类以外的演奏员,或特殊乐器外(如:定音鼓、某些低音乐器等),应举办过以个人为主的独奏类音乐会。

3. 每年参与演出的场次达到本单位演出场次的70%以上。

(十)舞台技术

舞台技术员

1. 基本掌握舞台现代智能化控制系统,有独立制作和操作能力,有一定的舞台实践经验。

2. 每年参与演出的场次达到本单位演出场次的90%以上。

舞台技师

1. 熟练掌握舞台现代智能化控制系统,能在不同的舞台条件下完成演出任务,及时发现和解决演出过程中出现的技术问题。

2. 有8部以上作品中担任独立操作。

3．每年参与演出的场次达到本单位演出场次的90%以上。

主任舞台技师

1．全面掌握舞台现代智能化控制系统和舞台技术工作规律，能运用现代科技提高舞台的设计制作水平，有较深的艺术造诣和精湛的舞台设计、制作及操作技巧，具有解决本专业疑难问题的能力。

2．有10部以上演出作品中担任独立操作，对自己的工作成就能作出较高的总结。

3．每个年度内参与演出的场次达到本单位演出场次的80%以上。

4．在指导、培养舞台技术人员方面有较大的成绩。

第四章　附则

第十一条　艺术系列职称运用量化赋分标准进行评价，具体赋分标准由省文化厅根据本评价条件另行制定。评审委员会在对申报材料充分审议的基础上，对照量化标准进行赋分，并以投票表决的方式产生评审结果。

第十二条　本评价条件涉及工作业绩、专业学术成果等均应为任现专业技术职务后所取得，并须提供有效的证明材料（演出说明书等）。

第十三条　本评价条件中有关词语或概念的特定解释。

（一）条件中所指作品包括表演艺术、视觉艺术、文学等各门类的创作作品。

（二）条件中所指论文、艺术总结等均应为独立完成。

（三）条件中的奖项指中共中央办公厅、国务院办公厅《关于全国性文艺评奖制度改革的意见》中所明确的全国性文艺评奖，以及省职改部门认可的奖项。国际奖项指文化部外联局认可的国际赛事奖项。

（四）条件中所称“以上”均含本级，“年”均为周年，时间可计算至申报当年的12月31日。

（五）“市”指设区市。

第十四条　申报人员有下列情形之一者，取消评审资格。已通过评审的人员，取消其资格，由发证机关收回其资格证书；并从次年起3年内不得申报相应资格评审：

（一）伪造、变造证件、证明的。

（二）提交虚假申报材料的。

（三）任现专业技术职务后有严重违反纪律行为，在申报材料中未反映的。

第十五条　本评价条件自发布之日起实施。

浙江省人力资源和社会保障厅等3部门关于进一步促进残疾人就业创业的通知

浙人社发〔2017〕77号

各市、县(市、区)人力社保局、财政局、残联:

为贯彻落实《浙江省人民政府关于加快推进残疾人全面小康进程的实施意见》(浙政发〔2015〕50号)和《浙江省人民政府关于支持大众创业促进就业的意见》(浙政发〔2015〕21号)等精神,进一步加大残疾人就业创业扶持力度,促进残疾人就业增收和共享发展成果,现就有关事项通知如下:

一、积极推进机关事业单位和国有企业带头安置残疾人

各地要按照《残疾人就业条例》和《关于促进残疾人按比例就业的实施意见》(浙残联教就〔2014〕38号)规定,进一步推进党政机关、事业单位和国有企业带头安置残疾人就业。各级人力社保部门、残联组织要督促机关事业单位落实按比例招录(聘)残疾人就业规定,未按要求安置残疾人的党政机关要制定分年度招录(聘)计划,对未落实招录(聘)计划的单位,按规定暂停进人计划;协调组织、国资监管等部门,将安置残疾人就业情况纳入国有企业领导人考核体系,采取报送年度计划、组织专场招聘等措施,安置更多残疾人就业;协调工商等部门,将国有企业安置残疾人就业情况纳入企业社会责任履行公示体系。

二、加快发展残疾人辅助性就业

各地要依托残疾人集中就业、托养(庇护)照料机构和来料加工基地等,加快发展残疾人辅助性就业。对公办或公办民营、民办公助且不享受国家集中就业退税政策的残疾人辅助性就业机构,可适当提高运行经费补贴标准;对吸纳就业困难残疾人就业并依法缴纳社会保险费的民办非企业单位等残疾人辅助性就业机构,可参照企业吸纳就业困难人员政策享受社保补贴,并可根据实际延长补贴期限。

三、多渠道开发适合就业困难残疾人的公益性岗位

各地要结合岗位特点和实际需要,拿出一定比例公益性岗位定向招录就业困难残疾人。拓宽公益性岗位开发范围,将残疾人专职委员岗位纳入公益性岗位开发目录,加大残疾人托养(庇护)照料机构管理服务等助残类公益性岗位开发力度,鼓励村(社区)便民服务、保安、保洁、保绿等公益性岗位适当向残疾人倾斜。就业困难残疾人在公益性岗位就业,各地可根据实际延长岗位补贴和社保补贴期限。

四、大力支持残疾人自主创业

各地要充分发挥政策资金的引导功能,积极推进残疾人创业孵化基地建设。对认定的残疾人创业孵化基地,可按有关规定给予场地(所)租赁、无障碍设施改造、设施设备购置、网络资费等补助,并按实际孵化成功人数给予孵化补贴。其中对被认定为省级残疾人创业孵化

示范基地的,由省财政按成功孵化一名残疾人创业给予1万元的一次性孵化补贴,每家省级基地最高补贴不超过30万元。省级残疾人创业孵化示范基地的认定标准另行制定。

各级人力社保、财政等部门和残联组织要建立健全促进残疾人就业的协调沟通和数据共享机制。人力社保部门要会同残联完善落实好残疾人就业创业扶持政策;财政部门要积极支持残疾人就业创业;残联组织要进一步健全残疾人就业服务体系,协调落实残疾人就业扶持政策,做好职业技能培训、就业服务等工作。

本通知中的残疾人是指具有本省户籍且持有第二代《中华人民共和国残疾人证》的人员。贯彻落实本通知有关残疾人就业扶持政策所需资金,符合促进就业资金用途规定的,从促进就业资金中列支,其余从残疾人事业专项资金中列支。

本通知自2017年7月27日起施行。

浙江省人力资源和社会保障厅
浙江省财政厅
浙江省残疾人联合会
2017年6月27日

中共浙江省委组织部　浙江省人力资源和社会保障厅 浙江省财政厅关于印发浙江省扩大海外工程师引进计划暂行办法的通知

浙人社发〔2017〕78号

各市党委组织部(人才办)、人力资源和社会保障局、财政局：

为充分调动企业引进外国人才积极性，提升企业创新能力，促进经济转型升级，经省委人才工作领导小组办公室同意，现将《浙江省扩大海外工程师引进计划暂行办法》印发给你们，请遵照执行。

中共浙江省委组织部
浙江省人力资源和社会保障厅
浙江省财政厅
2017年6月26日

浙江省扩大海外工程师引进计划暂行办法

为贯彻落实省委、省政府《关于深化人才发展体制机制改革支持人才创业创新的意见》(浙委发〔2016〕14号)精神，引导和鼓励企业大力引进“高精尖缺”外国人才，提升企业创新能力，促进经济转型升级，在原省级重点企业研究院基础上，扩大海外工程师计划实施范围，特制定浙江省扩大海外工程师引进计划暂行办法。

第一条　海外工程师引进计划工作由省委组织部、省人力资源和社会保障厅、省财政厅共同组织实施，省外国专家局具体承办日常管理等工作。

第二条　本办法适用于我省企业引进的海外工程师。引进的海外工程师应具备下列条件：

(一)在浙注册登记、纳税，且总部在浙的中资及中外合资企业引进的海外工程师；

(二)在国外企业或机构从事工程、技术和管理工作，掌握关键、核心技术或工艺的高精尖缺外籍工程类高层次人才；

(三)所在企业聘用时间不少于1年，每年在该企业工作时间累计不少于2个月，并在所聘企业获得年薪达50万元人民币及以上。

第三条　根据所聘企业在上一年度内支付每位海外工程师的年薪在50万元(含)人民币以上的，给予所聘企业20万元资助，省级财政和市县财政各负担50%，鼓励各地加大对引进顶尖海外工程师企业的资助力度。省属企业引进由企业自负。

5 年内对引进同一位海外工程师的企业资助不超过 2 次。已列入国家"千人计划"、省"千人计划"外专项目的,不再予以资助。宁波市所属的企业聘请海外工程师的资助经费由宁波市承担。

第四条 海外工程师引进计划的资助工作于每年上半年前集中开展一次,并按下列程序进行:

(一)申报材料。申请资助需报送下列材料,并由各市人力资源和社会保障局、财政局审核汇总后报送省外国专家局。

1. 浙江省海外工程师引进计划资助申请表(见附件);

2. 企业注册登记、纳税等相关证明材料;

3. 海外工程师本人所持护照(或其他国际旅行证件)、出入境签章记录;

4. 外国人工作许可证、外国专家来华邀请函、外国人工作许可(来华工作 90 日以下,含 90 日)之一的复印件;

5. 企业与海外工程师签订的聘用合同复印件、出具的实际工作时间证明及薪酬发放记录;

6. 浙江省海外工程师引进计划资助申请汇总表;

7. 其他相关材料。

(二)审核公示。申请材料经省人力资源和社会保障厅、省财政厅审定提出资助名单,并将相关信息在省人力资源和社会保障厅、省财政厅、省外国专家局网站进行为期 7 天的公示。

(三)发文公布。经公示无异议,报省委人才工作领导小组办公室同意后,由省人力资源和社会保障厅、省财政厅联合发文予以公布。

(四)经费拨付。省财政负担的资助经费通过转移支付方式下达各地,由各地财政按规定拨付。

第五条 建立财务监督检查制度,定期对经费的使用情况进行检查,切实提高资金使用的安全性、规范性和有效性。对弄虚作假的企业将收回全部资助经费,并予通报,且 5 年内不得申报。情节严重者将依法追究有关单位和企业法人的责任。

第六条 各地可根据本办法,结合当地实际制定相应的海外工程师引进政策,逐步形成省市联动、相互配套、多层次的海外高层次人才引进体系。

第七条 本办法由省人力资源和社会保障厅负责解释。

第八条 本办法自 2017 年 7 月 26 日起实施,原《浙江省鼓励省级重点企业研究院引进海外工程师暂行办法》(浙人社发〔2013〕139 号)同时废止。

附件

浙江省扩大海外工程师引进计划
资助申请表

海外工程师姓名________________

聘请单位全称________________

所　属　地　区________________

填　报　日　期________________

浙江省外国专家局印制

<table>
<tr><td rowspan="4">聘用企业
基本情况</td><td>全称</td><td colspan="3"></td><td>行业</td><td></td></tr>
<tr><td>地址</td><td colspan="3"></td><td>网址</td><td></td></tr>
<tr><td>负责人姓名</td><td></td><td>职务</td><td></td><td>联系方式</td><td></td></tr>
<tr><td>联系人姓名</td><td></td><td>联系方式</td><td colspan="3"></td></tr>
<tr><td rowspan="8">海外工程师
基本情况</td><td>外文姓名</td><td colspan="2"></td><td>性别</td><td></td><td rowspan="4">(照片)</td></tr>
<tr><td>中文姓名</td><td colspan="2"></td><td>国籍</td><td></td></tr>
<tr><td>出生日期</td><td colspan="2"></td><td>专业</td><td></td></tr>
<tr><td>最高学历(学位)
及毕业院校</td><td colspan="4"></td></tr>
<tr><td>国外联系方式</td><td colspan="3"></td><td rowspan="2">E-Mail</td><td rowspan="2"></td></tr>
<tr><td>国内联系方式</td><td colspan="3"></td></tr>
<tr><td>工作简历</td><td colspan="5"></td></tr>
<tr><td>专业特长</td><td colspan="5"></td></tr>
<tr><td rowspan="4">海外工程师
聘用情况</td><td>聘用岗位</td><td colspan="2"></td><td>聘用起止时间</td><td colspan="2">年 月 日— 年 月 日</td></tr>
<tr><td>上年度在本企业
工作时间</td><td colspan="2">天</td><td>上年度实际
支付年薪</td><td colspan="2">(万元)</td></tr>
<tr><td>海外工程师所承担
项目的基本情况</td><td colspan="5"></td></tr>
<tr><td>海外工程师发挥的
作用及企业评价</td><td colspan="5"></td></tr>
<tr><td colspan="2">聘用单位法人承诺</td><td colspan="5">本单位郑重承诺：所提供的上述申请材料属实，若有弄虚作假，愿意承担相应的法律责任。
单位法人代表签字：　　　　单位公章
年　月　日　　　　年　月　日</td></tr>
<tr><td colspan="4">市人力社保局意见

负责人(签字)：　　　　单位公章
职务：　　　　年　月　日</td><td colspan="3">市财政局意见

负责人(签字)：　　　　单位公章
职务：　　　　年　月　日</td></tr>
</table>

浙江省人力资源和社会保障厅 浙江省财政厅 关于印发《浙江省失业保险支持参保职工提升职业技能实施办法》的通知

浙人社发〔2017〕81号

各市人力社保局、财政局：

为贯彻落实《人力资源社会保障部 财政部关于失业保险支持参保职工提升职业技能有关问题的通知》（人社部发〔2017〕40号）要求，我们制定了《浙江省失业保险支持参保职工提升职业技能实施办法》，现予印发，请遵照执行。

浙江省人力资源和社会保障厅

浙江省财政厅

2017年6月30日

浙江省失业保险支持参保职工提升职业技能实施办法

第一条 为弘扬工匠精神，引导职工提高职业技能水平，根据《国务院关于做好当前和今后一段时期就业创业工作的意见》（国发〔2017〕28号）和《人力资源社会保障部财政部关于失业保险支持参保职工提升职业技能有关问题的通知》（人社部发〔2017〕40号）有关规定，结合我省实际，制定本办法。

第二条 在本省行政区域内的企业职工同时符合以下条件，可申领技能提升补贴：

（一）依法参加失业保险，累计缴纳失业保险费36个月（含）以上的；

（二）自2017年1月1日（含）后取得初级（五级）、中级（四级）、高级（三级）职业资格证书或职业技能等级证书（以下称“证书”）的，以证书核发的时间为准。

第三条 符合条件的职工应在证书核发之日起12个月内，携带居民身份证和证书原件到本人当前失业保险参保地失业保险经办机构申领技能提升补贴，并填写《浙江省参保职工技能提升补贴申领表》（附件1）。申领时已失业的，到失业前最后一次缴费的失业保险参保地失业保险经办机构申领。

代为申领的，需提供代理人居民身份证原件、申请人的授权委托书。

第四条 失业保险经办机构在受理后的5个工作日内完成参保缴费情况和证书信息审核。

（一）参保缴费情况审核。通过省级集中

的业务经办系统核查申请人身份及其失业保险参保缴费情况，在省级集中的业务经办系统未上线之前，审核办法由各地自行确定。

（二）证书信息审核。通过“国家职业资格证书全国联网查询”网站（http://zscxosta.org.cn/）、“浙江省职业资格工作网”（http://zj.osta.org.cn/）或当地职业资格系统甄别证书信息。

审核通过的，应在当地政府或人力社保部门网站公示补贴申领情况，公示时间不少于7个工作日，并于公示结束后的15个工作日内直接将补贴资金发放至申请人本人的个人银行账户或社会保障卡；审核不通过的，应书面告知原因。

有条件的地区可以运用信息化手段，探索实行技能提升补贴网络在线申请、审核、反馈。

第五条 技能提升补贴的标准由各统筹地区人力社保、财政部门根据当地失业保险基金运行情况、具体职业（工种）职业培训和职业技能鉴定补贴标准等因素综合确定，并适时调整。职工取得初级（五级）职业资格证书或职业技能等级证书的，补贴标准一般不超过1000元；职工取得中级（四级）职业资格证书或职业技能等级证书的，补贴标准一般不超过1500元；职工取得高级（三级）职业资格证书或职业技能等级证书的，补贴标准一般不超过2000元。

各市可根据本地重点产业发展方向和人力资源市场需求，研究制定本地区紧缺急需的职业（工种）目录。取得本地区紧缺急需职业（工种）目录的职业资格证书或职业技能等级证书的，补贴标准可在原有基础上上浮，上浮比例不超过50%。

同一职业（工种）同一等级只能申请并享受一次技能提升补贴，且不得同时享受职业培训补贴、职业技能鉴定补贴。

第六条 在失业保险基金科目中设立技能提升补贴科目，所需资金从失业保险基金技能提升补贴科目中列支。

第七条 各地要将技能提升补贴支出纳入失业保险基金预算管理，规范运作。制订具体的补贴申领发放操作办法，完善补贴资金的审核、公示、拨付、监督等流程，严格财务管理和资金监管，切实保证基金有效使用和安全运行。

基金支付能力相对较弱的统筹地区，当年失业保险基金收不抵支的，先由当地基金历年结余支付，不足部分再由省级失业保险调剂金调剂和当地财政按规定补贴，确保每个地区符合条件的职工都能享受到政策。

第八条 职业技能鉴定机构要严格鉴定标准，严把证书发放质量。失业保险经办机构要与职业技能鉴定机构建立信息共享、沟通协调机制，通过信息比对有效甄别证书的真实性，公示补贴发放情况，畅通投诉举报渠道，发挥社会监督作用，严防冒领、骗取补贴。对违法违规行为，按规定追究相关责任。

第九条 本办法自发布之日施行。

附件：浙江省参保职工技能提升补贴申领表

附件

浙江省参保职工技能提升补贴申领表

<table>
<tr><td>姓　名</td><td colspan="2"></td><td>所在(原)企业名称</td><td colspan="2"></td></tr>
<tr><td>职业(工种)及等级</td><td colspan="2"></td><td>证书编号</td><td colspan="2"></td></tr>
<tr><td>联系地址</td><td colspan="3"></td><td>联系电话</td><td></td></tr>
<tr><td>身份证号</td><td colspan="5"></td></tr>
<tr><td colspan="2">银行卡或社会保障卡号</td><td colspan="4"></td></tr>
<tr><td>技能补贴
申领情况</td><td colspan="5">□初次申请；□多次申请，_______年___月已申领过___________
职业(工种)_______级的技能提升补贴。</td></tr>
</table>

承诺书

本人承诺以上内容及所提供的材料真实有效，如有虚假不得享受相关补贴，并承担相应法律责任。

申请人签字：
或代理人签字：
代理人身份证号：

<table>
<tr><td>经办机构审核</td><td>根据浙江省参保职工技能提升补贴政策有关规定，申请人取得_______________职业(工种)_______级资格证书，(是、否)属本地区紧缺急需职业(工种)目录，可享受技能提升补贴_______元。

(盖章)</td></tr>
</table>

经办人(签章)：　　　　　　复核人(签章)：

浙江省人力资源和社会保障厅　浙江省财政厅关于2017年调整退休人员基本养老金的通知

浙人社发〔2017〕84号

各市、县(市、区)人力资源和社会保障局、财政局,嘉兴市社会保障事务局,省级各单位,中央部属在浙有关单位:

为保障退休人员基本生活,共享社会发展成果,根据《人力资源社会保障部财政部关于2017年调整退休人员基本养老金的通知》(人社部发〔2017〕30号)精神,经省政府同意并报人社部、财政部批准,决定适当调整退休人员基本养老金。现将有关事项通知如下,请遵照执行。

一、调整范围和对象

全省2016年12月31日前已按国家和省有关规定办理退休、退职手续的人员,可按本通知规定调整基本养老金。

二、调整水平和调整办法

2017年调整退休(含退职,下同)人员基本养老金,采取定额调整、挂钩调整和适当倾斜相结合的办法,具体调整办法如下:

(一) 定额调整退休人员基本养老金

企业和机关事业单位退休人员,每人每月增加45元。

(二) 挂钩调整退休人员基本养老金

挂钩调整退休人员基本养老金由以下两部分组成:

1. 企业和机关事业单位退休人员本人缴费年限(含视同缴费年限,下同)15年及以下的部分,缴费年限每满1年(不满1年按1年计算,下同),月基本养老金增加1.5元,月基本养老金增加额不到15元的,补足到15元;本人缴费年限15年以上的部分,缴费年限每满1年,月基本养老金增加3.5元。

2. 企业和机关事业单位退休人员按本人本次调整前月基本养老金的1.86%计算月基本养老金增加额。

(三) 适当提高部分退休人员基本养老金

在定额调整和挂钩调整的基础上,对下列退休人员再适当增发基本养老金:2016年12月31日前,男年满70周岁、女年满65周岁及以上且不满80周岁的退休人员,每人每月增发30元;年满80周岁及以上的退休人员,每人每月增发60元。

三、有关人员的待遇处理

(一) 企业退休军转干部调整基本养老金后,其基本养老金水平低于当地此次调整后的基本养老金平均水平的,按照浙委办〔2004〕30号文件规定,予以补足。

(二) 企业退休的劳动模范和省先进生产(工作)者调整基本养老金后,其基本养老金水平低于当地此次调整后的企业退休人员基本养老金平均水平的,按照浙政办发〔2007〕88号文件规定,予以补足。

劳动模范是指获得省及省以上劳动模范称号和按规定享受省及省以上劳动模范和先进工作者待遇的个人；省先进生产（工作）者是指1956年至1964年获得省先进生产（工作）者称号的个人。

（三）企业退休的原工商业者（含从原工商业者中区分出来的小商小贩、小手工业者、小业主）调整基本养老金后，其基本养老金水平低于当地此次调整后的企业退休人员基本养老金平均水平的，按浙劳社老〔2002〕150号文件规定，予以补足。

上述（一）、（二）、（三）类人员调整基本养老金时，如当地此次调整后的企业退休人员基本养老金平均水平低于2016年的，按2016年水平确定。

（四）2016年12月31日前因工致残完全丧失劳动能力、退出生产岗位按月享受定期伤残津贴的企业职工，按本通知办法增加伤残津贴。如增加金额低于当地此次企业退休人员基本养老金调整平均额度的，可按平均额度予以补足。企业工伤退休人员基本养老金增加金额低于当地此次企业退休人员基本养老金调整平均额度的，也可按平均额度予以补足。

（五）企业和机关事业单位离休干部不列入本次调整范围。

四、资金来源

调整退休人员基本养老金所需资金，参加企业职工基本养老保险的，从企业职工基本养老保险基金中列支；参加机关事业单位养老保险的，从机关事业单位基本养老保险基金中列支。未参加机关事业单位养老保险的退休人员，所需资金暂由原渠道列支。工伤职工调整伤残津贴所需费用，按原渠道列支。

五、执行时间

本次调整退休人员基本养老金从2017年1月1日起执行，执行中的具体问题，由省人力资源和社会保障厅负责解释。

调整退休人员基本养老金水平，体现了党中央、国务院和省委、省政府对广大退休人员的关怀。各地各部门应高度重视，切实加强领导，精心组织实施，力争在2017年7月底前将增加的基本养老金发放到位。

浙江省人力资源和社会保障厅
浙江省财政厅
2017年7月11日

浙江省人力资源和社会保障厅关于公布我省已取消的20项自行设置职业资格许可和认定事项的通知

浙人社发〔2017〕85号

各市、县(市、区)人民政府,省政府直属各单位:

为贯彻落实国务院和人社部关于推进简政放权、放管结合、优化服务改革,进一步减少和规范职业资格许可和认定的精神和要求,经省政府同意,现对我省已取消的20项职业资格许可和认定事项(见附件1)予以集中公布,并就进一步做好减少和规范职业资格许可和认定事项工作通知如下:

一、增强对清理取消职业资格的认识。减少和规范职业资格许可和认定工作是推进"放管服"改革的重要内容,也是我省加快推进"最多跑一次"改革的重要任务。各地各部门要从全面深化改革特别是供给侧结构性改革的大局出发,进一步转变职能、转变观念、提高认识,改革人才评价机制,不断降低人才负担和制度成本,持续激发市场和社会活力,为最大限度释放就业创业创新活力营造良好的环境。

二、严格实施国家职业资格目录清单管理。2013年以来,国务院分7批先后取消了国务院部门设置职业资格许可和认定事项共434项(见附件2)。各地各部门要高度重视,严格落实国家规定,按照国务院决定取消的职业资格许可和认定事项目录以及我省集中公布的取消目录,坚决停止相关考试、鉴定、发证活动。严格执行好国家职业资格目录清单,清单外一律不得许可和认定职业资格,清单内除准入类职业资格外一律不得与就业创业挂钩。

三、加强对职业资格设置实施的监管督查。强化事中事后监管,对国家和我省已取消的职业资格许可和认定事项,及时组织"回头看",确保清理到位,防止反弹或变相恢复。进一步加强全省职业资格实施跟踪督查,对有关部门和地区进行重点督查,畅通社会公众监督渠道,严肃核查群众举报、媒体反映、专项督查发现的有关问题线索。建立问责机制,对于违法违规设置实施的职业资格事项,发现一起,查处一起,并进行全省通报。

四、健全职业资格管理和服务。按照国家职业资格制度规定,严格落实"考培分离""鉴培分离"。强化职业资格信息化管理,建立全省统一的网上查询验证服务平台,推动实现证书电子化、信息公开化、数据共享化。健全职业资格证书管理办法,逐步建立持证人员信用管理体系,严肃查处证书挂靠、寻租等行为,确保职业资格证书的公信力和权威性。对已经取消的职业资格许可和认定事项,各地各部门要加强研究,按照"谁主管、谁负责"要求,分类妥善处理后续工作,做好政策衔接、宣传解释和沟通服务工作,确保人才队伍稳定。

本通知自公布之日起施行。

附件：1. 取消的20项自行设置的职业资格许可和认定事项目录
2. 国务院已取消434项职业资格许可和认定事项目录

浙江省人力资源和社会保障厅
2017年7月8日

附件 1

取消的 20 项自行设置的职业资格许可和认定事项目录

一、取消的专业技术人员职业资格许可和认定事项(16 项)

序号	项目名称	实施部门(单位)	资格类别
1	浙江省住房和城乡建设领域专业人员(监理员、园林施工员、园林质量员)岗位培训考核合格证书	省建设厅	准入类
2	浙江省建设工程检测岗位证书	省建筑业管理局	准入类
3	浙江省监理工程师	省建筑业管理局	准入类
4	浙江省建设工程勘察现场作业人员	浙江省勘察设计行业协会	准入类
5	浙江省水利建设行业管理岗位资格	省水利厅	准入类
6	浙江省水利工程建设监理员	省水利厅	准入类
7	浙江省水利工程造价员	省水利厅	准入类
8	浙江省林木种苗检验(企业内检)种苗生产保管资格	各地林业部门	准入类
9	浙江省种苗行业岗位培训合格证书	各地林业部门	准入类
10	景点景区导游	部分市旅游部门	准入类
11	杭州市监理工程师、监理员	杭州市监理协会	准入类
12	温州市社会工作者中、初级专业技术资格	温州市人力社保局、民政局	水平评价类
13	嘉兴市社会工作者中、初级专业技术资格	嘉兴市人力社保局、民政局	水平评价类
14	招标代理专职人员	部分市住建局	水平评价类
15	小微型水利工程建造(管)员	部分市、县(市、区)水利局	准入类
16	永康市建设工程技术资料管理员	永康市建设工程质量监督站	准入类

二、取消的技能人员职业资格许可和认定事项(4 项)

序号	项目名称	实施部门(单位)	资格类别
1	模具制造工	部分市人力社保局	水平评价类
2	母婴护理员	部分市人力社保局	水平评价类
3	农村水电站运行管理从业资格	各地水利部门	水平评价类
4	工贸行业安全生产标准化评审人员培训合格证书	省安全生产宣传教育中心	水平评价类

附件2

国务院已取消434项职业资格许可和认定事项目录

序号	项目名称	实施部门(单位)	资格类别	批次	实施对象
1	房地产经纪人	住房城乡建设部、人力资源和社会保障部	准入类	第一批	专技人员
2	注册税务师	税务总局、人力资源和社会保障部	准入类	第一批	专技人员
3	质量专业技术人员	质检总局 、人力资源和社会保障部	水平评价类	第一批	专技人员
4	土地登记代理人	国土资源部 、人力资源和社会保障部	准入类	第一批	专技人员
5	矿业权评估师	国土资源部 、人力资源和社会保障部	准入类	第一批	专技人员
6	国际商务专业人员	商务部 、人力资源和社会保障部	水平评价类	第一批	专技人员
7	注册资产评估师	财政部 、人力资源和社会保障部	准入类	第一批	专技人员
8	企业法律顾问	国务院国资委 、人力资源和社会保障部	水平评价类	第一批	专技人员
9	建筑业企业项目经理	中国冶金建设协会	准入类	第一批	专技人员
10	水利工程质量与安全监督员	水利部	准入类	第一批	专技人员
11	品牌管理师	中国商业联合会	水平评价类	第一批	专技人员
12	土地估价师资格	国土资源部	准入类	第二批	专技人员
13	机动车驾驶员培训机构教学负责人、机动车驾驶员培训结业考核人员从业资格	交通运输部	准入类	第二批	专技人员
14	公路水运工程试验检测人员资格	交通运输部	准入类	第二批	专技人员
15	理货人员从业资格	交通运输部	准入类	第二批	专技人员
16	水土保持监测人员上岗资格	水利部	准入类	第二批	专技人员
17	拍卖行业从业人员资格	中国拍卖行业协会	准入类	第二批	专技人员
18	机械工业质量管理咨询师	中国机械工业质量管理协会	准入类	第二批	专技人员
19	机械工业标准复核人员资格	中国机械工业标准化技术协会	准入类	第二批	专技人员
20	机械工业企业标准化人员资格	中国机械工业标准化技术协会	准入类	第二批	专技人员
21	出入境检验检疫报检员资格	质检总局	准入类	第二批	专技人员
22	外国证券类机构驻华代表机构首席代表资格核准	证监会	准入类	第二批	专技人员
23	保荐代表人资格	证监会	准入类	第二批	专技人员
24	保险公司精算专业人员资格认可	保监会	准入类	第二批	专技人员
25	保险公估机构高级管理人员任职资格核准	保监会	准入类	第二批	专技人员
26	注册企业培训师	国家发展改革委	水平评价类	第二批	专技人员
27	中国职业经理人	国家发展改革委	水平评价类	第二批	专技人员

续 表

序号	项目名称	实施部门(单位)	资格类别	批次	实施对象
28	商业企业价格人员岗位资格行业认证	国家发展改革委	水平评价类	第二批	专技人员
29	机械工业企业价格人员岗位资格行业认证	国家发展改革委	水平评价类	第二批	专技人员
30	建设项目水资源论证上岗资格	水利部	水平评价类	第二批	专技人员
31	内部审计人员岗位资格	审计署	水平评价类	第二批	专技人员
32	特许经营管理师	中国商业联合会	水平评价类	第二批	专技人员
33	QC 小组活动诊断师	中国机械工业质量管理协会	水平评价类	第二批	专技人员
34	机械工业质量管理奖评审员	中国机械工业质量管理协会	水平评价类	第二批	专技人员
35	知识产权管理工程师	国家知识产权局	水平评价类	第二批	专技人员
36	金融理财师	原由中国人民银行中国金融教育发展基金会实施,2009 年后由社会机构自行实施	水平评价类	第二批	专技人员
37	国际金融理财师	原由中国人民银行中国金融教育发展基金会实施,2009 年后由社会机构自行实施	水平评价类	第二批	专技人员
38	中央储备粮保管、检验、防治人员资格认定	国家粮食局	准入类	第二批	技能人员
39	长途电话交换机务员	工业和信息化部	水平评价类	第二批	技能人员
40	市内电话交换机务员	工业和信息化部	水平评价类	第二批	技能人员
41	邮电业务营销员	工业和信息化部	水平评价类	第二批	技能人员
42	割草机操作工	农业部	水平评价类	第二批	技能人员
43	农产品加工机械操作工	农业部	水平评价类	第二批	技能人员
44	农业技术推广员(水产)	农业部	水平评价类	第二批	技能人员
45	品种试验员	农业部	水平评价类	第二批	技能人员
46	水稻直播机操作工	农业部	水平评价类	第二批	技能人员
47	植物组织培养员	农业部	水平评价类	第二批	技能人员
48	种子贮藏技术人员	农业部	水平评价类	第二批	技能人员
49	健康教育指导师资格	国家卫生计生委	水平评价类	第二批	技能人员
50	中国保健行业心理保健师资格	国家卫生计生委	水平评价类	第二批	技能人员
51	中国保健行业营养保健师资格	国家卫生计生委	水平评价类	第二批	技能人员
52	安全评价人员资格	安全监管总局	水平评价类	第二批	技能人员
53	松香包装工	国家林业局	水平评价类	第二批	技能人员
54	木材搬运工	国家林业局	水平评价类	第二批	技能人员
55	挂杆复烤工	国家烟草局	水平评价类	第二批	技能人员
56	不间断电源机务员	中国民航局	水平评价类	第二批	技能人员
57	测距设备机务员	中国民航局	水平评价类	第二批	技能人员

续 表

序号	项目名称	实施部门(单位)	资格类别	批次	实施对象
58	电话交换机机务员	中国民航局	水平评价类	第二批	技能人员
59	电讯材料员	中国民航局	水平评价类	第二批	技能人员
60	二次雷达机务员	中国民航局	水平评价类	第二批	技能人员
61	飞机(苏式)维护电气员	中国民航局	水平评价类	第二批	技能人员
62	飞机(苏式)维护无线电、雷达员	中国民航局	水平评价类	第二批	技能人员
63	飞机(苏式)维护仪表员	中国民航局	水平评价类	第二批	技能人员
64	飞机电气修理工	中国民航局	水平评价类	第二批	技能人员
65	飞机机械附件修理工	中国民航局	水平评价类	第二批	技能人员
66	飞机结构修理工	中国民航局	水平评价类	第二批	技能人员
67	飞机气动、救生设备修理工	中国民航局	水平评价类	第二批	技能人员
68	飞机维护电气员	中国民航局	水平评价类	第二批	技能人员
69	飞行计划处理设备机务员	中国民航局	水平评价类	第二批	技能人员
70	归航机/指点标机机务员	中国民航局	水平评价类	第二批	技能人员
71	航管计算机外围设备机务员	中国民航局	水平评价类	第二批	技能人员
72	航管计算机硬件机务员	中国民航局	水平评价类	第二批	技能人员
73	航空材料员	中国民航局	水平评价类	第二批	技能人员
74	航空电信报(话)务员	中国民航局	水平评价类	第二批	技能人员
75	航空发动机附件修理工	中国民航局	水平评价类	第二批	技能人员
76	航空发动机修理工	中国民航局	水平评价类	第二批	技能人员
77	航管内话通信机务员	中国民航局	水平评价类	第二批	技能人员
78	航空摄影测绘员	中国民航局	水平评价类	第二批	技能人员
79	矿山建设工程质量监督工程师	中国煤炭建设协会	准入类	第三批	专技人员
80	冶金监理工程师	中国冶金建设协会	准入类	第三批	专技人员
81	危险物品的生产、经营、储存单位以及矿山主要负责人和安全生产管理人员的安全资格认定	安全监管总局	准入类	第三批	专技人员
82	期货公司董事、监事和高级管理人员任职资格核准	证监会	准入类	第三批	专技人员
83	建筑保温工程项目经理	住房城乡建设部	水平评价类	第三批	专技人员
84	地面供暖工程项目经理	住房城乡建设部	水平评价类	第三批	专技人员
85	建筑防水工程项目经理	住房城乡建设部	水平评价类	第三批	专技人员
86	古建园林工程项目经理	住房城乡建设部	水平评价类	第三批	专技人员
87	装饰(住宅)监理(师)	住房城乡建设部	水平评价类	第三批	专技人员
88	装饰项目经理	住房城乡建设部	水平评价类	第三批	专技人员
89	装饰材料管理师	住房城乡建设部	水平评价类	第三批	专技人员
90	装饰资料管理师	住房城乡建设部	水平评价类	第三批	专技人员

续 表

序号	项目名称	实施部门(单位)	资格类别	批次	实施对象
91	装饰施工管理师	住房城乡建设部	水平评价类	第三批	专技人员
92	装饰质量管理师	住房城乡建设部	水平评价类	第三批	专技人员
93	建筑装饰设计师(含室内陈设、家具与厨卫、幕墙设计)	住房城乡建设部	水平评价类	第三批	专技人员
94	建筑表现制作师	住房城乡建设部	水平评价类	第三批	专技人员
95	民族(古)建筑维护师	住房城乡建设部	水平评价类	第三批	专技人员
96	民族(古)建筑修缮师	住房城乡建设部	水平评价类	第三批	专技人员
97	中国古建营造师	住房城乡建设部	水平评价类	第三批	专技人员
98	民族建筑设计师	住房城乡建设部	水平评价类	第三批	专技人员
99	室内设计师	住房城乡建设部	水平评价类	第三批	专技人员
100	景观设计师	住房城乡建设部	水平评价类	第三批	专技人员
101	建设行业专业技术管理职业资格	住房城乡建设部	水平评价类	第三批	专技人员
102	建筑业企业法务总监(法务经理)、法务助理	住房城乡建设部	水平评价类	第三批	专技人员
103	房地产置业法律顾问(咨询师)	住房城乡建设部	水平评价类	第三批	专技人员
104	全国电气智能应用水平考试	住房城乡建设部	水平评价类	第三批	专技人员
105	水土保持方案编制上岗资格	水利部	水平评价类	第三批	专技人员
106	农村水电安全监察员资格	水利部	水平评价类	第三批	专技人员
107	航空摄影冲洗员	中国民航局	水平评价类	第三批	技能人员
108	航空摄影照相设备员	中国民航局	水平评价类	第三批	技能人员
109	计算机系统及网络设备机务员	中国民航局	水平评价类	第三批	技能人员
110	空调设备机务员	中国民航局	水平评价类	第三批	技能人员
111	气象传真设备机务员	中国民航局	水平评价类	第三批	技能人员
112	气象电传设备机务员	中国民航局	水平评价类	第三批	技能人员
113	气象对空广播员	中国民航局	水平评价类	第三批	技能人员
114	气象雷达设备机务员	中国民航局	水平评价类	第三批	技能人员
115	气象填图员	中国民航局	水平评价类	第三批	技能人员
116	气象卫星云图接收设备机务员	中国民航局	水平评价类	第三批	技能人员
117	气象无线电设备机务员	中国民航局	水平评价类	第三批	技能人员
118	气象自动观测系统机务员	中国民航局	水平评价类	第三批	技能人员
119	气象自动填图设备机务员	中国民航局	水平评价类	第三批	技能人员
120	全向信标机务员	中国民航局	水平评价类	第三批	技能人员
121	甚高频收、发信机务员	中国民航局	水平评价类	第三批	技能人员
122	塔台集中控制机务员	中国民航局	水平评价类	第三批	技能人员
123	通用航空报(话)务员	中国民航局	水平评价类	第三批	技能人员
124	无线电短波收、发信机务员	中国民航局	水平评价类	第三批	技能人员

续 表

序号	项目名称	实施部门(单位)	资格类别	批次	实施对象
125	显示设备机务员	中国民航局	水平评价类	第三批	技能人员
126	一次雷达机务员	中国民航局	水平评价类	第三批	技能人员
127	仪表着陆系统机务员	中国民航局	水平评价类	第三批	技能人员
128	油机机务员	中国民航局	水平评价类	第三批	技能人员
129	有线机务员	中国民航局	水平评价类	第三批	技能人员
130	着陆雷达机务员	中国民航局	水平评价类	第三批	技能人员
131	自动转报机务员	中国民航局	水平评价类	第三批	技能人员
132	自动转报控制席报务员	中国民航局	水平评价类	第三批	技能人员
133	飞机维护机械员	中国民航局	水平评价类	第三批	技能人员
134	木地板导购员	中国物流与采购联合会	水平评价类	第三批	技能人员
135	木地板工程监理师	中国物流与采购联合会	水平评价类	第三批	技能人员
136	化工操作工	中国石油和化学工业联合会	水平评价类	第三批	技能人员
137	化学清洗防腐蚀工	中国石油和化学工业联合会	水平评价类	第三批	技能人员
138	旋涡炉工	中国有色金属工业协会	水平评价类	第三批	技能人员
139	陈设艺术设计师	中国轻工业联合会	水平评价类	第三批	技能人员
140	罐头封口技能师	中国轻工业联合会	水平评价类	第三批	技能人员
141	罐头杀菌技能师	中国轻工业联合会	水平评价类	第三批	技能人员
142	室内装饰材料师	中国轻工业联合会	水平评价类	第三批	技能人员
143	室内装饰监理师	中国轻工业联合会	水平评价类	第三批	技能人员
144	室内装饰施工企业项目经理	中国轻工业联合会	水平评价类	第三批	技能人员
145	中国轻工业设计师	中国轻工业联合会	水平评价类	第三批	技能人员
146	假肢与矫形器制作师	民政部、人力资源和社会保障部	准入类	第四批	专技人员
147	电子工程建设概预算人员资格	工业和信息化部	水平评价类	第四批	专技人员
148	通信工程师职业资格	工业和信息化部	水平评价类	第四批	专技人员
149	信息产业电子标准化专业知识资格	工业和信息化部	水平评价类	第四批	专技人员
150	注册电子贸易师	工业和信息化部	水平评价类	第四批	专技人员
151	网络广告经纪人	工业和信息化部	水平评价类	第四批	专技人员
152	IC 设计师职业资格	工业和信息化部	水平评价类	第四批	专技人员
153	国际货运代理从业人员资格	商务部	水平评价类	第四批	专技人员
154	医药代表资格	商务部	水平评价类	第四批	专技人员
155	国际商务单证员	商务部	水平评价类	第四批	专技人员
156	国际贸易业务员	商务部	水平评价类	第四批	专技人员
157	外贸会计	商务部	水平评价类	第四批	专技人员
158	外贸英语	商务部	水平评价类	第四批	专技人员
159	国际商务会展员	商务部	水平评价类	第四批	专技人员

续 表

序号	项目名称	实施部门(单位)	资格类别	批次	实施对象
160	全国外贸跟单员	商务部	水平评价类	第四批	专技人员
161	全国国际商务英语	商务部	水平评价类	第四批	专技人员
162	全国外贸业务员	商务部	水平评价类	第四批	专技人员
163	全国商务文员	商务部	水平评价类	第四批	专技人员
164	全国国际商务秘书	商务部	水平评价类	第四批	专技人员
165	全国外贸物流员	商务部	水平评价类	第四批	专技人员
166	电气产品质量检验师	质检总局	水平评价类	第四批	专技人员
167	卫生注册评审员	质检总局	水平评价类	第四批	专技人员
168	专职兽医	质检总局	水平评价类	第四批	专技人员
169	值保员	质检总局	水平评价类	第四批	专技人员
170	质量检验员	质检总局	水平评价类	第四批	专技人员
171	中小型机械操作工	交通运输部	水平评价类	第四批	技能人员
172	汽车客运行包装卸工	交通运输部	水平评价类	第四批	技能人员
173	公路货运装卸工	交通运输部	水平评价类	第四批	技能人员
174	港口装卸工	交通运输部	水平评价类	第四批	技能人员
175	农用运输车驾驶员	农业部	水平评价类	第四批	技能人员
176	水生动植物采集工	农业部	水平评价类	第四批	技能人员
177	水产品剖片工	农业部	水平评价类	第四批	技能人员
178	饲料粉碎工	农业部	水平评价类	第四批	技能人员
179	饲料制料工	农业部	水平评价类	第四批	技能人员
180	计算机乐谱制作师	文化部	水平评价类	第四批	技能人员
181	雕塑翻制工	文化部	水平评价类	第四批	技能人员
182	壁画制作工	文化部	水平评价类	第四批	技能人员
183	低压电器焊接工	中国机械工业联合会	水平评价类	第四批	技能人员
184	人造宝石制造工	中国机械工业联合会	水平评价类	第四批	技能人员
185	应变片制作工	中国机械工业联合会	水平评价类	第四批	技能人员
186	轴尖工	中国机械工业联合会	水平评价类	第四批	技能人员
187	特种合金制(修)模工	中国机械工业联合会	水平评价类	第四批	技能人员
188	火花塞瓷体制造 工	中国机械工业联合会	水平评价类	第四批	技能人员
189	氮化钛涂层工	中国机械工业联合会	水平评价类	第四批	技能人员
190	棉花机械助条工	中国机械工业联合会	水平评价类	第四批	技能人员
191	电镀、油漆检查工	中国机械工业联合会	水平评价类	第四批	技能人员
192	化油器装调工	中国机械工业联合会	水平评价类	第四批	技能人员
193	钨触头(白金)制造工	中国机械工业联合会	水平评价类	第四批	技能人员
194	脂肪酸工	中国机械工业联合会	水平评价类	第四批	技能人员
195	洗衣粉成型工	中国机械工业联合会	水平评价类	第四批	技能人员

续 表

序号	项目名称	实施部门(单位)	资格类别	批次	实施对象
196	巧克力制工	中国机械工业联合会	水平评价类	第四批	技能人员
197	草酸工	中国有色金属工业协会	水平评价类	第四批	技能人员
198	丁黄酸丙腈脂工	中国有色金属工业协会	水平评价类	第四批	技能人员
199	二硫化碳工	中国有色金属工业协会	水平评价类	第四批	技能人员
200	二乙胺工	中国有色金属工业协会	水平评价类	第四批	技能人员
201	黑药工	中国有色金属工业协会	水平评价类	第四批	技能人员
202	黄药工	中国有色金属工业协会	水平评价类	第四批	技能人员
203	聚丙酰胺工	中国有色金属工业协会	水平评价类	第四批	技能人员
204	醚醇工	中国有色金属工业协会	水平评价类	第四批	技能人员
205	羟肟酸工	中国有色金属工业协会	水平评价类	第四批	技能人员
206	松醇油工	中国有色金属工业协会	水平评价类	第四批	技能人员
207	乙硫氮工	中国有色金属工业协会	水平评价类	第四批	技能人员
208	公路水运工程造价人员资格	交通运输部	准入类	第五批	专技人员
209	潜水人员从业资格	交通运输部	准入类	第五批	专技人员
210	中央在京直属企业所属远洋渔业船员资格	农业部	准入类	第五批	专技人员
211	民航计量检定员资格	中国民航局	准入类	第五批	专技人员
212	考古发掘领队资格	国家文物局	准入类	第五批	专技人员
213	中国物流职业经理资格	国家发展改革委	水平评价类	第五批	专技人员
214	中英合作采购与供应管理职业资格	国家发展改革委	水平评价类	第五批	专技人员
215	注册人力资源管理师	国家发展改革委	水平评价类	第五批	专技人员
216	中国工程建设职业经理人	国家发展改革委	水平评价类	第五批	专技人员
217	人力资源测评师	国家发展改革委	水平评价类	第五批	专技人员
218	电子行业质量体系内部审核员资格	工业和信息化部	水平评价类	第五批	专技人员
219	单片机设计师职业资格	工业和信息化部	水平评价类	第五批	专技人员
220	城市雕塑创作设计资格	住房城乡建设部	水平评价类	第五批	专技人员
221	勘察设计行业工程总承包项目经理	住房城乡建设部	水平评价类	第五批	专技人员
222	全国建设工程造价员资格	住房城乡建设部	水平评价类	第五批	专技人员
223	道路运输经理人资格	交通运输部	水平评价类	第五批	专技人员
224	水文、水资源调查评价上岗资格	水利部	水平评价类	第五批	专技人员
225	尘肺诊断医师资格	国家卫生计生委	水平评价类	第五批	专技人员
226	职业中毒诊断医师资格	国家卫生计生委	水平评价类	第五批	专技人员
227	物理因素职业病诊断医师资格	国家卫生计生委	水平评价类	第五批	专技人员
228	全国职业性放射病诊断医师资格	国家卫生计生委	水平评价类	第五批	专技人员
229	化学品毒性鉴定专家	国家卫生计生委	水平评价类	第五批	专技人员

续 表

序号	项目名称	实施部门(单位)	资格类别	批次	实施对象
230	职业卫生专家	国家卫生计生委	水平评价类	第五批	专技人员
231	职业卫生技术服务专业人员	国家卫生计生委	水平评价类	第五批	专技人员
232	建设项目职业病危害放射防护评价报告书编制资格	国家卫生计生委	水平评价类	第五批	专技人员
233	金融专业英语	中国人民银行	水平评价类	第五批	专技人员
234	煤炭行业监理工程师	中国煤炭建设协会	水平评价类	第五批	专技人员
235	煤炭建筑施工企业项目经理	中国煤炭建设协会	水平评价类	第五批	专技人员
236	物流师和采购师	中国物流与采购联合会	水平评价类	第五批	专技人员
237	铸造工程师	中国铸造协会	水平评价类	第五批	专技人员
238	汽车营销师	中国汽车工业协会	水平评价类	第五批	专技人员
239	冶金行业造价师	中国钢铁工业协会	水平评价类	第五批	专技人员
240	石油和化工行业健康安全环境管理师	中国石油和化学工业联合会	水平评价类	第五批	专技人员
241	石油和化工行业能源管理师	中国石油和化学工业联合会	水平评价类	第五批	专技人员
242	电力行业监理工程师、总监理工程师	中国电力建设企业协会	水平评价类	第五批	专技人员
243	电力施工建设企业项目经理岗位资格	中国电力建设企业协会	水平评价类	第五批	专技人员
244	电力建设工程调试职业资格	中国电力建设企业协会	水平评价类	第五批	专技人员
245	产权交易职业资格	中国企业国有产权交易机构协会	水平评价类	第五批	专技人员
246	广告师、助理广告师	工商总局、人力资源社会保障部	水平评价类	第五批	专技人员
247	升放无人驾驶自由气球或者系留气球作业人员资格	中国气象局	水平评价类	第五批	专技人员
248	人工影响天气作业人员资格	中国气象局	水平评价类	第五批	专技人员
249	文物进出境责任鉴定员	国家文物局	水平评价类	第五批	专技人员
250	铁路建设工程监理员	中国铁路总公司	水平评价类	第五批	专技人员
251	糖果工艺师	人力资源社会保障部	水平评价类	第五批	技能人员
252	珠心算教练师	人力资源社会保障部	水平评价类	第五批	技能人员
253	商品储运员	人力资源社会保障部	水平评价类	第五批	技能人员
254	咖啡师	人力资源社会保障部	水平评价类	第五批	技能人员
255	厨政管理师	人力资源社会保障部	水平评价类	第五批	技能人员
256	冲印师	人力资源社会保障部	水平评价类	第五批	技能人员
257	影视木偶制作员	新闻出版广电总局	水平评价类	第五批	技能人员
258	影视设备机械员	新闻出版广电总局	水平评价类	第五批	技能人员
259	舞台音响效果工	新闻出版广电总局	水平评价类	第五批	技能人员
260	拷贝检片员	新闻出版广电总局	水平评价类	第五批	技能人员
261	拷贝字幕员	新闻出版广电总局	水平评价类	第五批	技能人员
262	营林试验工	国家林业局	水平评价类	第五批	技能人员
263	装卸归楞工	国家林业局	水平评价类	第五批	技能人员

续 表

序号	项目名称		实施部门(单位)	资格类别	批次	实施对象
264	木材防腐师		国家林业局	水平评价类	第五批	技能人员
265	木材及家具检验工		国家林业局	水平评价类	第五批	技能人员
266	旅店服务员		中国商业联合会	水平评价类	第五批	技能人员
267	浴池服务员		中国商业联合会	水平评价类	第五批	技能人员
268	人造花制作工		中国轻工业联合会	水平评价类	第五批	技能人员
269	价格鉴证师		国家发展改革委、人力资源社会保障部	准入类	第六批	专技人员
270	招标师		国家发展改革委、人力资源社会保障部	准入类	第六批	专技人员
271	矿产储量评估师		国土资源部、人力资源社会保障部	准入类	第六批	专技人员
272	物业管理师		住房城乡建设部、人力资源社会保障部	准入类	第六批	专技人员
273	珠宝玉石质量检验师		质检总局、人力资源社会保障部	准入类	第六批	专技人员
274	棉花质量检验师		质检总局、人力资源社会保障部	准入类	第六批	专技人员
275	计量检定员		质检总局	准入类	第六批	专技人员
276	地震安全性评价工程师		中国地震局、人力资源社会保障部	准入类	第六批	专技人员
277	水利工程造价工程师		水利部	水平评价类	第六批	专技人员
278	其他社会服务和居民生活服务人员	灾害信息员	民政部	水平评价类	第六批	技能人员
279	林业工程技术人员	花艺环境设计师	人力资源社会保障部	水平评价类	第六批	技能人员
280	安全工程技术人员	安全防范设计评估师	人力资源社会保障部	水平评价类	第六批	技能人员
281	电影电视制作及舞台专业人员	录音师	人力资源社会保障部	水平评价类	第六批	技能人员
282	废旧物资回收利用人员	轮胎翻修工	人力资源社会保障部	水平评价类	第六批	技能人员
283	商品监督和市场管理人员	市场管理员	人力资源社会保障部	水平评价类	第六批	技能人员
284	河道、水库管养人员	水域环境养护保洁员	人力资源社会保障部	水平评价类	第六批	技能人员
285	电子设备装配调试人员	集成电路测试员	人力资源社会保障部	水平评价类	第六批	技能人员
286	电气工程技术人员	照明设计师、霓虹灯制作员	人力资源社会保障部	水平评价类	第六批	技能人员
287	广播电影电视工程技术人员	数字视频合成师	人力资源社会保障部	水平评价类	第六批	技能人员
288	环境保护工程技术人员	室内环境治理员	人力资源社会保障部	水平评价类	第六批	技能人员

续 表

序号	项目名称		实施部门(单位)	资格类别	批次	实施对象
289	编辑	网络编辑员	人力资源社会保障部	水平评价类	第六批	技能人员
290	采购人员	采购师	人力资源社会保障部	水平评价类	第六批	技能人员
291	其他饭店、旅游及健身娱乐场所服务人员	水生哺乳动物驯养师	人力资源社会保障部	水平评价类	第六批	技能人员
292	检验人员	合成材料测试员、室内装饰装修质量检验员、玻璃分析检验员	人力资源社会保障部	水平评价类	第六批	技能人员
293	机泵操作人员	混凝土泵工	人力资源社会保障部	水平评价类	第六批	技能人员
294	美术品制作人员	装饰美工	人力资源社会保障部	水平评价类	第六批	技能人员
295	广播影视舞台设备安装调试及运行操作人员	音响师	人力资源社会保障部	水平评价类	第六批	技能人员
296	日用机电产品维修人员	照相器材维修工、钟表维修工	人力资源社会保障部	水平评价类	第六批	技能人员
297	物业管理人员	物业管理员	人力资源社会保障部	水平评价类	第六批	技能人员
298	旅游及公共游览场所服务人员	插花员	人力资源社会保障部	水平评价类	第六批	技能人员
299	推销、展销人员	营销师、服装模特	人力资源社会保障部	水平评价类	第六批	技能人员
300	水上运输服务人员	港口客运员	交通运输部	水平评价类	第六批	技能人员
301	公路道路运输服务人员	汽车货运理货员	交通运输部	水平评价类	第六批	技能人员
302	水产品加工人员	水产品原料处理工	农业部	水平评价类	第六批	技能人员
303	人造板生产人员	人造板饰面工	国家林业局	水平评价类	第六批	技能人员
304	原烟复烤人员	打叶复烤工、烟叶回潮工	国家烟草局	水平评价类	第六批	技能人员
305	卷烟生产人员	烟叶制丝工、膨胀烟丝工、烟草薄片工、卷烟卷接工	国家烟草局	水平评价类	第六批	技能人员
306	烟用醋酸纤维丝束滤棒制作人员	滤棒工	国家烟草局	水平评价类	第六批	技能人员
307	其他机械制造加工人员	电焊条、焊丝制造工	中国机械工业联合会	水平评价类	第六批	技能人员
308	五金制品制作装配人员	铝制品制作工	中国轻工业联合会	水平评价类	第六批	技能人员
309	塑料制品加工人员	塑料制品配料工	中国轻工业联合会	水平评价类	第六批	技能人员

续 表

序号	项目名称		实施部门(单位)	资格类别	批次	实施对象
310	搪瓷制品生产人员	搪瓷瓷釉制作工、搪瓷坯体制作工、搪瓷涂搪烧成工、搪瓷花版饰花工	中国轻工业联合会	水平评价类	第六批	技能人员
311	日用机械电器制造装配人员	空调器装配工、电冰箱(柜)装配工、洗衣机装配工、小型家用电器装配工	中国轻工业联合会	水平评价类	第六批	技能人员
312	印染人员	坯布检查处理工	中国纺织工业联合会	水平评价类	第六批	技能人员
313	合成橡胶生产人员	顺丁橡胶生产工、丁苯橡胶生产工	中国石油化工集团公司	水平评价类	第六批	技能人员
314	基本有机化工产品生产人员	环烃生产工、烃类衍生物生产工	中国石油化工集团公司	水平评价类	第六批	技能人员
315	化学纤维生产人员	湿纺原液制造工、纺丝凝固浴液配制工	中国石油化工集团公司	水平评价类	第六批	技能人员
316	公路水运工程监理工程师资格	交通运输部	准入类	第七批	专技人员	
317	肉品品质检验人员资格	农业部	准入类	第七批	专技人员	
318	临时导游	国家旅游局	准入类	第七批	专技人员	
319	投资建设项目管理师	国家发展改革委、人力资源社会保障部	水平评价类	第七批	专技人员	
320	水利工程建设监理人员资格	水利部	水平评价类	第七批	专技人员	
321	防雷专业技术人员资格	中国气象局	水平评价类	第七批	专技人员	
322	管理咨询人员职业资格	中国企业联合会、人力资源社会保障部	水平评价类	第七批	专技人员	
323	机械设备装配人员	工程机械装配与调试工	中国机械工业联合会	水平评价类	第七批	技能人员
324	动力设备装配人员	电机装配工	中国机械工业联合会	水平评价类	第七批	技能人员
		船舶柴油机装配工	中国船舶工业集团公司、中国船舶重工集团公司			
325	机械设备维修人员	钻掘设备维修钳工	国土资源部	水平评价类	第七批	技能人员

续 表

序号	项目名称		实施部门(单位)	资格类别	批次	实施对象
326	电子产品维修人员	计算机(微机)维修工	人力资源社会保障部	水平评价类	第七批	技能人员
327	裁剪缝纫人员	服装制作工	人力资源社会保障部	水平评价类	第七批	技能人员
328	乳品、冷食品及罐头、饮料制作人员	饮料制作工	中国轻工业联合会	水平评价类	第七批	技能人员
		乳品加工工	农业部、中国轻工业联合会			
		乳品预处理工	农业部			
329	食品添加剂及调味品制作人员	酱油酱类制作工、食醋制作工、酱腌菜制作工、调味品品评师	人力资源社会保障部	水平评价类	第七批	技能人员
		味精制作工	中国轻工业联合会			
330	粮油食品制作人员	烘焙工、豆制品制作工	人力资源社会保障部	水平评价类	第七批	技能人员
331	屠宰加工人员	猪屠宰加工工、牛羊屠宰加工工、禽类屠宰加工工	人力资源社会保障部	水平评价类	第七批	技能人员
332	肉、蛋食品加工人员	肉制品加工工	人力资源社会保障部	水平评价类	第七批	技能人员
333	印前处理人员	平版制版工、柔性版制版工、网版制版工、凹版制版工、印前制作员	人力资源社会保障部	水平评价类	第七批	技能人员
334	印刷操作人员	平版印刷工、柔性版印刷工、网版印刷工、凹版印刷工	人力资源社会保障部	水平评价类	第七批	技能人员
335	印后制作人员	印品整饰工、装订工	人力资源社会保障部	水平评价类	第七批	技能人员
336	装饰装修人员	装饰装修工、地面供暖施工员	人力资源社会保障部	水平评价类	第七批	技能人员
337	图书资料与档案业务人员	图书资料业务人员	文化部	水平评价类	第七批	技能人员
338	电信业务人员	电信业务营业员、话务员	工业和信息化部	水平评价类	第七批	技能人员
339	电信通信传输业务人员	市话测量员	工业和信息化部	水平评价类	第七批	技能人员
340	其他购销人员	粮油购销员	国家粮食局	水平评价类	第七批	技能人员
341	铁路客货运输服务人员	铁路售票员、售票值班员	中国铁路总公司	水平评价类	第七批	技能人员

续 表

序号	项目名称		实施部门(单位)	资格类别	批次	实施对象
342	大田作物生产人员	农艺工	农业部	水平评价类	第七批	技能人员
343	农业实验人员	农业实验工、农情测报员	农业部	水平评价类	第七批	技能人员
344	园艺作物生产人员	蔬菜园艺工,果树园艺工,茶园园艺工,果、茶、桑园艺工	农业部	水平评价类	第七批	技能人员
345	热带作物生产人员	剑麻栽培工	农业部	水平评价类	第七批	技能人员
346	中药材生产人员	中药材种植员	国家中医药局	水平评价类	第七批	技能人员
347	农副林特产品加工人员	棉花加工工	供销合作总社	水平评价类	第七批	技能人员
348	家畜饲养人员	牛肉分级员	农业部	水平评价类	第七批	技能人员
349	家禽饲养人员	家禽饲养工	农业部	水平评价类	第七批	技能人员
350	蜜蜂饲养人员	蜂产品加工工	供销合作总社	水平评价类	第七批	技能人员
351	实验动物饲养人员	实验动物饲养工	农业部	水平评价类	第七批	技能人员
352	动物疫病防治人员	水生生物检疫检验员	农业部	水平评价类	第七批	技能人员
353	草业生产人员	草原监护员、草坪建植工、牧草工	农业部	水平评价类	第七批	技能人员
354	水产养殖人员	海水水生植物苗种繁育工、珍珠养殖工、生物饵料培养工、水产养殖质量管理员	农业部	水平评价类	第七批	技能人员
355	农村能源开发利用人员	农村节能员、生物质能利用工、微水电利用工、小风电利用工	农业部	水平评价类	第七批	技能人员
356	钻井人员	钻井工、固井工、井架安装工	中国石油天然气集团公司	水平评价类	第七批	技能人员
357	石油、天然气开采人员	油、气井测试工,采油工,采气工,井下作业工,天然气净化工,油气输送工,油气管道保护工,液化天然气操作工	中国石油天然气集团公司	水平评价类	第七批	技能人员
358	盐业生产人员	海盐制盐工、苦卤综合利用工、精制盐工、盐斤分装设备操作工、冷冻提硝工、真空制盐工、井矿盐卤水	中国盐业总公司	水平评价类	第七批	技能人员

续 表

序号	项目名称		实施部门(单位)	资格类别	批次	实施对象
358	盐业生产人员	净化工、井矿盐采卤工、驳筑集拆坨盐工、湖盐脱水工、湖盐采掘工	中国盐业总公司	水平评价类	第七批	技能人员
359	石油炼制生产人员	燃料油生产工,润滑油、脂生产工,石油产品精制工,加油站操作员	中国石油天然气集团公司、中国石油化工集团公司	水平评价类	第七批	技能人员
360	化学肥料生产人员	硝酸铵生产工、碳酸氢铵生产工、硫铵工	中国石油和化学工业联合会	水平评价类	第七批	技能人员
361	合成树脂生产人员	聚乙烯生产工、聚丙烯生产工、聚丁二烯生产工、聚氯乙烯生产工、环氧树脂生产工、丙烯腈—丁二烯—苯乙烯共聚物(ABS)生产工、聚苯乙烯生产工	中国石油和化学工业联合会、中国石油天然气集团公司、中国石油化工集团公司	水平评价类	第七批	技能人员
362	精细化工产品生产人员	农药生物测试实验工、染料分析工、涂料合成树脂工、制漆配色调制工、催化剂试验工、化工添加剂制造工、催化剂制造工、化学试剂制造工	中国石油和化学工业联合会、中国石油天然气集团公司、中国石油化工集团公司	水平评价类	第七批	技能人员
363	工件表面处理加工人员	涂装工	人力资源社会保障部	水平评价类	第七批	技能人员
364	运输车辆装配人员	自行车、电动自行车装配工	中国轻工业联合会	水平评价类	第七批	技能人员
365	船舶制造人员	船体装配工、船舶管系工、船舶钳工、船舶气割工	中国船舶工业集团公司、中国船舶重工集团公司	水平评价类	第七批	技能人员
366	其他机械设备修理人员	带温带压堵漏工	中国钢铁工业协会	水平评价类	第七批	技能人员
367	橡胶制品生产人员	橡胶硫化工、橡胶成型工、橡胶半成品制造工、橡胶炼胶工	中国石油和化学工业联合会	水平评价类	第七批	技能人员
368	饲料生产加工人员	饲料厂中央控制室操作工	农业部	水平评价类	第七批	技能人员

续 表

序号	项目名称		实施部门(单位)	资格类别	批次	实施对象
369	中药制药人员	中药固体制剂工	国家中医药局	水平评价类	第七批	技能人员
370	水泥及水泥制品生产加工人员	石灰焙烧工	中国建筑材料联合会	水平评价类	第七批	技能人员
371	墙体屋面材料生产人员	石膏粉生产工	中国建筑材料联合会	水平评价类	第七批	技能人员
372	装饰石材生产人员	石材护理工	中国建筑材料联合会	水平评价类	第七批	技能人员
373	陶瓷制品生产人员	陶瓷模型制作工	中国轻工业联合会	水平评价类	第七批	技能人员
374	珠宝首饰加工制作人员	贵金属首饰机制工	国土资源部、中国轻工业联合会	水平评价类	第七批	技能人员
375	行政事务人员	公关员、计算机操作员、制图员	人力资源社会保障部	水平评价类	第七批	技能人员
376	营业人员	营业员、收银员	人力资源社会保障部	水平评价类	第七批	技能人员
		珠宝首饰营业员	国土资源部			
		用户通信终端销售员	工业和信息化部			
377	拍卖、典当及租赁业务人员	鉴定估价师	人力资源社会保障部	水平评价类	第七批	技能人员
378	保管人员	冷藏工	人力资源社会保障部	水平评价类	第七批	技能人员
379	调酒和茶艺人员	调酒师	人力资源社会保障部	水平评价类	第七批	技能人员
380	公共卫生和营养配餐人员	公共营养师、营养配餐员	人力资源社会保障部	水平评价类	第七批	技能人员
381	社会中介服务人员	科技咨询师、职业信息分析师	人力资源社会保障部	水平评价类	第七批	技能人员
		农产品经纪人	农业部、供销合作总社			
382	演员	电影电视演员	文化部	水平评价类	第七批	技能人员
383	美术专业人员	书法师	文化部	水平评价类	第七批	技能人员
384	摄影服务人员	摄影师	人力资源社会保障部	水平评价类	第七批	技能人员
385	洗染织补人员	洗衣师	中国商业联合会	水平评价类	第七批	技能人员
386	办公设备维修人员	办公设备维修工	人力资源社会保障部	水平评价类	第七批	技能人员
387	玩具制作人员	布绒玩具制作工	中国轻工业联合会	水平评价类	第七批	技能人员
388	漆器工艺品制作人员	漆器镶嵌工、彩绘雕填制工、漆器制胎工	中国轻工业联合会	水平评价类	第七批	技能人员
389	金属工艺品制作人员	金属摆件工	中国轻工业联合会	水平评价类	第七批	技能人员

续 表

序号	项目名称		实施部门(单位)	资格类别	批次	实施对象
390	雕刻工艺品制作人员	工艺品雕刻工	中国轻工业联合会	水平评价类	第七批	技能人员
391	文教用品制作人员	自来水笔制作工、圆珠笔制作工、铅笔制造工、墨水制造工	中国轻工业联合会	水平评价类	第七批	技能人员
392	乐器制作人员	钢琴制作工、管乐器制作工	中国轻工业联合会	水平评价类	第七批	技能人员
393	筑路、养护、维修人员	舟桥起重工、道岔钳工、机动舟驾驶员、铁路舟桥工	中国铁路总公司	水平评价类	第七批	技能人员
394	铁路、地铁运输机械设备操作及有关人员	运转车长、指导车长、机车检查保养员、机车整备工、列车轴温检测员、信号员(长)、驼峰调车长、救援机械副司机、铁路电源工	中国铁路总公司	水平评价类	第七批	技能人员
395	起重装卸机械操作及有关人员	叉车司机、装载机司机	中国铁路总公司	水平评价类	第七批	技能人员
396	海洋环境调查与监测人员	海洋环境监测工	国家海洋局	水平评价类	第七批	技能人员
397	计量人员	化工仪表维修工	中国石油和化学工业联合会	水平评价类	第七批	技能人员
398	包装人员	钢铁产品包装工	中国钢铁工业协会	水平评价类	第七批	技能人员
399	浴池服务人员	修脚师	人力资源社会保障部	水平评价类	第七批	技能人员
400	木材制品制作人员	木雕工	人力资源社会保障部	水平评价类	第七批	技能人员
401	工程设备安装人员	电气设备安装工	中国电力企业联合会	水平评价类	第七批	技能人员
		机械设备安装工、管工	人力资源社会保障部			
402	化工工程技术人员	调香师	人力资源社会保障部	水平评价类	第七批	
403	建筑工程技术人员	景观设计师	人力资源社会保障部	水平评价类	第七批	技能人员
404	纺织工程技术人员	纺织面料设计师	人力资源社会保障部	水平评价类	第七批	技能人员
405	食品工程技术人员	豆制品工艺师、坚果炒货工艺员	人力资源社会保障部	水平评价类	第七批	技能人员
406	管理(工业)工程技术人员	商务策划师、企业文化师	人力资源社会保障部	水平评价类	第七批	技能人员

续 表

序号	项目名称		实施部门(单位)	资格类别	批次	实施对象
407	工艺美术专业人员	室内装饰设计员、陈列展览设计人员、广告设计师、包装设计师、玩具设计师、首饰设计师、建筑模型设计制作员、家具设计师、动画绘制员、陶瓷产品设计师、地毯设计师、皮具设计师、鞋类设计师、会展设计师、色彩搭配师	人力资源社会保障部	水平评价类	第七批	技能人员
408	餐厅服务人员	餐厅服务员	人力资源社会保障部	水平评价类	第七批	技能人员
409	饭店服务人员	前厅服务员、客房服务员	人力资源社会保障部	水平评价类	第七批	技能人员
410	健身和娱乐场所服务人员	足部按摩师、芳香保健师	人力资源社会保障部	水平评价类	第七批	技能人员
		反射疗法师	国家卫生计生委			
411	环境卫生人员	保洁员	人力资源社会保障部	水平评价类	第七批	技能人员
412	其他社会服务和居民生活服务人员	呼叫服务员、礼仪主持人	人力资源社会保障部	水平评价类	第七批	技能人员
413	化工产品生产通用工艺人员	蒸馏工、萃取工、吸收工、干燥工、结晶工、蒸发工	中国石油和化学工业联合会	水平评价类	第七批	技能人员
414	仪器仪表装配人员	电工仪器仪表装配工	人力资源社会保障部	水平评价类	第七批	技能人员
415	国际商务人员	报关员	海关总署	水平评价类	第七批	技能人员
416	航空运输服务人员	民航售票员	中国民航局	水平评价类	第七批	技能人员
417	营造林人员	营造林工程监理员	国家林业局	水平评价类	第七批	技能人员
418	地质勘查人员	磨片工、淘洗工、掘进材料工、钻探材料工	国土资源部	水平评价类	第七批	技能人员
419	炼铁人员	铁库工	中国钢铁工业协会	水平评价类	第七批	技能人员
420	炼钢人员	炼钢备品工	中国钢铁工业协会	水平评价类	第七批	技能人员
421	机械热加工人员	剪切工	中国机械工业联合会	水平评价类	第七批	技能人员
422	电子器件制造人员	真空电子器件化学零件制造工、真空电子器件金属零件制造工	工业和信息化部	水平评价类	第七批	技能人员

续　表

序号	项目名称		实施部门(单位)	资格类别	批次	实施对象
423	电池制造人员	原电池制造工	工业和信息化部	水平评价类	第七批	技能人员
424	纤维预处理人员	缉纺精炼工	中国纺织工业联合会	水平评价类	第七批	技能人员
425	制糖和糖制品加工人员	食糖制造工	中国轻工业联合会	水平评价类	第七批	技能人员
426	简单体力劳动人员	铁路装卸工、装卸值班员	中国铁路总公司	水平评价类	第七批	技能人员
427	计算机与应用工程技术人员	多媒体作品制作员、数字视频(DV)策划制作师	人力资源社会保障部	水平评价类	第七批	技能人员
428	检验人员	印染工艺检验工	中国纺织工业联合会	水平评价类	第七批	技能人员
429	不便分类的其他从业人员	铁路报话员	中国铁路总公司	水平评价类	第七批	技能人员
		沥青工	中国钢铁工业协会			

注：1. 国务院决定取消的434项职业资格许可和认定事项中，公布429项，其余为涉及修法事项；

2. 第56项—第78项，第107项—第133项中国民航局相关事项，民航行业已依照有关规章实施人员内部管理；第225—228项国家卫生计生委“尘肺诊断医师资格”、“职业中毒诊断医师资格”、“物理因素职业病诊断医师资格”、“全国职业性放射病诊断医师资格”整合为“职业病诊断医师职业资格”；第275项质检总局“计量检定员”与注册计量师合并实施；第277项水利部“水利工程造价工程师”作为一个专业纳入造价工程师职业资格统筹实施；第316项交通运输部“公路水运工程监理工程师资格”、第320项水利部“水利工程建设监理人员资格”纳入监理工程师职业资格统一实施；第317项农业部“肉品品质检验人员资格”纳入兽医卫生检验人员资格统一实施；第318项国家旅游局“临时导游”纳入导游资格统一实施；第321项中国气象局“防雷专业技术人员资格”由省级以上气象学会组织实施；第337项文化部“图书资料业务人员”、第382项文化部“电影电视演员”纳入职称系列进行评价管理。

浙江省人力资源和社会保障厅　浙江省经济和信息化委员会关于印发浙江省机电制造专业高级工程师任职资格评价条件(试行)的通知

浙人社发〔2017〕87号

各市、县(市、区)人力资源和社会保障局、经信委,省级有关单位:

根据国家和我省职称改革有关文件精神,我们制定了《浙江省机电制造专业高级工程师任职资格评价条件(试行)》,现印发给你们,请遵照执行。在执行中遇到的问题请及时反映,以便修改完善。

浙江省人力资源和社会保障厅
浙江省经济和信息化委员会
2017年7月20日

浙江省机电制造专业高级工程师任职资格评价条件(试行)

第一章　总　则

第一条　为客观公正地评价浙江省机电制造专业技术人员的能力和水平,促进机电制造专业技术资格评价工作的制度化、规范化和科学化,根据国家和我省职称改革有关文件精神,结合我省机电行业发展实际,制定本评价条件。

第二条　本评价条件适用于我省从事机电制造技术类专业技术研究、设计开发、生产制造(工艺)、系统集成(工程)、技术服务工作的在职在岗专业技术人员申报高级工程师资格的评价。工程师任职资格的评审参照该办法实施,具体评价标准和程序由各地人力社保部门会同相关中评委研究制定。

(一)技术研究

从事共性机电技术研究、产品开发前期技术研究和概念产品研究开发的专业人员。

(二)设计开发

从事根据市场需要开发产品或体系技术工作的专业人员。产品的适销对路和取得的经济效益是其业绩的重要体现。

(三)生产制造(工艺)

从事将原辅材料等按设计要求形成产品活动中各个环节的技术和方法的专业人员。包括铸造、锻造、热处理、表面处理、焊接等基础工艺和现代制造技术。实物是否满足设计要求是其技术水平的重要体现。

(四) 系统集成(工程)

从事将单机产品按用户要求进行设备系统集成,工程设计和施工技术的专业人员。成套设备的系统性和工程项目用户对解决方案满足程度是其技术水平的重要体现。

(五) 技术服务

从事对企业围绕生产制造由人、物料、机器、能源和信息等环节提供技术服务专业技术人员。包括标准(规范)和标准化、检验检测、质量和质量控制、设备和设备维修、企业物流、环保和职业卫生等技术的专业人员。

第三条 按照本办法评审通过,并获得机电制造专业高级工程师任职资格的人员,表明其具有相应的专业技术水平和能力,是聘任机电制造专业高级工程师职务的重要依据。

第二章 申报条件

第四条 申报机电制造专业高级工程师任职资格的专业技术人员,应遵守国家宪法和法律法规,致力于机电制造事业,具有良好的职业道德和敬业精神,热爱本职工作,履行岗位职责,诚信执业,积极为我省机电制造事业发展服务。

第五条 符合第四条、第六条,并具备下列条件之一的,可申报机电制造专业高级工程师任职资格评价:

(一) 符合《工程技术人员职务试行条例》(职改字〔1986〕78 号文件)规定的担任高级工程师职务学历资历条件的。

(二) 按本评价条件所附评价标准,自评分达到规定分值以上。

第六条 (一) 专业外语要求

申报技术研究、设计开发专业的人员应具备相应的专业外语能力。

(二) 计算机应用能力要求

申报人员应具备机电制造岗位需求的计算机应用能力。

(三) 专业技术年度考核要求

申报人员近 5 年的年度考核应为合格以上。

(四) 继续教育要求

申报人员每年应接受继续教育并取得不少于 90 学时。具体学时要求根据机电制造工程技术人员继续教育学时登记细则执行。

第三章 评价标准和程序

第七条 建立机电制造高级工程师任职资格量化评价标准(详见附件),并根据行业发展适时调整完善。

第八条 专业审议组根据评价标准,综合运用面试答辩、论文盲审等方式,对申报人员进行量化评分并提出推荐意见。年度执行评委会根据专业审议组推荐意见,经评议后对申报人员进行投票表决,获得三分之二以上赞成票的方为通过。

第四章 附则

第九条 本评价条件涉及的工作业绩、专业学术成果等均应为任现职后取得,并与申报专业相关联,同时提供相应的佐证材料。

第十条 本评价条件有关词语或概念的特定解释

(一) 专业

机电制造专业包括:机械工程、机械设计制造及其自动化、材料成型及控制工程、机械电子工程、工业设计、过程装备与控制工程、机械制造工艺与设备、车辆工程、汽车服务工程、测控技术与仪器、电气工程及其自动化、自动化、精密仪器及机械、测试计量技术及仪器、动力机械及工程、流体机械及工程、化工过程机械、电机与电器、电工理论与新技术、检测技术与自动化装置、农业机械化及其自动化、农业电气化。

机电制造相近专业包括:金属材料工程、电子信息工程、通信工程、计算机软件、计算机应用技术、电力电子与电力传动、建筑电气与智能化、信息管理与信息系统、工程管理、工业工程等。

（二）专业分类

1. 从事技术研究的专业技术人员是指：从事基础性共性机电技术研究、产品开发前期技术研究和概念产品研究开发的专业技术人员。

2. 从事机电设计开发工作的专业技术人员是指：从事机电科技开发研究、机电科技成果推广、机电科技成果产业化、机电产品标准研究和制定以及与之对应的技术创新和技术管理工作的专业技术人员。

3. 从事系统集成的专业技术人员是指：从事机电设备成套系统设计、成套设备安装调试、机电工程设计、可行性研究、机电工程施工与管理、机电工程监理以及与之对应的标准制定、技术创新、技术管理工作的专业技术人员。

4. 从事机电行业生产制造工作的专业技术人员是指：在机械制造、仪器仪表、电机电器、工具器件、电线电缆、电工材料等机电行业生产制造工厂中从事机电产品制造工艺研究设计、生产制造、技术改造以及与之对应的标准制定、技术创新、技术管理工作的专业技术人员。

5. 从事技术服务工作的专业技术人员是指：从事围绕企业生产制造由人、物料、机器、能源和信息等环节提供技术服务专业技术人员。包括标准（规范）和标准化、检验检测、质量和质量控制、设备和设备维修、企业物流、技术中介、环保和职业卫生等技术的专业人员。

（三）主持者是指排名第1的完成者。

（四）主要完成者是指排名前3的完成者。

（五）主要参加者是指佐证材料记载的全部人员，获奖项目主要参加者指有个人获奖证书的人员。

（六）重大专项、重点（大）工程和重点（大）项目是指：省级政府有关部门文件认定的重大专项、重点（大）工程和重点（大）项目。

（七）项目的难易程度的划分，由评审委员会根据国家有关规定，结合地区差异等实际情况掌握。

（八）“以上”均含本级或本数。

（九）“年”均为周年。

第十一条 申报人员有下列情形之一者，取消评审资格。已通过评审的人员，取消其资格，由发证机关收回其资格证书；并从次年起3年内不得申报相应资格评审：

（一）伪造、变造证件、证明的。

（二）提交虚假申报材料的。

（三）任现专业技术职务后有严重违反纪律行为，在申报材料中未反映的。

第十二条 本办法自发布之日起施行。

附件：机电制造高级工程师任职资格量化评价标准

附件 1

浙江省机电制造专业高级工程师任职资格量化评价标准

一、概述

根据机电制造专业特点，按照技术研究、设计开发、生产制造(工艺)、系统集成(工程)、技术服务设置五类专业计分体系。每类专业计分体系由学历与资格、奖励与成果、工作业绩三部分构成。

二、计分体系构成

附件 1—1　技术研究专业评审量化评价标准
附件 1—2　设计开发专业评审量化评价标准
附件 1—3　生产制造(工艺)专业评审量化评价标准
附件 1—4　系统集成(工程)专业评审量化评价标准
附件 1—5　技术服务专业评审量化评价标准

附件 1—1

技术研究专业评审量化评价标准

指标	一级		二级	三级	最高分值	说明
学历（最高10分）	硕士及以上		本专业		10	
			非本专业		8	
	本科		本专业		8	
			非本专业		6	
	大专				5	
资历（最高15分）	技术工作年限		本专业		10	每年0.5分
			非本专业		5	每年0.5分
	单位技术负责人		大型企业		7	
			中小型企业		5	
	部门技术负责人		大型企业		6	
			中小型企业		4	
	项目负责人				5	
执业资质（最高5分）	高级证书和国际互认的国外资质		本专业或相近专业		5	
	中级证书		本专业或相近专业		3	
继续教育（最高3分）	培训、研修班、进修				3	每年接受继续教育时间累计超过100学时
	参加学术会议、远程教育等				2	每年接受继续教育时间累计超过100学时
奖励与成果（最高32分）	科技奖项	国家级	一等奖			前5名高工为免评项
			二等奖			前5名高工为免评项
		省、部（国家级行业）级或相当级别	一等奖			前5名高工为免评项
			二等奖	同一项目一次计分	30	每项最高10分。加权计分，第一名加权值为1.0，第二名减0.2，以后名次按0.1递减。
			三等奖	同一项目一次计分	24	每项最高8分。 加权计分，加权方式同上
		市、地、厅级	一等奖	同一项目一次计分	21	每项最高7分。 加权计分，加权方式同上
			二等奖	同一项目一次计分	18	每项最高6分。 加权计分，加权方式同上
			三等奖	同一项目一次计分	15	每项最高5分。 加权计分，加权方式同上
		省级行业	一等奖	同一项目一次计分	18	每项最高6分。 加权计分，加权方式同上
			二等奖	同一项目一次计分	15	每项最高5分。 加权计分，加权方式同上
			三等奖	同一项目一次计分	12	每项最高4分。 加权计分，加权方式同上

续 表

指标	一级	二级	三级	最高分值	说明
奖励与成果（最高32分）	国际、国内发明专利	第一发明人		10	经专家认定产业实际效益的，每项5分（相同内容专利不重复计分）
		主要发明人		8	经专家认定产业实际效益的，每项最高4分（相同内容专利不重复计分）。加权计分，第二名为0.8，以后名次按0.1递减。
	其它专利	第一发明人		4	经专家认定产业实际效益的，每项最高2分（相同内容专利不重复计分）
		主要发明人		2	经专家认定产业实际效益的，每项1分（相同内容专利不重复计分）。加权计分，第二名为0.8，以后名次按0.1递减。
	软件著作权	取得著作权证书		4	经专家认定产业实际效益的，每项最高2分（相同内容软件著作权不重复计分）
	标准	国际	第一起草人	16	每项8分（相同内容标准不重复计分）
			参与	10	每项最高5分（相同内容标准不重复计分）。加权计分，第二名为0.8，以后名次按0.1递减。
		国家、行业	第一起草人	12	每项4分（相同内容标准不重复计分）
			参与	6	每项2分（相同内容标准不重复计分）。加权计分，第二名为0.8，以后名次按0.1递减。
		企业	第一起草人	10	每项2分（相同内容标准不重复计分）
	论文、论著及译著	论文SCI、EI、ISTP、ISR收录，论著、译著正式出版		10	论文每篇5分，论著、译著每册10分（相同内容文章不重复计分）。加权计分，第一名加权值为1.0，第二名减0.2，以后名次按0.1递减。
		中文核心期刊 中文科技核心期刊 中国科学引文数据库		8	每篇4分（相同内容文章不重复计分）。加权计分，第一名加权值为1.0，第二名减0.2，以后名次按0.1递减。
		其它正式刊物（国内外）、会议论文集（国家级学会、协会及分会）		4	每篇2分（相同内容文章不重复计分）。加权计分，第一名加权值为1.0，第二名减0.2，以后名次按0.1递减。
工作业绩（最高40分）	学术（技术）水平	具有扎实的专业基础理论知识和专业技术知识，能较快地系统掌握本专业所需新知识，了解本专业技术发展趋势。具有较强的技术创新能力，能独立解决学术研究中的较大技术难题。		7～10	由评审专家根据提供评审的业绩材料判定打分
		自学能力较强，了解与本职工作相关的科学知识与专业技术发展趋势。能参与解决学术研究中的一般技术难题。		1～6	
	专业技术工作经历和能力	具有丰富的经验，能解决重大复杂技术难题，取得显著成效。具有作为主要完成者完成过省（部）级科研项目或企业重要机电科研项目的经历和能力。		7～10	由评审专家根据提供评审的业绩材料判定打分
		具有一定的经验，能解决一般技术问题，取得较好成效。具有完成过企业重要机电科研项目的经历和能力。		1～6	

续 表

指标	一级	二级	三级	最高分值	说明
工作业绩（最高40分）	专业技术工作业绩	承担过重大的技术复杂的科研项目，并取得重大成果，或在开拓新领域、攻克难关中作出重大贡献者。作为主要完成者完成过2项以上省（部）级科研项目或企业重要机电科研项目，对行业和企业有重要影响，并获得显著的经济效益和社会效益。		12～20	由评审专家根据提供评审的业绩材料判定打分
		承担过技术比较复杂的科研项目，并取得一定成果。完成过1项以上机电科研项目，并取得一定的经济效益和社会效益。或在开拓新领域中取得一定成绩者。		1～11	

附件 1—2

设计开发专业评审量化评价标准

指标	一级		二级	三级	最高分值	说明
学历（最高 10 分）	硕士及以上		本专业		10	
			非本专业		8	
	本科		本专业		8	
			非本专业		6	
	大专				5	
资历（最高 15 分）	技术工作年限		本专业		10	每年 0.5 分
			非本专业		5	每年 0.5 分
	单位技术负责人		大型企业		7	
			中小型企业		5	
	部门技术负责人		大型企业		6	
			中小型企业		4	
	项目负责人				5	
执业资质（最高 5 分）	高级证书和国际互认的国外资质		本专业或相近专业		5	
	中级证书		本专业或相近专业		3	
继续教育（最高 3 分）	培训、研修班、进修				3	每年接受继续教育时间累计超过 100 学时
	参加学术会议、远程教育等				2	每年接受继续教育时间累计超过 100 学时
奖励与成果（最高 32 分）	科技奖项	国家级	一等奖			前 5 名高工为免评项
			二等奖			前 5 名高工为免评项
		省、部（行业）级或相当级别	一等奖			前 5 名高工为免评项
			二等奖	同一项目一次计分	30	每一项 10 分。加权计分，第一名加权值为 1.0，第二名减 0.2，以后名次按 0.1 递减。
			三等奖	同一项目一次计分	24	每项最高 8 分。加权计分，加权方式同上
		市、地、厅级	一等奖	同一项目一次计分	21	每项最高 7 分。加权计分，加权方式同上
			二等奖	同一项目一次计分	18	每项最高 6 分。加权计分，加权方式同上
			三等奖	同一项目一次计分	15	每项最高 5 分。加权计分，加权方式同上
		省级行业	一等奖	同一项目一次计分	18	每项最高 6 分。加权计分，加权方式同上
			二等奖	同一项目一次计分	15	每项最高 5 分。加权计分，加权方式同上
			三等奖	同一项目一次计分	12	每项最高 4 分。加权计分，加权方式同上

续　表

指标	一级	二级	三级	最高分值	说明
奖励与成果（最高32分）	国际、国内发明专利	第一发明人		10	经专家认定产业实际效益的，每项5分（相同内容专利不重复计分）
		主要发明人		8	经专家认定产业实际效益的，每项最高4分（相同内容专利不重复计分）。加权计分，第二名为0.8，以后名次按0.1递减。
	其它专利	第一发明人		4	经专家认定产业实际效益的，每项2分（相同内容专利不重复计分）
		主要发明人		2	经专家认定产业实际效益的，每项最高1分（相同内容专利不重复计分）。加权计分，第二名为0.8，以后名次按0.1递减。
	软件著作权	取得著作权证书		4	经专家认定产业实际效益的，每项最高2分（相同内容软件著作权不重复计分）
	标准	国际	第一起草人	16	每项8分（相同内容标准不重复计分）
			参与	10	每项5分（相同内容标准不重复计分）。加权计分，第二名为0.8，以后名次按0.1递减
		国家、行业	第一起草人	12	每项4分（相同内容标准不重复计分）
			参与	6	每项2分（相同内容标准不重复计分）。加权计分，第二名为0.8，以后名次按0.1递减。
		企业	第一起草人	10	每项2分（相同内容标准不重复计分）
	论文、论著及译著	论文SCI、EI、ISTP、ISR收录，论著、译著正式出版		10	论文每篇最高5分，论著、译著每册10分（相同内容文章不重复计分）。加权计分，第一名加权值为1.0，第二名减0.2，以后名次按0.1递减。
		中文核心期刊 中文科技核心期刊 中国科学引文数据库		8	每篇最高4分（相同内容文章不重复计分）。加权计分，第一名加权值为1.0，第二名减0.2，以后名次按0.1递减。
		其它正式刊物（国内外）、会议论文集（国家级学会、协会及分会）		4	每篇最高2分（相同内容文章不重复计分）。加权计分，第一名加权值为1.0，第二名减0.2，以后名次按0.1递减。
工作业绩（最高40分）	学术（技术）水平	具有扎实的专业基础理论知识和专业技术知识，能较快地系统掌握本专业所需新知识，了解本专业技术发展趋势。熟练掌握主要相关专业的标准和规范等技术基础知识。具有较强的技术创新能力，能独立解决设计研究中的较大技术难题。		7～10	由评审专家根据提供评审的业绩材料判定打分
		自学能力较强，了解与本职工作相关的科学知识与专业技术发展趋势。能参与解决研究开发中的一般技术难题。		1～6	
	专业技术工作经历和能力	具有丰富的经验，能解决重大复杂技术难题，取得显著成效。具有作为主要完成者完成过机电产品开发的经历和能力。		7～10	由评审专家根据提供的评审材料判定打分
		具有一定的经验，能解决技术问题，取得较好成效。具有机电产品开发的经历和能力。		1～6	

续 表

指标	一级	二级	三级	最高分值	说明
工作业绩（最高 40 分）	专业技术工作业绩	作为主要完成者完成过 2 项以上机电产品开发项目，对行业和企业有重大的影响，并取得显著经济效益和社会效益。或在开拓新领域、攻克难关中作出重大贡献者。		12 ~ 20	由评审专家根据提供的评审材料判定打分
		完成过 1 项以上机电产品开发项目，并取得一定的经济效益和社会效益。或在开拓新领域中取得一定成绩者。		1 ~ 11	

附件1—3

生产制造(工艺)专业评审量化评价标准

指标	一级		二级	三级	最高分值	说明
学历(最高10分)	硕士及以上		本专业		10	
			非本专业		8	
	本科		本专业		8	
			非本专业		7	
	大专				6	
资历(最高15分)	技术工作年限		本专业		8	每年0.5分
			非本专业		2	每年0.5分
	单位技术负责人		大型企业		7	
			中小型企业		5	
	部门技术负责人		大型企业		6	
			中小型企业		4	
	项目负责人				5	
执业资质(最高5分)	高级证书和国际互认的国外资质		本专业和相近专业		5	
	中级证书		本专业和相近专业		3	
	初级证书		本专业和相近专业		1	
继续教育(最高3分)	培训、研修班、进修				3	每年接受继续教育时间累计超过100学时
	参加学术会议、远程教育等				2	每年接受继续教育时间累计超过100学时
奖励与成果(最高32分)	科技奖项	国家级	一等奖			前5名高工为免评项
			二等奖			前5名高工为免评项
		省、部(行业)级或相当级别	一等奖			前5名高工为免评项
			二等奖	同一项目一次计分	30	每项最高10分。加权计分,第一名加权值为1.0,第二名减0.2,以后名次按0.1递减。
			三等奖	同一项目一次计分	24	每项8分。加权计分,加权方式同上
		市、地、厅级	一等奖	同一项目一次计分	21	每项7分。加权计分,加权方式同上
			二等奖	同一项目一次计分	18	每项6分。加权计分,加权方式同上
			三等奖	同一项目一次计分	15	每项5分。加权计分,加权方式同上
		省级行业	一等奖	同一项目一次计分	18	每项6分。加权计分,加权方式同上
			二等奖	同一项目一次计分	15	每项5分。加权计分,加权方式同上
			三等奖	同一项目一次计分	12	每项4分。加权计分,加权方式同上

续　表

指标	一级	二级	三级	最高分值	说明
奖励与成果（最高32分）	国际、国内发明专利	第一发明人		10	经专家认定产业实际效益的，每项5分（相同内容专利不重复计分）
		主要发明人		8	经专家认定产业实际效益的，每项最高4分。加权计分，第二名为0.8，以后名次按0.1递减。
	其它专利	第一发明人		4	经专家认定产业实际效益的，每项2分（相同内容专利不重复计分）
		主要发明人		2	经专家认定产业实际效益的，每项1分。加权计分，第二名为0.8，以后名次按0.1递减。
	软件著作权	取得著作权证书		4	经专家认定产业实际效益的，每项最高2分（相同内容软件著作权不重复计分）
	标准	国际	第一起草人	16	每项8分（同一标准不重复计分）
			参与	10	每项最高5分（同一标准不重复计分）。加权计分，第二名为0.8，以后名次按0.1递减。
		国家、行业	第一起草人	8	每项4分（同一标准不重复计分）
			参与	4	每项2分（同一标准不重复计分）。加权计分，第二名为0.8，以后名次按0.1递减。
		企业	第一起草人	10	每项2分（同一标准不重复计分）
			参与		
	论文、论著及译著	论文SCI、EI、ISTP、ISR收录，论著、译著正式出版		10	论文每篇5分，论著、译著每册10分（同一文章不重复计分）。加权计分，第一名为1.0，第二名为0.8，以后名次按0.1递减。
		中文核心期刊 中文科技核心期刊 中国科学引文数据库		8	每篇4分（同一文章不重复计分）。加权计分，第一名为1.0，第二名为0.8，以后名次按0.1递减。
		其它正式刊物（国内外）、会议论文集（国家级学会、协会及分会）		4	每项2分（同一文章不重复计分），每篇5分（同一文章不重复计分）。加权计分，第一名为1.0，第二名为0.8，以后名次按0.1递减。
工作业绩（最高50分）	学术（技术）水平	具有扎实的专业基础理论知识和专业技术知识。熟练掌握本专业有关的制造技术和先进工艺，能独立解决制造技术中的重大难题。		10～15	由评审专家根据提供评审的业绩材料判定打分
		了解与本职工作相关的制造技术和先进工艺。能参与解决制造技术中的一般技术难题。		1～9	
	专业技术工作经历和能力	具有丰富的经验，能解决重大复杂技术难题，取得显著成效。具有担任主要承担者完成过产品的制造、工艺技术保证与提升的经历和能力，并取得显著经济效益和社会效益。		10～15	由评审专家根据提供的评审材料判定打分
		具有一定的经验，能解决生产制造技术问题，取得较好成效。具有产品的制造、工艺技术保证与提升的经历和能力。		1～9	

续 表

指标	一级	二级	三级	最高分值	说明
工作业绩（最高50分）	专业技术工作业绩	作为主要承担者完成过2项以上产品的制造、工艺技术保证与提升的经历和能力，对行业和企业有重要影响，并获得显著的经济效益和社会效益。或在开拓新领域、攻克难关中作出重大贡献者。		12～20	由评审专家根据提供评审的业绩材料判定打分
		担任过1项以上产品的制造、工艺技术保证与提升的经历和能力，并获得一定的经济效益和社会效益。或在开拓新领域中取得一定成绩者。		1～11	
外语（最高5分）		取得有效的相应级别职称外语等级考试合格证书		5	

附件1—4

系统集成(工程)专业评审量化评价标准

<table>
<tr><th>指标</th><th colspan="2">一级</th><th>二级</th><th>三级</th><th>最高分值</th><th>说明</th></tr>
<tr><td rowspan="5">学历
(最高10分)</td><td colspan="2" rowspan="2">硕士及以上</td><td>本专业</td><td></td><td>10</td><td></td></tr>
<tr><td>非本专业</td><td></td><td>8</td><td></td></tr>
<tr><td colspan="2" rowspan="2">本科</td><td>本专业</td><td></td><td>8</td><td></td></tr>
<tr><td>非本专业</td><td></td><td>7</td><td></td></tr>
<tr><td colspan="2">大专</td><td colspan="2"></td><td>6</td><td></td></tr>
<tr><td rowspan="7">资历
(最高15分)</td><td colspan="2" rowspan="2">技术工作年限</td><td>本专业</td><td></td><td>8</td><td>每年0.5分</td></tr>
<tr><td>非本专业</td><td></td><td>2</td><td>每年0.5分</td></tr>
<tr><td colspan="2" rowspan="2">单位技术负责人</td><td colspan="2">大型企业</td><td>7</td><td></td></tr>
<tr><td colspan="2">中小型企业</td><td>5</td><td></td></tr>
<tr><td colspan="2" rowspan="2">部门技术负责人</td><td colspan="2">大型企业</td><td>6</td><td></td></tr>
<tr><td colspan="2">中小型企业</td><td>4</td><td></td></tr>
<tr><td colspan="2">项目负责人</td><td colspan="2"></td><td>5</td><td></td></tr>
<tr><td rowspan="2">执业资质
(最高5分)</td><td colspan="2">高级证书和国际互认的国外资质</td><td colspan="2">本专业和相近专业</td><td>5</td><td></td></tr>
<tr><td colspan="2">中级证书</td><td colspan="2">本专业和相近专业</td><td>2</td><td></td></tr>
<tr><td rowspan="2">继续教育
(最高3分)</td><td colspan="2">培训、研修班、进修</td><td colspan="2"></td><td>3</td><td>每年接受继续教育时间累计超过100学时</td></tr>
<tr><td colspan="2">参加学术会议、远程教育等</td><td colspan="2"></td><td>2</td><td>每年接受继续教育时间累计超过100学时</td></tr>
<tr><td rowspan="9">奖励与成果
(最高32分)</td><td rowspan="9">科技奖项</td><td rowspan="3">省、部(行业)级或相当级别</td><td>二等奖以上</td><td>同一项目一次计分</td><td rowspan="2">30</td><td rowspan="2">每项最高10分。加权计分,第一名加权值为1.0,第二名为0.2,以后名次按0.1递减。</td></tr>
<tr><td>二等奖</td><td>前5名</td></tr>
<tr><td>三等奖</td><td>同一项目一次计分</td><td>24</td><td>每项最高8分。
加权计分,计分方式同上</td></tr>
<tr><td rowspan="3">市、地级</td><td>一等奖</td><td>同一项目一次计分</td><td>21</td><td>每项最高7分。
加权计分,计分方式同上</td></tr>
<tr><td>二等奖</td><td>同一项目一次计分</td><td>18</td><td>每项最高6分。
加权计分,计分方式同上</td></tr>
<tr><td>三等奖</td><td>前5名</td><td>15</td><td>每项最高5分。
加权计分,计分方式同上</td></tr>
<tr><td rowspan="3">省级行业</td><td>一等奖</td><td>同一项目一次计分</td><td>18</td><td>每项最高6分。
加权计分,计分方式同上</td></tr>
<tr><td>二等奖</td><td>同一项目一次计分</td><td>15</td><td>每项最高5分。
加权计分,计分方式同上</td></tr>
<tr><td>三等奖</td><td>同一项目一次计分</td><td>12</td><td>每项最高4分。
加权计分,计分方式同上</td></tr>
</table>

续 表

<table>
<tr><th>指标</th><th>一级</th><th>二级</th><th>三级</th><th>最高分值</th><th>说明</th></tr>
<tr><td rowspan="14">奖励与成果
(最高32分)</td><td rowspan="2">国际、国内发明专利</td><td colspan="2">第一发明人</td><td>10</td><td>经专家认定产业实际效益的,每项5分(相同内容专利不重复计分)</td></tr>
<tr><td colspan="2">主要发明人</td><td>8</td><td>经专家认定产业实际效益的,每项4分(相同内容专利不重复计分)。加权计分,第二名为0.8,以后名次按0.1递减。</td></tr>
<tr><td rowspan="2">其它专利</td><td colspan="2">第一发明人</td><td>4</td><td>经专家认定产业实际效益的,每项2分(相同内容专利不重复计分)</td></tr>
<tr><td colspan="2">主要发明人</td><td>2</td><td>经专家认定产业实际效益的,每项1分(相同专利不重复计分)。加权计分,第二名为0.8,以后名次按0.1递减。</td></tr>
<tr><td>软件著作权</td><td colspan="2">取得著作权证书</td><td>4</td><td>经专家认定产业实际效益的,每项最高2分(相同内容软件著作权不重复计分)</td></tr>
<tr><td rowspan="6">标准</td><td rowspan="2">国际</td><td>第一起草人</td><td>16</td><td>每项8分(同一标准不重复计分)</td></tr>
<tr><td>参与</td><td>10</td><td>每项最高5分(同一标准不重复计分)。加权计分,第二名为0.8,以后名次按0.1递减。</td></tr>
<tr><td rowspan="2">国家、行业</td><td>第一起草人</td><td>12</td><td>每项4分(同一标准不重复计分)</td></tr>
<tr><td>参与</td><td>6</td><td>每项2分(同一标准不重复计分)。加权计分,第二名为0.8,以后名次按0.1递减。</td></tr>
<tr><td rowspan="2">企业</td><td>第一起草人</td><td rowspan="2">10</td><td rowspan="2">每项2分(同一标准不重复计分)</td></tr>
<tr><td>参与</td></tr>
<tr><td rowspan="2">论文、论著及译著</td><td colspan="2">论文SCI、EI、ISTP、ISR
中文核心期刊
中文科技核心期刊
中国科学引文数据库收录,论著、译著正式出版。</td><td>10</td><td>论文每篇5分,论著、译著每册10分(同一文章不重复计分)。加权计分,第一名为1.0,第二名为0.8,以后名次按0.1递减。</td></tr>
<tr><td colspan="2">其它正式刊物(国内外)、会议论文集(国家级学会、协会及分会)</td><td>8</td><td>每项4分(同一文章不重复计分)。加权计分,第一名为1.0,第二名为0.8,以后名次按0.1递减。</td></tr>
<tr><td rowspan="4">工作业绩
(最高50分)</td><td rowspan="2">学术(技术)水平</td><td colspan="2">具有扎实的本专业领域的理论知识,掌握本专业有关系统集成、设备成套与工程设计、施工等知识。能独立解决本专业领域中的难题。</td><td>10~15</td><td rowspan="2">由评审专家根据提供的评审材料判定打分</td></tr>
<tr><td colspan="2">具有扎实的本专业领域的理论知识,掌握本专业有关系统集成、设备成套与工程设计、施工等知识。能独立解决本专业领域中的难题。</td><td>1~9</td></tr>
<tr><td rowspan="2">专业技术工作经历和能力</td><td colspan="2">具有丰富的经验,能解决重大复杂技术难题,取得显著成效。具有担任主要承担者完成过有一定影响力的项目系统集成、设备成套与工程设计、施工项目的经历和能力。</td><td>10~15</td><td rowspan="2">由评审专家根据提供的评审材料判定打分</td></tr>
<tr><td colspan="2">具有一定的经验,能解决本专业领域的技术问题,取得较好成效。具有项目系统集成、设备成套与工程设计、施工项目的经历和能力。</td><td>1~9</td></tr>
</table>

续 表

指标	一级	二级	三级	最高分值	说明
工作业绩（最高 50 分）	专业技术工作业绩	担任主要承担者完成过 2 项以上项目系统集成、设备成套与工程设计、施工项目，对行业和企业有重要影响，并获得显著的经济效益和社会效益。或在开拓新领域、攻克难关中作出重大贡献者。		12～20	由评审专家根据提供的评审材料判定打分
		承担过 1 项以上项目系统集成、设备成套与工程设计、施工项目，对行业和企业有一定影响，并获得一定的经济效益和社会效益。或在开拓新领域中取得一定成绩者。		1～11	
外语（最高 5 分）		取得有效的相应级别职称外语等级考试合格证书		5	

附件1—5

技术服务专业评审量化评价标准

<table>
<tr><th>指标</th><th colspan="2">一级</th><th>二级</th><th>三级</th><th>最高分值</th><th>说明</th></tr>
<tr><td rowspan="5">学历
（最高10分）</td><td colspan="2" rowspan="2">硕士及以上</td><td>本专业</td><td></td><td>10</td><td></td></tr>
<tr><td>非本专业</td><td></td><td>8</td><td></td></tr>
<tr><td colspan="2" rowspan="2">本科</td><td>本专业</td><td></td><td>8</td><td></td></tr>
<tr><td>非本专业</td><td></td><td>7</td><td></td></tr>
<tr><td colspan="2">大专</td><td></td><td></td><td>6</td><td></td></tr>
<tr><td rowspan="7">资历
（最高15分）</td><td colspan="2" rowspan="2">技术工作年限</td><td>本专业</td><td></td><td>8</td><td>每年0.5分</td></tr>
<tr><td>非本专业</td><td></td><td>2</td><td>每年0.5分</td></tr>
<tr><td colspan="2" rowspan="2">单位技术负责人</td><td colspan="2">大型企业</td><td>7</td><td></td></tr>
<tr><td colspan="2">中小型企业</td><td>5</td><td></td></tr>
<tr><td colspan="2" rowspan="2">部门技术负责人</td><td colspan="2">大型企业</td><td>6</td><td></td></tr>
<tr><td colspan="2">中小型企业</td><td>4</td><td></td></tr>
<tr><td colspan="2">项目负责人</td><td colspan="2"></td><td>5</td><td></td></tr>
<tr><td rowspan="2">执业资质
（最高5分）</td><td colspan="2">高级证书和国际互认的国外资质</td><td colspan="2"></td><td>5</td><td></td></tr>
<tr><td colspan="2">中级证书</td><td colspan="2"></td><td>2</td><td></td></tr>
<tr><td rowspan="2">继续教育
（最高3分）</td><td colspan="2">培训、研修班、进修</td><td colspan="2"></td><td>3</td><td>每年接受继续教育时间累计超过100学时</td></tr>
<tr><td colspan="2">参加学术会议、远程教育等</td><td colspan="2"></td><td>2</td><td>每年接受继续教育时间累计超过100学时</td></tr>
<tr><td rowspan="9">奖励与成果
（最高32分）</td><td rowspan="9">科技奖项</td><td rowspan="3">省、部（行业）级以上</td><td>二等奖以上</td><td>同一项目一次计分</td><td rowspan="2">30</td><td rowspan="2">每项最高10分。加权计分，第一名加权值为1.0，第二名为0.8，以后名次以0.1递减。</td></tr>
<tr><td>二等奖</td><td>前5名</td></tr>
<tr><td>三等奖</td><td>同一项目一次计分</td><td>24</td><td>每项最高8分。
加权计分，加权方式同上</td></tr>
<tr><td rowspan="3">市、地级</td><td>一等奖</td><td>同一项目一次计分</td><td>21</td><td>每项最高7分。
加权计分，加权方式同上</td></tr>
<tr><td>二等奖</td><td>同一项目一次计分</td><td>18</td><td>每项最高6分。
加权计分，加权方式同上</td></tr>
<tr><td>三等奖</td><td>同一项目一次计分</td><td>15</td><td>每项最高5分。
加权计分，加权方式同上</td></tr>
<tr><td rowspan="3">省级行业</td><td>一等奖</td><td>同一项目一次计分</td><td>18</td><td>每项最高6分。
加权计分，加权方式同上</td></tr>
<tr><td>二等奖</td><td>同一项目一次计分</td><td>15</td><td>每项最高5分。
加权计分，加权方式同上</td></tr>
<tr><td>三等奖</td><td>同一项目一次计分</td><td>12</td><td>每项最高4分。
加权计分，加权方式同上</td></tr>
</table>

续 表

<table>
<tr><th>指标</th><th>一级</th><th>二级</th><th>三级</th><th>最高分值</th><th>说明</th></tr>
<tr><td rowspan="15">奖励与成果（最高32分）</td><td rowspan="2">国际、国内发明专利</td><td colspan="2">第一发明人</td><td>10</td><td>经专家认定产业实际效益的，每项5分（相同内容专利不重复计分）</td></tr>
<tr><td colspan="2">主要发明人</td><td>8</td><td>经专家认定产业实际效益的，每项最高4分（相同内容专利不重复计分）。加权计分，第二名为0.8，以后名次按0.1递减。</td></tr>
<tr><td rowspan="2">其它专利</td><td colspan="2">第一发明人</td><td>4</td><td>经专家认定产业实际效益的，每项最高2分（相同内容专利不重复计分）</td></tr>
<tr><td colspan="2">主要发明人</td><td>2</td><td>经专家认定产业实际效益的，每项最高1分（相同内容专利不重复计分）。加权计分，第二名为0.8，以后名次按0.1递减。</td></tr>
<tr><td>软件著作权</td><td colspan="2">取得著作权证书</td><td>4</td><td>经专家认定产业实际效益的，每项最高2分（相同内容软件著作权不重复计分）</td></tr>
<tr><td rowspan="6">标准</td><td rowspan="2">国际</td><td>第一起草人</td><td>16</td><td>每项8分（同一标准不重复计分）</td></tr>
<tr><td>参与</td><td>10</td><td>每项5分（同一标准不重复计分）。加权计分，第二名为0.8，以后名次按0.1递减。</td></tr>
<tr><td rowspan="2">国家、行业</td><td>第一起草人</td><td>12</td><td>每项4分（同一标准不重复计分）</td></tr>
<tr><td>参与</td><td>6</td><td>每项2分（同一标准不重复计分）。加权计分，第二名为0.8，以后名次按0.1递减。</td></tr>
<tr><td rowspan="2">企业</td><td>第一起草人</td><td rowspan="2">10</td><td rowspan="2">每项2分（同一标准不重复计分）</td></tr>
<tr><td>参与</td></tr>
<tr><td rowspan="2">论文、论著及译著</td><td colspan="2">论文SCI、EI、ISTP、ISR
中文核心期刊
中文科技核心期刊
中国科学引文数据库收录，论著、译著正式出版</td><td>10</td><td>论文每篇5分，论著、译著每册10分（同一文章不重复计分）。加权计分，第一名加权值为1.0，第二名为0.8，以后名次以0.1递减。</td></tr>
<tr><td colspan="2">其它正式刊物（国内外）、会议论文集（国家级学会、协会及分会）</td><td>8</td><td>每项4分，加权计分，第一名加权值为1.0，第二名为0.8，以后名次以0.1递减（同一文章不重复计分）。</td></tr>
<tr><td rowspan="3">工作业绩（最高60分）</td><td rowspan="2">学术（技术）水平</td><td colspan="2">具有扎实的本专业领域的专业理论知识和工业工程知识，掌握从事专业相关的标准、质量、检测、设备、企业物流、环保和职业卫生等方面企业技术基础知识。能独立解决本专业领域中的复杂技术难题。</td><td>10～15</td><td rowspan="2">由评审专家根据提供的评审材料判定打分</td></tr>
<tr><td colspan="2">了解有关从事专业相关的标准、质量、检测、设备、企业物流、环保和职业卫生等方面企业技术基础知识。能解决本专业领域中的一般技术难题。</td><td>1～9</td></tr>
<tr><td>专业技术工作经历和能力</td><td colspan="2">具有丰富的经验，能解决重大复杂技术难题，取得显著成效。具有担任主要承担者完成过有一定影响的标准、质量、检测、设备、企业物流、环保和职业卫生等方面企业技术基础项目和技术（质量）管理等技术服务工作的经历和能力。</td><td>10～15</td><td>由评审专家根据提供的评审材料判定打分</td></tr>
</table>

续　表

<table>
<tr><th>指标</th><th>一级</th><th>二级</th><th>三级</th><th>最高分值</th><th>说明</th></tr>
<tr><td rowspan="3">工作业绩
（最高60分）</td><td>专业技术工作经历和能力</td><td colspan="2">具有一定的经验，能解决本专业领域的一般技术难题，取得较好成效。具有完成过有关标准、质量、检测、设备、企业物流、环保和职业卫生等方面企业技术基础项目和技术（质量）管理等技术服务工作的经历和能力。</td><td>1～9</td><td>由评审专家根据提供的评审材料判定打分</td></tr>
<tr><td rowspan="2">专业技术工作业绩</td><td colspan="2">担任作为主要承担者完成过2项以上标准、质量、检测、设备、企业物流、环保和职业卫生等方面企业技术基础项目和技术（质量）管理等技术服务项目，对企业和行业具有重要影响，并取得较大经济效益和社会效益。或在开拓新领域、攻克难关中作出重大贡献者。</td><td>20～30</td><td rowspan="2">由评审专家根据提供的评审材料判定打分</td></tr>
<tr><td colspan="2">承担过1项以上标准、质量、检测、设备、企业物流、环保和职业卫生等方面企业技术基础项目和技术（质量）管理等技术服务项目，并取得一定经济效益和社会效益。或在开拓新领域中取得一定成绩者。</td><td>1～19</td></tr>
<tr><td>外语
（最高5分）</td><td></td><td colspan="2">取得有效的相应级别职称外语等级考试合格证书</td><td>5</td><td></td></tr>
</table>

附件 2

浙江省机电制造技术类企业等级分类表

	营业收入(Y)(万元)	从业人员(X)(人)
大型	Y≥40000	X≥1000
中型	2000≤Y<40000	300≤X<1000
小型	300≤Y<2000	20≤X<300
微型	Y<300	X<20

注：依据国统字〔2011〕75 号文件关于工业企业划分标准的相关规定。

附件 3

浙江省机电制造技术类专业常用资质证书清单

名称	高级	中级	初级
设计开发专业 生产制造 (工艺)专业 系统集成 (工程)专业技术服务专业	机械工程师(通用)(有注册号) 机械设计工程师(有注册号) 物流工程师(有注册号 工业工程师(有注册号) 材料热处理工程师(有注册号) 材料锻压工程师(有注册号) 设备工程师(有注册号) 铸造工程师(有注册号) 包装与食品机械工程师(有注册号) 材料成型与改性工程师(有注册号) 试验检验工程师 计算机与软件技术资格证(高级) 一级注册建筑师 一级注册建造师 一级注册结构师 注册造价工程师 注册公用设备工程师 注册电气工程师 注册咨询工程师 注册安全工程师 注册环境评价工程师 注册监理工程师	见习机械设计工程师(有注册号) 见习物流工程师(有注册号 见习工业工程师(有注册号) 见习材料热处理工程师(有注册号) 见习材料锻压工程师(有注册号) 见习设备工程师(有注册号) 见习铸造工程师(有注册号) 见习包装与食品机械工程师(有注册号) 见习机械制造工程师(有注册号) 模具设计师 理化检验员 试验检验员 计算机与软件技术资格证(中级) 二级注册建筑师 二级注册建造师 二级注册结构师	工程机械修理 工程机械装配与调试 数控程序员 机械工业特殊工种 数控机床调试修理工 可编程序控制系统设计师 计算机网络管理员 汽车生产线调整工 汽车模型工 物流师 计算机与软件技术资格证(初级) 计算机程序设计员 建筑七大员(施工员、概预算员、质检员、安全员、材料员、监理员、材料见证员) 建筑施工三类人员(主要负责人、项目负责人、专职安全员)

浙江省人力资源和社会保障厅关于2017年企业退休人员基本养老金计发办法有关问题的通知

浙人社发〔2017〕92号

各市、县(市、区)人力资源和社会保障局,嘉兴市社会保障事务局:

为妥善做好2017年新办理企业退休(退职)手续人员(以下简称2017年企业退休人员)的基本养老金计发工作,根据《浙江省人民政府关于完善企业职工基本养老保险制度的通知》(浙政发〔2006〕48号)、《浙江省人力资源和社会保障厅浙江省财政厅关于进一步清理规范企业退休人员待遇项目工作的通知》(浙人社发〔2011〕22号)、《浙江省人力资源和社会保障厅关于完善企业退休人员基本养老金计发办法有关问题的通知》(浙人社发〔2011〕146号)等文件规定,现就基本养老金计发办法有关问题通知如下:

一、关于过渡性调节金问题

(一)为合理衔接新老退休(退职)人员基本养老金水平,2017年企业退休人员基本养老金在按浙政发〔2006〕48号、浙人社发〔2011〕22号等文件规定计发的基础上,继续另加过渡性调节金。

(二)根据浙人社发〔2011〕146号文件规定,过渡性调节金根据在岗职工平均工资增长、退休人员缴费年限、平均缴费工资指数等因素确定,用公式表示为:

过渡性调节金=基准调节金+本人平均缴费工资指数×缴费年限×调节系数。

2017年,全省基准调节金确定为480元,调节系数确定为3。

(三)按《浙江省人民政府办公厅转发省劳动和社会保障厅关于完善职工基本养老保险“低门槛准入低标准享受”办法意见的通知》(浙政办发〔2003〕59号)规定,按“低门槛准入、低标准享受”办法参保的退休(退职)人员,其本人平均缴费工资指数乘以缴费系数后确定。

二、关于最低基本养老金问题

(一)2017年企业退休人员中,凡符合《浙江省职工基本养老保险条例》第三十七条规定条件的,可发给最低基本养老金。

(二)2017年最低基本养老金计发口径为:按规定计发的基本养老金低于当地2016年度月平均基本养老金百分之六十的,由待遇领取地社保经办机构按照当地2016年度月平均基本养老金的百分之六十予以补足。如当地2017年最低基本养老金低于2016年最低基本养老金水平的,按2016年当地最低基本养老金水平予以补足。2016年月平均基本养老金按当地2016年度基本养老金月平均支出总额(不含社区综合补贴)除以2016年参加企业基本养老保险平均离退休(退职)人数确定。

三、工作要求

各地要严格按照浙政发〔2006〕48号、浙人社发〔2011〕22号、浙人社发〔2011〕146号等文件规定及本通知精神,加强领导,严肃纪律,平稳做好2017年企业退休人员基本养老金计发工作,切实维护好企业退休(退职)人员的切身利益。

浙江省人力资源和社会保障厅

2017年8月2日

浙江省人力资源和社会保障厅　浙江省经济和信息化委员会关于印发浙江省信息技术专业高级工程师任职资格评价条件(试行)的通知

浙人社发〔2017〕93号

各市、县(市、区)人力资源和社会保障局、经信委,省级有关单位:

根据国家和我省职称改革有关文件精神,我们制定了《浙江省信息技术专业高级工程师任职资格评价条件(试行)》,现印发给你们,请遵照执行。在执行中遇到的问题请及时反映,以便修改完善。

浙江省人力资源和社会保障厅

浙江省经济和信息化委员会

2017年7月24日

浙江省信息技术专业高级工程师任职资格评价条件(试行)

第一章　总　则

第一条　为客观公正地评价浙江省信息技术专业技术人员的能力和水平,促进信息技术专业技术资格评价工作的制度化、规范化和科学化,根据国家和我省职称改革有关文件精神,结合我省信息技术行业发展实际,制定本评价条件。

第二条　本评价条件适用于我省从事软件技术、应用电子、信息安全、系统集成专业技术工作的技术人员申报高级工程师资格的评价。工程师任职资格的评审参照该办法实施,具体评价标准和程序由各地人力社保部门会同相关中评委研究制定。

(一)软件技术

从事软件产品的设计、开发、实施、评测、维护和服务等相关工作的人员。

(二)应用电子

从事电子、计算机与通信等领域元器件、部件、整机的设计、开发、制造、测试、维护、工程实施和服务的相关工作人员。

(三)信息安全

从事网络与信息安全领域产品的设计、开发、测试、维护人员;信息安全工程实施和服务的相关工作人员。

(四)系统集成

通过结构化技术、将计算机软硬件设备、数据源、子系统、管理和用户终端等集成到统一的系统的技术研发、运维和管理、工程实施和服务的相关工作人员。

第三条 按照本办法评审通过，并获得信息技术专业高级工程师任职资格的人员，表明其具有相应的专业技术水平和能力，是聘任信息技术相关专业高级工程师职务的重要依据。

第二章 申报条件

第四条 申报信息技术专业高级工程师任职资格的专业技术人员，应遵守国家宪法和法律法规，热爱本职工作，认真履行岗位职责，诚信执业，努力完成工作任务，积极维护信息安全，不断学习提高自身专业技术水平，积极为我省信息技术事业发展服务。

第五条 符合第四条，并具备下列条件之一的，可申报信息技术专业高级工程师任职资格评价：

（一）符合《工程技术人员职务试行条例》（职改字［1986］78 号文件）规定的担任高级工程师职务学历资历条件的。

（二）主持过一个以上（含一个）相关专业领域项目、或产品、或维护工作。按本条件所附评价标准，自评分达到规定分值以上。

第六条 直接申报条件

凡符合以下条件之一的，经本人申请，评委会评审通过，可直接取得高级工程师资格。

1. 在国家级创新平台担任主要负责人的（一个平台主要负责人最多不得超过 3 人），或在省级重点技术平台担任主要负责人的（一个平台主要负责人最多不得超过 2 人）；

2. 省级科学技术奖一等奖及以上奖项的前五名获奖人员；

3. 国际标准主导制定者；

4. 在著名高校担任兼职教授。

第三章 评价标准和程序

第七条 建立信息技术高级工程师任职资格量化评价标准（详见附件），并根据行业发展适时调整完善。

第八条 专业审议组根据评价标准，综合运用面试答辩、论文盲审等方式，对申报人员进行量化评分并提出推荐意见。年度执行评委会根据专业审议组推荐意见，经评议后对申报人员进行投票表决，获得三分之二以上赞成票的方为通过。

第四章 附则

第九条 本评价条件涉及的工作业绩、专业学术成果等均应为任现职后取得，并与申报专业相关联，同时提供相应的佐证材料。

第十条 申报人员有下列情形之一者，取消评审资格。已通过评审的人员，取消其资格，由发证机关收回其资格证书；并从次年起 3 年内不得申报相应资格评审：

（一）伪造、变造证件、证明的。

（二）提交虚假申报材料的。

（三）任现专业技术职务后有严重违反纪律行为，在申报材料中未反映的。

第十一条 本评价条件中出现的“以上”均含本级，“年”均为周年。

第十二条 本评价条件自发布之日起施行。

附件：信息技术专业高级工程师任职资格量化评价标准等

附件 1

信息技术专业高级工程师任职资格量化评价标准

评价指标	一级指标	二级指标	三级指标	四级指标	最高分值	打分说明	备注
专业技术水平(30 分)	学历(7 分)	硕士及以上	本专业		7		同级别不同专业可以酌情累计，合计最高分为 7 分，管理、政务类不计分
			非本专业		4		
		本科	本专业		5		
			非本专业		3		
		大专	本专业		2		
			非本专业		1		
	资历(15 分)	技术工作年限	本专业		6	0.4n	企业等级见附件 4
			非本专业		1	0.1n	
		特大型企业技术副总经理或技术总监、或大型企业技术副总经理			15		
		技术总监、企业级技术骨干(限 5 人)	大型企业		12		
		技术副总经理或技术总监、企业级技术骨干(限 5 人)	中型企业		10		
			小型企业		8		
		中层技术部门经理、中层部门级技术骨干(限 3 人)	特大型企业		12		
			大型企业		10		
			中型企业		8		
			小型企业		6		
		产品或项目技术总负责人	特大型企业		10		
			大型企业		8		
			中型企业		6		
			小型企业		4		
	继续教育(3 分)	访问学者	国际		3		领事馆证书
			国内				证明文件
		培训	国际机构	二周以上		1.5n	培训、课程证书数； 线上课程按课时折算；企业内训不计分。 n 为课时数
				一至二周		1n	
				一周以下		0.5n	
			国内机构	二周以上		1n	
				一至二周		0.5n	
				一周以下		0.25n	
	资质证书(5 分)		高级证书		5	2.5n	n 为证书数，各级别证书可以累计。 证书分类见附件 2
			中级证书		2	1n	
			初级证书		1	0.5n	

续 表

评价指标	一级指标	二级指标	三级指标	四级指标	最高分值	打分说明	备注
学术技术成果和工作业绩(60分)	获奖	国家级科学技术奖	一等奖	前5名			高级工程师免评项
			二等奖				
			一等奖	其他	40	25n	n为获奖项数
			二等奖			20n	
		省级科技进步奖、国家级本领域学会奖项、军队体系军级奖项	一等奖	前5名			高级工程师免评项
			二等奖		60	20n	n为获奖项数
			三等奖			15n	
			一等奖	其他	30	13n	
			二等奖			10n	
			三等奖			8n	
		市级科技进步奖、军队体系师级奖项	一等奖	前5名	50	10n	n为获奖项数
			二等奖			8n	
			三等奖			6n	
			一等奖	其他	20	6n	
			二等奖			4n	
			三等奖			2n	
		行业技术奖项	国家级	前3名	50	3n	信息安全类CTF比赛等同此项。n为获奖项数
			省部级			2n	
			地市级			1n	
		公司年度先进个人	特大型企业		4		按最高级别近三年一次计
			大型企业		3		
			中型企业		2		
			小型企业		1		
	知识产权	专利	发明专利	第一发明人	60	8n	n为专利数
				主要发明人		3n	
			其他专利	第一发明人	20	1n	
				主要发明人		0.5n	
		标准制订	国际	主导			高级工程师免评项
			国家、行业		60	10n	以公司名义主导、参与制订的标准,主导最多不得超过2人,参与仅限1人。n为标准件数
			地区、团体			3n	
			企业		30	2n	
			国际	参与		15n	
			国家、行业			5n	
			地区、团体			2n	
			企业			1n	最多不得超过5人

续　表

评价指标	一级指标	二级指标	三级指标	四级指标	最高分值	打分说明	备注
学术技术成果和工作业绩(60分)	知识产权	软件著作权	企业	主持	15	1n	n为件数
				参与	5	0.2n	
	漏洞挖掘	国际认可	CVE	独立完成	30	1.5n	为信息安全专业项,n为个数
		国内认可	CNVD、CNNVD	独立完成	15	0.5n	
	论文	国际一级刊物		第一或通讯作者	50	20n	仅限工作期间发表的论文、专著,毕业论文不计分。 n为文章、专著数
				前三名		10n	
		国际一般、国内一级刊物、专著		第一或通讯作者		15n	
				前三名		5n	
		国内核心刊物、国际会议论文、其他著作(编著、教材)		第一或通讯作者		12n	
				前三名		4n	
	项目		一级项目	主持	60	25n	各专业各级项目、产品、维护等级见附件3; 团队人员仅限技术人员,后勤等辅助人员不计入; 高级工程师参与项目、产品、维护的不计分。 n为项目个数
			二级项目			20n	
			三级项目			15n	
			四级项目			10n	
			一级项目	主要参与	40	20n	
			二级项目			15n	
			三级项目			10n	
			四级项目			5n	
			一级项目	参与	20	4n	
			二级项目			3n	
			三级项目			2n	
			四级项目			1n	
	产品维护		一级产品、维护	主持	60	25n	各专业各级项目、产品、维护等级见附件3; 团队人员仅限技术人员,后勤等辅助人员不计入; 高级工程师参与项目、产品、维护的不计分。 n为项目个数
			二级产品、维护			20n	
			三级产品、维护			15n	
			四级产品、维护			10n	
			一级产品、维护	主要参与	40	20n	
			二级产品、维护			15n	
			三级产品、维护			10n	
			四级产品、维护			5n	
			一级产品、维护	参与	20	4n	
			二级产品、维护			3n	
			三级产品、维护			2n	
			四级产品、维护			1n	

续 表

评价指标	一级指标	二级指标	三级指标	四级指标	最高分值	打分说明	备注
行业影响力（10）	社会兼职	社会团体	国家级	主要负责人	10		常务理事以上
				理事	3		
			省级	主要负责人	8		常务理事以上
				理事	3		
		行业专家库成员	国家级		10		
			省级		8		
			地市级		5		
	院校兼职	著名院校		兼职教授			高级工程师免评项
				兼职导师、兼职讲师	5		
		一般院校		兼职教授	7		
				兼职导师、兼职讲师	2		
	学术、技术讲座	会议报告	国际会议		10	2n	n为讲座次数
			国内会议			1n	
		培训授课	国内机构			2n	n为授课次数
			企业培训		2	0.2n	

附件 2

信息技术类各专业资质证书清单

	高级证书	中级证书	初级证书
软件技术专业	计算机信息系统集成高级项目经理； 软考高级证书(信息系统项目管理师、系统分析师、系统架构师、系统规划与管理师、网络规划设计师)； 行业认证证书(SCEA、CCIE、OCM、MCITP)； 职称英语 A 级	软考中级证书(计算机信息系统集成项目经理、信息系统管理工程师、系统集成项目管理工程师、网络工程师、数据库系统工程师)； 行业认证证书(PMP、SCWCD、SCMAD、SCWSD、CCNP、OCP、MCTS)； 其他(HL7)； 职称英语 B 级	程序员、SCJP、SCJD、CCNA
应用电子专业	一级建造师(造价师、结构师)； 计算机信息系统集成高级项目经理； 软考高级证书(系统分析师、信息系统项目管理师、系统架构设计师、网络规划设计师、系统规划与管理师)； 职称英语 A 级	二级建造师(造价师、结构师)； 计算机信息系统集成项目经理； 软考中级证书(软件设计师、网络工程师、系统集成项目管理工程师、信息系统监理师、数据库系统工程师、软件评测师、嵌入式系统设计师、信息系统管理工程师)、PMP； 职称英语 B 级	七大员(施工员 、概预算员、质检员、安全员、材料员、监理员、材料见证员)； 三类人员(建筑施工企业主要负责人、项目负责人和专职安全生产管理人员)； 特种工(市级人事厅颁发的特种工种证书)； 技级技工(建筑电工、焊工(住建部发证)、线务员、机务员(市级人事厅颁发的技术工种证书)
系统集成专业	一级建造师； 计算机信息系统集成高级项目经理； 软考高级证书(系统分析师、信息系统项目管理师、系统架构设计师、网络规划设计师、系统规划与管理师)； 职称英语 A 级	二级建造师； 计算机信息系统集成项目经理； 软考中级证书(软件设计师、网络工程师、系统集成项目管理工程师、信息系统监理师、数据库系统工程师、软件评测师、电子商务设计师、嵌入式系统设计师、信息系统管理工程师、多媒体应用设计师)； 职称英语 B 级	七大员(施工员 、预算员、质检员、安全员、材料员、监理员、材料见证员)； 三类人员(建筑施工企业主要负责人、项目负责人和专职安全生产管理人员)； 特种工(市级人事厅颁发的特种工种证书)； 技术工(市级人事厅颁发的技术工种证书)
信息安全专业	CISSP/全国计算机与软件专业技术资格(水平)； 职称英语 A 级	CISP/CISA/PMP/CISD/全国计算机与软件专业技术资格(水平)中级； 职称英语 B 级	CISM/全国计算机与软件专业技术资格(水平)初级

注：国家已取消证书不计分。

附件 3

信息技术类各专业项目、产品、维护等级分类表

专业类别 等级	软件技术专业	应用电子专业	系统集成专业	信息安全专业
一级项目	国家级、或项目金额 500 万元以上、或项目立项书注明 50 人以上技术团队	国家级、或项目金额 800 万元以上、或项目立项书注明 50 人以上技术团队、或项目投入 1600 万元以上的立项项目	国家级、或项目金额 1000 万元以上、或项目立项书注明 50 人以上技术团队、或项目投入 2000 万元以上的立项项目	国家级、或项目金额 500 万元以上、或项目立项书注明 50 人以上技术团队、或项目投入 1000 万元以上的立项项目
二级项目	省部级、或项目金额 300 万～500 万元、或项目立项书注明 30－50 人技术团队	省部级、或项目金额 500 万～800 万元、或项目立项书注明 30－50 人技术团队、或项目投入 1000 万～1600 万元的立项项目	省部级、或项目金额 800 万～1000 万元、或项目立项书注明 30－50 人技术团队、或项目投入 1000 万～2000 万元的立项项目	省部级、或项目金额 300 万～500 万元、或项目立项书注明 30－50 人技术团队、或项目投入 600 万～1000 万元的立项项目
三级项目	地市级、或项目金额 100 万～300 万元、或项目立项书注明 10－30 人技术团队	地市级、或项目金额 200 万～500 万元、或项目立项书注明 10－30 人技术团队、或项目投入 400 万～1000 万元的立项项目	地市级、或项目金额 500 万～800 万元、或项目立项书注明 10－30 人技术团队、或项目投入 500 万～1000 万元的立项项目	地市级、或项目金额 100 万～300 万元、或项目立项书注明 10－30 人技术团队、或项目投入 200 万～600 万元的立项项目
四级项目	其他项目	其他项目	其他项目	其他项目
一类产品、项目运维服务	估值 10 亿元以上或累计销售收入 1 亿元以上或用户量 1000 万以上或收费用户量 10 万以上	累计产品销售收入 1 亿元以上	累计纯运维服务收入 1000 万元以上	累计产品销售收入或纯运维服务收入 1000 万元以上
二类产品、项目运维服务	估值 5 亿～10 亿元或累计销售收入 5000 万～1 亿元或用户量 500 万～1000 万或收费用户量 5 万～10 万	累计产品销售收入 5000 万～1 亿元	累计纯运维服务收入 500 万～1000 万元	累计产品销售收入、或纯运维服务收入 500 万～1000 万元
三类产品、项目运维服务	估值 1 亿～5 亿元或累计销售收入 1000 万～5000 万元或用户量 100 万～500 万或收费用户量 1 万～5 万	累计产品销售收入 1000 万～5000 万元	累计纯运维服务收入 100 万～500 万元	累计产品销售收入、或纯运维服务收入 100 万～500 万元
四类产品、项目运维服务	估值 1 亿元以下或累计销售收入 1000 万元以下或用户量 100 万以下或收费用户量 1 万以下	累计产品销售收入 1000 万元以下	累计纯运维服务收入 100 万元以下	累计产品销售收入、或运维服务收入 100 万元以下

附件 4

信息技术类各专业企业等级分类表

专业类别 企业等级	软件技术专业	应用电子专业	系统集成专业	信息安全专业
特大型企业	上年度企业总销售收入 5 亿元以上	上年度企业总销售收入 50 亿元以上	上年度企业总销售收入 30 亿元以上	上年度企业总销售收入 8 亿元以上
大型企业	上年度企业总销售收入 1 – 5 亿元	上年度企业总销售收入 10 – 50 亿元	上年度企业总销售收入 5 – 30 亿元	上年度企业总销售收入 2 – 8 亿元
中型企业	上年度企业总销售收入 1000 万 – 1 亿元	上年度企业总销售收入 1 – 10 亿元	上年度企业总销售收入 5000 万 – 5 亿元	上年度企业总销售收入 3000 万 – 2 亿元
小型企业	上年度企业总销售收入 1000 万元以下	上年度企业总销售收入 1 亿元以下	上年度企业总销售收入 5000 万元以下	上年度企业总销售收入 3000 万元以下

浙江省人力资源和社会保障厅　浙江省财政厅关于印发浙江省失业保险关系转移接续暂行办法的通知

浙人社发〔2017〕99 号

各市、县(市、区)人力资源和社会保障局、财政局,嘉兴市社会保障事务局:

为促进人力资源合理配置和有序流动,切实维护失业保险参保人员的合法权益,保障其跨统筹地区流动时失业保险关系的转移接续,我们制定了《浙江省失业保险关系转移接续暂行办法》,现予印发,请遵照执行。

浙江省人力资源和社会保障厅
浙江省财政厅
2017 年 8 月 17 日

浙江省失业保险关系转移接续暂行办法

第一章　总则

第一条　为保障参保人员跨统筹地区流动时失业保险关系的转移接续,根据《社会保险法》《失业保险条例》《失业保险金申领发放办法》和《浙江省失业保险条例》,制定本办法。

第二条　参加失业保险的用人单位(以下称参保单位)、职工(含不领取失业保险金的失业人员)和领取失业保险金的失业人员(以下称领金人员)办理失业保险关系转移接续手续,适用本办法。

第三条　参保单位跨统筹地区转迁、职工跨统筹地区就业的,失业保险关系随之转移。

领金人员选择回户籍地享受失业保险待遇,跨统筹地区流动的,失业保险关系随之转移。

经办失业保险业务的社会保险经办机构(以下称经办机构)根据本办法办理失业保险关系转移接续手续。

第二章　参保单位跨统筹地区转移失业保险关系

第四条　参保单位跨统筹地区转迁的,按下列程序转移接续失业保险关系:

(一)参保单位凭变更后的营业执照(单位法人登记证或其他批准成立、核准执业的证件),向转出地经办机构申请转移失业保险关系,经办机构为其开具《参保单位失业保险关系转移证明》(附件 1)。

（二）参保单位在领取转移证明后60日内，凭变更后的营业执照（单位法人登记证或其他批准成立、核准执业的证件），以及转出地经办机构开具的《参保单位失业保险关系转移证明》，到转入地经办机构办理失业保险关系接续手续，并自在转出地停止缴纳失业保险费的当月起，按转入地规定缴纳失业保险费。

（三）转入地经办机构应及时办理接续手续，并提供相应服务。

第五条 参保单位跨统筹地区转移失业保险关系的，不转移失业保险费用，转出前后的缴费年限合并计算。

第三章 职工跨统筹地区转移失业保险关系

第六条 职工跨统筹地区就业，参加失业保险的，按下列程序转移接续失业保险关系：

（一）职工凭本人身份证明、与转入地用人单位签订的劳动合同，向转出地经办机构提出失业保险关系转移申请，填写《个人失业保险关系转移申请表》（附件2）。

（二）转出地经办机构审核符合条件的，应即时受理，核定应转移的失业保险缴费享受信息，出具《失业保险关系转移接续联系函》（附件3）。不符合条件的，书面告知不予受理的理由。

（三）转入地经办机构在收到《失业保险关系转移接续联系函》的5个工作日内作出是否给予接续的决定。决定接续的，告之职工并及时办理接续手续，提供相应服务；不予接续的，在作出决定的5个工作日内，书面告知职工不予接续的理由。同时向转出地经办机构发送《失业保险关系转移接续联系复函》（附件4），告之接续结果。

（四）转出地经办机构收到《失业保险关系转移接续联系复函》后，按规定办结或终止失业保险关系转移手续。

第七条 职工跨统筹地区转移失业保险关系的，不转移失业保险费用，转出前后的缴费年限合并计算。之前有剩余的失业保险金领取期限一并转移，失业后符合领取失业保险金条件的，与累计缴费年限计算的失业保险金领取期限合并计算。

第八条 职工未办理跨统筹地区转移失业保险关系手续的，原参保地经办机构按规定保留其失业保险关系和参保缴费记录。

第四章 领金人员跨统筹地区转移失业保险关系

第九条 领金人员选择回户籍地享受失业保险待遇，跨统筹地区流动的，按下列程序转移接续失业保险关系：

（一）领金人员在领取失业保险金期间或者申领失业保险金的同时，凭本人身份证明向转出地经办机构提出失业保险关系转移申请（申领同时提出的，按规定提交失业保险金申领材料），填写《个人失业保险关系转移申请表》。

（二）转出地经办机构审核符合转移条件的，应即时受理，核定应转移的失业保险缴费享受信息，出具《失业保险关系转移接续联系函》；不符合条件的，书面告知不予受理的理由。

（三）转入地经办机构在收到《失业保险关系转移接续联系函》的5个工作日内作出是否给予接续的决定。决定接续的，告之领金人员并通知其从准予接续的次月起按规定享受失业保险待遇；不予接续的，在作出决定的5个工作日内，书面告知领金人员不予接续的理由。同时向转出地经办机构发送《失业保险关系转移接续联系复函》，告之接续结果。

（四）转出地经办机构收到《失业保险关系转移接续联系复函》后，按规定办结或终止失业保险关系转移手续。

第十条 领金人员省内转移失业保险关系的，不转移失业保险费用，转出前后的缴费年限合并计算。之前有剩余的失业保险金领取期限一并转移，与累计缴费年限计算的失业保险金领取期限合并计算。

领金人员跨省转移的，同时向转入地经办机构划转相应失业保险费用。需划转的失业保险费用包括失业保险金、基本医疗保险费、促进就业补贴等所需资金，其中，基本医疗保险费和促进就业补贴等资金按领金人员剩余应享受失业保险金总额的50%计算。

第五章　附则

第十一条　转出地经办机构将参保单位、职工和领金人员有关信息转出后，仍需保留相关记录并予以标注。

第十二条　本办法从2017年9月18日起施行。

附件：1. 参保单位失业保险关系转移证明
2. 个人失业保险关系转移申请表
3. 失业保险关系转移接续联系函
4. 失业保险关系转移接续联系复函

附件 1

参保单位失业保险关系转移证明

____________________（转入地经办机构）：

兹有以下单位申请将失业保险关系转移至你处，请予接续：

<table>
<tr><td>转移单位名称</td><td colspan="3"></td><td>统一社会信用代码
或组织机构代码</td><td colspan="2"></td></tr>
<tr><td>转移原因</td><td colspan="6"></td></tr>
<tr><td>转出日期</td><td colspan="2">年　　月　　日</td><td>转入地</td><td colspan="3">省　　市　　县</td></tr>
<tr><td>单位经办人</td><td colspan="2"></td><td>联系电话</td><td colspan="3"></td></tr>
<tr><td>随迁职工人数</td><td colspan="6"></td></tr>
<tr><td>转出地经办机构地址</td><td colspan="4"></td><td>邮编</td><td></td></tr>
<tr><td>经办人员</td><td colspan="4"></td><td>联系电话</td><td></td></tr>
</table>

附：参保单位随迁职工缴费享受明细

社会保险经办机构（章）：

年　　月　　日

说明：本函一式两联，一联交申请人送转入地社会保险经办机构，一联留存。

参保单位随迁职工缴费享受明细

转移单位：

序号	姓名	身份证号码	失业保险缴费享受情况						
			剩余失业保险金领取月数	未核定的累计缴费月数			缴费明细		
					其中视作缴费月数	其中个人不缴费月数（农村户籍）	参保单位	缴费起止时间	缴费性质
									□城、□农
									□城、□农
									□城、□农
									□城、□农
									□城、□农
									□城、□农
									□城、□农
									□城、□农
									□城、□农
									□城、□农
									□城、□农
									□城、□农

社会保险经办机构（章）：

附件 2

个人失业保险关系转移申请表

申请人：______________________　　　　□职工　　　　□领金人员

<table>
<tr><td>姓名</td><td></td><td>性别</td><td></td><td>身份证号码
（社会保障号码）</td><td></td><td></td><td></td><td></td><td></td><td></td><td></td><td></td><td></td><td></td><td></td><td></td><td></td><td></td><td></td><td></td><td></td><td></td></tr>
<tr><td colspan="2">户籍所在地</td><td colspan="21">省　　　市　　　县</td></tr>
<tr><td colspan="23">职工转移填写以下内容</td></tr>
<tr><td colspan="2">转入地新参保单位名称</td><td colspan="4"></td><td colspan="5">联系电话</td><td colspan="12"></td></tr>
<tr><td colspan="2">转入地经办机构名称</td><td colspan="4"></td><td colspan="5">联系电话</td><td colspan="12"></td></tr>
<tr><td colspan="23">领金人员转移填写以下内容</td></tr>
<tr><td colspan="2">户籍地经办机构名称</td><td colspan="6"></td><td colspan="5">联系电话</td><td colspan="10"></td></tr>
</table>

申请人：

联系电话：

年　　月　　日

附件3

编号：

失业保险关系转移接续联系函

______________________（转入地经办机构）：

我处 □职工 □领金人员______________（联系电话__________）申请将失业保险关系转移至你处。现将其失业保险缴费享受信息转至你处，如无不妥，请按相关规定办理接续手续。

<table>
<tr><td>姓名</td><td></td><td>性别</td><td></td><td colspan="2">身份证号码
（社会保障号码）</td><td colspan="4"></td></tr>
<tr><td colspan="2">户籍所在地</td><td colspan="8">省　　市　　县</td></tr>
<tr><td colspan="2">转出地经办机构地址</td><td colspan="4"></td><td>邮编</td><td colspan="3"></td></tr>
<tr><td colspan="10">职工、省内转移的领金人员填写以下内容</td></tr>
<tr><td colspan="2">职工转移增填</td><td>转入地新参保单位名称</td><td colspan="3"></td><td>联系电话</td><td colspan="3"></td></tr>
<tr><td colspan="5">已核定的剩余失业保险金领取月数</td><td colspan="5"></td></tr>
<tr><td colspan="2" rowspan="2">未核定待遇的缴费月数</td><td rowspan="2"></td><td colspan="2">其中视作缴费月数</td><td></td><td colspan="4">年　月至　　年　月</td></tr>
<tr><td colspan="2">其中个人不缴费月数</td><td colspan="5"></td></tr>
<tr><td rowspan="2">缴费明细</td><td colspan="4">参保单位</td><td colspan="3">缴费起止时间</td><td colspan="2">缴费性质</td></tr>
<tr><td colspan="4"></td><td colspan="3"></td><td colspan="2"></td></tr>
<tr><td colspan="10">跨省转移的领金人员填写以下内容</td></tr>
<tr><td colspan="2">核定失业保险金领取总月数</td><td></td><td colspan="2">已享受月数</td><td></td><td colspan="2">转移剩余享受月数</td><td colspan="2"></td></tr>
<tr><td colspan="2">本地失业保险金月标准</td><td></td><td colspan="3">转移资金合计（元）</td><td colspan="4"></td></tr>
</table>

经办人：　　　　　　　　　　　　　　　　　　联系电话：

社会保险经办机构（章）：

年　月　日

说明：本函一式两联，一联交申请人送转入地社会保险经办机构，一联留存。

附件 4

编号：

失业保险关系转移接续联系复函

______________(转出地经办机构)：

你处《失业保险关系转移接续联系函》(编号　　)已于____年___月___日收悉。经审核,□同意　□不同意　按相关规定办理转来的□职工　□领金人员_____的失业保险关系接续手续。

<table>
<tr><td>姓名</td><td></td><td>性别</td><td></td><td>身份证号码
(社会保障号码)</td><td colspan="18"></td></tr>
<tr><td colspan="3">户籍所在地</td><td colspan="20">省　　市　　县</td></tr>
<tr><td colspan="23">同意接续填写以下内容</td></tr>
<tr><td colspan="3">转入地经办机构名称</td><td colspan="5"></td><td>邮政编码</td><td colspan="14"></td></tr>
<tr><td colspan="3">转入地经办机构地址</td><td colspan="20"></td></tr>
<tr><td rowspan="2">跨省转移增填</td><td colspan="2">转入地经办机构
开户全称</td><td colspan="5"></td><td>转入地经办机构
开户银行</td><td colspan="14"></td></tr>
<tr><td colspan="2">转入地经办机构
银行账号</td><td colspan="20"></td></tr>
<tr><td colspan="23">不同意接续填写以下内容</td></tr>
<tr><td>不同意接续理由</td><td colspan="22"></td></tr>
</table>

经办人：　　　　　　　　　　　　　　联系电话：

社会保险经办机构(章)：

年　月　日

说明：本函一式两联,一联发给转出地社会保险经办机构,一联留存。

中共浙江省委组织部等4部门关于调整部分精减退职人员生活困难补助费标准的通知

浙人社发〔2017〕107号

各市、县(市、区)党委组织部,政府人力资源和社会保障局、财政局、民政局,嘉兴市社会保障事务局,省直各单位:

为保障部分精减退职人员的基本生活,使他们的生活水平随着经济发展而相应提高,经省政府同意,现决定适当调整部分精减退职人员的生活困难补助费标准。现将有关事项通知如下:

一、原按《中共浙江省委组织部浙江省人力资源和社会保障厅浙江省财政厅浙江省民政厅关于进一步解决部分精减退职人员生活困难补助问题的通知》(浙人社发〔2011〕223号)规定享受生活困难补助的精减退职人员,生活困难补助标准由每人每月500元调整为每人每月550元。

二、所需经费按原经费开支渠道列支。

三、本次调整部分精减退职人员生活困难补助费标准,从2017年1月1日起执行。

四、各地各单位要认真做好人员的核实工作,确保精减退职人员生活困难补助费按时足额发放。既要保证符合条件的精减退职人员能及时享受到生活补助,又要杜绝不符合条件的人员冒领以及重复领取生活困难补助费的现象发生。

中共浙江省委组织部
浙江省人力资源和社会保障厅
浙江省财政厅
浙江省民政厅
2017年9月26日

浙江省人力资源和社会保障厅　浙江省财政厅关于印发浙江省省级高技能人才公共实训基地绩效考核办法的通知

浙人社发〔2017〕109 号

各市、县(市、区)人力资源和社会保障局、财政局,省级有关单位:

现将《浙江省省级高技能人才公共实训基地绩效考核办法》印发给你们。请结合实际,认真贯彻施行。

浙江省人力资源和社会保障厅

浙江省财政厅

2017 年 9 月 21 日

浙江省省级高技能人才公共实训基地绩效考核办法

第一章　总则

第一条　为进一步规范省级高技能人才公共实训基地(以下简称“实训基地”)建设项目工作,充分发挥公共实训资源效用,根据《浙江省省级高技能人才公共实训基地建设项目资金竞争性分配管理暂行办法》(浙财社〔2014〕8号)精神,特制定本办法。

第二条　列入实训基地建设的项目均要列入绩效考核范围。

第三条　绩效考核的期限为上一个年度。

第四条　绩效考核工作由设区市人力社保部门会同财政部门实施,其中省级行业、企业所属实训基地由省级行业主管部门实施。

第五条　绩效考核工作坚持公平公正、综合评价、量化考核、注重实效原则。

第二章　考核内容

第六条　实训基地绩效考核包括基础部分和加分部分。基础部分由组织管理、培训能力、培训体系、资金管理、项目产出等5个考核指标构成。基础部分满分为100分,加分部分最多不超过20分。绩效考核结果分为优秀、良好、合格、不合格四个等级。得分95分(含)以上为优秀,85分(含)以上95分以下为良好,60分(含)以上85分以下为合格,60分以下为不合格。

第七条　基础部分考核内容及分值。

组织管理(10分)。项目单位设有专门组织机构负责项目的管理和协调,培训管理、财务管理、资产管理、风险管理等制度健全,运行规范。

培训能力(15分)。培训场所能满足年培训2500人,培训设备工位、先进程度与培训目标匹配,培训设备总值达到项目批准书要求;专业师资满足培训要求。

培训体系(30分)。各专业与企业共同开发培训课程;建立了与高技能人才培养需求相适应的培训教材的开发机制;建立了培训教学质量评价机制。

资金管理(15分)。资金使用范围符合《浙江省省级高技能人才公共实训基地建设项目实施方案》;地方政府或行业主管部门扶持资金到位。

项目产出(30分)。高技能人才年培训达1000人以上,用人单位和学员满意率均达85%以上;技能人才培训模式创新、方法创新。

第八条　加分部分考核内容及分值。

党委、政府领导重视(最高加3分)。被党委、政府领导批示肯定。

基地日常运行资金到位及时(最高加4分)。

高技能人才培养(最高加5分)。高技能人才年培训1500人以上。

创新工作(最高加5分)。高技能人才培养模式和人才评价模式发挥引领示范作用。

宣传推广(最高加3分)。在媒体报道成果、创新或者工作成效,成果推广。

第三章　考核程序

第九条　实训基地绩效考核方法采取以下步骤:

(一)自我评价。每年第一季度,各实训基地建设单位要对照考核指标和标准,对实训基地建设进行绩效自评,自评材料报各市人力社保局和省级行业主管部门。

(二)实地核查。各市人力社保局会同财政部门,以及省级行业主管部门每年第一季度要组织专家对所辖实训基地的自查情况进行核查评估,根据实地核查情况和相关数据,按综合评分法对各实训基地建设工作绩效作出量化评价,并划定绩效等级。在每年4月底前将评价结果上报省人力社保厅和省财政厅。

(三)综合考核。省人力社保厅和省财政厅根据各市及省级行业主管部门对实训基地的量化评价、绩效等级以及相关的动态数据,进行综合考核,并视情抽查。

第四章　考核结果及应用

第十条　各市人力社保局会同财政部门要将各实训基地绩效考核结果在全市范围内进行通报,表扬先进,批评后进,并列出典型问题提供各地引以为戒,责令其限期整改、纠正。

第十一条　各市及省级有关部门应根据绩效考核结果,及时总结经验教训,指导各基地提高管理水平和资金使用效益。

第十二条　引入绩效考核结果激励机制。对成效突出的实训基地省里继续给予重点扶持;对工作不力、功能作用发挥不足的实训基地,不列入扩建范围;对运行管理不规范、功能作用未发挥的实训基地限期整改,整改不到位的撤销其省级高技能人才公共实训基地称号。对实训基地建设资金两个预算年度仍未执行完毕的,剩余资金将按规定予以收回。

第五章　监督管理

第十三条　省人力社保厅、省财政厅统筹负责实训基地绩效考核工作,定期检查实训基地运行情况。

第十四条　省人力社保厅、省财政厅适时委托相关机构对实训基地的运行情况进行第三方审计。

第十五条　各市、县(市、区)人力社保部门、财政部门以及省级行业主管部门要加强对实训基地的日常管理、业务指导和监督检查。

第六章　附则

第十六条　各市及省级有关部门要根据本办法并结合本地实际,制定实训基地绩效考核落实措施。

第十七条　本办法由省人力社保厅、财政厅负责解释。

第十八条　本办法自2017年11月1日起施行。

浙江省省级高技能人才公共实训基地绩效考核指标与标准

序号	考核项目	考核内容		总分值	考核要点	分值	考核办法	所需材料	考核得分
1	组织管理（10分）	01	项目组织	5	项目单位设有专门组织机构负责项目的管理和协调。	3	项目单位设有专门组织机构负责项目的管理和协调，记3分；否则，不记分。	项目管理和协调机构情况相关资料。	
					人员分工明确，责任到人。	2	人员有具体分工，记1分；否则，不记分。责任到人，记1分；否则，不记分。	人员分工及责任到人情况相关资料。	
		02	项目管理	5	培训管理、财务管理、资产管理、风险管理等制度健全，运行规范。	3	培训管理、财务管理、资产管理、风险管理等制度健全，运行规范记3分；少一项扣0.5分。	制度文件等相关资料。	
					项目档案及相关资料完整。	2	项目档案及相关资料完整，记2分；不完整的，扣1分；无档案的，不记分。	项目档案及相关资料。	
2	培训能力（15分）	03	场地条件	3	培训场所能满足年培训2500名以上，其中高技能人才不少于1000人的需要。	3	所报各专业培训场所（含与学制教育共用）总面积能满足年培训2500人，其中高技能人才培训不少于1000人需要的，记3分；不能满足的，酌情扣0.5－2分。	培训场所面积汇总表、平面图及相关资料。	
		04	装备条件	5	培训设备工位、先进程度与特色专业相匹配。	3	培训设备工位、先进程度与特色专业相匹配，记3分；不相匹配的，扣1－2分。	实训设备台账；实训设备使用记录等佐证材料。	
					培训设备总值达到项目批准书要求。	2	培训设备总值达到项目批准书要求，记2分；未达要求的，每一个专业扣0.5分。		
		05	师资条件	4	所建专业的师资满足高技能人才培养要求。	4	所建专业师资满足高技能人才培养要求的，记4分；不能满足要求的每个专业扣0.5分。	各专业教师花名册；各专业培训学员花名册、成绩册等相关资料。	
		06	课程体系	3	所建专业构建了与培养高技能人才需求相适应的培训课程体系。	3	所建各专业均构建了与培养高技能人才需求相适应的培训课程体系的，记3分；少建一个，扣0.5分。	各专业培训课程体系等相关资料。	

续 表

序号	考核项目	考核内容		总分值	考核要点	分值	考核办法	所需材料	考核得分
3	培训体系（30分）	07	校企合作	6	所建各专业与大、中型企业签订合作开展高技能人才培训协议。	3	所建各专业与20家大、中型企业签订合作开展高技能人才培训协议，记3分；每少一个专业扣0.5－1分；每少一家培训协议扣0.5－1分。	培训协议、方案等相关资料。	
					所建各专业与合作企业共同制定高技能人才培训方案。	3	所建各专业与合作企业共同制定高技能人才培训方案，记3分；每少一个扣0.5分。		
		08	课程开发	6	各专业与企业共同开发培训课程，制定培训课程标准。	5	各专业与企业共同开发培训课程，记5分；每少制订一个专业的培训课程标准扣0.5分；未与企业共同开发的，不记分。	共同制定课程标准的相关材料。	
					培训课程以工作任务为导向、以学员职业能力提升为核心，体现专业学习和工作实践紧密结合的“工学一体、学做合一”的特征。	1	培训课程以工作任务为导向、以学员职业能力提升为核心，体现专业学习和工作实践紧密结合的“工学一体、学做合一”的特征，记1分；未体现该特征的，扣0.5分。		
		09	教材开发	6	建立了与高技能人才培养需求相适应的培训教材的开发机制。	1	建立了与高技能人才培养需求相适应的培训教材的开发机制，记1分；不能适应需求的，不记分。	每个专业提交一本培训教材。	
					各专业培训教材以工作任务为主要内容。	5	各专业培训教材以工作任务为主要内容，记5分；否则，酌情扣分。		
		10	师资建设	6	师生比为1∶16－1∶20，师资队伍建设达标。	1	师生比为1∶16－1∶20，记1分；未达标的，扣0.5分。	师生比相关资料。	
					聘请企业技师、高级技师或专业技术人员担任兼职教师。	2	聘请企业技师、高级技师或专业技术人员担任兼职教师，记2分；否则，不记分。	兼职教师名册及聘书复印件等材料。	
					专职培训教师均具高级工以上职业资格。	1	专职培训教师均具高级工以上职业资格，记1分；未达100%的，扣0.5分。	专职培训教师职业资格证书列表及证书复印件等材料。	
					高级实习指导教师和具有高级技师职业资格的教师占实训教师总数达45%以上。	2	高级实习指导教师和具有高级技师职业资格的教师占实训教师总数达45%以上，记2分；每少10%扣0.5分。	高级实习指导教师、具有高级技师职业资格教师、实训教师的列表及有关证书复印件等材料。	
		11	效果评价	6	建立了过程性考核与终结性考核相结合的培训教学质量评价机制，严格实行培训质量管理。	6	建立了过程性考核与终结性考核相结合的培训教学质量评价机制，并切实开展相关评价的，记6分；一般的，酌情扣1－3分；未开展的，不记分。	开展过程性考核与终结性考核相结合的培训教学质量评价的相关资料。	

续 表

序号	考核项目	考核内容		总分值	考核要点	分值	考核办法	所需材料	考核得分
4	资金管理（15分）	12	使用范围	6	省财政资金的使用范围符合文件规定。	3	完成省财政资金使用，且使用范围符合规定的，记3分；使用范围符合规定，但未用完省财政资金的，记1分。	省财政资金使用范围的相关资料。	
					各类资金使用严格按照项目单位申报的《浙江省省级高技能人才培训基地建设项目实施方案》中预算安排执行。	3	各类资金使用严格按照项目单位申报的《浙江省省级高技能人才培训基地建设项目实施方案》中预算安排执行的，记3分；未按预算安排执行的，不记分。	各级各类资金预算安排与实际执行的相关资料，使用的相关票据等资料。	
		13	配套资金	4	地方政府或行业主管部门扶持资金到位。	4	地方政府或行业主管部门扶持资金到位的，记4分；未按《浙江省省级高技能公共实训基地建设项目实施方案》目标完全到位的，记2分；扶持资金未落实的，不记分。	扶持资金到位资料。	
		14	资金核算	5	设立项目资金专账。	1	设立项目资金专账的，记1分；未设的，不记分。	资金专账账本、报表、记账凭证、原始凭证等资料。	
					资金到项目、管理到项目、核算到项目。	2	资金到项目、管理到项目、核算到项目的，记2分；少一项扣1分。	项目经费管理实施细则落实到位的佐证材料。	
					申报时制定的项目经费管理实施细则落实到位。	2	申报时制定的项目经费管理实施细则落实到位的，记2分；落实情况一般的，酌情扣0.5－1分。		
5	项目产出（30分）	15	体系构建	5	培训模式、课程设置、教材开发、师资建设、培训装备和能力评价等方面构建了较为完备的高技能人才培训体系。	5	合作培训、课程设置、教材开发、师资建设、能力评价等环节工作体现校企合作、运行良好，记5分；运行一般的，酌情扣0.5－2分。	5个环节体现校企合作、有机运营、效果良好的总结材料。	
		16	规模效应	10	项目建设经验在本区域高技能人才培训领域发挥示范作用。	5	项目建设经验在本区域高技能人才培训领域发挥示范作用的，记5分；一般的，记0.5－2分。	项目建设经验在本区域发挥示范作用的佐证材料。	
					所建设专业高技能人才年培训达1000人以上。	5	高技能人才年培训达1000人以上的，记5分；每少100人扣0.5分。	培训学员的身份证、缴费单、学员名册、培训合格证等佐证材料。	

续 表

序号	考核项目	考核内容		总分值	考核要点	分值	考核办法	所需材料	考核得分
5	项目产出（30分）	17	评价反馈	5	建立了培训质量社会评价机制，培训后，校企合作的用人单位满意率达85%以上。	3	校企合作的用人单位满意率达85%以上的，记3分；每少5%扣0.5分。	用人单位满意率调查表、调查报告等相关资料。	
					建立了培训质量社会评价机制，培训后，学员满意率达85%以上。	2	学员满意率达85%以上的，记2分；每少5%扣0.5分。	学员满意率调查表、调查报告等相关资料。	
		18	经验总结	5	总结本单位高技能人才培训的基本规律和科学方法，提炼高技能人才培训基地建设的经验和做法，并形成总结报告。	2	形成总结报告，记2分；未形成总结报告的，不记分。	总结报告。	
					总结报告中，高技能人才培训的做法体现模式创新、方法创新。	3	总结报告中，高技能人才培训的做法体现模式创新、方法创新的，记3分；情况一般的，记1－2分。		
		19	技术服务	2	对外开展企业技术支持。	2	为企业开展产品技术说明书、操作指导书编写、企业技术问题解决、维修设备、设备安装调试，开展效果好记2分，运行一般的，酌情扣0.5－2分。	技术开发合同等。	
		20	创业创新	3	与企业共同开发新产品，指导学生开展创业活动。	3	开发教具、申请专利、开展学生创业活动效果好记3分，运行一般的，酌情扣0.5－2分。	产品样品、专利证书、学生创业计划书等。	
	加分部分（20分）	21	领导重视	3	党委、政府领导批示肯定	3	得到当地党委、政府领导批示肯定的加2分，得到上级党委、政府领导批示肯定的加3分	批示	
		22	资金运行	4	运行资金到位及时	4	基地日常管理的运行资金到位及时的加4分	资金到位资料	
		23	人才培养	5	高技能人才培训	3	培养高技能人才1500人以上的加3分	培训鉴定发证数，高技能人才、技师等人员身份证、缴费单、花名册、培训合格证等材料。	
					高技能人才培养、评价引领作用	2	培养技师、高级技师资格150人以上的加2分		

续 表

序号	考核项目	考核内容		总分值	考核要点	分值	考核办法	所需材料	考核得分
5	加分部分（20分）	24	创新工作	5	高技能人才培养、评价引领作用	3	高技能人才培养方案具有个性化、系统性加2分;人才评价有创新加1分	培养规程及评价方案	
						2	召开省以上现场会或在国家和省主管部门资助的大型会议上做典型发言加2分	典型发言材料	
		25	宣传推广	3	工作成效媒体报道、宣传	1	高技能成果有交流展示加1分	通知及相关资料	
						2	市级媒体报道加1分,省级以上媒体报道经验做法加2分	报道资料	
	合计			120					

浙江省人力资源和社会保障厅关于加快推进专业技术人员资格信息化工作的意见

浙人社发〔2017〕117 号

各市、县(市、区)人力资源和社会保障局,省直和中央部属在浙有关单位:

为深入实施“最多跑一次”改革,加快推进“互联网 + 人社”,探索管理服务模式创新,实现专业技术人员资格信息数据共享,根据人力资源社会保障部、浙江省人民政府《共同推进“互联网 + 人社”行动提升公共服务水平合作协议》和省人力社保厅《关于深入推进“互联网 + 浙江人社”行动的实施意见》精神,在我省部分系列专业技术人员资格实施电子证书管理试点的基础上,现就加快推进专业技术人员资格信息化工作提出如下意见:

一、专业技术人员资格信息化的工作目标

以“最多跑一次”改革为引领,以服务管理模式创新为核心,以信息化为基础,按照“互联网 +”理念和思维,不断优化专业技术人员资格信息服务管理方式,建立省级集中平台,做到信息数据实时、准确、安全、可用,促进专业技术人员资格信息数据互联互通,行政服务效能大幅提高;专业技术人员资格证照信息获取快捷、使用方便、可防伪查验,专业技术人员获得感大幅增强,实现专业技术人员大数据、大平台、大服务目标。

二、专业技术人员资格电子证照实施范围及效力

1. 对在我省参加全国专业技术人员资格考试(由人力资源社会保障部或者由其会同有关行政部门确定,在全国范围内统一举行职业资格考试以及与职称相关的考试),且在规定年限内全部科目成绩合格获得专业技术资格的人员,制作我省出具的全国专业技术人员资格考试成绩电子合格证明(见附件 1),同时可申领国家印制的纸质资格证书。

2. 对参加我省自主实施的,由省人力社保厅在全省范围内统一举行的各类专业技术人员资格考试且成绩合格人员,制作浙江省专业技术人员资格考试电子证书(见附件 2),不再发放纸质证书。

3. 除实行专业技术职务自主评聘单位外,对在我省参加高级职称评审取得高级专业技术职务任职资格的人员,制作浙江省高级专业技术职务任职资格电子证书(见附件 3),不再发放纸质证书。

4. 对参加考评结合的高级职称业务能力考试且成绩合格人员,制作浙江省高级专业技术职务任职资格业务能力考试电子合格证明(见附件 4),不再发放纸质证书。由省级有关行业考试机构组织的高级职称业务能力考试,根据实际也可实施电子证明。

5. 加盖浙江省人力资源和社会保障厅电子印章的全国专业技术人员资格考试电子合格证明、浙江省专业技术人员资格考试电子证书、高级职称电子证书,表明持证人员取得相应专业技术资格,在省内与纸质资格证书具有同等效用,可作为我省相应系列、级别专业技术职务

评聘、岗位聘任或执业注册的有效凭证。电子证书的任何形式的电子再转换版本，不具备同等法律效力。

6. 加盖浙江省人事考试办公室或省级有关行业考试机构电子印章的考试成绩合格证明，表明持证人考试成绩合格，仅在一定年度内申报相应资格评审或执业注册时有效，不作为取得专业技术资格的凭证。

7. 各地各部门对中初级职称评审（含初定、认定）通过人员，可参照本意见实施电子证书。

三、专业技术人员资格电子证照管理

1. 参加全国、全省专业技术人员资格考试（含高级职称业务能力考试）合格人员以及高级职称评审通过人员，可登录浙江政务服务网（www. zjzwfw. gov. cn）“高级职称评审与专技考试”栏目，自行下载打印本人电子证书（证明）。

2. 省人力社保厅建立并逐步完善专业技术资格电子证照库，对历年省级制发的信息准确完备的资格证书，配以电子证书（证明），供本人下载打印使用。

3. 对遗失的往年发放的纸质证书，不再补办纸质证书，由持证人自行登录浙江政务服务网下载打印电子证书（证明）作为更换。

4. 对证书年份较早，不在电子证照库中的，或需要修改证书信息的，可按规定程序提出申请办理，审核通过后再自行登录浙江政务服务网下载打印电子证书（证明）。

5. 专业技术人员资格电子证书（证明）设置二维码、电子印章等多重数字化防伪。浙江省政务服务网面向社会开放证书信息查询，并可对证照信息进行网上验核。

6. 持电子证书（证明）的专业技术人员应严格按照规定规范使用，严禁伪造、篡改、滥用。违规行为经查证属实的，记入个人信用记录，并由有关部门按照相关规定进行处理。

四、专业技术人员资格信息数据集中和共享

1. 建立高级职称评审与专业技术资格考试信息集中公布平台，及时公布评审通知、评前评后公示、评审结果和考试成绩等信息，支持查询下载高级职称评审及资格考试合格人员名单电子公文。

2. 按照全省统一数据采集和应用标准，省级集中建立全省专业技术人员资格信息数据仓，纳入全省数据公共平台，为跨部门跨地区信息共享和业务协同提供基础服务。

3. 各地各部门按数据集中要求，向省里归集中初级职称评审通过人员资格信息。探索建立全省职称评审系统，打造贯通市县、全链条式高效的职称评审管理服务平台，实时动态归集各级各类职称人员信息数据。

4. 职称制度改革后，开展自主评聘，不再由省里统一发证的高校、医院等单位，每年度应及时报送专业技术职务评聘人员信息，纳入全省数据仓。

5. 按照分级管理原则，建立全省统一的专业技术人员诚信信息库。对违背个人真实性承诺，在申报评定过程中弄虚作假，或者不按规定规范使用电子证书，经查证属实的，将按相关规定进行处理后将信息及时记入诚信库，纳入“信用浙江”个人信用体系和国家信用体系。

6. 探索建立全省专业技术人员云服务平台，实施专业技术人才电子档案，动态汇聚专业技术人才职业经历、资格评价、继续教育、注册管理、执业诚信记录和用人单位使用评价等信息，依托大数据构建“专技云平台”。

五、有关工作要求

1. 各地各部门要高度重视，推动“互联网+专业技术人才”行动落实，优化专业技术人员资格信息服务，及时维护、更新、归集数据信

息，保障数据的完整性、准确性、时效性。同时，加快推进数据省集中，做好电子归档、数据共享、信息安全备份等工作。

2. 各地人力社保和相关行业主管部门要做好电子证书签章工作，加强对电子证书使用的指导和监管，进一步推进证书管理方式改革，并做好宣传、解释和服务工作。

3. 各地各部门要相互配合，共同推进专业技术人员资格信息化工作，对碰到的问题，要及时收集、研究解决，并报告省人力社保厅。

本通知自发布之日起施行。

附件：1. 全国专业技术人员资格考试合格证明（模板）

2. 浙江省专业技术人员资格证书（模板）

3. 浙江省高级专业技术职务任职资格证书（模板）

4. 浙江省高级专业技术职务任职资格业务能力考试合格证明（模板）

浙江省人力资源和社会保障厅

2017 年 10 月 13 日

附件 1

全国专业技术人员资格考试合格证明(模板)

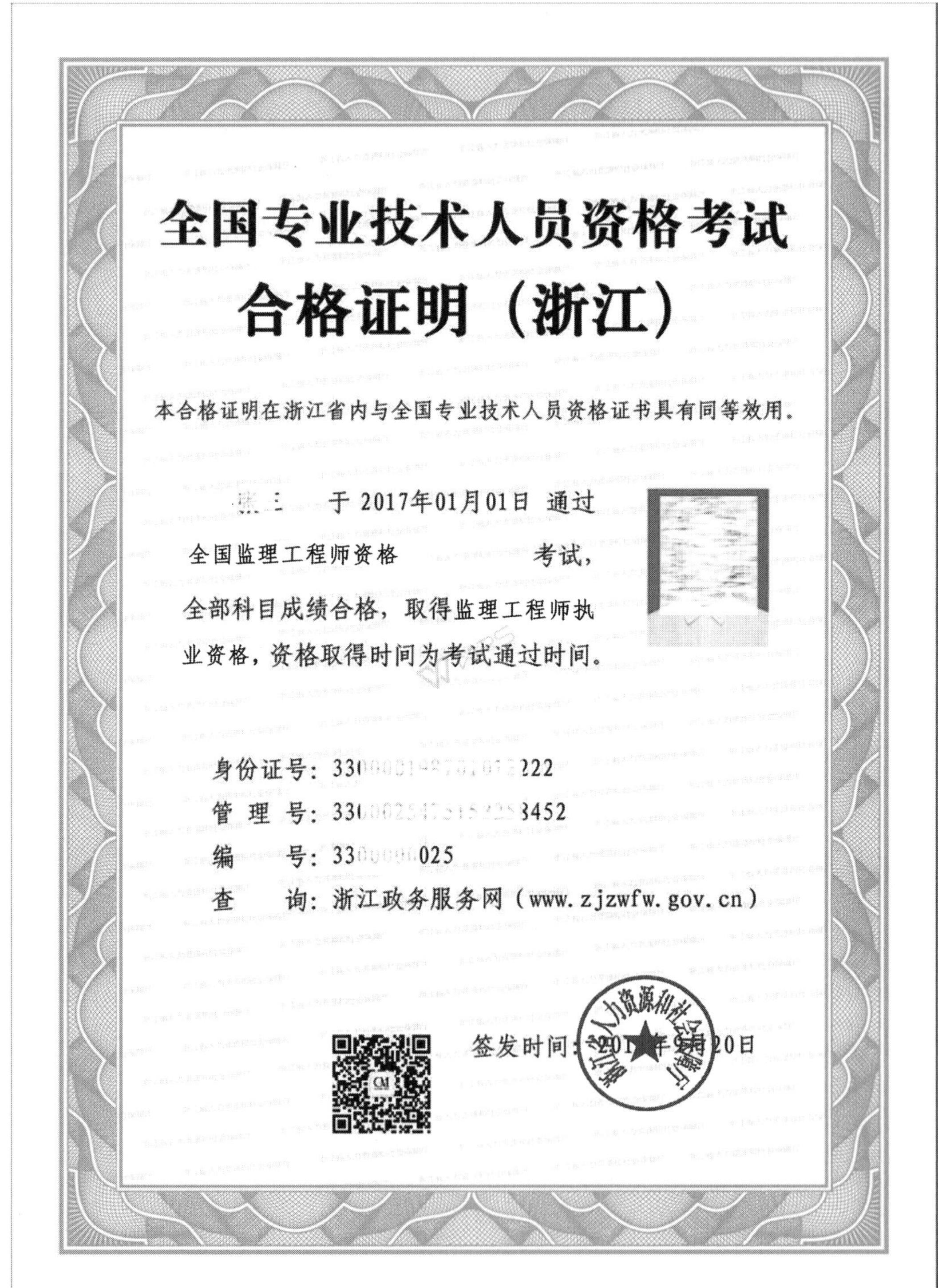

全国专业技术人员资格考试
合格证明（浙江）

本合格证明在浙江省内与全国专业技术人员资格证书具有同等效用。

张三　于 2017年01月01日 通过

全国监理工程师资格　　考试，

全部科目成绩合格，取得监理工程师执业资格，资格取得时间为考试通过时间。

身份证号：330001198701012222

管 理 号：330002547515258452

编　　号：33000000025

查　　询：浙江政务服务网（www.zjzwfw.gov.cn）

签发时间：2017年9月20日

附件 2

浙江省专业技术人员资格证书(模板)

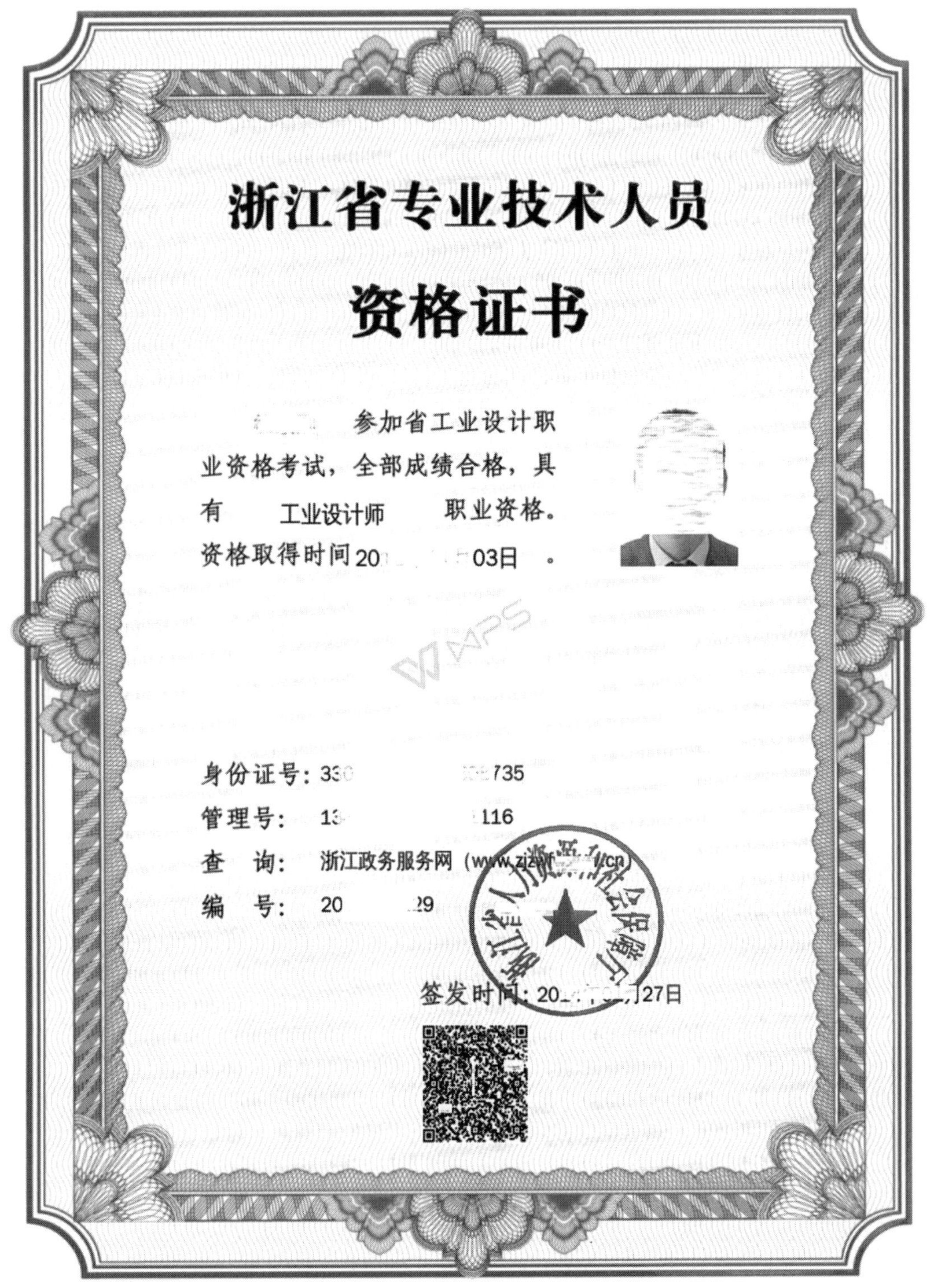
浙江省专业技术人员

资格证书

参加省工业设计职业资格考试，全部成绩合格，具有 工业设计师 职业资格。

资格取得时间20 03日 。

身份证号：330 735

管理号：13 116

查 询：浙江政务服务网（www.zjzw .cn）

编 号：20 29

签发时间：20 27日

附件 3

浙江省高级专业技术职务任职资格证书

浙江省高级专业技术职务
任职资格证书

此证表明持证人具备担任相应高级专业技术职务的任职资格。

姓　　名：

性　　别：男

出生年月：1987年01月01日

资格名称：高级工程师

专业名称：风景园林

取得资格时间：2017年01月01日

评委会名称：浙江　　　专业技术人员高级工程师资格评审委员会

身份证号：3　　　　2222

证书编号：3　　　025

查　　询：浙江政务服务网（www.zjzwfw.gov.cn）

发证时间：2017年9月20日

附件 4

浙江省高级专业技术职务任职资格业务能力考试合格证明(模板)

ZPTA

浙江省高级专业技术职务
任职资格业务能力考试合格证明

[illegible] 于 2017 年度参加高级经济师任职资格评价业务能力考试，成绩合格。其成绩从 2017 年度起 3 个年度内申报相应职务任职资格评审时有效。

身份证号：330[illegible]21X

管理号：2017[illegible]366

查询：浙江政务服务网（www.zjzwfw.gov.cn）

编号：[illegible]

浙江省人事考试办公室

签发时间：2017年[illegible]日

浙江省人力资源和社会保障厅等4部门关于支持赴台陆生来浙江工作的实施意见

浙人社发〔2017〕123号

各市人力资源和社会保障局、台湾事务办公室、公安局、教育局，嘉兴市社会保障事务局：

为贯彻落实《关于做好赴台陆生回大陆工作有关问题的通知》（人社部发〔2014〕44号）、《浙江省人民政府关于支持大众创业促进就业的意见》（浙政发〔2015〕21号）和《中共浙江省委办公厅浙江省人民政府办公厅印发〈关于进一步引导和鼓励高校毕业生到基层工作的实施意见〉的通知》（浙委办发〔2017〕46号）等精神，进一步支持赴台陆生来浙江工作，现提出如下实施意见。

一、充分认识做好赴台陆生来浙江工作的重要意义

赴台陆生是指在台湾地区高等学校接受正规学历教育并获得学士以上（含学士）学位的大陆学生。近年来，许多大陆学生选择到台湾高校学习，我省赴台陆生数量位居八省市前列，学成后来我省的赴台陆生也逐年增加，成为我省人才资源的重要组成部分。各地要高度重视赴台陆生来浙工作，帮助解决他们在就业、创业、生活等方面存在的问题，为他们营造良好的发展环境，调动发挥他们服务浙江经济社会发展的积极性和作用。

二、积极为赴台陆生来浙江工作提供政策支持和服务保障

（一）保障平等就业。赴台陆生到我省机关、事业单位、企业等就业的，参照大陆高校毕业生，在工资待遇、评聘专业技术职务、社会保险、住房公积金和科研经费资助等方面享受同等政策待遇。到中小微企业就业的，可享受就业补贴；灵活就业的，可享受社保补贴；到定点机构参加职业技能培训，通过初次技能鉴定的，可享受培训补贴和技能鉴定补贴。

（二）鼓励自主创业。赴台陆生来浙自主创业的，参照留学人员享受同等创业扶持政策。创业资金不足的，可申请创业担保贷款并享受贴息；初次创办企业的，可享受一次性创业补贴；创业带动就业的，可享受带动就业补贴；参加创业培训的，可享受培训补贴。留学人员创业园要主动引导赴台陆生到园区创业，落实优惠政策，提供便利服务。

（三）加强就业帮扶。来浙的赴台陆生暂未实现就业的，可在公共就业人才服务机构进行实名登记，由公共就业人才服务机构提供针对性就业帮扶。参加就业见习和职业培训的，按规定享受见习基本生活补助和培训补贴。

（四）落实生活保障。在浙工作的赴台陆生及其家属，可按规定向公安部门申请落户；在购房、办理驾驶证以及子女入学（园）就读等方面享受留学人员同等待遇。

（五）优化公共服务。各级人力社保部门及其留学人员服务机构，要主动会同有关职能部门，做好赴台陆生来浙后的人事代理、就业创业、社会保障等服务工作。

三、切实加强组织领导

各级人力社保、台办、公安、教育等部门要加强沟通,互相配合,全力做好赴台陆生来浙江工作的服务保障。要强化教育引导,充分运用现代信息技术开展精准宣传,及时推送优惠政策和服务事项,增强赴台陆生对国情、省情、社情、民情的了解,激发他们来我省就业创业的热情,为浙江经济社会发展服务。

本意见自公布之日起施行。

浙江省人力资源和社会保障厅

浙江省人民政府台湾事务办公室

浙江省公安厅

浙江省教育厅

2017 年 11 月 2 日

浙江省人力资源和社会保障厅关于开展肝移植术基本医疗保险按绩效支付试点工作的通知

浙人社发〔2017〕134 号

各市、县(市、区)人力资源和社会保障局,嘉兴市社会保障事务局,相关医疗机构:

为切实减轻肝移植患者医疗费用负担,积极探索以绩效评价为核心的支付方式改革试点,根据《关于印发进一步深化基本医疗保险支付方式改革实施方案的通知》(浙人社发〔2017〕108 号)和《关于印发浙江省基本医疗保险医疗服务项目目录的通知》(浙劳社医〔2005〕172 号)规定,决定开展肝移植术基本医疗保险按绩效支付试点。现就有关事项通知如下:

一、保障对象

保障对象限参加浙江省基本医疗保险的浙江省户籍患者,或在接受肝移植术前参加浙江省基本医疗保险连续缴费满 1 年的患者。

二、试点医院与期限

在浙江大学医学院附属第一医院、浙江大学医学院附属第二医院、树兰(杭州)医院、宁波市医疗中心李惠利东部医院等 4 家省内医疗机构开展试点。试点期限为 5 年,待条件成熟后再逐步推广到其他符合条件的医疗机构。

三、支付待遇

肝移植术按"乙类"项目纳入基本医疗保险支付范围,个人自理比例 30%,限以下适应证之一:1. 终末期肝病;2. 未肝外转移的肝细胞癌且无大血管受侵,累计肿瘤直径≤8cm;3. 未肝外转移的肝细胞癌且无大血管受侵,累计肿瘤直径>8cm(AFP 水平≤400ng/ml、组织学分级为中或高分化)。

四、支付方式

患者接受肝移植手术住院期间发生的医疗费用,除应由患者个人承担的费用外,医保按绩效与医疗机构进行结算。

(一)18 周岁以下(含 18 周岁)患者出院时结清个人承担费用,医保按应支付费用的 70% 结算;患者出院后存活满一年的,医保按应支付费用的 20% 再次结算;患者出院后存活满三年的,医保按应支付费用的 10% 再次结算。

(二)18 周岁以上患者出院时结清个人承担费用,医保按应支付费用的 90% 结算;患者出院后存活满一年的,医保按应支付费用的 5% 再次结算;患者出院后存活满三年的,医保按应支付费用的 5% 再次结算。

(三)患者出院后存活满五年的,医保在预留费用中对医疗机构予以激励。预留费用由浙江省省级医疗保险服务中心统一集中管理。五年期满后,由浙江省省级医疗保险服务中心根据患者生存情况、医疗质量、费用负担等因素对医疗机构进行绩效评价,并予以相应激励。

五、工作要求

开展肝移植术医保按绩效支付试点，关乎患者切身利益，各级人力社保部门要高度重视，切实做好政策宣传和落地工作。各级医保经办机构要将肝移植医保按绩效支付纳入医保定点协议管理，及时更新医保信息系统，确保参保患者费用刷卡结算。各有关医疗机构要加强肝移植医疗质量安全管理，结合临床路径管理，减少不必要的检查和治疗。

本通知自2018年1月1日起执行。

附件：新增基本医疗保险医疗服务项目表

浙江省人力资源和社会保障厅

2017年11月30日

附件

新增基本医疗保险医疗服务项目表

编码	项目名称	项目内涵	备注	甲乙分类	自理比例	限定支付范围	修订说明
33100501800	肝移植术	含全肝切除术		乙	30%	限以下适应证之一：1. 终末期肝病;2. 未肝外转移的肝细胞癌且无大血管受侵,累计肿瘤直径≤8cm;3. 未肝外转移的肝细胞癌且无大血管受侵,累计肿瘤直径 > 8cm（AFP 水平≤400ng/ml、组织学分级为中或高分化）。	新增

浙江省人力资源和社会保障厅等5部门关于进一步完善大病保险制度的通知

浙人社发〔2017〕135号

各市、县(市、区)人力资源和社会保障局、财政局、卫生和计划生育委员会(局)、民政局,嘉兴市社会保障事务局,温州保监分局:

为全面贯彻落实党的十九大关于加强社会保障体系建设和完善大病保险制度的重要精神,按照"兜底线、织密网、建机制"的要求,根据《浙江省人民政府办公厅关于加快建立和完善大病保险制度有关问题的通知》(浙政办发〔2014〕122号),进一步减轻大病患者医疗费用负担,实施精准施策、精准管理、精准保障,有效提高重特大疾病保障水平,建立健全更加紧密更加平衡更加充分的多层次医疗保障体系,努力实现"制度强、服务强、人民健康水平高、群众对医疗卫生服务满意度高"的"两强两高"医改目标,经省政府同意,现就进一步完善大病保险制度有关事项通知如下:

一、健全大病保险筹资机制

(一)提高筹资标准和个人缴费比例。大病保险人均最低筹资标准不低于40元,参保人员个人筹资比例不低于40%。

(二)规范筹资方式。按照权责对等、精算平衡原则,完善政府、单位、个人分担的大病保险多渠道筹资机制。政府、单位缴费部分,从职工基本医疗保险、城乡居民基本医疗保险基金中整体划拨;大病保险参保人员个人缴费部分,建立基本医疗保险个人账户的从其个人账户中划拨,城乡居民基本医疗保险参保人员以及未建立个人账户的职工基本医疗保险参保人员由其个人缴费。大病保险基金与职工基本医疗保险基金、城乡居民基本医疗保险基金一并筹集,实行专账管理、独立核算。

(三)全面实行大病保险市级统筹。以设区市为单位,大病保险实行统一政策体系、统一筹资标准、统一待遇水平、统一承办机构、统一资金管理、统一基金核算,大病保险基金实现市级统收统支。

二、提高大病保险保障水平

(四)适当提高支付比例。大病保险起付标准以上的合规医疗费用,由大病保险基金和个人分担。大病保险合规医疗费用最低支付比例原则上不低于60%。各设区市根据大病患者医疗费用支出结构、大病保险基金承受能力,合理设置大病保险分段支付比例。合规医疗费用是指在一个结算年度内,参保人员发生的住院和规定(特殊)病种门诊费用中按规定需由个人支付的自理、自付费用,以及使用浙江省大病保险特殊药品的费用。

(五)完善特殊药品管理。根据我省大病疾病谱变化情况,结合大病保险基金承受能力,通过竞争性公开谈判,将大病治疗必需、临床疗效明确、群众需求较强、治疗费用较高的特殊药品,逐步纳入大病保险支付范围。特殊药品目录由省人力社保厅会同有关部门制定实施。

三、建立贫困人群大病保障倾斜机制

（六）对贫困人群起付标准内医疗费用给予适当补助。特困供养人员、最低生活保障家庭成员大病保险起付标准以下的合规医疗费用，各地可通过医疗救助按规定给予补助。具体人员由民政部门认定。

（七）建立健全大病精准救助机制。落实城乡居民基本医疗保险财政补贴政策，继续做好资助参保工作，确保特困供养人员、最低生活保障家庭成员、最低生活保障边缘家庭成员等救助对象及时参加大病保险。加强基本医疗保险、大病保险和医疗救助的有效衔接，实施综合保障，切实提高医疗保障水平，缓解贫困人群的重特大疾病风险。有条件的设区市可加大救助力度，进一步减轻贫困人群大额医疗费用负担。

（八）实行先诊疗后付费。贫困人群大病患者在县域内医疗机构住院，实行先诊疗后付费。推进基本医疗保险、大病保险、医疗救助等“一站式”信息交换和即时结算，贫困人群出院时支付自负医疗费用。

四、规范大病保险商保承办

（九）明确大病保险商保承办模式。在基金精算平衡、不增加政府过高投入的前提下，大病保险商保承办模式可选择政府购买经办服务与激励考核相结合模式，也可选择商业保险公司与政府盈亏共同分担的购买大病保险产品模式。政府购买经办服务与激励考核相结合模式，须合理确定服务费标准，对商业保险公司实行盈亏考核，考核结果与服务费支付和奖励相挂钩，服务费用和奖励资金由各级财政另行安排。商业保险公司与政府盈亏共同分担模式，须遵循收支平衡、保本微利、收益与风险对等原则，合理设定商业保险公司盈亏率，对超出预定盈余的超额结余和政策性亏损建立动态调整机制和分担机制。

（十）完善大病保险招投标机制。坚持公平、公正、公开原则，由省人力社保厅会同省财政厅、省保监局等相关部门通过公开招标，确定若干家具有承办浙江省范围内大病保险业务资质的商业保险公司。各设区市在省定商业保险公司范围内，按照浙江省大病保险招投标管理指引和政府招标采购相关规定，择优选取1家商业保险公司统一承办全市范围大病保险业务。各设区市医保经办部门与商业保险公司签订保险合同和承办协议，协议期限一般不少于3年。若商业保险公司在协议期限内存在违反协议规定、违反大病保险政策规定等行为或其他危害基金安全、损害参保人员大病保险权益等行为的，各设区市医保经办部门应当立即与商业保险公司终止协议，另行择优选取商业保险公司。本通知印发前各设区市签订的商业保险承办合同继续执行，期满后按本通知实施。

五、工作要求

（十一）加强组织领导。各地相关部门要进一步统一思想，建立健全部门协调、多方参与的工作机制。人力社保部门要切实履行牵头部门职责，抓紧制定完善大病保险制度实施方案，会同有关部门认真做好政策落地、组织协调、指导监督等工作。卫生计生部门要及时将已纳入大病保险支付范围的特殊药品挂网采购，加大对医疗机构监督管理，规范医生医疗行为。民政部门要完善大病医疗救助和监督管理，加强医疗救助、社会慈善与基本医疗保险、大病保险政策衔接和信息共享。财政部门要强化大病保险预决算管理，加强对大病保险基金使用监管，加大大病保障力度。保险监管部门要按照保险监管相关规定，加强对商业保险公司投标、承保、理赔等市场行为的监管，引导商业保险公司提高大病保险承办服务水平，会同人力社保、财政等部门查处商业保险公司恶意压价竞争等违规行为。

（十二）加强运行监管。人力社保部门会同财政、卫生计生等相关部门要加强对大病保险基金运行情况的监管，按照“控总量、挤水分、腾空间、强保障”的思路，加强医疗机构辅助性、营养性等临床重点监控药品管理，扩大处方点评覆盖面，提高医疗机构大病治疗合理检查、合理用药水平，加大对大病患者保障力度。

（十三）加强政策宣传。充分利用主流媒体平台，广泛宣传大病保险政策，提高大病保险政策知晓度，增强群众保险获得感、幸福感、安全感。

本通知自2018年1月1日起实施。

浙江省人力资源和社会保障厅
浙江省财政厅
浙江省卫生和计划生育委员会
浙江省民政厅
中国保险监督管理委员会浙江监管局
2017年12月6日

浙江省人力资源和社会保障厅关于印发《浙江省省级及杭州市基本医疗保险按病种付费工作方案(试行)》的通知

浙人社发〔2017〕138 号

各市人力资源和社会保障局,嘉兴市社会保障事务局,各有关定点医疗机构:

为贯彻落实《浙江省人民政府办公厅关于印发浙江省深化医药卫生体制改革 2017 年重点工作任务的通知》(浙政办发〔2017〕54 号)要求,全面推进以按病种付费为主的多元复合式医疗保险支付方式改革,根据《浙江省人力资源和社会保障厅关于开展基本医疗保险按病种支付方式改革试点的通知》(浙人社发〔2016〕97 号)和浙江省人力资源和社会保障厅等六部门《关于印发进一步深化基本医疗保险支付方式改革实施方案的通知》(浙人社发〔2017〕108 号)等文件精神,现将《浙江省省级及杭州市基本医疗保险按病种付费工作方案(试行)》印发给你们,请遵照执行。

浙江省人力资源和社会保障厅

2017 年 12 月 1 日

浙江省省级及杭州市基本医疗保险按病种付费工作方案(试行)

为贯彻落实《浙江省政府办公厅关于印发浙江省深化医药卫生体制改革 2017 年重点工作任务的通知》(浙政办发〔2017〕54 号)要求,全面推进以按病种付费为主的多元复合式医疗保险支付方式改革,确保年底前完成实施按病种付费病种数量不少于 100 个的目标任务,根据《浙江省人力资源和社会保障厅关于开展基本医疗保险按病种支付方式改革试点的通知》(浙人社发〔2016〕97 号)和浙江省人力资源和社会保障厅等六部门《关于印发进一步深化基本医疗保险支付方式改革实施方案的通知》(浙人社发〔2017〕108 号)等文件精神,制定本工作方案。

一、病种选择和标准

根据临床路径和诊疗规范明确、并发症和合并症相对较少、诊疗技术成熟、医疗质量可控、医疗安全等原则进行筛选,确定将老年性白内障等 107 个病种(以下简称试点病种)及主手术/操作纳入省级及杭州市基本医疗保险按病种付费范围,试点病种支付标准为三级定点医疗机构支付标准(附件 2)。

省级医保经办机构可根据试行情况对试点病种及相关支付标准做适当调整，并报省人力社保行政部门备案。

二、适用对象

浙江省省级及杭州市职工和城乡居民基本医疗保险参保人员，在试点定点医疗机构发生试点病种的住院医疗费用结算，适用本方案，实行按病种付费。

第一批试点医疗机构暂定为杭州市主城区三级公立定点医疗机构（附件1）。省级医保经办机构可根据试行情况扩大试点范围。

三、按病种付费范围

试点病种付费范围包含参保人员住院期间发生的与疾病诊断和治疗相关全部医疗费用，即参保人员入院至接受规范诊疗最终达到临床疗效标准出院，整个过程中所发生的诊断、检查、检验、治疗、手术、麻醉、护理、床位、药品及医用耗材等各项费用，也包含治疗过程中出现的并发症、原有其他疾病必要的检查治疗以及在同一次住院期内以该病种为主手术操作同时附加实施其他手术操作的费用。

参保人员自愿选择单人间、双人间以及特需病房等，其床位费超出医保支付标准部分以及手术中确需使用的CQ、CG类植入性材料费用，不计入按病种付费范围，按原付费方式单独结算。除此之外，定点医疗机构不得向参保人员另收其他医疗费用。

四、结算办法

1. 试点病种进行费用结算时，应由参保人员个人负担的费用（包含个人自费、自付、自理等），按该参保人员实际医疗保险待遇政策结算，应由个人现金支付的，由医疗机构按原程序直接向参保人员收取。

2. 医保经办结算系统自动将主诊断、主手术/操作名称（编码）等符合实行按病种付费规则的基本医疗保险参保人员相关费用纳入按病种付费范围。经办机构按月将定点医疗机构符合按病种付费的相关信息反馈给医疗机构。

3. 医保经办机构对实行按病种付费的病种费用按以下算法与定点医疗机构进行结算：

医保基金支付金额＝（该病种付费定额标准＋该病种住院“CQ、CG类植入性材料”费用＋超标床位费用）－参保人员已支付给医疗机构个人负担的费用。

定点医疗机构每个病种实际发生的单例医疗费高于病种付费标准60%（含）以上的，均按上述算法结算。单例医疗费在病种付费标准60%以下的，该病例按实际发生的医疗费结算。

4. 医保经办机构在与定点医疗机构月结算时，按病种结算费用先按项目付费方式拨付，年终按病种付费定额标准进行清算。医保经办机构按原流程对按病种结算费用审核产生的扣款在年底清算时一并冲还。

5. 按病种结算的费用暂不纳入该定点医疗机构年度总额预算范围。

6. 按病种付费病例的一次住院过程的全部医疗费（包括医疗保险基金支付范围外的自费医疗费），医疗机构应与参保人员一次性结算，不得向参保人员另行收取其他药品、医用材料和诊疗费用；不得将住院手术前诊疗规范所要求的必要检查、用药通过门诊就医方式分解收费；不得通过门诊或其他途径另外收取医疗费用；不得采用让参保人员外购药品、医用材料等方式分解收费；不得减少实际需要的诊疗和出院带药等。

7. 由于定点医疗机构降低医疗服务标准，或让不符合出院指征的参保人员出院（参保人员主动要求出院的除外），引起病情复发，在出院后15天内因同一疾病或相关并发症再次住院治疗的，医保经办机构与医疗机构结算时，再次住院治疗费用不予支付。

五、退出机制

参保人员出现在同一次住院治疗过程中，需要实施试点病种中两个及以上病种主手术/操作，或因合并症、并发症、参保人员病情较重、体质特殊等原因，导致实际发生医疗费用明显偏离病种付费标准等情况的，相关定点医疗机构可向经办机构说明，申请退出按病种付费，仍按医保原付费方式结算。医保经办机构应严格审核，各病种退出率原则上暂控制在15%以内。

六、按病种付费管理

按病种付费实行协议管理，医保经办机构应与相关医疗机构签订定点补充协议，明确病种付费适用范围、就医管理、费用标准、结算方式、违约责任等内容，并对按病种付费费用开展有针对性的审核。经办机构应定期公布各试点医疗机构相关病种总费用和自费费用占比情况。

各市可根据本方案参照执行，同一病种、相同等级医疗机构的付费标准不得超过本方案标准；尚未出台工作方案和测算结果的，可直接按省定病种范围，三级医疗机构付费标准结合当地实际调整，二级医疗机构付费标准一般不得高于本方案标准的85%执行。

本方案自公布之日起施行。

附件：1. 试点定点医疗机构名单
2. 按病种付费病种及支付标准

附件 1

试点定点医疗机构名单

浙江大学医学院附属第一医院

浙江大学医学院附属第二医院

浙江大学医学院附属邵逸夫医院

浙江大学医学院附属妇产科医院

浙江大学医学院附属儿童医院

浙江省人民医院

浙江医院

浙江省肿瘤医院

浙江省省立同德医院

浙江中医药大学附属第一医院（浙江省中医院）

浙江中医药大学附属第二医院（浙江省新华医院）

浙江中医药大学附属第三医院（浙江省中山医院）

解放军第一一七医院

武警浙江省总队杭州医院

温州医科大学附属眼视光医院杭州院区

杭州市第一人民医院

杭州师范大学附属医院

杭州市第三人民医院

杭州市红十字会医院

杭州市西溪医院

杭州市中医院

附件 2

按病种付费病种及支付标准

单位：元

序号	疾病编码	疾病名称	主手术/操作医保编码	主手术/操作医保名称	支付标准	CQ、CG 材料名称
1	H25. 900	老年性白内障	f33040601000	白内障超声乳化摘除术 + 人工晶体植入术	6600	人工晶体
2	H25. 900	老年性白内障	f33040601001	白内障超声乳化摘除 + 人工晶体植入（微切口）	7300	人工晶体
3	H26. 801	混合性白内障（单眼）无单眼	f33040601000	白内障超声乳化吸除 + 人工晶体植入术	6900	人工晶体
4	H26. 801	混合性白内障（单眼）无单眼	f33040601001	白内障超声乳化摘除 + 人工晶体植入（微切口）	8400	人工晶体
5	H33. 001	孔源性视网膜脱离	f33040700400	视网膜脱离修复术	9000	
6	J38. 102	声带息肉	f33070102500	经支撑喉镜声带肿物切除术	7900	
7	K11. 603	舌下腺囊肿	f33060503400	舌下腺切除术	7900	
8	K11. 603	舌下腺囊肿	f33060503401	舌下腺囊肿摘除术	8200	
9	I62. 003	慢性硬膜下血肿	f33020101300	慢性硬膜下血肿钻孔术	33400	
10	C15. 900	食管恶性肿瘤	f33100101100	食管癌根治术	74200	
11	E04. 902	结节性甲状腺肿	f33030000900	甲状腺次全切除术（单侧）	17900	
12	E04. 902	结节性甲状腺肿	f33030000901	甲状腺次全切除术（双侧）	19000	
13	E04. 902	结节性甲状腺肿	f33030001000	甲状腺全切术（单侧）	17400	
14	E04. 902	结节性甲状腺肿	f33030001001	甲状腺全切术（双侧）	23400	
15	D34 . x00	甲状腺良性肿瘤	f33030000800	甲状腺部分切除术（单侧）	17900	
16	D34 . x00	甲状腺良性肿瘤	f33030000801	甲状腺部分切除术（双侧）	19000	
17	D34 . x00	甲状腺良性肿瘤	f33030000900	甲状腺次全切除术（单侧）	17900	
18	D34 . x00	甲状腺良性肿瘤	f33030000901	甲状腺次全切除术（双侧）	19000	
19	C73. x00	甲状腺恶性肿瘤	f33030001100	甲状腺癌根治术（单侧）	20900	
20	C73. x00	甲状腺恶性肿瘤	f33030001101	甲状腺癌根治术（双侧）	24700	
21	C73. x00	甲状腺恶性肿瘤	f33030001300	甲状腺癌根治术联合胸骨劈开上纵隔清扫术	57900	
22	C34. 900	肺恶性肿瘤	f33000000005 + f33070200300	经胸腔镜肺段切除术（单侧）	53700	
23	C34. 900	肺恶性肿瘤	f33000000005 + f33070200600	经胸腔镜肺叶切除术（单侧）	59700	

续 表

序号	疾病编码	疾病名称	主手术/操作医保编码	主手术/操作医保名称	支付标准	CQ、CG 材料名称
24	C34. 900	肺恶性肿瘤	f33070200300	肺段切除术(单侧)	47300	
25	C34. 900	肺恶性肿瘤	f33070200600	肺叶切除术(单侧)	52400	
26	C34. 900	肺恶性肿瘤	f33070200601	肺叶切除术(双侧)	78400	
27	C34. 900	肺恶性肿瘤	f33070200800	全肺切除术	53900	
28	Q83. 100	副乳房	f33160100300	副乳切除术(单侧)	6000	
29	Q83. 100	副乳房	f33160100301	副乳切除术(双侧)	10000	
30	D24. x00	乳腺良性肿瘤	f33160100200	乳腺肿物切除术(单侧)	7100	
31	D24. x00	乳腺良性肿瘤	f33160100201	乳腺肿物切除术(双侧)	10800	
32	C50. 900	乳腺恶性肿瘤	f33160100500	乳腺癌根治术(单侧)	28100	
33	C50. 900	乳腺恶性肿瘤	f33160100501	乳腺癌根治术(双侧)	43000	
34	Q21. 100	房间隔缺损	f33080101700	房间隔缺损修补术	52400	
35	I25. 103	冠状动脉粥样硬化性心脏病	f32050000200	经皮冠状动脉腔内成形术(PTCA)	49900	血管支架
36	I25. 103	冠状动脉粥样硬化性心脏病	f32050000300	经皮冠状动脉支架置入术(STENT)	38900	血管支架
37	C16. 900	胃恶性肿瘤	f33100200402	远端胃大部切除术(胃－空肠 Roux－y 型吻合)	58100	
38	C16. 900	胃恶性肿瘤	f33100200500	胃癌根治术	68100	
39	C16. 900	胃恶性肿瘤	f33100200800	全胃切除术(食道空肠吻合 Roux－y 型或袢式)	75200	
40	C16. 900	胃恶性肿瘤	f33100200801	全胃切除术(食道－十二指肠吻合)	67400	
41	K76. 807	肝囊肿	f33100500500	经腹腔镜肝囊肿切除术	24300	
42	K76. 807	肝囊肿	f33100500601 + f33000000001	肝囊肿开窗切除术 + 腹腔镜手术治疗加收	21800	
43	K80. 200	胆囊结石	f33100600200 + f33000000001	胆囊切除术 + 腹腔镜手术治疗加收	19800	
44	K82. 802	胆囊息肉	f33100600200 + f33000000001	胆囊切除术 + 腹腔镜手术治疗加收	17200	
45	N20. 000	肾结石	f31100001900	经皮肾盂镜取石术	31900	
46	N20. 000	肾结石	f31100002600	经内镜碎石取石术	25400	
47	N20. 000	肾结石	f31100002600 + f31100002601	经内镜碎石取石术(使用钬激光加收)	24300	
48	N28. 101	单纯性肾囊肿	f31100001504	肾囊肿硬化治疗术(单侧)	3700	
49	N28. 101	单纯性肾囊肿	f33110101400	肾囊肿切除术	19600	
50	C64. x00	肾恶性肿瘤	f33000000001 + f33110101000	经腹腔镜根治性肾切除术	47000	

续 表

序号	疾病编码	疾病名称	主手术/操作医保编码	主手术/操作医保名称	支付标准	CQ、CG 材料名称
51	C64. x00	肾恶性肿瘤	f33110101000	根治性肾切除术	40700	
52	N20. 100	输尿管结石	f31100002600	经内镜碎石取石术	22700	
53	N20. 100	输尿管结石	f31100002700/ f31100002800	经膀胱镜输尿管支架置入术/经输尿管镜支架置入术	17900	
54	N20. 100	输尿管结石	f33110200700	输尿管切开取石术	20400	
55	D41. 401	膀胱肿瘤	f33110300300	膀胱部分切除术	25400	
56	D41. 401	膀胱肿瘤	f33110302500	经膀胱镜膀胱电切术	24900	
57	I86. 101	精索静脉曲张	f33120300600	精索静脉曲张高位结扎术(单侧)	6700	
58	I86. 101	精索静脉曲张	f33120300601	精索静脉曲张高位结扎术(双侧)	10100	
59	N40. x00	前列腺增生	f33120100600	经尿道前列腺电切术	23600	
60	N40. x00	前列腺增生	f33120100601	经尿道前列腺汽化术	31600	
61	N40. x00	前列腺增生	f33120100602	经尿道前列腺激光术	25400	
62	C61. x00	前列腺恶性肿瘤	f33120100600	经尿道前列腺电切术	24000	
63	C61. x00	前列腺恶性肿瘤	f33120100601	经尿道前列腺汽化术	49200	
64	C61. x00	前列腺恶性肿瘤	f33120100602	经尿道前列腺激光术	49700	
65	N39. 300	压力性尿失禁	f33110402200	尿道悬吊延长术	16000	
66	N80. 001	子宫腺肌病	f33130301200	子宫次全切除术	16500	
67	N80. 001	子宫腺肌病	f33130301400	腹式全子宫切除术	17900	
68	D25. 900	子宫平滑肌瘤	f33000000001 + f33130301200	经腹腔镜子宫次全切除术	18000	
69	D25. 900	子宫平滑肌瘤	f33000000001 + f33130301300	腹腔镜联合阴式全子宫切除术	24200	
70	D25. 900	子宫平滑肌瘤	f33000000001 + f33130301400	经腹腔镜腹式全子宫切除术	22700	
71	D25. 900	子宫平滑肌瘤	f33130301100	子宫肌瘤剔除术	14200	
72	D25. 900	子宫平滑肌瘤	f33130301100 + f33000000001	经腹腔镜子宫肌瘤剔除术	14800	
73	D25. 900	子宫平滑肌瘤	f33130301200	子宫次全切除术	17800	
74	D25. 900	子宫平滑肌瘤	f33130301300	阴式全子宫切除术	14100	
75	D25. 900	子宫平滑肌瘤	f33130301400	腹式全子宫切除术	18000	
76	D25. 900	子宫平滑肌瘤	f33130301800	经腹阴道联合子宫切除术	20800	
77	D25. 900	子宫平滑肌瘤	f33130600800	经宫腔镜子宫肌瘤切除术	10500	
78	D27. x00	卵巢良性肿瘤	f33000000001 + f33130100200	经腹腔镜卵巢囊肿(赘生物)剔除术(单侧)	13100	
79	D27. x00	卵巢良性肿瘤	f33000000001 + f33130100500	经腹腔镜卵巢切除术(单侧)	17000	

续 表

序号	疾病编码	疾病名称	主手术/操作医保编码	主手术/操作医保名称	支付标准	CQ、CG材料名称
80	D27. x00	卵巢良性肿瘤	f33130100200	卵巢囊肿(赘生物)剔除术(单侧)	13400	
81	D27. x00	卵巢良性肿瘤	f33130100201	卵巢囊肿(赘生物)剔除术(双侧)	16400	
82	D27. x00	卵巢良性肿瘤	f33130100500	卵巢切除术(单侧)	16300	
83	D27. x00	卵巢良性肿瘤	f33130100501	卵巢切除术(双侧)	26200	
84	N84. 001	子宫内膜息肉	f33130300101 + f33000000002	子宫内膜息肉或赘生物切除术 + 宫腔镜手术治疗加收	5500	
85	N87. 901	宫颈上皮内肿瘤	f33130300400	宫颈锥形切除术	7400	
86	N87. 901	宫颈上皮内肿瘤	f33130300500	宫颈环形电切术	2900	
87	C53. 900	宫颈恶性肿瘤	f33000000001 + f33130301700	经腹腔镜广泛子宫切除术 + 盆腹腔淋巴结清除术	34400	
88	C53. 900	宫颈恶性肿瘤	f33130301700	广泛性子宫切除 + 盆腹腔淋巴结清除术	36100	
89	K35. 900	急性阑尾炎	f33000000001 + f33100302200	经腹腔镜阑尾切除术	15600	
90	K35. 900	急性阑尾炎	f33100302200	阑尾切除术	13200	
91	K63. 500	结肠息肉	f31090300900	经内镜结肠治疗	7800	
92	K40. 900	腹股沟疝	f33100800100	腹股沟疝修补术	13800	
93	K40. 900	腹股沟疝	f33100800300	充填式无张力疝修补术	18900	
94	C18. 900	结肠恶性肿瘤	f33000000001 + f33100302000	经腹腔镜结肠癌根治术	75500	
95	C18. 900	结肠恶性肿瘤	f33100302000	结肠癌根治术	65400	
96	K60. 200	肛裂	f33100402001	肛裂切除术	8800	
97	K61. 001	肛周脓肿	f33100400900	直肠肛门周围脓肿切开排脓术	9300	
98	I84. 201	混合痔	f33100401800	直肠粘膜环切术(PPH)	11000	
99	I84. 201	混合痔	f33100402005	肛周痔切除或套扎术	10300	
100	I84. 201	混合痔	f46000000600	环状混合痔切除术	8400	
101	I84. 201	混合痔	f46000000700	混合痔外剥内扎术	7000	
102	S72. 000	股骨颈骨折	f33150700500	人工全髋关节置换术	29700	人工全髋关节及配件
103	I83. 900	下肢静脉曲张	f33080406200	大隐静脉高位结扎 + 剥脱术(单侧)	11800	
104	I83. 900	下肢静脉曲张	f33080406201	大隐静脉高位结扎 + 剥脱术(双侧)	12300	
105	I83. 900	下肢静脉曲张	f33080406202	小隐静脉曲张结扎 + 剥脱术(单侧)	10700	
106	M67. 400	腱鞘囊肿	f33152101700	腱鞘囊肿切除术	3800	
107	M91210/0	海绵状血管瘤	f33160200600	海绵状血管瘤切除术(中)	7500	

浙江省人力资源和社会保障厅等3部门关于失业保险政策城乡一体化有关问题的通知

浙人社发〔2017〕142号

各市、县(市、区)人力资源和社会保障局、财政局、地方税务局,嘉兴市社会保障事务局:

为贯彻落实《浙江省人民政府关于做好当前和今后一段时期就业创业工作的实施意见》(浙政发〔2017〕41号),自2018年1月1日起统一城乡失业保险政策,农民合同制职工与城镇职工同等参保缴费,同等享受失业保险待遇。现就有关问题通知如下:

一、关于个人失业保险缴费基数和费率

从2018年1月1日起,本省行政区域内依法应当参加失业保险的农民合同制职工与城镇职工同等参保缴费,即职工个人不分户籍统一按照本人工资的0.5%缴纳失业保险费。

二、关于失业保险待遇及申领

从2018年1月1日起,农民合同制职工失业后与城镇职工同等程序申领并享受失业保险待遇。农民合同制职工一次性生活补助停止执行。

农民合同制职工自解除或者终止劳动关系之日起60日内,持单位出具的解除或者终止劳动关系证明,按规定办理失业登记和失业保险金申领手续。符合失业保险金申领条件的,按规定享受失业保险金、基本医疗保险费、生育补助金、丧葬补助金和抚恤金,以及职业培训和职业介绍等促进再就业补贴。

农民合同制职工领取失业保险金期间,应当参加职业培训,开展求职活动,并按月到经办机构接受失业状态确认和就业指导。

三、关于领取失业保险金期限计算

城乡政策统一前,农民合同制职工本人不缴纳失业保险费,单位为其缴纳失业保险费的时间按50%计算为城乡政策统一后单位和个人的共同缴费时间,余数不满1个月的,按1个月计算,与以后的实际缴费时间累计计算领取失业保险金期限。领取失业保险金期限最长不超过24个月。折算或累计后缴费时间不满1年的,不领取失业保险金。

四、关于参加职工基本医疗保险

农民合同制职工领取失业保险金期间,参加职工基本医疗保险,应当缴纳的基本医疗保险费,从失业保险基金中支付,个人不缴纳基本医疗保险费。各地不得以户籍、地域限制其参加当地职工基本医疗保险。

五、关于失业保险关系转移

农民合同制职工跨统筹地区就业的,应及时办理失业保险关系转移接续手续。其转出前后的缴费年限按规定折算后累计计算,相关失业保险费用不需转移。

符合领取失业保险金条件的农民合同制职工可以选择在原用人单位所在地或者户籍所在地享受失业保险待遇。选择户籍所在地享受失

业保险待遇,跨统筹地区流动的,失业保险关系随本人转移。省内转移的,不转移失业保险费用,转出前后的缴费年限按规定折算后累计计算失业保险待遇。跨省、自治区、直辖市转移的,其享受失业保险待遇所需费用同失业保险关系一并划转至迁入地,转移资金为剩余应享受的失业保险金总额的150%(含基本医疗保险费、职业培训、职业介绍补贴等所需资金)。

浙江省人力资源和社会保障厅

浙江省财政厅

浙江省地方税务局

2017年12月21日

浙江省人力资源和社会保障厅转发人力资源社会保障部关于公布国家职业资格目录的通知

浙人社发〔2017〕146 号

各市、县(市、区)人民政府,省政府直属各单位:

经省政府同意,现将《人力资源社会保障部关于公布国家职业资格目录的通知》(人社部发〔2017〕68 号)转发给你们,并就有关事项通知如下:

一、严格落实国家职业资格目录。建立国家职业资格目录是推进"放管服"改革和深化政府审批制度改革的重要内容,也是我省加快推进"最多跑一次"改革的重要任务。各地各部门要提高认识,严格实施国家职业资格目录管理,目录之外一律不得许可和认定开展职业资格,目录之内除准入类职业资格外一律不得与就业创业挂钩。不得违规变相开展与准入、上岗、门槛条件等相挂钩的考试、鉴定、培训、发证活动;行业协会、学会等社会组织和企事业单位依据市场需要自行开展能力水平评价活动,不得变相开展资格资质许可和认定。

二、加强对国家职业资格设置实施的监管。省里将建立常态化的监督机制,把职业资格设置实施情况作为重点督查内容,对资格设置、考试组织、注册管理等进行专门督查,对违法违规设置实施的职业资格事项,发现一起、查处一起。建立健全专业技术资格考试协调工作机制,考试机构要加强职业资格考试组织管理,严格考风考纪,确保考试安全。行业主管部门要强化职业资格注册管理,把继续教育、诚信记录、执业活动等纳入注册管理。

三、做好目录公布后续衔接工作。各地各部门要分类妥善处理好相关问题,对专业技术人员职业资格,部分职业资格取消后,原取得的资格仍可以作为具有相应专业技术能力和水平的凭证和聘任相应专业技术职务的依据;未进入职业资格目录的职业可以通过职称制度进行评价。对技能人员职业资格,取消前取得的职业资格证书,仍可作为技能水平能力的证明。各地各部门要严格按照人社部有关规定做好后续工作,确保平稳过渡,社会稳定。

浙江省人力资源和社会保障厅

2017 年 12 月 28 日

人力资源社会保障部关于公布国家职业资格目录的通知

人社部发〔2017〕68号

各省、自治区、直辖市人民政府,国务院各部委、各直属机构:

根据国务院推进简政放权、放管结合、优化服务改革部署,为进一步加强职业资格设置实施的监管和服务,人力资源社会保障部研究制定了《国家职业资格目录》,经国务院同意,现予以公布。

建立国家职业资格目录是转变政府职能、深化行政审批制度和人才发展体制机制改革的重要内容,是推动大众创业、万众创新的重要举措。建立公开、科学、规范的职业资格目录,有利于明确政府管理的职业资格范围,解决职业资格过多过滥问题,降低就业创业门槛;有利于进一步清理违规考试、鉴定、培训、发证等活动,减轻人才负担,对于提高职业资格设置管理的科学化、规范化水平,持续激发市场主体创造活力,推进供给侧结构性改革具有重要意义。

国家按照规定的条件和程序将职业资格纳入国家职业资格目录,实行清单式管理,目录之外一律不得许可和认定职业资格,目录之内除准入类职业资格外一律不得与就业创业挂钩;目录接受社会监督,保持相对稳定,实行动态调整。设置准入类职业资格,其所涉职业(工种)必须关系公共利益或涉及国家安全、公共安全、人身健康、生命财产安全,且必须有法律法规或国务院决定作为依据;设置水平评价类职业资格,其所涉职业(工种)应具有较强的专业性和社会通用性,技术技能要求较高,行业管理和人才队伍建设确实需要。今后职业资格设置、取消及纳入、退出目录,须由人力资源社会保障部会同国务院有关部门组织专家进行评估论证、新设职业资格应当遵守《国务院关于严格控制新设行政许可的通知》(国发〔2013〕39号)规定并广泛听取社会意见后,按程序报经国务院批准。人力资源社会保障部门要加强监督管理,各地区、各部门未经批准不得在目录之外自行设置国家职业资格,严禁在目录之外开展职业资格许可和认定工作,坚决防止已取消的职业资格"死灰复燃",对违法违规设置实施的职业资格事项,发现一起、严肃查处一起。行业协会、学会等社会组织和企事业单位依据市场需要自行开展能力水平评价活动,不得变相开展资格资质许可和认定,证书不得使用"中华人民共和国"、"中国"、"中华"、"国家"、"全国"、"职业资格"或"人员资格"等字样和国徽标志。对资格资质持有人因不具备应有职业水平导致重大过失的,负责许可认定的单位也要承担相应责任。

推行国家职业资格目录管理是一项既重要又复杂的系统性工作,各地区、各部门务必高度重视,周密部署,精心组织,搞好衔接,确保职业资格目录顺利实施,相关工作平稳过渡。要不断巩固和拓展职业资格改革成效,为各类人才和用人单位提供优质服务,为促进经济社会持续健康发展作出更大贡献。

附件:国家职业资格目录(共计140项)

人力资源社会保障部

2017年9月12日

国家职业资格目录(共计 140 项)

一、专业技术人员职业资格

(共计 59 项。其中准入类 36 项,水平评价类 23 项)

序号	职业资格名称	实施部门(单位)	资格类别	设定依据	备注
1	教师资格	教育部	准入类	《中华人民共和国教师法》 《教师资格条例》(国务院令第 188 号) 《〈教师资格条例〉实施办法》(教育部令 2000 年第 10 号)	
2	注册消防工程师	公安部、人力资源社会保障部	准入类	《中华人民共和国消防法》 《注册消防工程师制度暂行规定》(人社部发〔2012〕56 号)	
3	法律职业资格	司法部	准入类	《中华人民共和国律师法》 《中华人民共和国法官法》 《中华人民共和国检察官法》 《中华人民共和国公证法》	
4	中国委托公证人资格(香港、澳门)	司法部	准入类	《国务院对确需保留的行政审批项目设定行政许可的决定》(国务院令第 412 号)	
5	注册会计师	财政部	准入类	《中华人民共和国注册会计师法》	
6	民用核安全设备无损检验人员资格	环境保护部	准入类	《民用核安全设备监督管理条例》(国务院令第 500 号)	
7	民用核设施操纵人员资格	环境保护部、国家能源局	准入类	《中华人民共和国民用核设施安全监督管理条例》	
8	注册核安全工程师	环境保护部、人力资源社会保障部	准入类	《中华人民共和国放射性污染防治法》 《注册核安全工程师执业资格制度暂行规定》(人发〔2002〕106 号)	
9	注册建筑师	全国注册建筑师管理委员会及省级注册建筑师管理委员会	准入类	《中华人民共和国建筑法》 《中华人民共和国注册建筑师条例》(国务院令第 184 号) 《关于建立注册建筑师制度及有关工作的通知》(建设〔1994〕第 598 号) 《国务院关于修改〈建设工程勘察设计管理条例〉的决定》(国务院令第 662 号)	

续 表

序号	职业资格名称		实施部门(单位)	资格类别	设定依据	备注
10	监理工程师		住房城乡建设部、交通运输部、水利部、人力资源社会保障部	准入类	《中华人民共和国建筑法》 《建设工程质量管理条例》(国务院令第279号) 《注册监理工程师管理规定》(建设部令2006年第147号) 《公路水运工程监理企业资质管理规定》(交通运输部令2015年第4号)	
11	房地产估价师		住房城乡建设部、国土资源部、人力资源社会保障部	准入类	《中华人民共和国城市房地产管理法》 《房地产估价师执业资格制度暂行规定》(建房〔1995〕147号)	
12	造价工程师		住房城乡建设部、交通运输部、水利部、人力资源社会保障部	准入类	《中华人民共和国建筑法》 《造价工程师执业资格制度暂行规定》(人发〔1996〕77号)	
13	注册城乡规划师		住房城乡建设部、人力资源社会保障部、中国城市规划协会	准入类	《中华人民共和国城乡规划法》 《注册城乡规划师职业资格制度规定》(人社部规〔2017〕6号)	
14	建造师		住房城乡建设部、人力资源社会保障部	准入类	《中华人民共和国建筑法》 《注册建造师管理规定》(建设部令2006年第153号) 《建造师执业资格制度暂行规定》(人发〔2002〕111号)	
15	勘察设计注册工程师	注册结构工程师	住房城乡建设部、人力资源社会保障部	准入类	《中华人民共和国建筑法》 《国务院关于修改〈建设工程勘察设计管理条例〉的决定》(国务院令第662号) 《勘察设计注册工程师管理规定》(建设部令2005年第137号) 《注册结构工程师执业资格制度暂行规定》(建设〔1997〕222号)	
		注册土木工程师	住房城乡建设部、交通运输部、水利部、人力资源社会保障部		《中华人民共和国建筑法》 《国务院关于修改〈建设工程勘察设计管理条例〉的决定》(国务院令第662号) 《勘察设计注册工程师管理规定》(建设部令2005年第137号) 《注册土木工程师(岩土)执业资格制度暂行规定》(人发〔2002〕35号) 《注册土木工程师(水利水电工程)制度暂行规定》(国人部发〔2005〕58号) 《注册土木工程师(港口与航道工程)执业资格制度暂行规定》(人发〔2003〕27号) 《勘察设计注册土木工程师(道路工程)制度暂行规定》(国人部发〔2007〕18号)	
		注册化工工程师	住房城乡建设部、人力资源社会保障部		《中华人民共和国建筑法》 《国务院关于修改〈建设工程勘察设计管理条例〉的决定》(国务院令第662号) 《勘察设计注册工程师管理规定》(建设部令2005年第137号) 《注册化工工程师执业资格制度暂行规定》(人发〔2003〕26号)	
		注册电气工程师			《中华人民共和国建筑法》 《国务院关于修改〈建设工程勘察设计管理条例〉的决定》(国务院令第662号) 《勘察设计注册工程师管理规定》(建设部令2005年第137号) 《注册电气工程师执业资格制度暂行规定》(人发〔2003〕25号)	

续 表

序号	职业资格名称		实施部门(单位)	资格类别	设定依据	备注
15	勘察设计注册工程师	注册公用设备工程师	住房城乡建设部、人力资源社会保障部	准入类	《中华人民共和国建筑法》 《国务院关于修改〈建设工程勘察设计管理条例〉的决定》(国务院令第662号) 《勘察设计注册工程师管理规定》(建设部令2005年第137号) 《注册公用设备工程师执业资格制度暂行规定》(人发〔2003〕24号)	
		注册环保工程师	住房城乡建设部、环境保护部、人力资源社会保障部		《中华人民共和国建筑法》 《国务院关于修改〈建设工程勘察设计管理条例〉的决定》(国务院令第662号) 《勘察设计注册工程师管理规定》(建设部令2005年第137号) 《注册环保工程师制度暂行规定》(国人部发〔2005〕56号)	
		注册石油天然气工程师	住房城乡建设部、人力资源社会保障部		《中华人民共和国建筑法》 《国务院关于修改〈建设工程勘察设计管理条例〉的决定》(国务院令第662号) 《勘察设计注册工程师管理规定》(建设部令2005年第137号) 《勘察设计注册石油天然气工程师制度暂行规定》(国人部发〔2005〕84号)	
		注册冶金工程师			《中华人民共和国建筑法》 《国务院关于修改〈建设工程勘察设计管理条例〉的决定》(国务院令第662号) 《勘察设计注册工程师管理规定》(建设部令2005年第137号) 《勘察设计注册冶金工程师制度暂行规定》(国人部发〔2005〕85号)	
		注册采矿/矿物工程师			《中华人民共和国建筑法》 《国务院关于修改〈建设工程勘察设计管理条例〉的决定》(国务院令第662号) 《勘察设计注册工程师管理规定》(建设部令2005年第137号) 《勘察设计注册采矿/矿物工程师制度暂行规定>》(国人部发〔2005〕86号)	
		注册机械工程师			《中华人民共和国建筑法》 《国务院关于修改〈建设工程勘察设计管理条例〉的决定》(国务院令第662号) 《勘察设计注册工程师管理规定》(建设部令2005年第137号) 《勘察设计注册机械工程师制度暂行规定》(国人部发〔2005〕87号)	
16	注册验船师		交通运输部、农业部、人力资源社会保障部	准入类	《中华人民共和国船舶和海上设施检验条例》(国务院令第109号) 《中华人民共和国渔业船舶检验条例》(国务院令第383号) 《注册验船师制度暂行规定》(国人部发〔2006〕8号)	
17	船员资格(含船员、渔业船员)		交通运输部、农业部	准入类	《中华人民共和国海上交通安全法》 《中华人民共和国船员条例》(国务院令第494号) 《中华人民共和国内河交通安全管理条例》(国务院令第355号) 《中华人民共和国渔港水域交通安全管理条例》(国务院令第38号)	
18	兽医资格	执业兽医	农业部	准入类	《中华人民共和国动物防疫法》	
		乡村兽医			《中华人民共和国动物防疫法》 《乡村兽医管理办法》(农业部令2008年第17号)	

续 表

序号	职业资格名称	实施部门(单位)	资格类别	设定依据	备注
19	拍卖师	中国拍卖行业协会	准入类	《中华人民共和国拍卖法》	
20	演出经纪人员资格	文化部	准入类	《国务院关于修改〈营业性演出管理条例〉的决定》(国务院令第528号) 《营业性演出管理条例实施细则》(文化部令2009年第47号)	
21	医生资格：医师	国家卫生计生委	准入类	《中华人民共和国执业医师法》	
	医生资格：乡村医生			《乡村医生从业管理条例》(国务院令第386号)	
	医生资格：人体器官移植医师			《中华人民共和国执业医师法》 《人体器官移植条例》(国务院令第491号) 《关于对人体器官移植技术临床应用规划及拟批准开展人体器官移植医疗机构和医师开展审定工作的通知》(卫办医发〔2007〕38号) 《国务院关于取消和调整一批行政审批项目等事项的决定》(国发〔2014〕27号)	
22	护士执业资格	国家卫生计生委、人力资源社会保障部	准入类	《护士条例》(国务院令第517号) 《护士执业资格考试办法》(卫生部、人力资源社会保障部令2010年第74号)	
23	母婴保健技术服务人员资格	国家卫生计生委	准入类	《中华人民共和国母婴保健法》	
24	出入境检疫处理人员资格	质检总局	准入类	《中华人民共和国进出境动植物检疫法实施条例》(国务院令第206号)	
25	注册设备监理师	质检总局、人力资源社会保障部	准入类	《国务院对确需保留的行政审批项目设定行政许可的决定》(国务院令第412号) 《注册设备监理师执业资格制度暂行规定》(国人部发〔2003〕40号)	
26	注册计量师	质检总局、人力资源社会保障部	准入类	《中华人民共和国计量法》 《注册计量师制度暂行规定》(国人部发〔2006〕40号)	
27	广播电视播音员、主持人资格	新闻出版广电总局	准入类	《国务院对确需保留的行政审批项目设定行政许可的决定》(国务院令第412号)	
28	新闻记者职业资格	新闻出版广电总局	准入类	《国务院对确需保留的行政审批项目设定行政许可的决定》(国务院令第412号) 《新闻记者证管理办法》(新闻出版总署令2009年第44号)	
29	注册安全工程师	安全监管总局、人力资源社会保障部	准入类	《中华人民共和国安全生产法》 《注册安全工程师执业资格制度暂行规定》(人发〔2002〕87号)	
30	执业药师	食品药品监管总局、人力资源社会保障部	准入类	《中华人民共和国药品管理法》 《中华人民共和国药品管理法实施条例》(国务院令第360号) 《药品经营质量管理规范》(国家食品药品监督管理总局令2016年第28号) 《执业药师资格制度暂行规定》(人发〔1999〕34号)	
31	专利代理人	国家知识产权局	准入类	《专利代理条例》(国务院令第76号)	

续　表

序号	职业资格名称	实施部门(单位)	资格类别	设定依据	备注
32	导游资格	国家旅游局	准入类	《中华人民共和国旅游法》 《导游人员管理条例》(国务院令第263号)	
33	注册测绘师	国家测绘地信局、人力资源社会保障部	准入类	《中华人民共和国测绘法》 《注册测绘师制度暂行规定》(国人部发〔2007〕14号)	
34	航空人员资格：空勤人员、地面人员	中国民航局	准入类	《中华人民共和国民用航空法》	
	航空人员资格：民用航空器外国驾驶员、领航员、飞行机械员、飞行通信员			《国务院对确需保留的行政审批项目设定行政许可的决定》(国务院令第412号)	
	航空人员资格：航空安全员			《国务院对确需保留的行政审批项目设定行政许可的决定》(国务院令第412号)	
	航空人员资格：民用航空电信人员、航行情报人员、气象人员			《国务院对确需保留的行政审批项目设定行政许可的决定》(国务院令第412号)	
35	会计从业资格	财政部	准入类	《中华人民共和国会计法》 《会计从业资格管理办法》(财政部令2012年第73号)	现已进入修法程序，视相关法律修订情况依法作出调整
36	特种设备检验、检测人员资格认定	质检总局	准入类	《中华人民共和国特种设备安全法》	
37	工程咨询(投资)专业技术人员职业资格	国家发展改革委、人力资源社会保障部、中国工程咨询协会	水平评价类	《工程咨询(投资)专业技术人员职业资格制度暂行规定》(人社部发〔2015〕64号)	
38	通信专业技术人员职业资格	工业和信息化部、人力资源社会保障部	水平评价类	《中华人民共和国电信条例》(国务院令第291号) 《通信专业技术人员职业水平评价暂行规定》(国人部发〔2006〕10号)	
39	计算机技术与软件专业技术资格	工业和信息化部、人力资源社会保障部	水平评价类	《计算机技术与软件专业技术资格(水平)考试暂行规定》(国人部发〔2003〕39号)	
40	社会工作者职业资格	民政部、人力资源社会保障部	水平评价类	《国家中长期人才发展规划纲要(2010－2020年)》(中发〔2010〕6号) 《关于加强社会工作专业人才队伍建设的意见》(中组发〔2011〕25号) 《社会工作者职业水平评价暂行规定》(国人部发〔2006〕71号)	

续　表

序号	职业资格名称	实施部门(单位)	资格类别	设定依据	备注
41	会计专业技术资格	财政部、人力资源社会保障部	水平评价类	《中华人民共和国会计法》 《会计专业职务试行条例》(职改字〔1986〕第55号) 《会计专业技术资格考试暂行规定》(财会〔2000〕11号)	
42	资产评估师	财政部、人力资源社会保障部、中国资产评估协会	水平评价类	《中华人民共和国资产评估法》 《资产评估师职业资格制度暂行规定》(人社部规〔2017〕7号)	
43	经济专业技术资格	人力资源社会保障部	水平评价类	《经济专业人员职务试行条例》(职改字〔1986〕第74号) 《经济专业技术资格考试暂行规定》(人职发〔1993〕1号)	
44	土地登记代理专业人员职业资格	国土资源部、人力资源社会保障部、中国土地估价师与土地登记代理人协会	水平评价类	《不动产登记暂行条例》(国务院令第656号) 《土地登记代理专业人员职业资格制度暂行规定》(人社部发〔2015〕66号)	
45	环境影响评价工程师	环境保护部、人力资源社会保障部	水平评价类	《建设项目环境保护管理条例》(国务院令第253号) 《环境影响评价工程师职业资格制度暂行规定》(国人部发〔2004〕13号)	
46	房地产经纪专业人员职业资格	住房城乡建设部、人力资源社会保障部、中国房地产估价师与房地产经纪人学会	水平评价类	《中华人民共和国城市房地产管理法》 《房地产经纪专业人员职业资格制度暂行规定》(人社部发〔2015〕47号)	
47	机动车检测维修专业技术人员职业资格	交通运输部、人力资源社会保障部	水平评价类	《中华人民共和国道路运输条例》(国务院令第406号) 《机动车检测维修专业技术人员职业水平评价暂行规定》(国人部发〔2006〕51号)	
48	公路水运工程试验检测专业技术人员职业资格	交通运输部、人力资源社会保障部	水平评价类	《建设工程质量管理条例》(国务院令第279号) 《公路水运工程试验检测专业技术人员职业资格制度规定》(人社部发〔2015〕59号)	
49	水利工程质量检测员资格	水利部、中国水利工程协会	水平评价类	《建设工程质量管理条例》(国务院令第279号) 《水利工程质量检测管理规定》(水利部令2008年第36号)	
50	卫生专业技术资格	国家卫生计生委、人力资源社会保障部	水平评价类	《卫生技术人员职务试行条例》(职改字〔1986〕第20号) 《关于加强卫生专业技术职务评聘工作的通知》(人发〔2000〕114号) 《临床医学专业技术资格考试暂行规定》(卫人发〔2000〕462号) 《预防医学、全科医学、药学、护理、其他卫生技术等专业技术资格考试暂行规定》(卫人发〔2001〕164号)	
51	审计专业技术资格	审计署、人力资源社会保障部	水平评价类	《中华人民共和国审计法》 《中华人民共和国审计法实施条例》(国务院令第571号) 《审计专业技术初、中级资格考试规定》(审人发〔2003〕4号) 《高级审计师评价办法(试行)》(人发〔2002〕58号)	

续 表

序号	职业资格名称	实施部门(单位)	资格类别	设定依据	备注
52	税务师	税务总局、人力资源社会保障部、中国注册税务师协会	水平评价类	《中华人民共和国税收征收管理法》 《税务师职业资格制度暂行规定》(人社部发〔2015〕90 号)	
53	认证人员职业资格	质检总局	水平评价类	《中华人民共和国认证认可条例》(国务院令第 390 号)	
54	出版专业技术人员职业资格	新闻出版广电总局、人力资源社会保障部	水平评价类	《国务院关于修改〈出版管理条例〉的决定》(国务院令第 594 号) 《国务院关于修改〈音像制品管理条例〉的决定》(国务院令第 595 号) 《出版专业人员职务试行条例》(职改字〔1986〕第 41 号) 《出版专业技术人员职业资格考试暂行规定》(人发〔2001〕86 号)	
55	统计专业技术资格	国家统计局、人力资源社会保障部	水平评价类	《统计专业职务试行条例》(职改字〔1986〕第 57 号) 《统计专业技术资格考试暂行规定》(国统字〔1995〕46 号) 《关于印发高级统计师资格评价办法(试行)的通知》(人社部发〔2011〕90 号)	
56	银行业专业人员职业资格	银监会、人力资源社会保障部、中国银行业协会	水平评价类	《银行业专业人员职业资格制度暂行规定》(人社部发〔2013〕101 号)	
57	证券期货业从业人员资格	证监会	水平评价类	《中华人民共和国证券法》 《期货交易管理条例》(国务院令第 489 号)	
58	文物保护工程从业资格	国家文物局	水平评价类	《中华人民共和国文物保护法实施条例》(国务院令第 377 号) 《文物保护工程管理办法》(文化部令 2003 年第 26 号) 《文物保护工程勘察设计资质管理办法(试行)》《文物保护工程施工资质管理办法(试行)》《文物保护工程监理资质管理办法(试行)》(文物保发〔2014〕13 号)	
59	翻译专业资格	中国外文局、人力资源社会保障部	水平评价类	《翻译专业职务试行条例》(职改字〔1986〕第 54 号) 《翻译专业资格(水平)考试暂行规定》(人发〔2003〕21 号)	

二、技能人员职业资格

（共计 81 项。其中准入类 5 项，水平评价类 76 项）

序号	职业资格名称		实施部门（单位）	资格类别	设定依据	备注
1	消防设施操作员		消防行业技能鉴定机构	准入类	《中华人民共和国消防法》	
2	焊工		人社部门技能鉴定机构	准入类	《中华人民共和国消防法》	
			环境保护部（民用核安全设备焊工、焊接操作工）		《民用核安全设备监督管理条例》（国务院令第 500 号） 《国务院对确需保留的行政审批项目设定行政许可的决定》（国务院令第 412 号） 《国务院关于修改部分行政法规的决定》（国务院令第 666 号）	
3	家畜繁殖员		农业行业技能鉴定机构	准入类	《中华人民共和国畜牧法》	
4	健身和娱乐场所服务人员	游泳救生员	体育行业技能鉴定机构	准入类	《全民健身条例》（国务院令第 560 号公布，国务院令第 638 号、第 666 号修订）	
		社会体育指导员（游泳、滑雪、潜水、攀岩）			《全民健身条例》（国务院令第 560 号公布，国务院令第 638 号、第 666 号修订） 《第一批高危险性体育项目目录公告》（国家体育总局公告第 16 号）	除游泳、滑雪、潜水、攀岩等高危险性体育项目外的社会体育指导员，为水平评价类。
5	轨道交通运输服务人员	轨道列车司机	交通运输行业技能鉴定机构	准入类	《铁路安全管理条例》（国务院令第 639 号） 《关于印发客车检车员等 10 个国家职业标准的通知》（劳社厅发〔2005〕11 号） 《关于印发第十九批矿山救护工等 22 个国家职业标准的通知》（劳社厅发〔2008〕6 号）	
			国家铁路局（铁路机车车辆驾驶人员）			
6	机械设备修理人员	设备点检员	冶金行业技能鉴定机构	水平评价类	《关于印发船舶管系工等 42 个国家职业技能标准的通知》（人社厅发〔2009〕66 号）	
		电工	安全生产监督管理部门相关机构、人社部门技能鉴定机构		《关于印发船舶管系工等 42 个国家职业技能标准的通知》（人社厅发〔2009〕66 号）	
		锅炉设备检修工	电力行业技能鉴定机构		《关于印发第十五批模具设计师等 65 个国家职业标准的通知》（劳社厅发〔2006〕33 号）	
		变电设备检修工			《关于印发防腐蚀工等 22 个国家职业标准的通知》（劳社厅发〔2001〕3 号）	

续　表

序号	职业资格名称		实施部门(单位)	资格类别	设定依据	备注
6	机械设备修理人员	工程机械维修工	机械行业技能鉴定机构	水平评价类	《关于印发平版制版工等23个国家职业技能标准的通知》(人社厅发〔2010〕39号)	
7	通用工程机械操作人员	起重装卸机械操作工	交通运输行业技能鉴定机构、人社部门技能鉴定机构	水平评价类	《关于印发列车值班员等65个国家职业(工种)标准的通知》(劳社厅发〔2007〕14号)	
8	建筑安装施工人员	电梯安装维修工	人社部门技能鉴定机构会同有关行业协会	水平评价类	《关于印发防腐蚀工等22个国家职业标准的通知》(劳社厅发〔2001〕3号)	
		制冷空调系统安装维修工			《关于印发第八批林木种苗工等65个国家职业标准的通知》(劳社厅发〔2004〕1号)	
9	土木工程建筑施工人员	筑路工	交通运输行业技能鉴定机构、住房城乡建设部门相关机构	水平评价类	《关于印发汽车运输调度员等8个国家职业标准的通知》(劳社厅发〔2007〕27号)	
		桥隧工			《关于印发客车检车员等10个国家职业标准的通知》(劳社厅发〔2005〕11号)	
		防水工	住房城乡建设部门相关机构、人社部门技能鉴定机构		《关于印发手工木工等8个国家职业技能标准的通知》(人社厅发〔2011〕129号)	
		电力电缆安装运维工	电力行业技能鉴定机构		《关于印发第十五批模具设计师等65个国家职业标准的通知》(劳社厅发〔2006〕33号)	
10	房屋建筑施工人员	砌筑工、混凝土工、钢筋工、架子工	住房城乡建设部门相关机构、人社部门技能鉴定机构	水平评价类	《关于印发手工木工等8个国家职业技能标准的通知》(人社厅发〔2011〕129号)	
11	水生产、输排和水处理人员	水生产处理工	化工、电力行业技能鉴定机构、住房城乡建设部门相关机构	水平评价类	《关于印发养老护理员等四个国家职业技能标准的通知》(人社厅发〔2011〕104号)	
		工业废水处理工	化工行业技能鉴定机构		《关于印发紧急救助员等6个国家职业技能标准的通知》(人社厅发〔2012〕54号)	
12	气体生产、处理和输送人员	工业气体生产工	化工行业技能鉴定机构	水平评价类	《关于印发第十批玩具设计师等68个国家职业标准的通知》(劳社厅发〔2005〕1号)	
		工业废气治理工	化工、电力行业技能鉴定机构		《关于印发紧急救助员等6个国家职业技能标准的通知》(人社厅发〔2012〕54号)	
		压缩机操作工	化工、煤炭行业技能鉴定机构		《关于印发第十批玩具设计师等68个国家职业标准的通知》(劳社厅发〔2005〕1号)	

续 表

序号	职业资格名称		实施部门(单位)	资格类别	设定依据	备注
13	电力、热力生产和供应人员	锅炉运行值班员、发电集控值班员、变配电运行值班员、继电保护员	电力行业技能鉴定机构	水平评价类	《关于印发第十五批模具设计师等65个国家职业标准的通知》(劳社厅发〔2006〕33号)	
		燃气轮机值班员			《关于印发船舶管系工等42个国家职业技能标准的通知》(人社厅发〔2009〕66号)	
		锅炉操作工	人社部门技能鉴定机构会同有关行业协会		《关于印发组合机床操作工等28个国家职业标准的通知》(劳社厅发〔2000〕14号)	
14	仪器仪表装配人员	钟表及计时仪器制造工	轻工行业技能鉴定机构	水平评价类	《关于印发第十批玩具设计师等68个国家职业标准的通知》(劳社厅发〔2005〕1号)	
15	电子设备装配调试人员	广电和通信设备电子装接工、广电和通信设备调试工	电子通信行业技能鉴定机构	水平评价类	《关于印发液晶显示器件制造工等10个国家职业标准的通知》(劳社厅发〔2005〕2号)	
16	计算机制造人员	计算机及外部设备装配调试员	电子通信行业技能鉴定机构	水平评价类	《关于印发液晶显示器件制造工等10个国家职业标准的通知》(劳社厅发〔2005〕2号)	
17	电子器件制造人员	液晶显示器件制造工	电子通信行业技能鉴定机构	水平评价类	《关于印发通信设备检验员和液晶显示器件制造工国家职业技能标准的通知》(人社厅发〔2011〕35号)	
		半导体芯片制造工、半导体分立器件和集成电路装调工			《关于印发半导体芯片制造工等13个国家职业标准的通知》(劳社厅发〔2003〕2号)	
18	电子元件制造人员	电子产品制版工、印制电路制作工	电子通信行业技能鉴定机构	水平评价类	《关于印发半导体芯片制造工等13个国家职业标准的通知》(劳社厅发〔2003〕2号)	
19	电线电缆、光纤光缆及电工器材制造人员	电线电缆制造工	机械行业技能鉴定机构	水平评价类	《关于印发防腐蚀工等22个国家职业标准的通知》(劳社厅发〔2001〕3号)	
20	输配电及控制设备制造人员	变压器互感器制造工	机械行业技能鉴定机构	水平评价类	《关于印发第九批国家职业标准的通知》(劳社厅发〔2004〕7号)	
		高低压电器及成套设备装配工			《关于印发第三批国家职业标准的通知》(劳社厅发〔2002〕1号)	
21	汽车整车制造人员	汽车装调工	机械行业技能鉴定机构	水平评价类	《关于印发第十批玩具设计师等68个国家职业标准的通知》(劳社厅发〔2005〕1号)	
22	医疗器械制品和康复辅具生产人员	矫形器装配工、假肢装配工	民政行业技能鉴定机构	水平评价类	《关于印发假肢师等8个国家职业标准的通知》(劳社厅发〔2006〕8号)	

续 表

序号	职业资格名称		实施部门（单位）	资格类别	设定依据	备注
23	金属加工机械制造人员	机床装调维修工	人社部门技能鉴定机构会同有关行业协会	水平评价类	《关于印发第十五批模具设计师等65个国家职业标准的通知》（劳社厅发〔2006〕33号）	
24	工装工具制造加工人员	模具工	人社部门技能鉴定机构会同有关行业协会	水平评价类	《关于印发锁具修理工等5个国家职业技能标准的通知》（人社厅发〔2012〕114号）	
25	机械热加工人员	铸造工、锻造工、金属热处理工	人社部门技能鉴定机构会同有关行业协会	水平评价类	《关于印发船舶管系工等42个国家职业技能标准的通知》（人社厅发〔2009〕66号）	
26	机械冷加工人员	车工、铣工	人社部门技能鉴定机构会同有关行业协会	水平评价类	《关于印发第十批玩具设计师等68个国家职业标准的通知》（劳社厅发〔2005〕1号） 《关于印发船舶管系工等42个国家职业技能标准的通知》（人社厅发〔2009〕66号）	
26	机械冷加工人员	钳工、磨工、冲压工	人社部门技能鉴定机构会同有关行业协会	水平评价类	《关于印发船舶管系工等42个国家职业技能标准的通知》（人社厅发〔2009〕66号）	
26	机械冷加工人员	电切削工	机械行业技能鉴定机构、人社部门技能鉴定机构	水平评价类	《关于印发第十二批房地产策划师等54个国家职业标准的通知》（劳社厅发〔2006〕1号）	
27	硬质合金生产人员	硬质合金成型工、硬质合金烧结工、硬质合金精加工工	有色金属行业技能鉴定机构	水平评价类	《关于印发第八批林木种苗工等65个国家职业标准的通知》（劳社厅发〔2004〕1号）	
28	金属轧制人员	轧制原料工、金属轧制工、金属材热处理工、金属材精整工	冶金、有色金属行业技能鉴定机构	水平评价类	《关于印发高炉原料工等27个工种国家职业标准的通知》（人社厅发〔2008〕71号）	
28	金属轧制人员	金属挤压工、铸轧工	有色金属行业技能鉴定机构	水平评价类	《关于印发第十五批模具设计师等65个国家职业标准的通知》（劳社厅发〔2006〕33号）	
29	轻有色金属冶炼人员	氧化铝制取工、铝电解工	有色金属行业技能鉴定机构	水平评价类	《关于印发第八批林木种苗工等65个国家职业标准的通知》（劳社厅发〔2004〕1号）	
30	重有色金属冶炼人员	重冶火法冶炼工、电解精炼工	有色金属行业技能鉴定机构	水平评价类	《关于印发第八批林木种苗工等65个国家职业标准的通知》（劳社厅发〔2004〕1号）	
30	重有色金属冶炼人员	重冶湿法冶炼工	有色金属行业技能鉴定机构	水平评价类	《关于印发第九批国家职业标准的通知》（劳社厅发〔2004〕7号）	

续 表

序号	职业资格名称		实施部门(单位)	资格类别	设定依据	备注
31	炼钢人员	炼钢原料工、炼钢工	冶金行业技能鉴定机构	水平评价类	《关于印发高炉原料工等27个工种国家职业标准的通知》(人社厅发〔2008〕71号)	
32	炼铁人员	高炉原料工、高炉炼铁工、高炉运转工	冶金行业技能鉴定机构	水平评价类	《关于印发高炉原料工等27个工种国家职业标准的通知》(人社厅发〔2008〕71号)	
33	矿物采选人员	井下支护工	有色金属、煤炭、冶金行业技能鉴定机构	水平评价类	《关于印发第十六批汽车加气站操作工等10个国家职业标准的通知》(劳社厅发〔2007〕3号)	
		矿山救护工			《关于印发第十九批矿山救护工等22个国家职业标准的通知》(劳社厅发〔2008〕6号)	
34	陶瓷制品制造人员	陶瓷原料准备工、陶瓷烧成工、陶瓷装饰工	轻工、建材行业技能鉴定机构	水平评价类	《关于印发第八批林木种苗工等65个国家职业标准的通知》(劳社厅发〔2004〕1号)	
35	玻璃纤维及玻璃纤维增强塑料制品制造人员	玻璃纤维及制品工	建材行业技能鉴定机构	水平评价类	《关于印发防腐蚀工等17个国家职业技能标准的通知》(人社厅发〔2009〕90号)	
		玻璃钢制品工			《关于印发第十批玩具设计师等68个国家职业标准的通知》(劳社厅发〔2005〕1号)	
36	水泥、石灰、石膏及其制品制造人员	水泥生产工、石膏制品生产工	建材行业技能鉴定机构	水平评价类	《关于印发第八批林木种苗工等65个国家职业标准的通知》(劳社厅发〔2004〕1号)	
		水泥混凝土制品工			《关于印发第十批玩具设计师等68个国家职业标准的通知》(劳社厅发〔2005〕1号)	
37	药物制剂人员	药物制剂工	中医药行业技能鉴定机构	水平评价类	《关于印发中药调剂员等5个国家职业技能标准的通知》(人社厅发〔2009〕94号)	
38	中药饮片加工人员	中药炮制工	中医药行业技能鉴定机构	水平评价类	《关于印发中药炮制与配制工国家职业技能标准的通知》(人社厅发〔2011〕94号)	
39	涂料、油墨、颜料及类似产品制造人员	涂料生产工、染料生产工	化工行业技能鉴定机构	水平评价类	《关于印发第十二批房地产策划师等54个国家职业标准的通知》(劳社厅发〔2006〕1号)	
40	农药生产人员	农药生产工	化工行业技能鉴定机构	水平评价类	《关于印发第十五批模具设计师等65个国家职业标准的通知》(劳社厅发〔2006〕33号)	

续 表

序号	职业资格名称		实施部门(单位)	资格类别	设定依据	备注
41	化学肥料生产人员	合成氨生产工、尿素生产工	化工行业技能鉴定机构	水平评价类	《关于印发第六批国家职业标准的通知》(劳社厅发〔2003〕14号)	
42	基础化学原料制造人员	硫酸生产工、硝酸生产工、纯碱生产工	化工行业技能鉴定机构	水平评价类	《关于印发第十批玩具设计师等68个国家职业标准的通知》(劳社厅发〔2005〕1号)	
		烧碱生产工、无机化学反应生产工			《关于印发第十二批房地产策划师等54个国家职业标准的通知》(劳社厅发〔2006〕1号)	
		有机合成工			《关于印发第十五批模具设计师等65个国家职业标准的通知》(劳社厅发〔2006〕33号)	
43	化工产品生产通用工艺人员	化工总控工	化工行业技能鉴定机构	水平评价类	《关于印发第十批玩具设计师等68个国家职业标准的通知》(劳社厅发〔2005〕1号)	
		防腐蚀工	人社部门技能鉴定机构会同有关行业协会		《关于印发防腐蚀工等17个国家职业技能标准的通知》(人社厅发〔2009〕90号)	
		制冷工			《关于印发船舶管系工等42个国家职业技能标准的通知》(人社厅发〔2009〕66号)	
44	炼焦人员	炼焦煤制备工	煤炭、冶金行业技能鉴定机构	水平评价类	《关于印发高炉原料工等27个工种国家职业标准的通知》(人社厅发〔2008〕71号) 《关于印发防腐蚀工等17个国家职业技能标准的通知》(人社厅发〔2009〕90号)	
		炼焦工			《关于印发高炉原料工等27个工种国家职业标准的通知》(人社厅发〔2008〕71号)	
45	工艺美术品制作人员	景泰蓝制作工	轻工行业技能鉴定机构	水平评价类	《关于印发第八批林木种苗工等65个国家职业标准的通知》(劳社厅发〔2004〕1号)	
46	木制品制造人员	手工木工	住房城乡建设部门相关机构、人社部门技能鉴定机构	水平评价类	《关于印发手工木工等8个国家职业技能标准的通知》(人社厅发〔2011〕129号)	
47	纺织品和服装剪裁缝纫人员	服装制版师	纺织行业技能鉴定机构	水平评价类	《关于印发第五批国家职业标准的通知》(劳社厅发〔2003〕1号)	

续　表

序号	职业资格名称		实施部门(单位)	资格类别	设定依据	备注
48	印染人员	印染前处理工、印花工、印染后整理工、印染染化料配制工	纺织行业技能鉴定机构	水平评价类	《关于印发第十二批房地产策划师等54个国家职业标准的通知》(劳社厅发〔2006〕1号)	
		纺织染色工			《关于印发第十批玩具设计师等68个国家职业标准的通知》(劳社厅发〔2005〕1号)	
49	织造人员	整经工、织布工	纺织行业技能鉴定机构	水平评价类	《关于印发第十批玩具设计师等68个国家职业标准的通知》(劳社厅发〔2005〕1号)	
50	纺纱人员	纺纱工	纺织行业技能鉴定机构	水平评价类	《关于印发第十批玩具设计师等68个国家职业标准的通知》(劳社厅发〔2005〕1号)	
		缫丝工			《关于印发第十二批房地产策划师等54个国家职业标准的通知》(劳社厅发〔2006〕1号)	
51	纤维预处理人员	纺织纤维梳理工、并条工	纺织行业技能鉴定机构	水平评价类	《关于印发第十批玩具设计师等68个国家职业标准的通知》(劳社厅发〔2005〕1号)	
52	酒、饮料及精制茶制造人员	酿酒师、品酒师	轻工行业技能鉴定机构	水平评价类	《关于印发第十八批平版印刷工等20个国家职业标准的通知》(劳社厅发〔2008〕5号)	
		酒精酿造工、白酒酿造工、啤酒酿造工、黄酒酿造工、果露酒酿造工			《关于印发第五批国家职业标准的通知》(劳社厅发〔2003〕1号)	
		评茶员	供销行业技能鉴定机构、人社部门技能鉴定机构		《关于印发防腐蚀工等22个国家职业标准的通知》(劳社厅发〔2001〕3号)	
53	乳制品加工人员	乳品评鉴师	轻工行业技能鉴定机构	水平评价类	《关于印发防腐蚀工等17个国家职业技能标准的通知》(人社厅发〔2009〕90号)	
54	粮油加工人员	制米工、制粉工、制油工	粮食行业技能鉴定机构	水平评价类	《关于印发粮油竞价交易员等7个国家职业标准的通知》(劳社厅发〔2005〕10号)	
55	动植物疫病防治人员	农作物植保员	农业行业技能鉴定机构	水平评价类	《关于印发农作物种子繁育员等17个国家职业标准的通知》(劳社厅发〔2003〕3号)	
		动物疫病防治员、动物检疫检验员			《关于印发果树园艺工等4个国家职业技能标准的通知》(人社厅发〔2009〕99号)	

续 表

序号	职业资格名称		实施部门(单位)	资格类别	设定依据	备注
55	动植物疫病防治人员	水生物病害防治员	农业行业技能鉴定机构	水平评价类	《关于印发农业实验工等7个国家职业技能标准的通知》(人社厅发〔2010〕89号)	
		林业有害生物防治员	林业行业技能鉴定机构		《关于印发森林抚育工等11个国家职业技能标准的通知》(人社厅发〔2015〕12号)	
56	农业生产服务人员	农机修理工	农业行业技能鉴定机构	水平评价类	《关于印发农情测报员等4个国家职业技能标准的通知》(人社厅发〔2011〕88号)	
		沼气工			《关于印发农业实验工等7个国家职业技能标准的通知》(人社厅发〔2010〕89号)	
		农业技术员			《关于印发农业技术指导员等5个国家职业标准的通知》(劳社厅发〔2007〕4号)	
57	康复矫正服务人员	助听器验配师	卫生计生行业技能鉴定机构	水平评价类	《关于印发第十七批铝制品制作工等26个国家职业标准的通知》(劳社厅发〔2008〕1号)	
		口腔修复体制作工			《关于印发反射疗法师等3个国家职业标准的通知》(劳社厅发〔2007〕11号)	
		眼镜验光员、眼镜定配工	人社部门技能鉴定机构会同有关行业协会		《关于印发第十五批模具设计师等65个国家职业标准的通知》(劳社厅发〔2006〕33号)	
58	健康咨询服务人员	健康管理师	卫生计生行业技能鉴定机构	水平评价类	《关于印发反射疗法师等3个国家职业标准的通知》(劳社厅发〔2007〕11号)	
		生殖健康咨询师			《关于印发第十七批铝制品制作工等26个国家职业标准的通知》(劳社厅发〔2008〕1号)	
59	计算机和办公设备维修人员	信息通信网络终端维修员	电子通信行业技能鉴定机构	水平评价类	《关于印发线务员等4个国家职业技能标准的通知》(人社厅发〔2009〕78号)	
60	汽车摩托车修理技术服务人员	汽车维修工	交通运输行业技能鉴定机构、人社部门技能鉴定机构	水平评价类	《关于印发中式烹调师等4个国家职业技能标准的通知》(人社厅发〔2014〕62号)	

续 表

序号	职业资格名称		实施部门(单位)	资格类别	设定依据	备注
61	保健服务人员	保健调理师	中医药行业技能鉴定机构	水平评价类	《关于印发第七批速录师等 14 个国家职业标准的通知》(劳社厅发〔2003〕19 号) 《关于印发中药调剂员等 5 个国家职业技能标准的通知》(人社厅发〔2009〕94 号)	
62	美容美发服务人员	美容师	人社部门技能鉴定机构会同有关行业协会	水平评价类	《关于印发第九批国家职业标准的通知》(劳社厅发〔2004〕7 号)	
		美发师			《关于印发船舶管系工等 42 个国家职业技能标准的通知》(人社厅发〔2009〕66 号)	
63	生活照料服务人员	孤残儿童护理员	民政行业技能鉴定机构	水平评价类	《关于印发孤残儿童护理员和灾害信息员国家职业标准的通知》(劳社厅发〔2007〕26 号)	
		育婴员	人社部门技能鉴定机构会同有关行业协会		《关于印发平版制版工等 23 个国家职业技能标准的通知》(人社厅发〔2010〕39 号)	
		保育员			《关于印发船舶管系工等 42 个国家职业技能标准的通知》(人社厅发〔2009〕66 号)	
64	有害生物防制人员	有害生物防制员	卫生计生行业技能鉴定机构、人社部门技能鉴定机构	水平评价类	《关于印发第十批玩具设计师等 68 个国家职业标准的通知》(劳社厅发〔2005〕1 号)	
65	环境治理服务人员	工业固体废物处理处置工	化工行业技能鉴定机构	水平评价类	《关于印发紧急救助员等 6 个国家职业技能标准的通知》(人社厅发〔2012〕54 号)	
66	水文服务人员	水文勘测工	水利行业技能鉴定机构	水平评价类	《关于印发河道修防工等 6 个职业(工种)国家职业技能标准的通知》(人社厅发〔2009〕69 号)	
67	水利设施管养人员	河道修防工、水工闸门运行工	水利行业技能鉴定机构	水平评价类	《关于印发河道修防工等 6 个职业(工种)国家职业技能标准的通知》(人社厅发〔2009〕69 号)	
		水工监测工			《关于印发水工监测工等 3 个国家职业技能标准的通知》(人社厅发〔2010〕108 号)	
68	地质勘查人员	地勘钻探工	国土资源行业技能鉴定机构	水平评价类	《关于印发地质测量工等 6 个国家职业标准的通知》(劳社厅发〔2008〕7 号)	

续表

序号	职业资格名称		实施部门(单位)	资格类别	设定依据	备注
68	地质勘查人员	地质调查员	国土资源行业技能鉴定机构	水平评价类	《关于印发海洋环境监测工等6个国家职业标准的通知》(劳社厅发〔2008〕4号) 《关于印发地质测量工等6个国家职业标准的通知》(劳社厅发〔2008〕7号)	
		地勘掘进工、地质实验员、物探工			《关于印发掘进工等7个国家职业技能标准的通知》(人社厅发〔2010〕61号)	
69	检验、检测和计量服务人员	农产品食品检验员	农业、粮食行业技能鉴定机构	水平评价类	《关于印发第三批国家职业标准的通知》(劳社厅发〔2002〕1号) 《关于印发农作物种子繁育员等17个国家职业标准的通知》(劳社厅发〔2003〕3号) 《关于印发粮油竞价交易员等7个国家职业标准的通知》(劳社厅发〔2005〕10号) 《关于印发啤酒花生产工等9个国家职业技能标准的通知》(人社厅发〔2015〕5号)	
		纤维检验员	供销行业技能鉴定机构		《关于印发第三批国家职业标准的通知》(劳社厅发〔2002〕1号)	
		贵金属首饰与宝玉石检测员	轻工、珠宝首饰行业技能鉴定机构		《关于印发第三批国家职业标准的通知》(劳社厅发〔2002〕1号)	
		机动车检测工	机械、交通运输行业技能鉴定机构		《关于印发第十批玩具设计师等68个国家职业标准的通知》(劳社厅发〔2005〕1号) 《关于印发汽车客运服务员等5个国家职业技能标准的通知》(人社厅发〔2009〕76号)	
70	测绘服务人员	大地测量员、摄影测量员、地图绘制员	测绘地理信息行业技能鉴定机构	水平评价类	《关于印发大地测量员等5个国家职业标准的通知》(劳社厅发〔2006〕23号)	
		不动产测绘员			《关于印发第五批国家职业标准的通知》(劳社厅发〔2003〕1号) 《关于印发大地测量员等5个国家职业标准的通知》(劳社厅发〔2006〕23号)	
		工程测量员	测绘地理信息、国土资源、交通运输行业技能鉴定机构		《关于印发大地测量员等5个国家职业标准的通知》(劳社厅发〔2006〕23号)	

续 表

序号	职业资格名称		实施部门(单位)	资格类别	设定依据	备注
71	安全保护服务人员	保安员	公安部门相关机构、人社部门技能鉴定机构	水平评价类	《关于印发保安员国家职业技能标准的通知》(人社厅发〔2014〕88 号)	
		安检员	民航行业技能鉴定机构、人社部门技能鉴定机构		《关于印发民航安全检查员国家职业标准的通知》(劳社厅发〔2005〕6 号)	
		智能楼宇管理员	住房城乡建设部门相关机构、人社部门技能鉴定机构		《关于印发第十二批房地产策划师等 54 个国家职业标准的通知》(劳社厅发〔2006〕1 号)	
		安全评价师	人社部门技能鉴定机构会同有关行业协会		《关于印发第十八批平版印刷工等 20 个国家职业标准的通知》(劳社厅发〔2008〕5 号)	
72	人力资源服务人员	劳动关系协调员	人社部门技能鉴定机构会同有关行业协会	水平评价类	《关于印发第十八批平版印刷工等 20 个国家职业标准的通知》(劳社厅发〔2008〕5 号)	
		企业人力资源管理师			《关于印发第十六批汽车加气站操作工等 10 个国家职业标准的通知》(劳社厅发〔2007〕3 号)	
73	物业管理服务人员	中央空调系统运行操作员	住房城乡建设部门相关机构、人社部门技能鉴定机构	水平评价类	《关于印发第五批国家职业标准的通知》(劳社厅发〔2003〕1 号)	
74	信息通信网络运行管理人员	信息通信网络运行管理员	电子通信行业技能鉴定机构	水平评价类	《关于印发第十八批平版印刷工等 20 个国家职业标准的通知》(劳社厅发〔2008〕5 号) 《关于印发电信业务营业员等四个国家职业技能标准的通知》(人社厅发〔2011〕114 号)	
75	广播电视传输服务人员	广播电视天线工	广电行业技能鉴定机构	水平评价类	《关于印发广播电视天线工和电影放映员国家职业技能标准的通知》(人社厅发〔2011〕15 号)	
		有线广播电视机线员			《关于印发有线广播电视机线员国家职业标准的通知》(劳社厅发〔2006〕3 号)	
76	信息通信网络维护人员	信息通信网络机务员	电子通信行业技能鉴定机构	水平评价类	《关于印发电信业务营业员等四个国家职业技能标准的通知》(人社厅发〔2011〕114 号)	
		信息通信网络线务员			《关于印发线务员等 4 个国家职业技能标准的通知》(人社厅发〔2009〕78 号)	

续 表

序号	职业资格名称		实施部门(单位)	资格类别	设定依据	备注
77	餐饮服务人员	中式烹调师	人社部门技能鉴定机构会同有关行业协会	水平评价类	《关于印发中式烹调师等4个国家职业技能标准的通知》(人社厅发〔2014〕62号)	
		中式面点师、西式烹调师、西式面点师			《关于印发平版制版工等23个国家职业技能标准的通知》(人社厅发〔2010〕39号)	
		茶艺师			《关于印发第四批国家职业标准的通知》(劳社厅发〔2002〕10号)	
78	仓储人员	(粮油)仓储管理员	粮食行业技能鉴定机构	水平评价类	《关于印发粮油竞价交易员等7个国家职业标准的通知》(劳社厅发〔2005〕10号)	
79	航空运输服务人员	民航乘务员	民航行业技能鉴定机构	水平评价类	《关于印发民航乘务员等2个国家职业标准的通知》(劳社厅发〔2006〕27号)	
		机场运行指挥员			《关于印发第十九批矿山救护工等22个国家职业标准的通知》(劳社厅发〔2008〕6号)	
80	道路运输服务人员	机动车驾驶教练员	交通运输行业技能鉴定机构	水平评价类	《关于印发机动车驾驶教练员国家职业技能标准的通知》(人社厅发〔2011〕26号)	
81	消防和应急救援人员	消防员	消防行业技能鉴定机构	水平评价类	《关于印发灭火救援员国家职业技能标准的通知》(人社厅发〔2011〕18号)	
		森林消防员	林业行业技能鉴定机构		《关于印发第十二批房地产策划师等54个国家职业标准的通知》(劳社厅发〔2006〕1号)	
		应急救援员	紧急救援行业技能鉴定机构		《关于印发紧急救助员等6个国家职业技能标准的通知》(人社厅发〔2012〕54号)	

浙江省人力资源和社会保障厅发文目录

2017 年浙江省人力资源和社会保障厅发文目录

1 月

本月厅发文目录：

1 月 16 日	浙人社发〔2017〕1 号	浙江省人力资源和社会保障厅 浙江省旅游局关于公布我省荣获全国旅游系统先进集体劳动模范和先进工作者名单的通知
1 月 17 日	浙人社发〔2017〕2 号	中共浙江省委政法委员会浙江省人力资源和社会保障厅关于表彰 2015 – 2016 年度全省政法系统先进集体、先进个人和首届“最美政法人”的决定
1 月 18 日	浙人社发〔2017〕3 号	浙江省人力资源和社会保障厅浙江省食品药品监督管理局关于表彰全省食品药品监督管理系统先进集体和先进工作者的决定
1 月 16 日	浙人社发〔2017〕4 号	浙江省人力资源和社会保障厅等 5 部门关于对我省部分系列专业技术人员资格实施电子证照管理改革试点的通知
1 月 19 日	浙人社发〔2017〕5 号	浙江省人力资源和社会保障厅关于印发王文序厅长在全省人力资源社会保障工作电视电话会议上的讲话和 2017 年全省人力资源社会保障工作要点及督查方案的通知
1 月 18 日	浙人社发〔2017〕6 号	浙江省人力资源和社会保障厅浙江省文化厅关于印发《浙江省美术专业中、高级专业技术职务任职资格评价条件(试行)》的通知
1 月 23 日	浙人社发〔2017〕7 号	浙江省人力资源和社会保障厅关于 2016 年度厅工作人员年度考核和先进处室(单位)评选工作的通报
1 月 23 日	浙人社发〔2017〕8 号	浙江省人力资源和社会保障厅等 3 部门关于公布 2016 年从浙江省军区特战分队和武警浙江省总队反恐分队拟退役士兵中录用公安机关人民警察人员名单的通知
1 月 23 日	浙人社发〔2017〕9 号	浙江省人力资源和社会保障厅等 7 部门关于实施全省公务员“学法用法三年轮训行动”计划的通知
1 月 22 日	浙人社发〔2017〕10 号	浙江省人力资源和社会保障厅 浙江省财政厅关于公布省级高校毕业生就业见习示范基地认定和评估结果的通知

2 月

本月厅发文目录：

2 月 3 日	浙人社发〔2017〕11 号	浙江省人力资源和社会保障厅关于我省 2016 年受中共中央表彰的全国优秀共产党员、全国优秀党务工作者享受全国先进工作者和劳动模范待遇的通知
2 月 7 日	浙人社发〔2017〕12 号	中共浙江省委组织部 浙江省人力资源和社会保障厅 浙江省人民政府外事侨务办公室关于举办 2017 浙江海外高层次人才项目对接活动的通知

续 表

2月8日	浙人社发〔2017〕13号	浙江省人力资源和社会保障厅等4部门转发人力资源社会保障部 国务院扶贫办 全国总工会 全国妇联关于开展2017年春风行动的通知
2月14日	浙人社发〔2017〕14号	浙江省人力资源和社会保障厅 浙江省知识产权局关于公布我省荣获全国专利系统先进集体和先进工作者名单的通知
2月17日	浙人社发〔2017〕15号	浙江省人力资源和社会保障厅 浙江省公安厅关于公布郝宏蕾等37人具有公安刑事科学技术和技术侦察高级专业技术资格的通知
2月17日	浙人社发〔2017〕16号	浙江省人力资源和社会保障厅 浙江省农业厅 浙江省海洋与渔业局关于公布朱聪英等72人具有农业技术推广研究员任职资格的通知
2月10日	浙人社发〔2017〕17号	浙江省人力资源和社会保障厅浙江省食品药品监督管理局关于公布我省荣获全国食品药品监督管理系统先进集体和先进工作者的通知
2月14日	浙人社发〔2017〕18号	浙江省人力资源和社会保障厅 浙江省妇女联合会关于公布我省荣获全国妇联系统先进集体和先进工作者名单的通知
2月17日	浙人社发〔2017〕19号	浙江省人力资源和社会保障厅关于召开全省人力资源社会保障系统2017年党风廉政建设工作会议的通知
2月20日	浙人社发〔2017〕20号	中共浙江省委组织部 中共浙江省委老干部局 浙江省人力资源和社会保障厅关于公布我省荣获全国老干部工作先进集体和先进工作者名单的通知
2月21日	浙人社发〔2017〕21号	浙江省人力资源和社会保障厅关于印发《全省人力社保系统信访积案化解工作方案》的通知
2月22日	浙人社发〔2017〕22号	浙江省人力资源和社会保障厅 浙江省机构编制委员会办公室关于公布我省荣获全国机构编制工作先进集体和先进工作者名单的通知
2月22日	浙人社发〔2017〕23号	浙江省人力资源和社会保障厅 浙江省机构编制委员会办公室关于表彰全省编办系统先进集体和先进工作者的决定
2月21日	浙人社发〔2017〕24号	浙江省人力资源和社会保障厅等5部门关于做好2017年高校毕业生求职创业补贴发放工作的通知
2月23日	浙人社发〔2017〕25号	浙江省人力资源和社会保障厅浙江省财政厅关于转发调整野外地质勘探队工作人员基本工资标准的通知
2月23日	浙人社发〔2017〕26号	浙江省人力资源和社会保障厅 浙江省财政厅关于转发调整测绘地理信息系统测绘队工作人员基本工资标准的通知
2月23日	浙人社发〔2017〕27号	浙江省人力资源和社会保障厅浙江省财政厅关于转发调整交通运输部所属水上作业事业单位船员和潜水员工资标准问题的通知
2月23日	浙人社发〔2017〕28号	浙江省人力资源和社会保障厅浙江省财政厅关于转发建立传染病疫情防治人员临时性工作补助的通知
2月27日	浙人社发〔2017〕29号	中共浙江省委组织部浙江省人力资源和社会保障厅浙江省公务员局关于印发浙江省各级机关单位2017年考试录用公务员工作实施方案的通知
2月27日	浙人社发〔2017〕30号	中共浙江省委组织部浙江省人力资源和社会保障厅浙江省公务员局关于印发浙江省各级机关单位2017年考试录用紧缺职位公务员工作实施方案的通知
2月28日	浙人社发〔2017〕31号	浙江省人力资源和社会保障厅浙江省公安厅浙江省公务员局关于印发浙江省部分公安机关2017年考试录用特警工作实施方案的通知
2月27日	浙人社发〔2017〕32号	浙江省人力资源和社会保障厅 浙江省财政厅关于转发调整运动员体育津贴标准的通知

3 月

本月厅发文目录：

日期	文号	标题
3 月 3 日	浙人社发〔2017〕33 号	浙江省人力资源和社会保障厅关于进一步调整完善基本医疗保险部分医疗康复项目的通知
3 月 10 日	浙人社发〔2017〕34 号	浙江省人力资源和社会保障厅 浙江省文化厅 浙江省公务员局关于给予宁波市文化市场行政执法总队等集体、杭州市文化行政执法总队吕晓杰等个人记功奖励的决定
3 月 15 日	浙人社发〔2017〕35 号	浙江省人力资源和社会保障厅关于印发《浙江省外国人来华工作许可制度实施方案》的通知
3 月 29 日	浙人社发〔2017〕36 号	浙江省人力资源和社会保障厅关于通报 2016 年全省人力资源社会保障工作目标任务完成情况下达 2017 年目标任务的通知
3 月 18 日	浙人社发〔2017〕37 号	浙江省人力资源和社会保障厅 浙江省财政厅关于调整城乡居民基本养老保险基础养老金标准的通知
3 月 30 日	浙人社发〔2017〕38 号	浙江省人力资源和社会保障厅关于做好 2017 年度职称评审工作的通知
3 月 30 日	浙人社发〔2017〕39 号	浙江省人力资源和社会保障厅浙江省财政厅关于贯彻落实人社部规〔2017〕2 号文件有关问题的通知
4 月 5 日	浙人社发〔2017〕40 号	浙江省人力资源和社会保障厅关于开展高级职称评审复审工作的通知
4 月 6 日	浙人社发〔2017〕41 号	浙江省人力资源和社会保障厅关于印发《厅保密工作办法》和《厅涉密人员管理暂行办法》的通知
4 月 5 日	浙人社发〔2017〕42 号	浙江省人力资源和社会保障厅浙江省工商行政管理局浙江省公务员局关于给予金华市市场监督管理局（工商局）等集体和陈继业等个人记功奖励的决定
4 月 5 日	浙人社发〔2017〕43 号	浙江省人力资源和社会保障厅 浙江省财政厅关于明确部分离休干部“两费”保障经费筹资标准的通知
4 月 13 日	浙人社发〔2017〕44 号	浙江省人力资源和社会保障厅等 4 部门关于印发浙江警官职业学院 2017 年招录省属监狱系统人民警察学员试点工作实施方案的通知
4 月 12 日	浙人社发〔2017〕45 号	浙江省人力资源和社会保障厅关于公布 2016 年度享受政府特殊津贴人员名单的通知
4 月 12 日	浙人社发〔2017〕46 号	浙江省人力资源和社会保障厅 浙江省司法厅关于公布我省荣获全国司法行政系统先进集体先进工作者和劳动模范名单的通知
4 月 1 日	浙人社发〔2017〕47 号	浙江省人力资源和社会保障厅浙江省财政厅浙江省地方税务局关于阶段性降低失业保险费率有关问题的通知
4 月 17 日	浙人社发〔2017〕48 号	浙江省人力资源和社会保障厅 浙江省卫生和计划生育委员会关于开展日间手术医保结算试点工作的通知
4 月 17 日	浙人社发〔2017〕49 号	浙江省人力资源和社会保障厅等 4 部门转发人力资源社会保障部教育部全国总工会全国工商联关于开展 2017 年全国民营企业招聘周活动的通知
4 月 10 日	浙人社发〔2017〕50 号	浙江省人力资源和社会保障厅等 3 部门关于实施新一轮企业职工基本养老保险省级调剂办法的通知
4 月 26 日	浙人社发〔2017〕51 号	浙江省人力资源和社会保障厅关于印发 2017 年重点调研课题和专项调研计划的通知
4 月 25 日	浙人社发〔2017〕52 号	浙江省人力资源和社会保障厅 浙江省教育厅关于公布林肃浩等 132 人具有中小学正高级教师专业技术职务的通知

5 月

本月厅发文目录：

5月4日	浙人社发〔2017〕53号	浙江省人力资源和社会保障厅关于印发《全省医保改革“三突破”工作方案》的通知
5月5日	浙人社发〔2017〕54号	浙江省人力资源和社会保障厅等12部门关于做好专业技术人员资格考试考后资格审查工作的通知
5月8日	浙人社发〔2017〕55号	浙江省人力资源和社会保障厅浙江省卫生和计划生育委员会浙江省公务员局关于转发人力资源社会保障部国家卫生计生委国家公务员局《修订〈公务员录用体检通用标准(试行)〉及〈公务员录用体检操作手册(试行)〉有关内容》的通知
5月3日	浙人社发〔2017〕56号	中共浙江省委组织部浙江省机构编制委员会办公室浙江省人力资源和社会保障厅浙江省公务员局关于印发《浙江省承担行政职能事业单位改革试点中人员过渡安置的意见》的通知
5月9日	浙人社发〔2017〕57号	浙江省人力资源和社会保障厅等6部门关于表彰2016年浙江省职业技能大赛优秀选手和优秀单位的通知
5月17日	浙人社发〔2017〕58号	浙江省人力资源和社会保障厅浙江省人民政府外事侨务办公室关于表彰全省侨务系统先进集体和先进工作者的决定
5月13日	浙人社发〔2017〕59号	浙江省人力资源和社会保障厅等5部门关于完善被征地农民衔接转入企业职工基本养老保险政策的通知
5月15日	浙人社发〔2017〕60号	浙江省人力资源和社会保障厅等5部门转发人力资源社会保障部国家发展改革委等五部门关于做好2017年化解钢铁煤炭行业过剩产能中职工安置工作的通知
5月18日	浙人社发〔2017〕61号	中共浙江省委组织部 浙江省人力资源和社会保障厅 浙江省公务员局关于公布2017年全省各级机关单位考试录用公务员笔试合格分数线的通知
5月15日	浙人社发〔2017〕62号	浙江省人力资源和社会保障厅 浙江省质量技术监督局关于印发浙江省特种设备专业高级工程师职称改革工作实施方案(试行)的通知
5月27日	浙人社发〔2017〕63号	浙江省人力资源和社会保障厅关于印发浙江省医保工作人员“八不准”纪律的通知
5月31日	浙人社发〔2017〕64号	浙江省人力资源和社会保障厅关于印发《浙江省人力资源和社会保障厅统计数据管理暂行办法》的通知
5月22日	浙人社发〔2017〕65号	浙江省人力资源和社会保障厅 浙江省文化厅关于印发浙江省艺术系列职称评价条件(试行)的通知

6 月

本月厅发文目录：

6月6日	浙人社发〔2017〕66号	浙江省人力资源和社会保障厅关于发布2016年全省在岗职工年平均工资的通知
6月19日	浙人社发〔2017〕67号	浙江省人力资源和社会保障厅关于深入推进“互联网+浙江人社”行动的实施意见

续 表

6月20日	浙人社发〔2017〕68号	浙江省人力资源和社会保障厅等3部门关于印发《浙江省企业职工基本养老保险工作目标考核办法》的通知
6月26日	浙人社发〔2017〕69号	浙江省人力资源和社会保障厅关于公布2017年浙江省人力资源和社会保障科学研究课题立项名单的通知
6月26日	浙人社发〔2017〕71号	浙江省人力资源和社会保障厅关于公布2017年度浙江省博士后科研项目择优资助人员名单的通知
6月26日	浙人社发〔2017〕72号	浙江省人力资源和社会保障厅浙江省卫生和计划生育委员会关于公布2016年度中级卫生专业技术资格考试省定合格人员名单的通知
6月26日	浙人社发〔2017〕73号	浙江省人力资源和社会保障厅关于公布2017年省“钱江人才计划”C、D类项目择优资助人员名单的通知
6月28日	浙人社发〔2017〕74号	浙江省人力资源和社会保障厅关于表彰奖励2017年度浙江省优秀博士后的决定
6月29日	浙人社发〔2017〕75号	浙江省人力资源和社会保障厅关于做好2017年人力社保系统平安建设考核工作的通知
6月28日	浙人社发〔2017〕76号	浙江省人力资源和社会保障厅关于支持安吉县加快创建“两山”重要思想实践示范县的意见
6月26日	浙人社发〔2017〕77号	浙江省人力资源和社会保障厅浙江省财政厅浙江省残疾人联合会关于进一步促进残疾人就业的通知
6月26日	浙人社发〔2017〕78号	中共浙江省委组织部 浙江省人力资源和社会保障厅 浙江省财政厅关于印发《浙江省扩大海外工程师引进计划暂行办法》的通知

7月

本月厅发文目录：

7月4日	浙人社发〔2017〕79号	浙江省人力资源和社会保障厅 浙江省公安厅关于公布我省荣获全国特级优秀人民警察名单的通知
7月4日	浙人社发〔2017〕80号	浙江省人力资源和社会保障厅 浙江省工商业联合会关于表彰全省工商联系统先进集体和先进个人的决定
7月5日	浙人社发〔2017〕82号	中共浙江省委组织部 浙江省人力资源和社会保障厅关于公布第二批事业单位专业技术二级岗位聘期考核合格人员名单的通知
7月14日	浙人社发〔2017〕83号	浙江省人力资源和社会保障厅 中国工商银行股份有限公司浙江省分行关于印发《协议资金使用管理办法》的通知
7月11日	浙人社发〔2017〕84号	浙江省人力资源和社会保障厅 浙江省财政厅关于2017年调整退休人员基本养老金的通知
7月8日	浙人社发〔2017〕85号	浙江省人力资源和社会保障厅关于公布我省已取消的20项自行设置职业资格许可和认定事项的通知
7月17日	浙人社发〔2017〕86号	中共浙江省委组织部 浙江省人力资源和社会保障厅关于公布浙江省事业单位专业技术二级岗位聘任人选名单的通知

续 表

7月12日	浙人社发〔2017〕87号	浙江省人力资源和社会保障厅 浙江省经济和信息化委员会关于印发浙江省机电制造专业高级工程师任职资格评价条件(试行)的通知
7月25日	浙人社发〔2017〕88号	浙江省人力资源和社会保障厅等3部门关于印发具有公安机关人民警察录用资格人员名单的通知
7月12日	浙人社发〔2017〕89号	浙江省人力资源和社会保障厅 浙江省质量技术监督局关于印发浙江省特种设备专业高级工程师任职资格评价条件(试行)的通知
7月12日	浙人社发〔2017〕90号	浙江省人力资源和社会保障厅 浙江省食品药品监督管理局关于药学专业初、中级专业技术资格试行电子化考试的通知
7月27日	浙人社发〔2017〕91号	浙江省人力资源和社会保障厅 浙江省财政厅关于调整企业职工死亡后遗属生活困难补助费等标准的通知
7月12日	浙人社发〔2017〕93号	浙江省人力资源和社会保障厅 浙江省经济和信息化委员会关于印发浙江省信息技术专业高级工程师任职资格评价条件(试行)的通知
7月26日	浙人社发〔2017〕94号	浙江省人力资源和社会保障厅 浙江省财政厅关于调整机关事业单位工作人员死亡后遗属生活困难补助费等标准的通知
7月26日	浙人社发〔2017〕95号	中共浙江省委组织部等3部门关于调整精减退职人员生活困难补助费标准的通知

8月

本月厅发文目录：

8月2日	浙人社发〔2017〕92号	浙江省人力资源和社会保障厅关于2017年企业退休人员基本养老金计发办法有关问题的通知
8月9日	浙人社发〔2017〕96号	浙江省人力资源和社会保障厅 浙江省信访局关于公布我省荣获全国信访系统先进集体和先进工作者名单的通知
8月9日	浙人社发〔2017〕97号	浙江省人力资源和社会保障厅 浙江省卫生和计划生育委员会 浙江省中医药管理局关于公布我省荣获国医大师、全国名中医名单的通知
8月18日	浙人社发〔2017〕98号	中共浙江省委组织部 中共浙江省委宣传部 浙江省人力资源和社会保障厅 浙江省公务员局关于开展"选树全省最美公务员 展示浙江铁军风采"活动的通知
8月21日	浙人社发〔2017〕99号	浙江省人力资源和社会保障厅 浙江省财政厅关于印发《浙江省失业保险关系转移接续暂行办法》的通知
8月23日	浙人社发〔2017〕100号	浙江省人力资源和社会保障厅关于执行《国家基本医疗保险、工伤保险和生育保险药品目录(2017年版)》等有关事项的通知
8月31日	浙人社发〔2017〕101号	中共浙江省委组织部等4部门关于组织编报2018年全省各级机关单位考试录用公务员需求计划的通知

9 月

本月厅发文目录：

9 月 15 日	浙人社发〔2017〕102 号	中共浙江省委组织部等 4 部门关于组织编报 2018 年全省各级机关单位考试录用紧缺职位公务员需求计划的通知
9 月 15 日	浙人社发〔2017〕103 号	浙江省人力资源和社会保障厅 浙江省公安厅浙江省公务员局关于 2017 年部属公安院校公安专业毕业生考试录用人民警察有关事项的通知
9 月 20 日	浙人社发〔2017〕104 号	中共浙江省纪委机关 浙江省人力资源和社会保障厅关于表彰全省纪检监察系统先进集体和先进工作者的决定
9 月 15 日	浙人社发〔2017〕105 号	浙江省人力资源和社会保障厅 浙江省教育厅关于完善高校专业技术岗位结构比例调控的通知
9 月 25 日	浙人社发〔2017〕106 号	浙江省人力资源和社会保障厅 浙江省卫生和计划生育委员会 浙江省商务厅 浙江省食品药品监督管理局关于进一步完善慢性病门诊医保政策有关事项的通知
9 月 26 日	浙人社发〔2017〕107 号	中共浙江省委组织部等 4 部门关于调整部分精减退职人员生活困难补助费标准的通知
9 月 28 日	浙人社发〔2017〕108 号	浙江省人力资源和社会保障厅 浙江省医改领导小组办公室 浙江省财政厅 浙江省卫生和计划生育委员会 浙江省物价局 浙江省食品药品监督管理局关于印发进一步深化基本医疗保险支付方式改革实施方案的通知
9 月 19 日	浙人社发〔2017〕109 号	浙江省人力资源和社会保障厅 浙江省财政厅关于印发浙江省省级高技能人才公共实训基地绩效考核办法的通知
9 月 30 日	浙人社发〔2017〕110 号	浙江省人力资源和社会保障厅 浙江省财政厅 浙江省地方税务局关于下达 2017 年度企业职工基本养老保险主要工作目标的通知

10 月

本月厅发文目录：

10 月 13 日	浙人社发〔2017〕111 号	浙江省人力资源和社会保障厅 浙江省财政厅 浙江省扶贫办转发人力资源社会保障部 财政部 国务院扶贫办关于切实做好社会保险扶贫工作的意见的通知
10 月 13 日	浙人社发〔2017〕112 号	浙江省人力资源和社会保障厅 浙江省卫生和计划生育委员会关于公布我省荣获全国卫生计生系统先进集体先进工作者及“白求恩奖章”名单的通知
10 月 16 日	浙人社发〔2017〕113 号	浙江省人力资源和社会保障厅 浙江省体育局关于公布我省荣获全国体育系统先进集体和先进工作者名单的通知
10 月 17 日	浙人社发〔2017〕114 号	浙江省人力资源和社会保障厅关于印发《全省人力资源社会保障系统深入开展“浙江无欠薪”行动实施方案》的通知
10 月 17 日	浙人社发〔2017〕115 号	浙江省人力资源和社会保障厅 浙江省老龄工作委员会办公室关于公布我省荣获全国老龄系统先进集体和先进工作者名单的通知
10 月 17 日	浙人社发〔2017〕116 号	浙江省人力资源和社会保障厅 浙江省社会治安综合治理委员会关于公布我省荣获全国社会治安综合治理先进集体和先进工作者名单的通知

续 表

10月13日	浙人社发〔2017〕117号	浙江省人力资源和社会保障厅关于加快推进专业技术人员资格信息化工作的意见
10月13日	浙人社发〔2017〕118号	中共浙江省委组织部 浙江省人力资源和社会保障厅转发《中共中央组织部 人力资源社会保障部关于实行单独职务序列后法官、检察官退休年龄问题的通知》
10月25日	浙人社发〔2017〕119号	浙江省人力资源和社会保障厅关于贯彻落实社会保险扶贫工作意见有关问题的通知
10月24日	浙人社发〔2017〕120号	浙江省人力资源和社会保障厅 浙江省农业厅 浙江省林业厅关于加强农业林业事业单位专业技术岗位结构比例动态调控的通知

11月

本月厅发文目录：

11月2日	浙人社发〔2017〕121号	浙江省人力资源和社会保障厅 浙江省财政厅转发人力资源社会保障部财政部关于建立政法委机关工作津贴有关问题的通知
11月9日	浙人社发〔2017〕122号	浙江省人力资源和社会保障厅关于公布2017年国家百千万人才工程入选人员名单的通知
11月2日	浙人社发〔2017〕123号	浙江省人力资源和社会保障厅等4部门关于支持赴台陆生来浙江工作的实施意见
11月13日	浙人社发〔2017〕124号	浙江省人力资源和社会保障厅关于全省人力资源社会保障系统认真学习宣传贯彻党的十九大精神的通知
11月14日	浙人社发〔2017〕125号	中共浙江省委组织部 浙江省人力资源和社会保障厅 浙江省公务员局关于印发浙江省各级机关单位2018年考试录用公务员工作实施方案的通知
11月14日	浙人社发〔2017〕126号	中共浙江省委组织部 浙江省人力资源和社会保障厅 浙江省公务员局关于印发浙江省各级机关单位2018年考试录用紧缺职位公务员工作实施方案的通知
11月15日	浙人社发〔2017〕127号	浙江省人力资源和社会保障厅关于公布继续有效行政规范性文件目录的通知
11月7日	浙人社发〔2017〕128号	浙江省人力资源和社会保障厅关于2016年度基本养老保险省级调剂金补助的通知
11月21日	浙人社发〔2017〕129号	中共浙江省委组织部 浙江省人力资源和社会保障厅关于建立浙江省海外引才工作站的通知
11月24日	浙人社发〔2017〕130号	浙江省人力资源和社会保障厅转发人力资源社会保障部办公厅关于实施失业保险援企稳岗"护航行动"的通知
11月24日	浙人社发〔2017〕131号	浙江省人力资源和社会保障厅关于公布部分废止失效行政规范性文件目录的通知
11月30日	浙人社发〔2017〕132号	浙江省人力资源和社会保障厅 浙江省财政厅关于进一步完善省属事业单位绩效工资政策推动人才创业创新的若干意见(试行)
11月30日	浙人社发〔2017〕134号	浙江省人力资源和社会保障厅关于开展肝移植术基本医疗保险按绩效支付试点工作的通知

12 月

本月厅发文目录：

12 月 2 日	浙人社发〔2017〕133 号	浙江省人力资源和社会保障厅等 8 部门关于公布 2017 年度浙江省 151 人才工程培养人员名单的通知
12 月 6 日	浙人社发〔2017〕135 号	浙江省人力资源和社会保障厅 浙江省财政厅 浙江省卫生和计划生育委员会 浙江省民政厅 中国保险监督管理委员会浙江监管局关于进一步完善大病保险制度的通知
12 月 6 日	浙人社发〔2017〕136 号	浙江省人力资源和社会保障厅 浙江省教育厅 浙江省公安厅关于进一步优化高校毕业生在浙就业手续的通知
12 月 7 日	浙人社发〔2017〕137 号	中共浙江省委组织部 中共浙江省委宣传部 浙江省人力资源和社会保障厅 浙江省公务员局关于公布全省“最美公务员”名单的通知
12 月 1 日	浙人社发〔2017〕138 号	浙江省人力资源和社会保障厅关于印发《浙江省省级及杭州市基本医疗保险按病种付费工作方案(试行)》的通知
12 月 5 日	浙人社发〔2017〕139 号	中共浙江省委人才工作领导小组办公室 浙江省人力资源和社会保障厅 浙江省财政厅关于高水平打造高技能人才队伍的意见
12 月 8 日	浙人社发〔2017〕140 号	浙江省人力资源和社会保障厅 浙江省工商行政管理局 浙江省公务员局关于给予杭州高新技术产业开发区(滨江)市场监督管理局“浙江集商网络科技有限公司网络传销案专案组”等集体记功奖励的决定
12 月 15 日	浙人社发〔2017〕141 号	中共浙江省委组织部等 5 部门关于做好公务员录用考试有关工作的通知
12 月 21 日	浙人社发〔2017〕142 号	浙江省人力资源和社会保障厅 浙江省财政厅 浙江省地方税务局关于失业保险政策城乡一体化有关问题的通知
12 月 26 日	浙人社发〔2017〕143 号	浙江省人力资源和社会保障厅关于表扬第 44 届世界技能大赛浙江省获奖选手和为参赛工作作出突出贡献的单位及个人的决定
12 月 27 日	浙人社发〔2017〕144 号	浙江省人力资源和社会保障厅 浙江省档案局关于 2017 年度全省人力资源和社会保障系统通过档案工作目标管理省二级认定情况的通报
12 月 29 日	浙人社发〔2017〕145 号	浙江省人力资源和社会保障厅 浙江省财政厅关于贯彻执行人民警察值勤岗位津贴和法定工作日之外加班补贴有关政策的通知
12 月 28 日	浙人社发〔2017〕146 号	浙江省人力资源和社会保障厅转发人力资源社会保障部关于公布国家职业资格目录的通知
12 月 28 日	浙人社发〔2017〕147 号	中共浙江省纪委机关 浙江省人力资源和社会保障厅关于公布我省荣获全国纪检监察系统先进集体和先进工作者名单的通知

主要统计资料

一、综　合

全省基层劳动保障机构情况

单位：个、人

项目	个数	建立劳动保障工作机构个数	劳动保障工作人员数				
				有编制的工作人员	获得职业资格人员	大专以上学历人员	女性
街道	463	463	2445	1133	1270	2186	1404
乡镇	928	928	3422	1793	1424	2994	1733

项目	个数	配备劳动保障工作人员的社区、村个数	劳动保障工作人员数				
				专职工作人员	获得职业资格人员	大专以上学历人员	女性
社区	3543	3531	5178	3575	2871	4226	3672
行政村	27155	27035	28477	8046	7559	9429	10396

二、就业和失业

全省按三次产业分布的全社会从业人员情况

	2015年		2016年		2017年	
	绝对数(万人)	构成(%)	绝对数(万人)	构成(%)	绝对数(万人)	构成(%)
第一产业	492.7	13.2	466.2	12.4	447.9	11.8
第二产业	1804.3	48.32	1782.3	47.4	1754.6	46.2
第三产业	1436.7	38.48	1511.5	40.2	1593.5	42

全省失业人员再就业情况

单位：万人

项　　目	2017年	2016年	2015年
城镇新增就业人数	127.22	116.23	110.53
城镇登记失业人员	33.78	33.85	33.69
城镇登记失业人员就业人数	44.02	39.95	41.97
失业人员再就业人数	45.05	41.65	42.95
困难人员再就业	12.88	13	14.05

全省就业专项资金使用情况

单位：亿元

年份	使用总额	职业培训补贴	职业技能鉴定补贴	社保补贴	公益性岗位补贴	就业见习补贴	求职创业补贴	就业创业服务补助	高技能人才培养补助	其他
2016	15.84	1.61	0.12	6.68	2.06	0.48	0.04	2.09	0.12	2.64
2017	19.64	2.16	0.16	8.74	2.29	0.57	0.07	2.3	0.39	2.96

三、技工学校和就业培训

全省技工学校情况

项目			2017 年	2016 年	增减(%)
学校数(所)	合计		77	78	-0.01
学生数(人)	在校学生数		141668	137923	0.03
	招生数		47189	47800	-0.01
	其中:农业户口		35056	35026	0.00
	毕业生数		33106	33880	-0.02
教职工人数(人)	总计		11381	11229	0.01
	其中	理论教师	6818	6454	0.06
		实习教师	2441	2356	0.04
		其他	—	3631	
兼职教师(人)			1643	1333	0.23

全省就业培训情况

项目	就业训练中心	民办职业培训	技工学校培训
一、职业培训机构数(个)	45	931	61
二、在职教职工人数(人)	491	11755	—
其中:教师	227	4657	—
兼职教师	1291	5095	—
三、经费来源(万元)	4303.8	30998	—
四、培训人数(人)	101851	434750	275712
其中:女性	40836	209749	62393
五、结业人数(人)	94256	349295	189761
其中:初级	22751	107810	43360
中级	9177	47920	17406
高级(含技师、高级技师)	11408	77782	38910
六、就业人数(人)	52401	229292	—

四、监察和仲裁

全省劳动保障监察工作情况

项　　目	2015 年	2016 年	2017 年
检查单位数	165100	218193	172487
涉及劳动者(万人)	504.41	568.04	492.05
劳动保障监察投诉结案数(件)	29045	24985	15805
结案率(%)	100	100	100%
追发劳动者工资等待遇(万元)	236650	203340	96778.31
涉及人数(万人)	27.1	17.87	10.27
清退风险抵押金(万元)	11.79	29.53	88.512
涉及人数(万人)	0.01	0.11	0.1
追缴社会保险费(万元)	625	306	609.68
涉及人数(万人)	0.59	0.26	0.36
清退童工(人)	368	511	416

全省劳动争议仲裁机构受理、处理案件情况

项		目	2015 年	2016 年	2017 年
一、案件受理情况	(一) 受理案件数(件)		50665	50385	49135
	其中	国有企业	386	258	393
		集体企业	46	55	63
		港澳台及外资企业	1307	803	517
		民营企业	44402	45518	43476
		其他	4025	3201	4004
	(二) 案件涉及人数(人)		88321	79501	67646
二、案件处理情况	结案件数(件)		51397	50172	49798
	其中	单位胜诉(件)	3330	2974	3278
		劳动者胜诉(件)	17380	17644	15552
		双方部分胜诉(件)	21705	20494	21189

五、社会保障

全省社会保险基本情况

项目		城镇职工基本养老	其中：企业	基本医疗	失业保险	工伤保险	生育保险	城乡居民基本养老
一、参保总人数(万人)		2712.37	2500.66	5251.64	1382.85	1977.17	1392.97	1200.70
其中：在职职工		1964.87	1816.43	1702.95	1382.85	1977.17	1392.97	—
二、基金收支情况								
二、基金收支情况	1. 当年基金收入	3093.73	2429.95	1241.08	77.91	58.75	45.46	158.52
	2. 当年基金支出	2698.86	2058.38	996.66	66.99	51.49	50.13	157.43
	3. 当年基金结余	394.87	371.57	244.41	10.91	7.26	-4.67	1.09
	4. 基金滚存结余	3648.14	3597.24	1567.93	411.93	93.63	36.66	151.89

备注：2017年社会保险基金收支余为决算数据；城镇职工基本养老保险中的机关事业单位养老保险参保人数含统筹试点，基金收支余不含统筹试点。

六、各市资料

各市年末总户数和总人口数

单位：人

地区	总户数(户)	总人口数(人)	按性别分		按城镇人口和乡村人口分	
			男性	女性	城镇人口	乡村人口
合计	16719954	49576285	24994950	24581335	22807324	26768961
杭州市	2352575	7538771	3747545	3791226	4825459	2713312
宁波市	2274936	5969307	2959782	3009525	3306870	2662437
温州市	2356634	8245470	4271186	3974284	3271818	4973652
湖州市	867415	2661413	1315421	1345992	1080156	1581257
嘉兴市	1087690	3563714	1748290	1815424	1771047	1792667
绍兴市	1612934	4464803	2225956	2238847	1888009	2576794

续 表

地　区	总户数(户)	总人口数(人)	按性别分		按城镇人口和乡村人口分	
			男性	女性	城镇人口	乡村人口
金华市	1900815	4855198	2465166	2390032	2031411	2823787
衢州市	934020	2578084	1315843	1262241	762015	1816069
舟山市	368888	971491	478873	492618	501943	469548
台州市	1916090	6035313	3082757	2952556	2567544	3467769
丽水市	1047957	2692721	1384131	1308590	801052	1891669

注：本表数据来源为省公安厅。

各市社会保险参保人数

单位：万人

地区	职工基本养老保险	其中:企业	基本医疗保险	其中:职工	失业保险	工伤保险	生育保险	城乡居民基本养老保险	被征地农民
合　计	2712.37	2500.66	5251.64	2117.44	1382.85	1977.17	1392.97	1200.70	542.44
杭州市	628.32	592.92	954.43	580.50	416.01	462.44	390.73	88.68	72.15
宁波市	455.23	429.59	710.22	380.82	269.33	330.92	266.16	123.00	92.14
温州市	302.21	272.22	775.03	179.00	114.46	250.35	112.39	205.29	76.93
嘉兴市	237.92	223.86	393.08	216.52	122.10	175.29	151.10	66.79	51.75
湖州市	143.84	134.00	268.36	124.79	72.32	83.57	71.64	53.35	23.37
绍兴市	241.48	224.90	461.84	179.32	131.81	160.32	115.21	104.05	51.93
金华市	217.42	199.11	491.27	149.77	85.01	140.58	88.83	139.20	63.35
衢州市	77.54	68.99	238.01	64.33	28.79	37.65	32.40	102.88	17.50
舟山市	55.99	50.35	96.65	40.56	22.30	35.78	21.99	20.95	19.38
台州市	213.35	194.41	601.34	135.81	97.59	181.95	87.23	208.75	48.52
丽水市	79.87	68.60	234.46	42.04	23.13	78.16	26.79	87.76	25.43

备注：职工基本养老保险中的机关事业单位养老保险参保人数含统筹试点。

各市人力资源市场
工资指导价位

全省各市、县最低工资标准

单位：元

地区	市、县	最低月工资标准	最低小时工资标准
杭州	市区(不含临安区)	2010	18.4
	临安区	1800	16.5
	桐庐、建德、淳安	1660	15
宁波	市区	2010	18.4
	慈溪、余姚、杭州湾新区	1800	16.5
	象山、奉化、宁海	1660	15
温州	市区(鹿城、龙湾、瓯海、浙南产业集聚区、瓯江口产业集聚区、洞头区灵昆街道)	2010	18.4
	乐清、瑞安、洞头(灵昆街道除外)	1800	16.5
	永嘉、平阳、苍南、文成、泰顺	1660	15
嘉兴	市区、所属县	1800	16.5
湖州	市区	1800	16.5
	德清、安吉、长兴	1660	15
绍兴	市区、所属县	1800	16.5
金华	市区、义乌、东阳、永康	1800	16.5
	兰溪、浦江、武义	1660	15
	磐安	1500	13.6
衢州	市区、所属县	1660	15
台州	市区、临海、温岭、玉环	1800	16.5
	天台、仙居、三门	1660	15
舟山	市区、所属县	1800	16.5
丽水	市本级、莲都区、青田、缙云	1660	15
	龙泉、云和、庆元、遂昌、松阳、景宁	1500	13.6

杭州市人力资源市场工资指导价位

杭州市分工种企业工资价位

单位：元/年

序号	工　种	高位数	中位数	低位数
1	企业董事	671894	103041	31408
2	企业总经理	956388	118129	32747
3	生产经营部门经理	357280	94200	34088
4	财务部门经理	379802	84000	31347
5	行政部门经理	377465	80000	31919
6	人事部门经理	403132	84499	31682
7	销售和营销部门经理	494446	124480	32539
8	广告和公关部门经理	360216	84108	34514
9	采购部门经理	339804	73816	32543
10	计算机服务部门经理	681168	138100	35899
11	研究和开发部门经理	458390	150000	40553
12	餐厅部门经理	227578	63674	27581
13	客房部门经理	241583	69303	33659
14	其他职能部门经理	425384	96653	33116
15	其他企业中高级管理人员	562857	101566	34790
16	农业科学研究人员	165488	96740	35000
17	医学研究人员	169416	87450	42568
18	管理学研究人员	132133	53543	42327
19	地质勘探工程技术人员	132765	57624	30053
20	测绘和地理信息工程技术人员	129134	55000	26858
21	矿山工程技术人员	139365	48077	30176
22	石油天然气工程技术人员	151151	91714	56175
23	冶金工程技术人员	130674	63274	38142
24	化工工程技术人员	201694	83744	38041
25	机械工程技术人员	209499	83142	37624
26	电子工程技术人员	232335	59621	33965
27	信息和通信工程技术人员	317325	100069	34664
28	电气工程技术人员	180649	60757	31582

续　表

序号	工　种	高位数	中位数	低位数
29	电力工程技术人员	142556	62580	32892
30	邮政和快递工程技术人员	295908	99065	32102
31	道路和水上运输工程技术人员	115340	53460	33093
32	民用航空工程技术人员	271336	116930	67759
33	铁道工程技术人员	130488	87966	66464
34	建筑工程技术人员	232286	44280	28713
35	建材工程技术人员	221210	42000	30588
36	林业工程技术人员	99303	42306	22320
37	水利工程技术人员	366139	66889	32360
38	纺织服装工程技术人员	130175	55400	28197
39	食品工程技术人员	224881	92635	31209
40	环境保护工程技术人员	163960	69545	34409
41	安全工程技术人员	175004	77607	30709
42	标准化、计量、质量和认证认可工程技术人员	188706	84149	40035
43	管理(工业)工程技术人员	200271	69300	27866
44	检验检疫工程技术人员	140140	65262	33421
45	制药工程技术人员	157828	66976	38136
46	印刷复制工程技术人员	165730	79472	28992
47	工业(产品)设计工程技术人员	298777	121290	45388
48	康复辅具工程技术人员	81600	42800	30400
49	轻工工程技术人员	89804	53807	35519
50	植物保护技术人员	124856	37677	25257
51	园艺技术人员	109646	40351	25370
52	兽医兽药技术人员	110237	66444	42666
53	农业工程技术人员	111432	64068	27707
54	其他农业技术人员	82932	72176	39120
55	飞行人员和领航人员	825256	280796	31750
56	船舶指挥和引航人员	63349	44863	39133
57	临床和口腔医师	316319	115552	40653
58	中医医师	177498	64631	29250
59	中西医结合医师	175191	76679	28656
60	公共卫生与健康医师	142842	93981	38213
61	药学技术人员	105422	56705	27129
62	医疗卫生技术人员	128360	49200	28902
63	护理人员	137148	63689	25744
64	其他卫生专业技术人员	151189	61610	36621

续 表

序号	工　种	高位数	中位数	低位数
65	经济专业人员	237875	91194	41044
66	统计专业人员	161139	47792	27736
67	会计专业人员	211535	60279	29550
68	审计专业人员	284909	99683	27987
69	税务专业人员	448714	89000	32483
70	评估专业人员	220178	72511	31043
71	商务专业人员	384442	103386	27170
72	人力资源专业人员	334336	78254	31701
73	银行专业人员	402709	166231	80304
74	保险专业人员	294334	79559	34681
75	证券专业人员	1259404	290981	62834
76	知识产权专业人员	244246	106900	47964
77	其他经济和金融专业人员	314341	129720	37159
78	律师	354063	52990	31036
79	法律顾问	422186	114040	40064
80	其他法律、社会和宗教专业人员	323090	68297	36000
81	中等职业教育教师	45805	26000	26000
82	中小学教育教师	177417	97832	49855
83	幼儿教育教师	76471	38852	22320
84	其他教学人员	185497	56400	30346
85	文艺创作与编导人员	103296	66133	35145
86	音乐指挥与演员	114136	63219	33108
87	电影电视制作专业人员	161453	69000	29238
88	舞台专业人员	113959	86793	33160
89	美术专业人员	139569	62500	42625
90	工艺美术与创意设计专业人员	327980	97453	30037
91	体育专业人员	349021	72429	27826
92	记者	242434	133240	46541
93	编辑	189444	75295	27481
94	翻译人员	244683	80280	55250
95	档案专业人员	134514	59736	31352
96	其他专业技术人员	177855	53228	28260
97	行政业务办理人员	200234	57800	28137
98	行政事务处理人员	133983	48445	25856
99	其他办事人员	163816	48500	24893

续 表

序号	工　种	高位数	中位数	低位数
100	保卫人员	82976	40800	26589
101	消防和应急救援人员	105168	46800	27520
102	其他安全和消防人员	112406	50231	29105
103	其他办事人员和有关人员	149591	43200	24818
104	采购人员	199373	62959	28946
105	销售人员	269390	56126	24907
106	贸易经纪代理人员	236551	55243	30390
107	再生物资回收人员	64996	48000	38987
108	特殊商品购销人员	184842	76500	26145
109	其他批发与零售服务人员	124033	43345	22320
110	轨道交通运输服务人员	121478	56616	31550
111	道路运输服务人员	122448	72514	27099
112	水上运输服务人员	44481	29415	23895
113	航空运输服务人员	112785	62782	38469
114	装卸搬运和运输代理服务人员	98429	52497	30636
115	仓储人员	116383	52742	27865
116	邮政和快递服务人员	120743	66315	38507
117	其他交通运输、仓储和邮政业服务人员	130554	69129	26520
118	住宿服务人员	79011	36000	24449
119	餐饮服务人员	74019	37269	24797
120	其他住宿和餐饮服务人员	75691	37848	23383
121	信息通信业务人员	110411	56689	31003
122	信息通信网络维护人员	151250	67662	32723
123	广播电视传输服务人员	88917	51782	31274
124	信息通信网络运行管理人员	252733	102369	32891
125	软件和信息技术服务人员	338558	113980	30100
126	其他信息传输、软件和信息技术服务人员	436511	181043	29725
127	银行服务人员	309630	142920	79432
128	证券服务人员	1058734	380620	81175
129	期货服务人员	332649	127032	39707
130	保险服务人员	329564	85140	39657
131	其他金融服务人员	1095040	160038	35755
132	物业管理服务人员	92634	34626	22320
133	房地产中介服务人员	114670	43993	30232
134	其他房地产服务人员	171505	40284	22320
135	租赁业务人员	139675	52842	25054

续 表

序号	工 种	高位数	中位数	低位数
136	商务咨询服务人员	153489	45856	27630
137	人力资源服务人员	106238	33887	22324
138	旅游及公共游览场所服务人员	105641	46356	23645
139	安全保护服务人员	68226	32628	22320
140	市场管理服务人员	144372	47045	31233
141	会议及展览服务人员	104049	49558	27896
142	其他租赁和商务服务人员	136171	39158	28278
143	测绘服务人员	116172	58470	27909
144	检验、检测和计量服务人员	106325	42290	27304
145	专业化设计服务人员	171020	73167	30671
146	其他技术辅助服务人员	110719	47967	29757
147	自然保护区和草地监护人员	28800	28800	28600
148	环境治理服务人员	81565	51431	35933
149	环境卫生服务人员	69203	29400	22320
150	绿化与园艺服务人员	69782	31060	22320
151	生活照料服务人员	65313	27896	24909
152	服装裁剪和洗染织补人员	64736	33237	26533
153	保健服务人员	41143	31020	30000
154	婚姻服务人员	31200	30000	30000
155	其他居民服务人员	60285	32576	24161
156	电力供应服务人员	79997	56355	37745
157	燃气供应服务人员	117638	59440	44363
158	水供应服务人员	43201	38615	33732
159	其他电力、燃气及水供应服务人员	73873	39928	27828
160	汽车摩托车修理技术服务人员	139309	63685	30233
161	计算机和办公设备维修人员	121327	63617	30307
162	家用电子电器产品维修人员	89390	48314	28048
163	日用产品修理服务人员	63779	46835	30541
164	其他修理及制作服务人员	169203	50920	26366
165	广播、电视、电影和影视录音制作人员	72535	38579	30022
166	健身和娱乐场所服务人员	54426	34800	23073
167	其他文化、体育和娱乐服务人员	112652	32731	27908
168	医疗辅助服务人员	66666	36830	22320
169	健康咨询服务人员	95005	39600	26395
170	康复矫正服务人员	100689	82787	61637

续 表

序号	工 种	高位数	中位数	低位数
171	其他健康服务人员	80166	36494	24920
172	其他社会生产和生活服务人员	93804	46021	23980
173	农作物生产人员	197722	32892	22320
174	其他农业生产人员	50134	25200	22320
175	森林经营和管护人员	48000	30600	24920
176	畜禽饲养人员	93779	51000	33173
177	其他畜牧业生产人员	129000	59000	34076
178	水产养殖人员	69161	49008	39508
179	水产捕捞及有关人员	52414	39612	32650
180	农副林特产品初加工人员	42600	29800	26800
181	其他农林牧渔业生产辅助人员	68333	35000	34533
182	其他农、林、牧、渔业生产加工人员	147473	43809	22320
183	饲料加工人员	68477	50000	26562
184	畜禽制品加工人员	69048	51480	34236
185	果蔬和坚果加工人员	112260	76901	37425
186	淀粉和豆制品加工人员	77498	47918	38306
187	其他农副产品加工人员	59439	48210	31136
188	焙烤食品制造人员	111158	48953	33947
189	方便食品和罐头食品加工人员	75082	62795	28572
190	酒、饮料及精制茶制造人员	99687	60871	43073
191	其他食品、饮料生产加工人员	125351	57000	31500
192	其他烟草及其制品加工人员	123399	98762	91009
193	纤维预处理人员	66511	46191	23523
194	纺纱人员	73695	42185	28803
195	织造人员	122766	42000	25897
196	针织人员	167544	39700	22838
197	非织造布制造人员	75548	60000	30788
198	印染人员	89173	48774	26589
199	其他纺织、针织、印染人员	78973	47565	26512
200	纺织品和服装剪裁缝纫人员	74133	42580	24084
201	皮革、毛皮及其制品加工人员	56815	37479	27919
202	羽绒羽毛加工及制品制造人员	57287	41271	30191
203	鞋帽制作人员	51254	36000	28179
204	其他纺织品、服装和皮革、毛皮制品加工制作人员	84037	43027	27441
205	木材加工人员	77511	49763	32254
206	人造板制造人员	80388	37350	22320

续 表

序号	工 种	高位数	中位数	低位数
207	木制品制造人员	108783	45014	28719
208	家具制造人员	77011	44469	33464
209	其他木材加工、家具与木制品制作人员	168615	45263	26800
210	制浆造纸人员	66707	42518	26450
211	纸制品制作人员	90377	46506	26664
212	其他纸及纸制品生产加工人员	89140	43860	25412
213	印刷人员	109551	52593	26199
214	记录媒介复制人员	82244	50220	35463
215	其他印刷和记录媒介复制人员	78895	49457	27500
216	文教用品制作人员	57217	35027	23328
217	乐器制作人员	99809	60075	41583
218	工艺美术品制造人员	72468	50913	28079
219	体育用品制作人员	80583	51283	40251
220	其他文教、工美、体育和娱乐用品制造人员	87840	36000	24000
221	其他石油加工和炼焦、煤化工生产人员	40605	39720	35876
222	化工产品生产通用工艺人员	101802	55936	33961
223	基础化学原料制造人员	42180	32488	26542
224	农药生产人员	78112	52990	37549
225	涂料、油墨、颜料及类似产品制造人员	85110	56719	32615
226	合成树脂生产人员	92352	52771	40604
227	合成橡胶生产人员	103266	49325	34790
228	专用化学产品生产人员	99856	78996	59724
229	日用化学品生产人员	93155	53354	26100
230	其他化学原料和化学制品制造人员	71353	45800	33101
231	化学药品原料药制造人员	193709	58778	44682
232	中药饮片加工人员	62463	45120	29464
233	药物制剂人员	97225	49500	31121
234	兽用药品制造人员	56505	46518	30502
235	生物药品制造人员	72632	46560	30800
236	其他医药制造人员	81041	55282	29302
237	化学纤维原料制造人员	80161	53651	34737
238	化学纤维纺丝及后处理人员	74898	51666	31025
239	其他化学纤维制造人员	102516	44699	34422
240	橡胶制品生产人员	92429	61154	42915
241	塑料制品加工人员	102373	55454	33729

续 表

序号	工　种	高位数	中位数	低位数
242	其他橡胶和塑料制品制造人员	86649	46467	27496
243	水泥、石灰、石膏及其制品制造人员	73511	39660	27175
244	砖瓦石材等建筑材料制造人员	52301	43630	38258
245	玻璃及玻璃制品生产加工人员	65176	39350	35388
246	玻璃纤维及玻璃纤维增强塑料制品制造人员	47228	37770	29835
247	陶瓷制品制造人员	95339	65937	44155
248	耐火材料制品生产人员	44476	34577	24045
249	石墨及炭素制品生产人员	52107	47265	42923
250	高岭土、珍珠岩等非金属矿物加工人员	68613	58944	42240
251	其他非金属矿物制品制造人员	62666	44880	31646
252	矿物采选人员	79797	50478	30619
253	其他采矿人员	50611	34469	26273
254	金属轧制人员	248669	91081	39152
255	硬质合金生产人员	50376	38674	27614
256	其他金属冶炼和压延加工人员	71041	44208	32773
257	机械冷加工人员	103658	58939	35961
258	机械热加工人员	108369	68154	37296
259	机械表面处理加工人员	121986	68870	39057
260	工装工具制造加工人员	100694	56184	33402
261	其他机械制造基础加工人员	99880	48600	29884
262	五金制品制作装配人员	75061	44400	30648
263	其他金属制品制造人员	95699	51778	30414
264	通用基础件装配制造人员	101462	54885	35495
265	锅炉及原动设备制造人员	110376	67651	28588
266	金属加工机械制造人员	82598	47245	29208
267	物料搬运设备制造人员	82342	74632	39247
268	泵、阀门、压缩机及类似机械制造人员	79233	45363	24464
269	文化办公机械制造人员	31520	31520	31520
270	其他通用设备制造人员	85460	47423	23134
271	采矿、建筑专用设备制造人员	77272	50323	28786
272	纺织服装和皮革加工专用设备制造人员	53545	38628	36333
273	电子专用设备装配调试人员	140535	59811	32604
274	医疗器械制品和康复辅具生产人员	88947	51188	34711
275	其他专用设备制造人员	90413	45502	23423
276	汽车零部件、饰件生产加工人员	113691	63670	37067
277	汽车整车制造人员	110721	76572	40320

续 表

序号	工 种	高位数	中位数	低位数
278	其他汽车制造人员	139381	79432	37074
279	摩托车、自行车制造人员	81742	58330	45607
280	其他铁路、船舶、航空设备制造人员	91158	59124	33545
281	电机制造人员	82046	38134	26788
282	输配电及控制设备制造人员	100010	58289	35494
283	电线电缆、光纤光缆及电工器材制造人员	77707	45996	28743
284	电池制造人员	65635	49560	34905
285	家用电力器具制造人员	117722	62228	38947
286	照明器具制造人员	74076	41485	30196
287	其他电气机械和器材制造人员	104612	36780	27813
288	电子元件制造人员	102435	51464	35707
289	电子器件制造人员	71542	44325	33144
290	电子设备装配调试人员	103905	54208	30907
291	其他计算机、通信和其他电子设备制造人员	127274	70833	36106
292	仪器仪表装配人员	81318	35773	26164
293	其他仪器仪表制造人员	76503	46216	30620
294	废料和碎屑加工处理人员	55937	45457	34500
295	其他废弃资源综合利用人员	115209	57382	30855
296	电力、热力生产和供应人员	133954	45484	33730
297	气体生产、处理和输送人员	70100	59658	42704
298	水生产、输排和水处理人员	92208	61392	28362
299	其他电力、热力、气体、水生产和输配人员	93285	55521	36152
300	房屋建筑施工人员	53892	34000	29069
301	土木工程建筑施工人员	134675	55200	27128
302	建筑安装施工人员	74602	36000	28096
303	建筑装饰人员	73750	36300	23889
304	其他建筑施工人员	55831	33000	30201
305	专用车辆操作人员	105532	59973	27706
306	水上运输设备操作及有关人员	51775	35374	30701
307	通用工程机械操作人员	100400	66736	34857
308	其他运输设备和通用工程机械操作人员及有关人员	97718	51600	29326
309	机械设备修理人员	135862	63303	35226
310	船舶、民用航空器修理人员	127944	74344	56829
311	检验试验人员	108133	55800	32475
312	称重计量人员	84269	50500	33766

续 表

序号	工 种	高位数	中位数	低位数
313	包装人员	119507	45560	28258
314	安全生产管理人员	147525	62300	30087
315	其他生产辅助人员	123195	48910	26579
316	其他生产制造及有关人员	97583	46820	25764

杭州市分国民经济行业企业工资价位

单位：元/年

序号	行 业	高位数	中位数	低位数
1	**一、农、林、牧、渔业**	132865	43237	22884
2	1. 农业	77614	34896	22320
3	2. 林业	116420	52069	22320
4	3. 畜牧业	107446	52350	29833
5	4. 渔业	67712	45223	33198
6	5. 农、林、牧、渔服务业	190786	48000	26104
7	**二、采矿业**	134534	37473	27723
8	1. 有色金属矿采选业	134070	37294	28865
9	2. 非金属矿采选业	102318	44162	27918
10	3. 开采辅助活动	152587	72000	32400
11	4. 其他采矿业	37500	31000	26000
12	**三、制造业**	189363	54279	28516
13	1. 农副食品加工业	102736	46563	24131
14	2. 食品制造业	245804	61798	30530
15	3. 酒. 饮料和精制茶制造业	188299	78410	35666
16	4. 纺织业	102112	45349	26193
17	5. 纺织服装. 服饰业	145412	45600	24882
18	6. 皮革、毛皮、羽毛及其制品和制鞋业	86893	38804	26669
19	7. 木材加工和木、竹、藤、棕、草制品业	233550	52759	26430
20	8. 家具制造业	126494	45600	28293
21	9. 造纸和纸制品业	122631	45000	25872
22	10. 印刷和记录媒介复制业	152489	53165	27200
23	11. 文教、工美、体育和娱乐用品制造业	105366	52219	30244
24	12. 化学原料和化学制品制造业	209285	58924	34150
25	13. 医药制造业	321740	58816	33152
26	14. 化学纤维制造业	121640	48909	31532
27	15. 橡胶和塑料制品业	133571	62619	36946
28	16. 非金属矿物制品业	218327	52970	27319

续 表

序号	行 业	高位数	中位数	低位数
29	17. 黑色金属冶炼和压延加工业	71042	41617	26853
30	18. 有色金属冶炼和压延加工业	105696	48678	25477
31	19. 金属制品业	131348	48288	27023
32	20. 通用设备制造业	167210	56374	30014
33	21. 专用设备制造业	227800	54875	29153
34	22. 汽车制造业	217761	77997	29827
35	23. 铁路、船舶、航空航天和其他运输设备制造业	123926	60247	30205
36	24. 电气机械和器材制造业	193994	60759	28007
37	25. 计算机、通信和其他电子设备制造业	195597	60500	32743
38	26. 仪器仪表制造业	183953	59102	26603
39	27. 其他制造业	181391	54432	28878
40	28. 废弃资源综合利用业	229661	48000	30515
41	29. 金属制品、机械和设备修理业	102702	50462	29200
42	**四、电力、热力、燃气及水生产和供应业**	182402	61613	36434
43	1. 电力、热力生产和供应业	185311	58475	36036
44	2. 燃气生产和供应业	173056	71087	42646
45	3. 水的生产和供应业	102352	51700	30301
46	**五、建筑业**	185600	44000	27419
47	1. 房屋建筑业	179918	43200	28455
48	2. 土木工程建筑业	169054	56310	26958
49	3. 建筑安装业	167404	48000	28469
50	4. 建筑装饰和其他建筑业	194606	43200	27755
51	**六、批发和零售业**	193622	48350	25358
52	1. 批发业	238299	57048	27015
53	2. 零售业	159976	44920	24692
54	**七、交通运输、仓储和邮政业**	213342	72850	29475
55	1. 铁路运输业	199165	81817	56249
56	2. 道路运输业	163898	71890	26393
57	3. 水上运输业	83004	46384	27517
58	4. 航空运输业	477083	78516	41515
59	5. 装卸搬运和运输代理业	108768	52489	31031
60	6. 仓储业	138630	56575	30452
61	7. 邮政业	135196	64746	49994
62	**八、住宿和餐饮业**	124271	39000	25207
63	1. 住宿业	114055	39260	25671
64	2. 餐饮业	142189	38713	24398

续 表

序号	行 业	高位数	中位数	低位数
65	**九、信息传输、软件和信息技术服务业**	451506	122958	28151
66	1. 电信. 广播电视和卫星传输服务	338225	108378	31551
67	2. 互联网和相关服务	492046	99181	29398
68	3. 软件和信息技术服务业	414498	130178	27705
69	**十、金融业**	706295	146229	47261
70	1. 货币金融服务	556261	163810	82011
71	2. 资本市场服务	1250102	290546	63074
72	3. 保险业	517065	108023	45472
73	4. 其他金融业	801291	112996	33503
74	**十一、房地产业**	354562	75860	25974
75	1. 房地产业	348237	77198	25974
76	**十二、租赁和商务服务业**	236235	59347	22473
77	1. 租赁业	203700	47532	29324
78	2. 商务服务业	247276	63667	22320
79	**十三、科学研究和技术服务业**	269093	60904	28035
80	1. 研究与试验发展	411146	151267	36936
81	2. 专业技术服务业	238394	62000	27901
82	3. 科技推广和应用服务业	208137	58800	27462
83	**十四、水利环境和公共设施管理业**	204047	55769	30798
84	1. 水利管理业	206892	50988	25153
85	2. 生态保护和环境治理业	215974	65700	30172
86	3. 公共设施管理业	180974	42590	34234
87	**十五、居民服务、修理和其他服务业**	141588	36308	22320
88	1. 居民服务业	104765	31563	22320
89	2. 机动车. 电子产品和日用产品修理业	304348	40778	27048
90	3. 其他服务业	125581	38820	22450
91	**十六、教育**	174432	47744	23325
92	1. 教育	174432	47134	23325
93	**十七、卫生和社会工作**	168626	54764	25807
94	1. 卫生	179301	56052	26339
95	2. 社会工作	145903	46508	24247
96	**十八、文化、体育和娱乐业**	467766	59239	27008
97	1. 新闻出版业	213975	88869	51741
98	2. 广播、电视、电影和影视录音制作业	176847	48540	28545
99	3. 文化艺术业	305828	62343	29068
100	4. 体育	2178003	113252	22320
101	5. 娱乐业	97843	34800	27722

杭州市分登记注册类型企业工资价位

单位：元/年

序号	企业登记注册类型	高位数	中位数	低位数
1	国有企业	339155	66221	26939
2	集体企业	125073	40800	28752
3	股份合作企业	193007	53294	34416
4	联营企业	423882	64724	33350
5	有限责任公司	203255	48383	24915
6	股份有限公司	337624	68223	30188
7	私营企业	150105	44402	24834
8	其他内资企业	185265	54844	25075
9	合资经营企业(港或澳、台资)	175294	63863	30845
10	港、澳、台商独资经营企业	433698	123467	32266
11	港、澳、台商投资股份有限公司	117912	58116	31981
12	中外合资经营企业	234088	79287	34891
13	中外合作经营企业	293335	74090	36793
14	外资企业	226187	62520	35796
15	外商投资股份有限公司	155233	66530	37140

分岗位等级企业工资价位

单位：元/年

序号	岗位等级	高位数	中位数	低位数
1	高级管理岗	748965	138569	34614
2	一级部门管理岗	539513	119046	33589
3	二级部门管理岗	427955	95546	29902
4	其他管理岗	411225	95502	29833
5	高级职称	475024	89397	31250
6	中级职称	356579	88182	29711
7	初级职称	321229	73051	29320
8	没有取得专业技术职称	256499	70542	29056
9	高级技师	309693	72656	34807
10	技师	258618	65610	30488
11	高级技能	208310	64004	29914
12	中级技能	196555	62268	28828
13	初级技能	195142	50400	25222
14	没有取得资格证书	157666	48900	23922

杭州市分工种分学历企业工资价位

单位：元/年

序号	工　种	研究生(含博士、硕士)		
		高位数	中位数	低位数
1	企业董事	1180425	198720	52615
2	企业总经理	1179211	247704	45791
3	生产经营部门经理	624672	203537	49252
4	财务部门经理	763366	208245	51150
5	行政部门经理	461237	155652	56090
6	人事部门经理	736010	191666	51275
7	销售和营销部门经理	756875	192000	53853
8	广告和公关部门经理	336223	102200	35900
9	采购部门经理	546933	217788	37810
10	计算机服务部门经理	657751	194677	88304
11	研究和开发部门经理	568378	184180	50861
12	其他职能部门经理	753086	182420	53952
13	其他企业中高级管理人员	852836	218466	55521
14	医学研究人员	158465	93640	64032
15	化工工程技术人员	288286	96950	49299
16	机械工程技术人员	253336	105360	52654
17	电子工程技术人员	267012	124402	64094
18	信息和通信工程技术人员	556077	142300	84028
19	电气工程技术人员	349117	120000	49457
20	电力工程技术人员	233984	168966	73696
21	铁道工程技术人员	199505	135188	93560
22	建筑工程技术人员	533391	223677	48036
23	水利工程技术人员	251673	87469	29750
24	纺织服装工程技术人员	55020	28400	28400
25	食品工程技术人员	113412	93835	71863
26	环境保护工程技术人员	156982	73278	42778
27	安全工程技术人员	135764	87639	64041
28	标准化、计量、质量和认证认可工程技术人员	395324	107865	41226
29	管理(工业)工程技术人员	264350	118344	47299
30	制药工程技术人员	163839	77760	48459
31	工业(产品)设计工程技术人员	332981	110631	68338
32	兽医兽药技术人员	122610	92010	78398
33	临床和口腔医师	354748	155924	81508

续　表

序号	工　种	研究生(含博士、硕士)		
		高位数	中位数	低位数
34	药学技术人员	88600	67865	42600
35	其他卫生专业技术人员	103172	73849	60279
36	经济专业人员	284382	133583	42125
37	会计专业人员	523343	240529	123103
38	审计专业人员	252417	132324	67250
39	评估专业人员	256368	88766	53749
40	商务专业人员	586058	154288	54423
41	人力资源专业人员	487306	120010	49262
42	银行专业人员	355847	153203	65400
43	保险专业人员	187085	88615	62490
44	证券专业人员	1835721	186139	80348
45	其他经济和金融专业人员	298715	144258	65428
46	律师	94000	48000	30600
47	法律顾问	390989	126445	56260
48	其他法律、社会和宗教专业人员	734153	208853	91076
49	工艺美术与创意设计专业人员	325806	176802	47419
50	记者	255460	160940	78255
51	编辑	213776	131861	55800
52	其他专业技术人员	249352	113167	32633
53	行政业务办理人员	339108	108656	38673
54	行政事务处理人员	278181	90100	41220
55	其他办事人员	393783	77492	29846
56	其他办事人员和有关人员	245100	85776	35103
57	采购人员	308599	87528	43099
58	销售人员	596086	118139	35923
59	其他批发与零售服务人员	94771	35928	27108
60	住宿服务人员	91257	63357	43203
61	信息通信网络运行管理人员	167090	157916	93712
62	软件和信息技术服务人员	454674	210099	80708
63	其他信息传输、软件和信息技术服务人员	214228	158428	37909
64	银行服务人员	1033466	142920	106922
65	期货服务人员	168500	69000	47477
66	保险服务人员	385323	120568	45885
67	其他金融服务人员	2164821	411975	99536

续　表

序号	工　种	研究生(含博士、硕士)		
		高位数	中位数	低位数
68	商务咨询服务人员	189850	105629	76128
69	专业化设计服务人员	479403	207302	50700
70	农作物生产人员	275340	193660	38849
71	化工产品生产通用工艺人员	97569	41004	32235
72	矿物采选人员	35798	33709	30906
73	其他生产制造及有关人员	159261	97702	30520

杭州市分工种分学历企业工资价位

单位：元/年

序号	工　种	本　科		
		高位数	中位数	低位数
1	企业董事	685937	120520	32713
2	企业总经理	1291177	141342	32585
3	生产经营部门经理	425197	142709	37863
4	财务部门经理	417704	105659	32865
5	行政部门经理	445961	99650	33704
6	人事部门经理	403272	104924	33043
7	销售和营销部门经理	538230	162346	39751
8	广告和公关部门经理	341583	88585	34024
9	采购部门经理	422332	114034	36022
10	计算机服务部门经理	504559	157300	45392
11	研究和开发部门经理	431919	157304	40370
12	餐厅部门经理	257670	89352	35838
13	客房部门经理	298462	113353	53713
14	其他职能部门经理	507076	130730	38491
15	其他企业中高级管理人员	673966	149325	40913
16	农业科学研究人员	165488	112824	35000
17	医学研究人员	170629	75000	45251
18	地质勘探工程技术人员	104257	47040	31469
19	测绘和地理信息工程技术人员	119184	88758	37751
20	矿山工程技术人员	116798	49039	29548
21	石油天然气工程技术人员	117335	93122	63169
22	冶金工程技术人员	141305	101750	50613

续　表

序号	工　种	本　科		
		高位数	中位数	低位数
23	化工工程技术人员	205235	88874	40253
24	机械工程技术人员	227457	90020	41101
25	电子工程技术人员	247412	76276	34065
26	信息和通信工程技术人员	442225	99700	36109
27	电气工程技术人员	195584	76550	34011
28	电力工程技术人员	116889	72259	39284
29	邮政和快递工程技术人员	414996	64000	22800
30	民用航空工程技术人员	401866	61162	36525
31	铁道工程技术人员	133564	89442	68752
32	建筑工程技术人员	459566	78017	28562
33	建材工程技术人员	127050	55203	33347
34	林业工程技术人员	129491	64383	36074
35	水利工程技术人员	235353	72909	30178
36	纺织服装工程技术人员	161055	66130	28400
37	食品工程技术人员	253390	97192	37533
38	环境保护工程技术人员	169603	71650	33699
39	安全工程技术人员	204559	82783	38568
40	标准化、计量、质量和认证认可工程技术人员	200253	92016	35612
41	管理(工业)工程技术人员	224078	79200	29310
42	检验检疫工程技术人员	135217	71610	33727
43	制药工程技术人员	219925	67392	41137
44	印刷复制工程技术人员	252584	153876	41620
45	工业(产品)设计工程技术人员	303397	149999	54248
46	园艺技术人员	157710	44280	25850
47	兽医兽药技术人员	98638	75674	52110
48	农业工程技术人员	99753	61079	35747
49	其他农业技术人员	85160	74004	69185
50	飞行人员和领航人员	1085105	388673	152378
51	临床和口腔医师	336577	113758	52091
52	中医医师	147934	62616	26007
53	药学技术人员	89843	58600	31384
54	医疗卫生技术人员	163601	51600	30128
55	护理人员	148794	71336	24568
56	其他卫生专业技术人员	184029	61408	44877
57	经济专业人员	263925	111260	44952

续 表

序号	工 种	本 科		
		高位数	中位数	低位数
58	统计专业人员	232199	62415	30562
59	会计专业人员	246733	72598	39919
60	审计专业人员	326057	70800	58297
61	税务专业人员	332735	111848	46032
62	评估专业人员	215078	119987	43755
63	商务专业人员	452964	120016	32742
64	人力资源专业人员	339564	81700	33058
65	银行专业人员	410299	164623	62562
66	保险专业人员	255834	81761	42905
67	证券专业人员	1231629	297435	64232
68	知识产权专业人员	243958	114100	50402
69	其他经济和金融专业人员	341386	156120	40777
70	律师	111176	54377	31200
71	法律顾问	250776	102942	40548
72	其他法律、社会和宗教专业人员	953952	237452	91469
73	中小学教育教师	204938	155232	54981
74	幼儿教育教师	71947	22320	22320
75	其他教学人员	199486	60644	33095
76	文艺创作与编导人员	107089	75677	44287
77	音乐指挥与演员	117721	65323	41102
78	电影电视制作专业人员	96000	64615	22320
79	舞台专业人员	111055	82088	53120
80	美术专业人员	153417	74000	47098
81	工艺美术与创意设计专业人员	347235	72320	30341
82	体育专业人员	3428571	751834	54437
83	记者	230706	126480	43665
84	编辑	174005	72009	25930
85	翻译人员	181387	75865	54746
86	档案专业人员	152077	86852	45022
87	其他专业技术人员	231726	83658	31009
88	行政业务办理人员	249107	76214	31513
89	行政事务处理人员	177785	60000	29408
90	其他办事人员	227934	57600	24200
91	保卫人员	128066	61761	35097

续 表

序号	工 种	本 科		
		高位数	中位数	低位数
92	其他安全和消防人员	127869	75051	36934
93	其他办事人员和有关人员	200084	54196	26452
94	采购人员	261114	83389	33925
95	销售人员	382446	80648	30821
96	贸易经纪代理人员	314122	55320	31247
97	特殊商品购销人员	143286	83600	55125
98	其他批发与零售服务人员	177672	62512	22320
99	轨道交通运输服务人员	139485	80527	56797
100	道路运输服务人员	156199	76852	44355
101	航空运输服务人员	403166	130298	48607
102	装卸搬运和运输代理服务人员	86748	46572	31750
103	仓储人员	138458	70289	33863
104	邮政和快递服务人员	323637	78331	46045
105	其他交通运输、仓储和邮政业服务人员	156932	81800	49447
106	住宿服务人员	132411	47040	30611
107	餐饮服务人员	60218	32304	29748
108	其他住宿和餐饮服务人员	93546	42048	28088
109	信息通信业务人员	215616	131885	50908
110	信息通信网络维护人员	169647	108337	44393
111	信息通信网络运行管理人员	204857	97208	45764
112	软件和信息技术服务人员	307765	118180	37734
113	其他信息传输、软件和信息技术服务人员	247957	80989	22320
114	银行服务人员	645553	142920	95883
115	证券服务人员	1065964	380620	75110
116	期货服务人员	143954	60650	38422
117	保险服务人员	323895	91550	41240
118	其他金融服务人员	1199783	190294	76434
119	物业管理服务人员	188960	58500	23468
120	房地产中介服务人员	136154	71740	32558
121	其他房地产服务人员	287672	79200	28437
122	租赁业务人员	200935	84726	25293
123	商务咨询服务人员	298042	63230	29639
124	人力资源服务人员	197532	48240	29783
125	旅游及公共游览场所服务人员	122778	61014	24920
126	安全保护服务人员	174771	42720	39840

续 表

序号	工　种	本　科		
		高位数	中位数	低位数
127	市场管理服务人员	197386	77670	46789
128	会议及展览服务人员	106279	58861	43856
129	其他租赁和商务服务人员	256544	67464	35106
130	检验、检测和计量服务人员	100324	63302	36598
131	专业化设计服务人员	458697	83612	33848
132	其他技术辅助服务人员	128410	69000	36850
133	自然保护区和草地监护人员	28800	28800	28800
134	环境卫生服务人员	143844	73545	44152
135	其他居民服务人员	156241	62241	31032
136	水供应服务人员	43658	38636	33729
137	汽车摩托车修理技术服务人员	125045	69643	42030
138	计算机和办公设备维修人员	369884	103336	31790
139	广播、电视、电影和影视录音制作人员	186743	138861	62071
140	其他文化、体育和娱乐服务人员	120505	57889	27168
141	其他健康服务人员	76395	29512	24371
142	其他社会生产和生活服务人员	149355	55364	30675
143	农作物生产人员	208148	100004	25885
144	其他农、林、牧、渔业生产加工人员	112111	83263	59617
145	酒、饮料及精制茶制造人员	146763	75368	38647
146	其他食品、饮料生产加工人员	126966	93270	48245
147	印染人员	122285	57621	36316
148	其他纺织、针织、印染人员	86606	47540	36354
149	纺织品和服装剪裁缝纫人员	98120	48000	33600
150	其他纸及纸制品生产加工人员	94351	50353	30656
151	印刷人员	124386	79665	45653
152	乐器制作人员	61500	47000	38125
153	其他石油加工和炼焦、煤化工生产人员	40373	39840	39240
154	化工产品生产通用工艺人员	124084	67670	37355
155	农药生产人员	77267	56700	56600
156	涂料、油墨、颜料及类似产品制造人员	130063	113697	98941
157	合成橡胶生产人员	121214	72247	43933
158	其他化学原料和化学制品制造人员	71565	44985	26600
159	药物制剂人员	125520	59090	37813
160	生物药品制造人员	66784	36815	27150

续 表

序号	工 种	本 科		
		高位数	中位数	低位数
161	其他化学纤维制造人员	148131	76962	44086
162	橡胶制品生产人员	292785	56850	46953
163	其他采矿人员	48554	36465	31411
164	机械冷加工人员	149469	73614	50989
165	机械热加工人员	113106	87658	37067
166	机械表面处理加工人员	119065	93962	65866
167	其他机械制造基础加工人员	189933	60000	45818
168	通用基础件装配制造人员	95105	63640	43906
169	金属加工机械制造人员	76597	56059	41775
170	其他通用设备制造人员	80914	55975	45658
171	电子专用设备装配调试人员	208201	95977	46464
172	其他专用设备制造人员	134257	52177	45184
173	汽车零部件、饰件生产加工人员	150070	88220	42487
174	汽车整车制造人员	108760	54474	39036
175	其他汽车制造人员	166902	142823	129048
176	电机制造人员	36780	36780	36780
177	照明器具制造人员	80670	42240	30648
178	其他电气机械和器材制造人员	44520	36780	31030
179	电子器件制造人员	151235	73931	37470
180	电子设备装配调试人员	134453	89861	41100
181	其他计算机、通信和其他电子设备制造人员	130377	70606	49348
182	仪器仪表装配人员	138927	67009	30000
183	电力、热力生产和供应人员	170693	145590	71129
184	房屋建筑施工人员	58640	34238	24457
185	建筑安装施工人员	95125	51628	28059
186	建筑装饰人员	53481	29183	22320
187	机械设备修理人员	159163	84371	39880
188	船舶、民用航空器修理人员	122596	69547	60294
189	检验试验人员	167054	71694	39813
190	包装人员	246773	56785	43976
191	安全生产管理人员	215464	75871	28015
192	其他生产辅助人员	106155	36900	29894
193	其他生产制造及有关人员	194754	64042	27949

杭州市分工种分学历企业工资价位

单位：元/年

序号	工种	专科		
		高位数	中位数	低位数
1	企业董事	622174	102730	30438
2	企业总经理	718466	103300	32566
3	生产经营部门经理	325614	99834	34514
4	财务部门经理	302303	72000	30397
5	行政部门经理	302532	72600	32109
6	人事部门经理	273034	66000	31422
7	销售和营销部门经理	463662	118399	31432
8	广告和公关部门经理	310671	81778	36976
9	采购部门经理	287307	78332	33117
10	计算机服务部门经理	247665	109741	27821
11	研究和开发部门经理	369355	132643	39314
12	餐厅部门经理	165793	60000	27886
13	客房部门经理	136731	69600	39672
14	其他职能部门经理	326814	89288	30501
15	其他企业中高级管理人员	444243	93487	34477
16	地质勘探工程技术人员	147018	66042	29819
17	测绘和地理信息工程技术人员	138624	32850	28400
18	矿山工程技术人员	158675	58789	33538
19	石油天然气工程技术人员	135742	95883	56352
20	化工工程技术人员	160775	74825	36582
21	机械工程技术人员	173079	76386	36481
22	电子工程技术人员	150354	53684	34258
23	信息和通信工程技术人员	268953	70062	29446
24	电气工程技术人员	171284	64000	30791
25	电力工程技术人员	172493	56610	30127
26	邮政和快递工程技术人员	106071	54000	22800
27	道路和水上运输工程技术人员	93533	53050	46383
28	民用航空工程技术人员	181462	70686	38804
29	铁道工程技术人员	118154	84927	65137
30	建筑工程技术人员	137994	43200	28372
31	建材工程技术人员	126883	40631	28320
32	林业工程技术人员	173490	52024	26667
33	水利工程技术人员	238573	88253	33148

续　表

序号	工　种	专　科		
		高位数	中位数	低位数
34	纺织服装工程技术人员	111750	46000	28024
35	食品工程技术人员	208781	105509	35162
36	环境保护工程技术人员	142769	67249	38640
37	安全工程技术人员	155764	93334	30056
38	标准化、计量、质量和认证认可工程技术人员	175825	84885	42179
39	管理(工业)工程技术人员	148825	59975	27644
40	检验检疫工程技术人员	113102	62733	34043
41	制药工程技术人员	113042	69600	42908
42	工业(产品)设计工程技术人员	246403	86357	39495
43	园艺技术人员	61511	41700	25600
44	兽医兽药技术人员	106964	67025	38497
45	其他农业技术人员	76772	70472	39483
46	飞行人员和领航人员	566999	195688	42644
47	临床和口腔医师	235849	107326	42025
48	中西医结合医师	146595	68730	46003
49	药学技术人员	104596	58494	33231
50	医疗卫生技术人员	107538	49200	30065
51	护理人员	134967	66022	30764
52	其他卫生专业技术人员	128879	61306	41467
53	经济专业人员	197015	79500	39272
54	统计专业人员	142437	48305	29164
55	会计专业人员	159537	54552	28752
56	审计专业人员	160714	49623	24551
57	税务专业人员	213021	76107	27932
58	评估专业人员	155431	32200	29807
59	商务专业人员	381097	87948	26182
60	人力资源专业人员	253885	69000	30311
61	银行专业人员	397507	170602	80574
62	保险专业人员	170415	72417	41476
63	证券专业人员	1040989	323179	58383
64	知识产权专业人员	189836	97152	46750
65	其他经济和金融专业人员	260768	99360	34770
66	法律顾问	181174	71233	38403
67	其他法律、社会和宗教专业人员	756571	186455	36000
68	中等职业教育教师	45805	26000	26000

续 表

序号	工 种	专 科		
		高位数	中位数	低位数
69	幼儿教育教师	77003	41100	22320
70	其他教学人员	124084	51216	29040
71	音乐指挥与演员	104171	74328	41888
72	舞台专业人员	106403	84966	69877
73	美术专业人员	89827	62311	41558
74	工艺美术与创意设计专业人员	254975	62320	28947
75	体育专业人员	3478665	451825	97048
76	编辑	131828	46783	31025
77	档案专业人员	93569	50504	29952
78	其他专业技术人员	175049	58820	28396
79	行政业务办理人员	153777	53034	28029
80	行政事务处理人员	121384	48702	25934
81	其他办事人员	184225	49041	25594
82	保卫人员	78466	41281	29348
83	消防和应急救援人员	99637	49292	28195
84	其他安全和消防人员	114484	69820	33867
85	其他办事人员和有关人员	152887	43490	24912
86	采购人员	183547	61661	29043
87	销售人员	224060	62425	27989
88	贸易经纪代理人员	184982	54000	29404
89	再生物资回收人员	57781	48000	48000
90	特殊商品购销人员	114450	63400	23115
91	其他批发与零售服务人员	146217	48958	22622
92	轨道交通运输服务人员	106059	70754	54224
93	道路运输服务人员	132975	66470	35990
94	航空运输服务人员	207395	97303	41634
95	装卸搬运和运输代理服务人员	98413	40800	32421
96	仓储人员	137034	56367	30191
97	邮政和快递服务人员	135478	55393	41283
98	其他交通运输、仓储和邮政业服务人员	150700	80539	35660
99	住宿服务人员	112815	40900	28022
100	餐饮服务人员	96839	41946	27881
101	其他住宿和餐饮服务人员	93681	40906	26607
102	信息通信业务人员	215195	130964	41309

续 表

序号	工　种	专　科		
		高位数	中位数	低位数
103	信息通信网络维护人员	159078	90400	41080
104	广播电视传输服务人员	99814	63191	48303
105	信息通信网络运行管理人员	186881	70252	31120
106	软件和信息技术服务人员	207948	62446	27079
107	其他信息传输、软件和信息技术服务人员	196899	53525	25445
108	银行服务人员	555436	137640	82849
109	期货服务人员	98561	51484	41832
110	保险服务人员	391824	76955	38524
111	其他金融服务人员	380736	164040	37551
112	物业管理服务人员	137891	45600	22320
113	房地产中介服务人员	155953	59350	30063
114	其他房地产服务人员	113398	48600	24724
115	租赁业务人员	153056	55750	25578
116	商务咨询服务人员	130949	34153	26400
117	人力资源服务人员	132830	38640	23000
118	旅游及公共游览场所服务人员	112255	45497	22320
119	安全保护服务人员	94478	42720	27414
120	市场管理服务人员	153873	77910	44398
121	会议及展览服务人员	107399	63728	36146
122	其他租赁和商务服务人员	148869	37818	29082
123	检验、检测和计量服务人员	81981	46334	35486
124	专业化设计服务人员	344872	69575	28700
125	其他技术辅助服务人员	119789	53784	31259
126	自然保护区和草地监护人员	28800	28800	28800
127	环境卫生服务人员	115952	52070	25889
128	绿化与园艺服务人员	68264	31060	22320
129	婚姻服务人员	31200	30000	30000
130	其他居民服务人员	159703	93285	31032
131	电力供应服务人员	77835	53579	42569
132	燃气供应服务人员	106555	55378	46560
133	水供应服务人员	39502	38446	34504
134	汽车摩托车修理技术服务人员	161016	67286	30577
135	计算机和办公设备维修人员	161372	55355	29334
136	家用电子电器产品维修人员	103022	62357	29261
137	其他修理及制作服务人员	155633	55940	28228

续 表

序号	工 种	专 科		
		高位数	中位数	低位数
138	广播、电视、电影和影视录音制作人员	170342	54622	46850
139	健身和娱乐场所服务人员	56469	23660	23660
140	其他文化、体育和娱乐服务人员	115197	51249	28164
141	医疗辅助服务人员	82263	40200	22320
142	健康咨询服务人员	113351	40800	23796
143	其他健康服务人员	63271	46642	25388
144	其他社会生产和生活服务人员	106772	52511	32152
145	农作物生产人员	168475	45669	22320
146	焙烤食品制造人员	135049	49144	42512
147	酒、饮料及精制茶制造人员	152902	93764	44931
148	其他食品、饮料生产加工人员	135025	99040	45277
149	织造人员	62408	40023	29165
150	针织人员	48210	28007	24593
151	印染人员	124580	51750	32411
152	其他纺织、针织、印染人员	52838	49382	36359
153	纺织品和服装剪裁缝纫人员	81930	39600	25406
154	其他纺织品、服装和皮革、毛皮制品加工制作人员	143516	46000	29393
155	家具制造人员	123254	51200	28800
156	纸制品制作人员	64890	50993	46048
157	其他纸及纸制品生产加工人员	108568	53926	31827
158	印刷人员	127135	75722	41835
159	乐器制作人员	102568	47000	41000
160	其他文教、工美、体育和娱乐用品制造人员	80000	24000	24000
161	其他石油加工和炼焦、煤化工生产人员	40260	39720	39240
162	化工产品生产通用工艺人员	114167	57206	39484
163	农药生产人员	72845	56600	56275
164	涂料、油墨、颜料及类似产品制造人员	141291	98961	67975
165	合成橡胶生产人员	104571	55761	42403
166	日用化学品生产人员	233134	64296	36000
167	其他化学原料和化学制品制造人员	62920	45600	39593
168	化学药品原料药制造人员	73591	52056	42756
169	药物制剂人员	110685	64025	36274
170	生物药品制造人员	82027	59682	44040
171	其他医药制造人员	72624	42864	27828

续 表

序号	工 种	专 科		
		高位数	中位数	低位数
172	化学纤维纺丝及后处理人员	89063	58404	39713
173	其他化学纤维制造人员	92683	78291	41157
174	橡胶制品生产人员	112554	56850	48379
175	塑料制品加工人员	120110	64337	41132
176	矿物采选人员	75184	34434	30833
177	其他金属冶炼和压延加工人员	132500	56690	39349
178	机械冷加工人员	122286	69380	40635
179	机械热加工人员	109316	44407	29184
180	机械表面处理加工人员	133332	88426	41801
181	工装工具制造加工人员	110553	60266	36321
182	其他机械制造基础加工人员	134393	58514	37044
183	五金制品制作装配人员	76922	47312	31032
184	其他金属制品制造人员	100857	60740	38295
185	通用基础件装配制造人员	95734	60768	36492
186	金属加工机械制造人员	94228	57958	42741
187	其他通用设备制造人员	87045	55056	39178
188	纺织服装和皮革加工专用设备制造人员	38628	38628	38628
189	电子专用设备装配调试人员	158648	72806	39162
190	医疗器械制品和康复辅具生产人员	104465	67816	42462
191	其他专用设备制造人员	97644	52379	36295
192	汽车零部件、饰件生产加工人员	116893	76748	35258
193	汽车整车制造人员	121176	79582	41462
194	其他汽车制造人员	197893	134487	80380
195	摩托车、自行车制造人员	85518	64985	51477
196	其他铁路、船舶、航空设备制造人员	86235	67227	32715
197	电机制造人员	89526	40443	33768
198	家用电力器具制造人员	128429	90821	45305
199	照明器具制造人员	54760	42240	34144
200	其他电气机械和器材制造人员	109262	36780	30244
201	电子元件制造人员	133792	64758	40079
202	电子器件制造人员	104219	65647	34458
203	电子设备装配调试人员	122572	66009	36504
204	其他计算机、通信和其他电子设备制造人员	147109	82030	45266
205	仪器仪表装配人员	96281	59506	28437
206	其他仪器仪表制造人员	63616	52546	34570

续 表

序号	工 种	专 科		
		高位数	中位数	低位数
207	其他废弃资源综合利用人员	106691	64485	41742
208	电力、热力生产和供应人员	154392	72783	39672
209	水生产、输排和水处理人员	135286	111461	68879
210	其他电力、热力、气体、水生产和输配人员	95494	60922	45952
211	房屋建筑施工人员	77200	37487	25470
212	土木工程建筑施工人员	73552	30000	22490
213	建筑安装施工人员	78715	36000	28315
214	建筑装饰人员	60403	42000	22320
215	其他建筑施工人员	125651	31932	27460
216	专用车辆操作人员	122040	82833	33186
217	其他运输设备和通用工程机械操作人员及有关人员	110182	68929	26343
218	机械设备修理人员	155144	79323	40900
219	船舶、民用航空器修理人员	133292	88441	55789
220	检验试验人员	115570	64500	35909
221	包装人员	141257	59571	30313
222	安全生产管理人员	137807	68366	31434
223	其他生产辅助人员	109188	55488	28946
224	其他生产制造及有关人员	117144	54851	27237

杭州市分工种分学历企业工资价位

单位：元/年

序号	工 种	高中、中专、技校		
		高位数	中位数	低位数
1	企业董事	254099	68400	30440
2	企业总经理	367151	72125	32501
3	生产经营部门经理	247582	70913	33002
4	财务部门经理	185925	60000	31569
5	行政部门经理	269169	63750	31002
6	人事部门经理	193686	55843	30123
7	销售和营销部门经理	305973	80000	30131
8	广告和公关部门经理	275674	70320	41287
9	采购部门经理	215110	60350	31915
10	计算机服务部门经理	192646	74103	38946

续 表

序号	工 种	高中、中专、技校		
		高位数	中位数	低位数
11	研究和开发部门经理	212513	85000	37461
12	餐厅部门经理	190610	63600	31547
13	客房部门经理	100907	60000	31005
14	其他职能部门经理	212964	70547	31957
15	其他企业中高级管理人员	229435	66060	31729
16	测绘和地理信息工程技术人员	68460	28800	26430
17	矿山工程技术人员	103276	60722	34429
18	化工工程技术人员	138191	59257	38737
19	机械工程技术人员	152576	74975	34137
20	电子工程技术人员	113980	53908	33138
21	信息和通信工程技术人员	369584	55835	32143
22	电气工程技术人员	111189	49870	29927
23	电力工程技术人员	78781	52767	29732
24	邮政和快递工程技术人员	106274	54368	28000
25	民用航空工程技术人员	149819	65594	40206
26	铁道工程技术人员	107874	91957	75179
27	建筑工程技术人员	92358	46450	29125
28	建材工程技术人员	113040	39860	32464
29	水利工程技术人员	144024	59000	35624
30	纺织服装工程技术人员	118348	53798	29716
31	食品工程技术人员	145590	73627	35083
32	环境保护工程技术人员	135512	66080	41713
33	安全工程技术人员	111859	50939	35120
34	标准化、计量、质量和认证认可工程技术人员	124496	68843	37145
35	管理(工业)工程技术人员	193043	65493	33731
36	检验检疫工程技术人员	98324	65610	35802
37	制药工程技术人员	80891	67630	37622
38	印刷复制工程技术人员	61849	30978	27698
39	工业(产品)设计工程技术人员	117119	84940	40993
40	轻工工程技术人员	84182	65030	38612
41	园艺技术人员	72565	31200	30000
42	兽医兽药技术人员	71602	53976	49855
43	其他农业技术人员	81301	72420	51456
44	飞行人员和领航人员	37754	32850	31480

续 表

序号	工 种	高中、中专、技校		
		高位数	中位数	低位数
45	船舶指挥和引航人员	63004	45089	39431
46	临床和口腔医师	237318	117611	26723
47	药学技术人员	89055	53634	25600
48	医疗卫生技术人员	99496	45007	26197
49	护理人员	122389	58812	23120
50	其他卫生专业技术人员	143172	63224	48848
51	经济专业人员	112184	59642	32136
52	统计专业人员	79610	42702	26984
53	会计专业人员	129507	49460	27513
54	审计专业人员	167545	62681	28970
55	商务专业人员	210819	57939	22320
56	人力资源专业人员	127555	50000	32305
57	银行专业人员	297698	159672	62876
58	保险专业人员	186849	73558	57670
59	其他经济和金融专业人员	175675	99603	30380
60	其他法律、社会和宗教专业人员	316532	36000	36000
61	音乐指挥与演员	83240	35000	35000
62	舞台专业人员	102330	96865	88983
63	工艺美术与创意设计专业人员	259235	62320	33469
64	体育专业人员	2624351	82168	28390
65	档案专业人员	95090	44960	34420
66	其他专业技术人员	109549	47552	27382
67	行政业务办理人员	136210	51160	26494
68	行政事务处理人员	100835	42000	24680
69	其他办事人员	146262	47700	26333
70	保卫人员	86967	45560	27478
71	消防和应急救援人员	102127	48000	27950
72	其他安全和消防人员	110445	50460	29047
73	其他办事人员和有关人员	111180	42060	24578
74	采购人员	148047	49119	25314
75	销售人员	142105	43975	24698
76	贸易经纪代理人员	87150	53649	45521
77	再生物资回收人员	78138	48000	45876
78	特殊商品购销人员	135660	61458	22320
79	其他批发与零售服务人员	106534	40920	23793

续 表

序号	工 种	高中、中专、技校		
		高位数	中位数	低位数
80	轨道交通运输服务人员	104158	65090	23837
81	道路运输服务人员	151414	66919	28386
82	水上运输服务人员	181749	73516	33366
83	航空运输服务人员	89586	59225	36554
84	装卸搬运和运输代理服务人员	110849	56474	29820
85	仓储人员	115760	54774	28923
86	邮政和快递服务人员	109390	67404	38179
87	其他交通运输、仓储和邮政业服务人员	143655	78328	27068
88	住宿服务人员	70064	36000	24930
89	餐饮服务人员	74640	39087	26182
90	其他住宿和餐饮服务人员	73084	37848	23684
91	信息通信业务人员	163408	130972	67087
92	信息通信网络维护人员	150991	111718	31587
93	广播电视传输服务人员	78065	57364	47069
94	信息通信网络运行管理人员	157240	138400	47651
95	软件和信息技术服务人员	153609	51068	25626
96	其他信息传输、软件和信息技术服务人员	125070	36125	26024
97	银行服务人员	492804	137640	105252
98	保险服务人员	302217	79404	40037
99	其他金融服务人员	245460	53276	34958
100	物业管理服务人员	84194	37370	22320
101	房地产中介服务人员	151701	95562	32248
102	其他房地产服务人员	65701	39055	24296
103	租赁业务人员	121842	35400	24624
104	商务咨询服务人员	119003	47250	28756
105	人力资源服务人员	87047	38400	23580
106	旅游及公共游览场所服务人员	79797	46524	29705
107	安全保护服务人员	70277	39053	22320
108	市场管理服务人员	80079	46000	29324
109	会议及展览服务人员	62418	39200	31850
110	其他租赁和商务服务人员	110685	37200	28525
111	检验、检测和计量服务人员	254285	43323	33137
112	专业化设计服务人员	428024	83777	37974
113	其他技术辅助服务人员	84898	45233	29564

续 表

序号	工　种	高中、中专、技校		
		高位数	中位数	低位数
114	自然保护区和草地监护人员	28800	28800	28800
115	环境治理服务人员	96774	55494	39646
116	环境卫生服务人员	77554	29880	22320
117	绿化与园艺服务人员	59441	33200	22320
118	服装裁剪和洗染织补人员	66857	31490	28557
119	其他居民服务人员	100117	31200	30742
120	电力供应服务人员	74891	52275	38953
121	燃气供应服务人员	114327	57847	43825
122	其他电力、燃气及水供应服务人员	63010	38020	28900
123	汽车摩托车修理技术服务人员	126116	62768	30570
124	计算机和办公设备维修人员	111013	54926	31058
125	家用电子电器产品维修人员	117775	59499	27988
126	日用产品修理服务人员	50764	40045	30228
127	其他修理及制作服务人员	158956	50139	26091
128	广播、电视、电影和影视录音制作人员	61780	37332	33431
129	健身和娱乐场所服务人员	68257	36446	24006
130	其他文化、体育和娱乐服务人员	93873	29040	27676
131	医疗辅助服务人员	46267	34320	22320
132	健康咨询服务人员	115260	39600	22320
133	其他健康服务人员	83973	42295	24011
134	其他社会生产和生活服务人员	90014	50588	27452
135	农作物生产人员	82252	30980	22320
136	水产捕捞及有关人员	71067	44388	32648
137	其他农林牧渔业生产辅助人员	70000	60000	34067
138	畜禽制品加工人员	64940	53200	34027
139	果蔬和坚果加工人员	104766	94230	48063
140	淀粉和豆制品加工人员	74133	49369	39091
141	其他农副产品加工人员	62147	51209	41000
142	焙烤食品制造人员	114174	49397	34631
143	方便食品和罐头食品加工人员	75849	63786	52065
144	酒、饮料及精制茶制造人员	128118	76700	50009
145	其他食品、饮料生产加工人员	111367	58066	36119
146	其他烟草及其制品加工人员	107215	68753	52075
147	纤维预处理人员	69762	52051	25915
148	纺纱人员	56269	41274	31107

续　表

序号	工　种	高中、中专、技校		
		高位数	中位数	低位数
149	织造人员	71784	44824	28437
150	针织人员	64441	36600	22320
151	非织造布制造人员	67243	57095	38490
152	印染人员	99291	53252	33550
153	其他纺织、针织、印染人员	51276	47000	32666
154	纺织品和服装剪裁缝纫人员	80815	41805	24752
155	皮革、毛皮及其制品加工人员	45271	39000	34381
156	羽绒羽毛加工及制品制造人员	50067	43151	38013
157	鞋帽制作人员	59600	43540	38025
158	其他纺织品、服装和皮革、毛皮制品加工制作人员	82924	39960	27819
159	木材加工人员	93855	44645	37520
160	人造板制造人员	103758	40119	24005
161	家具制造人员	76603	43988	35516
162	其他木材加工、家具与木制品制作人员	63365	43560	31385
163	制浆造纸人员	67473	43996	25015
164	纸制品制作人员	129741	48547	23899
165	其他纸及纸制品生产加工人员	94488	47725	24915
166	印刷人员	100869	58396	31464
167	记录媒介复制人员	77500	48000	29400
168	其他印刷和记录媒介复制人员	70976	55946	30748
169	文教用品制作人员	111161	57452	27738
170	乐器制作人员	98127	60433	42166
171	其他文教、工美、体育和娱乐用品制造人员	66000	40400	30133
172	其他石油加工和炼焦、煤化工生产人员	40604	39840	39291
173	化工产品生产通用工艺人员	89449	54343	37272
174	基础化学原料制造人员	36266	27729	26189
175	农药生产人员	81333	54250	44243
176	涂料、油墨、颜料及类似产品制造人员	144229	96491	58095
177	合成橡胶生产人员	67987	52179	41332
178	专用化学产品生产人员	102021	81703	59362
179	日用化学品生产人员	82194	66615	22320
180	其他化学原料和化学制品制造人员	79189	48600	29520
181	化学药品原料药制造人员	80356	55891	48456
182	中药饮片加工人员	64412	43065	37360

续 表

序号	工 种	高中、中专、技校		
		高位数	中位数	低位数
183	药物制剂人员	90384	49056	34910
184	兽用药品制造人员	53764	45955	29621
185	生物药品制造人员	55516	43890	34181
186	其他医药制造人员	76276	58342	30467
187	化学纤维原料制造人员	81776	57957	37288
188	化学纤维纺丝及后处理人员	70360	50786	36709
189	其他化学纤维制造人员	176954	52113	36983
190	橡胶制品生产人员	90161	48691	31246
191	塑料制品加工人员	114390	57784	36946
192	其他橡胶和塑料制品制造人员	94313	55492	30859
193	水泥、石灰、石膏及其制品制造人员	72695	47607	29437
194	玻璃及玻璃制品生产加工人员	42750	37800	34375
195	陶瓷制品制造人员	83060	61693	46323
196	耐火材料制品生产人员	41621	35386	26059
197	其他非金属矿物制品制造人员	68319	39446	31619
198	矿物采选人员	82742	55560	33345
199	金属轧制人员	216068	135249	41710
200	硬质合金生产人员	46766	36538	33467
201	其他金属冶炼和压延加工人员	63222	51162	40938
202	机械冷加工人员	100961	60977	38801
203	机械热加工人员	87581	53587	35193
204	机械表面处理加工人员	125452	82365	39646
205	工装工具制造加工人员	106138	64060	31137
206	其他机械制造基础加工人员	104914	51036	30520
207	五金制品制作装配人员	74258	45718	30563
208	其他金属制品制造人员	120036	58729	33693
209	通用基础件装配制造人员	95717	57715	36514
210	锅炉及原动设备制造人员	111549	71137	40380
211	金属加工机械制造人员	82245	46960	32489
212	物料搬运设备制造人员	91406	79060	47382
213	泵、阀门、压缩机及类似机械制造人员	87496	45400	25783
214	其他通用设备制造人员	99397	50676	25143
215	采矿、建筑专用设备制造人员	79378	51356	31224
216	纺织服装和皮革加工专用设备制造人员	52602	41000	37333
217	电子专用设备装配调试人员	117220	60883	32090

续 表

序号	工 种	高中、中专、技校		
		高位数	中位数	低位数
218	医疗器械制品和康复辅具生产人员	87204	53072	33285
219	其他专用设备制造人员	86454	49200	22420
220	汽车零部件、饰件生产加工人员	105985	67419	36831
221	汽车整车制造人员	107071	78203	41750
222	其他汽车制造人员	190730	128503	56534
223	摩托车、自行车制造人员	81233	59266	46243
224	其他铁路、船舶、航空设备制造人员	97402	61039	40156
225	电机制造人员	85711	49445	32256
226	输配电及控制设备制造人员	83699	57409	39357
227	电线电缆、光纤光缆及电工器材制造人员	81327	60729	37100
228	电池制造人员	62179	54602	31997
229	家用电力器具制造人员	124577	77728	47924
230	照明器具制造人员	86388	41150	34570
231	其他电气机械和器材制造人员	95990	36780	28499
232	电子元件制造人员	93983	52528	38823
233	电子器件制造人员	94601	56092	32627
234	电子设备装配调试人员	97095	54253	32644
235	其他计算机、通信和其他电子设备制造人员	118033	72049	41213
236	仪器仪表装配人员	73973	34320	27327
237	其他仪器仪表制造人员	74090	46936	32150
238	废料和碎屑加工处理人员	56800	34740	34470
239	其他废弃资源综合利用人员	123093	59158	33510
240	电力、热力生产和供应人员	153027	48586	33727
241	水生产、输排和水处理人员	124726	99383	40406
242	其他电力、热力、气体、水生产和输配人员	84104	59616	44397
243	房屋建筑施工人员	49826	33000	32640
244	土木工程建筑施工人员	143792	98406	42553
245	建筑安装施工人员	66306	36000	26143
246	建筑装饰人员	53659	36300	22320
247	其他建筑施工人员	49086	33000	30736
248	专用车辆操作人员	111908	63068	29042
249	水上运输设备操作及有关人员	52660	36432	30207
250	通用工程机械操作人员	97092	71341	41081
251	其他运输设备和通用工程机械操作人员及有关人员	95134	56702	29986

续 表

序号	工　种	高中、中专、技校		
		高位数	中位数	低位数
252	机械设备修理人员	133321	63847	36389
253	船舶、民用航空器修理人员	82079	78633	58230
254	检验试验人员	103058	58609	33965
255	称重计量人员	196521	53434	33655
256	包装人员	140200	51634	27293
257	安全生产管理人员	101654	63256	31216
258	其他生产辅助人员	168075	53133	28132
259	其他生产制造及有关人员	95672	49800	27578

杭州市不同学历分性别、分年龄劳动者平均工资报酬

单位：元/年

学历和性别	合计	18—25 岁	26—35 岁	36—45 岁	46—55 岁	56 岁及以上
全　部	76763	58976	65361	72626	79042	82345
研究生(含博士、硕士)	195891	119373	165246	258895	285096	361089
大学本科	124993	71890	112814	163663	168594	208295
大学专科	80535	57069	73438	93198	117185	132336
高中、中专或技校	60212	54472	60280	61082	61651	65482
初中及以下学历	50356	45756	48202	48500	51413	53161
男	81867	61626	66366	76512	87531	88141
研究生(含博士、硕士)	213960	125233	178249	259846	289050	359453
大学本科	133146	74215	118737	170848	177325	214752
大学专科	85955	61088	78328	98252	117985	137038
高中、中专或技校	65155	58441	64046	66374	66485	66933
初中及以下学历	52522	46362	49895	50531	54600	55844
女	69251	55034	55248	64949	68457	75135
研究生(含博士、硕士)	166435	114848	131055	173489	287204	341287
大学本科	113790	69206	105040	117230	155750	193858
大学专科	72379	51717	66417	85834	90302	115487
高中、中专或技校	51359	46701	50110	52761	55190	55284
初中及以下学历	47567	39619	45057	45315	47609	51521

杭州市分岗位等级分参加工作时间劳动者平均工资报酬

单位：元/年

岗位等级＼参加工作时间	全部	1—5 年	6—10 年	11—15 年	16—20 年	21 年及以上
全　部	76763	63865	79183	87566	95311	95745
管理岗位级别	98443	67063	89354	109902	134450	146893
高级管理岗	199493	130916	140324	175480	206700	261332
一级部门管理岗	154618	119980	136242	145997	172786	203824
二级部门管理岗	94671	69612	87090	107155	115601	131901
其他管理岗	63054	54274	67282	70255	71757	77346
专业技术职称	97459	82079	103890	107900	116178	117421
高级职称	134585	94855	129499	132414	161505	162755
中级职称	113080	84191	114273	116652	124731	127344
初级职称	98529	82490	96812	106263	120233	120507
没有取得专业技术职称	88602	79608	93447	96599	99801	102640
职业技能等级	63164	57848	62694	67589	68133	70877
高级技师	136072	74198	90440	108991	153033	175541
技师	95794	72154	89031	91349	106847	133203
高级技能	95088	69402	85547	87411	101666	105872
中级技能	87641	68129	72088	79976	98028	105752
初级技能	66707	56943	70823	72780	75033	78378
没有取得资格证书	59685	56097	56719	60780	64065	66948

杭州市分岗位等级劳动者平均工时、平均工资报酬及构成

单位：元/年

岗位等级	平均周工时（小时/周）	平均工资报酬	构成			
			基本工资（类）	绩效奖金（类）	津补贴（类）	加班加点工资
全　部	43	76763	43046	24060	5569	4088
管理岗位级别	42	98443	56183	33334	6395	2530
高级管理岗	41	199493	114801	70310	11998	2384
一级部门管理岗	42	154618	79174	63642	9264	2538
二级部门管理岗	42	94671	56079	29638	5825	3128
其他管理岗	42	63054	38728	17334	4662	2330
专业技术职称	41	97459	53635	33394	8196	2234
高级职称	40	134585	66247	55280	10856	2202
中级职称	41	113080	56686	42019	12466	1908

续　表

岗位等级	平均周工时（小时/周）	平均工资报酬	构　成			
			基本工资（类）	绩效奖金（类）	津补贴（类）	加班加点工资
初级职称	41	98529	51796	37123	7781	1830
没有取得专业技术职务	41	88602	52932	26249	6793	2628
职业技能等级	44	63164	35404	18095	4487	5178
高级技师	46	136072	65692	58455	6373	5552
技师	44	95794	46384	37526	5821	6063
高级技能	43	95088	51407	33447	5057	5177
中级技能	44	87641	42839	34985	5560	4256
初级技能	44	66707	33688	22656	5022	5343
没有取得资格证书	45	59685	34521	15625	4322	5217

杭州市分隶属关系劳动者平均工资报酬及构成

单位：元/年

隶属关系	平均工资报酬	构　成			
		基本工资（类）	绩效奖金（类）	津补贴（类）	加班加点工资
全部	76763	43046	24060	5569	4088
中央	157287	66042	83846	5875	1524
省	116641	58892	45120	10198	2430
市、地区	78341	40516	24372	7556	5898
县	60478	31552	20953	4657	3316
街道、镇、乡	64755	39694	16827	4946	3288
居民、村民委员会	53953	38274	11584	2143	1952
其他	74196	43395	21582	5070	4149

杭州市分用工形式、参加工会情况和性别劳动者平均工时、平均工资报酬及构成

单位：元/年

用工形式/参加工会情况/性别	平均周工时（小时/周）	平均工资报酬	构　成			
			基本工资（类）	绩效工资（类）	津补贴（类）	加班加点工资
总　计	43	76763	43046	24060	5569	4088
一、用工形式	43	76763	43046	24060	5569	4088
（一）劳动合同类型	43	77297	43384	24266	5597	4049
1. 固定期限	43	69087	39918	20338	4972	3859

续 表

用工形式/参加工会情况/性别	平均周工时（小时/周）	平均工资报酬	构成			
			基本工资（类）	绩效工资（类）	津补贴（类）	加班加点工资
2. 无固定期限	43	115268	59517	42401	8484	4865
3. 以完成一定工作任务为期限	45	52784	28490	14118	3996	6181
（二）劳务派遣工	45	53842	28519	15188	4360	5776
二、参加工会情况	43	76763	43046	24060	5569	4088
1. 工会会员	43	80148	42799	26846	6150	4352
2. 非工会会员	43	67486	43721	16423	3977	3365
三、性别	43	76763	43046	24060	5569	4088
1. 男	43	81867	44836	26420	6049	4563
2. 女	43	69251	40412	20586	4863	3390

分登记注册类型、企业规模劳动者平均工资报酬及构成

单位：元/年

登记注册类型/企业规模	平均工资报酬	构成			
		基本工资（类）	绩效工资（类）	津补贴（类）	加班加点工资
总　计	76763	43046	24060	5569	4088
一、登记注册类型	76763	43046	24060	5569	4088
内资企业	74739	41512	24616	5351	3259
国有	94750	36123	48537	5019	5071
集体	52389	28379	11059	10810	2140
股份合作	70280	36456	25777	6019	2029
联营企业	100603	54278	46324	0	0
有限责任公司	67819	41291	19367	4006	3155
股份有限公司	100980	48928	39502	9816	2734
私营企业	55505	34965	12301	4538	3701
其他企业	62084	37557	15736	7152	1638
港、澳、台商投资企业	108051	67724	25460	6614	8252
合资经营企业（港或澳、台资）	73473	46858	16459	5549	4607
港、澳、台商独资经营企业	144186	93856	35153	8161	7016
港、澳、台商投资股份有限公司	62028	29302	14196	2611	15920
外商投资企业	84525	46940	21147	7348	9090
中外合资经营企业	91284	46444	28347	8186	8307
中外合作经营企业	89158	58713	11906	3309	15229

续　表

登记注册类型/企业规模	平均工资报酬	构　成			
		基本工资（类）	绩效工资（类）	津补贴（类）	加班加点工资
外资企业	81278	49716	14208	6925	10430
外商投资股份有限公司	72816	28755	35484	6028	2548
二、企业规模	76763	43046	24060	5569	4088
1. 大型企业	92558	47884	32094	6878	5702
2. 中型企业	69945	38971	21974	4957	4043
3. 小型企业	67412	41613	18438	4716	2645
4. 微型企业	62598	41050	15000	4738	1810

杭州市分行业企业人工成本水平和构成

单位：元/年

行　业	企业平均人工成本	构　成						
		从业人员劳动报酬	福利费用	教育经费	保险费用	劳动保护费	住房费用	其他人工成本
全部	93313	71992	4458	624	10400	710	2484	2645
一、农、林、牧、渔业	80569	60894	3974	1313	9476	243	2683	1985
1. 农业	55991	41065	2306	1517	7452	193	1386	2071
2. 林业	83133	60207	1250	1872	15801	523	2560	919
3. 畜牧业	71458	64040	3399	439	2693	272	292	323
4. 渔业	147271	108905	6134	337	10771	653	4967	15504
5. 农、林、牧、渔服务业	95210	71669	5944	1190	11474	167	4334	432
二、采矿业	98250	81928	4074	848	8217	1753	794	635
1. 有色金属矿采选业	75925	32667	12869	713	24747	4197	0	733
2. 非金属矿采选业	98777	79126	4709	598	11930	2414	0	0
3. 开采辅助活动	117382	107400	1673	736	3891	1227	2455	0
4. 其他采矿业	33636	29091	1818	909	0	0	0	1818
三、制造业	80842	63561	4008	440	8854	634	1591	1752
1. 农副食品加工业	75367	60148	3276	407	9826	818	802	90
2. 食品制造业	95336	75412	3696	274	11696	252	2479	1527
3. 酒、饮料和精制茶制造业	102711	85787	1907	337	10520	227	3489	444
4. 纺织业	69339	56073	3076	491	7188	306	647	1558
5. 纺织服装、服饰业	67726	51708	2646	274	7345	496	739	4517
6. 皮革、毛皮、羽毛及其制品和制鞋业	54454	40547	1734	173	10239	621	445	694
7. 木材加工和木、竹、藤、棕、草制品业	77024	64989	2458	666	7848	380	218	465

续 表

行业	企业平均人工成本	构成						
		从业人员劳动报酬	福利费用	教育经费	保险费用	劳动保护费	住房费用	其他人工成本
8. 家具制造业	59212	45652	1987	245	6645	483	367	3834
9. 造纸和纸制品业	73018	57399	3854	946	8198	957	953	712
10. 印刷和记录媒介复制业	76854	51534	9068	211	10337	502	1673	3529
11. 文教、工美、体育和娱乐用品制造业	62026	48031	2799	58	7026	273	686	3153
12. 化学原料和化学制品制造业	115861	94757	4789	570	11369	1033	2213	1132
13. 医药制造业	114463	88015	7209	518	11881	437	3076	3328
14. 化学纤维制造业	95947	88319	2201	166	4800	194	0	268
15. 橡胶和塑料制品业	87406	70069	4199	259	8729	756	1857	1537
16. 非金属矿物制品业	78064	64914	2008	358	9262	801	642	80
17. 黑色金属冶炼和压延加工业	69169	58016	1702	236	7751	1466	0	0
18. 有色金属冶炼和压延加工业	80110	58833	5101	149	9692	722	3439	2174
19. 金属制品业	71389	57038	3458	363	8107	514	1104	805
20. 通用设备制造业	83752	65101	4404	521	9485	792	1918	1532
21. 专用设备制造业	82889	68055	2648	437	8590	378	1489	1293
22. 汽车制造业	86296	67053	3850	426	8945	901	4630	491
23. 铁路、船舶、航空航天和其他运输设备制造业	103267	86490	4821	135	8746	637	1768	670
24. 电气机械和器材制造业	71982	56556	4292	344	8237	694	1225	633
25. 计算机、通信和其他电子设备制造业	96496	75938	7178	541	8749	1123	2227	739
26. 仪器仪表制造业	80561	60309	2823	408	8629	372	1932	6089
27. 其他制造业	82634	63920	4440	475	9565	707	1890	1636
28. 废弃资源综合利用业	54094	40568	4279	29	7169	587	1266	196
29. 金属制品、机械和设备修理业	72508	51160	6653	1631	10657	1136	590	681
四、电力、热力、燃气及水生产和供应业	105517	83790	5929	346	10768	585	3717	382
1. 电力、热力生产和供应业	117550	95423	6744	319	11042	418	3272	332
2. 燃气生产和供应业	95520	73354	5407	532	10712	1119	3829	568
3. 水的生产和供应业	79445	56902	3633	180	11312	515	6552	351
五、建筑业	105926	75568	3329	941	9866	1199	2442	12580
1. 房屋建筑业	112131	84382	3723	697	7104	1380	1268	13577
2. 土木工程建筑业	80546	56947	2943	534	8134	2046	2490	7452
3. 建筑安装业	122028	89667	4128	1932	14252	1235	4027	6787
4. 建筑装饰和其他建筑业	116220	79701	3380	1085	12211	1036	3129	15679
六、批发和零售业	93354	71916	4424	575	11456	821	2561	1600
1. 批发业	96631	73476	4590	465	12316	693	3077	2013

续 表

行　业	企业平均人工成本	构　成						
		从业人员劳动报酬	福利费用	教育经费	保险费用	劳动保护费	住房费用	其他人工成本
2. 零售业	82999	64867	3924	636	9744	881	1867	1080
七、交通运输、仓储和邮政业	94697	66556	5687	820	13992	920	4219	2503
1. 铁路运输业	187430	136862	12430	235	29212	151	4094	4446
2. 道路运输业	88132	62139	5737	594	12131	813	3979	2738
3. 水上运输业	433976	312775	34340	3907	54006	9802	13681	5465
4. 航空运输业	83681	48665	3555	1585	22182	8	4811	2876
5. 装卸搬运和运输代理业	56301	43215	2252	526	6996	517	2201	593
6. 仓储业	91591	66383	4321	1077	12018	1770	4774	1248
7. 邮政业	110241	85791	6860	1718	12401	1116	2129	227
八、住宿和餐饮业	64775	49575	4114	324	8205	362	1089	1106
1. 住宿业	64658	48824	3905	299	8756	434	1118	1322
2. 餐饮业	64969	50819	4459	366	7293	244	1041	749
九、信息传输、软件和信息技术服务业	127008	101779	5831	957	11047	190	4287	2918
1. 电信、广播电视和卫星传输服务	129390	97467	7449	1692	17083	60	4491	1149
2. 互联网和相关服务	113687	90892	5755	1383	10947	70	3973	666
3. 软件和信息技术服务业	134707	108472	5806	694	10779	263	4468	4226
十、金融业	198915	151053	7260	1928	24693	1013	8353	4616
1. 货币金融服务	266924	183103	13086	2121	42235	1691	14248	10440
2. 资本市场服务	171864	140749	3482	406	19590	770	2973	3892
3. 保险业	229584	180286	7352	1640	25218	1691	11009	2389
4. 其他金融业	137694	106416	5019	2374	15772	167	4482	3464
十一、房地产业	143998	112768	8198	721	15556	1594	3668	1493
1. 房地产业	143998	112768	8198	721	15556	1594	3668	1493
十二、租赁和商务服务业	100542	77524	4869	792	11387	668	2852	2449
1. 租赁业	86209	68676	4941	425	8846	971	1760	590
2. 商务服务业	105421	80536	4844	917	12252	565	3224	3082
十三、科学研究和技术服务业	111303	83307	5808	1330	11476	1273	4787	3322
1. 研究与试验发展	130437	101678	4482	711	15489	0	7434	642
2. 专业技术服务业	109691	80696	6454	1375	10761	1640	4635	4131
3. 科技推广和应用服务业	97706	76460	3518	1458	11067	456	3338	1409
十四、水利环境和公共设施管理业	98630	69606	5686	1266	12990	2661	4853	1568
1. 生态保护和环境治理业	115903	75985	8153	2267	16101	3965	7231	2201
2. 公共设施管理业	70473	55931	2494	75	8389	1009	1838	738

续 表

行 业	企业平均人工成本	构 成						
		从业人员劳动报酬	福利费用	教育经费	保险费用	劳动保护费	住房费用	其他人工成本
十五、居民服务、修理和其他服务业	82702	61845	4006	474	10827	640	2878	2032
1. 居民服务业	70775	55944	2937	501	8865	477	1324	728
2. 机动车、电子产品和日用产品修理业	50276	36716	2629	954	8460	917	191	411
3. 其他服务业	85617	63659	4206	466	11224	662	3152	2247
十六、教育	101943	80569	5035	480	10921	104	3184	1649
1. 教育	101943	80569	5035	480	10921	104	3184	1649
十七、卫生和社会工作	125966	101332	6117	702	8876	703	4243	3994
1. 卫生	130909	107871	6447	746	8515	755	3172	3403
2. 社会工作	81485	42488	3150	303	12121	227	13881	9314
十八、文化、体育和娱乐业	103295	80860	3974	905	11686	665	2990	2214
1. 新闻出版业	187988	141770	6500	734	28362	322	7126	3174
2. 广播、电视、电影和影视录音制作业	95103	71427	5112	590	13296	295	2506	1876
3. 文化艺术业	100657	72242	5036	1174	11724	1882	4737	3861
4. 体育	85052	80901	222	1488	2224	9	208	0
5. 娱乐业	62872	50198	1950	189	7439	161	1482	1453

杭州市分登记注册类型人工成本水平和构成

单位：元/年

行 业	企业平均人工成本	构 成						
		从业人员劳动报酬	福利费用	教育经费	保险费用	劳动保护费	住房费用	其他人工成本
全部	93313	71992	4458	624	10400	710	2484	2645
一、内资企业	90480	69825	4284	626	10069	716	2290	2671
国有企业	151568	110666	6401	806	17999	1352	6600	7744
集体企业	82183	63484	5936	303	9953	1270	755	482
股份合作企业	128603	89726	10245	1008	19985	1142	3392	3103
联营企业	75065	55416	5708	535	9752	474	3181	0
有限责任公司	86538	66608	4070	614	9854	709	2144	2538
股份有限公司	110798	86991	5047	903	11231	606	2946	3074
私营企业	73375	57773	3831	493	7604	538	1278	1859
其他内资企业	95108	75281	3821	240	10323	1064	2991	1390
二、港、澳、台商投资企业	108842	90342	3800	412	10119	280	2445	1444
合资经营企业(港或澳、台资)	104074	81677	5333	696	11584	376	2648	1760

续 表

行 业	企业平均人工成本	构 成						
		从业人员劳动报酬	福利费用	教育经费	保险费用	劳动保护费	住房费用	其他人工成本
港、澳、台商独资经营企业	108952	94195	2504	162	8536	178	2122	1254
港、澳、台商投资股份有限公司	75888	59655	3341	582	9007	406	2603	294
三、外商投资企业	120472	88435	7320	662	15004	823	5467	2760
中外合资经营企业	106931	79570	6870	822	11342	764	3746	3817
中外合作经营企业	185735	99375	2947	569	15281	4	67560	0
外资企业	128529	94771	6611	561	17665	893	5875	2152
外商投资股份有限公司	86537	52098	24046	362	6881	241	2176	733

杭州市分隶属关系人工成本水平和构成

单位：元/年

隶属关系	企业平均人工成本	构 成						
		从业人员劳动报酬	福利费用	教育经费	保险费用	劳动保护费	住房费用	其他人工成本
全部	93313	71992	4458	624	10400	710	2484	2645
中央	159618	111820	7093	1029	25962	784	9467	3464
省	138645	106118	6477	673	16177	1102	4929	3168
市、地区	106148	79029	5702	986	12406	1039	3656	3329
县	86389	65360	4143	545	11035	900	2541	1866
街道、镇、乡	70058	54323	3345	467	7951	718	1325	1930
居民、村民委员会	72965	61827	1840	281	7942	688	144	243
其他	91336	71138	4307	593	9758	615	2226	2699

杭州市分行业人工成本投入产出

行 业	人事费用率	人工成本占总成本比重	百元人工成本销售收入(元)	百元人工成本利润(元)
全 部	20.6%	27.7%	1886.9	347.1
一、农、林、牧、渔业	15.1%	20.1%	4799.5	2103.5
1. 农业	17.1%	16.9%	6375.1	3971.5
2. 林业	19.3%	24.3%	2231.9	529.9
3. 畜牧业	3.1%	3.6%	7618.0	367.6
4. 渔业	15.5%	21.3%	645.8	176.4

续 表

行 业	人事费用率	人工成本占总成本比重	百元人工成本销售收入(元)	百元人工成本利润(元)
5. 农、林、牧、渔服务业	15.5%	26.5%	3293.4	1092.4
二、采矿业	7.7%	8.9%	2216.4	715.4
1. 有色金属矿采选业	2.1%	3.9%	4836.8	2285.8
2. 非金属矿采选业	11.4%	12.0%	1203.7	125.7
3. 其他采矿业	6.2%	7.7%	1621.6	324.3
三、制造业	15.7%	22.0%	1291.7	223.8
1. 农副食品加工业	11.5%	13.6%	1264.1	134.5
2. 食品制造业	14.9%	16.5%	950.1	109.6
3. 酒、饮料和精制茶制造业	19.9%	20.6%	904.3	93.5
4. 纺织业	12.6%	17.8%	1786.2	283.5
5. 纺织服装、服饰业	18.7%	26.0%	1113.0	113.4
6. 皮革、毛皮、羽毛及其制品和制鞋业	17.0%	21.2%	809.5	76.8
7. 木材加工和木、竹、藤、棕、草制品业	14.6%	21.9%	881.6	151.9
8. 家具制造业	15.2%	20.4%	1208.5	559.5
9. 造纸和纸制品业	9.3%	16.4%	1665.1	307.6
10. 印刷和记录媒介复制业	13.1%	18.1%	1277.4	186.0
11. 文教、工美、体育和娱乐用品制造业	17.4%	33.1%	1134.1	134.3
12. 化学原料和化学制品制造业	12.3%	15.8%	1890.2	277.8
13. 医药制造业	22.9%	30.1%	899.6	248.8
14. 化学纤维制造业	13.1%	14.8%	2672.2	176.7
15. 橡胶和塑料制品业	15.2%	22.9%	1319.0	432.7
16. 非金属矿物制品业	12.9%	15.7%	4177.4	279.1
17. 黑色金属冶炼和压延加工业	13.5%	14.2%	922.6	37.0
18. 有色金属冶炼和压延加工业	3.3%	16.3%	3005.0	1054.4
19. 金属制品业	16.1%	24.1%	1054.7	160.8
20. 通用设备制造业	16.4%	22.1%	797.3	112.5
21. 专用设备制造业	17.8%	25.9%	776.0	141.6
22. 汽车制造业	12.2%	14.6%	1678.0	160.8
23. 铁路、船舶、航空航天和其他运输设备制造业	11.7%	12.6%	857.9	63.0
24. 电气机械和器材制造业	11.2%	20.2%	1235.1	182.3
25. 计算机、通信和其他电子设备制造业	18.4%	25.1%	1047.5	308.2
26. 仪器仪表制造业	25.8%	37.6%	578.6	109.5
27. 其他制造业	16.5%	22.5%	1152.8	158.5
28. 废弃资源综合利用业	16.4%	20.6%	610.9	125.6
29. 金属制品、机械和设备修理业	10.0%	15.0%	3485.9	2363.3

续 表

行 业	人事费用率	人工成本占总成本比重	百元人工成本销售收入(元)	百元人工成本利润(元)
四、电力、热力、燃气及水生产和供应业	13.5%	15.3%	1524.8	166.5
1. 电力、热力生产和供应业	14.6%	16.6%	1731.1	209.3
2. 燃气生产和供应业	9.0%	10.2%	1375.9	146.8
3. 水的生产和供应业	17.3%	19.7%	928.3	20.8
五、建筑业	22.1%	27.6%	3284.4	453.8
1. 房屋建筑业	15.4%	22.4%	5055.2	1149.0
2. 土木工程建筑业	26.2%	29.6%	2440.0	141.9
3. 建筑安装业	19.8%	23.6%	1510.7	116.6
4. 建筑装饰和其他建筑业	26.5%	32.1%	2885.6	167.9
六、批发和零售业	12.0%	21.3%	3889.5	718.4
1. 批发业	10.2%	17.3%	4593.2	400.3
2. 零售业	13.6%	25.0%	3256.0	1004.8
七、交通运输、仓储和邮政业	27.8%	30.6%	2113.1	83.2
1. 铁路运输业	17.5%	19.3%	764.4	212.6
2. 道路运输业	30.5%	32.0%	932.5	65.8
3. 水上运输业	52.9%	51.1%	191.8	-9.3
4. 航空运输业	20.1%	20.5%	11678.5	115.3
5. 装卸搬运和运输代理业	11.8%	11.9%	1749.5	9.1
6. 仓储业	24.4%	29.1%	5361.3	25.2
7. 邮政业	9.8%	43.0%	1165.7	726.7
八、住宿和餐饮业	27.0%	34.7%	535.2	89.5
1. 住宿业	27.2%	34.3%	475.3	73.5
2. 餐饮业	26.7%	35.3%	634.5	116.1
九、信息传输、软件和信息技术服务业	32.3%	39.4%	903.5	229.5
1. 电信、广播电视和卫星传输服务	16.4%	24.3%	1085.1	195.6
2. 互联网和相关服务	34.0%	39.1%	858.2	265.5
3. 软件和信息技术服务业	32.8%	40.9%	910.6	214.7
十、金融业	19.8%	34.3%	2966.3	1002.4
1. 货币金融服务	24.8%	30.1%	925.0	223.6
2. 资本市场服务	31.8%	68.9%	330.8	174.5
3. 保险业	16.5%	26.3%	5858.1	1883.9
4. 其他金融业	17.2%	37.3%	2070.7	833.5
十一、房地产业	22.7%	31.0%	3811.1	613.5
1. 房地产业	22.7%	31.0%	3811.1	613.5

续 表

行　业	人事费用率	人工成本占总成本比重	百元人工成本销售收入(元)	百元人工成本利润(元)
十二、租赁和商务服务业	30.4%	36.1%	1856.3	352.5
1. 租赁业	21.5%	26.1%	1190.0	259.3
2. 商务服务业	33.5%	39.6%	2088.3	384.9
十三、科学研究和技术服务业	29.2%	37.0%	596.0	97.4
1. 研究与试验发展	37.5%	38.9%	711.7	158.3
2. 专业技术服务业	29.5%	36.8%	556.2	87.6
3. 科技推广和应用服务业	21.2%	36.5%	713.3	102.1
十四、水利环境和公共设施管理业	30.9%	39.0%	1770.2	611.9
1. 水利管理业	94.1%	97.8%	106.3	4.0
2. 生态保护和环境治理业	15.0%	28.3%	2917.5	1074.8
3. 公共设施管理业	44.3%	45.4%	326.6	18.8
十五、居民服务、修理和其他服务业	43.1%	49.9%	720.1	51.3
1. 居民服务业	46.2%	56.3%	245.6	42.5
2. 机动车、电子产品和日用产品修理业	18.2%	18.2%	724.0	-267.4
3. 其他服务业	43.2%	49.8%	781.0	59.2
十六、教育	48.1%	64.8%	267.2	85.6
1. 教育	48.1%	64.8%	267.2	85.6
十七、卫生和社会工作	34.0%	41.5%	544.1	92.3
1. 卫生	32.3%	40.1%	565.4	97.3
2. 社会工作	66.8%	66.8%	149.9	-0.1
十八、文化、体育和娱乐业	24.3%	34.2%	1057.6	305.0
1. 新闻出版业	10.0%	14.3%	1423.0	589.9
2. 广播、电视、电影和影视录音制作业	19.4%	28.0%	1438.4	587.2
3. 文化艺术业	29.2%	45.6%	613.0	135.1
4. 体育	42.1%	61.9%	361.1	170.5

杭州市分隶属关系人工成本投入产出

隶属关系	人事费用率	人工成本占总成本比重	百元人工成本销售收入(元)	百元人工成本利润(元)
全部	20.6%	27.7%	1886.9	347.1
内资企业	20.8%	28.0%	1924.8	349.6
国有企业	30.3%	38.5%	2304.2	191.5

续 表

隶属关系	人事费用率	人工成本占总成本比重	百元人工成本销售收入(元)	百元人工成本利润(元)
集体企业	35.8%	38.4%	758.7	46.0
股份合作企业	15.6%	18.4%	1347.6	94.7
联营企业	1.2%	1.5%	8367.0	1524.0
有限责任公司	20.0%	27.0%	1978.5	388.3
股份有限公司	18.0%	28.5%	2095.3	444.4
私营企业	21.4%	28.2%	1648.5	218.9
其他内资企业	32.7%	34.8%	1199.9	142.6
港、澳、台商投资企业	19.1%	25.9%	1505.5	314.4
合资经营企业(港或澳、台资)	16.8%	23.2%	2286.5	458.6
港、澳、台商独资经营企业	22.8%	30.9%	732.7	191.7
港、澳、台商投资股份有限公司	10.6%	11.8%	1191.1	122.4
外商投资企业	18.2%	24.1%	1481.4	324.3
中外合资经营企业	15.5%	21.4%	1821.1	310.1
中外合作经营企业	22.5%	32.7%	444.2	138.8
外资企业	19.4%	25.6%	1268.7	349.3
外商投资股份有限公司	32.6%	29.5%	1304.5	10.8

杭州市分登记注册类型人工成本投入产出

登记注册类型	人事费用率	人工成本占总成本比重	百元人工成本销售收入(元)	百元人工成本利润(元)
全部	20.6%	27.7%	1886.9	347.1
中央	18.5%	25.8%	3295.0	328.0
省	20.0%	29.9%	4110.4	367.8
市、地区	23.6%	31.8%	1807.5	397.0
县	22.1%	26.7%	1751.6	146.8
街道、镇、乡	19.8%	31.2%	1400.4	262.6
居民、村民委员会	22.1%	28.3%	2188.8	277.0
其他	20.1%	26.8%	1838.7	375.3

杭州市分登记注册类型人工成本投入产出

类型		企业	百分比
全部企业		82	100.00
行业分布	居民服务、修理和其他服务业	49	59.76
	卫生和社会工作	33	40.24
合计		82	100.00
规模分布	大型企业	1	1.22
	中型企业	1	1.22
	小型企业	16	19.51
	微型企业	33	40.24
	未填写	31	37.80
合计		82	100.00
登记注册类型分布	内资企业	82	100.00
	国有企业	9	10.98
	集体企业	4	4.88
	股份合作企业	1	1.22
	有限责任公司	3	3.66
	股份有限公司	1	1.22
	私营企业	12	14.63
	其他内资企业	52	63.41
合计		82	100.00
企业用工人数分组	1－20 人	53	64.63
	20－50 人	17	20.73
	50－500 人	12	14.63
合计		82	100.00

杭州市劳动者样本分布情况

类型		员工	百分比	有效合计
全部		1,265	100.00	1265
性别	男	369	29.17	1265
	女	896	70.83	
年龄	18－25 岁	61	4.82	1265
	26－35 岁	165	13.04	
	36－45 岁	355	28.06	
	46－55 岁	496	39.21	
	56 岁及以上	188	14.86	

续 表

类型		员工	百分比	有效合计
工龄	1－5 年	488	38.58	1265
	6－10 年	177	13.99	
	11－15 年	95	7.51	
	16－20 年	75	5.93	
	21 年及以上	430	33.99	
学历	研究生(含博士、硕士)	8	0.63	1265
	大学本科	70	5.53	
	大学专科	185	14.62	
	高中、中专或技校	341	26.96	
	初中及以下学历	661	52.25	
职业	单位负责人	115	9.09	1265
	专业技术人员	317	25.06	
	办事人员	240	18.97	
	商业、服务业人员	591	46.72	
	农林牧渔水利业生产工人	0	0.00	
	生产运输工人	2	0.16	
职业技能等级	高级技师	0	0.00	593
	技师	1	0.08	
	高级技能	32	2.53	
	中级技能	28	2.21	
	初级技能	146	11.54	
	没有取得资格证书	386	30.51	
专业技术职称	高级职称	18	1.42	317
	中级职称	40	3.16	
	初级职称	200	15.81	
	没有取得专业技术职称	59	4.66	
职业等级	高级管理岗	37	2.92	355
	一级部门管理岗	65	5.14	
	二级部门管理岗	54	4.27	
	其他管理岗	199	15.73	
用工形式	合同制度用工	1,157	91.46	1265
	劳务派遣用工	108	8.54	
劳动合同类型	固定期限	1117	88.30	1157
	无固定期限	40	3.16	
	以完成一定工作任务为期限	0	0.00	
	其他	0	0.00	

续　表

类型		员工	百分比	有效合计
入会情况	是	309	24.43	1265
	否	956	75.57	

杭州市分工种企业工资价位

单位：元/年

序号	工　种	高位数	中位数	低位数
1	企业总经理	229421	100462	38410
2	财务部门经理	64670	51136	31994
3	行政部门经理	93018	51600	36178
4	其他职能部门经理	180026	60410	29318
5	其他企业中高级管理人员	116239	48800	30350
6	临床和口腔医师	98573	73788	42153
7	药学技术人员	72914	51800	42543
8	医疗卫生技术人员	195167	68966	24076
9	护理人员	103920	46574	26548
10	会计专业人员	111023	48047	29238
11	其他专业技术人员	97115	39120	24750
12	行政业务办理人员	89533	38000	25040
13	行政事务处理人员	69469	30000	27600
14	其他办事人员	81599	36149	25982
15	保卫人员	64478	39240	27338
16	其他安全和消防人员	59020	42040	31820
17	其他办事人员和有关人员	106859	39100	22628
18	住宿服务人员	49051	38400	30000
19	餐饮服务人员	75960	37408	24900
20	生活照料服务人员	52308	33733	24296
21	其他居民服务人员	57644	43450	22560
22	其他健康服务人员	60450	43825	27398
23	其他社会生产和生活服务人员	53459	38000	22527

杭州市分登记注册类型企业工资价位

单位：元/年

序号	企业登记注册类型	高位数	中位数	低位数
1	国有企业	169893	60618	29535
2	集体企业	64570	39851	19515
3	有限责任公司	144766	44971	24500
4	私营企业	93189	42233	25844
5	其他内资企业	118167	40245	23422

杭州市分岗位等级分参加工作时间劳动者平均工资报酬

单位：元/年

岗位等级 \ 参加工作时间	全部	1—5 年	6—10 年	11—15 年	16—20 年	21 年及以上
全　部	50506	43517	51463	53029	56726	62108
管理岗位级别	51673	41371	50226	50498	52212	59355
高级管理岗	69822	63093	73395	76739	94332	96439
一级部门管理岗	62960	61717	65052	74525	85813	90540
二级部门管理岗	60192	47086	53592	53870	67972	74513
其他管理岗	43588	40829	42869	43064	44375	45196
专业技术职称	66129	39929	41707	49106	57579	70961
高级职称	110591	64872	90858	92273	106767	134504
中级职称	90818	64348	82346	89526	102550	109029
初级职称	64650	49741	64548	66744	70260	71915
没有取得专业技术职称	42291	38438	45978	47474	50542	61986
职业技能等级	38349	35693	38779	39509	41297	43010
高级技能	51140	41103	45035	45227	46242	74317
中级技能	44535	39885	44100	44729	44751	51094
初级技能	42727	37359	42580	43017	43328	47744
没有取得资格证书	36606	34260	34931	37572	38642	41696

杭州市分岗位等级企业工资价位

单位：元/年

序号	岗位等级	高位数	中位数	低位数
1	高级管理岗	242127	106427	32504
2	一级部门管理岗	202656	94748	31261

续 表

序号	岗位等级	高位数	中位数	低位数
3	二级部门管理岗	157322	66607	26487
4	其他管理岗	154832	58620	26181
5	高级职称	214960	53745	35165
6	中级职称	153933	51694	26535
7	初级职称	103378	46600	24332
8	没有取得专业技术职称	100050	40275	23143
9	高级技能	96074	43673	28925
10	中级技能	62438	42300	28800
11	初级技能	61310	39418	27544
12	没有取得资格证书	55039	35346	22870

杭州市分工种分学历企业工资价位

单位：元/年

序号	工　种	大学专科		
		高位数	中位数	低位数
1	医疗卫生技术人员	128498	70455	26605
2	护理人员	100352	67590	28272
3	会计专业人员	55693	49484	34677
4	行政业务办理人员	57600	47400	28800
5	其他办事人员	47316	34000	25667
6	其他办事人员和有关人员	93293	42642	25910

杭州市分工种分学历企业工资价位

单位：元/年

序号	工　种	高中、中专或技校		
		高位数	中位数	低位数
1	其他职能部门经理	117212	48844	42732
2	其他企业中高级管理人员	69041	48844	49305
3	护理人员	77047	45200	32562
4	行政事务处理人员	35406	43600	38825
5	其他办事人员	59780	44831	31751

续 表

序号	工　种	高中、中专或技校		
		高位数	中位数	低位数
6	其他办事人员和有关人员	46667	44332	30316
7	生活照料服务人员	55130	42750	24880
8	其他居民服务人员	42171	34100	42672
9	其他健康服务人员	43770	34200	41293
10	其他社会生产和生活服务人员	46218	35327	28643

杭州市分工种分学历企业工资价位

单位：元/年

序号	工　种	初中及以下		
		高位数	中位数	低位数
1	护理人员	58114	42300	30816
2	其他办事人员	44862	40428	38646
3	保卫人员	44411	39800	35510
4	其他办事人员和有关人员	56648	39600	29382
5	住宿服务人员	47354	39240	34687
6	餐饮服务人员	49461	39240	28124
7	生活照料服务人员	48514	31200	24498
8	其他居民服务人员	57619	44162	22560
9	其他健康服务人员	48745	43048	26611
10	其他社会生产和生活服务人员	53947	38000	22538

杭州市居民养老服务业劳动者平均工资报酬及构成

单位：元/年

岗位等级	平均工资报酬	构　成			
		基本工资(类)	绩效奖金(类)	津补贴(类)	加班加点工资
全部	50506	34335	9200	3926	3044
居民养老服务业	50506	34335	9,200	3926	3044

杭州市分隶属关系劳动者平均工资报酬及构成

单位：元/年

隶属关系	平均工资报酬	构　成			
		基本工资(类)	绩效奖金(类)	津补贴(类)	加班加点工资
全部	50506	34335	9200	3926	3044
市、地区	45511	28660	1964	14886	0
县	51138	32173	10282	5160	3523
街道、镇、乡	45089	35324	4781	3182	1802
居民、村民委员会	38020	36526	468	935	92
其他	51461	35552	9594	3245	3070

杭州市分登记注册类型劳动者平均工资报酬及构成

单位：元/年

登记注册类型	平均工资报酬	构　成			
		基本工资(类)	绩效奖金(类)	津补贴(类)	加班加点工资
全部	50506	34335	9200	3926	3044
国有企业	57242	35506	11145	5139	5452
集体企业	45202	33260	7718	1754	2470
股份合作企业	46867	35408	11459	0	0
有限责任公司	45074	34790	5662	3917	704
股份有限公司	43257	40106	3151	0	0
私营企业	66193	46760	16320	2311	802
其他内资企业	44333	30473	6809	4055	2996

杭州市分岗位等级劳动者平均工资报酬及构成

单位：元/年

岗位等级	平均周工时(小时/周)	平均工资报酬	构　成			
			基本工资(类)	绩效奖金(类)	津补贴(类)	加班加点工资
全部	43	50506	34335	9200	3926	3044
管理岗位级别	43	51673	35708	10486	3780	1698
高级管理岗	46	69822	43786	18228	5991	1817
一级部门管理岗	41	62960	44597	11168	4732	2462
二级部门管理岗	44	60192	32874	19878	5186	2254
其他管理岗	42	43588	32774	6722	2771	1321
专业技术职称	43	66129	45428	14442	4538	1721

续 表

岗位等级	平均周工时(小时/周)	平均工资报酬	构成			
			基本工资(类)	绩效奖金(类)	津补贴(类)	加班加点工资
高级职称	49	110591	74972	25959	4149	5511
中级职称	42	90818	67959	15331	5166	2361
初级职称	43	64650	43485	15218	4429	1518
没有取得专业技术职称	41	42291	28878	8144	4210	1060
职业技能等级	42	38349	25556	5416	3357	4020
技师	48	66138	61894	0	0	4243
高级技能	41	51140	48685	1382	338	734
中级技能	50	44535	24340	8739	5829	5627
初级技能	43	42727	27214	8552	3971	2990
没有取得资格证书	42	36606	24427	4375	3215	4590

杭州市分隶属关系人工成本水平及构成

单位：元/年

隶属关系	企业平均人工成本	构成						
		从业人员劳动报酬	福利费用	教育经费	保险费用	劳动保护费	住房费用	其他人工成本
全部	66813	50604	4101	1652	7184	430	846	1996
市、地区	74064	54044	0	0	4268	0	0	15752
县	58898	46198	1526	329	7748	307	534	2256
街道、镇、乡	59840	46111	2289	828	8486	228	503	1395
居民、村民委员会	45755	35417	10149	0	189	0	0	0
其他	75349	55751	6408	3026	6886	624	1262	1392

杭州市分登记注册类型人工成本水平及构成

单位：元/年

登记注册类型	企业平均人工成本	构成						
		从业人员劳动报酬	福利费用	教育经费	保险费用	劳动保护费	住房费用	其他人工成本
全部	66813	50604	4101	1652	7184	430	846	1996
国有企业	98846	65690	8378	12309	4150	605	1697	6017
集体企业	63383	46359	10693	320	5169	0	640	200

续 表

登记注册类型	企业平均人工成本	构成						
		从业人员劳动报酬	福利费用	教育经费	保险费用	劳动保护费	住房费用	其他人工成本
股份合作企业	57296	39371	640	320	12804	320	3841	0
有限责任公司	59211	50178	2845	0	6188	0	0	0
股份有限公司	78406	62588	8527	425	3529	258	374	2705
私营企业	74916	59405	3656	179	5841	762	3043	2030
其他内资企业	59838	46068	2925	418	8264	390	217	1557

杭州市分隶属关系人工成本投入产出

隶属关系	人事费用率	人工成本占总成本比重	百元人工成本销售收入(元)	百元人工成本利润(元)
全部	57.3%	64.6%	199.5	-4.5
市、地区	24.3%	24.6%	671.3	54.2
县	56.8%	73.5%	192.0	22.7
街道、镇、乡	72.0%	71.0%	91.1	-3.6
居民、村民委员会	42.0%	55.6%	73.8	82.6
其他	55.6%	58.7%	220.6	-31.7

杭州市分登记注册类型人工成本投入产出

登记注册类型	人事费用率	人工成本占总成本比重	百元人工成本销售收入(元)	百元人工成本利润(元)
全部	57.3%	64.6%	199.5	-4.5
国有企业	68.6%	75.2%	137.1	16.2
集体企业	66.3%	66.3%	61.4	0.0
有限责任公司	62.4%	57.4%	169.5	-31.3
股份有限公司	48.9%	53.2%	402.4	30.8
私营企业	47.9%	41.3%	346.5	-47.6
其他内资企业	56.9%	68.4%	184.8	3.8

宁波市人力资源市场工资指导价位

宁波市全日制就业人员工资指导价位

单位：元/年（人民币）

序号	职位名称	高位数	中位数	低位数	平均数
1	企业董事	541874	179993	54536	236854
2	企业总经理	554386	168573	53454	259914
3	国有企业中国共产党组织负责人	548912	180315	67318	254459
4	生产经营部门经理	313640	115666	55793	154694
5	财务部门经理	239173	94965	49325	127610
6	行政部门经理	216889	82396	43375	110077
7	人事部门经理	263724	91800	46984	126615
8	销售和营销部门经理	242577	75212	40383	120173
9	广告和公关部门经理	169801	71292	34437	84372
10	采购部门经理	147146	63898	36984	79723
11	计算机服务部门经理	378762	114209	42205	176356
12	研究和开发部门经理	254744	111619	58934	140736
13	餐厅部门经理	146880	90455	33719	100957
14	客房部门经理	119505	76548	30866	76478
15	其他职能部门经理	258770	93915	42285	136411
16	其他企业中高级管理人员	211493	62361	37413	101726
17	医学研究人员	201216	104438	66547	115225
18	工程测量工程技术人员	124331	94119	37800	83840
19	化工实验工程技术人员	186890	102405	26935	101724
20	化工生产工程技术人员	175489	103600	43754	96023
21	机械工程技术人员	154459	90642	40000	88623
22	机械设计工程技术人员	153650	68932	45111	80468
23	机械制造工程技术人员	145325	67265	33103	80361
24	仪器仪表工程技术人员	143575	67300	46679	88165
25	设备工程技术人员	144641	60000	38382	75926
26	模具设计工程技术人员	88661	60995	42000	57220
27	焊接工程技术人员	64200	57384	54768	58884
28	特种设备管理和应用工程技术人员	153807	78000	23460	80299

续 表

序号	职位名称	高位数	中位数	低位数	平均数
29	汽车工程技术人员	133819	62250	33853	62215
30	电子材料工程技术人员	97778	71060	47653	71663
31	电子元器件工程技术人员	84796	68000	39215	67700
32	信息和通信工程技术人员	157758	92420	43233	96780
33	通信工程技术人员	137057	86155	24408	94873
34	计算机硬件工程技术人员	152842	76841	40896	96206
35	计算机软件工程技术人员	154989	84288	39475	93607
36	计算机网络工程技术人员	149154	75592	32991	84254
37	信息系统分析工程技术人员	170131	80434	42288	89671
38	信息安全工程技术人员	254727	157386	61269	147109
39	信息系统运行维护工程技术人员	194549	116273	56775	124548
40	电工电器工程技术人员	158563	92393	41851	103823
41	光源与照明工程技术人员	145010	90541	49367	93893
42	电力工程技术人员	236837	154723	124222	161588
43	发电工程技术人员	182192	81537	67697	87279
44	供用电工程技术人员	189254	50923	38485	93837
45	变电工程技术人员	182377	53369	35561	86579
46	输电工程技术人员	134971	56971	38056	84666
47	电力工程安装工程技术人员	198407	55237	38376	73309
48	道路和水上运输工程技术人员	172943	128267	75545	124504
49	汽车运用工程技术人员	212850	111984	50697	108999
50	船舶运用工程技术人员	241245	141983	46269	143048
51	水上交通工程技术人员	216532	158783	121218	162663
52	道路交通工程技术人员	131132	102058	89287	98921
53	民用航空器维修与适航工程技术人员	182574	98700	80733	110542
54	民航空中交通管理工程技术人员	184029	122651	119766	133056
55	民航通用航空工程技术人员	194002	120433	108230	140888
56	铁道运输工程技术人员	164281	135948	92622	130533
57	城乡规划工程技术人员	128636	39786	35732	61833
58	建筑和市政设计工程技术人员	135415	65360	35493	83883
59	土木建筑工程技术人员	119903	63720	33949	71428
60	风景园林工程技术人员	120929	60185	32934	73783
61	供水排水工程技术人员	170357	120294	41928	138119
62	工程勘察与岩土工程技术人员	181708	157914	150997	160206
63	城镇燃气供热工程技术人员	157320	126027	103213	133501
64	道路与桥梁工程技术人员	115482	61707	26020	72753

续 表

序号	职位名称	高位数	中位数	低位数	平均数
65	港口与航道工程技术人员	137600	65076	34737	88487
66	民航机场工程技术人员	145207	92618	70664	103716
67	铁路建筑工程技术人员	125030	60231	31226	79407
68	爆破工程技术人员	84000	64601	42960	63800
69	非金属矿及制品工程技术人员	130742	81693	33600	73790
70	园林绿化工程技术人员	146146	136251	92265	129384
71	水资源工程技术人员	89300	70000	65460	75920
72	水生态和江河治理工程技术人员	85500	52500	47000	60658
73	水利工程管理工程技术人员	89347	64525	48130	70053
74	纺织工程技术人员	75829	43957	31529	49360
75	服装工程技术人员	70092	48123	40761	55693
76	环境监测工程技术人员	174182	100180	48972	101355
77	环境污染防治工程技术人员	142705	94288	64159	97920
78	安全工程技术人员	158967	102746	60011	106658
79	安全防范设计评估工程技术人员	149177	100958	54465	99578
80	消防工程技术人员	99700	43600	29770	57764
81	安全生产管理工程技术人员	130015	60828	46810	74874
82	标准化、计量、质量和认证认可工程技术人员	103411	58993	39000	66687
83	计量工程技术人员	122526	61500	37497	70626
84	质量管理工程技术人员	122486	59580	39923	71962
85	质量认证认可工程技术人员	128837	92354	32000	88204
86	管理(工业)工程技术人员	120926	70443	42400	79295
87	工业工程技术人员	187348	85785	47209	98235
88	战略规划与管理工程技术人员	208988	108472	34008	131747
89	项目管理工程技术人员	152604	91677	48685	100728
90	监理工程技术人员	106623	59580	50560	70219
91	工程造价工程技术人员	184891	112453	40980	117141
92	产品质量检验工程技术人员	132094	87163	66303	92126
93	进出口商品检验鉴定工程技术人员	106955	75639	53109	78451
94	产品设计工程技术人员	131668	116030	60469	102722
95	工业设计工程技术人员	199672	91966	47013	112788
96	其他飞机和船舶技术人员	369715	147818	50996	184643
97	内科医师	150976	134410	76938	116183
98	外科医师	231097	75001	57764	112044
99	药师	91800	63668	44410	68049

续 表

序号	职位名称	高位数	中位数	低位数	平均数
100	中药师	96439	60774	50946	68139
101	影像技师	127312	114151	60623	96290
102	临床检验技师	73516	54911	48818	62061
103	康复技师	117326	75844	55000	80773
104	内科护士	91522	63672	49053	69535
105	急诊护士	78831	65133	45770	64988
106	外科护士	95920	61969	43305	71709
107	社区护士	86273	64470	43712	66746
108	其他卫生专业技术人员	66539	57349	31449	57910
109	经济专业人员	203031	166374	144656	168172
110	经济规划专业人员	161484	76535	35865	92661
111	合作经济专业人员	242584	109200	78338	156912
112	价格专业人员	89295	50907	35682	60408
113	统计专业人员	112827	47188	32861	56799
114	会计专业人员	143314	56317	32165	71077
115	出纳	154601	90947	32880	90717
116	审计专业人员	172119	60727	31051	97996
117	税务专业人员	128148	82573	50329	94312
118	资产评估人员	187456	64579	32859	91192
119	房地产估价专业人员	120976	76525	31890	73603
120	商务专业人员	113120	58500	30038	68855
121	国际商务专业人员	126256	55451	38142	63584
122	市场营销专业人员	185488	81014	26813	93622
123	商务策划专业人员	128407	101794	60046	101674
124	品牌专业人员	166012	89030	44143	112712
125	报关专业人员	115932	56233	39419	68455
126	人力资源专业人员	120963	107147	69607	98674
127	人力资源管理专业人员	170066	90420	47474	104589
128	人力资源服务专业人员	157191	68000	37800	85101
129	银行外汇市场业务专业人员	423800	166099	87315	194098
130	银行清算专业人员	436137	171327	75503	222515
131	信贷审核专业人员	346951	142713	81000	193589
132	银行国外业务专业人员	381016	166632	82710	215626
133	精算专业人员	72010	61656	56840	69078
134	保险核保专业人员	139720	87701	54451	94858
135	保险理赔专业人员	124927	82470	57238	88067

续 表

序号	职位名称	高位数	中位数	低位数	平均数
136	保险资金运用专业人员	137550	90904	75898	100879
137	证券发行专业人员	136296	99038	92038	111645
138	证券交易专业人员	112565	48824	36104	59338
139	其他经济和金融专业人员	255955	131802	68939	153138
140	法律顾问	191384	140410	62502	129654
141	其他法律、社会和宗教专业人员	248412	130760	60594	139249
142	戏剧戏曲演员	82452	63468	46347	64962
143	舞蹈演员	73583	68373	51023	68486
144	民族乐器演奏员	78326	76961	52297	70979
145	外国乐器演奏员	138661	88966	61635	96782
146	灯光师	132731	98108	38600	94334
147	音像师	119486	76250	36480	76829
148	装置师	121279	87250	44410	85781
149	服装道具师	111289	89896	69170	94350
150	演出监督	152963	122080	98954	124208
151	美术专业人员	91180	64600	52600	72810
152	工艺美术专业人员	99625	59012	41109	64622
153	陈列展览设计人员	148499	63376	49906	82025
154	文字记者	183520	123250	91198	122749
155	摄影记者	163497	79263	43567	92339
156	文字编辑	170046	79677	41673	100002
157	美术编辑	142706	107163	94215	118158
158	网络编辑	144108	65873	41089	70598
159	校对员	98504	73561	67655	80677
160	翻译人员	87450	62116	47936	66487
161	图书资料专业人员	81503	40860	38364	57097
162	档案专业人员	140328	75678	42604	88281
163	其他新闻出版、文化专业人员	90128	71276	51201	79152
164	其他专业技术人员	149033	67200	37563	83552
165	行政业务办理人员	101000	55800	34880	63918
166	行政办事员	141259	62919	33845	80528
167	行政事务处理人员	98900	63076	40754	68395
168	机要员	136948	59400	42000	74752
169	秘书	108957	53802	31492	62634
170	公关员	87787	45159	31520	54831

续 表

序号	职位名称	高位数	中位数	低位数	平均数
171	收发员	98849	54447	24647	57970
172	打字员	96288	52608	25967	61242
173	制图员	94877	50515	30730	55760
174	后勤管理员	101971	48590	31585	60568
175	其他办事人员	93291	50778	31270	61464
176	保卫管理员	55543	33760	22661	40285
177	消防和应急救援人员	117348	68969	32363	71695
178	消防员	100291	44950	35810	61303
179	消防指挥员	165291	164975	130065	152620
180	消防安全管理员	90000	33720	29973	50159
181	其他安全和消防人员	60516	39025	26739	46636
182	其他办事人员和有关人员	107023	51824	29013	61962
183	采购员	93186	52266	36144	57875
184	销售人员	110664	56153	35916	67423
185	营销员	105825	47581	28537	60525
186	电子商务师	62044	36627	24743	39841
187	商品营业员	65922	35160	28331	43327
188	收银员	61268	35568	28331	39708
189	废旧物资回收挑选工	42977	36000	23644	37129
190	医药商品购销员	126375	59496	41740	68995
191	其他批发与零售服务人员	108900	43903	23343	48730
192	轨道列车司机	80170	76785	75431	77410
193	铁路列车乘务员	110186	102809	64123	100706
194	铁路车站客运服务员	98907	95305	57733	94536
195	铁路车站货运服务员	101647	94357	58996	92241
196	轨道交通调度员	148322	113814	75000	111266
197	城市轨道交通服务员	96516	84811	69823	82818
198	道路运输服务人员	146516	77962	39220	82609
199	道路客运汽车驾驶员	79220	71239	59064	70155
200	道路货运汽车驾驶员	58541	45000	33680	45057
201	道路客运服务员	68589	49521	35874	52830
202	道路货运业务员	68125	62585	55226	62915
203	道路运输调度员	74756	63656	36399	59500
204	公路收费及监控员	77855	64780	38221	60258
205	机动车驾驶教练员	95536	63425	43038	72783
206	油气电站操作员	92591	76347	52907	84346

续 表

序号	职位名称	高位数	中位数	低位数	平均数
207	航空运输地面服务员	161433	92284	79540	103339
208	机场运行指挥员	176930	105178	104108	134628
209	装卸搬运工	52131	46379	37000	45411
210	客运售票员	93143	63190	44822	67964
211	运输代理服务员	61380	52850	35460	50689
212	仓储人员	82526	45360	32000	53379
213	仓储管理员	88418	43100	28633	52713
214	理货员	86599	36558	28570	43749
215	物流服务师	89060	76100	49910	71690
216	邮政和快递服务人员	75783	65028	57333	66048
217	其他交通运输、仓储和邮政业服务人员	87755	46631	28633	58615
218	前厅服务员	51000	35400	26400	37689
219	客房服务员	45600	32202	24432	34040
220	旅店服务员	47429	38233	22925	35568
221	中式烹调师	93283	46578	30575	50231
222	中式面点师	82351	44578	30105	53311
223	西式烹调师	63211	41553	31260	46648
224	西式面点师	69752	44840	30000	53360
225	餐厅服务员	57398	37772	25193	35590
226	营养配餐员	48939	35400	30129	34140
227	其他住宿和餐饮服务人员	50441	30370	23620	34824
228	信息通信营业员	108188	73540	42014	76180
229	信息通信业务员	48842	35988	26432	36742
230	信息通信网络机务员	134769	100412	77532	103006
231	信息通信网络运行管理员	141781	77334	41981	88781
232	信息通信信息化系统管理员	139318	103310	75458	100607
233	计算机程序设计员	157085	91060	42410	100079
234	计算机软件测试员	135766	57400	47209	84940
235	呼叫中心服务员	99572	51901	36827	59523
236	其他信息传输、软件和信息技术服务人员	173574	111706	49498	114353
237	银行综合柜员	351782	152764	54130	204310
238	银行信贷员	408391	173129	65439	216600
239	银行客户业务员	281746	118145	68888	153199
240	银行信用卡业务员	361620	152195	65554	199937
241	证券交易员	239036	93000	53850	130485

续 表

序号	职位名称	高位数	中位数	低位数	平均数
242	保险代理人	215075	125332	75010	140370
243	保险保全员	80199	66360	59020	67654
244	信托业务员	392960	156171	87748	224963
245	其他金融服务人员	412028	170203	79698	213333
246	物业管理员	61156	39613	25892	40180
247	中央空调系统运行操作员	93495	55921	33237	77167
248	停车管理员	67899	30200	25620	41128
249	其他房地产服务人员	79863	39650	34650	51388
250	租赁业务员	84238	62027	41100	62952
251	客户服务管理员	83519	58486	34319	60644
252	职业指导员	63000	57000	53000	55500
253	劳动关系协调员	75000	43080	24000	45390
254	导游	48469	27220	25483	33506
255	旅游团队领队	49369	40618	31655	40734
256	旅行社计调	103076	59022	43672	65505
257	旅游咨询员	79347	51810	39906	55929
258	公共游览场所服务员	43436	28630	25704	34071
259	安全保护服务人员	66909	38736	26160	43266
260	保安员	56192	33212	27600	37787
261	安检员	175095	91253	59514	104548
262	智能楼宇管理员	64683	40386	23493	40003
263	消防设施操作员	125400	45087	32988	59040
264	安全防范系统安装维护员	84885	66921	44736	67259
265	市场管理员	113134	77635	45926	76693
266	其他租赁和商务服务人员	67420	37990	30800	47197
267	检验、检测和计量服务人员	78064	52369	34685	53734
268	农产品食品检验员	78725	46497	37302	59855
269	纤维检验员	70878	48531	30093	47016
270	机动车检测工	77540	70398	65393	70657
271	计量员	93573	57466	35549	67502
272	工艺美术品设计师	93904	80081	71430	81928
273	装潢美术设计师	82710	60510	43803	63809
274	广告设计师	71637	54138	41652	55823
275	包装设计师	86520	68000	50150	67524
276	其他技术辅助服务人员	72362	61317	35302	57416
277	展出动物保育员	47900	40700	36262	41075

续 表

序号	职位名称	高位数	中位数	低位数	平均数
278	环境治理服务人员	88106	44563	33600	52893
279	污水处理工	131535	91190	56481	91395
280	环境卫生服务人员	54977	33857	24000	37962
281	保洁员	45420	29327	23948	32536
282	生活垃圾清运工	48192	33551	25966	35841
283	生活垃圾处理工	40895	29984	25658	30088
284	园林绿化工	42908	30400	24744	33090
285	其他水利、环境和公共设施管理服务人员	53425	33487	25428	38034
286	孤残儿童护理员	48604	36865	33360	36447
287	养老护理员	78038	42148	34236	55525
288	洗衣师	49330	39842	34369	41180
289	其他居民服务人员	59413	43616	39648	51254
290	燃气燃煤供应服务员	119127	103140	70711	101855
291	水供应服务员	105450	68254	46850	81870
292	汽车维修工	85330	68272	46806	70096
293	计算机维修工	72866	63795	40943	62378
294	办公设备维修工	72572	36370	26244	43015
295	家用电器产品维修工	72654	44357	25129	46237
296	其他修理及制作服务人员	67530	46256	31876	50649
297	电影放映员	83414	41945	33332	53206
298	游泳救生员	50176	31200	28800	35467
299	康乐服务员	48104	30610	22745	33234
300	其他文化、体育和娱乐服务人员	64452	34201	24154	36887
301	医疗临床辅助服务员	58364	50822	46137	51490
302	公共卫生辅助服务员	55355	28863	25903	40650
303	其他健康服务人员	58988	40560	29720	43410
304	其他社会生产和生活服务人员	93475	72778	50496	69444
305	其他农业生产人员	98318	75446	28791	51281
306	其他林业生产人员	147671	140369	93544	128334
307	家畜繁殖员	68578	62441	43756	57960
308	家畜饲养员	57748	49362	34800	47070
309	其他畜牧业生产人员	68141	53136	34773	51332
310	渔业船员	49100	34000	29100	37498
311	动物疫病防治员	71634	59351	56510	63045
312	其他农林牧渔业生产辅助人员	61501	44853	39114	47634

续 表

序号	职位名称	高位数	中位数	低位数	平均数
313	其他农、林、牧、渔业生产加工人员	37053	26000	22613	25257
314	饲料加工工	77821	66363	36000	58853
315	畜禽屠宰加工工	43200	32845	30153	35884
316	畜禽副产品加工工	49032	47328	36000	43385
317	果蔬坚果加工工	34780	32580	31760	33299
318	米面主食制作工	49632	32640	30720	38920
319	味精制造工	36340	34791	31883	33995
320	饮料制作工	83127	69454	58559	67949
321	其他食品、饮料生产加工人员	61372	41335	32102	49435
322	织造人员	65711	54407	44755	53916
323	织布工	70257	50497	34271	61469
324	纺织染色工	67746	43723	37813	50297
325	工艺染织品制作工	77826	64883	47158	63329
326	其他纺织、针织、印染人员	65008	44402	27233	45710
327	纺织品和服装剪裁缝纫人员	87926	58300	36500	64159
328	服装制版师	156350	102200	67088	107731
329	裁剪工	60672	43659	41009	52904
330	缝纫工	65639	44976	35995	51603
331	缝纫品整型工	50376	43486	36765	46107
332	皮革、毛皮及其制品加工人员	52160	49600	45920	49133
333	其他纺织品、服装和皮革、毛皮制品加工制作人员	62360	45262	38511	53328
334	木制品制造人员	78515	56400	36113	58098
335	手工木工	50410	45920	31084	46228
336	其他木材加工、家具与木制品制作人员	57147	45977	30892	45290
337	制浆造纸人员	57968	56517	29341	49646
338	其他纸及纸制品生产加工人员	50557	41624	24112	36894
339	印刷人员	62048	40897	34020	45239
340	印前处理和制作员	81333	55986	35508	53975
341	印刷操作员	87009	49509	42484	61447
342	工艺美术品制造人员	71754	47400	38463	52900
343	石油炼制生产人员	89750	71773	60057	72650
344	油品储运工	109189	84561	37118	80067
345	炼焦人员	53000	45850	40258	46032
346	其他石油加工和炼焦、煤化工生产人员	172462	127500	76341	129518
347	化工产品生产通用工艺人员	80871	47078	29868	50858
348	基础化学原料制造人员	77241	67761	58605	69319

续 表

序号	职位名称	高位数	中位数	低位数	平均数
349	化学肥料生产人员	56661	48311	34213	46395
350	专用化学产品生产人员	115219	84860	46871	80612
351	其他化学原料和化学制品制造人员	58418	45732	42108	47961
352	其他医药制造人员	61986	52417	39945	50021
353	化学纤维原料制造人员	69000	55000	40000	55386
354	纺丝工	55197	37743	31536	41959
355	橡胶制品生产人员	76806	46720	39340	50832
356	塑料制品成型制作工	59837	44080	34300	46552
357	其他橡胶和塑料制品制造人员	61506	48722	35489	48354
358	水泥生产工	82922	54225	40872	54655
359	砖瓦生产工	48610	37962	36803	43065
360	加气混凝土制品工	56840	49496	45952	51531
361	砂石骨料生产工	66000	63632	48000	60436
362	陶瓷成型施釉工	44488	39590	24500	41926
363	石油和天然气开采与储运人员	54283	52000	50362	51667
364	炼铁人员	77200	58142	37520	56368
365	炼钢人员	116058	90483	52535	84538
366	重有色金属冶炼人员	106318	65202	51845	71378
367	稀土材料生产工	47460	46560	42960	45660
368	金属轧制人员	88984	59280	39439	61888
369	其他金属冶炼和压延加工人员	75536	56472	28515	62211
370	机械冷加工人员	72343	48720	32742	51247
371	车工	86736	53647	36848	58172
372	磨工	88552	46878	37967	52041
373	钻床工	86634	53732	37459	56550
374	多工序数控机床操作调整工	80413	51000	39700	49050
375	下料工	64449	51817	45746	54004
376	铆工	66774	50983	46512	54025
377	冲压工	76356	44061	32061	45302
378	机械热加工人员	70085	50400	34300	52123
379	锻造工	70600	51733	39134	57885
380	金属热处理工	78364	59047	38970	59558
381	焊工	91207	60703	40207	59405
382	机械表面处理加工人员	76080	49200	32484	51718
383	镀层工	72698	51452	38523	48671

续 表

序号	职位名称	高位数	中位数	低位数	平均数
384	涂装工	84092	52608	35022	54073
385	喷涂喷焊工	72395	50087	34326	53423
386	工装工具制造加工人员	71060	70080	50032	65240
387	模具工	71030	53583	43410	56062
388	工具钳工	92970	49210	39668	59704
389	其他机械制造基础加工人员	82315	55692	34870	57029
390	五金制品制作装配人员	48000	42250	31950	40625
391	工具五金制作工	78714	44200	40534	46231
392	建筑五金制品制作工	52200	44000	41440	46265
393	锁具制作工	50862	41433	31599	39849
394	日用五金制品制作工	58064	45000	24666	44294
395	其他金属制品制造人员	67200	51610	45600	54688
396	通用基础件装配制造人员	60720	45004	33500	46907
397	装配钳工	103545	48133	30478	55025
398	锅炉及原动设备制造人员	37563	24617	22320	28230
399	其他通用设备制造人员	61652	53975	45896	54650
400	采矿、建筑专用设备制造人员	59721	44000	32800	45737
401	汽车零部件、饰件生产加工人员	94874	52000	28320	62803
402	汽车生产线操作工	97664	61118	36787	57203
403	汽车零部件再制造工	87072	60050	45278	63440
404	汽车整车制造人员	140466	106544	67452	105558
405	灯具制造工	43000	40560	30400	38500
406	电子元件制造人员	39194	35136	33253	36827
407	电子器件制造人员	63097	49186	35898	49298
408	广电和通信设备电子装接工	95479	90578	75072	86791
409	其他计算机、通信和其他电子设备制造人员	62639	49068	30067	52500
410	仪器仪表装配人员	70198	60215	43500	57988
411	仪器仪表制造工	67200	48000	31498	47007
412	其他仪器仪表制造人员	45200	42200	38325	41224
413	电力、热力生产和供应人员	92798	59800	38000	63535
414	锅炉运行值班员	140265	90143	26188	82652
415	燃料值班员	139665	87458	54924	79761
416	汽轮机运行值班员	123395	80825	57445	97007
417	发电集控值班员	136194	97726	62321	104637
418	电气值班员	141335	92236	46795	93130
419	锅炉操作工	101521	58640	34245	75455

续 表

序号	职位名称	高位数	中位数	低位数	平均数
420	变配电运行值班员	137105	87915	40088	114835
421	燃气储运工	73200	49680	44000	55299
422	水生产、输排和水处理人员	84616	45598	33777	51150
423	水生产处理工	105956	74439	44238	81321
424	水供应输排工	38856	33800	30328	32989
425	司泵工	99400	86450	79475	88442
426	其他电力、热力、气体、水生产和输配人员	113580	72334	48635	78915
427	房屋建筑施工人员	78655	50346	37776	53822
428	砌筑工	50894	49432	45240	49536
429	石工	52000	50000	49822	50541
430	混凝土工	62620	56053	49053	61139
431	钢筋工	53561	49421	40000	46552
432	架子工	55580	35000	30000	40982
433	水工建构筑物维护检修工	52210	49210	48010	49810
434	管道工	51972	42940	37919	44500
435	建筑安装施工人员	88441	63404	40935	63230
436	机械设备安装工	85264	62780	46196	68512
437	电气设备安装工	70106	53605	41679	58541
438	电梯安装维修工	95104	89481	88257	91103
439	管工	84048	50133	43134	55821
440	锅炉设备安装工	65815	51468	45435	51457
441	发电设备安装工	118190	109029	100946	109478
442	电力电气设备安装工	117384	92364	83683	98377
443	装饰装修工	49809	48000	37337	48017
444	其他建筑施工人员	41000	40000	38000	40126
445	专用车辆驾驶员	94413	81504	50982	78642
446	铁路试验检测设备维修工	92178	80672	47195	80349
447	水上运输设备操作及有关人员	148331	126842	93787	124599
448	船舶甲板设备操作工	143310	95067	55470	92729
449	船舶机舱设备操作工	143954	101523	51217	98391
450	船闸及升船机运管员	32849	32441	31691	32334
451	通用工程机械操作人员	138288	87322	62596	92797
452	起重装卸机械操作工	142221	74918	41419	83817
453	起重工	142535	76659	46767	79830
454	其他运输设备和通用工程机械操作人员及有关人员	103435	64276	40532	70775

续 表

序号	职位名称	高位数	中位数	低位数	平均数
455	机械设备修理人员	89429	55094	37361	60871
456	设备点检员	74890	52643	40990	60773
457	机修钳工	95362	55267	31438	58373
458	电工	117370	61933	29674	64315
459	仪器仪表维修工	117562	60750	44626	61891
460	锅炉设备检修工	104918	74682	44175	70571
461	汽机和水轮机检修工	93734	66043	51524	70795
462	变电设备检修工	131578	86689	40417	105102
463	工程机械维修工	103002	49932	37659	56887
464	船舶、民用航空器修理人员	140844	132836	124955	129566
465	检验试验人员	71854	50703	34979	52637
466	化学检验员	75895	50207	38724	57924
467	质检员	84863	47932	37680	54861
468	试验员	42224	35424	32724	36747
469	称重计量工	79103	47657	31561	50877
470	包装工	59290	43944	28232	45132
471	安全员	115262	78544	47226	82984
472	其他生产辅助人员	66521	51690	31500	51403
473	其他生产制造及有关人员	68707	46288	33000	50741

宁波市不同国民经济行业工资指导价位

一、采矿业

单位：元/年(人民币)

序号	职位名称	高位数	中位数	低位数	平均数
1	其他企业中高级管理人员	176800	69600	56160	68057
2	设备工程技术人员	123800	66000	56000	72200
3	特种设备管理和应用工程技术人员	133400	78000	58000	99125
4	行政办事员	131288	63000	34320	75400
5	其他办事人员和有关人员	104400	51000	29000	61143
6	砂石骨料生产工	66000	64000	48000	60436

二、制造业

单位：元/年（人民币）

序号	职位名称	高位数	中位数	低位数	平均数
1	总经理	494363	150166	54264	203966
2	总工程师	392233	122391	52201	112592
3	副总经理	416077	128263	52461	178075
4	总经理助理	176701	82710	38362	100495
5	研发技术副总经理	351643	116698	45203	155869
6	生产副总经理	305102	104592	52900	128768
7	行政副总经理	262361	103500	45962	134189
8	财务副总经理	287838	127257	39802	138940
9	营销副总经理	392614	125000	34280	160279
10	办事处经理	161409	64374	39993	99249
11	总经办主任	154184	70590	36040	89328
12	总经办文员	123719	46046	31585	61757
13	工会干事	152225	47700	28976	65024
14	财务总监	279760	110793	56325	148746
15	财务经理	174003	85894	47522	109488
16	财务主管	140610	73999	45000	91441
17	财务专员	93875	51489	36000	61283
18	财务助理	68064	45841	29061	49258
19	会计主管	123125	74255	46546	79211
20	总账会计	102450	65124	41992	74982
21	会计	84600	51874	35394	58394
22	出纳	84462	45600	33776	53799
23	应收/应付专员	91458	50736	34246	56505
24	应收/应付助理	52602	34288	30200	38031
25	结算主管	101399	50976	45376	60117
26	结算专员	83467	49080	33475	51009
27	结算助理	46044	39300	33144	39510
28	成本控制主管	107933	65777	49414	77719
29	成本控制专员	90434	57890	46268	61554
30	成本会计	86964	57317	45810	59817
31	成本控制助理	58739	50699	45356	51662
32	税务主管	96210	74902	61940	76713
33	税务专员	94679	69108	48073	69778
34	财务分析助理	53520	46538	37893	45944
35	资金管理经理	183808	89700	61740	111354

续 表

序号	职位名称	高位数	中位数	低位数	平均数
36	资金管理专员	95911	56403	39012	64245
37	预算主管	97260	95540	73754	92289
38	审计/稽核经理	177285	95556	54814	102339
39	审计/稽核主管	150843	87896	49965	91924
40	审计/稽核专员	140120	61619	38018	68019
41	审计/稽核助理	73321	48719	37641	47882
42	人力资源总监	294079	126698	50214	169266
43	人力资源经理	174840	91900	42821	103491
44	人力资源主管	167059	78912	39972	89100
45	人力资源专员	131648	72080	36053	83133
46	人力资源助理	69598	47148	32269	53028
47	招聘经理	153146	87900	71000	90881
48	招聘主管	143642	71593	38703	73689
49	招聘专员	99827	55713	38320	61876
50	招聘助理	59337	55039	35340	44943
51	薪酬福利主管	122696	64135	46210	73810
52	薪酬福利专员	106097	53592	42054	57455
53	薪酬福利助理	57002	50430	40274	53953
54	绩效管理经理	124000	90110	59140	81102
55	绩效管理主管	114321	68160	41044	69681
56	绩效管理专员	88038	54600	38162	65003
57	绩效管理助理	58917	44586	30016	42449
58	员工关系主管	115614	72159	42363	69956
59	员工关系专员	68335	56457	41906	54741
60	企业文化经理	132600	92600	63766	94753
61	企业文化主管	123024	73573	38659	71230
62	企业文化专员	102268	51246	33609	60690
63	行政总监	241950	93450	56399	135102
64	行政经理	166782	74652	43408	102059
65	行政主管	138751	63467	40119	80104
66	行政专员	103277	57071	33600	64218
67	行政助理/文员	92178	46246	30702	51035
68	秘书	92451	54657	32953	62949
69	前台	58035	42900	29040	43886
70	高级日语翻译	155374	103316	86022	115732
71	翻译	101843	65764	38626	68105

续 表

序号	职位名称	高位数	中位数	低位数	平均数
72	英语翻译	100835	64214	34029	67431
73	日语翻译	99837	63579	25687	66763
74	车辆主管	110984	75657	38558	64995
75	车队队长	90319	55600	36780	57490
76	车队班组长	86724	51953	36360	56921
77	小车司机	85865	48600	36000	56358
78	班车司机	84500	50297	38027	55568
79	车辆维修员	75351	46007	29266	49710
80	保洁主管	91980	75595	32547	49997
81	保洁领班	53468	40799	30192	40755
82	保洁员	49283	33776	24000	37191
83	保安队长	73869	41762	30936	49280
84	保安班组长	69760	38821	26143	43972
85	保安	59741	37200	25800	39461
86	法务经理	145102	79268	57696	104900
87	法务主管	109233	76903	51461	88247
88	法务专员	101938	57343	42637	79695
89	法务助理	60371	46217	35750	48832
90	知识产权专员	95784	75768	67350	79910
91	合规专员	42539	37069	34056	38212
92	战略发展经理	159353	79310	67963	91267
93	战略发展主管	136775	75400	62000	87823
94	战略发展专员	104727	72696	51670	82352
95	运营管理经理	154058	75350	50965	110250
96	运营管理主管	117544	74604	45699	91042
97	高级运营管理专员	102800	62800	42800	63932
98	运营管理专员	96721	54273	41539	58687
99	运营管理助理	53310	43468	36907	47876
100	公共关系经理	158384	72243	50000	89260
101	公共关系主管	135398	63726	39772	89137
102	公共关系专员	87517	49900	39164	58614
103	公共关系助理	73354	45500	33864	51751
104	合同管理专员	96340	57228	38850	65772
105	合同管理助理	64720	44520	34650	53689
106	资产管理总监	151123	75622	51164	97510

续 表

序号	职位名称	高位数	中位数	低位数	平均数
107	资产管理主管	133014	69390	48530	83674
108	资产管理员	96044	59165	45045	63822
109	固定资产管理员	89316	58579	44599	60547
110	资产管理助理	61177	56598	40006	56371
111	内控经理	149160	87625	67136	93833
112	内控主管	131420	74933	53295	86816
113	内控专员	100704	52500	39571	60538
114	市场总监	210819	109000	51760	130962
115	市场经理	148260	87962	46136	101153
116	市场主管	139900	75280	45680	90988
117	高级市场专员	136666	69061	43415	90087
118	市场专员	103382	44511	26400	62005
119	市场助理	53860	44075	25932	45151
120	市场策划经理	202850	71888	43560	70130
121	市场策划主管	105595	47611	36326	67498
122	市场策划专员	89280	45905	32493	66830
123	市场策划助理	57932	41300	28759	46062
124	市场推广经理	181202	65643	49880	80112
125	市场推广主管	111296	49178	36378	71789
126	市场推广专员	107889	39002	27699	64108
127	市场推广助理	52556	35539	27424	46213
128	产品/品牌总监	213450	108000	68036	131388
129	产品/品牌经理	161708	89844	56069	100099
130	产品/品牌主管	150347	75455	43386	89362
131	产品/品牌专员	135755	69844	38177	81462
132	产品/品牌助理	69462	52359	32380	54257
133	销售总监	386601	123611	51483	161551
134	大区销售经理	174757	95962	45492	111259
135	区域销售经理	174565	95012	45041	110157
136	销售经理	172836	94071	44595	109066
137	销售主管	161018	93139	44154	107986
138	高级销售代表	149898	92217	42634	106917
139	销售代表	138695	91304	42212	88380
140	销售助理	137322	90400	41794	87505
141	资深销售工程师	135962	89505	41381	86639
142	高级销售工程师	134616	66552	40971	80274

续 表

序号	职位名称	高位数	中位数	低位数	平均数
143	销售工程师	95386	65040	39399	73222
144	初级销售工程师	91604	56988	34108	62156
145	销售管理总监	341394	117092	39337	163054
146	销售管理经理	182499	78496	38948	106519
147	销售管理主管	133559	75175	36820	86508
148	销售管理专员	101816	56193	35989	66500
149	销售管理助理	80531	53442	35632	58841
150	渠道销售总监	423536	127326	49577	166074
151	渠道销售经理	158469	87206	49087	96067
152	渠道销售主管	112656	72588	43920	87125
153	渠道销售代表	68125	50487	31253	59924
154	渠道销售助理	63409	46510	29678	56547
155	技术支持总监	289224	113054	47909	113825
156	售前技术支持经理	164923	106037	56375	113497
157	售前技术支持主管	147709	104988	55928	105891
158	资深售前技术支持工程师	185369	91453	69891	92434
159	高级售前技术支持工程师	146516	71893	53903	80794
160	售前技术支持工程师	111430	71181	51364	78893
161	初级售前技术支持工程师	110685	63969	42955	68398
162	售前技术支持技术员	79633	61573	42530	59734
163	售后技术支持经理	166217	110337	60074	106497
164	售后技术支持主管	141296	90075	56427	96505
165	资深售后技术支持工程师	139897	67013	52484	80186
166	高级售后技术支持工程师	138512	66349	51964	79392
167	售后技术支持工程师	107988	65693	42860	69013
168	初级售后技术支持工程师	91294	65042	42436	62842
169	售后技术支持技术员	68701	59544	41699	62591
170	研发总监	378804	144349	63092	172190
171	研发经理	270888	112200	62467	139869
172	研发主管	155109	99920	56421	106033
173	高级研发专员	130639	79903	39933	91710
174	研发专员	120897	62400	39538	70281
175	研发助理	95965	51600	36468	58935
176	资深研发工程师	301260	117963	64335	166056
177	高级研发工程师	211321	115757	63698	115153

续 表

序号	职位名称	高位数	中位数	低位数	平均数
178	研发工程师	162670	92231	46088	91815
179	初级研发工程师	124114	68486	43000	79783
180	硬件开发经理	247723	135562	68247	119696
181	硬件开发主管	145096	82623	67571	89518
182	资深硬件开发工程师	143659	81805	66902	88632
183	高级硬件开发工程师	142237	77071	66497	81239
184	硬件开发工程师	126633	73814	45045	77885
185	初级硬件开发工程师	113393	72730	40138	73342
186	产品规划总监	126176	102000	64400	92333
187	产品规划经理	124927	82416	50527	86342
188	产品规划主管	111588	81600	50027	82310
189	高级产品规划专员	83258	69570	42436	66833
190	产品规划专员	82434	68881	42016	66171
191	产品规划助理	57465	45600	35718	50478
192	产品技术经理	275506	112500	55560	147437
193	产品技术主管	109368	62001	47278	74787
194	产品工程师	75927	54169	36045	53612
195	初级产品工程师	75175	53633	30547	53081
196	产品技术员	64531	34786	29886	51781
197	产品开发经理	153489	116323	61659	108293
198	产品开发主管	127097	95079	61048	92203
199	高级产品开发工程师	125839	94138	60444	91290
200	产品开发工程师	97239	81286	55313	90386
201	初级产品开发工程师	81540	57600	48000	62778
202	工艺总监	402395	140000	68502	213794
203	工艺经理	398411	123432	66926	211677
204	工艺主管	394467	122210	66263	209581
205	高级工艺管理专员	390561	121000	65607	207506
206	工艺管理专员	62192	49328	36000	39285
207	资深工艺工程师	235584	110983	90792	145786
208	高级工艺工程师	181501	104649	57818	125672
209	工艺工程师	145403	89428	52640	94772
210	初级工艺工程师	104307	66690	46200	76669
211	工艺员	81853	50981	27860	60689
212	工艺研发经理	156360	98253	47929	96538
213	工艺研发专员	131674	97280	47455	91803

续 表

序号	职位名称	高位数	中位数	低位数	平均数
214	工艺研发工程师	130370	96317	46985	90894
215	工艺整合主管	109313	84840	46864	69016
216	工艺整合工程师	85512	84000	46400	68333
217	外延工艺技术员	53578	45122	37655	44855
218	工艺试验主管	118225	91643	47786	91241
219	工艺试验技术工程师	117054	90736	46489	90337
220	初级工艺试验技术工程师	97601	59224	42596	61762
221	生产总监	351317	126262	53065	155352
222	生产经理	307939	104757	52894	137353
223	生产管理经理	173009	100788	52540	100937
224	生产主管	132404	85047	52020	87487
225	生产管理主管	131093	84205	50377	86697
226	生产专员	84362	64390	39326	62285
227	生产助理	79040	57740	38937	60229
228	生产计划经理	167597	86400	52632	108247
229	生产计划主管	126632	77780	47802	89236
230	生产计划员	77825	60016	31068	56429
231	生产计划助理	70988	55749	26218	49954
232	生产控制经理	158008	94426	61943	98631
233	生产控制主管	156444	85173	61329	94749
234	生产控制工程师	154895	73791	60722	93811
235	初级生产控制工程师	94686	59328	41611	64740
236	精益生产经理	157029	119235	57441	110664
237	精益生产主管	134383	85021	50924	95399
238	精益生产专员	88164	62173	42198	70490
239	外协经理	122860	86148	71236	95232
240	外协主管	107077	63919	39070	76374
241	外协专员	58150	53185	36204	50130
242	外协助理	57751	52658	31565	49633
243	生产技术总监	270252	109966	68653	130071
244	生产技术经理	167083	108878	67974	120410
245	生产技术主管	143169	107800	67301	119218
246	资深生产技术工程师	136625	106732	66634	118038
247	高级生产技术工程师	135603	84030	64182	97054
248	生产技术工程师	131620	70028	58616	96093

续 表

序号	职位名称	高位数	中位数	低位数	平均数
249	初级生产技术工程师	101181	69779	44616	70840
250	生产技术员	60668	54928	44338	56866
251	工业工程经理	331650	131697	57418	128724
252	工业工程师	133634	84068	45098	89658
253	初级工业工程师	102156	63597	40958	72161
254	裁床主管	94891	64761	45430	64428
255	物料管理员	93951	59567	44980	62947
256	工段长	93021	58977	44535	62324
257	车间主任	122385	68573	43640	78085
258	生产线长	80799	55545	42000	59577
259	高级技师	110321	83260	52468	91310
260	技师	106274	80495	36375	78009
261	高级技工	67919	55782	40236	54726
262	高级数控机床操作技工	82685	55668	40819	60320
263	生产班组长	113132	66212	49029	75671
264	技工	65886	42543	23849	47099
265	数控机床操作技工	74352	57931	34000	55116
266	高级操作工	86555	49008	37620	56834
267	钳工	73235	66484	39415	65566
268	高级钳工	94897	69525	55935	67884
269	吸附工	36501	29963	28652	31830
270	压缩机操作工	54247	50190	47116	50387
271	制冷操作工	197485	117758	34601	118535
272	造粒操作工	63894	44367	32186	46406
273	计算机操作工	79412	45240	39644	49587
274	操作工	69372	50393	33086	51835
275	初级操作工	64916	44031	31888	46423
276	线切割工	76322	57156	37358	56370
277	电切削工	70568	53929	35937	52678
278	绘图工	81369	54245	39353	58368
279	齿轮工	70693	50866	31099	51419
280	模样工	83597	54817	42000	54200
281	刃磨工	59342	54563	52530	55103
282	配料工	77172	50989	37533	49630
283	绕线工	53614	38827	27041	43648
284	下料工	58997	45193	30020	47560

续 表

序号	职位名称	高位数	中位数	低位数	平均数
285	模锻工	71319	48208	38363	53227
286	辅助工	64761	43027	32492	46191
287	热处理工	74584	58444	36418	58045
288	铸造工	90301	53645	38527	57618
289	检查工	75312	55000	37417	60765
290	冲压工	71209	51360	33212	51650
291	锻造工	70640	50687	36433	54012
292	压铸工	104699	58683	31805	73305
293	裁切工	85639	50534	24990	53620
294	车工	80275	47214	34194	51859
295	铣工	92439	57884	37224	61454
296	磨工	83862	61463	38766	61166
297	焊工	75437	58343	36374	63327
298	钻工	90003	51190	38524	53491
299	铆工	77626	65756	49975	64024
300	镗工	81769	52282	28624	54901
301	液压工	71782	51489	37410	57722
302	弯剪工	64674	53520	48155	55521
303	机加工工	76843	58348	45458	58807
304	喷丸工	67870	57457	44014	56115
305	激光工	61742	42466	38434	49041
306	拉床工	93359	48605	41791	52870
307	拉丝工	104819	59484	36733	73626
308	装配工	106084	44661	33651	52833
309	装调工	106293	49607	31876	67849
310	电镀工	78163	46577	32131	52879
311	油漆工	104589	59280	33584	74753
312	涂装工	76928	47701	28840	50898
313	安装起重工	87360	53520	36291	53132
314	检验工	69368	47515	32772	52799
315	仪器仪表检修工	77705	53874	34308	61251
316	注塑工	61532	49680	28194	48491
317	型砂工	65000	57334	48093	56988
318	清理工	66000	41492	25000	47904
319	混料员	82051	47350	31422	52536

续 表

序号	职位名称	高位数	中位数	低位数	平均数
320	调试工	65646	45000	40000	48469
321	锅炉工	114528	79757	30600	76426
322	起重工	67105	37616	29635	46600
323	缝纫工	71616	46064	29771	51553
324	压出工	62905	43626	35143	47550
325	钣金工	61000	45469	34140	46311
326	抛光工	68204	47867	35873	50724
327	排唛架工	77859	52636	30078	53524
328	拉布工	65711	54407	34881	53916
329	裁剪工	60332	46293	37472	51289
330	黏朴工	74036	48090	34300	48718
331	车缝工	65256	44520	34845	48043
332	整烫工	63968	59040	48984	60250
333	洗水工	74907	66572	42576	62916
334	灌装工	51655	45016	37482	45019
335	设备操作工	84000	59354	32240	64100
336	充填工	66116	63297	55732	62267
337	水处理工	80376	44386	35726	50378
338	片剂压片工	41327	36840	35216	37913
339	三废处理工	62944	44611	32451	49046
340	回收处理工	60000	36000	28920	39903
341	电焊工	119931	57199	39921	68093
342	气焊工	58453	50406	30000	46134
343	动平衡工	59364	47570	34119	49664
344	炼胶工	57943	41781	22372	44323
345	制齿工	81439	69323	65333	71827
346	设备总监	295102	123287	83707	150203
347	设备经理	292564	94935	72918	148716
348	设备主管	289667	90505	72196	147244
349	资深设备工程师	286799	89609	71481	145786
350	高级设备工程师	147165	72070	48941	96029
351	设备工程师	137398	71356	44393	83158
352	初级设备工程师	102571	67348	44113	77437
353	设备维护经理	172314	148740	68227	125015
354	设备维护主管	170608	147267	67552	123777
355	工具主管	168918	145809	66883	122552

续 表

序号	职位名称	高位数	中位数	低位数	平均数
356	设备维护专员	167246	144365	66221	121338
357	资深设备维护工程师	165590	142936	65565	120137
358	高级设备维护工程师	147952	76882	51884	84689
359	设备维护工程师	142317	75532	42095	79897
360	初级设备维护工程师	106041	75353	39532	79795
361	设备维修技术员	98228	62806	38242	64497
362	设备维修班组长	97255	62184	37864	63859
363	工具班组长	109093	65350	48011	66743
364	设备维护/维修工	85096	55729	37585	61293
365	制冷技工	29676	28042	26097	28062
366	工具管理员	73974	48352	36000	52646
367	模具经理	131869	104758	58186	104118
368	模具主管	119283	89000	57610	90804
369	高级模具工程师	99525	69558	52545	71468
370	模具工程师	98539	64532	52025	70760
371	初级模具工程师	97564	63893	51510	70060
372	高级模具维修工	96598	63260	51000	65814
373	高级模具工	97814	78528	42293	80492
374	模具工	75756	56345	40006	57775
375	模具维修工	81992	60000	39822	60913
376	高级模具设计工程师	134770	86420	58939	88615
377	模具设计工程师	96096	77421	52214	81986
378	初级模具设计工程师	72159	60000	41120	60533
379	高级模具加工工程师	133809	83051	58580	83685
380	模具加工工程师	99472	76437	58000	79899
381	初级模具加工工程师	95877	60622	43741	69075
382	动力保障经理	143690	83671	59273	103606
383	动力保障主管	131729	82843	58686	102580
384	动力保障工程师	118130	82023	58105	92195
385	初级动力保障工程师	101851	62944	44903	75812
386	主值	46200	39000	30225	38438
387	巡检班组长	79506	63676	56674	66892
388	安全/环境/健康经理	288923	132220	77850	123960
389	安全/环境/健康主管	155951	86531	63367	94357
390	公司医生	96469	80934	62740	80048

续 表

序号	职位名称	高位数	中位数	低位数	平均数
391	消防经理	164977	97869	50715	105085
392	安全经理	163344	81960	50213	104045
393	安全主管	137166	75300	49716	79061
394	安全工程师	129922	65919	49224	76261
395	初级安全工程师	128636	55360	45281	74860
396	消防队长	127362	50527	38964	74119
397	消防领班	137726	121997	64111	107945
398	消防员	122119	94264	42000	86423
399	消防值机员	52320	35000	30000	39400
400	质量总监	252348	88744	49130	118935
401	质量经理	188176	87865	46072	105777
402	质量主管	180449	79178	44564	100106
403	质量专员	145159	71552	44123	81389
404	质量助理	143721	70844	43686	80584
405	高级质量工程师	142298	70142	43254	79786
406	质量工程师	124047	58600	41099	75549
407	初级质量工程师	84979	58467	40707	60299
408	质量技术员	70880	51422	36000	53523
409	供应商质量经理	195276	128250	75600	131826
410	供应商质量主管	193343	84801	62790	98359
411	高级供应商质量工程师	142280	82000	62168	96216
412	供应商质量工程师	97068	70650	55651	79329
413	初级供应商质量工程师	86400	56392	41210	60941
414	质量体系总监	339330	140000	74408	183302
415	质量体系经理	152004	85240	54985	98357
416	质量体系主管	148173	72430	54441	86312
417	高级质量体系工程师	146706	71713	53902	77811
418	质量体系工程师	95990	70208	43871	73560
419	初级质量体系工程师	92002	67807	43437	68483
420	质量保证总监	194739	87901	51260	117107
421	质量保证经理	174562	87031	50752	104759
422	质量保证主管	146984	82088	49926	98124
423	高级质量保证工程师	125291	65300	49432	81094
424	质量保证工程师	96283	64567	43454	75042
425	初级质量保证工程师	92147	62793	34770	67746
426	质量测试经理	155297	88520	68998	94615

续 表

序号	职位名称	高位数	中位数	低位数	平均数
427	质量测试主管	136543	87643	68315	85308
428	资深质量测试工程师	129481	86775	67638	84464
429	高级质量测试工程师	128199	70382	52963	78069
430	质量测试工程师	91216	69685	47172	73457
431	初级质量测试工程师	82594	60578	41343	60566
432	质量测试技术员	80376	53515	36636	57119
433	初级质量检验员	71906	47760	34869	51649
434	供应链管理总监	433207	132912	96400	176714
435	供应链管理经理	179468	69397	49538	102340
436	供应链管理主管	144900	65710	36068	90289
437	供应链管理专员	75493	56507	34781	69941
438	供应链管理助理	73545	54532	33507	63583
439	物流总监	204781	77932	63741	99878
440	物流经理	171360	73010	46421	98889
441	物流主管	142206	67960	44107	78407
442	物流专员	77444	54229	32470	61400
443	物流助理	40715	33668	24890	31233
444	运输经理	175921	74822	45782	96337
445	运输主管	104039	60000	38402	67003
446	运输专员	70495	48247	33132	55797
447	运输助理	64770	45842	32804	55245
448	采购总监	309121	137834	110054	178454
449	采购经理	227640	136469	108965	150827
450	采购主管	225387	135118	107886	149334
451	高级采购员	223155	133780	106817	147855
452	采购员	220945	132456	105760	146391
453	采购助理	218758	131144	104713	144942
454	高级采购工程师	216592	129846	103676	143507
455	采购工程师	95642	77516	53567	92996
456	初级采购工程师	84492	60334	41156	67652
457	进出口经理	249818	109577	101915	164818
458	进出口主管	146750	95210	57370	103623
459	高级进出口专员	107938	76490	55479	80217
460	进出口专员	96547	49971	35499	56765
461	仓储总监	130255	84864	42646	83933

续　表

序号	职位名称	高位数	中位数	低位数	平均数
462	仓储经理	128965	84024	42224	83102
463	仓储主管	111144	61580	41805	66325
464	仓储专员	93855	60970	41392	65668
465	仓储助理	92926	60367	40982	65018
466	仓库班组长	92006	59769	40576	64374
467	叉车驾驶员	86276	53900	36414	54280
468	起重机操作员	73055	71407	46523	66171
469	仓库保管员	63640	42744	31200	48027
470	搬运工	69745	43000	29999	46985
471	物料理货员	78052	45969	31010	51736
472	装卸工	72407	53237	30000	50363
473	送料工	66889	42062	32235	46813

（一）农副食品加工业

单位：元/年（人民币）

序号	职位名称	高位数	中位数	低位数	平均数
1	总经理	497157	148164	62692	204327
2	出纳	82562	45445	33523	51911
3	渠道销售代表	64875	43471	31403	53510
4	操作工	69358	43445	29884	50279
5	设备维护/维修工	83484	52666	34474	54501
6	质量技术员	72232	48663	33893	53841
7	运输专员	87085	50104	32380	53308
8	叉车驾驶员	86223	49608	32059	50344

（二）食品制造业

单位：元/年（人民币）

序号	职位名称	高位数	中位数	低位数	平均数
1	总经理	443277	148420	80848	213713
2	副总经理	370983	141400	69266	185295
3	总经理助理	180000	140000	68580	120000
4	生产副总经理	209000	127000	58480	131100
5	行政副总经理	275410	135000	85800	138004
6	财务经理	198769	105042	63428	117931

续 表

序号	职位名称	高位数	中位数	低位数	平均数
7	财务主管	116400	74000	62800	87000
8	财务助理	56500	56200	48250	53550
9	会计	86216	58123	42000	59781
10	出纳	85363	44125	30272	52701
11	人力资源专员	100838	91000	51000	81200
12	行政主管	99840	57004	38484	68280
13	行政专员	98851	56037	32727	67604
14	行政助理/文员	53500	43950	24160	45530
15	小车司机	58600	53000	29741	43596
16	班车司机	85877	84355	83140	84465
17	保洁员	53000	43369	30398	44009
18	保安	60642	31214	24141	35536
19	市场专员	94980	43533	27536	57154
20	区域销售经理	210634	125192	82111	130321
21	销售经理	179344	88027	62200	102821
22	销售代表	59691	50992	41115	51387
23	销售助理	51598	46665	40708	50878
24	渠道销售代表	105041	85997	67165	83840
25	售后技术支持工程师	104001	85146	66500	83572
26	工艺主管	169538	141580	121388	148541
27	工艺员	61911	60816	52355	55149
28	工段长	55000	53000	51349	52659
29	车间主任	127000	72776	48594	79915
30	生产班组长	100106	72056	48113	69708
31	钳工	66330	58980	54167	59874
32	制冷操作工	84013	60904	34719	59994
33	操作工	68496	51400	30000	49610
34	车工	63378	53000	42831	53438
35	焊工	66281	61380	59424	62607
36	锅炉工	54000	53000	27061	47809
37	装饼工	51956	50676	49704	50767
38	钣金工	65806	65360	56136	61703
39	三废处理工	93931	91653	45861	76112
40	设备维修技术员	95398	61000	55240	68648
41	设备维护/维修工	94454	59464	26751	61267
42	制冷技工	32676	28042	26097	29062

续 表

序号	职位名称	高位数	中位数	低位数	平均数
43	动力保障主管	124585	113352	64798	100023
44	质量经理	241400	111842	81056	124975
45	质量专员	101000	91000	81000	86886
46	初级质量保证工程师	79600	65800	54520	66040
47	质量测试工程师	99388	95607	85200	93398
48	初级质量检验员	80107	49677	34117	56791
49	物流主管	133243	107635	86483	109491
50	物流专员	40320	39607	36299	39285
51	运输主管	153857	98980	64236	106386
52	采购经理	152334	98000	63600	105333
53	采购员	93820	61000	43891	65556
54	仓储主管	69600	52500	43456	52808
55	仓储专员	57570	47329	43026	49490
56	仓储助理	57000	45000	42600	49000
57	仓库班组长	45500	43000	32150	38167
58	叉车驾驶员	82240	53800	33866	55862
59	仓库保管员	62656	46484	33453	49933
60	搬运工	33093	26090	25720	28371
61	装卸工	55556	33995	23567	36721
62	送料工	63000	42037	34966	47069

（三）纺织业

单位：元/年（人民币）

序号	职位名称	高位数	中位数	低位数	平均数
1	总经理	435972	158400	87774	192974
2	副总经理	337255	139419	78418	180187
3	总经理助理	167178	87295	38236	101789
4	生产副总经理	306302	95845	68457	145025
5	行政副总经理	263814	119899	62253	130110
6	财务副总经理	284264	97559	61195	139694
7	办事处经理	152171	75060	50489	99448
8	总经办主任	147466	74316	49989	92282
9	总经办文员	51500	43840	34050	46671
10	财务经理	163535	73575	36663	98261
11	财务主管	133771	70343	36300	79721

续 表

序号	职位名称	高位数	中位数	低位数	平均数
12	财务专员	90282	47000	36072	52824
13	财务助理	62678	45605	28405	49949
14	会计主管	94127	76110	52942	74695
15	会计	89414	45032	35191	51182
16	出纳	81341	40806	34843	50295
17	成本会计	85033	54890	36772	59526
18	审计/稽核专员	97547	58476	40123	66823
19	人力资源经理	124638	70200	51640	84979
20	人力资源主管	123404	69559	47195	84137
21	人力资源专员	122182	68870	46728	83304
22	人力资源助理	120973	68188	46265	82480
23	行政主管	119775	67513	45807	81663
24	行政专员	97403	47720	36702	54626
25	行政助理/文员	59741	47248	31810	48176
26	小车司机	81836	50596	34799	48837
27	班车司机	77524	54326	42673	52136
28	保洁员	43910	29015	24191	33127
29	保安队长	67368	46716	36729	48004
30	保安班组长	62882	38931	27004	40854
31	保安	60703	34547	26584	37339
32	市场专员	174999	79616	46675	95947
33	区域销售经理	173267	78828	46213	94997
34	销售经理	171551	78048	45755	94056
35	销售代表	77640	58485	36120	60237
36	销售助理	76872	46887	33350	56309
37	销售管理经理	163881	76660	38905	98772
38	销售管理主管	139393	76546	36668	85464
39	销售管理专员	104779	55924	36151	71824
40	销售管理助理	81378	52954	35793	63954
41	研发主管	184618	98636	63479	112383
42	研发专员	182790	86836	62850	111271
43	研发助理	180980	85976	62228	90169
44	资深研发工程师	291000	101343	55540	121704
45	研发工程师	288119	100339	48007	120499
46	初级研发工程师	145936	79174	41808	87813

续 表

序号	职位名称	高位数	中位数	低位数	平均数
47	工艺主管	110982	69411	62903	82825
48	工艺管理专员	109883	68723	62281	82005
49	工艺工程师	108795	68043	61664	81193
50	工艺员	94222	59066	33636	62422
51	测试工艺主管	101098	72000	55560	77069
52	生产总监	333465	105574	91195	166933
53	生产经理	330164	96920	71164	165280
54	生产管理经理	160000	91441	55166	94765
55	生产主管	133041	90535	53918	88199
56	生产管理主管	131724	89639	53384	87326
57	生产专员	93818	62122	43568	67932
58	生产助理	80870	58602	38790	67259
59	生产计划经理	139425	90145	60768	98904
60	生产计划主管	128480	76311	46142	86703
61	生产计划员	79212	58995	31629	59701
62	生产计划助理	65997	48117	26081	44127
63	生产技术主管	131667	85423	42269	90012
64	生产技术员	61248	50274	41850	52452
65	物料管理员	53209	48855	43134	48578
66	工段长	52682	48371	42707	48097
67	车间主任	144788	77550	52944	89964
68	生产班组长	55600	54600	52420	55418
69	技工	57998	42381	30394	47211
70	高级操作工	89662	45989	36620	53035
71	操作工	73345	51042	32821	57181
72	初级操作工	74201	45180	32466	48107
73	配料工	72705	55420	41083	54327
74	绕线工	53889	38302	29094	43454
75	辅助工	65101	47523	32275	49853
76	检查工	64197	53081	36862	53111
77	冲压工	58400	50400	48400	51200
78	车工	81087	51400	41545	51520
79	装配工	105062	49000	32214	52155
80	油漆工	63319	61247	49510	57410
81	涂装工	72678	42894	31517	47064
82	检验工	45753	45494	34561	41166

续 表

序号	职位名称	高位数	中位数	低位数	平均数
83	注塑工	49700	48650	42560	47600
84	清理工	63385	42000	29417	44869
85	锅炉工	61432	52280	47237	55109
86	缝纫工	39338	35497	34870	36892
87	拉布工	66413	56325	52663	56785
88	裁剪工	56133	44787	36486	47337
89	车缝工	66553	50000	36330	47161
90	整烫工	56946	53274	48178	52609
91	设备操作工	89094	59840	38080	65378
92	水处理工	45605	32627	29417	39544
93	电焊工	93798	62660	41801	54953
94	设备主管	91319	66180	48654	68519
95	设备维护主管	104325	84221	63951	87491
96	设备维修技术员	88297	59159	40285	58783
97	设备维修班组长	87422	58573	39886	58201
98	设备维护/维修工	83918	49129	32568	52998
99	工具管理员	40700	37000	34000	37250
100	动力保障经理	141327	74639	66533	98484
101	巡检班组长	74908	73900	65874	70976
102	安全主管	135569	74199	39826	80431
103	质量经理	184919	99803	63400	118421
104	质量主管	106156	87901	55101	103719
105	质量专员	74368	51936	37821	53089
106	质量助理	72680	48302	37446	51577
107	质量技术员	71961	47824	37076	48952
108	质量保证主管	79278	56500	42674	58951
109	质量测试主管	70224	56680	45863	56620
110	质量测试技术员	50004	48742	45409	47879
111	初级质量检验员	46648	40534	34560	40390
112	物流专员	90693	61163	59730	71198
113	物流助理	89795	60557	59139	70493
114	运输专员	72716	44741	32726	55695
115	采购经理	137612	65059	44190	86019
116	采购主管	110995	64415	42842	85167
117	采购员	109896	56366	41441	64347

续 表

序号	职位名称	高位数	中位数	低位数	平均数
118	仓储主管	108808	55808	41030	63710
119	仓储专员	83874	55255	40624	55393
120	仓库班组长	83043	54708	40222	54845
121	叉车驾驶员	86685	49900	31054	48521
122	仓库保管员	66365	38815	26964	44229
123	搬运工	72061	43895	34937	49466
124	装卸工	73566	52506	30095	51590
125	送料工	59820	42196	34310	47037

（四）纺织服装、服饰业

单位：元/年（人民币）

序号	职位名称	高位数	中位数	低位数	平均数
1	总经理	516311	162071	54000	224784
2	副总经理	411835	126270	38257	170521
3	总经理助理	166870	80090	34913	94476
4	研发技术副总经理	353797	116483	40164	148056
5	生产副总经理	329432	93381	52653	156646
6	行政副总经理	261614	106152	46606	132576
7	财务副总经理	286782	96605	47259	136826
8	营销副总经理	369651	112583	39147	147966
9	办事处经理	116058	68258	54546	88917
10	总经办主任	132797	71557	48357	86087
11	总经办文员	119104	44000	37245	72650
12	财务总监	285319	94657	56417	153676
13	财务经理	151876	78150	55858	99078
14	财务主管	132410	76500	45546	90078
15	财务专员	75444	49783	34608	52324
16	财务助理	63074	46007	26305	49744
17	会计主管	94500	69286	57489	75252
18	总账会计	94458	68600	56920	74507
19	会计	68824	43051	36000	47308
20	出纳	58437	41239	34809	47213
21	结算专员	58220	46091	33498	45925
22	成本会计	82073	63469	53124	66729
23	审计/稽核专员	59200	46200	31200	43667

续 表

序号	职位名称	高位数	中位数	低位数	平均数
24	人力资源经理	165119	101646	44548	103244
25	人力资源主管	92806	65640	39120	68651
26	人力资源专员	77750	46455	35120	45274
27	人力资源助理	66000	42755	34772	40645
28	招聘专员	45600	36000	28753	36980
29	薪酬福利专员	58545	39457	35312	46103
30	薪酬福利助理	52427	33861	27541	45296
31	绩效管理主管	115761	65178	41007	62910
32	绩效管理专员	53289	40915	35208	45770
33	绩效管理助理	52306	36362	23204	45317
34	行政经理	145728	71898	38876	95042
35	行政主管	121408	71186	30867	69511
36	行政专员	78770	40076	30561	44399
37	行政助理/文员	50228	33929	24569	35719
38	秘书	104840	76398	48080	76152
39	前台	31876	29700	27300	29620
40	日语翻译	95801	62416	29817	62284
41	车队班组长	58200	50000	36904	47999
42	小车司机	58227	46986	27100	36976
43	班车司机	76438	48464	33740	49599
44	保洁主管	50417	39175	35815	40250
45	保洁领班	43400	36250	35460	38370
46	保洁员	41767	27210	23425	27925
47	保安队长	63044	36000	31616	41009
48	保安班组长	59974	42400	32880	44065
49	保安	54203	33280	24020	37721
50	内控专员	101516	49931	40214	58047
51	市场总监	390800	150000	142200	197083
52	市场经理	142360	90908	54318	91926
53	市场主管	116296	86660	53780	76930
54	高级市场专员	92140	83900	48780	68033
55	市场专员	86632	81571	40901	63562
56	市场策划经理	140350	75500	48818	88223
57	市场策划主管	128090	72650	48430	86075
58	市场策划专员	79830	64000	47950	65423
59	市场策划助理	57724	38994	28293	47042

续 表

序号	职位名称	高位数	中位数	低位数	平均数
60	市场推广经理	219180	150900	87727	169296
61	市场推广主管	137080	71000	36308	84263
62	市场推广专员	100795	36321	31246	53071
63	市场推广助理	52137	35998	27432	42061
64	产品/品牌经理	136000	108320	45929	93860
65	产品/品牌专员	79620	54285	40300	57878
66	产品/品牌助理	69029	49883	30363	55119
67	销售总监	186032	96000	64960	110420
68	大区销售经理	184190	86370	53097	107283
69	区域销售经理	182366	85515	52571	106221
70	销售经理	180561	84668	52051	105169
71	销售主管	125086	83830	51535	99157
72	高级销售代表	120500	83000	51025	98175
73	销售代表	73871	46176	29362	49871
74	销售助理	55773	38165	29071	39709
75	销售管理总监	247240	126600	75342	155509
76	销售管理经理	172000	95000	52034	103265
77	销售管理主管	117140	80000	42280	83403
78	销售管理专员	93883	56127	40400	62314
79	销售管理助理	59128	45100	40000	47989
80	渠道销售主管	145900	99500	52540	99267
81	渠道销售助理	81380	57550	32200	57984
82	技术支持总监	73600	48000	42696	56457
83	售前技术支持技术员	109400	94600	41400	89361
84	研发经理	228235	155900	66328	172045
85	研发主管	120134	93500	65671	92057
86	研发专员	118945	62976	38990	71546
87	研发助理	94743	48692	23042	55055
88	研发工程师	185560	92100	58300	115550
89	初级研发工程师	82400	52000	32000	36333
90	产品规划专员	98980	59000	45000	67992
91	产品技术经理	173420	132700	103990	132437
92	产品技术主管	112720	106800	102960	107667
93	产品技术员	58771	48306	28200	44997
94	工艺总监	192000	160231	69323	140441

续 表

序号	职位名称	高位数	中位数	低位数	平均数
95	工艺经理	122671	70717	49728	89133
96	工艺主管	86310	60000	47118	60013
97	工艺管理专员	85455	59338	42517	59419
98	初级工艺工程师	84609	58751	42096	58831
99	工艺员	76684	57637	30573	50894
100	工艺研发专员	83032	71960	67192	74587
101	生产总监	318223	102053	66058	113594
102	生产经理	315072	101043	65404	112469
103	生产管理经理	129999	80000	58600	82659
104	生产主管	114521	79382	51726	81841
105	生产管理主管	102468	78000	49200	75670
106	生产专员	68354	49874	40901	51905
107	生产助理	62048	49320	40496	50005
108	生产计划员	73772	53337	31090	56641
109	精益生产专员	83022	62200	53898	66671
110	外协主管	114606	77328	68531	88523
111	外协专员	63200	48000	43200	52333
112	生产技术经理	155200	123000	93958	112706
113	生产技术主管	132936	85264	48000	89107
114	生产技术员	54500	36500	28027	39862
115	裁床主管	82529	65942	43383	63239
116	工段长	76920	65000	42953	62613
117	车间主任	124893	70000	35885	76463
118	生产线长	72760	65860	62654	66382
119	技师	65000	57200	51000	58101
120	高级技工	47074	46303	43240	45484
121	生产班组长	71850	61600	39360	60047
122	技工	60463	48074	42643	49552
123	高级操作工	42542	41980	41324	41961
124	吸附工	36501	29963	28652	31830
125	计算机操作工	65683	44508	40788	47742
126	操作工	66356	44354	31602	46741
127	初级操作工	66838	53920	45161	55403
128	绘图工	69275	64898	57435	64138
129	配料工	38807	37741	35364	37071
130	绕线工	56740	49620	45817	48471

续 表

序号	职位名称	高位数	中位数	低位数	平均数
131	辅助工	58132	42264	30738	41319
132	检查工	68027	53560	36624	54773
133	裁切工	48893	39000	30692	39937
134	车工	81218	46477	26869	48593
135	装配工	69828	64628	62364	66037
136	检验工	57997	46722	33385	53108
137	仪器仪表检修工	76474	74715	35302	60510
138	打版工	86673	69523	29858	70221
139	锅炉工	113862	77803	36734	75029
140	缝纫工	42225	40406	26157	39211
141	排唛架工	77859	52636	30078	53524
142	拉布工	74865	50872	39565	70427
143	裁剪工	58955	46004	32440	54579
144	黏朴工	74166	49622	36593	50047
145	车缝工	67982	43714	33864	46108
146	整烫工	62700	59083	34270	60804
147	洗水工	74907	66572	42576	62916
148	设备操作工	38297	32240	27200	31773
149	水处理工	51120	37120	32920	40620
150	设备经理	147100	122600	69897	111050
151	设备主管	73124	70700	69205	70276
152	初级设备工程师	72400	70000	68520	69580
153	设备维护主管	112139	87831	76002	92259
154	设备维护专员	111028	86961	72632	91345
155	设备维修班组长	109929	86100	71913	90441
156	设备维护/维修工	94489	59604	42707	61197
157	安全经理	153874	82655	45851	101497
158	安全主管	72965	50874	35881	53240
159	质量总监	185378	93913	67360	113475
160	质量经理	183543	92983	47304	112352
161	质量主管	111227	79838	46836	77947
162	质量专员	67589	55748	33942	55597
163	质量助理	63610	44641	33606	50985
164	初级质量工程师	83700	64142	41674	68375
165	质量技术员	72779	48000	33186	48881

续 表

序号	职位名称	高位数	中位数	低位数	平均数
166	质量体系主管	98560	65620	48800	68667
167	质量保证总监	158000	100000	64354	104451
168	质量保证经理	138057	98000	58576	91597
169	质量保证主管	101993	80784	53600	78153
170	质量测试主管	116340	107166	73491	96869
171	资深质量测试工程师	87214	80442	72763	80118
172	高级质量测试工程师	80264	77238	54782	71936
173	质量测试工程师	61726	58260	52202	57264
174	质量测试技术员	59100	48400	46650	51050
175	初级质量检验员	56215	41782	28380	45651
176	供应链管理专员	102050	73700	47788	73980
177	物流经理	115080	107000	91320	103980
178	物流主管	66816	48000	42000	52416
179	物流专员	51850	41545	31218	40773
180	物流助理	48965	41134	30909	40369
181	运输经理	145479	87388	77478	87889
182	运输主管	144038	68000	50357	87036
183	运输专员	142612	67327	42945	86174
184	采购经理	141200	66660	42520	85321
185	采购主管	119613	66000	38395	77546
186	采购员	67579	48250	30049	51487
187	采购助理	51600	44100	28821	42780
188	采购工程师	86000	56000	46000	58000
189	进出口主管	80290	66884	48577	64842
190	进出口专员	54305	40917	26968	42539
191	仓储经理	124565	85598	40200	84027
192	仓储主管	109352	54557	38280	67655
193	仓储专员	70611	43700	33572	50349
194	仓储助理	55720	37500	33240	41477
195	仓库班组长	82639	56432	40750	57934
196	叉车驾驶员	90411	66657	50246	66323
197	仓库保管员	61876	41050	27708	42248
198	搬运工	69854	44137	30168	49697
199	物料理货员	98303	83392	30504	69793
200	装卸工	71451	50543	27411	49012
201	送料工	66407	41544	35019	46796

（五）家具制造业

单位：元/年（人民币）

序号	职位名称	高位数	中位数	低位数	平均数
1	总经理	483971	175151	110078	196640
2	副总经理	258024	173417	108989	182388
3	总经理助理	255469	171700	107909	180582
4	生产副总经理	252940	170000	106841	178794
5	行政副总经理	218000	130000	99362	153901
6	总经办文员	66295	44335	34080	45867
7	财务经理	157690	101000	65383	108024
8	财务主管	99790	67500	46036	71366
9	财务专员	52349	48743	40802	47194
10	会计主管	89993	75000	67822	77791
11	会计	55501	47490	38366	46136
12	出纳	54951	37576	34433	41746
13	结算专员	54564	53592	50677	52898
14	人力资源专员	49271	40769	37069	42370
15	薪酬福利专员	53592	50274	45918	50395
16	行政经理	198276	89656	70473	121598
17	行政主管	88035	54000	38320	60113
18	行政专员	56852	50175	37941	48085
19	行政助理/文员	47962	38915	33367	40131
20	小车司机	51720	45484	37216	44702
21	班车司机	54159	46100	42298	47519
22	保洁员	34704	32657	23568	31395
23	保安队长	58736	49600	41409	50041
24	保安	43120	42433	31476	39212
25	公共关系主管	148431	81360	70099	104614
26	公共关系专员	73777	43446	39519	54448
27	市场经理	218760	94262	85957	127832
28	市场推广专员	94000	83600	75840	84940
29	产品/品牌主管	96482	57903	53355	61932
30	产品/品牌专员	61827	57330	52827	57328
31	产品/品牌助理	43933	39608	36567	39641
32	大区销售经理	195000	160072	78214	140088
33	销售经理	117010	94710	52631	88407

续 表

序号	职位名称	高位数	中位数	低位数	平均数
34	销售代表	60067	47117	33714	49704
35	销售助理	59472	46650	33380	49212
36	销售管理主管	114426	86704	52035	85817
37	销售管理专员	113293	85846	51520	84967
38	研发经理	187911	113293	72767	121156
39	研发主管	103120	66538	51949	82780
40	研发专员	93990	53592	39538	60462
41	研发助理	93059	44970	38338	59703
42	研发工程师	114562	81453	68554	88190
43	工艺主管	113428	80646	67875	87316
44	工艺员	112305	79848	67203	86452
45	生产经理	111193	79057	66538	85596
46	生产管理主管	82531	69532	64303	72122
47	生产计划员	69464	50347	43842	55603
48	生产计划助理	68776	49849	43408	55,052
49	车间主任	102394	66538	45448	73741
50	生产线长	73902	64238	38538	56840
51	生产班组长	66212	65697	65182	65672
52	技工	59958	43010	26239	47585
53	操作工	69036	50945	32737	52774
54	下料工	55666	39595	37138	45028
55	车工	53569	42316	37138	41245
56	铣工	70788	60248	54637	62653
57	磨工	59514	37138	32639	43178
58	焊工	67363	58995	37056	56955
59	装配工	64006	46067	37138	46979
60	油漆工	83323	64492	45075	63303
61	检验工	60035	52804	43957	52575
62	注塑工	59417	42903	31334	45603
63	打版工	63099	57569	48732	56798
64	缝纫工	61006	43535	38958	44388
65	抛光工	61678	41696	34922	42514
66	车缝工	61500	61400	37186	56930
67	设备操作工	53416	49128	46898	49985
68	电焊工	53888	48464	43705	48334
69	设备经理	99956	75539	58539	78188

续 表

序号	职位名称	高位数	中位数	低位数	平均数
70	设备维护专员	57679	53320	41765	50921
71	设备维护/维修工	57108	52792	41351	50417
72	质量经理	93909	76643	69896	80149
73	质量专员	47540	39538	35475	40659
74	物流主管	53223	51717	49543	51439
75	采购经理	140559	100252	78288	104295
76	采购主管	96066	93849	77513	87966
77	采购员	95115	92920	76746	87095
78	仓储经理	94173	92000	75986	86233
79	仓储主管	68200	51538	47600	55486
80	仓储专员	54318	45248	40376	46747
81	仓储助理	53780	44800	39976	46284
82	仓库班组长	68925	66040	65456	66807
83	叉车驾驶员	53400	47268	39685	47685
84	仓库保管员	41515	37964	33468	38559

(六) 造纸和纸质品业

单位：元/年(人民币)

序号	职位名称	高位数	中位数	低位数	平均数
1	总经理	338763	196849	120634	194375
2	副总经理	263500	194900	119440	192450
3	生产副总经理	134440	125000	96520	117067
4	财务副总经理	173000	145000	134600	152333
5	财务主管	98000	66000	42300	69350
6	财务专员	61398	37421	33989	44758
7	财务助理	60790	37050	33652	44315
8	会计	67119	49060	29737	47992
9	出纳	59723	44147	27395	39613
10	行政专员	74336	49795	35280	48390
11	行政助理/文员	73600	49302	28579	47911
12	车队队长	89620	53478	39161	55787
13	小车司机	82379	42267	34051	50261
14	保洁员	78257	43109	22833	48890
15	保安队长	59777	39000	36440	39712
16	保安	59185	37000	26887	39319

续 表

序号	职位名称	高位数	中位数	低位数	平均数
17	运营管理专员	100129	66517	39030	69097
18	销售经理	131300	84335	68680	94771
19	高级销售代表	130000	83500	68000	93833
20	销售代表	110486	69314	44853	71264
21	销售助理	86216	60754	34336	58928
22	销售管理总监	383872	192790	116768	227398
23	销售管理经理	252689	152320	73866	161452
24	销售管理专员	98774	49677	39819	61960
25	工艺员	316840	94109	82780	98336
26	生产经理	313703	93177	81960	97363
27	生产主管	120000	88914	81148	96399
28	生产管理主管	105597	86766	80345	90903
29	生产助理	83697	50967	34817	59866
30	生产计划主管	92557	72069	61912	75512
31	生产计划员	57054	50674	41075	49511
32	车间主任	122032	73500	47974	78105
33	生产线长	81009	60978	45784	61811
34	生产班组长	79000	52421	38611	56534
35	技工	77904	56869	48205	59759
36	操作工	67870	51394	32412	48216
37	初级操作工	53954	48952	44329	49765
38	生产文员	33500	33300	28628	31437
39	辅助工	62204	46057	36206	46870
40	车工	40800	40000	38800	39833
41	检验工	44141	42207	35995	40428
42	清理工	66994	41631	25000	47971
43	锅炉工	48862	40298	37963	42652
44	设备操作工	84378	58550	29216	57694
45	水处理工	83496	60771	36594	54448
46	设备经理	92545	78800	78000	84194
47	设备维护主管	95950	86795	76559	86345
48	设备维护/维修工	69717	52016	40488	52969
49	质量专员	106549	83920	48425	78301
50	初级质量检验员	63998	44846	28511	43361
51	运输主管	110500	90665	70213	90444

续 表

序号	职位名称	高位数	中位数	低位数	平均数
52	运输专员	65000	52887	45318	54336
53	运输助理	58546	43495	32781	46143
54	采购经理	195565	83064	48489	95709
55	采购员	155778	82241	48009	94761
56	仓储经理	154236	81427	43328	93823
57	仓储主管	69357	43029	35890	50250
58	仓储专员	68671	41507	29463	49753
59	仓库班组长	82437	62706	46136	60605
60	叉车驾驶员	93144	52567	35056	46866
61	仓库保管员	66583	38240	27096	44556
62	物料理货员	65733	38295	32047	43496
63	装卸工	73871	52673	31819	49588
64	送料工	64568	42067	35364	46832

（七）印刷和记录媒介复制业

单位：元/年(人民币)

序号	职位名称	高位数	中位数	低位数	平均数
1	总经理	486853	131038	64321	207073
2	副总经理	186400	83736	54467	116435
3	会计	65345	53718	42780	53948
4	出纳	51661	39610	31121	40882
5	行政助理/文员	51752	43840	29693	42414
6	小车司机	86785	50608	36821	54776
7	班车司机	36271	35630	35000	35331
8	保洁员	51893	33600	24396	34337
9	保安	60181	31456	23505	34376
10	市场经理	78451	77855	76371	77485
11	市场专员	49202	38225	26185	39840
12	市场助理	48715	37847	25926	39446
13	销售经理	167564	78828	43387	93572
14	销售代表	61800	42166	31782	46172
15	销售助理	42894	42136	31467	37691
16	研发专员	57360	43323	42557	47187
17	制图师	43667	42894	42136	43028
18	产品技术员	70685	69632	64275	68939

续 表

序号	职位名称	高位数	中位数	低位数	平均数
19	工艺员	95741	57853	33070	64003
20	生产经理	198880	84639	48000	115267
21	生产主管	114212	83801	40046	81778
22	车间主任	129608	68793	64276	80139
23	生产线长	101333	64786	63640	79346
24	操作工	90596	52136	31493	56393
25	初级操作工	89699	51620	31181	55835
26	辅助工	88811	51109	30873	55282
27	裁切工	87931	50603	30567	54735
28	装配工	73826	48520	29477	47863
29	检验工	70657	41346	25820	47389
30	设备维护/维修工	85803	59400	44184	60524
31	质量主管	167004	59838	40290	56755
32	质量专员	62864	47858	33541	46635
33	采购员	55000	46600	41328	47643
34	叉车驾驶员	53657	44000	37122	44826
35	仓库保管员	53125	42327	34122	44383
36	搬运工	52599	41908	33784	42277
37	装卸工	52079	38217	30000	40117
38	送料工	51563	37839	28858	39720

（八）文教、工美、体育和娱乐用品制造业

单位：元/年（人民币）

序号	职位名称	高位数	中位数	低位数	平均数
1	总经理	493781	141835	60695	173428
2	副总经理	314759	88480	53430	138948
3	总经理助理	311642	87604	52901	137572
4	生产副总经理	308557	83835	44637	136210
5	财务副总经理	112624	78780	44195	71707
6	总经办主任	81200	78000	43757	65065
7	总经办文员	62100	47400	40800	50100
8	财务经理	142080	102950	74340	104896
9	财务主管	94500	75900	63840	77170
10	财务专员	76057	51792	41580	56412
11	会计	91139	54454	39519	59232

续 表

序号	职位名称	高位数	中位数	低位数	平均数
12	出纳	41164	34000	24000	33009
13	应收/应付专员	47840	41600	40560	43767
14	成本会计	45240	42900	41600	43160
15	资金管理专员	77640	63000	45000	61800
16	审计/稽核专员	91200	73200	48100	72731
17	人力资源经理	92880	84840	77932	85688
18	人力资源主管	92880	84000	77160	84840
19	人力资源专员	69720	56400	42000	55480
20	行政专员	52847	46800	36000	44380
21	行政助理/文员	52324	41819	34740	42575
22	小车司机	85821	50130	37405	57459
23	班车司机	84500	53000	48240	63720
24	保洁领班	94075	81471	63220	79589
25	保洁员	51119	37857	24299	36762
26	保安队长	78098	68163	61888	69710
27	保安班组长	61014	39347	26422	44838
28	保安	60983	37810	24068	39895
29	法务专员	78240	62400	59520	66960
30	市场专员	65300	58500	35700	51833
31	大区销售经理	163016	114484	80463	128675
32	区域销售经理	156132	96757	79667	103427
33	销售经理	137144	95799	78878	102403
34	销售主管	93389	73610	59857	74875
35	高级销售代表	66459	52000	44950	51699
36	销售代表	65801	49215	34330	51187
37	销售助理	57820	31456	30900	36605
38	销售管理专员	46560	41520	39504	42600
39	渠道销售代表	27240	25800	25320	26200
40	售后技术支持技术员	62400	44477	39480	49348
41	研发专员	139441	78214	45920	81070
42	研发工程师	138060	77440	45465	80267
43	制图师	59888	59040	45273	53657
44	产品技术经理	142800	114000	95520	117771
45	产品工程师	104880	85200	61920	82971
46	初级产品开发工程师	77692	54000	47040	58517
47	工艺员	46477	28969	27822	30967

续 表

序号	职位名称	高位数	中位数	低位数	平均数
48	生产经理	283366	86009	55307	128473
49	生产主管	132146	85157	54759	89694
50	生产管理主管	130838	84314	54217	88806
51	生产助理	47280	45100	40610	44275
52	生产计划员	72210	50753	29808	52205
53	工业工程师	79608	78200	67999	74557
54	车间主任	130320	66250	33965	78354
55	生产线长	67188	66000	42960	56400
56	生产班组长	88106	69957	24000	65779
57	数控机床操作技工	59553	58500	56550	57850
58	操作工	69052	44624	23972	49926
59	初级操作工	59607	37800	31743	41201
60	电切削工	61972	60876	59800	60888
61	下料工	53215	41880	27939	42594
62	冲压工	70629	46452	29705	51035
63	车工	67188	66000	43288	60352
64	磨工	53500	52300	44076	49373
65	焊工	47184	44400	42904	44814
66	装配工	53167	45719	30640	45175
67	检验工	32480	27950	23980	28150
68	注塑工	66186	43200	23837	47145
69	缝纫工	65077	41196	22320	44327
70	裁剪工	45648	42972	33396	42644
71	回收处理工	38116	35417	27304	33483
72	电焊工	141040	58355	55349	84881
73	设备经理	123254	96270	71734	97290
74	设备维护/维修工	56880	48637	43669	49986
75	模具工	104000	59800	45120	70711
76	质量经理	86289	60750	45606	64463
77	质量专员	69632	47935	36320	50008
78	质量技术员	68942	46899	35960	49513
79	初级质量测试工程师	64046	56700	54060	58661
80	初级质量检验员	64469	40560	31766	44969
81	物流专员	45122	40176	24877	36265
82	运输专员	52011	44390	39120	45357

续 表

序号	职位名称	高位数	中位数	低位数	平均数
83	采购经理	99202	75563	59040	69600
84	采购主管	98220	74815	34200	68339
85	采购员	79841	45600	32408	49837
86	采购助理	48792	43200	29040	40140
87	仓储主管	108434	60000	44473	67565
88	仓储专员	50145	48520	44033	47566
89	仓库班组长	49649	48040	43597	47095
90	起重机操作员	84841	78688	74971	79703
91	仓库保管员	63372	40808	25152	44589
92	物料理货员	65445	41278	31880	42043
93	装卸工	81622	69282	31114	65238
94	送料工	50960	44668	40528	45428

（九）石油加工、炼焦和核燃料加工业

单位：元/年(人民币)

序号	职位名称	高位数	中位数	低位数	平均数
1	副总经理	437347	144083	52307	191569
2	办事处经理	161453	64661	39757	98404
3	总经办主任	159682	74218	41350	93593
4	总经办文员	120635	47134	34426	61870
5	行政助理/文员	97986	50526	32423	57249
6	小车司机	95834	57373	40994	64633
7	班车司机	85413	55093	43164	59859
8	保安	67495	37638	26273	39563
9	内控专员	108588	57629	40764	71073
10	销售经理	181544	76672	40208	108489
11	销售管理助理	81615	56695	35547	62967
12	工艺工程师	143039	106244	52955	101496
13	工艺员	83322	53044	27464	59247
14	生产计划员	77149	57498	31479	57269
15	工段长	102774	69329	45206	74381
16	操作工	77081	51518	32464	57037
17	副操	61642	61492	56857	60900
18	设备工程师	143843	70311	52097	80875
19	质量测试工程师	93217	65923	51581	75147

续 表

序号	职位名称	高位数	中位数	低位数	平均数
20	初级质量检验员	71910	54510	35961	56879
21	采购员	88012	54226	37470	57821
22	采购助理	68736	53689	34038	57189

（十）化学原料和化学制品制造业

单位：元/年（人民币）

序号	职位名称	高位数	中位数	低位数	平均数
1	总经理	782616	278922	122412	331033
2	副总经理	604354	206853	121200	327755
3	总经理助理	188141	136906	103980	144534
4	生产副总经理	186278	135550	102950	143103
5	财务副总经理	173668	102157	48464	92464
6	营销副总经理	171948	101146	47984	91549
7	总经办主任	170246	71728	47509	91005
8	总经办文员	168560	53540	47039	90341
9	财务经理	175763	101766	71618	108180
10	财务主管	142274	100759	70909	97821
11	财务专员	119346	99761	70207	96852
12	财务助理	118164	69504	49199	81648
13	会计主管	294640	183080	110822	199456
14	会计	91018	52310	35658	58999
15	出纳	85680	50472	33350	58395
16	人力资源经理	314853	125040	84920	177826
17	人力资源主管	178398	86175	50048	101101
18	人力资源专员	141088	82723	49553	74202
19	人力资源助理	91123	81904	49062	73467
20	薪酬福利专员	115586	109499	75925	98046
21	企业文化专员	97597	77282	66686	81331
22	行政总监	246193	152192	114738	174395
23	行政经理	243755	150685	113602	172668
24	行政主管	130569	80198	45335	82054
25	行政专员	103140	66041	40147	66499
26	行政助理/文员	86755	56725	38116	65841
27	小车司机	94292	58272	38148	64865
28	班车司机	69053	56123	37770	53993

续 表

序号	职位名称	高位数	中位数	低位数	平均数
29	保洁员	64586	34625	24240	39919
30	保安队长	122570	111597	102766	116611
31	保安班组长	121356	110492	101749	115456
32	保安	86216	71063	34080	66915
33	法务专员	112354	73299	60203	84115
34	市场经理	149215	80338	68928	100786
35	高级市场专员	85648	69716	68246	75019
36	市场策划专员	97841	44896	33113	64384
37	区域销售经理	215761	127403	110200	133542
38	销售经理	213625	126142	65020	132220
39	销售主管	209004	100408	64376	114989
40	销售代表	206935	99414	63739	113850
41	销售助理	204886	98430	63108	112723
42	高级销售工程师	202857	97455	62483	111607
43	销售工程师	200849	96883	61585	110502
44	销售管理经理	182707	85384	79948	114032
45	销售管理主管	124290	84539	79156	98859
46	销售管理专员	104095	60600	35055	71303
47	销售管理助理	98000	60000	32200	52909
48	渠道销售代表	177272	84920	45100	91412
49	售前技术支持技术员	85811	72917	64326	74219
50	售后技术支持工程师	129095	117301	84511	109994
51	售后技术支持技术员	84921	57879	38177	60669
52	研发经理	706269	274893	137582	251050
53	研发主管	175726	135854	68129	133801
54	研发专员	173986	134509	67455	132476
55	研发助理	172263	133177	66787	131164
56	高级研发工程师	170558	131859	66126	129866
57	研发工程师	168869	130553	65471	128580
58	工艺经理	272908	215592	127603	202767
59	工艺主管	257632	213457	126340	200759
60	工艺管理专员	107235	47928	47496	72459
61	高级工艺工程师	292944	247399	151494	229709
62	工艺工程师	243134	220595	89468	177227
63	初级工艺工程师	240727	218411	88582	175472
64	工艺员	92303	56533	29781	62517

续 表

序号	职位名称	高位数	中位数	低位数	平均数
65	生产经理	308411	132454	96315	221057
66	生产管理经理	169078	131143	95362	122908
67	生产主管	149280	129844	94417	121691
68	生产管理主管	142351	128559	93483	120486
69	生产专员	140942	127286	92557	119293
70	生产助理	88982	56672	39256	68995
71	生产计划经理	216716	192857	76299	154233
72	生产计划员	77296	59487	31042	59209
73	生产控制主管	264230	243533	220178	242425
74	生产控制工程师	141492	131057	125652	133153
75	初级生产控制工程师	103590	98001	93615	98431
76	精益生产主管	212906	147889	133933	166125
77	生产技术经理	302597	233967	151572	228256
78	生产技术主管	162551	151052	134966	149567
79	生产技术工程师	134944	116523	85158	115091
80	生产技术员	62579	57912	48460	55091
81	工段长	155437	122422	95434	115547
82	车间主任	153898	121210	94489	114403
83	生产班组长	152375	120010	93554	113271
84	高级操作工	150866	118822	92627	112149
85	钳工	124843	117646	91710	111039
86	压缩机操作工	123607	116481	90802	109939
87	操作工	122383	115327	89903	108851
88	初级操作工	121172	114186	89013	107773
89	车工	119972	113055	88132	106706
90	焊工	118784	111936	87259	105650
91	装配工	117608	110827	86395	104604
92	装调工	116444	109730	85540	103568
93	涂装工	115291	108644	84693	102542
94	检验工	114149	107568	83854	101527
95	仪器仪表检修工	113019	106503	83024	100522
96	混料员	94495	77270	64081	79118
97	设备操作工	93559	76505	63447	78335
98	水处理工	70981	53625	51317	53356
99	副操	54297	53094	50809	52828

续 表

序号	职位名称	高位数	中位数	低位数	平均数
100	三废处理工	54973	45025	31774	49017
101	设备经理	348075	212378	145741	231074
102	设备主管	184444	158845	107142	147603
103	高级设备工程师	496167	262048	175625	316572
104	设备工程师	129420	71170	44722	77179
105	设备维护经理	415143	229485	120490	210595
106	设备维护主管	191043	127523	93760	135441
107	设备维护专员	189152	126261	92831	134100
108	设备维护工程师	187279	125011	91912	132772
109	初级设备维护工程师	185425	123773	91002	131457
110	设备维修技术员	183589	122547	90101	130156
111	设备维修班组长	181771	121334	89209	128867
112	设备维护/维修工	95422	59616	41340	60644
113	动力保障主管	134045	89585	77155	95227
114	动力保障工程师	116673	88698	76391	89848
115	巡检班组长	100229	87820	75635	88958
116	安全/环境/健康经理	359165	254468	93327	226294
117	安全/环境/健康主管	170481	126670	92403	132795
118	安全经理	294389	180265	110944	197549
119	安全主管	143485	130269	109846	127504
120	安全工程师	141719	128979	108758	126241
121	初级安全工程师	140316	127702	107681	124992
122	消防领班	138927	126438	106615	123754
123	消防员	111789	88617	81117	93570
124	质量经理	368745	225868	140817	236766
125	质量主管	267100	141759	139423	182191
126	质量助理	238745	140356	138043	180387
127	质量工程师	236381	138966	136676	178601
128	初级质量工程师	121761	90729	63653	87539
129	质量技术员	120555	89831	38274	86672
130	质量保证经理	230412	135430	82222	150349
131	质量测试主管	132281	105653	83258	105241
132	质量测试工程师	122169	104607	82433	104199
133	初级质量测试工程师	113497	84100	81617	86696
134	质量测试技术员	112373	78943	62342	84011
135	初级质量检验员	77553	50307	34439	56413

续 表

序号	职位名称	高位数	中位数	低位数	平均数
136	物流专员	44788	40621	24851	35370
137	运输专员	119117	96730	59292	88498
138	采购经理	205782	135705	106284	126008
139	采购主管	203745	134361	105232	124760
140	高级采购员	146036	133031	104190	121424
141	采购员	144590	119378	103159	120222
142	采购助理	140466	118196	102137	119032
143	高级采购工程师	139075	117026	101126	117853
144	采购工程师	104106	97365	87836	96436
145	仓储经理	196043	119015	85786	126490
146	仓储主管	194102	117837	84937	125238
147	仓储专员	126177	91837	84096	98514
148	仓储助理	124928	90927	83263	97539
149	仓库班组长	123691	90027	82439	96573
150	叉车驾驶员	100061	82205	80356	82174
151	仓库保管员	83130	81391	79561	81361
152	装卸工	82307	80585	78773	80555

（十一）医药制造业

单位：元/年（人民币）

序号	职位名称	高位数	中位数	低位数	平均数
1	总经理	341085	187288	74901	171956
2	总工程师	337708	185434	74159	165803
3	副总经理	334364	183598	73425	164162
4	总经理助理	162488	86760	45355	94076
5	生产副总经理	116856	88322	86760	97509
6	财务副总经理	277880	170200	103448	187253
7	办事处经理	160471	100373	41300	96741
8	总经办主任	239039	143445	86823	157363
9	总经办文员	52572	49140	43420	48187
10	工会干事	143007	48303	28358	65160
11	财务总监	204696	180000	123552	166953
12	财务经理	202670	91620	90000	119131
13	财务主管	200663	73296	72000	117951
14	财务专员	68369	56400	49712	55940

续 表

序号	职位名称	高位数	中位数	低位数	平均数
15	财务助理	67692	48958	29431	53945
16	会计	82271	60600	45600	57505
17	出纳	69839	60000	43792	56936
18	人力资源主管	102800	73200	72240	85133
19	人力资源专员	81624	52941	36195	63034
20	招聘专员	61080	60000	56320	58467
21	行政专员	96000	52445	38784	62480
22	行政助理/文员	57120	48000	38400	46629
23	小车司机	85822	48580	40971	56030
24	班车司机	63001	45695	37715	48804
25	保洁员	51708	33392	23140	34559
26	保安	56858	31361	25714	33139
27	市场专员	85077	56400	49680	64242
28	产品/品牌专员	68400	61200	54960	62400
29	销售总监	363320	126607	62039	145340
30	大区销售经理	177290	78430	56755	103682
31	销售经理	143156	66673	56193	102655
32	高级销售代表	141738	66013	55636	101639
33	销售代表	87257	58146	55085	58146
34	销售助理	72766	57570	54540	57570
35	销售工程师	60000	57000	54000	57000
36	销售管理主管	102778	66000	48960	74658
37	销售管理专员	70746	65600	47268	59411
38	销售管理助理	68078	50400	46800	56098
39	售后技术支持主管	137778	116075	112769	117656
40	高级售后技术支持工程师	122453	114926	111652	116491
41	售后技术支持工程师	112383	57211	44065	67574
42	售后技术支持技术员	84994	57032	43629	60866
43	研发总监	362740	162000	147600	228550
44	研发经理	175561	107641	69672	122508
45	研发主管	161804	97006	53160	94923
46	研发专员	160202	79156	38749	90785
47	研发助理	158616	78373	38366	89886
48	研发工程师	157045	77597	26058	88996
49	生产技术主管	85126	76700	73580	76050

续 表

序号	职位名称	高位数	中位数	低位数	平均数
50	初级生产技术工程师	84283	70958	70683	75870
51	生产技术员	48000	36790	27300	38242
52	车间主任	108004	70706	49972	85642
53	生产线长	85967	55926	35234	57617
54	技师	42756	42000	34000	38667
55	技工	33944	32000	31000	32248
56	操作工	67864	45600	32467	49758
57	初级操作工	37681	37014	36360	37253
58	辅助工	37154	33800	27170	32946
59	包装工	54930	42976	32500	44867
60	灌装工	51937	44963	37482	45795
61	片剂压片工	41327	36840	35216	37913
62	电焊工	79088	59617	30786	67646
63	质量经理	183697	96090	51927	109273
64	质量主管	177199	72706	51413	82027
65	质量专员	71786	51820	50904	57691
66	质量工程师	71076	51307	50400	57120
67	质量技术员	70372	49200	36611	54869
68	质量测试主管	80015	54360	35469	56289
69	质量测试技术员	43327	38480	31480	38002
70	运输专员	68184	41256	33913	48465
71	采购主管	92865	72000	70080	79894
72	采购员	82820	50400	36473	49743
73	仓储主管	81031	56550	54360	64304
74	仓储助理	67666	44100	43200	44992
75	仓库保管员	66996	42600	33558	44547

（十二）化学纤维制造业

单位：元/年（人民币）

序号	职位名称	高位数	中位数	低位数	平均数
1	总经理	415880	151200	93720	161760
2	副总经理	411762	115200	65353	141761
3	财务总监	360530	143500	128240	154846
4	财务主管	122205	65000	56120	74216
5	财务助理	120995	50000	44000	54839

续 表

序号	职位名称	高位数	中位数	低位数	平均数
6	出纳	98891	50700	47280	66510
7	行政助理/文员	71922	40800	33021	45333
8	小车司机	86425	49933	40558	56564
9	保洁员	50835	33315	26560	34513
10	保安	41500	34650	33388	39895
11	销售助理	117977	85903	52735	84700
12	工艺员	116809	85052	52213	83862
13	生产主管	115653	84210	51696	83032
14	初级生产技术工程师	151800	143000	69080	115867
15	车间主任	134386	79196	45026	89657
16	生产班组长	66599	47445	36565	46261
17	高级操作工	88061	48717	40356	43632
18	化纤聚合操作工	69000	55000	40000	55386
19	操作工	58261	45600	35984	50597
20	初级质量检验员	53754	45007	39915	48929
21	物流专员	57881	50486	41747	49832
22	采购员	68000	52000	50000	57000
23	进出口专员	90313	78335	72666	81121
24	仓库班组长	65000	55000	45000	55000
25	叉车驾驶员	88225	55000	36563	53286
26	仓库保管员	59298	40000	38231	41773
27	搬运工	71205	43518	35357	68753

（十三）橡胶和塑料制造业

单位：元/年（人民币）

序号	职位名称	高位数	中位数	低位数	平均数
1	总经理	273312	190324	177396	198155
2	总工程师	226429	188440	175640	196193
3	副总经理	224188	120000	58116	142871
4	总经理助理	221968	116404	57540	134239
5	研发技术副总经理	219770	115252	56971	132910
6	生产副总经理	208143	107465	55998	126151
7	行政副总经理	206083	106401	55443	125066
8	财务副总经理	204042	105347	49773	118373
9	营销副总经理	202022	96000	49280	117201

续 表

序号	职位名称	高位数	中位数	低位数	平均数
10	总经办主任	119206	72655	48719	80387
11	总经办文员	72999	46974	35100	47357
12	财务总监	248970	125000	55600	155888
13	财务经理	159392	91662	50485	106011
14	财务主管	144325	74797	49568	87201
15	财务专员	91314	48490	35682	53087
16	财务助理	64389	48010	29022	49513
17	会计主管	86113	74608	52920	67950
18	总账会计	85260	62728	50198	66938
19	会计	70626	44248	33943	48428
20	出纳	60265	43600	29644	47949
21	应收/应付专员	70219	58931	52375	60903
22	成本会计	87200	60347	36820	66114
23	资金管理经理	94560	81600	67680	81200
24	人力资源经理	172764	93152	48628	105601
25	人力资源主管	167049	76420	41280	90221
26	人力资源专员	70979	44390	38469	51881
27	人力资源助理	70276	43000	38088	50545
28	企业文化专员	51120	38400	35400	41480
29	行政经理	140336	95400	54239	96816
30	行政主管	127999	76330	40626	82545
31	行政专员	103260	43280	30384	43675
32	行政助理/文员	101651	42851	30083	41114
33	秘书	56815	43455	35900	43,511
34	前台	56253	39830	29592	40330
35	英语翻译	59060	48520	43076	50340
36	车队队长	116865	54000	50333	74816
37	小车司机	86309	50670	44012	56380
38	班车司机	74601	50168	43576	50767
39	保洁领班	52268	40200	36480	42265
40	保洁员	51750	34000	25000	35160
41	保安队长	71319	50500	37995	53606
42	保安班组长	61208	50349	37619	44607
43	保安	60867	32867	25541	36694
44	公共关系经理	114043	50216	40486	72756
45	市场经理	114298	89000	63096	93983

续 表

序号	职位名称	高位数	中位数	低位数	平均数
46	市场主管	98456	60000	49349	61482
47	市场专员	97482	55494	48861	53523
48	市场助理	56829	54945	48377	52993
49	销售总监	265370	187008	66071	172816
50	区域销售经理	183069	89316	44633	109320
51	销售经理	181256	88432	44191	108238
52	销售主管	141581	81250	43753	98826
53	销售代表	97188	62347	40469	75306
54	销售助理	96226	61730	40068	74561
55	销售工程师	95273	61119	39672	73822
56	销售管理经理	166185	80915	39185	104830
57	销售管理主管	128369	70928	36633	76216
58	销售管理专员	97615	55227	34937	61158
59	销售管理助理	75196	49993	33777	53268
60	渠道销售经理	100000	83300	61980	81650
61	研发总监	446365	162125	114256	250765
62	研发经理	153480	111600	74520	113783
63	研发主管	145113	100317	66614	97337
64	研发专员	120523	64062	39172	71747
65	研发助理	100161	63428	38784	66783
66	研发工程师	99169	62800	38400	66122
67	初级研发工程师	71340	45000	32640	48161
68	产品技术经理	227056	96000	68129	110111
69	产品工程师	119171	94920	67454	92473
70	产品技术员	64681	35594	22360	49917
71	工艺主管	89677	68538	67327	73447
72	工艺管理专员	81204	67860	66660	72720
73	初级工艺工程师	80400	67188	66000	72000
74	工艺员	77524	50438	30376	51908
75	工艺研发专员	69600	60000	58271	63280
76	生产经理	185876	98685	56192	109069
77	生产管理经理	176062	97707	54179	105905
78	生产主管	133139	85866	52644	91593
79	生产管理主管	131820	85016	46763	88448
80	生产专员	77599	52945	38763	58441

续 表

序号	职位名称	高位数	中位数	低位数	平均数
81	生产助理	77479	52421	33376	57719
82	生产计划主管	127962	75165	51773	89925
83	生产计划员	71366	52040	31194	52861
84	生产控制主管	46635	45810	45000	45807
85	外协专员	52660	47500	37020	45600
86	生产技术主管	106297	92000	67200	88249
87	生产技术员	94326	77844	66403	79226
88	物料管理员	132460	98280	67894	88393
89	车间主任	131149	97307	67222	87518
90	生产线长	119975	96344	66557	86651
91	技师	118787	95390	65898	85793
92	生产班组长	117611	94445	65245	84944
93	技工	116447	93510	64599	84103
94	钳工	115294	92584	63960	83270
95	造粒操作工	114152	91668	63326	82446
96	操作工	113022	90760	62699	81629
97	线切割工	111903	89862	62079	80821
98	配料工	110795	88972	61464	80021
99	辅助工	109698	88091	56193	79229
100	冲压工	108612	87219	55636	78444
101	裁切工	107537	86355	55085	77668
102	车工	106472	85500	54540	76899
103	拉丝工	105418	84654	54000	76137
104	装配工	104374	83815	53688	75383
105	装调工	103341	82986	53156	74637
106	油漆工	102317	82164	52630	73898
107	涂装工	101304	70382	45201	68341
108	检验工	100301	69685	44754	67665
109	注塑工	99308	68995	44311	66995
110	混料员	98325	68312	43872	66331
111	调试工	97351	67636	43437	65675
112	锅炉工	96388	66966	43007	65024
113	缝纫工	85688	66567	42582	64381
114	抛光工	84840	65908	42160	63743
115	设备操作工	84000	65255	38600	63112
116	电焊工	68001	56247	49200	56011

续 表

序号	职位名称	高位数	中位数	低位数	平均数
117	炼胶工	67327	43757	22830	41811
118	设备经理	148748	88105	47433	104584
119	设备主管	112585	79390	46963	86459
120	设备工程师	82270	50671	46498	55545
121	设备维护主管	111838	81818	51591	86880
122	设备维护专员	90075	67572	51080	67301
123	设备维修技术员	89183	66903	50574	66635
124	设备维修班组长	88300	66241	50074	65975
125	设备维护/维修工	73724	66087	49578	62390
126	工具管理员	72994	65433	49087	61772
127	模具经理	158600	126065	73993	119087
128	模具主管	111758	78000	55000	86621
129	初级模具工程师	85091	66605	37021	65458
130	高级模具工	84248	65945	36655	64810
131	模具工	77134	59324	35935	59554
132	模具维修工	69096	58737	35579	58964
133	模具设计工程师	87152	68000	52440	67877
134	高级模具加工工程师	108060	84271	59676	83924
135	模具加工工程师	106990	81962	59085	83093
136	模具加工班组长	105931	81150	58500	82270
137	安全主管	138672	48962	42218	78593
138	质量经理	157670	84000	47267	98574
139	质量主管	137070	72157	46799	80736
140	质量专员	135712	62624	38971	71474
141	质量助理	134369	62004	38585	70767
142	高级质量工程师	133038	61390	38203	70066
143	质量工程师	73555	59148	37825	55252
144	质量技术员	72827	46979	37196	47933
145	质量保证经理	139897	71772	60000	80000
146	质量保证主管	138512	71061	50648	71701
147	质量测试工程师	106724	94764	69972	89418
148	初级质量测试工程师	84800	63448	50934	66130
149	质量测试技术员	83960	62820	50430	65475
150	初级质量检验员	64402	44406	33839	47935
151	物流经理	151680	85020	60000	101002

续 表

序号	职位名称	高位数	中位数	低位数	平均数
152	物流主管	137044	70913	43508	76237
153	物流专员	54305	46986	43339	47951
154	物流助理	53767	46521	42910	47476
155	运输主管	80766	61520	52129	64632
156	运输专员	63191	49496	43541	52725
157	运输助理	62565	49006	43110	52203
158	采购经理	147252	81802	43478	86593
159	采购主管	111373	66165	41175	75063
160	采购员	70073	54971	34476	57040
161	采购助理	69379	54426	34134	56476
162	仓储经理	112083	60000	56000	68228
163	仓储主管	110974	60000	42371	67552
164	仓储专员	89203	58404	41952	59067
165	仓储助理	88320	57826	41536	58482
166	仓库班组长	87445	57254	41125	57903
167	叉车驾驶员	86580	56193	36238	53627
168	仓库保管员	70783	55636	33299	49822
169	搬运工	70083	55085	32970	49329
170	物料理货员	69389	54540	32643	48841
171	装卸工	69250	54000	32320	48357
172	送料工	54540	41894	32000	42726

（十四）非金属矿物制造业

单位：元/年（人民币）

序号	职位名称	高位数	中位数	低位数	平均数
1	总经理	357746	126344	77375	203061
2	副总经理	116196	104340	98525	106498
3	行政助理/文员	50267	48778	45036	47839
4	保洁员	52712	47254	39083	47999
5	销售代表	106376	74831	56401	77368
6	研发工程师	66074	64037	55843	62192
7	制图师	61570	59156	54763	59007
8	工艺管理专员	60960	58570	54221	58423
9	生产班组长	87020	70103	64887	74978
10	操作工	57059	51517	41504	50801

续 表

序号	职位名称	高位数	中位数	低位数	平均数
11	车工	61211	53385	49421	53885
12	检验工	69167	40823	29707	47280
13	压出工	62296	43655	34836	46108
14	模具工	49891	49611	49078	49506
15	质量主管	185344	57647	41610	112012
16	质量专员	44611	41287	38939	42375
17	初级质量检验员	54790	51613	39911	48627
18	仓库保管员	50768	39279	38752	43112
19	搬运工	46986	42000	38370	43889

（十五）黑色金属冶炼和压延加工业

单位：元/年（人民币）

序号	职位名称	高位数	中位数	低位数	平均数
1	总经理	521834	157439	80663	245224
2	副总经理	416668	125268	79865	194253
3	总经理助理	178663	87519	54000	106000
4	生产副总经理	330911	98997	55336	146954
5	行政副总经理	248449	118103	57036	150182
6	财务副总经理	283390	97166	60400	135578
7	办事处经理	271107	58740	48288	181788
8	总经办文员	125162	47051	29376	57757
9	财务主管	141548	100814	48965	96990
10	财务专员	127804	80599	48480	92791
11	财务助理	49744	48864	48000	48815
12	会计	116071	85430	48799	84074
13	出纳	96886	82410	38208	75846
14	成本控制专员	124876	120690	70362	101464
15	人力资源经理	181610	99625	70747	103111
16	人力资源主管	163856	92384	56638	90107
17	人力资源专员	134015	60600	47645	72865
18	人力资源助理	61118	60000	46280	54749
19	招聘专员	104523	53952	38032	66219
20	薪酬福利专员	109510	56803	32243	70056
21	绩效管理专员	90734	51059	40385	61221
22	企业文化专员	105660	101421	58780	94709

续 表

序号	职位名称	高位数	中位数	低位数	平均数
23	行政主管	119805	76814	45385	84812
24	行政专员	92287	54036	26200	59896
25	行政助理/文员	54550	42024	25941	45999
26	秘书	94800	63960	52056	71017
27	小车司机	86165	54996	33142	67172
28	保洁员	54357	36300	24847	37493
29	保安班组长	68887	36180	26749	43602
30	保安	67111	37000	25000	39690
31	合同管理专员	95348	59408	38170	66758
32	资产管理员	94244	56762	40033	62540
33	内控专员	114777	104702	99746	106530
34	市场助理	50372	39600	26021	39280
35	市场推广专员	106616	42389	30013	64023
36	销售经理	266640	140217	84000	146100
37	销售主管	155243	119943	67046	123578
38	高级销售代表	142641	117620	64396	122354
39	销售代表	131309	107292	54710	102071
40	销售助理	108757	88355	40996	87433
41	销售管理专员	103616	58766	35862	67413
42	销售管理助理	81833	55548	35507	57608
43	研发主管	210630	113827	66302	122962
44	研发工程师	208544	112700	64603	121745
45	工艺经理	292426	138910	62990	157337
46	工艺主管	122945	79507	53741	86744
47	工艺工程师	121727	78720	53208	85885
48	生产管理经理	171464	95095	54212	110749
49	生产主管	140593	94153	54122	101190
50	生产管理主管	139201	93221	53586	100188
51	生产计划主管	136798	86409	52481	103243
52	生产计划员	78951	55156	31206	58898
53	生产技术主管	130150	113000	110900	118375
54	生产技术员	57057	46185	45741	49550
55	物料管理员	148613	78035	45547	90638
56	车间主任	147141	77262	45096	89740
57	生产班组长	75400	58026	57000	64667
58	钳工	84254	74056	56057	71494

续 表

序号	职位名称	高位数	中位数	低位数	平均数
59	操作工	92908	56512	37015	57700
60	生产文员	56194	49104	43648	49358
61	辅助工	65798	47039	36153	49573
62	热处理工	66114	64945	47953	60911
63	铸造工	70558	57366	43743	57947
64	锻造工	56705	54996	51358	54192
65	压铸工	68000	67000	65000	66667
66	车工	61428	52362	47814	53448
67	铣工	92244	58446	37170	61624
68	磨工	95366	70058	48895	70456
69	焊工	70946	55527	42007	62122
70	钻工	90822	55994	41336	55803
71	机加工工	76993	65692	48117	67694
72	激光工	100859	83060	75227	87729
73	装配工	72031	58000	39868	55993
74	涂装工	79405	51874	37091	55137
75	检验工	69363	41180	32800	47545
76	注塑工	63537	48667	31015	49615
77	清理工	75886	47761	32093	54479
78	锅炉工	95982	65814	30219	57441
79	抛光工	60696	47700	41319	51159
80	设备操作工	72000	70000	65000	68533
81	水处理工	79055	48625	40283	54654
82	电焊工	110733	62286	46613	77351
83	设备经理	183965	111650	108151	130196
84	高级设备工程师	182144	110544	107080	128907
85	设备工程师	147093	109450	106020	108410
86	初级设备工程师	108880	108366	104970	107337
87	高级设备维护工程师	150197	96847	79078	97688
88	设备维护工程师	142905	95888	78295	96721
89	初级设备维护工程师	113718	94939	77520	95763
90	设备维修技术员	112592	93999	76752	94815
91	设备维护/维修工	83274	59069	39034	61679
92	模具工	89237	57912	39262	63193
93	模具维修工	79792	67938	41517	72634

续 表

序号	职位名称	高位数	中位数	低位数	平均数
94	安全主管	133780	74580	49316	81249
95	安全工程师	118063	68903	48828	72727
96	质量经理	180380	92614	70819	107265
97	质量主管	166085	84230	70117	100497
98	质量专员	108588	83396	69423	99502
99	高级质量工程师	107513	82570	68736	98517
100	质量技术员	77369	51454	36732	55477
101	质量保证主管	149500	87442	50022	97752
102	质量测试主管	134930	86329	67924	85763
103	资深质量测试工程师	120419	85475	67251	84913
104	质量测试技术员	79005	72106	55206	70334
105	初级质量检验员	84884	59969	33832	66539
106	物流专员	44740	39987	28449	33531
107	运输专员	85031	60426	49962	58243
108	采购经理	203000	138636	54503	129785
109	采购员	97590	81950	53183	91908
110	采购工程师	96623	81138	52656	90998
111	仓储主管	116674	74207	57440	73791
112	仓储专员	100780	64957	55254	73474
113	叉车驾驶员	99782	64717	54707	72792
114	仓库保管员	65536	46607	29024	45705
115	搬运工	71116	44195	35330	48911
116	物料理货员	74221	64246	53943	62597
117	装卸工	76932	60673	34103	59599

（十六）有色金属冶炼和压延加工业

单位：元/年（人民币）

序号	职位名称	高位数	中位数	低位数	平均数
1	总经理	377590	160908	82270	301720
2	副总经理	338028	127903	49655	173619
3	总经理助理	163979	79410	37899	93811
4	生产副总经理	310504	112982	60535	132938
5	行政副总经理	250169	109400	42400	133054
6	财务副总经理	194560	96000	43200	93880
7	营销副总经理	158600	58600	44568	52753

续 表

序号	职位名称	高位数	中位数	低位数	平均数
8	财务经理	201960	103259	65876	108091
9	财务主管	132588	73997	45726	76138
10	财务专员	70400	45612	36893	50600
11	财务助理	57280	45160	36528	46323
12	会计	77057	50069	31767	55283
13	出纳	68888	42720	31284	47932
14	结算主管	100452	51412	45024	63325
15	成本会计	87438	54578	37285	58472
16	审计/稽核专员	97074	50368	37093	68464
17	人力资源经理	189885	86688	58714	93797
18	人力资源专员	107054	45981	37164	59380
19	员工关系主管	115560	75646	39817	77467
20	行政经理	229541	145534	62323	145866
21	行政主管	117902	70349	44508	80362
22	行政专员	95929	58189	36770	56180
23	行政助理/文员	67603	57613	35484	55490
24	秘书	92590	54127	37738	61270
25	小车司机	90503	42170	34703	48166
26	班车司机	75252	47939	36249	51693
27	保洁主管	93107	75811	46078	50557
28	保洁领班	50669	50209	45622	48735
29	保洁员	52318	37945	28918	38823
30	保安队长	77567	40236	28207	48787
31	保安班组长	69131	39052	26894	44831
32	保安	66956	38029	26137	39856
33	市场经理	236210	95705	76347	144235
34	大区销售经理	233871	94758	67674	142807
35	销售经理	159533	93819	62912	102133
36	销售主管	157954	92890	44162	101122
37	高级销售代表	148439	68093	35653	100121
38	销售代表	85891	62974	35329	64113
39	销售助理	74689	46093	32995	50885
40	销售管理主管	130634	63958	37009	75369
41	销售管理专员	99655	54600	35849	59072
42	销售管理助理	76137	53561	35494	54151
43	渠道销售主管	65280	52400	41060	52950

续 表

序号	职位名称	高位数	中位数	低位数	平均数
44	渠道销售代表	41010	36960	31448	36438
45	售前技术支持主管	104758	97871	79595	93126
46	售前技术支持工程师	74191	68298	57599	66843
47	售后技术支持主管	141401	81069	59485	86100
48	售后技术支持技术员	86303	59646	43569	61781
49	研发经理	130667	66000	41333	82667
50	研发专员	118755	61982	39531	71266
51	研发工程师	120000	81029	45556	83148
52	初级硬件开发工程师	121969	62208	37371	78119
53	工艺主管	177984	103579	89664	113284
54	工艺工程师	176221	102554	66394	112162
55	工艺员	174477	101539	65736	111052
56	生产管理经理	172749	100533	65085	109952
57	生产主管	116963	61860	45276	82768
58	生产专员	73000	50204	30000	43529
59	生产计划主管	126796	76719	50840	89256
60	生产计划员	73077	51340	50336	57375
61	生产计划助理	66166	50832	49838	56807
62	精益生产专员	63638	54134	47549	55107
63	外协专员	42246	41520	38640	40622
64	工段长	91721	60428	44983	64779
65	车间主任	128514	68148	39700	76240
66	技师	94273	72017	33886	77651
67	生产班组长	99059	72062	51405	74170
68	技工	59647	42767	30396	46873
69	数控机床操作技工	58511	49961	47967	51157
70	钳工	68020	55186	32993	54788
71	计算机操作工	79473	46428	39959	50002
72	操作工	69100	42668	32871	49871
73	辅助工	58343	46195	34438	48384
74	热处理工	78936	41299	28245	47435
75	铸造工	72200	39814	30012	48841
76	冲压工	70647	38750	29082	39125
77	压铸工	82867	54508	34449	66782
78	裁切工	48336	45000	37000	43057

续 表

序号	职位名称	高位数	中位数	低位数	平均数
79	车工	74277	46016	37586	51699
80	铣工	82259	57465	37759	61230
81	磨工	84584	60440	47639	60315
82	焊工	49991	38400	34607	37604
83	钻工	68004	47923	36471	52800
84	拉丝工	93824	58505	37252	64678
85	装配工	74373	46948	30000	52066
86	油漆工	64390	50663	48918	55656
87	安装起重工	58500	38500	27092	33747
88	检验工	57990	41607	31839	40013
89	榨机工	80263	69404	49450	70222
90	抛光工	68799	48249	41930	50932
91	电焊工	67581	57566	41520	60915
92	设备经理	137453	111026	92323	105597
93	设备主管	114301	107942	91409	104551
94	高级设备工程师	113843	106873	90504	103516
95	设备工程师	83676	68388	55789	65692
96	初级设备工程师	73128	66762	55237	65042
97	设备维护主管	113757	70201	46610	87127
98	设备维修班组长	87092	54409	44275	56070
99	设备维护/维修工	85608	53385	38777	52903
100	模具经理	130102	112910	56182	96437
101	初级模具工程师	79739	60133	43200	59302
102	模具工	78949	59538	38440	58715
103	模具维修工	74687	54263	35025	55966
104	动力保障主管	127067	103647	95637	106202
105	动力保障工程师	125809	102621	94691	105150
106	初级动力保障工程师	104026	97166	93753	98603
107	安全/环境/健康主管	85909	69944	59192	69950
108	安全主管	135319	71844	41520	76070
109	质量经理	133559	74827	72492	82701
110	质量主管	132237	74086	71774	81882
111	质量专员	84531	73352	71063	77056
112	质量助理	83694	72626	70360	76293
113	质量工程师	82865	71907	69663	75538
114	质量技术员	71509	47214	34279	49532

续　表

序号	职位名称	高位数	中位数	低位数	平均数
115	初级供应商质量工程师	61645	41250	41090	49681
116	质量测试主管	135837	77201	50227	80167
117	质量测试技术员	65129	57870	37920	54692
118	初级质量检验员	56923	42600	32174	44469
119	运输主管	170162	104466	60846	85779
120	运输专员	168478	103432	60243	84930
121	采购经理	166810	102408	59647	84089
122	采购主管	121766	66894	46118	77205
123	高级采购员	108306	56981	45662	69612
124	采购员	69167	55506	37880	49148
125	采购助理	63415	49135	34065	44145
126	进出口专员	53151	48517	39557	46972
127	仓储主管	111053	61803	37776	65609
128	仓储专员	82685	55211	30269	53185
129	仓库班组长	81866	54664	29969	52658
130	叉车驾驶员	74089	39229	34949	45133
131	起重机操作员	71581	70903	46452	65762
132	仓库保管员	66553	45243	33372	49059
133	物料理货员	68617	43200	32256	48474
134	装卸工	73854	60841	34340	58609

（十七）金属制品业

单位：元/年（人民币）

序号	职位名称	高位数	中位数	低位数	平均数
1	总经理	394190	157699	65356	169963
2	总工程师	324674	152779	40536	150850
3	副总经理	356384	106307	57600	155835
4	总经理助理	166320	80382	22925	94776
5	研发技术副总经理	354383	118151	63180	150136
6	生产副总经理	310046	98098	57401	133229
7	行政副总经理	260050	104090	40834	135768
8	财务副总经理	288575	96039	52300	138842
9	营销副总经理	380386	113908	57028	147419
10	办事处经理	96706	57768	34615	71606
11	总经办主任	108154	66071	40989	81256

续 表

序号	职位名称	高位数	中位数	低位数	平均数
12	总经办文员	63833	49371	30926	42877
13	工会干事	144121	45600	33250	45362
14	财务总监	286534	121976	62781	154699
15	财务经理	158886	79959	55269	98699
16	财务主管	132376	70544	44988	86733
17	财务专员	91677	45700	36000	53888
18	财务助理	63575	44604	29053	49733
19	总账会计	89334	69478	47472	72235
20	会计	81804	44393	35605	52551
21	出纳	61433	42783	26710	51553
22	成本控制专员	76802	50309	42062	55655
23	成本会计	76042	49648	38531	55104
24	人力资源经理	170657	86497	43820	91473
25	人力资源主管	165059	77494	43386	89676
26	人力资源专员	70000	50270	36000	53662
27	人力资源助理	65199	48025	32200	49770
28	薪酬福利专员	107335	48670	30988	58831
29	绩效管理专员	58800	44400	38043	47751
30	行政经理	136623	70800	48180	98144
31	行政主管	121028	67400	35497	72425
32	行政专员	95149	48225	35146	57711
33	行政助理/文员	54400	36980	22320	39474
34	车队队长	90190	49034	41931	54984
35	小车司机	61555	38204	31800	47260
36	班车司机	78043	48831	37528	51949
37	保洁员	50358	39668	24000	43044
38	保安队长	50094	36661	26706	40508
39	保安班组长	58410	42192	34498	45531
40	保安	49016	34000	24560	34602
41	市场推广专员	59096	51715	38440	49750
42	销售总监	365741	108439	44768	145325
43	区域销售经理	174025	86096	44325	98050
44	销售经理	172302	85244	43886	97079
45	销售主管	160150	84400	43451	96118
46	销售代表	87163	58463	34809	56876

续 表

序号	职位名称	高位数	中位数	低位数	平均数
47	销售助理	76983	46000	32679	54146
48	销售管理经理	169431	77000	39081	97179
49	销售管理主管	128938	72105	36847	84373
50	销售管理专员	97290	60459	35891	60606
51	销售管理助理	75041	48881	35494	53322
52	渠道销售经理	77618	67650	66680	67246
53	渠道销售主管	116980	69351	46334	66580
54	渠道销售代表	91300	60600	35284	58099
55	渠道销售助理	58980	46100	30483	51550
56	技术支持总监	137632	72000	59254	85784
57	初级售前技术支持工程师	104659	64303	39088	64091
58	售前技术支持技术员	49401	45000	38800	44716
59	售后技术支持技术员	75368	56477	43676	55015
60	研发总监	279439	137719	64797	116131
61	研发经理	276673	136356	64155	114981
62	研发主管	115776	71600	63520	73342
63	研发专员	114630	63243	33104	71149
64	研发助理	62111	40258	32776	42894
65	高级研发工程师	392000	120000	118016	132507
66	研发工程师	207125	99480	39802	103634
67	初级研发工程师	146132	67804	38565	80046
68	硬件开发主管	130777	65975	50191	78548
69	硬件开发工程师	129482	65322	41324	77770
70	初级硬件开发工程师	128200	41000	40200	77000
71	产品技术经理	111133	65264	63693	83721
72	产品技术员	60315	33731	30273	49690
73	工艺经理	191991	94340	61320	116049
74	工艺主管	190090	93406	58600	114900
75	工艺管理专员	188208	92481	48196	113763
76	工艺工程师	186344	91565	47719	112636
77	工艺员	97039	58131	32972	63834
78	工艺研发专员	48832	48080	47056	47967
79	生产总监	311849	127141	66911	105925
80	生产经理	308762	125882	66248	104876
81	生产管理经理	155760	96000	65592	100771
82	生产主管	114474	82276	64943	80551

续 表

序号	职位名称	高位数	中位数	低位数	平均数
83	生产管理主管	100167	73000	64300	78866
84	生产专员	85386	71987	39377	72371
85	生产助理	81235	54692	38987	56709
86	生产计划经理	189489	134115	63180	128558
87	生产计划主管	121363	79700	43256	85777
88	生产计划员	76165	51060	30949	53728
89	生产技术主管	95760	72000	61368	75816
90	生产技术员	60922	56300	47781	58162
91	物料管理员	88833	69338	45611	72524
92	工段长	87953	68651	45160	71806
93	车间主任	129506	69503	34472	78365
94	生产线长	80600	56202	44977	59196
95	技师	72300	72000	40354	61584
96	高级数控机床操作技工	68899	62000	59959	63619
97	生产班组长	104615	65126	47820	71738
98	技工	66255	42749	30642	47068
99	数控机床操作技工	66798	59269	34000	50342
100	钳工	88925	68022	47004	68788
101	数控钻工	99369	70309	44125	71151
102	操作工	74552	46165	32478	51166
103	初级操作工	45757	33600	25488	35357
104	绘图工	71600	48000	43800	55200
105	配料工	56333	43362	37433	45439
106	下料工	60198	48211	29276	49524
107	辅助工	61544	40800	33928	45481
108	热处理工	45000	43600	31520	40731
109	铸造工	72979	49200	32630	50192
110	检查工	76170	61035	42102	63167
111	冲压工	67607	48235	27988	49744
112	锻造工	65448	43750	36510	48926
113	压铸工	83902	64618	36188	71805
114	裁切工	72345	48000	35671	46589
115	车工	62638	48000	24260	45746
116	铣工	59081	49325	32827	49270
117	磨工	85516	59053	24232	62192

续 表

序号	职位名称	高位数	中位数	低位数	平均数
118	焊工	79181	48920	34908	53109
119	钻工	60200	47117	36161	49226
120	弯剪工	62408	52868	49348	55474
121	机加工工	80233	63171	47481	60088
122	激光工	70025	63015	49355	59557
123	拉丝工	64802	61262	38244	56272
124	装配工	65842	45761	32789	46131
125	电镀工	72739	40000	37100	39000
126	油漆工	93414	60671	42460	58168
127	涂装工	66907	54564	39646	54935
128	检验工	66136	40000	24919	46372
129	注塑工	58069	42536	31083	45310
130	型砂工	65000	57625	48413	57652
131	清理工	73601	42000	33211	54517
132	调试工	48000	39800	32800	40200
133	锅炉工	82112	62448	31200	58480
134	钣金工	49252	40000	29664	38679
135	抛光工	67668	47994	41544	51713
136	车缝工	64465	51020	35975	51556
137	设备操作工	83592	59358	40240	60945
138	电焊工	89883	59227	47038	66863
139	动平衡工	54854	48016	34653	44117
140	设备经理	120108	93958	67650	87144
141	设备主管	118919	93028	44936	86281
142	设备维护主管	137016	81548	49454	87042
143	设备维护专员	135660	66198	48965	71222
144	设备维护工程师	134317	65543	48480	70517
145	设备维修技术员	81251	54000	48000	61074
146	设备维修班组长	80447	51400	46540	60469
147	设备维护/维修工	83711	54577	42250	54506
148	模具主管	113656	81095	56827	83834
149	模具工	79547	59591	39878	56206
150	模具维修工	93096	60000	42194	68157
151	初级模具设计工程师	132434	73243	60000	82689
152	安全主管	131123	72518	51077	81870
153	消防员	70842	65849	50571	61563

续 表

序号	职位名称	高位数	中位数	低位数	平均数
154	质量总监	257932	80793	60538	118371
155	质量经理	180329	78600	59939	101010
156	质量主管	137548	77241	59345	83509
157	质量专员	88137	73447	58758	73447
158	质量助理	87264	72720	58176	72720
159	质量工程师	86400	72000	57600	72000
160	初级质量工程师	82248	57856	42051	60716
161	质量技术员	71753	46100	37103	51123
162	质量体系工程师	90317	63689	45240	64184
163	质量保证经理	160497	80095	51766	89736
164	质量保证主管	140644	73799	50400	84753
165	初级质量保证工程师	86375	58582	40031	59667
166	质量测试技术员	53796	44600	38060	48000
167	初级质量检验员	61371	45454	33859	48274
168	物流主管	141520	63367	40844	79436
169	物流专员	55204	44410	40439	46503
170	物流助理	54657	43970	40039	46043
171	运输专员	125666	78861	43750	88274
172	采购经理	124421	78081	43316	87400
173	采购主管	113545	66392	42888	69744
174	采购员	113292	65734	42463	69053
175	采购助理	112171	65084	42042	68369
176	仓储主管	111060	64439	41626	67693
177	仓储专员	88373	63801	41214	63417
178	仓储助理	87498	63169	40806	62789
179	仓库班组长	86632	62544	40402	62167
180	叉车驾驶员	68443	53285	37885	53453
181	仓库保管员	66352	40000	25871	41993
182	搬运工	63252	39901	28886	40699
183	物料理货员	69129	40800	31800	44914
184	装卸工	72368	52187	35000	50868
185	送料工	59487	37076	30191	41113

（十八）通用设备制造业

单位：元/年（人民币）

序号	职位名称	高位数	中位数	低位数	平均数
1	总经理	468903	127307	56330	155533
2	总工程师	354758	121528	66022	125609
3	副总经理	411925	108714	63411	129495
4	总经理助理	175350	62897	37345	105891
5	研发技术副总经理	356079	108827	66452	126931
6	生产副总经理	311256	98970	55548	131594
7	行政副总经理	263199	100000	54076	120812
8	财务副总经理	291646	108621	42538	141264
9	营销副总经理	390486	111703	65261	137720
10	办事处经理	140089	81615	45990	95701
11	总经办主任	117847	84392	48575	84650
12	总经办文员	102939	62495	37860	64648
13	财务总监	246743	117190	57312	127570
14	财务经理	244300	116029	50753	126307
15	财务主管	131388	72304	44136	81367
16	财务专员	90745	46794	34471	51594
17	财务助理	63115	45361	29083	49534
18	会计主管	109443	68074	59002	78542
19	总账会计	92930	67400	39764	65596
20	会计	88350	55384	36168	55723
21	出纳	79908	46998	34476	51865
22	应收/应付专员	58307	41570	37167	45975
23	成本会计	80662	69000	50641	66874
24	人力资源经理	169530	88375	51805	91531
25	人力资源主管	115268	87500	48187	79243
26	人力资源专员	94116	56753	31993	59245
27	人力资源助理	93184	56191	29892	58658
28	薪酬福利专员	107408	55117	32398	58628
29	行政经理	119162	71859	39996	74488
30	行政主管	117982	71147	39600	73751
31	行政专员	95533	48288	33576	57435
32	行政助理/文员	88459	47810	28172	50032
33	翻译	133234	97768	73416	102399
34	小车司机	51623	44271	37205	49040
35	班车司机	66950	60000	41110	55024

续 表

序号	职位名称	高位数	中位数	低位数	平均数
36	保洁主管	54760	33791	26058	35248
37	保洁员	36582	33456	25800	33737
38	保安队长	59834	41114	28926	40803
39	保安班组长	82783	62505	37522	60580
40	保安	57452	32880	26607	37422
41	市场经理	179333	97465	95080	126203
42	市场主管	177557	96500	75475	95938
43	市场专员	175799	82330	74728	94989
44	区域销售经理	174059	81440	59509	94048
45	销售经理	172335	80634	58919	93117
46	销售主管	118458	67328	58336	76025
47	销售代表	117285	66661	38545	75272
48	销售助理	79100	45492	38164	54410
49	销售工程师	44149	42560	37786	41422
50	销售管理经理	121653	85200	68624	93903
51	销售管理专员	96610	58489	41208	66369
52	销售管理助理	69852	47308	40800	53035
53	渠道销售代表	62329	43439	27661	53706
54	售前技术支持技术员	71520	57563	35760	55573
55	高级售后技术支持工程师	111617	92142	80195	93019
56	售后技术支持工程师	110512	83559	62557	88860
57	初级售后技术支持工程师	109417	82732	61937	87980
58	售后技术支持技术员	108334	81913	61324	87109
59	研发经理	204763	124320	67707	141779
60	研发主管	201956	101212	63996	97917
61	高级研发专员	199957	91371	63362	96947
62	研发专员	197977	90467	62735	95987
63	研发助理	196017	89571	62114	95037
64	高级研发工程师	194076	88684	61499	94096
65	研发工程师	192154	87806	42992	93164
66	初级研发工程师	144227	67584	39556	81326
67	产品工程师	79281	78705	78481	78852
68	产品技术员	63956	35135	30127	54141
69	工艺主管	77960	60600	58000	65686
70	工艺管理专员	64312	53114	33209	53644
71	工艺员	63676	52588	32880	53113

续 表

序号	职位名称	高位数	中位数	低位数	平均数
72	工艺研发专员	78849	51928	47186	60775
73	生产经理	319675	109111	55209	95208
74	生产管理经理	132537	96800	54662	93810
75	生产主管	131225	86928	54121	87086
76	生产管理主管	129926	86067	53585	86224
77	生产专员	86624	63471	40137	64689
78	生产助理	83730	59890	38566	64049
79	生产计划主管	106457	103236	87247	98469
80	生产计划员	76556	57621	31191	55616
81	生产控制主管	103000	97261	81749	92583
82	工段长	71446	67210	63591	67325
83	车间主任	130975	69321	38570	77106
84	生产线长	86756	63963	46070	66719
85	技师	87155	83547	76263	82269
86	生产班组长	125673	111222	41816	95222
87	技工	65532	42644	31020	47194
88	数控机床操作技工	93600	68600	52882	65727
89	高级操作工	111523	101777	92549	101962
90	钳工	88538	64600	46816	65725
91	操作工	83366	55380	34058	57426
92	初级操作工	55876	40180	36400	44190
93	线切割工	64255	42305	39000	44085
94	绘图工	59243	47502	47382	52344
95	刃磨工	60038	54626	53700	56559
96	下料工	67720	51206	40780	52818
97	辅助工	59622	46401	36301	46595
98	热处理工	79798	60995	40738	59582
99	铸造工	89672	53170	41235	54819
100	冲压工	72200	53346	33550	55947
101	压铸工	55634	51990	47709	51763
102	车工	87559	52030	40138	57017
103	铣工	87412	66576	42614	66437
104	磨工	84193	61046	37400	61729
105	焊工	96966	71813	38162	73327
106	钻工	78418	51207	35044	54664

续 表

序号	职位名称	高位数	中位数	低位数	平均数
107	弯剪工	67160	63800	55379	64280
108	机加工工	75129	65128	41145	61473
109	喷丸工	68840	64600	62972	65761
110	拉丝工	94021	67019	44817	71485
111	装配工	98540	71539	35516	69760
112	装调工	82288	56303	35390	55806
113	油漆工	85712	67647	42051	72072
114	涂装工	79522	71509	37830	69272
115	安装起重工	54590	50594	49840	51752
116	检验工	70127	41400	26854	44520
117	注塑工	58992	48500	27714	45721
118	清理工	39995	39144	29685	35557
119	调试工	68480	68000	46740	59342
120	钣金工	60444	50400	45640	52287
121	抛光工	58171	47215	40000	43040
122	设备操作工	56193	51360	42086	49453
123	电焊工	77798	52083	41051	58673
124	动平衡工	64531	56000	43580	54380
125	设备主管	109589	88459	58236	96855
126	设备维护主管	125182	80000	57625	89096
127	设备维护专员	72948	52324	48192	58659
128	设备维护/维修工	65877	50940	35276	51853
129	工具管理员	67294	36000	34080	48239
130	模具主管	100560	81600	66000	82800
131	模具工	81175	60000	34820	57241
132	模具维修工	83556	65807	31940	62501
133	初级模具加工工程师	78538	60600	51995	63688
134	模具加工班组长	77760	60000	51480	63057
135	安全主管	107807	66787	34181	69363
136	质量经理	184759	79767	52558	84220
137	质量主管	175038	76179	48000	79688
138	质量专员	84358	61094	47103	64185
139	质量助理	83523	60489	46637	63549
140	初级质量工程师	82696	59890	46175	62920
141	质量技术员	76675	54105	31222	58077
142	质量保证主管	136077	87073	49567	95484

续 表

序号	职位名称	高位数	中位数	低位数	平均数
143	质量测试主管	106789	64849	48031	71900
144	质量测试工程师	93349	64207	47556	67464
145	质量测试技术员	92425	63571	47085	66796
146	初级质量检验员	59660	45000	32781	44510
147	物流专员	64775	44828	30364	47903
148	运输专员	112031	82061	55650	76463
149	运输助理	110922	81248	55099	75706
150	采购经理	109824	80444	54554	74956
151	采购主管	97755	79647	54014	74864
152	采购员	90977	78859	53479	74123
153	采购助理	90076	78078	52949	73389
154	采购工程师	89184	77305	52425	72662
155	进出口专员	86783	52493	33379	64356
156	仓储主管	106740	85648	43864	79234
157	仓储专员	105683	84800	43430	78450
158	仓库班组长	104637	83960	43000	77673
159	叉车驾驶员	93509	47388	38570	49847
160	仓库保管员	73180	42900	31104	49024
161	搬运工	79531	45962	28570	51731
162	物料理货员	72511	43400	36856	52439
163	送料工	89511	51068	36907	59230

（十九）专用设备制造业

单位：元/年（人民币）

序号	职位名称	高位数	中位数	低位数	平均数
1	总经理	397695	197020	70700	218932
2	总工程师	159270	124781	70000	116798
3	副总经理	370862	120000	60000	174220
4	总经理助理	192884	87830	48186	111900
5	研发技术副总经理	353881	115545	56926	146242
6	生产副总经理	306054	125000	60000	133799
7	行政副总经理	263740	121691	49778	135417
8	办事处经理	102274	57046	33252	69054
9	总经办主任	97927	88070	76541	87845
10	总经办文员	47794	41608	36593	41702

续　表

序号	职位名称	高位数	中位数	低位数	平均数
11	财务总监	228490	111550	75389	138476
12	财务经理	202000	90173	68931	122570
13	财务主管	200000	89280	68249	121356
14	会计主管	88514	64320	52400	68244
15	总账会计	87638	58017	51881	67568
16	会计	80159	57443	35659	58855
17	出纳	73366	46020	33364	55093
18	人力资源经理	169634	100766	54436	91532
19	人力资源主管	166102	78494	46168	90883
20	人力资源专员	91988	58974	45711	62100
21	行政经理	119739	72054	49253	73493
22	行政主管	118553	71341	48766	72766
23	行政专员	94689	69477	40459	57270
24	行政助理/文员	68182	58401	34066	56307
25	日语翻译	99750	64669	35741	62007
26	车队班组长	83670	68374	46056	65448
27	小车司机	85304	50862	34464	57016
28	车辆维修员	42583	39731	38255	40304
29	保洁员	48978	33879	24036	34989
30	保安	61493	36000	24850	36552
31	合规专员	40969	36731	33855	37185
32	合同管理专员	76350	75000	46195	62998
33	内控专员	124319	90000	42900	85435
34	市场经理	150466	87606	46773	101611
35	市场助理	54337	44287	25891	46581
36	销售总监	187992	139960	96677	141939
37	大区销售经理	180000	115852	59658	129190
38	区域销售经理	169444	81186	57746	95160
39	销售经理	167766	80382	57174	94218
40	销售主管	149064	79586	50395	86183
41	高级销售代表	106434	68793	49896	73981
42	销售代表	105380	68112	36000	73249
43	销售助理	73808	42460	32957	49854
44	资深销售工程师	105715	103846	102010	102892
45	销售工程师	104669	102818	101000	103628

续 表

序号	职位名称	高位数	中位数	低位数	平均数
46	初级销售工程师	103632	101800	100000	102239
47	销售管理经理	243450	81519	50100	127998
48	销售管理主管	241040	80712	49604	126731
49	销售管理专员	103712	60249	36288	68602
50	销售管理助理	77089	45389	35929	50952
51	售后技术支持经理	123742	98870	98833	109218
52	资深售后技术支持工程师	88125	67138	64470	69323
53	售后技术支持工程师	87252	66473	63832	68637
54	初级售后技术支持工程师	86388	64842	54581	62378
55	售后技术支持技术员	85533	59107	38418	60670
56	研发经理	171558	97935	59936	98990
57	研发主管	150072	89563	54955	93066
58	研发专员	148586	82215	42466	85426
59	研发助理	147115	81401	42046	84580
60	研发工程师	145658	80595	41630	83743
61	初级研发工程师	116402	68392	29575	72885
62	产品技术员	64868	39847	30007	51364
63	产品开发经理	81960	78600	70440	76600
64	工艺工程师	98501	78583	71787	76165
65	工艺员	97525	62400	34293	60852
66	生产经理	304706	102253	55203	110770
67	生产管理经理	159390	101241	54657	109673
68	生产主管	122902	82590	51888	90371
69	生产助理	82502	50194	38194	58777
70	生产计划员	71935	49154	30736	52086
71	生产控制主管	128675	77523	47505	93021
72	物料管理员	132445	69026	44097	71828
73	车间主任	131134	68342	43660	71117
74	生产班组长	120803	82966	59201	88320
75	数控机床操作技工	80311	57600	34212	57179
76	钳工	94897	69046	39911	68838
77	操作工	70929	51363	32742	57155
78	初级操作工	71676	57480	42585	56328
79	下料工	48976	42102	31080	41501
80	模锻工	50121	44851	41289	45185
81	辅助工	55653	43340	35827	43963

续 表

序号	职位名称	高位数	中位数	低位数	平均数
82	冲压工	66192	48192	41099	52034
83	压铸工	76108	40930	30349	51179
84	车工	95335	75938	38272	82721
85	铣工	102821	74974	34484	75360
86	磨工	81934	61312	37819	61137
87	焊工	69929	55870	36359	55585
88	钻工	92604	71515	44610	75067
89	机加工工	88587	66343	44173	66887
90	装配工	81586	58332	29059	50459
91	油漆工	82417	61000	42033	64141
92	涂装工	56996	46821	43410	48279
93	检验工	71280	47254	32342	52017
94	注塑工	58389	43632	30800	46060
95	清理工	65209	63328	51826	59319
96	调试工	47215	45862	38336	43804
97	缝纫工	44000	41330	38978	41463
98	钣金工	70046	59908	50579	60177
99	抛光工	69150	48442	38297	51123
100	裁剪工	57175	54326	47093	52902
101	设备操作工	88069	68155	51827	69112
102	电焊工	94897	58686	39815	66318
103	设备维护专员	93883	59949	45053	62355
104	设备维护/维修工	92953	59356	44607	61738
105	模具工程师	97738	74945	45955	75642
106	模具工	70649	55441	39725	57225
107	高级模具设计工程师	119800	97728	96000	104500
108	模具设计工程师	95859	81085	56483	83195
109	模具加工班组长	111600	82476	71194	89454
110	动力保障主管	96553	96323	88073	92981
111	安全主管	59235	56206	48748	54624
112	质量经理	185463	84301	57541	101643
113	质量主管	160412	83466	48122	100637
114	质量专员	63185	48584	36792	49174
115	质量助理	58080	45434	36428	46495
116	质量技术员	58020	44984	36067	46035

续 表

序号	职位名称	高位数	中位数	低位数	平均数
117	初级供应商质量工程师	66440	44400	33953	48464
118	质量保证主管	139069	86652	78174	87200
119	初级质量保证工程师	82200	78000	77400	81600
120	质量测试主管	69925	50741	39455	51119
121	质量测试技术员	52773	50239	39064	47554
122	初级质量检验员	78006	50302	33977	57220
123	采购经理	136804	69153	46268	83333
124	采购主管	75839	56882	45819	60793
125	采购员	75088	56319	36119	60191
126	采购助理	63014	47916	34189	49885
127	仓储主管	114534	67598	46647	70412
128	仓储专员	106639	61939	46185	66998
129	仓库班组长	82526	58100	45728	59635
130	叉车驾驶员	88757	47881	41864	59881
131	仓库保管员	66109	44832	33966	49109
132	物料理货员	70303	39616	29629	43974
133	送料工	59522	41900	31303	45114

（二十）汽车制造业

单位：元/年(人民币)

序号	职位名称	高位数	中位数	低位数	平均数
1	总经理	478708	187253	75545	250376
2	总工程师	317623	117165	41578	153384
3	副总经理	364113	109236	75513	175205
4	总经理助理	179796	83159	38113	102911
5	研发技术副总经理	353119	115874	58811	148576
6	生产副总经理	307425	100000	61084	134484
7	行政副总经理	278714	120874	58065	147061
8	财务副总经理	286835	106000	44830	138645
9	营销副总经理	416101	115388	63857	169821
10	办事处经理	147404	62556	43692	88981
11	总经办主任	161723	87587	55010	97740
12	总经办文员	66900	46984	30000	45158
13	财务总监	228491	118069	68214	147429
14	财务经理	190755	98998	58927	129901

续 表

序号	职位名称	高位数	中位数	低位数	平均数
15	财务主管	132855	82723	56868	87655
16	财务专员	90658	57545	50000	61590
17	财务助理	67418	48675	29300	57749
18	会计主管	273895	84761	76593	125862
19	总账会计	109749	76743	75835	90117
20	会计	91403	55604	33164	58336
21	出纳	86400	54000	32836	55173
22	成本控制主管	129814	73068	73020	96692
23	成本控制专员	91969	70092	53841	71967
24	成本会计	85319	55150	36403	58403
25	人力资源总监	455440	150122	67805	163019
26	人力资源经理	186444	98053	49816	101730
27	人力资源主管	167601	76050	43210	90692
28	人力资源专员	89762	49774	38400	51468
29	人力资源助理	68257	48263	34920	50251
30	招聘专员	100299	58941	38937	62843
31	薪酬福利专员	76304	62520	61144	67690
32	行政经理	145679	78954	45228	102618
33	行政主管	127896	71200	44781	79097
34	行政专员	114273	53789	41391	55981
35	行政助理/文员	48344	48000	33820	47561
36	秘书	167512	91104	71147	112436
37	前台	51456	41834	31772	41677
38	车队队长	55956	43778	39668	47139
39	车队班组长	84079	56810	39904	54829
40	小车司机	85899	57607	34928	55440
41	班车司机	86053	54406	39704	55737
42	保洁主管	107468	61340	36054	67605
43	保洁领班	106404	60733	32430	66936
44	保洁员	47712	38182	26479	41614
45	保安	57075	38019	26616	40037
46	公共关系助理	47000	43000	37400	42333
47	合同管理专员	94770	56431	39213	61239
48	市场经理	148528	144430	71508	115342
49	市场主管	145574	143000	70800	114200
50	市场专员	79992	58580	53520	63376

续　表

序号	职位名称	高位数	中位数	低位数	平均数
51	市场助理	79200	58000	45444	61365
52	市场推广专员	73464	72120	71544	72440
53	产品/品牌经理	137600	124000	94257	108769
54	产品/品牌专员	122412	98980	93324	105444
55	产品/品牌助理	121200	98000	92400	104400
56	大区销售经理	186851	119706	79614	122226
57	区域销售经理	185001	118520	78826	121015
58	销售经理	183169	117347	78045	119817
59	销售主管	182790	116185	77273	118631
60	销售代表	180980	115035	76508	117456
61	销售助理	179188	113896	75750	116293
62	销售工程师	177414	112768	75000	115142
63	初级销售工程师	75763	73080	71664	73532
64	销售管理经理	166140	82816	49842	99241
65	销售管理主管	125741	69750	48468	77369
66	销售管理专员	60000	44912	35664	45126
67	销售管理助理	50244	38000	32982	40408
68	技术支持总监	374720	143913	89800	215151
69	售后技术支持经理	241644	175264	97493	182184
70	售后技术支持工程师	157311	147475	85638	128511
71	售后技术支持技术员	82423	66418	43750	64787
72	研发总监	596200	181800	152731	342355
73	研发经理	274461	120357	63734	115033
74	研发主管	160548	118056	63103	103424
75	研发专员	158958	93067	62478	93866
76	研发助理	157385	92146	61860	92937
77	高级研发工程师	155826	91234	61247	92016
78	研发工程师	142191	82000	43430	88321
79	初级研发工程师	123892	68255	43000	70236
80	硬件开发工程师	145544	120655	86948	117716
81	产品规划主管	131132	86800	85200	104605
82	产品规划专员	82460	78210	52622	77423
83	产品技术主管	120345	118213	75858	103443
84	产品工程师	108502	80194	61246	85075
85	产品技术员	107428	79400	60640	84233

续 表

序号	职位名称	高位数	中位数	低位数	平均数
86	产品开发经理	406244	177770	163669	188768
87	产品开发主管	228097	165779	162048	186899
88	高级产品开发工程师	225839	164138	160444	185049
89	产品开发工程师	137656	105905	80653	106532
90	初级产品开发工程师	88337	73785	65231	76023
91	工艺经理	167743	127920	76962	123943
92	工艺主管	166082	126653	76200	122716
93	工艺管理专员	70660	62720	43963	59114
94	高级工艺工程师	199360	178000	133989	168649
95	工艺工程师	109912	81030	47657	73573
96	初级工艺工程师	91870	65468	45400	63194
97	工艺员	87654	64819	34230	62569
98	工艺研发专员	56344	34907	27934	40970
99	生产总监	238737	149877	134858	178814
100	生产经理	236373	104288	61135	123527
101	生产管理经理	169616	103255	54802	100922
102	生产主管	130947	94020	53042	91431
103	生产管理主管	129650	85074	52840	90546
104	生产专员	73994	57524	34824	61801
105	生产助理	61680	46017	27100	44929
106	生产计划主管	136932	90756	63246	98427
107	生产计划员	100434	72619	62620	78982
108	生产计划助理	99440	71900	62000	78200
109	生产控制工程师	85410	79457	68400	77692
110	精益生产专员	96836	95393	89928	93717
111	生产技术主管	212878	160428	122594	166205
112	高级生产技术工程师	210770	158840	121380	164559
113	生产技术工程师	122260	102000	82730	98933
114	初级生产技术工程师	104099	88374	81911	91682
115	生产技术员	61759	52373	47663	54159
116	工业工程师	134209	84125	45255	97364
117	裁床主管	120291	113634	72800	102086
118	工段长	102400	69594	44536	73384
119	车间主任	145843	78060	44931	88899
120	生产线长	80948	55995	41394	56861
121	技师	95190	81495	65508	81063

续 表

序号	职位名称	高位数	中位数	低位数	平均数
122	高级技工	74110	72800	65120	69440
123	生产班组长	105598	87190	53148	81254
124	技工	59400	42000	30573	42750
125	数控机床操作技工	86392	71952	55271	71816
126	钳工	85122	68506	41058	68932
127	操作工	74771	51726	36265	55951
128	初级操作工	59291	38968	28968	39794
129	线切割工	78166	56306	43847	59339
130	配料工	59520	56160	52560	56185
131	下料工	42299	32495	31920	34856
132	辅助工	64517	48352	36419	49391
133	热处理工	79953	54661	40024	57613
134	铸造工	76731	50895	36139	55959
135	检查工	75583	59166	42707	62310
136	冲压工	76584	51307	38464	58490
137	锻造工	70968	57152	39507	56065
138	压铸工	77725	51799	39307	53057
139	裁切工	68616	67080	65040	66900
140	车工	80293	55252	41678	57419
141	铣工	76569	62157	42979	62853
142	焊工	82492	53847	36173	59696
143	钻工	79480	58108	42046	57887
144	镗工	79356	52545	38073	57008
145	液压工	39599	37718	35962	37763
146	弯剪工	55859	51234	47833	51744
147	机加工工	79368	77160	56072	69293
148	喷丸工	64733	56971	41470	55097
149	激光工	54900	42466	38651	42466
150	拉丝工	83873	56800	44285	60586
151	装配工	100652	37840	32026	44869
152	电镀工	72487	46637	38332	53270
153	油漆工	102614	59280	40124	74055
154	涂装工	47916	41937	40109	42855
155	检验工	74580	47365	33000	53252
156	注塑工	66012	49286	31440	50563

续 表

序号	职位名称	高位数	中位数	低位数	平均数
157	型砂工	56352	53153	50380	53305
158	清理工	67188	66000	56900	62750
159	混料员	50572	49922	45675	48423
160	缝纫工	72869	46463	32798	50950
161	钣金工	54925	53954	53000	53666
162	抛光工	61365	47851	34992	48025
163	裁剪工	60547	45694	34530	51389
164	车缝工	110136	89079	78550	91958
165	设备操作工	63778	49900	38292	50371
166	水处理工	56272	55277	54300	55015
167	电焊工	84535	66806	46825	66546
168	制齿工	80448	69719	65632	72557
169	设备经理	156446	124718	65608	113416
170	设备主管	154897	123484	64958	112293
171	高级设备工程师	153363	122261	64315	111181
172	设备工程师	148358	90983	56300	92128
173	初级设备工程师	84279	55000	47391	65106
174	设备维护主管	120467	81809	46021	94148
175	设备维护专员	82342	54596	40894	65483
176	高级设备维护工程师	193329	166720	82486	142852
177	设备维护工程师	136417	71646	40398	70422
178	初级设备维护工程师	118659	70937	39998	70366
179	设备维修技术员	117484	63028	35468	69670
180	设备维修班组长	116321	62404	35117	68980
181	设备维护/维修工	94526	59811	44444	61272
182	模具经理	315740	181273	141556	184443
183	模具主管	229224	179478	140155	182617
184	高级模具工程师	226954	177701	138767	180809
185	模具工程师	97721	67026	53265	69007
186	初级模具工程师	96753	62430	52738	68324
187	高级模具维修工	95795	61812	52215	67647
188	模具工	76500	55332	39866	59269
189	模具维修工	83271	56785	42116	63905
190	模具设计工程师	95420	80550	44147	89403
191	初级模具设计工程师	72738	60220	40824	58419
192	模具加工工程师	121020	72514	66637	87136

续 表

序号	职位名称	高位数	中位数	低位数	平均数
193	初级模具加工工程师	100324	61470	45795	69668
194	模具加工班组长	98155	58104	45342	67051
195	动力保障主管	96102	76428	72886	75392
196	初级动力保障工程师	95151	64458	30386	69102
197	安全/环境/健康主管	129391	118361	61591	99303
198	安全主管	136203	75083	45014	78184
199	消防员	49500	45500	42000	46620
200	质量经理	197581	104400	59169	125745
201	质量主管	157646	103081	54412	114511
202	质量专员	144120	67461	44987	80222
203	质量助理	142694	66793	44542	79428
204	高级质量工程师	141281	66132	44101	78641
205	质量工程师	121994	63698	42116	77863
206	初级质量工程师	84510	63430	40822	58283
207	质量技术员	69000	47045	29622	49809
208	供应商质量工程师	96518	70390	56472	74212
209	初级供应商质量工程师	79587	59138	43471	67446
210	质量体系主管	130005	69298	46763	85267
211	质量体系工程师	94988	68612	46300	75007
212	初级质量体系工程师	60250	48529	38794	49356
213	质量保证经理	174708	100378	59362	101311
214	质量保证主管	150691	99384	58774	97369
215	质量保证工程师	132627	98400	58192	97324
216	初级质量保证工程师	96648	52000	45110	61902
217	质量测试经理	196231	144528	88376	142939
218	质量测试主管	137992	79858	50089	84043
219	质量测试工程师	90606	67160	49806	72086
220	初级质量测试工程师	80800	57579	43177	59772
221	质量测试技术员	80000	56540	41280	59493
222	初级质量检验员	66138	48874	37573	51533
223	供应链管理专员	93914	72458	68837	78063
224	供应链管理助理	92984	71741	68155	77290
225	物流经理	178354	75472	45820	95143
226	物流主管	136152	74638	43393	82043
227	物流专员	45770	38820	25451	34366

续　表

序号	职位名称	高位数	中位数	低位数	平均数
228	物流助理	41316	36831	25200	32261
229	运输主管	82800	48000	41824	57700
230	运输专员	67495	47348	41410	48978
231	运输助理	55400	41738	41000	45800
232	采购经理	144215	94806	80984	92057
233	采购主管	107386	93867	80182	91145
234	高级采购员	102136	92938	79388	90243
235	采购员	101125	64715	49706	70934
236	采购助理	100124	64074	49214	70232
237	采购工程师	96067	63440	48726	69536
238	进出口专员	83335	71508	63911	72495
239	仓储经理	129031	72665	42120	86728
240	仓储主管	118939	66281	40216	76409
241	仓储专员	93784	60900	39818	64773
242	仓储助理	92855	60297	39423	64132
243	仓库班组长	91936	59700	39033	63497
244	叉车驾驶员	68115	58013	39773	56044
245	仓库保管员	72096	43908	30903	50550
246	搬运工	70870	44187	34181	49144
247	物料理货员	67328	46602	31958	52112
248	装卸工	73097	50007	34935	51243
249	送料工	62958	42445	32614	46426

（二十一）铁路、船舶、航空航天和其他运输设备制造业

单位：元/年（人民币）

序号	职位名称	高位数	中位数	低位数	平均数
1	总经理	411581	182143	176558	179694
2	副总经理	407506	180339	174809	177915
3	总经理助理	239295	178554	173079	177152
4	研发技术副总经理	178876	176786	171365	175398
5	生产副总经理	190311	52400	48960	106352
6	行政副总经理	254711	180718	71744	167809
7	总经办文员	101121	70795	22587	64238
8	财务总监	186037	83565	53680	108103
9	财务经理	184195	82738	39588	107033

续 表

序号	职位名称	高位数	中位数	低位数	平均数
10	财务主管	94710	60780	39280	63849
11	财务专员	93772	38603	32692	58477
12	会计	85538	45094	26664	55975
13	出纳	84691	44648	26400	55421
14	结算专员	31090	30540	30000	30671
15	人力资源经理	79555	59458	39840	59629
16	人力资源专员	68115	38341	30897	42743
17	行政经理	97738	78624	49661	74521
18	行政主管	96770	77846	49169	73783
19	行政专员	82049	72561	37676	61282
20	行政助理/文员	78168	71843	30305	60105
21	小车司机	60896	38202	31524	44255
22	保洁领班	23520	22766	22363	22400
23	保洁员	51675	33879	22697	34515
24	保安	56297	33044	23731	34680
25	市场经理	186784	173199	81087	146752
26	市场主管	117888	105686	81025	100495
27	区域销售经理	126840	85760	71596	88877
28	销售经理	106174	81686	70887	82637
29	销售助理	80859	78816	70185	76071
30	销售管理专员	49189	39805	32183	40997
31	售前技术支持主管	157427	156738	119212	141389
32	高级售前技术支持工程师	155868	155186	118032	139989
33	售前技术支持工程师	131578	85574	80807	96100
34	初级售前技术支持工程师	103040	84727	80007	89582
35	售后技术支持技术员	55179	35097	34827	41712
36	研发经理	232751	172537	99558	154949
37	研发主管	169389	152525	140284	154176
38	研发专员	167712	151015	138895	152649
39	资深研发工程师	166051	149520	137520	151138
40	高级研发工程师	136842	120911	116378	125660
41	研发工程师	122693	97100	82188	97374
42	初级研发工程师	108913	96139	81374	96410
43	产品工程师	147945	104762	89957	115280
44	工艺工程师	102683	67885	49518	73079
45	生产管理经理	162121	87108	68733	93976

续 表

序号	职位名称	高位数	中位数	低位数	平均数
46	生产主管	83080	77953	68052	76958
47	生产专员	71035	63024	46024	59813
48	生产技术员	44429	39208	37637	40296
49	车间主任	129544	70454	35886	78690
50	技工	59933	37016	24474	40745
51	数控机床操作技工	23120	22858	22453	22779
52	操作工	38135	28865	27797	32995
53	生产文员	32958	31476	29880	31470
54	辅助工	40098	37137	33857	37383
55	装配工	72000	50158	37262	61315
56	安装起重工	48500	42400	41560	43986
57	检验工	79161	75893	52601	71284
58	起重工	67218	38044	29288	46130
59	电焊工	91022	54319	42247	58714
60	设备主管	162174	108273	81620	119626
61	设备维护工程师	114825	90870	80843	95844
62	设备维护/维修工	43697	40666	38526	40984
63	安全经理	68441	42420	36000	50434
64	安全主管	67763	42000	35280	49935
65	质量专员	126490	64998	46182	73899
66	质量助理	125238	64354	45725	73167
67	质量工程师	123998	63717	41504	72443
68	质量技术员	56500	51450	31640	48800
69	质量保证工程师	56500	55000	53500	55000
70	物流专员	89689	83368	62455	78504
71	运输专员	79397	71865	51708	67657
72	采购经理	98129	85334	65760	79729
73	采购助理	90914	84489	65109	79117
74	仓储主管	76660	46710	39056	54139
75	仓储专员	75901	46248	30221	53603
76	仓库保管员	42686	36500	22400	34440

（二十二）电气机械和器材制造业

单位：元/年（人民币）

序号	职位名称	高位数	中位数	低位数	平均数
1	总经理	404716	145477	68883	145983
2	总工程师	210532	105000	64091	115854
3	副总经理	352743	117236	67693	118951
4	总经理助理	165509	89450	51726	101148
5	研发技术副总经理	392840	109920	47971	124604
6	生产副总经理	300630	96259	35665	129037
7	行政副总经理	213799	90989	59975	149213
8	营销副总经理	293646	134052	62240	142970
9	总经办主任	152132	87744	55466	107488
10	总经办文员	115319	59792	35259	71015
11	工会干事	48220	45000	41400	44842
12	财务总监	319584	135000	95000	192333
13	财务经理	316420	123000	60700	179829
14	财务主管	84435	64800	44220	65652
15	财务助理	48605	46500	40800	45216
16	会计主管	149440	101000	70173	104217
17	总账会计	75211	55700	54545	59640
18	会计	74467	51919	39344	55532
19	出纳	64737	48563	38168	50626
20	成本会计	70745	54800	43260	55709
21	人力资源经理	171162	89000	51480	90514
22	人力资源主管	112873	70094	44781	67805
23	人力资源专员	78331	50000	35728	47682
24	薪酬福利专员	105270	48429	32320	59477
25	行政经理	150908	84000	49569	111735
26	行政主管	135865	79822	48337	83579
27	行政专员	104702	55512	37728	66494
28	行政助理/文员	47937	42660	33814	44382
29	秘书	83559	76311	75489	78988
30	前台	60119	45038	32760	45929
31	车队队长	62960	50800	33520	48667
32	小车司机	64069	41001	36480	46245
33	班车司机	94430	50540	39628	60857
34	保洁主管	153450	51728	49033	86449
35	保洁员	38228	33420	27600	33570

续 表

序号	职位名称	高位数	中位数	低位数	平均数
36	保安班组长	96294	41592	32680	60558
37	保安	67320	38322	25811	39309
38	资产管理总监	79779	58986	52046	63934
39	市场经理	180090	120800	83200	118720
40	市场专员	178307	58473	27859	90080
41	市场策划专员	97360	87731	64285	82796
42	市场推广专员	128680	80800	46540	85040
43	销售总监	413404	126833	54695	164905
44	大区销售经理	184494	93800	46457	108049
45	区域销售经理	182667	92871	45997	106980
46	销售经理	182000	91952	45541	105920
47	销售主管	157848	77816	42116	105591
48	高级销售代表	156285	76832	38373	104546
49	销售代表	115781	76071	36805	83390
50	销售助理	98396	58992	36441	66544
51	初级销售工程师	97422	58408	36080	65885
52	销售管理经理	191006	80369	40718	103559
53	销售管理主管	147168	76153	38808	86024
54	销售管理专员	97200	58165	37821	70245
55	销售管理助理	75981	56211	35980	61683
56	渠道销售代表	89360	66710	46329	67466
57	技术支持总监	78094	59510	48376	62304
58	售后技术支持主管	171869	128694	89739	130452
59	资深售后技术支持工程师	111829	96477	71327	92366
60	售后技术支持工程师	110722	95522	70621	91451
61	售后技术支持技术员	77660	69132	56447	69370
62	研发总监	377540	126197	69229	158737
63	研发经理	192310	114304	65428	120185
64	研发主管	147960	107126	64781	107756
65	研发专员	118706	72000	41506	78689
66	研发助理	94774	55964	41500	64402
67	高级研发工程师	224836	126868	72341	133901
68	研发工程师	148097	95489	52924	90609
69	初级研发工程师	109796	94544	52400	89712
70	高级产品规划专员	77041	55020	39342	57134
71	产品技术员	86665	74683	57363	73282

续 表

序号	职位名称	高位数	中位数	低位数	平均数
72	工艺经理	157383	106264	73041	110330
73	工艺管理专员	155825	105212	72318	109238
74	工艺工程师	150904	104170	71602	108156
75	工艺员	96534	54024	46532	53209
76	工艺研发专员	102489	77110	69309	83388
77	生产总监	265482	130417	75274	128742
78	生产经理	232892	97739	74529	107531
79	生产管理经理	179355	94849	73791	106466
80	生产主管	113711	93910	73060	94806
81	生产管理主管	103968	58474	52162	71148
82	生产助理	92050	57895	41088	66633
83	生产计划主管	128579	90389	54132	102251
84	生产计划员	81612	58692	32344	59020
85	生产技术主管	109762	99012	88678	100036
86	生产技术工程师	108675	98032	87800	99046
87	生产技术员	102353	51600	50556	70815
88	工业工程师	161496	128389	78957	115753
89	物料管理员	102937	66761	38566	78089
90	车间主任	101918	66100	38184	77316
91	高级技师	151847	135836	124340	137640
92	技师	113924	102754	88175	101621
93	高级技工	149408	135923	126506	136652
94	生产班组长	113829	62793	46678	78657
95	技工	67334	42964	30862	46627
96	钳工	88868	68806	45000	67764
97	操作工	67479	51253	33115	52109
98	线切割工	76897	57551	35000	55830
99	绕线工	44880	37100	31958	38042
100	下料工	85401	60567	45252	62934
101	辅助工	65626	48363	36738	49682
102	冲压工	49982	47332	38311	47118
103	压铸工	102663	83081	33054	75591
104	车工	86886	58687	36634	61436
105	铣工	138239	105376	62311	104538
106	磨工	84169	60305	37893	60807

续 表

序号	职位名称	高位数	中位数	低位数	平均数
107	焊工	51903	49921	38079	48689
108	钻工	51262	38700	35538	42457
109	机加工工	51200	42000	35300	42833
110	拉丝工	57373	51907	51182	54382
111	装配工	102609	38685	32932	42799
112	电镀工	80323	46603	38101	52783
113	油漆工	87498	77444	59642	75630
114	涂装工	71484	51659	36350	54382
115	检验工	53057	50566	37773	50736
116	注塑工	61799	49663	29000	49120
117	清理工	66664	42291	31540	48305
118	混料员	82216	52497	34787	58540
119	钣金工	63080	47066	43066	50418
120	抛光工	83211	78718	75148	78551
121	设备操作工	88279	65333	52978	67424
122	电焊工	74376	60816	44318	60001
123	设备主管	156662	141363	115192	137480
124	设备工程师	123374	93932	73976	97629
125	设备维护主管	132331	124024	109380	122040
126	设备维修技术员	131021	122796	108297	120832
127	设备维护/维修工	85518	59185	44462	61365
128	模具工程师	111237	109949	64445	94157
129	初级模具工程师	110136	108860	63807	93225
130	模具工	80672	53562	40148	57015
131	模具维修工	92493	68936	42383	73670
132	初级模具加工工程师	112161	91129	75639	92194
133	动力保障工程师	119217	94598	79233	97903
134	质量经理	174622	92000	59866	107489
135	质量主管	129110	76242	59273	71233
136	质量专员	80384	75487	58686	70528
137	质量助理	79588	74740	58105	69829
138	质量工程师	78800	74000	57530	69138
139	质量技术员	54972	54000	43871	52426
140	质量保证主管	144434	120838	112164	127055
141	质量保证工程师	143004	119642	111053	125797
142	质量测试主管	133048	127455	69130	108622

续 表

序号	职位名称	高位数	中位数	低位数	平均数
143	质量测试工程师	109137	59931	47732	73368
144	质量测试技术员	48000	42000	37380	43996
145	初级质量检验员	52249	47836	42496	47081
146	物流主管	92071	68676	50215	70732
147	物流专员	47307	35882	26656	35115
148	运输专员	71721	46583	26019	55259
149	采购经理	134471	76000	44625	76416
150	采购主管	112174	64191	44183	70497
151	采购员	69039	47950	36435	51484
152	采购助理	68355	47476	36074	49670
153	进出口专员	74813	59774	55897	63803
154	仓储经理	124744	112270	72240	91796
155	仓储主管	123509	111158	46604	90887
156	仓储专员	122286	110058	46143	89988
157	箱管调度员	121076	108968	45686	89097
158	仓储助理	119877	107889	45234	88214
159	仓库班组长	118690	106821	44786	87341
160	叉车驾驶员	75313	65213	44816	63685
161	仓库保管员	73902	46514	33543	50460
162	搬运工	64870	36500	30504	43321
163	物料理货员	77552	45919	32166	51741
164	装卸工	80904	59926	34296	58824
165	送料工	43825	41196	40649	42063

（二十三）计算机、通信和其他电子设备制造业

单位：元/年（人民币）

序号	职位名称	高位数	中位数	低位数	平均数
1	总经理	414863	157411	68518	202097
2	总工程师	335055	128585	66188	174521
3	副总经理	333295	127312	52242	172793
4	总经理助理	178408	87362	38331	105977
5	研发技术副总经理	344883	125417	66722	168353
6	生产副总经理	308709	93110	63681	129306
7	行政副总经理	129520	78000	30154	79937
8	财务副总经理	282248	109653	55624	133627

续　表

序号	职位名称	高位数	中位数	低位数	平均数
9	营销副总经理	386918	121986	59306	151507
10	总经办主任	122807	76196	47299	82730
11	总经办文员	82680	57362	25288	67926
12	财务总监	201228	90546	58386	117162
13	财务经理	199236	89650	55779	116002
14	财务主管	144082	79458	50385	86070
15	财务专员	97665	61279	49886	63361
16	财务助理	79079	60672	49392	62734
17	会计	118084	52099	37823	64244
18	出纳	106668	50145	34479	58540
19	成本控制专员	119968	91251	56765	89191
20	人力资源经理	172107	97397	48355	105968
21	人力资源主管	166861	84506	44222	104919
22	人力资源专员	77533	55545	42766	57730
23	人力资源助理	64944	54996	34935	57158
24	招聘专员	108655	60293	39202	64066
25	薪酬福利专员	107624	57228	32433	59544
26	绩效管理专员	193722	104050	80266	131503
27	企业文化专员	73563	60199	40591	58915
28	行政经理	182298	86120	61300	104943
29	行政主管	122834	78179	45107	90789
30	行政专员	110803	56006	38075	77038
31	行政助理/文员	69453	48967	31203	58229
32	秘书	123018	65558	51080	82100
33	前台	64361	55484	50574	56853
34	车队班组长	96039	58471	38269	63414
35	小车司机	95088	57892	37890	62786
36	班车司机	77117	54570	41370	55877
37	保洁主管	66192	49200	39320	51740
38	保洁领班	62152	42000	34431	47212
39	保洁员	32739	29015	25893	29443
40	保安队长	67282	47499	36408	45615
41	保安班组长	54110	53672	50783	52855
42	保安	53590	38092	26757	39458
43	高级运营管理专员	92757	53750	52800	53858

续 表

序号	职位名称	高位数	中位数	低位数	平均数
44	运营管理专员	91838	47247	37184	52089
45	运营管理助理	38153	37479	36816	37776
46	资产管理主管	125277	74968	55426	86217
47	固定资产管理员	71019	54540	50019	58908
48	资产管理助理	62379	54000	42562	57935
49	内控主管	202284	107623	80308	126998
50	内控专员	82219	61343	39579	62359
51	市场经理	153076	83904	69663	94843
52	市场主管	151561	83073	50199	93904
53	高级市场专员	131937	58087	49702	61031
54	市场专员	104453	52339	40790	62158
55	市场助理	61396	51821	40386	51072
56	大区销售经理	349776	141835	68800	154163
57	区域销售经理	346313	150232	69543	142142
58	销售经理	342884	158646	78756	200141
59	销售主管	339489	157075	77976	198159
60	销售代表	137367	91116	41934	88444
61	销售助理	136007	56987	41519	77895
62	高级销售工程师	134660	56422	41108	77123
63	销售工程师	163341	108139	69898	112152
64	销售管理经理	184152	77847	38302	99764
65	销售管理主管	141907	76054	36315	84794
66	销售管理专员	105071	57182	35955	66108
67	销售管理助理	75714	55689	35599	56388
68	渠道销售经理	101016	87000	59949	81569
69	技术支持总监	295284	80518	49522	116719
70	售前技术支持主管	220025	115071	83823	132452
71	高级售前技术支持工程师	85327	66197	44840	66524
72	售前技术支持工程师	84482	65542	44396	65865
73	售前技术支持技术员	74365	54134	43956	55514
74	售后技术支持主管	182809	124310	85827	130852
75	售后技术支持工程师	110627	68406	52224	78061
76	初级售后技术支持工程师	92197	67729	40355	72184
77	售后技术支持技术员	91284	67058	39956	71470
78	研发经理	271129	124995	94348	182823
79	研发主管	268445	123757	93414	181013

续 表

序号	职位名称	高位数	中位数	低位数	平均数
80	研发专员	265787	122532	92489	179221
81	研发助理	263156	121319	91574	177446
82	资深研发工程师	260550	120117	90667	175690
83	高级研发工程师	257970	118928	64917	173950
84	研发工程师	165520	85062	44969	91586
85	初级研发工程师	146026	72777	44523	79938
86	硬件开发工程师	104685	89402	72000	88696
87	产品规划主管	84556	58864	34116	59201
88	产品规划专员	54325	42826	29518	42072
89	产品技术主管	132540	120586	72281	105440
90	产品工程师	73493	36462	35654	55444
91	产品技术员	64470	33704	29727	50348
92	工艺经理	212393	140228	106800	139799
93	工艺主管	210290	138840	84142	138415
94	高级工艺管理专员	146007	95115	64825	98699
95	工艺工程师	145720	90899	52933	90224
96	初级工艺工程师	103010	68451	50205	70037
97	工艺员	97407	58276	33722	62433
98	工艺研发专员	62126	61080	60000	60886
99	生产经理	316797	103392	64024	119270
100	生产主管	131850	90756	54127	91529
101	生产管理主管	130545	82148	53591	90623
102	生产专员	82823	58847	53060	61776
103	生产助理	82003	51892	38651	59294
104	生产计划主管	135328	87865	52169	104868
105	生产计划员	78823	58218	31358	57656
106	生产控制主管	161761	118071	95237	122731
107	生产控制工程师	160159	116902	94294	121516
108	生产技术主管	138783	110652	91919	116693
109	资深生产技术工程师	137409	102830	66632	115538
110	生产技术工程师	93944	58766	46780	63653
111	初级生产技术工程师	93013	58184	46317	63023
112	生产技术员	61100	55958	45858	53338
113	工业工程师	135551	89668	76785	89046
114	初级工业工程师	102689	88780	76025	88164

续 表

序号	职位名称	高位数	中位数	低位数	平均数
115	物料管理员	76484	68797	37840	57554
116	工段长	74693	68116	34823	56984
117	车间主任	129862	79229	44576	89177
118	生产线长	91245	62697	45273	67440
119	技师	130900	96107	59152	96398
120	生产班组长	74400	63121	52430	62782
121	技工	66745	55560	46100	55754
122	数控机床操作技工	57783	43260	40560	46238
123	高级操作工	88359	54105	39091	55632
124	钳工	82800	60000	48120	63900
125	操作工	69792	51786	32510	51997
126	初级操作工	58852	43875	32004	47155
127	绕线工	47760	38805	29324	44057
128	下料工	51720	47400	46120	48667
129	辅助工	53606	50348	48575	49919
130	热处理工	41524	37746	37602	39260
131	冲压工	101111	74976	46700	63213
132	压铸工	102153	60459	42981	72842
133	车工	58405	45165	41706	50083
134	铣工	89154	80150	76695	82132
135	焊工	92211	67172	39198	64714
136	激光工	54842	39030	38428	43220
137	拉丝工	60734	58624	49645	55762
138	装配工	112395	35918	35768	36181
139	装调工	45047	39561	37610	40460
140	电镀工	73100	51100	46860	59067
141	油漆工	42322	40322	40030	40932
142	涂装工	73403	44179	36944	48008
143	检验工	60437	42150	40950	43869
144	注塑工	59233	49051	25225	49055
145	调试工	54728	53760	51840	52960
146	设备操作工	87745	59493	26594	64183
147	电焊工	82700	49744	39747	57944
148	设备经理	154185	95707	89923	99617
149	设备主管	139642	90505	89033	98631
150	资深设备工程师	138260	89609	88151	89727

续 表

序号	职位名称	高位数	中位数	低位数	平均数
151	高级设备工程师	136891	71481	56457	82135
152	设备工程师	101700	71070	55898	77669
153	初级设备工程师	100693	65675	44088	76900
154	设备维护主管	121029	89781	46288	95655
155	设备维护专员	95622	71993	40411	81246
156	初级设备维护工程师	94675	71280	40011	80441
157	设备维修技术员	83838	63764	37701	61257
158	设备维护/维修工	81362	59905	36721	60650
159	工具管理员	70782	47474	38318	53839
160	模具经理	162000	113880	107760	128880
161	模具主管	133625	107855	84216	107128
162	高级模具工程师	121603	98384	83382	99342
163	模具工程师	120399	97409	82557	98359
164	初级模具工程师	119207	96445	81739	97385
165	高级模具工	118038	90150	80930	97074
166	模具工	88674	63962	40464	65837
167	模具维修工	59247	57941	44668	53359
168	模具设计工程师	133709	102000	57720	95687
169	高级模具加工工程师	238589	138039	97152	138732
170	模具加工工程师	206692	135138	92226	141446
171	初级模具加工工程师	112614	94518	83197	94918
172	模具加工班组长	111499	64303	50356	77380
173	动力保障主管	180088	118379	100710	134107
174	动力保障工程师	117303	85949	56802	86677
175	安全主管	132996	114383	66277	102780
176	安全工程师	115994	68280	49392	77153
177	质量经理	185880	108869	54685	122383
178	质量主管	184040	82040	50767	99567
179	质量专员	126036	61226	42066	72662
180	质量助理	124788	60620	41650	71942
181	质量工程师	123552	60020	41237	71230
182	初级质量工程师	87609	59426	41093	64673
183	质量技术员	73199	55727	36829	58320
184	供应商质量主管	183703	121495	75716	127362
185	质量体系主管	106375	78780	66047	84379

续 表

序号	职位名称	高位数	中位数	低位数	平均数
186	质量体系工程师	91203	78000	65393	79402
187	质量保证经理	352798	137017	100189	200929
188	质量保证主管	202058	129189	81822	137030
189	质量保证工程师	200057	127910	81012	135673
190	初级质量保证工程师	93097	78250	56196	75900
191	质量测试主管	135475	80918	56810	86912
192	质量测试工程师	120866	70077	56248	86051
193	初级质量测试工程师	66819	61494	55691	61335
194	质量测试技术员	63747	54617	44159	54538
195	初级质量检验员	72119	52400	36549	54358
196	物流主管	66782	62068	60455	63360
197	物流专员	65808	53449	43981	55402
198	物流助理	44318	40279	33679	39212
199	运输专员	60640	49299	41636	50831
200	采购经理	143871	91990	67745	98250
201	采购主管	132440	91079	67074	97277
202	高级采购员	131129	90178	66410	96314
203	采购员	129830	89285	65753	95361
204	采购助理	128545	88401	65102	94416
205	采购工程师	127272	87526	64457	93482
206	初级采购工程师	126012	86659	63819	92556
207	进出口专员	85222	58404	36132	57712
208	仓储经理	139724	82581	48010	87706
209	仓储主管	116871	64093	47535	78732
210	仓储专员	83707	63458	47064	62785
211	仓储助理	82878	62830	46598	62163
212	仓库班组长	82057	62208	46137	61548
213	叉车驾驶员	87673	47218	36790	50670
214	仓库保管员	66356	45769	33640	48238
215	搬运工	59761	43966	35338	47323
216	物料理货员	68922	46315	32344	51614
217	装卸工	73590	52954	34257	51980
218	送料工	68480	51456	43380	54439

（二十四）仪器仪表制造业

单位：元/年（人民币）

序号	职位名称	高位数	中位数	低位数	平均数
1	总经理	356361	182177	76996	143070
2	副总经理	352833	149833	76990	128661
3	生产副总经理	308090	124187	76228	108637
4	总经办主任	110000	50000	36894	62447
5	总经办文员	55291	42432	36529	48355
6	财务总监	262616	175000	66121	168180
7	财务经理	195000	169015	65466	144575
8	财务主管	132687	84895	45466	85338
9	财务专员	77690	54358	44826	58092
10	会计主管	83752	76820	49337	68740
11	会计	82923	59821	49236	61328
12	出纳	75498	48440	33416	55528
13	成本会计	70000	62400	46260	60060
14	人力资源主管	131196	76080	66628	82191
15	人力资源专员	129897	71149	37500	66737
16	行政经理	143650	81278	52556	91917
17	行政主管	129365	78327	48217	79975
18	行政专员	93080	58800	45070	58238
19	行政助理/文员	62414	48497	35111	52919
20	车队队长	75328	70000	58000	67220
21	小车司机	69572	60538	45796	59275
22	班车司机	46488	43733	42960	44220
23	保洁员	54292	43755	26656	46712
24	保安	72363	50883	25392	52163
25	市场专员	63110	44973	37718	48859
26	市场策划专员	104448	84380	42876	75448
27	大区销售经理	193003	127098	50940	123453
28	销售经理	182947	87619	43437	105820
29	高级销售代表	94239	65289	39359	64050
30	销售代表	65804	47991	33350	51458
31	销售助理	63993	43320	31292	45169
32	销售管理经理	212114	166932	78943	168786
33	售前技术支持经理	164200	145000	110600	139571
34	售前技术支持工程师	101500	77000	70000	82833
35	售前技术支持技术员	75397	54503	41956	55761

续 表

序号	职位名称	高位数	中位数	低位数	平均数
36	售后技术支持经理	165832	99124	70342	94325
37	售后技术支持工程师	112615	99043	69646	93391
38	初级售后技术支持工程师	90549	67200	44641	67880
39	售后技术支持技术员	66402	58448	44199	61212
40	研发总监	321133	157794	110084	149791
41	研发经理	180979	156232	108994	148308
42	研发主管	176786	154685	107915	146840
43	研发专员	175036	153154	106846	145386
44	研发助理	173303	151637	105788	143946
45	资深研发工程师	171587	150136	104741	142521
46	研发工程师	141259	93219	57599	88908
47	初级研发工程师	127113	68734	42618	81224
48	硬件开发经理	247723	145562	86977	159696
49	高级硬件开发工程师	201753	118270	70714	109220
50	初级硬件开发工程师	126424	98928	68948	100622
51	工艺主管	101234	76507	65243	73886
52	工艺工程师	100231	49425	38562	60565
53	工艺员	99239	48936	38180	59965
54	生产主管	125173	90827	52990	91783
55	生产专员	85750	63416	52465	61851
56	生产助理	62376	59923	51946	58082
57	生产技术经理	82800	78000	76400	79333
58	生产技术员	58120	52638	45955	53478
59	工段长	129240	83519	69547	82563
60	车间主任	127961	82692	68859	81745
61	生产班组长	99520	81874	68177	80936
62	技工	98535	81063	67502	80135
63	钳工	97559	80260	66834	79341
64	操作工	96593	79466	66172	78556
65	初级操作工	95637	78679	65517	77778
66	辅助工	94690	77900	64868	77008
67	铣工	93752	77129	64226	76245
68	磨工	92824	76365	63590	75490
69	焊工	91905	75609	62960	74743
70	液压工	81872	70823	62337	70861
71	机加工工	81062	70121	61357	70159

续 表

序号	职位名称	高位数	中位数	低位数	平均数
72	装配工	80259	69427	60749	69464
73	油漆工	79465	68740	60148	68777
74	检验工	78678	68059	59552	68096
75	注塑工	73988	67385	58963	67422
76	调试工	73255	66718	58379	66754
77	真空镀膜工	62042	42839	37098	44633
78	抛光工	61428	42415	36731	44191
79	电焊工	79316	62027	46192	59064
80	设备维护/维修工	58361	57612	55362	56987
81	模具工	80850	56500	39812	56562
82	质量经理	219418	132054	74409	129423
83	质量主管	167503	75638	47103	75084
84	质量专员	67276	54161	36810	56599
85	质量体系总监	317968	163118	75352	167736
86	质量保证主管	159915	122979	98003	125826
87	初级质量测试工程师	82108	70860	59388	67529
88	质量测试技术员	65789	59500	58800	61363
89	初级质量检验员	66857	50164	34200	53940
90	物流助理	58712	56676	53987	56412
91	运输专员	69042	52927	45272	56209
92	采购经理	147021	70976	44851	88188
93	采购主管	119537	65452	42300	72902
94	采购员	83324	50959	39657	55267
95	采购助理	58560	40800	39264	47560
96	仓储主管	114383	63170	50763	74880
97	仓储专员	78188	54040	50261	53103
98	叉车驾驶员	74291	53505	49763	52577
99	仓库保管员	73556	53153	34815	52084
100	装卸工	72828	52627	34470	51569

（二十五）其他制造业

单位：元/年(人民币)

序号	职位名称	高位数	中位数	低位数	平均数
1	总经理	605632	157494	61729	200057
2	总工程师	447486	129476	61117	178189

续 表

序号	职位名称	高位数	中位数	低位数	平均数
3	副总经理	407193	108000	45120	176425
4	总经理助理	166931	79952	33950	92430
5	研发技术副总经理	356143	125000	45413	166231
6	生产副总经理	310094	94583	52025	132183
7	行政副总经理	262928	103110	45884	130420
8	财务副总经理	364035	96898	29593	140875
9	营销副总经理	395979	131613	40220	169957
10	办事处经理	124950	65923	40919	80248
11	总经办主任	211091	89589	46177	90713
12	总经办文员	127296	75581	32389	56196
13	工会干事	163733	47022	29335	50467
14	财务总监	268782	106410	51327	131462
15	财务经理	158103	83142	45547	118967
16	财务主管	133540	71379	39664	80109
17	财务专员	95379	53837	35342	60778
18	财务助理	63926	45928	28755	50020
19	会计主管	122717	68885	52101	74171
20	总账会计	103311	65481	47560	73437
21	会计	101440	54784	33071	59505
22	出纳	90710	46780	32004	50030
23	应收/应付专员	91162	48000	34078	57535
24	应收/应付助理	52173	34288	33882	40530
25	结算主管	90900	47372	45839	59861
26	结算专员	90000	46903	40900	59268
27	结算助理	45216	36000	32736	38480
28	成本控制主管	104018	79614	59180	81032
29	成本控制专员	85624	60808	36848	60768
30	成本会计	84882	60206	36483	60166
31	财务分析助理	53520	46538	37893	45944
32	审计/稽核经理	153918	106142	65280	106787
33	审计/稽核专员	64800	60000	49440	57600
34	人力资源总监	295836	112715	50005	163746
35	人力资源经理	170681	86400	42480	111077
36	人力资源主管	158009	73831	37171	101769
37	人力资源专员	128547	67248	36900	63742
38	人力资源助理	65360	48001	32515	49530

续表

序号	职位名称	高位数	中位数	低位数	平均数
39	招聘专员	102815	51356	31744	57776
40	薪酬福利专员	107526	53900	32121	59307
41	绩效管理专员	86839	45000	37920	54469
42	员工关系主管	85768	68000	46925	65172
43	员工关系专员	63425	55990	46460	56659
44	行政总监	241569	94070	47823	135809
45	行政经理	135362	78074	47349	98029
46	行政主管	131830	67560	44695	74723
47	行政专员	120501	52000	30674	61972
48	行政助理/文员	116917	50406	24964	44929
49	秘书	75565	42873	26947	53911
50	前台	56270	40800	26680	41284
51	翻译	73296	72000	52800	64000
52	车辆主管	90172	52789	41341	60520
53	车队队长	88653	52266	40932	57228
54	车队班组长	84720	51749	35772	56661
55	小车司机	84677	46151	35418	48850
56	班车司机	71785	52047	39548	53994
57	车辆维修员	63283	47384	41239	51447
58	保洁主管	93049	74535	32410	51267
59	保洁领班	54154	41100	32089	41869
60	保洁员	49242	32455	23800	34512
61	保安队长	58570	46100	27894	45055
62	保安班组长	62500	38863	25849	40932
63	保安	54007	36833	24496	37862
64	法务专员	100734	68619	60779	85408
65	法务助理	77588	67940	60177	68725
66	运营管理经理	229955	150483	107202	160065
67	运营管理主管	227678	148993	106141	158480
68	运营管理专员	94830	54173	36093	56444
69	公共关系专员	85300	49900	39235	53131
70	合同管理专员	57275	56262	55267	55999
71	合同管理助理	56708	55705	54720	55509
72	资产管理总监	155622	85622	55622	93622
73	资产管理主管	96696	61518	52500	64008

续 表

序号	职位名称	高位数	中位数	低位数	平均数
74	资产管理员	95739	60909	47308	63374
75	固定资产管理员	68061	60306	46840	57927
76	内控专员	100043	52500	38760	60707
77	市场经理	150509	87317	43306	99205
78	市场主管	138339	69700	42877	84857
79	高级市场专员	102943	51005	42560	61220
80	市场专员	101924	50500	37006	60614
81	市场助理	63725	50000	36640	49935
82	市场策划经理	128641	105064	58538	96868
83	市场策划专员	89143	43320	32512	58423
84	市场推广专员	100500	39835	29088	55145
85	产品/品牌经理	150843	83738	32457	101895
86	产品/品牌助理	65109	52390	32136	53248
87	销售总监	367323	120000	51245	145155
88	大区销售经理	194226	96734	44157	112300
89	区域销售经理	170408	95776	43719	105774
90	销售经理	168720	94828	43287	104727
91	销售主管	150409	77797	42858	103690
92	高级销售代表	149077	69477	35423	102663
93	销售代表	97298	51297	33187	64699
94	销售助理	75321	47879	32859	53714
95	高级销售工程师	277304	110770	55754	157236
96	销售工程师	96893	60000	39459	76943
97	初级销售工程师	88116	50787	34294	57951
98	销售管理总监	317403	108187	49428	140049
99	销售管理经理	182747	79572	38880	105852
100	销售管理主管	131715	65500	37334	81438
101	销售管理专员	97224	57899	34371	63052
102	销售管理助理	75310	48600	32402	54283
103	渠道销售总监	384718	127834	51362	150785
104	渠道销售经理	162548	85217	48956	99227
105	渠道销售主管	106721	71851	47844	78656
106	渠道销售代表	67955	51459	34560	57056
107	渠道销售助理	63890	49059	30002	56491
108	技术支持总监	294686	104744	52500	115958
109	售前技术支持经理	158208	101249	64247	104693

续 表

序号	职位名称	高位数	中位数	低位数	平均数
110	高级售前技术支持工程师	141160	94346	63611	101493
111	售前技术支持工程师	120403	80311	55392	86424
112	初级售前技术支持工程师	110267	64396	43971	65800
113	售前技术支持技术员	80750	63368	43535	65149
114	售后技术支持主管	137184	91992	51505	96546
115	售后技术支持工程师	113293	63024	49200	71733
116	初级售后技术支持工程师	83193	62400	47320	65180
117	售后技术支持技术员	80916	56250	43785	59323
118	研发总监	373085	133341	68054	169205
119	研发经理	313393	118537	63561	152067
120	研发主管	310291	117363	62932	150562
121	高级研发专员	307218	116201	62309	149071
122	研发专员	304177	115051	59561	147595
123	研发助理	301165	113912	58972	146134
124	资深研发工程师	298183	112784	58388	144687
125	高级研发工程师	241272	111667	55741	133401
126	研发工程师	189131	78726	52085	92779
127	初级研发工程师	145352	67368	43886	82089
128	硬件开发工程师	125719	76120	44502	90358
129	初级硬件开发工程师	116378	63521	38334	73316
130	产品规划主管	83069	81600	80320	81067
131	产品技术经理	279994	117426	55380	143148
132	产品技术主管	76877	54720	46649	60589
133	产品工程师	73438	48815	35855	53125
134	产品技术员	64495	36405	29746	39427
135	产品开发经理	98575	57518	55267	68612
136	产品开发主管	86100	55320	54720	65380
137	工艺经理	185738	85708	81899	106244
138	工艺主管	183899	84859	81088	105192
139	工艺管理专员	182078	84019	80285	104150
140	高级工艺工程师	180275	83187	79490	103119
141	工艺工程师	178490	82145	60844	84351
142	初级工艺工程师	110828	81331	44471	82346
143	工艺员	109730	80526	26106	81531
144	工艺研发经理	85850	64640	48882	66861

续　表

序号	职位名称	高位数	中位数	低位数	平均数
145	工艺研发专员	85000	64000	48398	66199
146	外延工艺技术员	53578	27888	27865	38582
147	初级工艺试验技术工程师	62887	59224	41781	53482
148	生产总监	325828	126893	64017	162444
149	生产经理	248293	96255	50014	123373
150	生产管理经理	170523	95302	49518	104078
151	生产主管	135666	86573	48180	93951
152	生产管理主管	134323	85716	37462	93021
153	生产专员	92607	64049	37091	68630
154	生产助理	82451	51650	36724	59755
155	生产计划经理	165426	94148	49257	97853
156	生产计划主管	129829	78000	48770	85678
157	生产计划员	78980	56023	31633	55576
158	生产计划助理	70642	48410	25825	49944
159	生产控制经理	164596	93000	54180	94330
160	生产控制主管	162967	70225	47547	93396
161	生产控制工程师	161353	61440	42157	92471
162	精益生产专员	142055	61475	37826	80201
163	外协专员	58697	52558	36213	51891
164	外协助理	58161	52038	32470	51377
165	生产技术经理	169993	93535	71091	109388
166	生产技术主管	139022	92358	70387	90622
167	高级生产技术工程师	111237	91444	69690	89725
168	生产技术工程师	110135	78290	52362	78258
169	生产技术员	62227	55370	42760	58523
170	工业工程师	134019	79684	44194	92938
171	初级工业工程师	96056	63623	40906	67748
172	物料管理员	95039	61408	45277	65634
173	工段长	94098	60800	44828	64984
174	车间主任	129926	65616	42780	77914
175	生产线长	85991	56239	43222	58528
176	高级技师	98423	72183	51076	79401
177	技师	94964	70747	51927	76122
178	高级技工	123952	62482	52455	82397
179	生产班组长	107058	61314	45920	72496
180	技工	70210	56550	42600	55003

续 表

序号	职位名称	高位数	中位数	低位数	平均数
181	数控机床操作技工	65599	53520	43092	54573
182	高级操作工	98780	64318	45213	66960
183	钳工	89719	69431	40615	69240
184	高级钳工	71623	61895	57974	61924
185	计算机操作工	88840	51394	39560	56751
186	操作工	67831	47137	31653	49875
187	初级操作工	65177	41240	25746	42641
188	线切割工	76424	58877	37500	56060
189	电切削工	69753	52952	33924	48983
190	绘图工	54701	50684	43108	49413
191	齿轮工	57204	52331	43572	51419
192	模样工	84678	53566	40200	55524
193	配料工	76811	54996	26726	55584
194	绕线工	50148	38769	29601	43518
195	下料工	57617	46010	30189	47181
196	辅助工	65489	40087	32913	45546
197	热处理工	71718	51800	34800	49495
198	铸造工	80473	48000	34200	55294
199	检查工	60250	47233	37040	48241
200	冲压工	64800	48460	32208	50812
201	压铸工	85485	60029	24013	72492
202	裁切工	86414	49100	33791	54621
203	车工	69307	51382	33363	46497
204	铣工	74734	47715	33520	50087
205	磨工	84813	61941	47580	61047
206	焊工	80013	53604	35936	60183
207	钻工	76401	53520	35466	50714
208	铆工	78821	68845	56024	67774
209	镗工	79832	48240	28470	48598
210	弯剪工	64377	53520	48779	55252
211	机加工工	79700	57876	42834	59058
212	喷丸工	62653	53520	45469	53895
213	激光工	77049	67266	53520	65210
214	拉丝工	101338	61316	48282	62574
215	装配工	66039	46283	35251	47246

续 表

序号	职位名称	高位数	中位数	低位数	平均数
216	装调工	107787	48425	31320	68583
217	电镀工	71569	40727	33412	46633
218	油漆工	94657	62619	32372	63953
219	涂装工	78507	44167	24133	46064
220	安装起重工	87643	53520	35636	54737
221	检验工	62953	47040	31322	44300
222	注塑工	59000	48168	25032	46049
223	型砂工	48288	47040	43200	45960
224	清理工	65670	42461	26250	48721
225	混料员	72795	45596	31183	51448
226	调试工	54483	53520	45240	50978
227	锅炉工	93513	68346	35040	64543
228	缝纫工	45076	33926	30085	37770
229	钣金工	51675	40740	33736	42619
230	抛光工	67822	48079	32840	51690
231	拉布工	49123	46529	45116	46923
232	裁剪工	59830	46219	36600	51074
233	车缝工	76417	45457	36000	53041
234	设备操作工	87411	63520	53138	63561
235	充填工	46897	40607	34132	40545
236	水处理工	44704	37200	34864	36424
237	回收处理工	56750	36648	36000	40288
238	电焊工	101164	60667	34967	67813
239	气焊工	55705	54720	34832	47078
240	设备经理	155965	102010	58426	104813
241	设备主管	122256	101000	57848	97989
242	高级设备工程师	110328	100000	57275	97019
243	设备工程师	108655	61275	44121	68570
244	初级设备工程师	94178	54712	44051	63565
245	设备维护经理	148220	93098	62396	103273
246	设备维护主管	135788	82169	52060	87437
247	设备维护专员	134443	76997	51544	80341
248	设备维护工程师	133112	76235	51034	79545
249	设备维修技术员	97237	62263	50528	64900
250	设备维修班组长	96274	61646	50028	64258
251	设备维护/维修工	54341	50900	42184	50475

续 表

序号	职位名称	高位数	中位数	低位数	平均数
252	工具管理员	71548	48352	38070	48215
253	模具经理	131164	113044	64329	102195
254	模具主管	120252	88169	63692	92388
255	高级模具工程师	119061	76179	63061	88436
256	模具工程师	96872	75425	56817	79570
257	初级模具工程师	84955	74658	56254	73126
258	高级模具维修工	84114	63936	51900	67127
259	高级模具工	90000	75389	41703	72141
260	模具工	74517	53206	39600	56166
261	模具维修工	82221	60771	31481	63307
262	模具设计工程师	95533	82859	54606	83059
263	初级模具加工工程师	47449	45887	43979	45744
264	动力保障经理	134572	87603	58627	89901
265	动力保障主管	119756	86736	58047	89113
266	动力保障工程师	115151	85877	57472	88230
267	安全/环境/健康主管	96541	60000	55653	70971
268	安全经理	155394	82726	46139	101284
269	安全主管	134658	73713	45682	80273
270	安全工程师	116376	65792	45230	72834
271	消防队长	50422	50000	43285	47378
272	消防员	49630	32070	27841	37625
273	质量经理	184217	100058	68261	108252
274	质量主管	157150	99068	67585	107180
275	质量专员	148933	98087	66915	106119
276	质量助理	147458	97116	66253	105068
277	高级质量工程师	145998	96154	65597	104028
278	质量工程师	90886	69129	50374	77675
279	初级质量工程师	83405	56764	40697	58425
280	质量技术员	72070	47000	31885	51005
281	供应商质量主管	192260	79537	56731	87322
282	供应商质量工程师	101000	66712	56169	68914
283	初级供应商质量工程师	100000	56692	51072	68232
284	质量体系工程师	95600	72700	33632	69326
285	质量保证经理	175296	80690	57419	101469
286	质量保证主管	138927	79891	56851	83536
287	质量保证工程师	95020	79100	56288	76131
288	质量测试经理	150391	91390	52036	96213

续 表

序号	职位名称	高位数	中位数	低位数	平均数
289	质量测试主管	137104	79834	44325	83049
290	质量测试工程师	91423	63486	43217	71570
291	初级质量测试工程师	83837	58094	41376	60741
292	质量测试技术员	72063	51271	34626	54045
293	初级质量检验员	63887	48288	34400	49240
294	供应链管理经理	129559	104887	95194	111128
295	供应链管理主管	96000	73000	48600	72500
296	供应链管理专员	68900	50490	43582	60537
297	供应链管理助理	47550	45750	43150	45417
298	物流经理	165501	76202	45240	88960
299	物流主管	140552	68376	44178	79528
300	物流专员	44313	39243	28439	33818
301	物流助理	40281	33699	25459	33441
302	运输经理	103828	64394	40260	68205
303	运输主管	102800	63756	37417	67530
304	运输专员	81608	63125	33936	61916
305	运输助理	80800	62500	33600	61303
306	采购经理	121930	76397	55615	83523
307	采购主管	113992	75640	55065	82696
308	高级采购员	101358	74892	54520	81877
309	采购员	99365	74150	53980	81067
310	采购助理	98381	73416	53445	80264
311	采购工程师	97407	72689	52916	79469
312	初级采购工程师	71000	64300	44280	59257
313	进出口专员	91852	51404	45988	52124
314	仓储经理	134826	85287	39395	90589
315	仓储主管	108868	60229	39005	67669
316	仓储专员	101767	59633	38619	59217
317	仓储助理	78959	59043	38237	58631
318	仓库班组长	78177	58458	37858	58050
319	叉车驾驶员	68862	52275	36307	51526
320	仓库保管员	66620	42000	32000	43669
321	搬运工	64167	38645	31953	42005
322	物料理货员	68813	39270	26249	45364
323	装卸工	72303	52928	28120	53115
324	送料工	57234	40441	29439	41179

（二十六）废弃资源综合利用业

单位：元/年（人民币）

序号	职位名称	高位数	中位数	低位数	平均数
1	总经理	498118	148808	59653	209443
2	会计	86887	46000	35455	54490
3	出纳	84832	45702	33791	54055
4	行政助理/文员	90677	44560	32327	53656
5	保安	59852	32520	26298	35039
6	生产班组长	98235	48236	34287	44000
7	初级操作工	59428	39870	30725	41554
8	锅炉工	95220	67849	29040	64087
9	设备操作工	87288	60555	32315	65647
10	运输专员	86667	49696	36462	53689
11	叉车驾驶员	85808	49204	36101	50400

（二十七）金属制品、机械和设备修理业

单位：元/年（人民币）

序号	职位名称	高位数	中位数	低位数	平均数
1	总经理	336079	147460	68740	205773
2	总工程师	178000	146000	63216	158173
3	副总经理	310769	109468	46786	176418
4	总经理助理	91680	60000	26688	59320
5	生产副总经理	290783	84457	48756	134684
6	总经办主任	86720	72000	54400	70800
7	工会干事	150213	39209	29310	66967
8	财务总监	271030	100103	64959	133153
9	财务经理	163384	90000	42991	96697
10	财务主管	89875	62919	42565	62004
11	财务专员	88985	52800	42144	61390
12	财务助理	57283	42890	31488	43608
13	会计	75038	57006	40739	55020
14	出纳	70190	45885	32472	44872
15	人力资源经理	174482	82564	48480	91036
16	人力资源主管	95668	80000	48000	73195
17	人力资源专员	57585	56993	33376	48632
18	人力资源助理	48000	36900	32400	39780

续 表

序号	职位名称	高位数	中位数	低位数	平均数
19	行政助理/文员	72313	42582	29785	48539
20	小车司机	84888	50739	41176	56960
21	班车司机	71835	43158	42395	50206
22	保洁主管	50166	31620	30600	35833
23	保洁员	49669	30920	26022	35478
24	保安	57079	36500	25000	34989
25	市场策划主管	56240	54000	39600	48933
26	大区销售经理	162584	76353	65654	101652
27	区域销售经理	160974	75597	65004	100645
28	销售经理	110688	67320	64360	81383
29	销售主管	80800	60600	34146	61030
30	销售代表	80000	60000	33808	60426
31	销售助理	73762	49197	33473	53774
32	销售管理专员	96594	51812	37481	60224
33	销售管理助理	61000	39850	37110	46425
34	渠道销售代表	61500	42500	38400	47714
35	售前技术支持技术员	76817	70819	53685	67107
36	售后技术支持技术员	123940	86381	61085	88962
37	研发经理	128000	104602	72356	97523
38	研发主管	123600	103566	71640	96558
39	研发专员	104386	102540	70931	95602
40	研发助理	103353	101525	70228	94655
41	研发工程师	102329	100520	69533	93718
42	初级研发工程师	67616	66420	46200	59680
43	产品技术员	52900	52000	40592	48101
44	工艺工程师	55982	54992	54020	54985
45	生产经理	311863	78338	72720	109090
46	生产管理经理	110400	73296	72000	88000
47	生产主管	87700	65000	48500	67565
48	生产管理主管	66900	59700	48020	58100
49	生产助理	61920	48000	22899	43989
50	生产计划主管	72800	72000	46610	65036
51	生产计划员	60693	54913	46149	53759
52	生产计划助理	60092	54369	45692	53227
53	生产技术工程师	131373	83320	71786	96362
54	生产技术员	62163	55876	46590	54876

续 表

序号	职位名称	高位数	中位数	低位数	平均数
55	工段长	76000	61080	60000	66667
56	车间主任	129313	60000	37680	66732
57	生产线长	55500	22765	22363	30734
58	生产班组长	78404	60000	42000	59691
59	技工	32304	23069	22661	23008
60	数控机床操作技工	80900	48200	28641	52989
61	操作工	66100	51215	32171	56885
62	初级操作工	54430	49320	42060	48508
63	下料工	44588	41580	40924	42560
64	热处理工	77994	59995	36158	51334
65	冲压工	76887	60532	37438	56254
66	压铸工	56303	55308	54330	55674
67	车工	67201	49060	24724	50465
68	焊工	84408	62556	44907	57021
69	钻工	72853	46270	26518	48313
70	机加工工	79287	56562	46270	58891
71	装配工	75488	43257	33359	44544
72	涂装工	54055	53099	52160	53051
73	检验工	69513	42179	31427	46697
74	调试工	31090	30540	30000	30737
75	钣金工	78296	46600	35938	52062
76	抛光工	67819	66620	30000	54875
77	电焊工	90758	60000	47431	68182
78	气焊工	31200	30540	30000	30545
79	设备主管	70400	40000	22688	45453
80	设备维修技术员	86667	53433	52622	54608
81	设备维护/维修工	85809	52904	35742	54068
82	初级模具工程师	58882	56908	50682	55045
83	模具工	57359	56345	45600	54500
84	初级模具加工工程师	54941	53414	52470	53353
85	质量经理	105650	75670	58272	79864
86	质量主管	94153	63364	56585	60478
87	质量专员	70379	62736	37451	52981
88	质量助理	69682	62115	37080	52456
89	质量技术员	68992	61500	30760	51937

续 表

序号	职位名称	高位数	中位数	低位数	平均数
90	质量保证主管	102003	76401	52230	76878
91	质量测试技术员	68915	58000	46609	58801
92	初级质量检验员	53746	43563	38193	44926
93	供应链管理专员	60288	37440	33568	45347
94	物流专员	45036	34579	22510	30189
95	物流助理	42072	22852	22448	28240
96	运输专员	59230	43656	39300	51059
97	采购经理	136586	61264	42575	75382
98	采购主管	74054	49725	42154	50684
99	采购员	67773	49233	41736	50182
100	仓储主管	73699	54000	47304	55596
101	仓储专员	72969	49370	41749	55046
102	仓库班组长	72247	48881	41336	54501
103	叉车驾驶员	49788	38540	34588	41580
104	仓库保管员	65677	40367	31656	43666
105	搬运工	30320	27600	24720	27533

三、电力、热力、燃气及水生产和供应业

单位：元/年（人民币）

序号	职位名称	高位数	中位数	低位数	平均数
1	企业董事	474140	455600	380172	420348
2	企业总经理	752017	313655	90014	318552
3	生产经营部门经理	327993	218795	50829	199971
4	财务部门经理	225779	103439	66400	117588
5	行政部门经理	202632	110520	60707	112260
6	人事部门经理	244388	127861	69412	123727
7	销售和营销部门经理	206669	167328	147779	174300
8	采购部门经理	151973	114585	64517	115968
9	其他职能部门经理	265918	197292	125119	192768
10	其他企业中高级管理人员	154525	129862	76276	119255
11	机械制造工程技术人员	146399	145552	106018	136612
12	设备工程技术人员	83112	63100	53220	64844
13	电工电器工程技术人员	108210	81859	56600	79695
14	电力工程技术人员	236837	214723	184222	211588
15	发电工程技术人员	125765	81404	67697	90453

续 表

序号	职位名称	高位数	中位数	低位数	平均数
16	船舶运用工程技术人员	241245	151538	107619	166007
17	水上交通工程技术人员	224105	187045	158534	191612
18	城镇燃气供热工程技术人员	143406	125365	109377	125767
19	水利工程管理工程技术人员	152200	114826	94690	126260
20	安全生产管理工程技术人员	155571	99825	63607	97295
21	计量工程技术人员	116010	52700	48150	55620
22	项目管理工程技术人员	165806	125188	74293	117071
23	经济专业人员	233031	219374	194656	218172
24	会计专业人员	125387	87830	45280	88866
25	出纳	196819	101295	90947	113144
26	审计专业人员	159731	111857	99380	124750
27	人力资源管理专业人员	189233	162625	155996	161897
28	其他经济和金融专业人员	193580	119251	85865	127689
29	行政办事员	119999	93827	50128	99720
30	秘书	74777	54000	40216	57945
31	后勤管理员	94873	76710	38020	71309
32	其他办事人员	131518	105666	60319	110066
33	其他安全和消防人员	62000	38810	30280	42669
34	其他办事人员和有关人员	89081	54901	30169	57745
35	营销员	84180	55800	42320	57550
36	仓储管理员	85739	68608	50467	71857
37	其他金融服务人员	224651	199591	175975	198627
38	燃气燃煤供应服务员	119127	103140	70711	101855
39	水供应服务员	108814	66364	53786	79391
40	锅炉运行值班员	196596	116474	26281	107909
41	燃料值班员	95723	62897	57802	69913
42	汽轮机运行值班员	192497	128987	25993	120440
43	发电集控值班员	147481	101026	62321	104637
44	电气值班员	194245	129528	26544	104936
45	锅炉操作工	68640	58640	38640	59640
46	燃气储运工	73200	49680	44000	55299
47	水生产处理工	105956	85577	49275	81321
48	水供应输排工	35800	33800	30800	32800
49	司泵工	99400	86450	79475	88442
50	其他电力、热力、气体、水生产和输配人员	101358	72648	44055	71869
51	专用车辆驾驶员	69841	46520	42830	50964

续 表

序号	职位名称	高位数	中位数	低位数	平均数
52	机修钳工	97336	81659	70590	82190
53	质检员	93644	67800	54150	68865
54	其他生产辅助人员	137229	102461	83976	99138
55	其他生产制造及有关人员	137724	115763	89243	116751

四、建筑业

单位：元/年（人民币）

序号	职位名称	高位数	中位数	低位数	平均数
1	企业董事	441046	171528	54285	201598
2	企业总经理	579425	192583	61000	251819
3	国有企业中国共产党组织负责人	484482	258542	149468	317236
4	生产经营部门经理	406238	144048	80940	215436
5	财务部门经理	235518	111194	48300	121193
6	行政部门经理	219101	119000	60604	133819
7	人事部门经理	244106	150633	69551	159590
8	销售和营销部门经理	155832	115100	57000	110211
9	采购部门经理	337334	100242	50001	154575
10	计算机服务部门经理	449526	159467	62266	209773
11	研究和开发部门经理	146500	101712	69143	112343
12	其他职能部门经理	248029	123011	54380	144946
13	其他企业中高级管理人员	187108	121797	47381	131353
14	工程测量工程技术人员	91680	51150	35400	60000
15	电子材料工程技术人员	59040	46040	34956	47102
16	计算机网络工程技术人员	74952	43800	36360	51624
17	信息系统运行维护工程技术人员	85217	71405	54410	60512
18	电工电器工程技术人员	87687	54200	31960	54645
19	电力工程安装工程技术人员	90165	77851	57065	76648
20	道路交通工程技术人员	111290	83503	75522	89736
21	城乡规划工程技术人员	168687	89798	73353	97279
22	建筑和市政设计工程技术人员	124823	67306	35988	79705
23	土木建筑工程技术人员	140319	60456	36146	77348
24	供水排水工程技术人员	147598	51600	34860	78827
25	城镇燃气供热工程技术人员	168303	124781	104139	128383
26	道路与桥梁工程技术人员	135000	71815	37383	84508
27	港口与航道工程技术人员	137600	72326	59456	91714

续 表

序号	职位名称	高位数	中位数	低位数	平均数
28	非金属矿及制品工程技术人员	123244	81879	34042	74098
29	消防工程技术人员	111224	65500	42800	72792
30	安全生产管理工程技术人员	87600	33320	31720	57406
31	计量工程技术人员	105470	61500	53450	77190
32	质量管理工程技术人员	93131	78181	51634	74231
33	工业工程技术人员	156064	96585	55358	102562
34	项目管理工程技术人员	123324	94459	56384	98238
35	工程造价工程技术人员	158430	102379	50362	123155
36	工业设计工程技术人员	176387	104336	73514	109458
37	经济规划专业人员	177719	114277	80454	121867
38	统计专业人员	139261	64583	49920	72945
39	会计专业人员	101432	64087	41687	67913
40	人力资源管理专业人员	122854	74935	57152	80896
41	其他经济和金融专业人员	137162	53340	49000	78733
42	图书资料专业人员	80363	59856	49049	60432
43	其他专业技术人员	125962	50346	35400	72626
44	行政办事员	108445	68119	36054	62755
45	机要员	58100	49750	42000	48950
46	秘书	111980	55813	28956	64319
47	后勤管理员	80148	40000	33170	50053
48	保卫管理员	65000	34300	31100	42149
49	其他安全和消防人员	56676	47651	38409	47949
50	其他办事人员和有关人员	99017	53279	35610	61295
51	道路客运汽车驾驶员	80265	63896	44252	61263
52	仓储管理员	65324	48502	32527	50496
53	信息通信业务员	58828	57474	55866	57368
54	计算机程序设计员	120000	114000	80000	115000
55	其他社会生产和生活服务人员	75899	45303	36013	52656
56	加气混凝土制品工	56840	49496	45952	51531
57	车工	92547	62293	47514	64019
58	磨工	59187	54727	45773	54008
59	铆工	66774	50983	46512	54025
60	焊工	92895	67601	47440	69906

续　表

序号	职位名称	高位数	中位数	低位数	平均数
61	建筑五金制品制作工	52200	44000	41440	46265
62	装配钳工	97315	68617	47837	71895
63	其他电力、热力、气体、水生产和输配人员	74751	66837	56781	66880
64	砌筑工	64800	58310	45509	59952
65	石工	52000	50000	48000	50541
66	混凝土工	70785	67752	47653	67336
67	钢筋工	53561	48314	40000	46552
68	架子工	55580	35000	30000	40982
69	管道工	48940	42940	39308	41427
70	建筑安装施工人员	95000	91500	87700	91200
71	机械设备安装工	108811	73840	46191	72857
72	电气设备安装工	97925	67494	55707	68825
73	管工	85426	51544	44678	57121
74	锅炉设备安装工	102614	80696	64649	82236
75	发电设备安装工	118190	109029	100946	109478
76	电力电气设备安装工	117384	92364	83683	98377
77	装饰装修工	51900	48000	27554	48017
78	其他建筑施工人员	41000	40000	38000	39869
79	专用车辆驾驶员	80824	60000	45600	61887
80	起重工	100413	76659	46767	74901
81	其他运输设备和通用工程机械操作人员及有关人员	70000	52823	38130	51658
82	机修钳工	77782	65163	33209	54546
83	电工	85480	67627	49861	68679
84	仪器仪表维修工	94755	74161	51355	75126
85	锅炉设备检修工	107109	80731	50984	80679
86	汽机和水轮机检修工	92730	78016	64182	78386
87	工程机械维修工	66233	52459	42000	51532
88	检验试验人员	76000	66000	46000	65000
89	质检员	108090	65190	49465	71526
90	安全员	101748	92067	60000	86806
91	其他生产辅助人员	68764	45096	31480	49963
92	其他生产制造及有关人员	88630	52672	42468	61061

五、批发和零售业

单位：元/年(人民币)

序号	职位名称	高位数	中位数	低位数	平均数
1	企业董事	634599	151185	41691	278036
2	企业总经理	455414	188186	36451	221391
3	国有企业中国共产党组织负责人	575831	238550	78983	323212
4	生产经营部门经理	103139	78619	41474	90023
5	财务部门经理	386842	101000	50638	141124
6	行政部门经理	295340	84031	34856	133607
7	人事部门经理	173616	81577	47684	96038
8	销售和营销部门经理	199662	76611	46587	123327
9	广告和公关部门经理	284095	115436	58503	156813
10	采购部门经理	171039	80944	44348	94375
11	计算机服务部门经理	182763	108051	66532	135927
12	研究和开发部门经理	356090	172044	73304	185902
13	其他职能部门经理	184563	60576	40254	88888
14	其他企业中高级管理人员	109247	54144	39293	74291
15	机械制造工程技术人员	78768	63168	48768	65568
16	汽车工程技术人员	93593	57284	31600	61378
17	计算机硬件工程技术人员	131736	73099	47780	84998
18	计算机软件工程技术人员	106200	40368	36280	57285
19	计算机网络工程技术人员	148680	68872	44887	86200
20	信息系统运行维护工程技术人员	114797	96852	63227	94658
21	电工电器工程技术人员	59291	41253	34560	45176
22	光源与照明工程技术人员	152992	77541	49325	92568
23	电力工程安装工程技术人员	53560	42563	34271	44240
24	土木建筑工程技术人员	120979	87470	55092	107142
25	纺织工程技术人员	63305	50117	43531	51500
26	服装工程技术人员	70092	51123	48761	57693
27	安全生产管理工程技术人员	143546	81908	60381	88611
28	质量管理工程技术人员	69394	60581	50093	57961
29	质量认证认可工程技术人员	89904	53650	43650	65735
30	战略规划与管理工程技术人员	196000	152500	100690	131675
31	药师	74402	57986	45787	58850
32	经济规划专业人员	82033	51347	37348	56700
33	统计专业人员	110384	70479	36885	73477
34	会计专业人员	99307	53503	32167	67683
35	审计专业人员	195000	110233	48576	129507

续 表

序号	职位名称	高位数	中位数	低位数	平均数
36	税务专业人员	117478	85793	62068	94775
37	国际商务专业人员	158819	67184	43489	96768
38	市场营销专业人员	104361	80141	51650	80243
39	报关专业人员	163365	71301	47324	89741
40	人力资源管理专业人员	142691	73817	54164	87259
41	人力资源服务专业人员	92329	65062	48405	68599
42	证券发行专业人员	136296	99038	92038	111645
43	其他经济和金融专业人员	131620	53639	37317	80275
44	其他法律、社会和宗教专业人员	137824	81817	60291	94132
45	工艺美术专业人员	59646	58011	30482	52871
46	陈列展览设计人员	148499	63376	49906	82025
47	文字编辑	71039	52100	50371	59271
48	其他新闻出版、文化专业人员	81485	54650	37563	57899
49	行政办事员	118707	61200	36434	74652
50	机要员	142592	77049	38495	85231
51	秘书	115932	67605	34115	68376
52	收发员	83410	42819	31813	52681
53	后勤管理员	76800	47000	33282	51741
54	其他办事人员	94897	45992	37579	56493
55	保卫管理员	47323	41697	36596	40968
56	消防安全管理员	40261	32437	29956	37816
57	其他安全和消防人员	43955	33737	27364	35888
58	其他办事人员和有关人员	77755	52409	35275	57263
59	采购员	84497	53542	29380	58812
60	营销员	90316	36527	26976	48417
61	电子商务师	63550	37006	31117	47375
62	商品营业员	54129	37929	28331	46223
63	收银员	51528	34026	25720	42354
64	医药商品购销员	118413	82177	41740	86023
65	其他批发与零售服务人员	83185	33350	24472	47264
66	道路客运汽车驾驶员	47712	44238	33808	41339
67	道路货运汽车驾驶员	56135	39251	29586	41965
68	装卸搬运工	62342	43647	30294	45547
69	运输代理服务员	60240	36600	34200	43520
70	仓储管理员	52815	35576	28004	40324
71	理货员	53973	34432	28535	37017

续 表

序号	职位名称	高位数	中位数	低位数	平均数
72	其他交通运输、仓储和邮政业服务人员	66302	41137	28935	48679
73	中式烹调师	58088	48374	23799	43664
74	餐厅服务员	46647	36971	35602	39565
75	信息通信业务员	50173	45247	41790	45771
76	信息通信网络运行管理员	90266	52143	44657	58711
77	呼叫中心服务员	54894	37309	31536	41528
78	其他信息传输、软件和信息技术服务人员	32910	28698	27239	30025
79	保险代理人	94857	71915	52566	73697
80	其他金融服务人员	43140	42338	33930	39803
81	客户服务管理员	59820	50976	42567	50722
82	保安员	45400	35874	28512	39666
83	农产品食品检验员	77338	46784	38884	59736
84	计量员	121468	89755	59294	89201
85	工艺美术品设计师	93904	80081	71430	81928
86	装潢美术设计师	82710	60510	43803	63809
87	广告设计师	71284	54113	41873	54395
88	包装设计师	86520	68000	50150	67524
89	保洁员	36582	34744	32295	34591
90	汽车维修工	92145	70272	44230	72872
91	计算机维修工	83700	61459	49102	64754
92	其他修理及制作服务人员	60450	40312	34950	45218
93	其他社会生产和生活服务人员	127960	54862	30121	64164
94	服装制版师	227600	163000	81204	153024
95	裁剪工	111854	105840	74520	96755
96	缝纫工	40235	39102	31778	39169
97	其他纺织品、服装和皮革、毛皮制品加工制作人员	94514	85950	73120	85846
98	其他纸及纸制品生产加工人员	65000	63000	57000	60818
99	油品储运工	109189	84561	37118	80067
100	焊工	103074	82482	74855	86803
101	涂装工	91657	85807	78469	85153
102	喷涂喷焊工	88039	79956	57757	74651
103	装配钳工	85693	85411	45244	68792
104	广电和通信设备电子装接工	95479	90578	75072	86791
105	其他电力、热力、气体、水生产和输配人员	74830	64528	53833	64297
106	专用车辆驾驶员	96000	87500	58758	87263

续 表

序号	职位名称	高位数	中位数	低位数	平均数
107	其他运输设备和通用工程机械操作人员及有关人员	91932	84057	44383	76311
108	电工	58777	48529	40835	52098
109	工程机械维修工	46446	44683	42995	44672
110	质检员	101286	77440	30629	74064
111	其他生产辅助人员	75769	55489	27851	53344
112	其他生产制造及有关人员	73028	39000	38400	50962

六、交通运输、仓储和邮政业

单位：元/年(人民币)

序号	职位名称	高位数	中位数	低位数	平均数
1	总经理	749462	226225	83128	270886
2	副总经理	705339	189978	87200	286088
3	总经理助理	271299	170344	88484	198710
4	行政副总经理	280596	262698	196000	245269
5	办事处经理	294852	213788	101331	219597
6	总经办主任	178463	123875	76252	131195
7	总经办文员	152997	111599	48511	102764
8	工会干事	154884	96353	50162	105585
9	财务总监	366760	155613	58893	196573
10	财务经理	363129	154073	58310	194626
11	财务主管	186182	112093	55092	117683
12	财务专员	171708	89037	50388	108706
13	财务助理	129606	54010	41528	79281
14	会计主管	177341	144093	82193	133339
15	总账会计	170313	142666	75570	119673
16	会计	168627	94596	46805	104724
17	出纳	138656	82288	39901	103910
18	应收/应付主管	180689	115417	51012	107115
19	应收/应付专员	143065	87387	43498	92418
20	应收/应付助理	67363	40107	35389	48866
21	结算主管	161208	134588	70248	147133
22	结算专员	136661	89781	47098	93268
23	结算助理	134644	70838	40568	84811
24	成本会计	172047	133241	99006	135106
25	人力资源经理	353259	198672	66793	202640

续 表

序号	职位名称	高位数	中位数	低位数	平均数
26	人力资源主管	166686	135663	65491	140583
27	人力资源专员	126408	66204	33068	81161
28	人力资源助理	98875	56808	28895	75537
29	招聘主管	163602	143265	118107	141256
30	培训主管	169593	136466	81965	139462
31	培训专员	120963	107147	69607	98674
32	培训助理	70363	67522	63558	67121
33	薪酬福利主管	188114	133852	97665	146733
34	薪酬福利专员	160213	111457	96698	124038
35	薪酬福利助理	158627	110353	95741	122810
36	绩效管理主管	145748	136347	97760	125923
37	组织发展经理	213402	198042	176376	195414
38	组织发展主管	185495	159025	145802	163756
39	企业文化主管	151222	138000	114726	133812
40	行政经理	243733	139410	79017	169835
41	行政主管	205237	125108	61548	130527
42	行政专员	175583	91388	49149	114926
43	行政助理/文员	120003	59172	31435	69821
44	秘书	125172	76647	41290	76585
45	前台	64493	51285	40881	52453
46	车辆主管	169142	108271	83247	112497
47	车队队长	153318	98940	82423	111634
48	车队班组长	124848	74003	62341	82820
49	小车司机	96992	67577	43107	77526
50	班车司机	93600	65662	52439	69485
51	车辆维修员	143628	77184	39961	84629
52	保洁员	78217	59306	25640	68710
53	保安队长	72225	54238	32303	52828
54	保安班组长	78653	43579	41611	57558
55	保安	88871	52284	33250	68724
56	业务发展总监	270293	213883	193497	237387
57	业务发展经理	267616	211765	98361	235037
58	业务发展主管	180932	144392	93444	137222
59	业务发展专员	154536	142383	92519	128850
60	业务发展助理	153006	140973	91603	127574
61	运营管理经理	240616	203676	103528	188209

续 表

序号	职位名称	高位数	中位数	低位数	平均数
62	运营管理主管	172162	146220	102503	145827
63	运营管理专员	140332	122380	101488	116711
64	运营管理助理	138509	114177	100483	115555
65	内控主管	165600	164000	140000	154667
66	内控专员	143600	107000	72600	107333
67	市场经理	220704	178391	79790	182056
68	市场主管	187702	134721	70121	115790
69	高级市场专员	147171	77863	48910	93518
70	市场专员	145714	77092	48425	92593
71	市场助理	108191	64289	47946	73369
72	市场策划专员	135545	77621	45981	80519
73	销售经理	280930	180147	83580	180576
74	销售主管	203001	129197	76040	146176
75	销售代表	111716	65377	54566	73827
76	销售助理	91730	63606	26682	70057
77	销售管理经理	258074	176444	117093	174379
78	销售管理主管	194146	134564	115933	134054
79	销售管理专员	148690	125549	114785	126665
80	销售管理助理	138057	124306	113649	125411
81	安全/环境/健康经理	368727	256738	146129	254923
82	安全/环境/健康主管	176191	170280	144682	163032
83	公司医生	117712	41334	40477	68306
84	安全经理	221990	156088	65128	166761
85	安全主管	152928	135861	64483	104942
86	安全工程师	151414	100936	50062	102625
87	质量经理	185466	144019	86996	142550
88	质量主管	183630	142593	79554	141139
89	质量专员	150868	112288	67903	114062
90	质量助理	142728	111176	67231	112933
91	质量工程师	141315	110075	66565	111815
92	质量技术员	126721	104656	58489	109626
93	物流总监	264776	213796	147354	209961
94	高级物流经理	225880	170799	84151	180400
95	物流经理	221743	159132	71919	166555
96	物流主管	191314	139948	65000	130573

续 表

序号	职位名称	高位数	中位数	低位数	平均数
97	物流专员	93963	60352	39886	60572
98	物流助理	79173	49424	39491	51554
99	单证主管	186460	139780	68866	143045
100	单证助理	127942	76588	53568	79515
101	输单员	71536	61396	53038	64099
102	跑单员	59134	39000	33939	40378
103	报关经理	287479	116000	93736	157633
104	报关主管	284633	99828	81672	156072
105	高级报关专员	135857	72007	52615	72247
106	报关专员	134512	71294	41040	71532
107	报检员	131174	73543	42509	72017
108	查验专员	128673	78582	49832	84418
109	口岸运作主管	215634	146644	134973	162175
110	口岸运作专员	130908	94900	53069	99896
111	联运经理	811095	779200	604135	719546
112	订单员	97016	95915	95318	96095
113	运价主管	171677	149408	78617	157806
114	运价专员	135468	99758	56562	97966
115	质量统计专员	134949	87447	45120	89295
116	运输经理	225583	172330	117375	171722
117	运输专员	158360	114558	98106	118272
118	货车司机	115702	77615	54856	76582
119	配送专员	54800	42603	35429	44499
120	采购主管	280192	166869	78988	171589
121	采购员	277418	165217	74663	169890
122	采购助理	274671	163581	73924	168208
123	仓储经理	271952	161961	73192	166542
124	仓储主管	141725	140427	72467	137894
125	仓储专员	130986	88446	62469	88866
126	仓储助理	130368	81135	61850	88215
127	仓库班组长	87585	80332	61238	76665
128	叉车驾驶员	146754	118903	48534	108995
129	起重机操作员	144307	87567	61389	96641
130	发货员	68584	59034	47573	58125
131	复核员	91251	89638	73661	92139
132	仓库保管员	123596	88918	53522	82398

续 表

序号	职位名称	高位数	中位数	低位数	平均数
133	物料理货员	119422	87247	56243	84792
134	装卸工	149725	118552	48070	110633
135	送料工	59800	59400	42096	56103
136	验货员	132310	94454	28325	99171
137	收货员	365143	240122	92934	244493
138	海运操作经理	361528	237745	92014	242072
139	海运操作主管	197338	130916	63913	128841
140	海运进口操作专员	142037	92676	45994	96862
141	海运出口操作专员	140631	84542	45477	83629
142	海运操作专员	139238	83705	45027	82801
143	海运出口操作助理	47699	46856	42933	46589
144	海运客服经理	268878	174491	80748	192454
145	海运客服主管	162487	138961	79948	130732
146	海运现场主管	161290	137585	79157	129438
147	海运客服专员	120621	72020	39153	81149
148	海运现场协调员	119427	71307	38065	80345
149	海运客服助理	49176	45000	37688	48877
150	高级空运经理	318526	310247	301488	310075
151	空运客服专员	85320	74200	61080	73367
152	大车司机	129241	63625	46081	69933
153	车辆管理经理	281490	182341	86724	174081
154	车辆管理主管	159800	131777	62714	117538
155	车辆管理员	92723	68707	48184	70560
156	车辆维修经理	177689	144292	68471	145136
157	车辆维修主管	175930	142863	67793	143699
158	车辆维修技术员	129203	102182	48707	107210
159	车证管理员	43220	37200	37200	39350
160	车证统计员	41320	40200	37810	39671
161	船长	433948	199069	105417	227726
162	轮机长	289960	188682	104374	193748
163	大副	241875	182593	103340	177048
164	二副	238322	168085	102317	176132
165	大管轮	235962	166421	101304	174388
166	二管轮	213634	144801	100301	144687
167	三管轮	202360	143367	99308	143254

续 表

序号	职位名称	高位数	中位数	低位数	平均数
168	船舶水手长	155505	141948	98325	141836
169	船舶水手	128805	108949	65233	109049
170	机工	142524	132569	98780	126474
171	安监经理	286576	186017	87050	167671
172	安监主管	191098	135568	84950	135590
173	海务经理	166298	133922	74386	124222
174	机务经理	174467	146432	83990	132096
175	机务主管	161177	142875	81958	131071
176	机务员	159778	141460	81147	124837
177	船员管理经理	290098	209421	135313	195160
178	船员管理主管	197172	162080	133973	160773
179	船员管理专员	195220	147801	132647	159181
180	船舶调度主管	165044	160891	82996	156295
181	船舶调度专员	152840	106654	47615	110131
182	物资供应主管	211403	135506	127467	132170
183	物资管理员	142252	134164	126205	130862
184	船舶修理专员	140844	132836	124955	129566
185	查验主管	186219	129056	73163	118814
186	单证经理	289718	154853	93646	146748
187	海运进口操作助理	94238	47188	40014	63803
188	口岸运作经理	267684	117654	102077	165673
189	理货班组长	109139	56405	44752	70793
190	联运主管	159983	91574	58715	106386
191	包装工	46207	44412	42173	44574

七、住宿和餐饮业

单位：元/年(人民币)

序号	职位名称	高位数	中位数	低位数	平均数
1	企业董事	240000	172000	88000	178143
2	企业总经理	240664	129135	58531	162498
3	生产经营部门经理	183660	65138	49762	93324
4	财务部门经理	219829	116649	65006	119078
5	行政部门经理	137473	96000	30061	101030
6	人事部门经理	204196	76997	54037	108389
7	销售和营销部门经理	189860	81717	35498	105914

续 表

序号	职位名称	高位数	中位数	低位数	平均数
8	广告和公关部门经理	106800	90000	76645	88909
9	采购部门经理	154800	62769	31359	82530
10	计算机服务部门经理	147471	95724	67655	97141
11	餐厅部门经理	169866	92880	33739	103375
12	客房部门经理	127213	80808	33499	80024
13	其他职能部门经理	208930	79929	45384	97673
14	其他企业中高级管理人员	169122	59260	42360	76165
15	机械设计工程技术人员	121200	85172	67721	91807
16	机械制造工程技术人员	49300	30950	27600	34494
17	设备工程技术人员	48400	36200	34000	37200
18	计算机网络工程技术人员	69180	48000	36006	50036
19	电工电器工程技术人员	69600	62400	46560	60000
20	电力工程安装工程技术人员	39600	36000	31440	36429
21	非金属矿及制品工程技术人员	38600	33600	31600	32600
22	消防工程技术人员	43760	35050	28600	38758
23	统计专业人员	43721	32941	30108	37580
24	会计专业人员	58580	40614	32424	43192
25	审计专业人员	43925	33132	31276	36440
26	人力资源管理专业人员	67600	50181	45000	55364
27	人力资源服务专业人员	46320	37800	32040	38850
28	其他经济和金融专业人员	45600	36000	28800	35400
29	其他专业技术人员	67200	48423	30150	50612
30	行政办事员	79010	43130	30965	48372
31	秘书	72061	40552	30144	50042
32	收发员	41880	36600	35160	38200
33	后勤管理员	48580	36800	26040	38494
34	保卫管理员	44868	34025	24645	33164
35	消防安全管理员	37304	33500	30183	33674
36	其他安全和消防人员	57074	32037	26400	37338
37	其他办事人员和有关人员	55135	37636	25679	39339
38	采购员	54183	42450	33501	44009
39	营销员	85289	52687	32357	58951
40	收银员	44439	35027	34115	38587
41	其他批发与零售服务人员	85851	46171	30599	53905

续 表

序号	职位名称	高位数	中位数	低位数	平均数
42	道路客运汽车驾驶员	51469	36000	35084	41641
43	仓储管理员	41786	34164	27320	35352
44	前厅服务员	52339	35640	27390	38484
45	客房服务员	46255	32267	24000	34152
46	旅店服务员	76083	38483	31983	47204
47	中式烹调师	67586	43200	31386	47836
48	中式面点师	72656	46511	31471	51469
49	西式烹调师	65507	41600	31200	44746
50	西式面点师	69752	49935	30000	56025
51	餐厅服务员	46734	37616	25706	38658
52	营养配餐员	45400	35400	24590	32500
53	其他住宿和餐饮服务人员	48000	31223	23620	34096
54	信息通信网络运行管理员	63001	43174	38305	49407
55	其他信息传输、软件和信息技术服务人员	40200	33000	30000	34500
56	其他金融服务人员	36480	29520	24960	30373
57	保安员	46306	36480	24782	37059
58	消防设施操作员	47319	45087	35394	42978
59	洗衣师	49330	39842	34369	41180
60	计算机维修工	42420	37800	34560	37649
61	办公设备维修工	52796	41400	32910	43324
62	家用电器产品维修工	71844	34451	29434	41800
63	其他修理及制作服务人员	49942	40320	30684	39417
64	游泳救生员	41049	31200	28800	35847
65	康乐服务员	48104	30610	22749	33234
66	其他文化、体育和娱乐服务人员	54000	28472	23320	33775
67	其他社会生产和生活服务人员	46400	30120	24000	34393
68	锅炉运行值班员	47890	40104	29812	40356
69	管道工	54583	46413	39339	46804
70	管工	44312	40840	40062	41784
71	电工	47206	40385	33364	41639
72	工程机械维修工	43193	31221	29751	35307

八、信息传输、软件和信息技术服务业

单位：元/年(人民币)

序号	职位名称	高位数	中位数	低位数	平均数
1	企业董事	277734	189428	81183	174723
2	企业总经理	272551	195920	64706	192792
3	生产经营部门经理	262631	188303	67487	179025
4	财务部门经理	263583	138573	56621	129565
5	行政部门经理	243226	113341	55771	104910
6	人事部门经理	253861	114070	59399	179955
7	销售和营销部门经理	219442	130052	58197	127079
8	计算机服务部门经理	237404	193819	60826	177855
9	研究和开发部门经理	245037	189082	74737	181931
10	其他职能部门经理	251967	144307	59362	139083
11	其他企业中高级管理人员	200691	135720	56237	128260
12	仪器仪表工程技术人员	143600	97947	78969	103916
13	通信工程技术人员	151815	96275	36648	96944
14	计算机硬件工程技术人员	136146	77380	47209	87227
15	计算机软件工程技术人员	102334	60815	43623	73490
16	计算机网络工程技术人员	60137	40014	32151	44829
17	信息系统分析工程技术人员	248987	134863	90020	157511
18	信息系统运行维护工程技术人员	207002	130345	78017	140269
19	统计专业人员	147431	110520	92116	118231
20	会计专业人员	111591	60269	41638	66888
21	审计专业人员	166542	139161	121997	142983
22	资产评估人员	205482	154945	115127	164985
23	市场营销专业人员	170108	122094	84228	126758
24	人力资源管理专业人员	186355	145712	100142	143063
25	其他法律、社会和宗教专业人员	184714	84737	70824	120597
26	文字记者	115497	71737	39456	73650
27	摄影记者	115967	70953	67398	88228
28	文字编辑	119880	105357	91987	107995
29	美术编辑	108044	79062	66481	81820
30	网络编辑	69227	65873	62477	65637
31	校对员	85054	64201	61379	70211
32	其他专业技术人员	83860	36750	25054	46446
33	行政办事员	54776	40488	31362	42025
34	秘书	103107	90372	84135	91844
35	制图员	61467	41191	22884	43754

续 表

序号	职位名称	高位数	中位数	低位数	平均数
36	后勤管理员	102035	74908	45903	74877
37	其他安全和消防人员	128452	90353	84519	91555
38	其他办事人员和有关人员	50533	50238	36736	50260
39	其他批发与零售服务人员	66413	43578	25173	44392
40	信息通信营业员	108188	73540	42014	76180
41	信息通信业务员	49361	36422	26467	37108
42	信息通信网络机务员	134821	100693	77676	103239
43	信息通信网络运行管理员	127123	101065	79584	103079
44	信息通信信息化系统管理员	130653	114576	94645	114025
45	呼叫中心服务员	64773	53748	48105	55125
46	其他信息传输、软件和信息技术服务人员	175750	115661	76649	123446
47	其他社会生产和生活服务人员	96007	63740	48599	71691
48	专用车辆驾驶员	60028	52100	48996	53172

九、金融业

单位：元/年（人民币）

序号	职位名称	高位数	中位数	低位数	平均数
1	企业董事	834565	547407	448750	618732
2	企业总经理	1539754	602122	310203	773301
3	国有企业中国共产党组织负责人	968543	647560	496422	709996
4	生产经营部门经理	924462	581702	331716	650351
5	财务部门经理	724568	311701	211668	379833
6	行政部门经理	799080	278356	56528	384378
7	人事部门经理	719095	311139	164564	400772
8	销售和营销部门经理	467067	330205	185561	341089
9	广告和公关部门经理	538145	346760	269422	385046
10	计算机服务部门经理	793152	281599	163250	378401
11	研究和开发部门经理	600935	325910	184879	313471
12	其他职能部门经理	1011626	531894	109350	577903
13	其他企业中高级管理人员	703806	375735	143787	384356
14	计算机硬件工程技术人员	238574	142292	134017	175518
15	计算机软件工程技术人员	192655	133019	125277	154641
16	信息系统运行维护工程技术人员	154520	126045	91542	127477
17	经济规划专业人员	247078	137772	94204	162672
18	统计专业人员	166140	92931	63360	108846

续 表

序号	职位名称	高位数	中位数	低位数	平均数
19	会计专业人员	183915	94991	78370	128839
20	审计专业人员	420209	136999	101345	203900
21	税务专业人员	180472	87607	81600	113624
22	市场营销专业人员	329055	142209	64573	173862
23	商务策划专业人员	130853	111794	88553	110052
24	品牌专业人员	151732	89030	83165	112712
25	人力资源管理专业人员	262391	128961	81600	150020
26	人力资源服务专业人员	182235	134762	81776	131623
27	银行外汇市场业务专业人员	395279	182730	87345	207405
28	银行清算专业人员	432910	171321	75473	226509
29	信贷审核专业人员	348536	143530	82000	195211
30	银行国外业务专业人员	409387	186525	82710	223846
31	保险核保专业人员	160022	111427	71125	113703
32	保险理赔专业人员	125976	84099	56775	89916
33	保险资金运用专业人员	137550	90904	75898	100879
34	证券交易专业人员	131570	120410	89032	111986
35	其他经济和金融专业人员	259360	134858	73681	157521
36	法律顾问	160840	116331	60622	119209
37	其他法律、社会和宗教专业人员	237116	138114	99510	130492
38	其他专业技术人员	627617	160493	87125	284709
39	行政办事员	417797	164550	61979	202992
40	机要员	327027	180475	151909	229041
41	秘书	124037	79691	62400	88734
42	收发员	136795	65339	45383	81477
43	打字员	102677	64284	49616	72414
44	后勤管理员	291160	111747	59917	133530
45	其他办事人员	501029	99692	89870	188353
46	保卫管理员	102788	91784	87318	101017
47	其他安全和消防人员	139296	132844	88715	119832
48	其他办事人员和有关人员	360159	127258	66878	160518
49	道路客运汽车驾驶员	72506	66994	66054	68627
50	信息通信网络运行管理员	140896	71561	66879	87111
51	计算机程序设计员	186651	149907	124885	152697
52	呼叫中心服务员	75522	58598	47225	60663
53	银行综合柜员	361231	173066	53904	210454
54	银行信贷员	412046	174565	69493	217039

续　表

序号	职位名称	高位数	中位数	低位数	平均数
55	银行客户业务员	281746	118145	68888	153199
56	银行信用卡业务员	380599	167255	81366	213172
57	证券交易员	239036	93000	53850	130485
58	保险代理人	218787	129333	89681	148169
59	保险保全员	80199	66360	59020	67654
60	信托业务员	392960	195363	87354	227793
61	其他金融服务人员	417433	168855	82011	215696
62	专用车辆驾驶员	93913	84402	77999	85131

十、房地产业

单位：元/年（人民币）

序号	职位名称	高位数	中位数	低位数	平均数
1	企业董事	840128	420000	225553	477900
2	企业总经理	881175	797994	90426	682005
3	生产经营部门经理	323500	142080	59680	97771
4	财务部门经理	341752	172846	63050	145026
5	行政部门经理	384452	216654	86176	236631
6	人事部门经理	356421	232943	94109	258207
7	销售和营销部门经理	239355	170000	130000	185592
8	研究和开发部门经理	314588	138153	92305	184791
9	其他职能部门经理	494254	287549	52303	264719
10	其他企业中高级管理人员	194155	77913	38426	106360
11	工程测量工程技术人员	51696	43680	36168	44331
12	电力工程安装工程技术人员	55395	40629	33103	43872
13	土木建筑工程技术人员	187950	114167	65989	117360
14	安全生产管理工程技术人员	208711	159540	92011	142427
15	经济规划专业人员	181748	107589	87079	105540
16	统计专业人员	131800	107800	91800	111133
17	会计专业人员	190224	89600	48506	82769
18	其他专业技术人员	248701	117550	82498	153588
19	行政办事员	150153	54966	40117	73653
20	后勤管理员	99914	54847	38930	65456
21	其他办事人员和有关人员	117655	78532	39600	81706
22	中式烹调师	51600	47000	40800	49209
23	中式面点师	61600	39600	34800	45780

续 表

序号	职位名称	高位数	中位数	低位数	平均数
24	西式烹调师	75600	61200	49200	60626
25	餐厅服务员	33099	30021	28222	30487
26	物业管理员	63077	38819	32978	41851
27	停车管理员	30307	27620	25620	27137
28	保安员	45977	37760	26162	38659
29	保洁员	31567	29984	23698	29203
30	生活垃圾处理工	31984	29950	27894	29560
31	园林绿化工	42638	29980	28370	33663
32	其他修理及制作服务人员	53479	46403	41025	47034
33	其他文化、体育和娱乐服务人员	39600	37800	35280	38467
34	其他社会生产和生活服务人员	39800	27600	26600	32584
35	专用车辆驾驶员	45642	42734	41363	43375
36	电工	44326	34800	32800	35413

十一、租赁和商务服务业

单位：元/年（人民币）

序号	职位名称	高位数	中位数	低位数	平均数
1	企业董事	218206	89107	71070	149287
2	企业总经理	205252	97474	38528	137337
3	生产经营部门经理	95225	86534	59256	74427
4	财务部门经理	102170	74227	57387	81149
5	行政部门经理	124870	72374	43920	79804
6	人事部门经理	154178	88800	69734	111376
7	销售和营销部门经理	89591	62299	50521	64657
8	广告和公关部门经理	99752	60000	52056	71198
9	其他职能部门经理	110083	73036	45485	81890
10	其他企业中高级管理人员	90508	45916	36150	49387
11	通信工程技术人员	91562	56688	41548	64361
12	电力工程安装工程技术人员	65712	63600	62500	64773
13	城乡规划工程技术人员	56374	47285	34800	50169
14	消防工程技术人员	45360	41500	39600	43400
15	工程造价工程技术人员	186160	96604	41020	116853
16	经济规划专业人员	89823	79749	58624	77702
17	会计专业人员	65414	55713	33232	53350
18	审计专业人员	98940	68400	41600	83859

续 表

序号	职位名称	高位数	中位数	低位数	平均数
19	房地产估价专业人员	152813	95973	58250	99012
20	市场营销专业人员	151946	69914	51742	92374
21	人力资源管理专业人员	106501	70400	63524	80837
22	人力资源服务专业人员	69080	54900	33420	53225
23	行政办事员	73321	38639	27833	50578
24	机要员	70000	60000	42000	55091
25	秘书	109611	47334	40953	60814
26	收发员	69800	54000	45076	58170
27	后勤管理员	65761	37425	27262	43150
28	其他办事人员	70778	44898	23819	52703
29	保卫管理员	50966	40900	30932	43819
30	消防员	51240	48400	44400	49820
31	其他安全和消防人员	55964	35269	28385	39560
32	其他办事人员和有关人员	74396	47184	29974	56066
33	商品营业员	45223	32814	25553	35055
34	收银员	43335	36293	26008	38363
35	道路客运汽车驾驶员	76098	62051	42332	61337
36	前厅服务员	40056	28500	23280	29325
37	中式烹调师	41427	40294	31146	37435
38	餐厅服务员	39396	29310	27393	31035
39	物业管理员	88854	41095	40742	53631
40	租赁业务员	62714	54834	40168	52271
41	客户服务管理员	96897	52184	46970	63326
42	职业指导员	63000	53000	49000	55500
43	劳动关系协调员	54989	39948	24000	39521
44	导游	61772	43736	29537	41638
45	旅游团队领队	59369	40618	31655	40734
46	旅行社计调	103448	59210	43592	65773
47	旅游咨询员	79347	51810	39906	55929
48	公共游览场所服务员	60180	49583	44380	49647
49	保安员	33090	30916	26400	29957
50	安检员	76006	59514	49514	62412
51	智能楼宇管理员	105000	87000	47998	82758
52	消防设施操作员	95000	85000	66600	89000
53	安全防范系统安装维护员	96264	95256	81896	94776

续 表

序号	职位名称	高位数	中位数	低位数	平均数
54	市场管理员	86194	79228	48970	71124
55	其他租赁和商务服务人员	49500	37990	30800	44316
56	其他技术辅助服务人员	78720	70320	45075	64304
57	保洁员	29226	27241	25454	27706
58	生活垃圾处理工	35685	32685	26485	33685
59	其他社会生产和生活服务人员	70866	69840	60864	66285
60	其他食品、饮料生产加工人员	33953	27000	24500	25670
61	专用车辆驾驶员	48673	46513	46013	47033
62	电工	58340	48663	42609	50172
63	其他生产辅助人员	62264	47320	34163	46839
64	其他生产制造及有关人员	39570	31500	28800	33021

十二、居民服务、修理和其他服务业

单位：元/年（人民币）

序号	职位名称	高位数	中位数	低位数	平均数
1	企业董事	634292	114000	56400	237638
2	企业总经理	611837	149915	72195	231665
3	生产经营部门经理	189750	93650	47520	105374
4	财务部门经理	225154	108748	61512	125299
5	行政部门经理	143700	82520	60196	101066
6	人事部门经理	189410	92263	52265	108069
7	销售和营销部门经理	275000	140322	79892	164760
8	其他职能部门经理	184842	73660	50260	96474
9	其他企业中高级管理人员	165600	88610	52775	106216
10	计算机硬件工程技术人员	125854	64523	60744	93707
11	计算机软件工程技术人员	126802	78473	76584	94345
12	信息系统运行维护工程技术人员	128876	69783	51000	84179
13	电力工程安装工程技术人员	120937	61475	45011	52520
14	土木建筑工程技术人员	102879	47511	35166	49181
15	安全防范设计评估工程技术人员	119133	92011	90384	107595
16	安全生产管理工程技术人员	71898	60242	57363	63350
17	监理工程技术人员	106623	59580	50560	70219
18	其他卫生专业技术人员	65160	61500	60360	62400
19	会计专业人员	74419	46651	28258	52839
20	人力资源管理专业人员	74900	57120	53788	63677

续　表

序号	职位名称	高位数	中位数	低位数	平均数
21	人力资源服务专业人员	86495	64560	43761	72423
22	银行清算专业人员	121656	84656	49456	79477
23	信贷审核专业人员	101607	85546	48560	85870
24	精算专业人员	70860	60213	54365	63513
25	保险核保专业人员	68658	61656	50156	58832
26	保险理赔专业人员	64800	63254	51645	61713
27	其他经济和金融专业人员	217066	150835	69166	153646
28	工艺美术专业人员	71546	68074	46821	64377
29	行政办事员	91281	59456	38108	68216
30	秘书	53733	46000	32760	44170
31	公关员	53720	41530	31520	42205
32	后勤管理员	91184	47399	34008	57696
33	保卫管理员	39901	30473	25920	32058
34	其他安全和消防人员	44240	40988	32520	43039
35	其他办事人员和有关人员	74214	39220	35420	49085
36	营销员	176960	83460	52491	118063
37	商品营业员	76788	72588	62388	70488
38	收银员	57309	54427	52386	54843
39	其他批发与零售服务人员	80618	64383	60674	68856
40	轨道列车司机	80170	76785	75431	77410
41	轨道交通调度员	85916	77797	68366	77696
42	道路货运业务员	69900	62489	57444	63601
43	公路收费及监控员	79853	71155	61875	71464
44	装卸搬运工	50668	48157	41056	47905
45	仓储管理员	52341	48720	40570	48442
46	理货员	70888	62178	45524	59650
47	中式烹调师	60020	51800	48037	54207
48	中式面点师	53240	48450	38960	44671
49	餐厅服务员	39628	36900	30330	35416
50	呼叫中心服务员	64754	56278	50060	57219
51	保险代理人	123013	99191	79728	97402
52	其他金融服务人员	85788	79788	56308	74270
53	物业管理员	64720	39282	28220	43549
54	停车管理员	48736	44736	30160	42031
55	其他房地产服务人员	40420	39000	34620	37820
56	租赁业务员	78200	63441	61816	68462

续 表

序号	职位名称	高位数	中位数	低位数	平均数
57	客户服务管理员	75000	59838	57471	61515
58	劳动关系协调员	83000	75600	65200	72560
59	保安员	59528	44736	26742	43217
60	消防设施操作员	42300	32556	32415	36557
61	安全防范系统安装维护员	44756	39736	34865	42560
62	市场管理员	75000	65300	55800	65420
63	其他租赁和商务服务人员	76548	64514	60560	75476
64	纤维检验员	82409	66710	60678	70163
65	保洁员	42000	31980	26080	34392
66	生活垃圾清运工	61979	57018	52009	57061
67	园林绿化工	41724	32588	26782	33348
68	养老护理员	60013	48580	24000	46090
69	其他居民服务人员	60000	35481	25482	34469
70	汽车维修工	50458	44735	42448	46498
71	其他健康服务人员	34080	30650	29538	31456
72	其他社会生产和生活服务人员	59600	43000	26000	43047
73	织布工	88043	79487	58535	75071
74	纺织染色工	67746	47692	37813	50297
75	工艺染织品制作工	77826	64883	47158	63329
76	稀土材料生产工	57460	52560	42960	50665
77	专用车辆驾驶员	71359	65614	60204	65726
78	船舶甲板设备操作工	159637	92358	71053	96396
79	船舶机舱设备操作工	143954	92229	43821	92391
80	起重装卸机械操作工	90908	74918	41419	69789
81	机修钳工	75955	62237	48257	61378
82	电工	70471	51438	44594	54098
83	质检员	76199	50592	42993	56219
84	包装工	57460	42680	37680	42150
85	安全员	70163	68291	46800	62504
86	其他生产辅助人员	86769	58418	43502	63965
87	其他生产制造及有关人员	53286	48444	42230	47987

宁波市不同管理岗位、职称、技术等级、不同登记注册类型和不同学历工资指导价位

一、管理岗位、专业技术等级、职业技能等级工资指导价位

单位：元/年（人民币）

管理岗位/专业技术等级/职业技能等级	高位数	中位数	低位数	平均数
高级管理岗	489894	129465	50203	202248
一级部门管理岗	272114	107422	45225	137253
二级部门管理岗	199234	101610	30224	124926
其他管理岗	96180	60851	28695	61258
高级职称	332672	160974	48752	194336
中级职称	285543	126369	46735	148174
初级职称	160542	95603	37026	93801
没有取得专业技术职称	156754	89141	33846	80055
高级技师	242116	156819	51679	152498
技师	183289	148991	49160	112042
高级技能	169731	108138	43042	103514
中级技能	126957	71851	39164	81760
初级技能	83479	51720	32000	54843
没有取得资格证书	80794	51276	29300	53117

二、分登记注册类型工资指导价位

单位：元/年（人民币）

企业登记注册类型	高位数	中位数	低位数	平均数
国有企业	166854	81943	30382	91005
集体企业	82906	61266	26764	56616
股份合作企业	115941	63952	36836	68797
有限责任公司	110897	62500	31329	65773
股份有限公司	197939	80027	34792	91688
私营企业	75904	51310	27928	52648
其他内资企业	110165	72892	26202	78992
港、澳、台商投资企业	89615	58865	46934	59143
外商投资企业	96306	65502	33987	69518

三、分学历工资指导价位

单位：元/年（人民币）

学　历	高位数	中位数	低位数	平均数
研究生（含博士、硕士）	504976	138700	51519	232906
大学本科	287208	94658	42384	134728
大学专科	146792	74467	39026	84153
高中、中专或技校	105851	59638	35499	64591
初中及以下	96842	48605	29408	52000

温州市人力资源市场工资指导价位

温州市分工种工资指导价位

单位：元/人、年

序号	工　种	高位数	中位数	低位数	平均数
1	企业董事	297515	98000	48982	127148
2	党委书记	310166	103993	49461	141346
3	企业经理	329597	101622	49209	140111
4	工会主席	233185	84219	42174	108491
5	其他职能部门经理或主管	219140	85214	41889	103924
6	生产经营部门经理	213568	85460	40173	102064
7	财务部门经理	185459	78000	37077	84416
8	行政部门经理	180534	76800	36700	82957
9	人事部门经理	181966	77850	37207	85991
10	销售和营销部门经理	196272	80041	33223	91924
11	广告和公关部门经理	105881	70813	32950	67892
12	采购部门经理	110723	61000	36048	70746
13	研究和开发部门经理	156846	82968	41341	97390
14	办公室主任	152794	75000	40671	89038
15	物资管理部门经理	150020	75694	38928	82778
16	计算机服务部门经理	213488	87985	55783	103548
17	建筑工程项目经理	150717	78380	37988	83424
18	进出口业务部经理	182973	76890	38570	93894
19	保安部经理	118168	60524	35294	64145
20	船长	209826	142810	84796	136820
21	大副	158904	106903	49366	81058
22	二副	129488	100572	45358	79412
23	大管轮	141039	124486	43828	80141
24	二管轮	127227	88835	41398	78040
25	水手长	88303	72064	38540	63065
26	地质勘探工程技术人员	131336	71040	45014	76310
27	测绘工程技术人员	120340	56357	36217	60738
28	矿山工程技术人员	81171	50000	41620	64911

续 表

序号	工 种	高位数	中位数	低位数	平均数
29	冶金工程技术人员	68764	46800	36109	44933
30	化工工程技术人员	91078	50850	36355	65588
31	医药工程技术人员	84629	48696	36886	53455
32	机械工程技术人员	94223	57249	39649	60559
33	机械设计工程技术人员	97388	55600	37838	60292
34	机械制造工程技术人员	74869	48500	37585	52805
35	仪器仪表工程技术人员	74000	51000	37550	51910
36	设备工程技术人员	94515	52000	35947	53415
37	电子工程技术人员	86825	43838	33439	48434
38	通信工程技术人员	129797	66129	41509	76938
39	计算机与应用工程技术人员	161285	70326	46535	85685
40	计算机硬件技术人员	114044	65402	37922	71277
41	计算机软件技术人员	129334	67986	40449	74030
42	计算机网络技术人员	108341	54556	33515	60647
43	电气工程技术人员	112399	57072	37768	65948
44	电力工程技术人员	110006	60500	29000	61264
45	交通工程技术人员	88900	56553	37167	58457
46	船舶运用工程技术人员	111580	85777	39626	82280
47	建筑工程技术人员	110999	50040	31536	58348
48	建材工程技术人员	111311	51000	29054	56390
49	水利工程技术人员	97652	89000	58750	83311
50	纺织工程技术人员	69555	43000	32382	44457
51	食品工程技术人员	72008	41220	36420	43652
52	环境保护工程技术人员	77634	45481	36978	45066
53	安全工程技术人员	97782	54000	40203	56213
54	标准化、计量、质量工程技术人员	87315	49800	37456	50418
55	其他工程技术人员	99686	54154	34284	55091
56	飞机和船舶技术人员	125905	73369	50960	75454
57	西医医师	127235	61000	40423	64149
58	药剂人员	89517	49800	30875	45349
59	医疗技术人员	110019	56760	36365	60149
60	护理人员	86014	44884	33190	47130
61	其他卫生专业技术人员	81329	48000	34728	48527
62	经济计划人员	89959	53000	35434	55285
63	统计人员	91737	45663	33656	54952
64	会计人员	110405	50000	33995	59111

续 表

序号	工 种	高位数	中位数	低位数	平均数
65	出纳	89153	44722	32811	47502
66	审计人员	136331	72697	38404	78833
67	国际商务人员	126372	46500	28365	63315
68	报关员	68148	42000	30304	44131
69	房地产开发业务人员	120695	83793	50030	86669
70	不动产销售员	67441	46600	34220	48315
71	其他经济业务人员	98170	50480	30480	53799
72	银行外汇管理员	182940	93866	74396	106554
73	银行清算员	151367	100360	53432	105310
74	银行信贷员	172517	115760	59478	115211
75	银行国外业务员	138698	90517	69808	95049
76	银行信用卡业务员	118739	67898	34356	73681
77	银行储蓄员	142987	94341	53028	98426
78	其他银行业务人员	181874	101155	54816	109255
79	保险推销员	138026	67458	35145	69414
80	保险理赔人员	90109	53320	37495	56076
81	其他保险业务人员	149340	75237	39651	82466
82	证券投资顾问	110575	67463	41607	70095
83	产品开发设计人员	107002	48280	34590	50391
84	律师	167778	80000	43939	83760
85	鞋样设计人员	85970	49000	32310	49501
86	服装设计人员	94298	45000	30461	50034
87	室内装饰设计人员	87907	52962	34874	53795
88	广告设计人员	70440	45000	29861	44391
89	文字编辑	89341	47400	35600	45005
90	美术编辑	80914	46230	35700	45881
91	英语翻译	80000	50000	36500	46500
92	图书资料与档案业务人员	119879	56000	30458	51509
93	行政业务办公人员	123447	58100	31706	60179
94	行政执法人员	90921	53561	37060	55013
95	其他行政业务人员	95297	46551	30565	52671
96	办公室文员	47853	41691	32466	39178
97	人力资源专业人员	120416	54280	31893	56210
98	总务	87093	45000	30062	48972
99	秘书	98501	50590	29474	53457

续 表

序号	工 种	高位数	中位数	低位数	平均数
100	收发员	65662	36573	25466	35488
101	打字员	41000	38350	32400	35027
102	计算机操作员	73058	36500	29000	40859
103	制图员	66907	45000	34753	46262
104	其他行政事务人员	86394	51353	28489	51009
105	生产管理人员	117806	54000	34930	61022
106	施工管理人员	97678	64520	31761	57822
107	其他行政办公人员	106485	50109	30912	53859
108	保安员	42809	37765	30846	35494
109	违禁品检查员	92437	61819	40245	63280
110	金融守押员	87520	61116	41270	61040
111	其他治安保卫人员	106783	48554	28312	49001
112	消防人员	80737	49563	32769	51596
113	邮政投递员	116570	81274	58822	84321
114	电信业务营业员	158950	53935	24832	56963
115	话务员	126043	56783	23522	57813
116	线务员	118999	63225	24998	62155
117	其他电信通信传输业务人员	169590	107080	85000	117800
118	其他办事人员和有关人员	84432	43399	29463	47583
119	营业员	45812	39975	31581	37606
120	收银员	40859	37289	30982	36528
121	其他营业人员	62880	33979	26001	35783
122	营销员	90634	43298	25270	51722
123	推销员	82848	46712	24413	47496
124	出版物发行员	80709	57185	37681	55902
125	其他推销、展销人员	83161	34353	30850	40128
126	采购员	62998	47515	32629	45602
127	收购员	55000	40500	31000	40050
128	其他采购人员	63700	39440	27333	39704
129	租赁业务员	65000	48622	38342	48493
130	医药商品购销员	59306	45990	29458	43670
131	保管员	77300	36150	28466	40304
132	理货员	43173	39078	32305	38756
133	商品养护员	36500	33050	28600	33100
134	其他保管人员	62361	49350	25116	50320
135	仓库管理员	52000	48750	30145	45674

续 表

序号	工 种	高位数	中位数	低位数	平均数
136	商品储运员	64744	38500	26500	40134
137	医药商品储运员	68266	39370	28676	41237
138	其他储运人员	72115	43387	29285	41982
139	导游	60192	30980	25192	32507
140	园林植物保护工	63004	37960	27600	35942
141	汽车客运服务员	61346	45226	34312	45535
142	汽车货运站务员	52363	43999	34131	44924
143	汽车运输调度员	78936	50971	35811	52251
144	公路收费及监控员	47274	36875	30050	38651
145	其他公路道路运输服务人员	61790	38226	30015	40129
146	车站客运服务员	53325	40824	34281	41220
147	行包运输服务员	50090	35800	30000	37114
148	航空运输地面服务员	117545	68145	39575	68723
149	船舶业务员	92604	60343	38806	64543
150	其他水上运输服务人员	89286	65299	40036	65279
151	物业管理员	45279	42250	35700	42113
152	供水生产工	63644	37734	29043	38728
153	锅炉操作工	69926	50820	36985	52073
154	其他供水、供热及生活燃料供应服务人员	72598	42000	31778	47381
155	眼镜定配工	45000	35000	31200	35000
156	其他验光配镜人员	48000	36000	30000	36000
157	家用电器产品维修工	49960	36675	29800	36478
158	其他日用机电产品维修人员	63950	39480	31780	40980
159	办公设备维修工	65492	43780	32353	44247
160	其他办公设备维修人员	58340	40150	28174	41812
161	垃圾清运工	38900	32187	26925	33472
162	保洁员	39340	32968	27976	32914
163	其他环境卫生人员	44512	33200	28210	35129
164	其他商业、服务业人员	47638	33200	26333	34396
165	花卉园艺工	54819	38500	25150	36900
166	炼钢人员	59000	51040	39600	51872
167	金属轧制工	48000	38429	35600	40339
168	化工产品生产人员	51000	27000	24000	28000
169	车工	59413	48000	29824	49068
170	铣工	60474	47662	30082	48521

续 表

序号	工　种	高位数	中位数	低位数	平均数
171	磨工	59270	49636	38854	49885
172	镗工	61092	47100	27583	48120
173	钻床工	50373	40400	27680	43884
174	加工中心操作工	68900	57109	41613	56479
175	抛磨光工	58852	42887	26730	43756
176	拉床工	51070	37000	27810	38045
177	锯床工	56350	44738	32400	44829
178	摇臂钻工	57096	46215	25398	47563
179	仪表车工	55068	44005	27859	41003
180	铸造工	51746	37050	29277	38987
181	冲压工	45978	39000	27650	40938
182	焊工	59031	51000	36792	51241
183	金属热处理工	48720	40622	29000	41780
184	注塑工	45733	41210	34788	40792
185	电切削工	50410	32000	28000	32803
186	线切割工	66236	51046	38445	51452
187	冷作钣金加工人员	61458	51755	37884	51983
188	镀层工	54714	38600	29686	36033
189	涂装工	53600	35000	26000	35466
190	基础件装配工	39650	31200	26200	31809
191	部件装配工	49330	34492	27759	34572
192	装配钳工	55549	45812	25649	45841
193	模具工	71500	65000	39000	62420
194	工具钳工	69664	46000	35400	48239
195	电气元件及设备装配工	51579	38795	29445	40024
196	电子专用设备装配调试人员	48673	41580	29364	40345
197	仪器仪表装配人员	48000	38000	28000	39000
198	运输车辆装配工	40500	32800	26800	33861
199	眼镜装搭工	44000	33600	29200	33255
200	打火机装搭工	48810	44700	32250	44961
201	五金制品制作装配人员	47112	37440	29194	38057
202	机修钳工	63860	52059	33820	52387
203	汽车修理工	70096	60320	43160	59887
204	船舶修理工	81070	58131	45054	58532
205	仪器仪表修理工	56736	41725	27146	42663
206	电力电缆安装工	92809	70284	39855	71500

续 表

序号	工　种	高位数	中位数	低位数	平均数
207	送电配电线路工	110155	85366	55812	87875
208	变电站值班员	105877	91624	58890	91600
209	专业电力设备检修人员	112742	82400	51639	85227
210	电气实验员	96509	83183	44892	84032
211	用电监察员	109577	85332	45531	86788
212	抄表核算收费员	90105	76376	41837	77052
213	电能计量装置检修员	109596	83600	41668	84528
214	继电保护工	112981	85270	55795	86496
215	电气检修工	99891	85910	42467	86845
216	高压实验工	102158	83046	42290	80346
217	装表接电工	108905	75701	40148	76093
218	发电运行值班人员	100414	63413	38168	64000
219	常用电机检修工	67403	42529	28000	42000
220	维修电工	63700	53300	42900	51452
221	电子元件制造人员	40275	32600	26600	31738
222	织造人员	45800	37000	29119	36148
223	针织人员	47800	34800	27800	35000
224	印染人员	60893	33092	25339	31571
225	裁剪工	62033	39000	30438	39031
226	缝纫工	60397	37100	26183	37443
227	裁缝工	52900	33000	25176	36731
228	服装整烫工	43198	28456	24945	29629
229	制鞋工	55369	38200	26862	36004
230	皮鞋成型工	49750	36400	28065	36319
231	鞋包工	54042	36200	27722	36966
232	鞋底组合工	47500	35154	27302	35615
233	鞋跟喷漆工	50600	37020	27500	36024
234	车包工	51187	36029	27300	36773
235	复抓工	48385	33000	27100	33470
236	复底工	51128	36000	27102	36585
237	皮鞋制帮工	56856	39850	29015	41023
238	皮鞋划裁工	60155	37000	31265	40680

续 表

序号	工 种	高位数	中位数	低位数	平均数
239	鞋楦定型工	53737	36000	26750	36990
240	皮革加工工	66070	41300	26724	41333
241	酿酒人员	60397	46867	39464	44076
242	药品生产人员	52247	42317	31893	42131
243	手工木工	58307	45800	31500	43594
244	机械木工	55943	41652	31600	42268
245	纸制品制作人员	45000	34000	28000	33500
246	印刷操作人员	68755	48128	30833	47344
247	印后制作人员	52115	35630	28402	37409
248	圆珠笔制作工	55824	36400	28755	37560
249	铅笔制造工	54326	36000	28455	36309
250	制笔装搭工	40408	31076	27935	32105
251	砌筑人员	50099	39000	32773	40416
252	混凝土工	54333	39500	31667	40571
253	钢筋工	59524	38821	28710	40218
254	架子工	46833	34821	29720	39576
255	装饰、装修、油漆工	61672	54652	29276	51221
256	机械电气工程设备安装工	55000	40000	32200	39080
257	电工	64142	54652	46033	53553
258	预决算员	71219	43000	32028	45356
259	汽车驾驶员	57759	51116	42432	49602
260	公共汽车驾驶员	75739	55035	48176	54873
261	长途客运驾驶员	67333	53199	40892	53450
262	货运车驾驶员	62521	46273	35390	45079
263	小车驾驶员	60705	40945	27454	41406
264	机车乘务员	59139	40079	27483	40558
265	船舶水手	93421	58324	39669	57661
266	起重装卸机械操作及有关人员	98171	53103	33161	54631
267	检验人员	49556	40295	34032	40188
268	计量人员	68163	42000	28705	41293
269	包装人员	40469	35087	27131	35976
270	简单体力劳动人员	48634	35382	25413	35220
271	普工	46631	40547	33904	39058

温州市餐饮饭店业、美容美发业分工种工资指导价位

单位：元/人、年

序号	工　种	高位数	中位数	低位数	平均数
1	餐厅经理	91749	76512	35856	72000
2	客房经理	89000	62640	35000	63000
3	厨师长	93600	51240	40329	58432
4	中式烹调师	64854	41000	31706	41992
5	中式面点师	69883	42907	32214	42281
6	西式烹调师	59600	38200	29500	38911
7	西式面点师	54273	36800	27934	36849
8	餐厅服务员	41755	36985	33137	35800
9	餐具清洗保管员	47699	33600	24864	34633
10	前厅服务员	41576	31800	25055	33044
11	客房服务员	34800	30329	26858	31376
12	餐厅领班	44395	36000	28300	35339
13	前厅领班	45200	36200	28317	35269
14	客房领班	41940	35680	27000	34639
15	其他中式烹饪人员	52803	33000	24337	34775
16	其他营养配餐人员	46100	32150	25000	34168
17	其他餐厅服务人员	40684	30523	27500	32061
18	其他餐饮服务人员	42400	31000	26500	31557
19	其他饭店服务人员	39680	30200	23017	31305
20	旅店服务员	40500	30500	24500	31000
21	美容师	50000	40000	30000	40000
22	美发师	60000	48000	38000	48700

温州市分隶属关系工资指导价位

单位：元/人、年

隶属关系	高位数	中位数	低位数	平均数
中央	215746	76599	33170	83454
省（自治区、直辖市）	196106	72822	32593	75647
地（区、市、州）	158202	51928	30860	67898
县及县以下	104668	42600	27265	46029

温州市分登记注册类型工资指导价位

单位：元/人、年

企业登记注册类型	高位数	中位数	低位数	平均数
内资企业	153985	44780	28220	62202
国有企业	203448	68657	30983	87573
集体企业	93655	43200	27218	49882
股份合作企业	116981	52458	30099	61620
有限责任公司	99244	42436	29461	54307
股份有限公司	247922	59220	31546	86800
私营企业	78513	41569	24864	42767
其他企业	116372	42600	27932	52802
港、澳、台商投资企业	104000	47365	30855	57764
外商投资企业	100668	45800	29720	55931

温州市分专业技术等级工资指导价位

单位：元/人、年

专业技术等级	高位数	中位数	低位数	平均数
初级工	76162	37388	26833	44097
中级工	91604	47845	28839	52399
高级工	116401	55400	31622	63249
技师	129552	58939	33815	65818
高级技师	142155	62000	33912	75371
其他人员	75165	38460	25981	44763
正高级专业技术职务	304388	97000	37606	143396
副高级专业技术职务	258357	91420	35404	127860
中级专业技术职务	239176	82383	33847	101888
初级专业技术职务	183228	68259	31215	84510
未评定技术职务人员	137459	51692	27159	69782

温州市分学历工资指导价位

单位：元/人、年

学　历	高位数	中位数	低位数	平均数
博士及以上	480549	145000	57800	175906
硕士	354583	119898	39478	134372
大学本科	259090	88627	34113	105342

续 表

学 历	高位数	中位数	低位数	平均数
大学专科	158896	55761	28518	73768
高中、中专或技校	100457	44000	25824	54866
初中及以下	77530	39300	24806	45148

温州市不同学历初次就业大中专毕业生工资指导价位

单位：元/人、月

学 历	高位数	中位数	低位数	平均数
硕士	7864	5500	3458	5535
大学本科	5915	3950	2656	3976
大学专科	4470	2800	2083	2918
高中、中专或技校	3650	2550	1967	2657

温州市初次就业大中专毕业生分工种工资指导价位

单位：元/人、月

序号	工 种	高位数	中位数	低位数	平均数
1	企业经理	7500	4100	3100	4300
2	行政部门经理	5000	3500	2600	3450
3	销售和营销部门经理	5500	3600	2700	3800
4	测绘工程技术人员	5660	3800	2664	3820
5	化工工程技术人员	5700	3832	2750	3850
6	医药工程技术人员	4500	3000	2500	3100
7	机械设计工程技术人员	5500	3700	2800	3717
8	通信工程技术人员	4250	3050	2450	3100
9	计算机软件技术人员	5500	3900	2500	4000
10	电力工程技术人员	3700	2650	2250	2700
11	建筑工程技术人员	5050	2700	2200	2667
12	其他工程技术人员	4850	3100	2450	3050
13	经济计划人员	3500	2800	2400	2900
14	统计人员	4000	2800	2400	2958
15	会计人员	4154	3200	2550	3280
16	出纳	3900	2600	2200	2633
17	不动产销售员	3800	2600	2200	2667
18	银行储蓄员	5584	4010	2582	3972
19	其他银行业务人员	5600	4152	2916	4021

续 表

序号	工　种	高位数	中位数	低位数	平均数
20	保险理赔人员	4500	3694	2160	3750
21	产品开发设计人员	3800	3100	2500	3000
22	鞋样设计人员	5000	3400	2600	3500
23	服装设计人员	4500	3000	2500	3000
24	广告设计人员	3250	2900	2100	2800
25	图书资料与档案业务人员	3775	3075	2300	2900
26	行政业务办公人员	4300	3100	2300	2974
27	办公室文员	3600	2800	2183	2710
28	人力资源专业人员	4635	2900	2300	2950
29	其他行政事务人员	3842	3015	2500	2900
30	生产管理人员	4956	3100	2645	3250
31	施工管理人员	4800	3200	2500	3300
32	其他行政办公人员	3700	2800	2363	2831
33	保安员	3200	2800	2200	2800
34	违禁品检查员	4250	3075	2500	3100
35	消防人员	3650	3150	2700	3200
36	其他办事人员和有关人员	3600	2745	2200	2761
37	营业员	2600	2400	2210	2352
38	营销员	4369	3300	2500	3197
39	采购员	3500	3000	2400	3100
40	仓库管理员	3600	2800	2200	2928
41	汽车客运服务员	4324	3321	2583	3276
42	航空运输地面服务员	4594	3650	3095	3611
43	办公设备维修工	3975	3100	2500	3092
44	铣工	3700	3100	2500	3183
45	加工中心操作工	3800	3100	2500	3175
46	焊工	3900	3400	3100	3433
47	汽车修理工	3605	2700	2300	2635
48	制鞋工	3300	2700	2300	2750
49	制笔装搭工	3375	2750	2239	2700
50	检验人员	3750	3000	2700	3037
51	计量人员	3500	3075	2775	3067
52	简单体力劳动人员	3200	2700	2400	2800
53	普工	3332	2838	2550	2882
54	餐厅服务员	2550	2350	2100	2310
55	前厅服务员	2650	2500	2200	2533
56	其他饭店服务人员	2400	2300	2100	2300

湖州市人力资源市场工资指导价位

2017 年度湖州市区企业部分职业(工种)人力资源市场工资指导价位表

单位：元

序号	工　种	高位数		中位数		低位数	
		年薪	月薪	年薪	月薪	年薪	月薪
第一大类　单位负责人员							
1	企业董事	1034232	86186	105516	8793	40452	3371
2	企业经理(厂长)	471864	39322	71004	5917	47796	3983
3	生产或经营经理	171996	14333	86532	7211	40584	3382
4	财务经理	261372	21781	69600	5800	42828	3569
5	行政经理	245004	20417	63720	5310	46548	3879
6	人事经理	182496	15208	64800	5400	30300	2525
7	销售和营销经理	238452	19871	71748	5979	28524	2377
8	广告和公关经理	180000	15000	75216	6268	42000	3500
9	采购经理	159996	13333	77100	6425	28812	2401
10	研究和开发经理	500004	41667	90000	7500	30516	2543
11	餐厅经理	84996	7083	60000	5000	30960	2580
12	客房经理	90000	7500	64548	5379	33600	2800
13	工程项目经理	293112	24426	72036	6003	31032	2586
14	物业经理	120000	10000	60000	5000	45000	3750
第二大类　专业技术人员							
15	测绘工程技术人员	86508	7209	49404	4117	31296	2608
16	冶金工程技术人员	150000	12500	80004	6667	45000	3750
17	化学研究人员	83880	6990	44400	3700	37320	3110
18	化工工程技术人员	99996	8333	60000	5000	34800	2900
19	化工实验工程技术人员	90000	7500	60780	5065	39204	3267
20	化工设计工程技术人员	60000	5000	39996	3333	35004	2917
21	化工生产工程技术人员	120000	10000	51600	4300	32004	2667
22	生物科学研究人员	107268	8939	54396	4533	47964	3997
23	医药工程技术人员	120000	10000	75876	6323	38004	3167
24	食品工程技术人员	116004	9667	65496	5458	39996	3333
25	机械工程技术人员	150000	12500	59064	4922	39576	3298

续　表

序号	工　种	高位数		中位数		低位数	
		年薪	月薪	年薪	月薪	年薪	月薪
26	机械设计工程技术人员	125004	10417	65004	5417	31032	2586
27	机械制造工程技术人员	156000	13000	69996	5833	30036	2503
28	仪器仪表工程技术人员	66588	5549	60216	5018	51600	4300
29	模具工程师	69996	5833	52128	4344	33828	2819
30	设备工程技术人员	99996	8333	57432	4786	30564	2547
31	其他机械工程技术人员	122064	10172	54612	4551	28236	2353
32	金属材料工程技术人员	99996	8333	67128	5594	42000	3500
33	电子工程技术人员	120000	10000	50004	4167	40008	3334
34	电子材料工程技术人员	69996	5833	40632	3386	30144	2512
35	电子元器件工程技术人员	96000	8000	45708	3809	31704	2642
36	电子仪器与测量工程技术人员	100656	8388	48384	4032	34932	2911
37	其他电子工程技术人员	80004	6667	50004	4167	34080	2840
38	通信工程技术人员	80004	6667	56004	4667	32796	2733
39	计算机与应用工程技术人员	137340	11445	58500	4875	40116	3343
40	计算机硬件技术人员	110004	9167	36000	3000	30000	2500
41	计算机软件技术人员	140004	11667	75000	6250	35196	2933
42	计算机网络技术人员	120000	10000	60000	5000	32004	2667
43	计算机系统分析技术人员	120000	10000	66000	5500	48000	4000
44	其他计算机与应用工程技术人员	68796	5733	55860	4655	38004	3167
45	电气工程技术人员	186360	15530	64944	5412	31032	2586
46	电力工程技术人员	74148	6179	41916	3493	36324	3027
47	交通工程技术人员	107196	8933	65880	5490	35076	2923
48	汽车运用工程技术人员	91068	7589	67092	5591	56760	4730
49	船舶运用工程技术人员	61080	5090	53640	4470	46764	3897
50	其他交通工程技术人员	62616	5218	44160	3680	22608	1884
51	建筑工程技术人员	159996	13333	74652	6221	30996	2583
52	建筑工程监理人员	100008	8334	65496	5458	35004	2917
53	建筑工程预决算员	150000	12500	80004	6667	48000	4000
54	建材工程技术人员	140004	11667	72000	6000	49440	4120
55	建筑工程设计员	108000	9000	69996	5833	48600	4050
56	纺织工程技术人员	150000	12500	80004	6667	34404	2867
57	生产组织与管理工程技术人员	138156	11513	59376	4948	34476	2873
58	安全工程技术人员	123120	10260	62532	5211	39996	3333
59	标准化、计量、质量工程技术人员	107604	8967	59496	4958	39600	3300

续　表

序号	工　种	高位数		中位数		低位数	
		年薪	月薪	年薪	月薪	年薪	月薪
60	质量管理与可靠性控制工程技术人员	151668	12639	65004	5417	30000	2500
61	农业技术人员	53784	4482	39576	3298	31980	2665
62	风景园林工程技术人员	56376	4698	41532	3461	33516	2793
63	园林绿化工程技术人员	70056	5838	39996	3333	33636	2803
64	环境监测工程技术人员	68808	5734	68808	5734	68808	5734
65	环境保护工程技术人员	100164	8347	73392	6116	25884	2157
66	平面设计师	107304	8942	56508	4709	30000	2500
67	室内装饰设计人员	68016	5668	55476	4623	43260	3605
68	服装设计人员	200004	16667	69996	5833	38232	3186
69	广告设计人员	100008	8334	41664	3472	30000	2500
70	经济计划人员	115992	9666	78300	6525	54084	4507
71	统计人员	69996	5833	39996	3333	26004	2167
72	会计人员	143340	11945	46968	3914	28524	2377
73	出纳	72504	6042	38916	3243	24204	2017
74	审计人员	75996	6333	44916	3743	35640	2970
75	国际商务人员	159996	13333	83160	6930	55908	4659
76	文字编辑	70716	5893	54996	4583	28368	2364
77	美术编辑	75900	6325	57996	4833	40356	3363
78	翻译	90000	7500	71172	5931	60000	5000
79	图书资料与档案业务人员	48000	4000	39000	3250	32004	2667
第三大类　办事员和有关人员							
80	秘书	120000	10000	46596	3883	38400	3200
81	公关员	72432	6036	46980	3915	33600	2800
82	收发员	61500	5125	33324	2777	25920	2160
83	打字员	50676	4223	42996	3583	30996	2583
84	计算机操作员	62544	5212	42804	3567	30000	2500
85	制图员	114360	9530	45000	3750	36000	3000
86	保安员	57684	4807	36120	3010	22908	1909
87	话务员	62004	5167	30672	2556	24000	2000
88	行政事务人员	92484	7707	44484	3707	24072	2006
第四大类　商业和服务业人员							
89	报关员	80004	6667	45996	3833	33924	2827
90	外贸人员	219996	18333	51456	4288	25800	2150
91	广告和公关经理	130080	10840	80064	6672	51888	4324

续 表

序号	工 种	高位数		中位数		低位数	
		年薪	月薪	年薪	月薪	年薪	月薪
92	房地产开发业务人员	262236	21853	84672	7056	31332	2611
93	房地产销售人员	66780	5565	39996	3333	31032	2586
94	营业员	65004	5417	39996	3333	23052	1921
95	收银员	54696	4558	33996	2833	23196	1933
96	推销员	156000	13000	72912	6076	27204	2267
97	采购员	81672	6806	45300	3775	25848	2154
98	收购员	161220	13435	46968	3914	37440	3120
99	商场导购员	50004	4167	42000	3500	36000	3000
100	租赁业务员	60744	5062	55884	4657	24516	2043
101	废旧物资回收利用人员	66600	5550	46944	3912	31824	2652
102	医药商品购销员	120000	10000	58656	4888	30000	2500
103	保管员	55704	4642	35004	2917	22992	1916
104	理货员	58500	4875	33468	2789	25620	2135
105	商品养护员	53004	4417	42996	3583	37104	3092
106	冷藏工	60000	5000	33660	2805	28356	2363
107	商品储运员	53004	4417	42504	3542	33000	2750
108	商品护运员	48528	4044	40932	3411	37440	3120
109	医药商品储运员	60000	5000	50004	4167	38004	3167
110	中式烹调师	93000	7750	46320	3860	30000	2500
111	中式面点师	75000	6250	42000	3500	30000	2500
112	西式烹调师	102000	8500	63000	5250	42000	3500
113	西式面点师	72996	6083	60000	5000	41004	3417
114	营养配餐员	31464	2622	22992	1916	22608	1884
115	餐厅服务员	50736	4228	33696	2808	23796	1983
116	餐具清洗保管员	39000	3250	27000	2250	21996	1833
117	前厅服务员	47868	3989	35112	2926	25500	2125
118	客房服务员	55152	4596	34416	2868	28008	2334
119	锅炉操作工	74400	6200	36588	3049	30000	2500
120	康乐服务员	41952	3496	35304	2942	31200	2600
121	导游	60000	5000	39996	3333	26604	2217
122	园林植物保护工	69996	5833	36996	3083	23004	1917
123	汽车客运服务员	78012	6501	59928	4994	32532	2711
124	汽车运输调度员	54996	4583	39996	3333	36000	3000
125	车站客运服务员	78012	6501	59928	4994	32532	2711

续 表

序号	工 种	高位数		中位数		低位数	
		年薪	月薪	年薪	月薪	年薪	月薪
126	行包运输服务员	75480	6290	58704	4892	40956	3413
127	车站货运员	65412	5451	56256	4688	36144	3012
128	信息咨询工	50736	4228	41424	3452	30072	2506
129	染色师	75480	6290	60492	5041	48168	4014
130	家用电子产品维修工	135204	11267	66156	5513	43260	3605
131	家用电器产品维修工	50004	4167	35484	2957	29004	2417
132	日用机电产品维修人员	111084	9257	68004	5667	33000	2750
133	办公设备维修工	87000	7250	47004	3917	29796	2483
134	物业管理工	69996	5833	30996	2583	24000	2000
135	垃圾清运工	45036	3753	27600	2300	23004	1917
136	污水处理工	60000	5000	39840	3320	24000	2000
137	物业管理人员	99996	8333	42840	3570	27996	2333
138	家政服务员	58008	4834	26508	2209	22008	1834
139	洗衣师	38160	3180	29304	2442	24804	2067
140	保洁员	48048	4004	28800	2400	19956	1663
141	饭店服务人员	36756	3063	30504	2542	28536	2378
142	餐厅服务员、厨工	54132	4511	34584	2882	21804	1817
143	旅店服务员	53628	4469	33144	2762	23868	1989
144	饭店、旅游及健身娱乐场所服务人员	43368	3614	38340	3195	22608	1884
145	保健按摩师	46752	3896	39900	3325	30000	2500
146	仓储人员	81696	6808	39480	3290	22956	1913
147	储运人员	66000	5500	43656	3638	26400	2200
148	购销人员	99996	8333	40152	3346	24996	2083
149	水上运输服务人员	47916	3993	32076	2673	27996	2333
150	运输服务人员	73860	6155	55908	4659	21624	1802
151	水上运输设备操作及有关人员	92880	7740	72024	6002	67596	5633
152	公交司机	105108	8759	44052	3671	22608	1884
153	物流从业员	65004	5417	46200	3850	39000	3250
154	物流师	66000	5500	50004	4167	45000	3750
155	保险理赔员	140004	11667	79512	6626	51204	4267
156	摄影师	45000	3750	30192	2516	28704	2392
第五大类 农、林、牧、渔、水利业生产人员							
157	花卉园艺工	42564	3547	34080	2840	28080	2340
158	竹藤麻棕草制品加工工	36204	3017	33276	2773	31152	2596

续 表

序号	工　种	高位数		中位数		低位数	
		年薪	月薪	年薪	月薪	年薪	月薪
159	家畜饲养工	44040	3670	31464	2622	22608	1884
160	水产捕捞及有关人员	41196	3433	31680	2640	28728	2394
161	水产品加工人员	54636	4553	40380	3365	30096	2508
162	家畜繁殖工	53664	4472	43764	3647	42756	3563
163	家禽饲养工	39996	3333	32004	2667	27996	2333
第六大类　生产、运输设备操作及有关人员							
164	炼铁人员	54000	4500	47496	3958	42996	3583
165	炼钢人员	90000	7500	63000	5250	39996	3333
166	重有色金属冶炼人员	89004	7417	45000	3750	30996	2583
167	半导体材料制备人员	75000	6250	48000	4000	36504	3042
168	金属轧制人员	80352	6696	55020	4585	32472	2706
169	铸铁管人员	51420	4285	45600	3800	38004	3167
170	碳素制品生产人员	33024	2752	31188	2599	30588	2549
171	化工产品生产工	71412	5951	50004	4167	30000	2500
172	车工	97860	8155	47604	3967	28416	2368
173	铣工	80004	6667	44628	3719	29760	2480
174	刨插工	62400	5200	54696	4558	41004	3417
175	磨工	89880	7490	40260	3355	25260	2105
176	镗工	80004	6667	54996	4583	30996	2583
177	钻床工	82020	6835	43116	3593	30000	2500
178	加工中心操作工	80004	6667	36600	3050	26880	2240
179	制齿工	66132	5511	57480	4790	48000	4000
180	抛磨光工	68004	5667	42504	3542	30000	2500
181	拉床工	65040	5420	52188	4349	48648	4054
182	锯床工	65004	5417	34500	2875	30036	2503
183	铸造工	84564	7047	42000	3500	30996	2583
184	锻造工	83004	6917	50016	4168	32976	2748
185	冲压工	75000	6250	45000	3750	24960	2080
186	剪切工	123000	10250	47004	3917	31620	2635
187	焊工	90672	7556	53736	4478	31764	2647
188	金属热处理工	97776	8148	56772	4731	30228	2519
189	铆工	68508	5709	43032	3586	29184	2432
190	探伤工	80004	6667	62496	5208	54996	4583
191	电切削工	45852	3821	34884	2907	31908	2659

续 表

序号	工 种	高位数		中位数		低位数	
		年薪	月薪	年薪	月薪	年薪	月薪
192	冷作钣金加工工	72096	6008	47940	3995	33156	2763
193	镀层工	75000	6250	46800	3900	25896	2158
194	涂装工	80004	6667	47496	3958	21996	1833
195	数控机床工	94824	7902	57996	4833	31176	2598
196	电焊条制造工	84996	7083	51996	4333	47520	3960
197	基础件装配工	69996	5833	39996	3333	30000	2500
198	部件装配工	75000	6250	45492	3791	28980	2415
199	装配钳工	69996	5833	45348	3779	31200	2600
200	工具钳工	60000	5000	41772	3481	36000	3000
201	动力设备装配工	110004	9167	74004	6167	50004	4167
202	电气元件及设备装配工	50004	4167	35496	2958	33000	2750
203	电子专用设备装配调试工	78072	6506	69000	5750	56004	4667
204	仪器仪表装配工	55956	4663	47820	3985	36924	3077
205	运输车辆装配工	70200	5850	65004	5417	31296	2608
206	机修钳工	75000	6250	41292	3441	29196	2433
207	汽车修理工	69996	5833	54996	4583	36000	3000
208	仪器仪表修理工	60000	5000	48000	4000	33132	2761
209	锅炉设备安装工	85488	7124	67632	5636	49116	4093
210	电力工程内线安装工	67176	5598	64596	5383	44460	3705
211	专业电力设备检修工	60000	5000	55560	4630	41004	3417
212	常用电机检修工	80004	6667	54996	4583	45000	3750
213	维修电工	88500	7375	41880	3490	23904	1992
214	电子器件制造工	78708	6559	43200	3600	27600	2300
215	电子元件制造工	84000	7000	45864	3822	30540	2545
216	电池制造工	104748	8729	41148	3429	21960	1830
217	电子计算机维修工	45000	3750	37500	3125	30000	2500
218	橡胶制品生产工	45600	3800	39672	3306	31656	2638
219	塑料制品加工工	43872	3656	35232	2936	29556	2463
220	纤维预处理人员	60000	5000	44400	3700	28800	2400
221	纺纱人员	60000	5000	31512	2626	30000	2500
222	织造人员	69996	5833	31812	2651	28872	2406
223	针织人员	56352	4696	35496	2958	25344	2112
224	印染人员	69996	5833	36000	3000	30024	2502
225	裁剪工	54996	4583	42504	3542	25104	2092

续　表

序号	工　种	高位数		中位数		低位数	
		年薪	月薪	年薪	月薪	年薪	月薪
226	缝纫工	75000	6250	43752	3646	27600	2300
227	裁缝	73392	6116	43596	3633	28200	2350
228	制鞋工	92916	7743	72696	6058	31356	2613
229	制帽工	32520	2710	29832	2486	25944	2162
230	皮革加工工	32700	2725	30000	2500	27756	2313
231	毛皮加工工	59292	4941	45360	3780	38880	3240
232	冷食品制作工	45000	3750	31068	2589	23580	1965
233	食品罐头加工工	65040	5420	47928	3994	21528	1794
234	饮料制作工	42924	3577	32784	2732	31644	2637
235	酿酒工	82104	6842	53856	4488	28332	2361
236	糕点、面包烘焙工	45900	3825	40812	3401	34416	2868
237	豆制品制作工	48504	4042	34644	2887	25584	2132
238	屠宰加工工	47004	3917	38004	3167	30000	2500
239	饲料生产加工工	70440	5870	42360	3530	37296	3108
240	药品生产制造工	63516	5293	42996	3583	27624	2302
241	制材工	71292	5941	45000	3750	32400	2700
242	纤维板工	108408	9034	67116	5593	43296	3608
243	手工木工	63000	5250	56004	4667	30000	2500
244	机械木工	69288	5774	58704	4892	38856	3238
245	精细木工	74124	6177	67740	5645	65376	5448
246	纸制品制作工	54000	4500	38280	3190	25920	2160
247	水泥生产制造工	64800	5400	47604	3967	27996	2333
248	水泥制品工	40800	3400	28512	2376	24996	2083
249	玻璃陶瓷搪瓷生产工	80832	6736	56448	4704	40152	3346
250	印前处理工	65004	5417	44496	3708	30000	2500
251	印刷操作工	87996	7333	48996	4083	31200	2600
252	印后制作工	69000	5750	42996	3583	27996	2333
253	土石方施工人员	60000	5000	44004	3667	32664	2722
254	砌筑工	56664	4722	45384	3782	33264	2772
255	混凝土工	65352	5446	45000	3750	27996	2333
256	钢筋工	73392	6116	64068	5339	55044	4587
257	架子工	61764	5147	53928	4494	51180	4265
258	防水工	57984	4832	53196	4433	30516	2543
259	装饰、装修、油漆工	75504	6292	44232	3686	27996	2333

续 表

序号	工　种	高位数		中位数		低位数	
		年薪	月薪	年薪	月薪	年薪	月薪
260	机械电气工程设备安装工、管工	57996	4833	45000	3750	32400	2700
261	电工	67500	5625	41016	3418	23796	1983
262	木工	57996	4833	34500	2875	23796	1983
263	汽车驾驶员	78996	6583	44304	3692	26688	2224
264	起重装卸机械驾驶员	50004	4167	40968	3414	28932	2411
265	铲车驾驶员	71148	5929	45000	3750	24000	2000
266	检验员	64284	5357	39600	3300	26844	2237
267	计量员	98460	8205	38880	3240	23556	1963
268	包装工	63492	5291	37320	3110	25104	2092
269	简单体力劳动工	66000	5500	32004	2667	27264	2272
第七大类　电子商务业人员							
270	网店客服	45000	3750	37500	3125	30000	2500
271	仓配服务人员	78000	6500	42000	3500	30000	2500
272	店铺运营人员	39996	3333	33000	2750	26484	2207
273	新媒体运营人员	60000	5000	39996	3333	30000	2500
274	市场推广人员	80004	6667	37584	3132	30996	2583
275	店铺推广人员	60000	5000	33684	2807	28500	2375
276	渠道管理人员	66000	5500	50400	4200	31032	2586
277	美工	50004	4167	36000	3000	30036	2503
278	视觉设计	45000	3750	30996	2583	28644	2387
279	平面设计	51000	4250	39996	3333	25596	2133
280	项目经理	96996	8083	45600	3800	33576	2798
第八大类　养老服务业人员							
281	养老护理员	79500	6625	44496	3708	19920	1660
第九大类　4+3+N 产业人员							
282	结构工程师	300000	25000	108000	9000	63600	5300
283	工艺工程师	132000	11000	75600	6300	54000	4500
284	IPQC 技术人员	48000	4000	43200	3600	36000	3000
285	招聘专员	42000	3500	39996	3333	36000	3000
286	漆包工	30396	2533	25200	2100	20040	1670
287	拉丝工	30396	2533	25200	2100	20040	1670
288	叉车工	65004	5417	62004	5167	52800	4400
289	研发工程师	150000	12500	99996	8333	84996	7083
290	电池片制造工	75000	6250	62496	5208	50004	4167
291	光伏组件制造工	80004	6667	60000	5000	50004	4167

2017年度湖州市区企业职工分专业技术等级、技能等级和学历人力资源市场工资指导价位表

单位：元

项目	序号	高位数		中位数		低位数	
		年薪	月薪	年薪	月薪	年薪	月薪
甲							
按专业技术等级分类：							
正高级专业技术职务	1	500004	41667	143004	11917	60000	5000
副高级专业技术职务	2	476844	39737	120648	10054	37260	3105
中级专业技术职务	3	399996	33333	82500	6875	31608	2634
初级专业技术职务	4	249900	20825	51948	4329	28200	2350
未评定技术职务人员	5	183588	15299	41628	3469	25128	2094
乙							
按技能等级分类：							
高级技师	1	245004	20417	76416	6368	33372	2781
技师	2	165000	13750	71904	5992	33108	2759
高级工	3	115164	9597	61152	5096	34992	2916
中级工	4	112716	9393	56724	4727	30252	2521
初级工	5	81036	6753	45804	3817	28356	2363
未评定技能等级人员	6	257364	21447	41028	3419	27132	2261
丙							
按学历分类：							
博士	1	369996	30833	180000	15000	60000	5000
硕士	2	450000	37500	87600	7300	33828	2819
本科	3	242304	20192	58068	4839	28056	2338
大专	4	286740	23895	53280	4440	27576	2298
高中、中专、技校	5	212904	17742	46020	3835	26592	2216
初中及以下	6	108876	9073	40752	3396	24024	2002

2017年度吴兴区织里镇服装生产企业部分职业(工种)人力资源市场工资指导价位表

单位：元

序号	工种	高位数		中位数		低位数	
		年薪	月薪	年薪	月薪	年薪	月薪
1	服装设计人员	144000	12000	132000	11000	89040	7420
2	服装裁剪工	129780	10815	108468	9039	72000	6000
3	服装缝纫工	129000	10750	97800	8150	71400	5950
4	服装包装工	60000	5000	51000	4250	42000	3500
5	服装检验工	78000	6500	69000	5750	48000	4000
6	收发工	806400	67200	54600	4550	46080	3840
7	服装制版工	102000	8500	81264	6772	64800	5400

注：织里童装企业工资含计件工资。

嘉兴市人力资源市场工资指导价位

嘉兴市企业 2017 年部分职业(工种)人力资源市场工资指导价位

单位：元/人、年

序号	工　种	高价位	中价位	低价位
1	企业董事	260257	117995	61169
2	企业总经理	592234	153600	56669
3	生产经营部门经理	229632	100649	48598
4	财务部门经理	154290	90692	51484
5	行政部门经理	161331	96800	49838
6	人事部门经理	167020	72074	54124
7	销售和营销部门经理	153495	83800	50213
8	广告和公关部门经理	164116	84140	43611
9	采购部门经理	140938	71056	48386
10	计算机服务部门经理	204513	95932	47833
11	研究和开发部门经理	207865	122145	56781
12	餐厅部门经理	134329	85857	48330
13	客房部门经理	133216	90423	47777
14	其他职能部门经理	146793	81982	46657
15	其他企业中高级管理人员	131507	75026	46072
16	医学研究人员	68494	47103	33894
17	工程测量工程技术人员	81000	42000	37800
18	化工实验工程技术人员	89410	53034	36304
19	化工生产工程技术人员	93721	51764	38997
20	机械设计工程技术人员	123063	67681	57247
21	机械制造工程技术人员	104033	68020	55311
22	仪器仪表工程技术人员	154205	67194	54425
23	设备工程技术人员	145416	82902	64884
24	模具设计工程技术人员	110812	66423	36966
25	自动控制工程技术人员	103771	70363	57930
26	焊接工程技术人员	80586	66055	38459
27	特种设备管理和应用工程技术人员	61162	52201	38305
28	汽车工程技术人员	146218	88366	42120

续 表

序号	工 种	高价位	中价位	低价位
29	电子材料工程技术人员	98301	67422	44417
30	电子元器件工程技术人员	104525	56270	47206
31	电子仪器与电子测量工程技术人员	131350	79467	38129
32	通信工程技术人员	132865	81061	47158
33	计算机硬件工程技术人员	108632	57000	44290
34	计算机软件工程技术人员	129186	59565	45441
35	计算机网络工程技术人员	120069	63257	56644
36	信息安全工程技术人员	163950	62974	37329
37	信息系统运行维护工程技术人员	160605	89078	43288
38	电工电器工程技术人员	125538	64102	48242
39	发电工程技术人员	98606	69397	44644
40	供用电工程技术人员	80091	55620	24048
41	变电工程技术人员	118984	68879	40145
42	电力工程安装工程技术人员	94607	62873	53024
43	建筑和市政设计工程技术人员	111032	53971	46097
44	土木建筑工程技术人员	107249	59378	45635
45	供水排水工程技术人员	88258	46723	32841
46	道路与桥梁工程技术人员	109340	52524	47229
47	硅酸盐工程技术人员	104407	51429	33584
48	非金属矿及制品工程技术人员	78323	62696	44975
49	无机非金属材料工程技术人员	94138	65911	51108
50	纺织工程技术人员	68370	51335	44009
51	染整工程技术人员	95721	51561	42142
52	化学纤维工程技术人员	90222	64198	48240
53	服装工程技术人员	118524	72083	49334
54	食品工程技术人员	88847	58268	41840
55	安全防范设计评估工程技术人员	120829	88066	48542
56	安全生产管理工程技术人员	108766	51400	30357
57	标准化工程技术人员	79081	59544	49159
58	计量工程技术人员	71102	54456	42613
59	质量管理工程技术人员	78204	57724	42514
60	质量认证认可工程技术人员	122768	63869	37790
61	可靠性工程技术人员	133452	68106	41118
62	工业工程技术人员	160486	68311	40312
63	物流工程技术人员	191219	110305	59782
64	项目管理工程技术人员	86396	70632	56646

续 表

序号	工 种	高价位	中价位	低价位
65	工程造价工程技术人员	107341	60740	35035
66	产品质量检验工程技术人员	77484	48106	31842
67	印刷复制工程技术人员	86498	61003	40200
68	产品设计工程技术人员	106015	70980	36407
69	工业设计工程技术人员	147495	63253	44713
70	制浆造纸工程技术人员	93999	63026	50752
71	皮革化学工程技术人员	92283	52959	30509
72	塑料加工工程技术人员	75738	66059	39380
73	农业技术指导人员	61933	45600	33984
74	药师	78870	48164	33328
75	其他卫生专业技术人员	74117	57362	40136
76	经济规划专业人员	168283	84374	62058
77	统计专业人员	85681	74251	46729
78	会计专业人员	105551	79588	46446
79	审计专业人员	129516	78846	45315
80	税务专业人员	122281	71195	37799
81	国际商务专业人员	135943	65622	37880
82	市场营销专业人员	156839	76252	49749
83	商务策划专业人员	103220	58000	34913
84	会展策划专业人员	81264	49203	37877
85	报关专业人员	76863	50021	32620
86	报检专业人员	57100	43246	30560
87	人力资源管理专业人员	109699	63909	37749
88	人力资源服务专业人员	105195	52400	30240
89	银行外汇市场业务专业人员	208506	147905	98133
90	银行清算专业人员	194206	136502	97115
91	信贷审核专业人员	227278	151855	105373
92	银行国外业务专业人员	195676	157657	114485
93	保险核保专业人员	93536	69036	48957
94	保险理赔专业人员	90050	69817	51102
95	其他经济和金融专业人员	93488	65695	54013
96	服装设计人员	280901	176379	57769
97	文字编辑	103288	48852	38586
98	翻译	118057	88591	79389
99	档案专业人员	57835	48455	22585

续 表

序号	工 种	高价位	中价位	低价位
100	行政办事员	121358	60234	48103
101	机要员	76721	45600	35203
102	秘书	123517	75622	62127
103	公关员	81626	68180	40718
104	收发员	60094	39837	26961
105	打字员	49988	37274	29846
106	速录师	88230	69832	45976
107	制图员	160621	87465	54537
108	后勤管理员	74208	42212	27000
109	其他办事人员	80184	52267	25453
110	保卫管理员	60325	49510	34332
111	消防员	66485	45290	35852
112	消防安全管理员	67662	51114	37116
113	消防监督检查员	57840	47440	24696
114	其他安全和消防人员	70267	52182	29165
115	其他办事人员和有关人员	84517	53000	32105
116	采购员	87535	60457	47915
117	营销员	96238	66317	48527
118	电子商务师	66684	42720	37422
119	商品营业员	42521	33792	30691
120	收银员	41722	33697	27535
121	烟草制品购销员	117531	104161	81796
122	其他批发与零售服务人员	112362	45220	23732
123	道路客运汽车驾驶员	77665	62129	35534
124	道路货运汽车驾驶员	88477	73748	49446
125	道路客运服务员	56084	48606	42345
126	道路货运业务员	78732	61118	30427
127	道路运输调度员	75487	65516	36720
128	油气电站操作员	68049	61671	47421
129	客运船舶驾驶员	81469	48180	33691
130	装卸搬运工	70070	47000	30158
131	仓储管理员	53409	40568	28685
132	理货员	57894	51058	43335
133	物流服务师	71741	42076	30206
134	邮政营业员	83346	63005	54396
135	邮件分拣员	78523	55380	49592

续 表

序号	工　种	高价位	中价位	低价位
136	邮件转运员	83934	69099	55916
137	邮政投递员	81881	62026	51222
138	报刊业务员	82454	66908	55705
139	邮政市场业务员	82763	68624	61820
140	其他交通运输、仓储和邮政业服务人员	73233	65480	45179
141	前厅服务员	44166	36224	31579
142	客房服务员	49473	38076	29790
143	中式烹调师	73908	48666	31298
144	中式面点师	77326	43646	31928
145	西式烹调师	75413	52000	36468
146	西式面点师	75206	53936	35274
147	餐厅服务员	43340	36838	32501
148	营养配餐员	67475	44992	34969
149	其他住宿和餐饮服务人员	41665	35105	31830
150	信息通信营业员	83744	62044	46080
151	信息通信业务员	104870	81496	50979
152	无线电监测与设备运维员	86965	68020	35586
153	信息通信网络运行管理员	145310	64522	56648
154	网络与信息安全管理员	103043	83683	37360
155	呼叫中心服务员	42994	38229	28382
156	其他信息传输、软件和信息技术服务人员	74607	42114	36637
157	银行综合柜员	164264	96050	70825
158	银行信贷员	170153	97513	88635
159	银行客户业务员	248121	161666	104219
160	银行信用卡业务员	241860	176402	107581
161	保险代理人	101821	77158	45680
162	其他金融服务人员	131277	85248	50040
163	物业管理员	59074	37271	32199
164	停车管理员	49480	40480	30128
165	房地产经纪人	70425	49664	33722
166	其他房地产服务人员	48688	37520	29808
167	客户服务管理员	70045	42530	29927
168	导游	65988	52284	45446
169	公共游览场所服务员	56193	34608	28545
170	保安员	47450	29520	23418

续 表

序号	工　种	高价位	中价位	低价位
171	安检员	64037	47785	39047
172	消防设施操作员	65362	53016	29015
173	商品防损员	49373	36724	28508
174	市场管理员	51613	37336	27648
175	其他租赁和商务服务人员	55189	44896	34452
176	农产品食品检验员	61058	46969	37095
177	纤维检验员	67029	42542	33896
178	计量员	67790	40822	32058
179	家用纺织品设计师	68923	49403	40181
180	包装设计师	70897	58674	42422
181	其他技术辅助服务人员	68887	49620	31239
182	污水处理工	78998	50209	29988
183	保洁员	45916	34093	28915
184	生活垃圾清运工	55016	39440	33609
185	生活垃圾处理工	53913	40620	34387
186	园林绿化工	51107	41879	37716
187	其他水利、环境和公共设施管理服务人员	48584	39055	34393
188	洗衣师	37759	31354	28080
189	保健按摩师	53059	39940	27479
190	婚礼策划师	75736	63751	50333
191	其他居民服务人员	39060	29520	20872
192	燃气燃煤供应服务员	65750	48000	32300
193	水供应服务员	68464	53228	30935
194	其他电力、燃气及水供应服务人员	99089	86819	64591
195	汽车维修工	100430	60446	33642
196	其他修理及制作服务人员	73133	52184	42667
197	音响调音员	79574	50122	31005
198	康乐服务员	43992	33531	29642
199	其他文化、体育和娱乐服务人员	66700	35456	30966
200	其他社会生产和生活服务人员	62194	44349	30205
201	园艺工	42413	37029	30007
202	农业技术员	68608	51298	34772
203	其他农林牧渔业生产辅助人员	70379	37010	28000
204	其他农、林、牧、渔业生产加工人员	78400	53105	35883
205	畜禽屠宰加工工	38723	33886	30212
206	肉制品加工工	39496	34764	30216

续 表

序号	工　种	高价位	中价位	低价位
207	淀粉及淀粉糖制造工	97825	61376	47639
208	糕点面包烘焙工	51400	33000	27540
209	啤酒酿造工	62537	48082	38832
210	黄酒酿造工	63700	47200	35380
211	饮料制作工	57447	45496	32125
212	其他食品、饮料生产加工人员	62027	40867	29160
213	开清棉工	58491	50887	37160
214	纺织纤维梳理工	74807	59055	45835
215	并条工	75538	65813	45102
216	粗纱工	67929	60298	43781
217	纺纱工	75218	51642	38392
218	整经工	50486	37771	30843
219	浆纱浆染工	71911	41395	30698
220	织布工	66576	46865	34707
221	纬编工	61541	53384	44486
222	经编工	56558	50131	42457
223	横机工	54267	47545	27768
224	非织造布制造工	58264	43720	26223
225	印染前处理工	59483	44914	36680
226	纺织染色工	77260	59437	38927
227	印花工	94260	64753	50626
228	印染后整理工	61221	49597	30733
229	印染染化料配制工	74083	49960	36751
230	工艺染织品制作工	79453	60956	45905
231	其他纺织、针织、印染人员	65474	47627	34044
232	服装制版师	82196	57940	43853
233	裁剪工	67928	46501	34286
234	缝纫工	57121	40556	35192
235	缝纫品整型工	57766	45847	29226
236	服装水洗工	43429	33737	20486
237	皮革及皮革制品加工工	66845	48000	27118
238	羽绒加工及制品充填工	51400	45000	34697
239	制鞋工	67213	37338	32274
240	其他纺织品、服装和皮革、毛皮制品加工制作人员	57689	41764	31461
241	制材工	51237	46112	38493

续 表

序号	工 种	高价位	中价位	低价位
242	胶合板工	67377	54624	41191
243	手工木工	62538	40396	28048
244	机械木工	64354	47880	40290
245	木地板制造工	53148	47260	40279
246	家具制作工	73265	50182	35956
247	其他木材加工、家具与木制品制作人员	59450	51600	45289
248	制浆工	64456	54406	36051
249	造纸工	58301	43616	35942
250	纸箱纸盒制作工	58401	40344	33492
251	其他纸及纸制品生产加工人员	65481	57720	42845
252	印前处理和制作员	47207	39912	29664
253	印刷操作员	96601	65688	41535
254	其他印刷和记录媒介复制人员	69563	52901	32685
255	健身器材制作工	67836	42543	26768
256	油品储运工	93691	57111	42805
257	化工原料准备工	61760	47000	38665
258	化工单元操作工	52031	44106	35465
259	化工总控工	84522	68848	55262
260	制冷工	58399	45940	40805
261	工业清洗工	50870	43480	29138
262	涂料生产工	71698	60620	44190
263	化工添加剂生产工	64341	48224	33925
264	其他化学原料和化学制品制造人员	75577	51763	38390
265	化纤聚合工	67716	51896	35446
266	纺丝原液制造工	54251	37416	31997
267	纺丝工	63367	52508	36851
268	化纤后处理工	60488	42798	34230
269	其他化学纤维制造人员	68168	37469	27998
270	橡胶制品生产工	67719	59254	49783
271	塑料制品成型制作工	64951	48494	33320
272	其他橡胶和塑料制品制造人员	72074	59459	53066
273	水泥、石灰、石膏及其制品制造人员	63099	55197	46098
274	水泥生产工	48464	35095	31884
275	水泥混凝土制品工	69080	59668	45751
276	预拌混凝土生产工	64285	55694	47338
277	保温材料制造工	72327	61500	46350

续 表

序号	工　种	高价位	中价位	低价位
278	玻璃配料熔化工	70213	52411	42940
279	玻璃及玻璃制品成型工	81609	61665	27977
280	玻璃加工工	64762	43494	34549
281	玻璃制品加工工	68187	51584	39983
282	玻璃纤维及制品工	74984	65069	45135
283	玻璃钢制品工	62173	52707	43453
284	云母制品工	63386	50499	36586
285	其他非金属矿物制品制造人员	66255	41091	33079
286	天然气处理工	57669	41331	31928
287	高炉原料工	53916	47118	36915
288	炼钢工	106185	69316	52303
289	炼钢浇铸工	116954	72280	53594
290	氧化铝制取工	83646	71818	62933
291	金属轧制工	76454	53395	38144
292	金属材酸碱洗工	49111	44342	33472
293	金属材热处理工	51838	43888	31984
294	金属材精整工	53795	46688	34460
295	金属材丝拉拔工	74678	54943	49470
296	其他金属冶炼和压延加工人员	70406	47383	29890
297	车工	73593	50630	38210
298	铣工	73458	58844	37589
299	刨插工	65840	57120	44249
300	磨工	55517	49755	44321
301	镗工	63588	49604	41920
302	钻床工	65212	53650	37898
303	多工序数控机床操作调整工	90239	55680	37834
304	拉床工	65755	59361	43707
305	下料工	73335	53428	35534
306	铆工	104183	69607	46595
307	冲压工	67753	48219	34650
308	铸造工	70625	50876	35317
309	锻造工	77181	45780	33887
310	金属热处理工	77545	53650	42552
311	焊工	78581	51809	39792
312	机械加工材料切割工	67989	49161	41850

续 表

序号	工 种	高价位	中价位	低价位
313	镀层工	81664	59681	38189
314	镀膜工	65598	55539	39334
315	涂装工	82845	50912	38953
316	喷涂喷焊工	67387	48124	36991
317	模具工	91702	63630	40440
318	模型制作工	60392	43935	34208
319	磨具制造工	62601	51300	37606
320	工具钳工	75251	51591	37859
321	其他机械制造基础加工人员	89698	52691	37184
322	工具五金制作工	74902	64186	39600
323	建筑五金制品制作工	72028	53951	30633
324	锁具制作工	52582	40670	32364
325	金属炊具及器皿制作工	71057	49151	35699
326	日用五金制品制作工	54188	48800	33680
327	其他金属制品制造人员	90145	69073	37800
328	装配钳工	64979	41961	31724
329	齿轮制造工	58708	53050	42851
330	紧固件制造工	97313	52816	41394
331	机床装调维修工	105788	61514	45855
332	泵装配调试工	45200	40922	33836
333	光学零件制造工	58163	47884	37652
334	其他通用设备制造人员	52653	37154	27189
335	工程机械装配调试工	81155	58684	45578
336	电子专用设备装调工	62536	47590	39214
337	医疗器械装配工	41967	36737	30679
338	其他专用设备制造人员	114826	48943	37721
339	汽车生产线操作工	69510	59324	45392
340	汽车饰件制造工	92527	69152	54252
341	汽车零部件再制造工	76867	57491	37338
342	电机制造工	79075	57259	34668
343	变压器互感器制造工	58763	48547	39829
344	高低压电器及成套设备装配工	67824	50420	34285
345	电线电缆制造工	66270	51581	34042
346	家用电冰箱制造工	48908	31089	23518
347	小型家用电器制造工	53575	46173	36225
348	电光源制造工	63409	55314	44157

续 表

序号	工 种	高价位	中价位	低价位
349	灯具制造工	60658	50067	41218
350	其他电气机械和器材制造人员	65687	48720	34830
351	压电石英晶片加工工	68858	49718	37076
352	晶片加工工	73045	52725	42068
353	半导体分立器件和集成电路装调工	60356	52535	43375
354	磁头制造工	61887	49364	37435
355	其他计算机、通信和其他电子设备制造人员	71747	57172	41026
356	仪器仪表制造工	45978	36442	31840
357	废旧物资加工处理工	65000	42600	35670
358	其他废弃资源综合利用人员	45317	39617	24248
359	锅炉运行值班员	80923	73104	65344
360	燃料值班员	72492	52976	43447
361	汽轮机运行值班员	63220	55213	44392
362	发电集控值班员	77020	64970	51332
363	电气值班员	102172	58438	41006
364	水力发电运行值班员	63545	55612	42900
365	光伏发电运维值班员	43961	33114	29034
366	锅炉操作工	64688	46381	31693
367	变配电运行值班员	99984	61396	33377
368	压缩机操作工	77082	49650	37559
369	水生产处理工	97369	72961	50669
370	水供应输排工	66925	53213	42581
371	工业废水处理工	69154	51180	39859
372	其他电力、热力、气体、水生产和输配人员	70142	50600	37557
373	砌筑工	59254	49719	41883
374	混凝土工	59366	47167	39778
375	机械设备安装工	69497	45736	39581
376	照明工程施工员	51261	45035	33399
377	其他建筑施工人员	58947	45424	24993
378	专用车辆驾驶员	77162	56519	38034
379	起重装卸机械操作工	90710	63034	42048
380	起重工	57288	51808	46228
381	输送机操作工	60867	52973	45303
382	挖掘铲运和桩工机械司机	85227	60579	41083
383	其他运输设备和通用工程机械操作人员及有关人员	75623	51552	45012

续 表

序号	工 种	高价位	中价位	低价位
384	设备点检员	81456	53722	37584
385	机修钳工	61448	48978	39693
386	电工	107554	81589	55900
387	仪器仪表维修工	71871	55963	36356
388	锅炉设备检修工	74257	57160	50599
389	变电设备检修工	81416	59625	36654
390	工程机械维修工	78849	67182	60605
391	化学检验员	69560	49249	33965
392	物理性能检验员	53418	46494	36404
393	无损检测员	69619	53870	41121
394	质检员	68333	51734	35102
395	试验员	76401	52558	39639
396	称重计量工	69704	50000	34756
397	包装工	82352	66129	53322
398	安全员	105109	56490	36744
399	其他生产辅助人员	58043	38882	32097
400	其他生产制造及有关人员	72207	51337	33988
401	养老护理员	63752	43767	33185

嘉兴市企业 2017 年 9 个行业、职业(工种)人力资源市场工资指导价位

(一) 制造业

单位：元/人、年

序号	工 种	高价位	中价位	低价位
1	企业董事	387147	160705	56134
2	企业总经理	524356	150600	57794
3	生产经营部门经理	225260	96760	53847
4	财务部门经理	201958	100440	46506
5	行政部门经理	170264	84445	49513
6	人事部门经理	226441	82383	48371
7	销售和营销部门经理	214336	106620	49095
8	广告和公关部门经理	121040	60000	37800
9	采购部门经理	178080	79020	43650
10	计算机服务部门经理	202763	86000	46440
11	研究和开发部门经理	311574	128100	59519

续 表

序号	工 种	高价位	中价位	低价位
12	其他职能部门经理	203942	98114	48060
13	其他企业中高级管理人员	160156	73238	43686
14	工程测量工程技术人员	50820	42000	37800
15	化工实验工程技术人员	97157	52020	36318
16	化工生产工程技术人员	93695	70466	47956
17	机械设计工程技术人员	122700	65556	39053
18	机械制造工程技术人员	109177	68360	40590
19	仪器仪表工程技术人员	230880	60292	42195
20	设备工程技术人员	118061	83140	49239
21	模具设计工程技术人员	110812	66423	36966
22	焊接工程技术人员	80586	66055	38459
23	特种设备管理和应用工程技术人员	61162	52201	38305
24	汽车工程技术人员	160213	114394	53171
25	电子材料工程技术人员	98301	67422	44417
26	电子元器件工程技术人员	104525	56270	47206
27	电子仪器与电子测量工程技术人员	131350	79467	38129
28	计算机软件工程技术人员	166935	80345	44119
29	计算机网络工程技术人员	77286	59626	38869
30	信息系统运行维护工程技术人员	220050	121866	43010
31	电工电器工程技术人员	98691	68580	43044
32	变电工程技术人员	118984	68879	40145
33	供水排水工程技术人员	75927	46019	30753
34	硅酸盐工程技术人员	104407	51429	33584
35	非金属矿及制品工程技术人员	78323	62696	44975
36	无机非金属材料工程技术人员	94138	65911	51108
37	纺织工程技术人员	68370	51335	44009
38	染整工程技术人员	95721	51561	42142
39	化学纤维工程技术人员	90222	64198	48240
40	服装工程技术人员	118777	72970	48576
41	标准化工程技术人员	102710	64862	39677
42	质量管理工程技术人员	78204	57724	42514
43	质量认证认可工程技术人员	148161	83606	48711
44	可靠性工程技术人员	133452	68106	41118
45	工业工程技术人员	160486	68311	40312
46	项目管理工程技术人员	121336	93623	45955
47	产品设计工程技术人员	106015	70980	36407

续 表

序号	工 种	高价位	中价位	低价位
48	工业设计工程技术人员	147495	63253	44713
49	制浆造纸工程技术人员	93999	63026	50752
50	皮革化学工程技术人员	92283	52959	30509
51	塑料加工工程技术人员	75738	66059	39380
52	统计专业人员	60905	53952	30379
53	会计专业人员	88017	58468	31721
54	税务专业人员	167268	69596	37068
55	国际商务专业人员	137019	62947	37456
56	市场营销专业人员	143948	76420	35489
57	商务策划专业人员	103220	58000	34913
58	报关专业人员	77805	49475	32068
59	人力资源管理专业人员	121741	56000	34525
60	人力资源服务专业人员	66528	43850	27000
61	服装设计人员	411327	198780	78416
62	翻译	118057	88591	79389
63	档案专业人员	58377	47531	22047
64	行政办事员	89001	53123	34409
65	机要员	55401	45600	33506
66	秘书	108340	55438	32563
67	收发员	59564	40991	28972
68	打字员	54942	39236	28698
69	制图员	160621	87465	54537
70	后勤管理员	73734	45642	26613
71	其他办事人员	81040	51465	24808
72	保卫管理员	60176	47592	27000
73	消防安全管理员	68785	61766	40444
74	其他安全和消防人员	84761	54000	32499
75	其他办事人员和有关人员	90822	50400	30600
76	采购员	84788	52183	33487
77	道路货运汽车驾驶员	75387	54832	35285
78	装卸搬运工	69764	47520	30129
79	仓储管理员	65913	47583	31899
80	理货员	74385	52378	33486
81	网络与信息安全管理员	103043	83683	25973
82	客户服务管理员	74509	50031	27504

续 表

序号	工 种	高价位	中价位	低价位
83	保安员	59596	42180	25920
84	农产品食品检验员	53566	46997	40474
85	纤维检验员	67029	42542	33896
86	计量员	67790	40822	32058
87	其他技术辅助服务人员	76162	54221	30299
88	污水处理工	78998	50209	29988
89	保洁员	53091	32876	20233
90	其他修理及制作服务人员	84943	57822	36590
91	淀粉及淀粉糖制造工	97825	61376	47639
92	啤酒酿造工	62537	48082	38832
93	黄酒酿造工	63700	47200	35380
94	其他食品、饮料生产加工人员	62027	40867	29160
95	开清棉工	58491	50887	37160
96	纺织纤维梳理工	74807	59055	45835
97	并条工	75538	65813	45102
98	粗纱工	67929	60298	43781
99	纺纱工	75218	51642	38392
100	整经工	50486	37771	30843
101	浆纱浆染工	71911	41395	30698
102	织布工	66576	46865	34707
103	纬编工	61541	53384	44486
104	经编工	56558	50131	42457
105	非织造布制造工	58264	43720	26223
106	印染前处理工	59483	44914	36680
107	纺织染色工	77260	59437	38927
108	印花工	94260	64753	50626
109	印染后整理工	61221	49597	30733
110	印染染化料配制工	74083	49960	36751
111	工艺染织品制作工	79453	60956	45905
112	其他纺织、针织、印染人员	65474	47627	34044
113	服装制版师	82280	57300	43817
114	裁剪工	68324	46428	34128
115	缝纫工	63338	47412	35273
116	缝纫品整型工	57766	45847	29226
117	皮革及皮革制品加工工	66845	48000	27118
118	制鞋工	67213	37338	32274

续 表

序号	工 种	高价位	中价位	低价位
119	其他纺织品、服装和皮革、毛皮制品加工制作人员	78195	41700	28791
120	制材工	51237	46112	38493
121	胶合板工	67377	54624	41191
122	手工木工	72983	50262	25668
123	机械木工	64354	47880	40290
124	木地板制造工	53148	47260	40279
125	家具制作工	73265	50182	35956
126	其他木材加工、家具与木制品制作人员	59214	51600	45360
127	制浆工	62383	52605	32422
128	造纸工	74619	55905	43114
129	纸箱纸盒制作工	58401	40344	33492
130	其他纸及纸制品生产加工人员	65223	57720	39825
131	印前处理和制作员	47207	39912	29664
132	印刷操作员	96476	66368	41886
133	其他印刷和记录媒介复制人员	69563	52901	32685
134	健身器材制作工	67836	42543	26768
135	化工原料准备工	56231	45900	38988
136	化工单元操作工	74600	59926	43200
137	化工总控工	104083	78531	57917
138	涂料生产工	71698	60620	44190
139	化工添加剂生产工	64341	48224	33925
140	其他化学原料和化学制品制造人员	75577	51763	38390
141	化纤聚合工	67716	51896	35446
142	纺丝原液制造工	54251	37416	31997
143	纺丝工	63367	52508	36851
144	化纤后处理工	60488	42798	34230
145	其他化学纤维制造人员	68168	37469	27998
146	塑料制品成型制作工	64909	48534	33321
147	其他橡胶和塑料制品制造人员	72074	59459	53066
148	水泥、石灰、石膏及其制品制造人员	63099	55197	46098
149	水泥混凝土制品工	69080	59668	45751
150	保温材料制造工	72327	61500	46350
151	玻璃配料熔化工	70213	52411	42940
152	玻璃及玻璃制品成型工	81609	61665	27977
153	玻璃加工工	64762	43494	34549

续 表

序号	工 种	高价位	中价位	低价位
154	玻璃制品加工工	68187	51584	39983
155	玻璃纤维及制品工	74984	65069	45135
156	玻璃钢制品工	62173	52707	43453
157	云母制品工	63386	50499	36586
158	高炉原料工	53916	47118	36915
159	炼钢工	106185	69316	52303
160	炼钢浇铸工	116954	72280	53594
161	氧化铝制取工	83646	71818	62933
162	金属轧制工	76454	53395	38144
163	金属材酸碱洗工	49111	44342	33472
164	金属材热处理工	51838	43888	31984
165	金属材精整工	53795	46688	34460
166	金属材丝拉拔工	74678	54943	49470
167	其他金属冶炼和压延加工人员	70406	47383	29890
168	车工	73728	56372	40412
169	铣工	73580	59465	42979
170	刨插工	65840	57120	44249
171	磨工	75978	55765	40970
172	镗工	63588	49604	41920
173	钻床工	65212	53650	37898
174	多工序数控机床操作调整工	90445	62282	38628
175	拉床工	65755	59361	43707
176	下料工	74458	54670	35654
177	铆工	104183	69607	46595
178	冲压工	79100	59200	42858
179	铸造工	70625	50876	35317
180	锻造工	77181	45780	33887
181	金属热处理工	77442	56151	43470
182	焊工	87509	57919	37311
183	机械加工材料切割工	68348	56643	41850
184	镀层工	81664	59681	38189
185	镀膜工	65598	55539	39334
186	涂装工	83886	51433	38953
187	喷涂喷焊工	67354	48356	36772
188	模具工	91662	64375	41700
189	模型制作工	60392	43935	34208

续 表

序号	工　种	高价位	中价位	低价位
190	磨具制造工	61771	54000	48600
191	工具钳工	75251	51591	37859
192	其他机械制造基础加工人员	89702	58392	37171
193	工具五金制作工	75519	64277	39780
194	建筑五金制品制作工	72028	53951	30633
195	锁具制作工	52582	40670	32364
196	金属炊具及器皿制作工	71057	49151	35699
197	日用五金制品制作工	54188	48800	33680
198	其他金属制品制造人员	90145	69073	37800
199	装配钳工	82728	48000	39581
200	齿轮制造工	58708	53050	42851
201	紧固件制造工	97313	52816	41394
202	机床装调维修工	109891	62432	47334
203	泵装配调试工	45200	40922	33836
204	光学零件制造工	58163	47884	37652
205	其他通用设备制造人员	52653	37154	27189
206	电子专用设备装调工	62536	47590	39214
207	医疗器械装配工	41967	36737	30679
208	其他专用设备制造人员	114826	48943	37721
209	汽车生产线操作工	69510	59324	45392
210	汽车饰件制造工	92527	69152	54252
211	汽车零部件再制造工	76867	57491	37338
212	电机制造工	79075	57259	34668
213	变压器互感器制造工	58763	48547	39829
214	高低压电器及成套设备装配工	67824	50420	34285
215	电线电缆制造工	66270	51581	34042
216	家用电冰箱制造工	48908	31089	23518
217	小型家用电器制造工	53575	46173	36225
218	电光源制造工	63409	55314	44157
219	灯具制造工	60658	50067	41218
220	其他电气机械和器材制造人员	65687	48720	34830
221	晶片加工工	73045	52725	42068
222	半导体分立器件和集成电路装调工	60356	52535	43375
223	磁头制造工	61887	49364	37435
224	其他计算机、通信和其他电子设备制造人员	72490	57880	44876

续 表

序号	工 种	高价位	中价位	低价位
225	仪器仪表制造工	45978	36442	31840
226	锅炉运行值班员	64205	53048	36142
227	汽轮机运行值班员	63220	55213	44392
228	发电集控值班员	77020	64970	51332
229	电气值班员	75353	60147	44284
230	水力发电运行值班员	63545	55612	42900
231	锅炉操作工	64676	48950	31190
232	变配电运行值班员	60751	53228	32670
233	压缩机操作工	77082	49650	37559
234	水生产处理工	61286	54278	32343
235	水供应输排工	66925	53213	42581
236	工业废水处理工	69154	51180	39859
237	其他电力、热力、气体、水生产和输配人员	70528	51516	37970
238	机械设备安装工	69497	45736	39581
239	专用车辆驾驶员	73277	53866	37388
240	起重装卸机械操作工	68644	50462	39994
241	起重工	57288	51808	46228
242	输送机操作工	60867	52973	45303
243	挖掘铲运和桩工机械司机	65807	58317	40569
244	其他运输设备和通用工程机械操作人员及有关人员	83599	51829	40047
245	设备点检员	81456	53722	37584
246	机修钳工	81302	56540	39693
247	电工	80515	60599	37572
248	仪器仪表维修工	71871	55963	36356
249	锅炉设备检修工	74257	57160	50599
250	变电设备检修工	81416	59625	36654
251	工程机械维修工	78850	59690	41344
252	化学检验员	69560	49249	33965
253	物理性能检验员	53418	46494	36404
254	无损检测员	69619	53870	41121
255	质检员	68337	51789	35120
256	试验员	76296	52558	39817
257	称重计量工	69978	50000	35091
258	包装工	63253	47810	27008
259	安全员	90341	57481	37625
260	其他生产辅助人员	72747	50207	31530
261	其他生产制造及有关人员	71600	50874	33692

（二）建筑业

单位：元/人、年

序号	工 种	高价位	中价位	低价位
1	企业董事	271508	160067	37260
2	其他职能部门经理	161608	93341	37260
3	其他企业中高级管理人员	182557	99691	40392
4	土木建筑工程技术人员	70531	47688	33660
5	道路与桥梁工程技术人员	109340	52524	47229
6	安全生产管理工程技术人员	96228	45377	29075
7	工程造价工程技术人员	65471	48420	33888
8	会计专业人员	84504	59275	28359
9	行政办事员	117557	44147	29172
10	后勤管理员	68858	48667	35312
11	其他办事人员和有关人员	110335	59340	36941
12	照明工程施工员	51261	45035	33399
13	其他建筑施工人员	58467	45467	24993

（三）批发和零售业

单位：元/人、年

序号	工 种	高价位	中价位	低价位
1	企业董事	355416	108000	45265
2	企业总经理	493300	186647	51614
3	生产经营部门经理	234191	121975	53532
4	财务部门经理	150594	80883	40179
5	行政部门经理	216792	97041	43200
6	人事部门经理	221319	93534	59031
7	销售和营销部门经理	222169	107740	44270
8	广告和公关部门经理	117927	71955	47344
9	采购部门经理	95137	83520	51415
10	其他职能部门经理	219805	114720	46535
11	其他企业中高级管理人员	184774	83200	32132
12	经济规划专业人员	135512	88219	55397
13	统计专业人员	74976	53796	33234
14	会计专业人员	135468	61540	36963
15	国际商务专业人员	96062	76420	52866
16	人力资源管理专业人员	126867	54530	38902

续 表

序号	工　种	高价位	中价位	低价位
17	行政办事员	171957	71596	37148
18	秘书	124348	55343	35380
19	后勤管理员	84744	50690	31671
20	保卫管理员	57148	47220	26814
21	其他办事人员和有关人员	77145	50586	32508
22	采购员	75385	51400	31410
23	营销员	82837	48537	24588
24	商品营业员	57878	39413	26370
25	收银员	55417	37546	24575
26	烟草制品购销员	117531	104161	81796
27	其他批发与零售服务人员	108186	41645	25648
28	道路货运汽车驾驶员	73596	55536	31883
29	装卸搬运工	77678	44912	32229
30	仓储管理员	54211	38400	33972
31	理货员	41351	36313	23972
32	物流服务师	47248	40554	29976
33	客户服务管理员	47066	41401	34004
34	保安员	53119	39902	30694
35	商品防损员	49373	36724	28508
36	保洁员	43116	38751	25543
37	油品储运工	93691	57111	42805
38	专用车辆驾驶员	66452	59834	47074
39	质检员	56555	48000	42775

(四) 交通运输、仓储和邮政业

单位：元/人、年

序号	工　种	高价位	中价位	低价位
1	企业总经理	379913	203672	79268
2	生产经营部门经理	242489	140198	53075
3	行政部门经理	210834	90950	67946
4	其他职能部门经理	212954	112763	52929
5	其他企业中高级管理人员	86512	72632	63409
6	会计专业人员	129627	70713	46210
7	人力资源管理专业人员	125652	86888	47358
8	行政办事员	121116	82369	47239

续 表

序号	工 种	高价位	中价位	低价位
9	收发员	36492	32624	24026
10	后勤管理员	69077	50540	19368
11	道路客运汽车驾驶员	76751	67412	49087
12	道路货运汽车驾驶员	89761	75674	56357
13	道路客运服务员	58532	48544	36514
14	道路运输调度员	75583	68376	41420
15	油气电站操作员	68049	61671	47421
16	邮政营业员	83346	63005	54396
17	邮件分拣员	78523	55380	49592
18	邮政投递员	81881	62026	51222
19	邮政市场业务员	82763	68624	61820
20	电工	107156	87728	67188

（五）住宿和餐饮业住宿业

单位：元/人、年

序号	工 种	高价位	中价位	低价位
1	销售和营销部门经理	133855	91662	56160
2	其他职能部门经理	118075	66850	45752
3	其他企业中高级管理人员	85140	53410	35568
4	会计专业人员	68695	56351	24408
5	消防监督检查员	39947	35536	24696
6	前厅服务员	44885	38047	27000
7	客房服务员	44831	31308	27000
8	中式烹调师	69960	44409	32400
9	西式烹调师	56315	48530	35770
10	餐厅服务员	42911	32824	23400
11	其他住宿和餐饮服务人员	54854	32673	23400
12	保安员	39660	34585	27412

（六）信息传输、软件和信息技术服务业

单位：元/人、年

序号	工 种	高价位	中价位	低价位
1	其他职能部门经理	213571	68835	60721
2	其他企业中高级管理人员	184410	103327	59558

续 表

序号	工 种	高价位	中价位	低价位
3	通信工程技术人员	165822	81223	47690
4	计算机硬件工程技术人员	101323	59556	39165
5	计算机软件工程技术人员	123539	61830	44226
6	会计专业人员	156708	105265	61595
7	市场营销专业人员	131155	84713	65663
8	行政办事员	142006	80043	52816
9	其他办事人员和有关人员	57430	43218	35123
10	营销员	100589	81158	51874
11	信息通信营业员	83744	62044	46080
12	信息通信业务员	104870	81496	50979
13	其他技术辅助服务人员	58141	46530	37677
14	安全员	64963	47289	36114

（七）金融业

单位：元/人、年

序号	工 种	高价位	中价位	低价位
1	企业总经理	827676	201281	76519
2	生产经营部门经理	341012	134244	65027
3	财务部门经理	208863	122919	71655
4	行政部门经理	208711	95770	67989
5	人事部门经理	221524	91995	74765
6	销售和营销部门经理	226473	111062	68312
7	其他职能部门经理	214065	110098	60747
8	其他企业中高级管理人员	178703	104097	60896
9	会计专业人员	148919	107573	64622
10	人力资源管理专业人员	159605	84582	51791
11	银行外汇市场业务专业人员	208506	147905	98133
12	银行清算专业人员	194206	136502	97115
13	信贷审核专业人员	227891	151954	106156
14	保险核保专业人员	93536	69036	48957
15	保险理赔专业人员	90050	69817	51102
16	其他经济和金融专业人员	299537	178024	71937
17	行政办事员	166121	82668	64518
18	后勤管理员	107030	55150	37042
19	其他办事人员和有关人员	121527	73900	43962

续 表

序号	工　种	高价位	中价位	低价位
20	银行综合柜员	164264	96050	70825
21	银行客户业务员	248121	161666	104219

（八）租赁和商务服务业

单位：元/人、年

序号	工　种	高价位	中价位	低价位
1	企业总经理	365844	127794	73392
2	其他职能部门经理	141128	65322	53921
3	其他企业中高级管理人员	125853	85640	45000
4	安全防范设计评估工程技术人员	120829	88066	48542
5	会计专业人员	79659	57841	40055
6	行政办事员	77006	49108	36742
7	后勤管理员	54010	40000	34380
8	商品营业员	36500	32198	26575
9	道路客运汽车驾驶员	51079	46194	33689
10	客运船舶驾驶员	81469	48180	33691
11	物业管理员	52915	43300	30775
12	导游	65988	52284	45446
13	公共游览场所服务员	56193	34608	28545
14	保安员	54351	31445	23234
15	市场管理员	51613	37336	27648
16	其他租赁和商务服务人员	55189	44896	34452
17	其他技术辅助服务人员	51476	45000	37467
18	保洁员	38033	26160	19116
19	其他社会生产和生活服务人员	62478	41540	28906

（九）居民服务、修理和其他服务业

单位：元/人、年

序号	工　种	高价位	中价位	低价位
1	企业总经理	389473	114058	36160
2	生产经营部门经理	140432	73402	26568
3	销售和营销部门经理	109698	80628	38694
4	其他职能部门经理	133547	58860	39573
5	其他企业中高级管理人员	82266	55388	32141

续 表

序号	工　种	高价位	中价位	低价位
6	建筑和市政设计工程技术人员	87120	42200	28726
7	安全生产管理工程技术人员	85333	36633	32848
8	会计专业人员	67996	60330	33440
9	行政办事员	76094	46700	32220
10	后勤管理员	51907	31316	27000
11	其他办事人员	78739	70521	45921
12	其他办事人员和有关人员	58928	45610	34955
13	餐厅服务员	34954	30386	26073
14	物业管理员	37898	30890	24701
15	保安员	35213	31449	23378
16	保洁员	37139	25037	18621
17	生活垃圾清运工	55045	46007	32616
18	生活垃圾处理工	53913	40620	34387
19	其他水利、环境和公共设施管理服务人员	65887	52673	43458
20	其他居民服务人员	39060	29520	20872
21	汽车维修工	62174	45806	23919
22	其他社会生产和生活服务人员	53271	35330	22680
23	专用车辆驾驶员	102913	59340	39528
24	其他生产辅助人员	66947	50439	34884

嘉兴市企业 2017 年不同专业技术等级工资指导价位

分管理岗位、专业技术等级、职业技能等级工资指导价位

单位：元/人、年

序号	管理岗位/专业技术等级/职业技能等级	高价位	中价位	低价位
1	高级管理岗	285732	122251	87334
2	一级部门管理岗	198933	111000	66204
3	二级部门管理岗	170124	72059	48154
4	其他管理岗	104379	62760	40917
5	高级职称	174669	138424	96856
6	中级职称	167067	118539	86470
7	初级职称	135460	74053	45103
8	没有取得专业技术职称	99716	66000	34709
9	高级技师	174138	124208	91064
10	技师	150109	112051	81659

续 表

序号	管理岗位/专业技术等级/职业技能等级	高价位	中价位	低价位
11	高级技能	128721	95927	53126
12	中级技能	131027	83501	53350
13	初级技能	95732	67490	48670
14	没有取得资格证书	77418	53354	37857

嘉兴市企业2017年5种不同学历人力资源市场工资指导价位

单位：元/人、年

序号	学　历	高价位	中价位	低价位
1	研究生	166314	96606	70608
2	大学本科	93910	61230	43038
3	大学专科	63048	52881	37362
4	高中、中专和技校	59950	49452	37416
5	初中及以下	51552	47458	36741

绍兴市人力资源市场工资指导价位

2017 年绍兴市职业(工种)工资指导价位

单位:元/人、年

序号	职业(工种)	高位数	较高位数	中位数	较低位数	低位数
1	企业董事	690259	277029	180461	112701	66147
2	企业总经理	540479	246555	174216	87407	59597
3	生产经营部门经理	285780	171020	123705	65976	50670
4	财务部门经理	301677	146600	100726	64922	48311
5	行政部门经理	248856	151654	105026	67065	52614
6	人事部门经理	259941	132871	84871	58159	48168
7	销售和营销部门经理	310778	153264	113020	67236	47621
8	广告和公关部门经理	134983	105315	99790	62182	47634
9	采购部门经理	172444	114416	87535	52268	42662
10	计算机服务部门经理	217783	171235	128363	77673	50000
11	研究和开发部门经理	373266	211374	139812	82918	50840
12	餐厅部门经理	139233	112323	71735	58629	47612
13	客房部门经理	124732	110179	97152	78893	58218
14	其他职能部门经理	362676	170000	97152	60000	44476
15	其他企业中高级管理人员	221240	134314	82984	62677	42930
16	农业科学研究人员	110985	84525	67096	59100	50100
17	医学研究人员	131676	103326	91158	68058	65254
18	管理学研究人员	118705	95108	85510	65664	49134
19	地质勘探工程技术人员	184932	141568	131769	90635	80808
20	测绘和地理信息工程技术人员	112834	100721	75400	57234	41600
21	矿山工程技术人员	169311	121943	91048	59655	55140
22	冶金工程技术人员	212779	151046	91995	70480	58744
23	化工工程技术人员	135056	99004	78004	58750	47783
24	机械工程技术人员	162715	109632	86839	61498	50634
25	电子工程技术人员	123888	86971	82389	60812	42961
26	信息和通信工程技术人员	185061	142986	103326	75683	60052
27	电气工程技术人员	123888	86971	82389	60812	42961
28	电力工程技术人员	160787	127652	77685	69014	40381

续 表

序号	职业(工种)	高位数	较高位数	中位数	较低位数	低位数
29	邮政和快递工程技术人员	125633	89561	73437	59899	45688
30	广播电影电视及演艺设备工程技术人员	143858	108268	94356	79417	75347
31	道路和水上运输工程技术人员	131510	97312	75260	64103	55917
32	建筑工程技术人员	151102	91420	76104	58011	49559
33	建材工程技术人员	115328	111209	94446	70425	70053
34	林业工程技术人员	123479	112007	94819	74402	59389
35	水利工程技术人员	164077	147099	120486	91367	69119
36	纺织服装工程技术人员	116000	89202	61842	49080	43694
37	食品工程技术人员	231161	134484	95491	60502	50763
38	环境保护工程技术人员	114421	99989	73809	60578	50061
39	安全工程技术人员	134533	85176	75394	64500	60600
40	标准化、计量、质量和认证认可工程技术人员	101328	73202	63905	49072	46507
41	管理(工业)工程技术人员	143004	96479	66165	55582	49137
42	检验检疫工程技术人员	86756	67295	61327	55928	45362
43	制药工程技术人员	79595	78333	72619	55760	55388
44	工业(产品)设计工程技术人员	119107	79800	62299	49817	46560
45	轻工工程技术人员	62933	56625	50494	44694	41339
46	土地整治工程技术人员	79850	65482	56078	45321	42840
47	农业技术指导人员	72039	63475	53403	42065	35642
48	植物保护技术人员	76400	66931	60443	50402	43799
49	兽医兽药技术人员	81732	80433	79754	77184	74000
50	农业工程技术人员	66710	59220	49163	46480	43332
51	药学技术人员	99396	93800	87847	77282	71568
52	经济专业人员	138292	104711	87670	62155	45837
53	统计专业人员	92587	63587	52784	38025	31448
54	会计专业人员	128693	80033	57592	44918	36627
55	审计专业人员	166241	124532	82454	60933	42923
56	税务专业人员	108463	97813	82454	57870	36480
57	评估专业人员	117354	99954	88295	72594	56038
58	商务专业人员	100229	84740	63264	55005	42747
59	人力资源专业人员	176260	101028	65426	46239	39801
60	银行专业人员	216101	135082	108284	91630	76479
61	保险专业人员	196739	161154	157029	112482	76905
62	证券专业人员	254728	134307	78723	70714	53798
63	知识产权专业人员	94132	83243	70467	56020	47853
64	其他经济和金融专业人员	190809	103676	86249	67331	62132

续 表

序号	职业(工种)	高位数	较高位数	中位数	较低位数	低位数
65	法律顾问	90318	62984	53439	42180	33288
66	其他法律、社会和宗教专业人员	97891	92726	87307	80260	76252
67	幼儿教育教师	75300	52326	42109	37506	35340
68	工艺美术与创意设计专业人员	167929	117913	82842	65359	52051
69	体育专业人员	96714	86146	75809	62952	59331
70	编辑	110684	90468	83639	66454	55401
71	翻译人员	80478	75360	69502	58640	55325
72	档案专业人员	110739	76258	69039	58663	40191
73	其他新闻出版、文化专业人员	85336	69852	57681	49512	39542
74	其他专业技术人员	160753	85738	54234	42536	34179
75	行政业务办理人员	140503	97499	54403	43862	37930
76	行政事务处理人员	89990	65000	50562	41527	30855
77	其他办事人员	138449	63373	46690	36004	30000
78	保卫人员	71018	48045	39371	31976	28800
79	消防和应急救援人员	61145	49206	44893	38345	32340
80	其他安全和消防人员	74556	57570	43074	34446	29913
81	其它办事人员和有关人员	110880	70696	50531	37694	29969
82	采购人员	99000	61208	48708	39252	33075
83	销售人员	128921	71600	49030	34600	28062
84	贸易经纪代理人员	70230	59275	52209	45700	37602
85	再生物资回收人员	53655	44872	41075	35641	24779
86	特殊商品购销人员	144399	94923	50092	38786	31680
87	其他批发与零售服务人员	123882	69565	49004	44127	42632
88	轨道交通运输服务人员	77018	61910	60002	54430	48924
89	道路运输服务人员	93836	75014	58909	45689	39437
90	装卸搬运和运输代理服务人员	79148	69246	59852	47077	39176
91	仓储人员	94861	61064	47330	43457	36254
92	邮政和快递服务人员	114359	91259	62254	55314	48822
93	其他交通运输、仓储和邮政业服务人员	79758	62414	53269	47213	39724
94	住宿服务人员	58402	45292	40228	30659	24820
95	餐饮服务人员	71680	50000	42504	33432	30724
96	其他住宿和餐饮服务人员	59412	45891	36101	29920	25910
97	信息通信业务人员	149048	115177	99750	91206	75439
98	信息通信网络维护人员	206545	123729	100246	66298	57644
99	信息通信网络运行管理人员	148901	72682	64912	52746	49970

续 表

序号	职业(工种)	高位数	较高位数	中位数	较低位数	低位数
100	软件和信息技术服务人员	103750	83869	67697	61980	60850
101	其他信息传输、软件和信息技术服务人员	68189	55774	48892	44246	41047
102	银行服务人员	212556	155328	125583	97213	83168
103	保险服务人员	219100	161154	157029	112482	76906
104	其他金融服务人员	167376	127322	90924	67331	62291
105	物业管理服务人员	64780	54643	49470	46008	34462
106	房地产中介服务人员	84772	74466	44129	38085	32182
107	其他房地产服务人员	186000	126071	104208	85815	63508
108	租赁业务人员	120060	113549	106674	97270	92386
109	商务咨询服务人员	76613	55743	42756	36906	33840
110	人力资源服务人员	67488	61522	53889	42590	33192
111	安全保护服务人员	67176	57786	50134	44817	32943
112	市场管理服务人员	142326	49475	41595	36425	34900
113	会议及展览服务人员	98574	81135	67503	46500	42000
114	其他租赁和商务服务人员	133454	65475	36230	30944	26760
115	检验、检测和计量服务人员	97484	48852	42148	39876	39433
116	环境监测服务人员	100693	78642	72347	54528	40643
117	专业化设计服务人员	169112	100806	85040	56232	39626
118	其他技术辅助服务人员	90163	78607	66207	52063	43801
119	水利设施营养人员	48000	45600	38468	26750	23910
120	环境治理服务人员	58931	55803	46552	36000	33600
121	环境卫生服务人员	43692	35003	31089	25090	22233
122	绿化与园艺服务人员	48220	46490	44859	42163	40865
123	其他水利、环境和公共设施管理服务人员	54993	51228	44884	32720	29248
124	生活照料服务人员	45630	35135	32409	26813	24205
125	养老护理员	60000	47000	40480	31200	25600
126	服装裁剪和洗染织补人员	54585	44680	36796	30040	23248
127	美容美发和浴池服务人员	57333	52293	46544	39561	34379
128	其他居民服务人员	43000	37420	36837	31350	28456
129	电力供应服务人员	112117	90352	74864	62928	50375
130	燃气供应服务人员	61135	54915	40958	35920	29632
131	水供应服务人员	89348	75205	66077	54247	43001
132	其他电力、燃气及水供应服务人员	78370	75345	73072	65498	56993
133	汽车摩托车修理技术服务人员	124694	89916	68274	50097	37854
134	计算机和办公设备维修人员	70261	58897	47242	40698	34101
135	家用电子电器产品维修人员	67672	63790	60493	55760	52847

续　表

序号	职业(工种)	高位数	较高位数	中位数	较低位数	低位数
136	日用产品修理服务人员	67728	55416	52905	49545	48618
137	其他修理及制作服务人员	65902	54272	48390	37530	30020
138	健身和娱乐场所服务人员	55950	51750	43111	34600	23520
139	其他文化、体育和娱乐服务人员	64833	62036	60539	59008	57515
140	公共卫生辅助服务人员	60269	50269	45812	40269	30269
141	其他健康服务人员	71498	41982	33936	26698	22572
142	农作物生产人员	39400	37661	32270	26573	22605
143	林木种苗繁育人员	51915	44175	40937	34325	28770
144	其他林业生产人员	55200	45200	41903	35200	25200
145	畜禽种苗繁育人员	115500	97500	81365	65000	56000
146	畜禽饲养人员	59500	51500	45768	42500	38000
147	其他畜牧业生产人员	73074	60500	56955	51500	48800
148	其他农林牧渔业生产辅助人员	46154	45823	43184	40558	37647
149	饲料加工人员	69697	58284	53485	50795	49786
150	水产品加工人员	60104	52700	42737	35970	30267
151	果蔬和坚果加工人员	49570	46700	40743	37805	30145
152	焙烤食品制造人员	52270	48023	41954	37850	32866
153	方便食品和罐头食品加工人员	48775	42725	39920	36702	31187
154	调味品及食品添加剂制作人员	66778	47777	42201	37588	32594
155	酒、饮料及精制茶制造人员	57050	49442	40817	38347	35374
156	其他食品、饮料生产加工人员	54910	49919	40567	36910	36355
157	纤维预处理人员	75950	57950	51819	48950	42950
158	纺纱人员	73214	58853	50552	41309	38400
159	织造人员	67657	55395	47537	37772	30300
160	针织人员	65431	51492	45906	41176	33520
161	非织造布制造人员	60107	48319	43937	38000	32419
162	印染人员	94811	66971	52682	44006	38349
163	其他纺织、针织、印染人员	71637	54812	44948	36000	35562
164	纺织品和服装剪裁缝纫人员	79083	54091	47448	37945	34325
165	皮革、毛皮及其制品加工人员	62870	46298	43777	37667	30343
166	羽绒羽毛加工及制品制造人员	57138	50060	46848	40856	34423
167	其他纺织品、服装和皮革、毛皮制品加工制作人员	58000	49000	46436	38000	32195
168	木材加工人员	80283	65909	57112	46126	35128
169	人造板制造人员	80850	67977	57855	45794	35139
170	木制品制造人员	84950	67623	56573	48258	36623

续 表

序号	职业(工种)	高位数	较高位数	中位数	较低位数	低位数
171	家具制造人员	98260	75660	60291	54210	45240
172	其他木材加工、家具与木制品制作人员	87282	73020	70001	53892	48030
173	制浆造纸人员	70343	54788	53062	50054	48883
174	纸制品制作人员	64035	56155	55440	48500	38475
175	印刷人员	89212	77508	58791	46249	36102
176	记录媒介复制人员	60537	58074	52728	46500	40500
177	工艺美术品制造人员	69000	61500	51870	46121	37000
178	化工产品生产通用工艺人员	72938	59843	54283	44069	42600
179	农药生产人员	57752	36636	33671	32507	30000
180	专用化学产品生产人员	66300	60637	52052	41636	35900
181	日用化学品生产人员	66279	59386	56711	50724	42163
182	化学药品原料药制造人员	84720	62893	53757	45761	40372
183	药物制剂人员	65395	55108	46114	35000	32000
184	生物药品制造人员	68303	55797	50599	46385	42328
185	其他医药制造人员	62892	48744	39665	30867	27332
186	化学纤维原料制造人员	63242	53125	43426	37750	35255
187	化学纤维纺丝及后处理人员	61363	55272	52353	47880	40280
188	其他化学纤维制造人员	75118	67971	60575	39885	43682
189	橡胶制品生产人员	68761	50811	46843	42992	41290
190	塑料制品加工人员	67389	55055	49623	43816	41052
191	其他橡胶和塑料制品制造人员	68144	55290	51669	48573	45103
192	水泥、石灰、石膏及其制品制造人员	75900	55051	45403	40994	36244
193	砖瓦石材等建筑材料制造人员	107048	95795	79353	63318	52053
194	玻璃及玻璃制品生产加工人员	64042	53882	51547	45345	38543
195	其他非金属矿物制品制造人员	61560	54232	48128	43400	37641
196	轻有色金属冶炼人员	65000	55045	51093	45228	39668
197	半导体材料制备人员	68097	58575	55992	51345	45667
198	金属轧制人员	90115	72699	69303	61071	54644
199	其他金属冶炼和压延加工人员	64023	57908	50216	45015	43292
200	机械冷加工人员	92298	66820	55594	47400	32640
201	机械热加工人员	84672	57229	51897	45232	38648
202	机械表面处理加工人员	99790	74183	52399	45221	38620
203	工装工具制造加工人员	86012	75303	59425	46345	41736
204	其他机械制造基础加工人员	68345	57077	50339	38000	32000
205	五金制品制作装配人员	70742	46568	38435	35997	33708
206	其他金属制品制造人员	62467	51582	45808	42650	37009

续 表

序号	职业(工种)	高位数	较高位数	中位数	较低位数	低位数
207	通用基础件装配制造人员	75748	61108	53295	45035	39161
208	锅炉及原动设备制造人员	69647	68811	68921	58428	52825
209	金属加工机械制造人员	66020	60329	53335	48050	47353
210	泵、阀门、压缩机及类似机械制造人员	58800	54000	48654	36212	30850
211	其他通用设备制造人员	102916	72471	55046	48241	43930
212	纺织服装和皮革加工专用设备制造人员	55399	48881	40886	38325	33339
213	医疗器械制品和康复辅具生产人员	84000	65000	50853	41500	39360
214	其他专用设备制造人员	59061	56565	46838	37390	34879
215	汽车零部件、饰件生产加工人员	72956	60673	57093	41119	32490
216	汽车整车制造人员	110104	74800	46607	44206	43385
217	其他汽车制造人员	69814	54863	53398	44604	38188
218	电机制造人员	64952	52993	48291	44675	40860
219	输配电及控制设备制造人员	69177	62788	58825	46517	39571
220	电线电缆、光纤光缆及电工器材制造人员	59706	54867	50853	45319	39537
221	电池制造人员	66913	56517	46468	42400	34933
222	家用电力器具制造人员	81812	66920	55978	46185	42293
223	照明器具制造人员	63092	52531	46596	39070	34337
224	电子元件制造人员	55401	50966	47180	41751	36945
225	电子器件制造人员	64639	48560	46067	40889	37878
226	计算机制造人员	67402	59932	57305	51755	45402
227	仪器仪表装配人员	63180	57670	49190	45701	34520
228	其他仪器仪表制造人员	86049	69696	60412	56112	52924
229	电力、热力生产和供应人员	90977	76154	70551	60835	46280
230	气体生产、处理和输送人员	75922	72437	62025	47102	45601
231	水生产、输排和水处理人员	68427	62570	56940	44050	35998
232	其他电力、热力、气体、水生产和输配人员	88366	75101	70116	56977	54050
233	房屋建筑施工人员	73000	60512	60354	55135	53908
234	土木工程建筑施工人员	64486	60276	56551	42541	38537
235	建筑安装施工人员	65880	63591	54794	48053	43390
236	建筑装饰人员	88650	63750	59201	47025	39138
237	古建筑修建人员	119238	93559	92202	84444	76371
238	其他建筑施工人员	67200	54000	50853	44000	37792
239	专用车辆操作人员	78591	64805	55106	48744	40243
240	通用工程机械操作人员	88307	84373	75172	36100	34000
241	其他运输设备和通用工程机械操作人员及有关人员	76964	59262	49059	39012	36792

续 表

序号	职业(工种)	高位数	较高位数	中位数	较低位数	低位数
242	机械设备修理人员	89451	68346	63098	45780	37943
243	检验试验人员	79936	54055	47167	37984	33847
244	称重计量人员	61118	56073	44674	31716	26000
245	包装人员	69831	54049	42834	36720	30583
246	安全生产管理人员	102238	56368	44791	37541	31613
247	其他生产辅助人员	72437	52556	47749	38181	31200
248	其他生产制造及有关人员	72000	53716	42717	34352	28800

2017 年绍兴市主要行业人工成本状况

行业	企业平均人工成本(元/人、年)	各项费用占人工成本比重						
		从业人员劳动报酬	福利费用	教育经费	保险费用	劳动保护费用	住房费用	其他人工成本
总体状况	72499	78.95%	4.76%	0.80%	10.85%	0.71%	2.92%	1.01%
农、林、牧、渔业	58353	84.46%	3.10%	0.21%	9.66%	0.23%	0.27%	2.07%
采矿业	78200	71.95%	1.79%	5.50%	13.43%	0.48%	6.23%	0.62%
制造业	71645	81.81%	4.31%	0.46%	9.25%	0.84%	1.20%	2.13%
电力、热力、燃气及水生产和供应业	139464	73.29%	6.59%	0.44%	11.38%	1.84%	6.09%	0.37%
建筑业	64133	90.59%	4.60%	0.60%	3.78%	0.19%	0.18%	0.06%
批发和零售业	75193	80.49%	4.76%	0.34%	10.68%	0.69%	2.42%	0.62%
交通运输、仓储和邮政业	79246	76.24%	4.31%	0.76%	11.48%	0.23%	6.22%	0.76%
住宿和餐饮业	54950	80.36%	7.05%	0.44%	10.90%	0.20%	0.36%	0.69%
信息传输、软件和信息技术服务业	126880	71.53%	7.10%	0.85%	14.02%	0.98%	4.89%	0.63%
金融业	229438	71.13%	5.79%	0.75%	13.31%	0.90%	5.42%	2.70%
房地产业	137189	81.50%	6.00%	0.37%	8.60%	0.59%	2.35%	0.59%
租赁和商务服务业	66243	80.86%	4.44%	0.16%	11.11%	0.64%	1.93%	0.86%
科学研究和技术服务业	102647	78.78%	4.93%	0.69%	9.88%	2.72%	2.35%	0.65%
水利环境和公共设施管理业	102438	77.67%	7.66%	0.30%	11.78%	0.40%	2.00%	0.19%
居民服务、修理和其他服务业	64675	82.32%	0.84%	0.34%	12.21%	0.26%	1.88%	2.15%
文化、体育和娱乐业	62708	80.24%	2.88%	0.57%	12.13%	0.11%	2.93%	1.14%

金华市人力资源市场工资指导价位

金华市区企业2017年部分职业(工种)人力资源市场工资指导价位

单位：元/月

序号	职业名称	高位数	中位数	低位数
1	企业经理(厂长)	15280	10500	4000
2	副经理(副厂长)	12960	8667	4000
3	生产或经营经理	10498	6199	3021
4	财务经理	8640	6058	3800
5	行政经理	8867	4797	2795
6	人事经理	8867	4797	2795
7	销售和营销经理	10498	6123	2838
8	广告和公关经理	8024	6296	2795
9	采购经理	7592	4366	2655
10	研究和开发经理	11329	5509	3322
11	餐厅经理	5400	3773	3050
12	客房经理	5184	3773	3510
13	保安部经理	6448	3579	2537
14	仓储部经理	6804	3579	2623
15	质管部经理	7679	4096	2623
16	物业经理	6642	3687	2623
17	化工工程技术人员	7592	4646	4100
18	医药工程技术人员	8856	6296	3700
19	机械工程技术人员	6577	4010	3225
20	设备工程技术人员	6642	3967	3010
21	仪器仪表工程技术人员	5400	3741	3201
22	电子工程技术人员	8078	4560	3623
23	电子元器件工程技术人员	8057	4377	2526
24	通信工程技术人员	10876	5250	2827
25	计算机与应用工程技术人员	8100	4215	2655
26	计算机硬件技术人员	8089	4732	2655
27	计算机软件技术人员	9698	4732	2795
28	计算机网络技术人员	6610	4215	2537

续 表

序号	职业名称	高位数	中位数	低位数
29	电气工程技术人员	8856	4840	2537
30	电力工程技术人员	8089	4786	2537
31	建筑工程技术人员	12982	6468	3150
32	安全工程技术人员	8726	4646	3870
33	纺织工程技术人员	7560	4355	2655
34	食品工程技术人员	7560	4355	3500
35	其他工程技术人员	8683	4711	2430
36	统计人员	5227	3299	2795
37	会计人员	4320	3579	2688
38	出纳	3780	3191	2500
39	房地产业务人员	7679	4355	2600
40	银行信贷员	10584	7244	3322
41	银行储蓄员	8024	5164	2827
42	金融守押员	7517	4916	2956
43	保险推销员	6610	4118	2473
44	保险理赔员	10033	6220	2946
45	其他保险业务人员	6502	3816	2290
46	行政业务办公人员	6340	3805	2290
47	人事劳资人员	6167	3816	3225
48	秘书	4320	4118	2650
49	收发员	3607	2738	2600
50	打字员	3607	2792	2600
51	治安保卫人员	3974	3008	2086
52	投递员	3726	2652	2279
53	报刊发行员	2603	2307	2086
54	邮件处理员	7906	5401	2580
55	计算机操作员	3931	2986	2086
56	话务员	4860	4247	2623
57	营业员	3110	2415	2086
58	收银员	3002	2426	2086
59	推销员	5594	2986	2182
60	采购员	4655	3008	2700
61	医药商品购销员	5216	3816	2397
62	保管员	3661	2652	2086
63	理货员	2732	2479	2400
64	防损员	3046	2512	2300

续 表

序号	职业名称	高位数	中位数	低位数
65	保鲜员	2635	2318	2086
66	冷藏工	3564	2781	2086
67	其他保管人员	3424	2490	2086
68	商品储运员	3424	2770	2086
69	中式烹调师	7247	4129	3279
70	中式面点师	5983	3536	2172
71	西式烹调师	6264	3751	2279
72	西式面点师	5983	3212	2837
73	调酒师	5162	3590	2537
74	茶艺师	4655	2986	2236
75	其他调酒和茶艺人员	5216	4247	2860
76	餐厅服务员	2754	2307	2086
77	餐具清洗保管员	3000	2800	2600
78	前厅服务员	3000	2800	2600
79	客房服务员	2754	2307	2086
80	其他餐饮、旅店服务人员	3402	3000	2800
81	导游	4244	3331	3000
82	园林植物保护工	3100	2600	2400
83	花卉园艺工	6372	3504	2400
84	保健按摩师	4860	3773	3225
85	健身和娱乐场所服务人员	4000	3800	3600
86	汽车客运服务员	3488	2932	2672
87	车站客运服务员	3402	2792	2586
88	公交车驾驶员	6480	4118	3225
89	物业管理人员	3888	3200	3000
90	保育员	8000	4053	3500
91	家政服务人员	4320	3500	3000
92	锅炉操作工	5000	4200	3800
93	美容师	6480	4312	3225
94	美发师	5216	3029	2182
95	其他美容美发人员	4525	2620	2300
96	洗衣师	3046	2555	2086
97	摄影师	7000	4000	3500
98	冲印工	4622	3191	2700
99	眼镜验光员	3294	2781	2700

续 表

序号	职业名称	高位数	中位数	低位数
100	眼镜定配工	2851	2641	2600
101	家用电器产品维修工	5000	3159	2397
102	家用电子产品维修工	5000	3159	2376
103	办公设备维修人员	4800	2800	2172
104	垃圾清运工	3000	2850	2700
105	保洁员	2732	2339	2086
106	其他环境卫生人员	2635	2296	2086
107	勤杂工	2689	2307	2086
108	蔬菜加工工	3305	2630	2086
109	果类产品加工工	3002	2630	2086
110	金属轧制人员	3370	2544	2086
111	化工产品生产工	5497	2943	2086
112	车工	5692	3644	2473
113	铣工	5216	3331	2451
114	刨插工	4676	3029	2247
115	磨工	4676	2781	2290
116	镗工	4720	2965	2397
117	钻床工	4331	3029	2290
118	加工中心操作工	3888	3200	3000
119	制齿工	4050	2760	2247
120	抛磨光工	4428	3331	2559
121	拉床工	3953	2760	2290
122	锯床工	4147	3051	2290
123	铸造工	4655	3331	2451
124	锻造工	4320	2760	2451
125	冲压工	4741	3029	2451
126	剪切工	3888	2781	2376
127	焊工	5983	3730	2526
128	模具工	5119	3805	2645
129	金属热处理工	4093	3212	2268
130	电切削工	3542	2965	2400
131	冷作钣金加工工	3823	2889	2215
132	镀层工	3877	2932	2470
133	涂装工	3910	2900	2247
134	注塑工	3877	3200	3000
135	绕线工	4158	3029	2279

续 表

序号	职 业 名 称	高位数	中位数	低位数
136	行车工	4644	2932	2462
137	基础件装配工	4525	3500	3000
138	部件装配工	4104	2954	2247
139	装配钳工	4277	3029	2247
140	工具钳工	4590	3644	2451
141	动力设备装配工	4331	3471	2462
142	电子元件及设备装配工	4212	3493	2365
143	机修钳工	4655	3299	2451
144	汽车修理工	6000	4520	3600
145	仪器仪表修理工	3888	2760	2247
146	通讯交换设备调试工	4363	2900	2129
147	电力工程内线安装工	4590	3029	2451
148	专业电力设备检修工	4277	3191	2451
149	电工	4579	3331	2800
150	维修电工	4612	3331	2451
151	电子元件制造工	4147	2652	2247
152	印染人员	5119	3202	2462
153	电子计算机维修工	4277	3331	2311
154	橡胶塑料制品生产工	3510	3029	2129
155	针织人员	4579	3500	3000
156	织造人员	5152	3191	2311
157	整烫工	5335	3266	2247
158	档车工	4590	3029	2172
159	裁剪工	3920	2857	2247
160	缝纫工	4320	2889	2247
161	乳品加工工	3478	2641	2086
162	冷食品制作工	3521	2684	2086
163	食品罐头加工工	3272	2663	2086
164	糕点面包烘焙工	3370	2555	2086
165	屠宰加工工	3272	2307	2118
166	肉蛋食品加工工	3000	2800	2600
167	饮料制作工	3310	3000	2800
168	火腿腌制工	3510	3200	3000
169	药品生产制造工	3758	2760	2247
170	木工	5400	5200	5000

续 表

序号	职业名称	高位数	中位数	低位数
171	手工木工	4400	4200	4000
172	机械木工	4158	3200	3000
173	精细木工	5443	3805	3000
174	纸制品制作工	2992	2490	2086
175	水泥生产制造工	6480	4312	3763
176	水泥制品工	4676	3331	3000
177	印前处理工	3661	2781	2172
178	印刷操作工	3888	3159	2247
179	印后制作工	3424	2932	2172
180	建筑工程施工人员	9839	6349	2688
181	砌筑工	4979	3331	2473
182	混凝土工	5195	3331	3000
183	钢筋工	5195	3773	2526
184	架子工	6167	4010	2698
185	防水工	4601	3525	2645
186	管道工	3737	3159	2473
187	装饰、装修工	5400	4463	2666
188	建筑油漆工	6443	4500	4000
189	工程设备安装工	5692	4118	3085
190	电气设备安装工	5951	4366	3419
191	汽车驾驶员	5994	3439	2473
192	起重装卸机械驾驶员	5400	3800	3500
193	检验员	4072	3029	2268
194	计量员	4072	2932	2600
195	包装工	3542	2781	2086
196	简单体力劳动工	4590	3234	2086

衢州市人力资源市场工资指导价位

衢州市区企业2017年部分职业(工种)劳动力市场工资指导价位

单位:元/月

序号	职业(工种)	高位数	中位数	低位数
1	会计	6350	4300	3800
2	机修工	6350	4300	3800
3	仓管员	4200	3200	2200
4	采购员	4200	3200	2700
5	小车司机	4200	3200	2200
6	大货司机	7400	4800	3300
7	市场总监	9500	6450	4900
8	营销员	4300	3250	2700
9	外贸业务员	5250	4300	3300
10	电动车业务员	4300	3250	2700
11	土建工程师	9500	6450	4900
12	水电工程师	9500	6450	4900
13	景观工程师	9500	6450	4900
14	电气工程师	9500	6450	4900
15	幕墙工程师	9450	6400	4900
16	法务主管	7400	6400	4900
17	办公室文员	3750	2650	2200
18	成品检验员	4200	3200	2700
19	电焊工	5300	4500	3800
20	电工	5250	4300	3300
21	车工	4300	3750	3300
22	数控车床	5300	4300	3300
23	阀门装配工	4200	3750	3300
24	喷漆工	4300	3200	2200
25	质检员	4200	3200	2200
26	品质工程师	9500	6400	5450
27	工艺工程师	10500	8550	6600
28	行政主管	7400	5350	4400

续 表

序号	职业(工种)	高位数	中位数	低位数
29	注塑工	4800	3000	2600
30	线缆普工	4300	3000	2600
31	线缆发泡护套工	4400	2900	2500
32	线缆编织工	4500	2900	2500
33	电力设计工程师	8950	4800	3300
34	厨师	7400	4800	3300
35	KTV 音控师	5500	4050	3300
36	生产部经理	8400	6400	4400
37	灯具研发工程师	20900	10700	6600
38	铲车工	5800	3750	3100
39	兽医技术员	5100	3550	3100
40	包装工	5800	3750	3200
41	车间各类辅助工	4800	3000	2500
42	企业厂长(经理)	20900	11800	6000
43	财务经理	8400	5900	4400
44	人力资源经理	6450	4300	3300
45	销售和营销经理	8850	5900	4600
46	广告和公关经理	7400	5350	4400
47	采购经理	7400	5350	4400
48	研究和开发经理	7600	5600	4700
49	餐饮部经理	5800	4800	3900
50	客房部经理	5300	4050	3500
51	工程部经理	7200	5350	4600
52	保安部经理	5100	4050	3300
53	仓储部经理	5550	3750	3300
54	商品部经理	5700	3850	3300
55	物业经理	4900	3750	3100
56	机械工程技术人员	5900	3750	3200
57	冶金工程技术人员	6550	4300	3300
58	纺织工程技术人员	6000	4300	3600
59	化工工程技术人员	7100	4300	3400
60	化工设备工程技术人员	6900	5100	4050
61	质量工程技术人员	6700	4500	3600
62	环保工程技术人员	6500	4400	3500
63	医药工程技术人员	7200	4500	3600
64	交通工程技术人员	7000	4500	3400

续 表

序号	职业(工种)	高位数	中位数	低位数
65	建筑工程技术人员	7100	5400	4150
66	建筑工程监理人员	6900	4500	3300
67	电力工程技术人员	8950	6400	4700
68	水利工程技术人员	7900	5100	3900
69	测绘工程技术人员	9500	6400	4400
70	通讯工程技术人员	6700	5800	3600
71	仪器仪表工程技术人员	5800	4600	3800
72	计算机与应用工程技术人员	5500	4050	3500
73	计算机硬件技术人员	5300	4000	3400
74	计算机软件技术人员	5600	4300	3500
75	计算机网络技术人员	5700	4350	3600
76	计算机系统分析技术人员	5300	4300	3500
77	其他计算机与应用工程技术人员	5550	4300	3500
78	拍卖师	8400	6450	4900
79	律师	13600	6450	4900
80	文秘	4900	4050	3300
81	统计人员	4050	3450	2400
82	人事劳资人员	5050	4300	3800
83	商场柜组长	4300	3450	2950
84	商场营业员	4050	3200	2700
85	仓库保管	3750	2900	2500
86	物业管理人员	3550	2900	2500
87	典当业务员	3950	3200	2700
88	检验员	5300	3850	2700
89	计量员	4600	2900	2400
90	报关员	4600	3300	2600
91	话务员	4200	2900	2400
92	资产评估人员	6000	4300	3100
93	保险推销员	6000	4300	2500
94	保险理赔员	4900	4050	2500
95	其他保险业务人员	5300	4300	2500
96	广告设计人员	5300	3550	2600
97	服装设计人员	5400	3550	2700
98	室内装饰设计人员	4900	3450	2600
99	理货员	4300	2650	2400

续 表

序号	职业(工种)	高位数	中位数	低位数
100	推销员	4300	3450	2750
101	收银员	4050	2800	2300
102	保安员	4050	2650	2200
103	打字员	3850	2850	2300
104	收发员	4000	2650	2400
105	客房服务员	4000	2650	2400
106	中式烹调师	7200	3950	2800
107	中式面点师	5000	3200	2400
108	西式烹调师	5000	3850	2700
109	西式面点师	5100	3750	2700
110	营养配餐员	4400	3400	2800
111	餐厅服务员	4050	3500	2950
112	点菜员	4300	3100	2750
113	餐具清洗保管员	3700	2900	2500
114	导游	4600	3450	2850
115	家政服务人员	6150	3200	2200
116	护理人员	4400	2850	2400
117	美容师	5650	3200	2500
118	美发师	5850	3200	2600
119	摄影师	4800	3450	2700
120	眼镜验光员	4700	2700	2400
121	眼镜定配工	4500	2700	2500
122	汽车驾驶员	5400	3950	3100
123	汽车客运服务员	4200	2800	2400
124	汽车修理工	5300	3550	2700
125	装卸工	4900	3450	2850
126	乳品加工	4300	2800	2500
127	食品罐头加工	4300	2800	2500
128	糕点面包烘焙工	4500	3200	2700
129	豆制品制作工	4800	3200	2500
130	屠宰加工	5600	3750	2400
131	肉蛋食品加工	4850	2650	2300
132	饲料生产加工	4800	3650	2700
133	钻探工	5500	3750	2900
134	矿井开掘工	6600	3750	3100
135	印刷操作工	4500	2800	2600

续 表

序号	职业(工种)	高位数	中位数	低位数
136	印染人员	4800	3100	2600
137	服装缝纫工	4000	3200	2700
138	泥工	7400	4800	3000
139	木工	7950	4800	3000
140	架子工	6900	4300	2700
141	钢筋工	6350	4000	2900
142	油漆工	6900	4300	2500
143	起重驾驶员	4800	3500	2800
144	搬运工	4800	2800	2400
145	油磨	4700	3300	2500
146	电炉浇注工、熔炼工	5800	4300	2850
147	锅炉安装工	5500	3900	3150
148	氩弧焊工	5800	4000	3350

舟山市人力资源市场工资指导价位

舟山市企业2017年部分职业人力资源市场工资指导价位调查表

单位：元/月

序号	工　种	高位数	中位数	低位数
1	企业董事	29134	9125	4254
2	企业经理(厂长)	27100	9214	3955
3	生产或经营经理	16220	6831	3426
4	财务经理	13800	5720	3103
5	行政经理	13870	5507	3217
6	人事经理	11400	5300	3082
7	销售和营销经理	15000	5580	3243
8	广告和公关经理	11820	5206	3075
9	采购经理	12380	5170	3014
10	研究和开发经理	16800	6060	3180
11	餐厅经理	7650	4750	3086
12	客房经理	6250	4310	2985
13	物业经理	6900	4470	3194
14	工程项目经理	18587	7514	4698
15	地质勘探工程技术人员	7963	5114	3648
16	测绘工程技术人员	7840	5216	3498
17	化工工程技术人员	10080	4633	3125
18	医药工程技术人员	7510	4005	2741
19	机械工程技术人员	8210	4966	2910
20	机械设计工程技术人员	8566	5000	3210
21	机械制造工程技术人员	7768	4621	2815
22	仪表仪器工程技术人员	6850	4258	2740
23	设备工程技术人员	7250	4328	2914
24	其他机械工程技术人员	7120	3867	2758
25	电子工程技术人员	7944	4058	2845
26	电子材料工程技术人员	6240	3815	2756
27	电子元器件工程技术人员	6615	3620	2540
28	广播视听设备工程技术人员	6588	3762	2711

续 表

序号	工　种	高位数	中位数	低位数
29	电子仪器与测量工程技术人员	6278	3628	2540
30	其他电子工程技术人员	5880	3500	2515
31	通信工程技术人员	8350	5410	2635
32	计算机与应用工程技术人员	7100	3988	2531
33	计算机硬件技术人员	7240	4050	2488
34	计算机软件技术人员	7950	4050	2644
35	计算机网络技术人员	7150	3980	2680
36	计算机系统分析技术人员	7350	4100	3098
37	其他计算机与应用工程技术人员	6000	3650	2680
38	电气工程技术人员	8610	5340	2988
39	电力工程技术人员	8250	5261	2899
40	邮政工程技术人员	7560	4280	2715
41	建筑工程技术人员	11000	5390	3088
42	建筑工程监理人员	8500	4730	2912
43	建材工程技术人员	8300	4480	3098
44	交通工程技术人员	8000	4510	2910
45	汽车运用工程技术人员	5840	3810	2711
46	船舶运用工程技术人员	7360	5128	2980
47	水上交通工程技术人员	7880	5180	3099
48	船舶检验工程技术人员	9200	5540	3058
49	其他交通工程技术人员	7055	4182	2489
50	纺织工程技术人员	5688	3498	2598
51	林业工程技术人员	5480	3280	2510
52	水利工程技术人员	7500	4210	2925
53	海洋工程技术人员	7210	4240	2810
54	环境保护工程技术人员	6100	3988	2680
55	食品工程技术人员	5280	3520	2562
56	水产工程技术人员	5860	3620	2710
57	安全工程技术人员	7150	4200	2810
58	标准化、计量、质量工程技术人员	8310	4150	2805
59	其他工程技术人员	5690	3988	2750
60	房地产开发业务人员	8000	4210	2500
61	经济业务人员	5105	3740	2580
62	统计人员	5000	3380	2410
63	会计人员	7980	3825	2680
64	出纳	5000	3410	2450

续 表

序号	工 种	高位数	中位数	低位数
65	资产评估人员	6500	4250	2680
66	审计人员	6620	4310	2680
67	国际商务人员	10000	4480	2780
68	报关员	6250	3310	2680
69	银行信贷员	7700	5320	3400
70	银行储蓄员	6500	4610	3210
71	银行信托业务员	7860	5361	3620
72	银行信用卡业务员	6360	4280	3190
73	其他银行业务人员	7150	4620	3480
74	保险业务人员	6930	4028	2598
75	保险推销员	8650	4510	2510
76	保险理赔员	6000	4150	2675
77	律师	26500	7648	3820
78	服装设计人员	6850	4198	2899
79	室内装饰设计人员	6988	4150	2920
80	广告设计人员	7100	4710	2790
81	行政业务办公人员	5550	3540	2520
82	秘书	5820	3890	2650
83	人事劳资人员	5560	3670	2585
84	公关员	5500	3315	2470
85	打字员	4300	2855	2310
86	计算机操作员	5700	3088	2460
87	制图员	5300	3450	2410
88	保安员	4620	2820	2080
89	邮件处理员	4210	3315	2620
90	邮政营业员	4000	3280	2600
91	报刊发行员	3960	3210	2580
92	投递员	3588	2710	2145
93	其他邮政业务人员	4582	3055	2610
94	电信业务营业员	4680	3050	2380
95	话务员	3950	3010	2080
96	线务员	4500	3600	2450
97	用户通信终端维修员	4620	3350	2560
98	其他电信业务人员	4620	3420	2360
99	营业员	4400	2850	2150

续　表

序号	工　种	高位数	中位数	低位数
100	收银员	3800	2820	2150
101	推销员	6200	3120	2230
102	采购员	5630	3420	2250
103	保管员	4200	2930	2060
104	理货员	4000	2830	2140
105	商品养护员	3560	2620	2100
106	保鲜员	3250	2620	2120
107	冷藏工	4250	2710	2400
108	商品储运员	3210	2630	2489
109	商品护运员	3500	2850	2490
110	中式烹调师	7500	3850	2560
111	中式面点师	5850	3280	2500
112	其他中式烹饪人员	5400	3480	2420
113	西式烹调师	5800	3750	2490
114	西式面点师	5250	3420	2450
115	其他西式烹饪人员	5200	3120	2400
116	调酒师	4560	2750	2250
117	茶艺师	4500	2810	2280
118	其他调酒、茶艺人员	3800	2500	2080
119	餐厅服务员	4000	2780	2150
120	餐具清洗保管员	3250	2500	2000
121	其他餐厅服务员	3750	2480	2000
122	前厅服务员	4000	2680	2050
123	客房服务员	3800	2580	2160
124	旅店服务员	3480	2550	2080
125	其他饭店服务人员	3250	2480	2050
126	导游	5000	3300	2320
127	保健按摩师	4750	2910	2555
128	家庭服务员	3600	2890	2200
129	保育员	4500	2900	2450
130	育婴师	13000	5500	3900
131	汽车客运服务员	4350	3050	2300
132	车站客运服务员	4000	3000	2340
133	汽车售票员	4000	3050	2130
134	汽车运输调度员	5300	4200	2630
135	船舶业务员	7500	4680	2900

续 表

序号	工 种	高位数	中位数	低位数
136	港口客运员	4500	3780	2520
137	港口码头管理员	4850	3215	2298
138	外轮理货员	4150	3200	2510
139	水上运输服务员	4320	3150	2390
140	物流师	9150	5850	3100
141	职业指导员	3450	2480	2140
142	社会中介服务人员	4500	2588	2130
143	物业管理工	4215	2670	2098
144	供水生产工	3658	2988	2310
145	供水供应工	3458	2899	2290
146	生活燃料供应工	3360	2850	2210
147	污水处理工	3700	2980	2210
148	锅炉操作工	4800	3300	2410
149	美容师	6400	3354	2512
150	美发师	7000	3860	2544
151	其他美发美容人员	5800	3214	2380
152	摄影师	5310	3980	2860
153	其他摄影服务人员	5000	3410	2390
154	眼镜验光员	3688	2780	2210
155	眼镜定配工	3780	2750	2210
156	洗衣师	3350	2680	2355
157	办公设备维修工	3920	2875	2250
158	家用电器产品维修工	4500	3250	2410
159	家用电子产品维修工	4580	3210	2290
160	盆景工	3300	2600	2150
161	花卉园艺工	3150	2570	2170
162	绿化工	3000	2480	2150
163	保洁员	3250	2480	2100
164	垃圾清运工	3750	2860	2140
165	其他环境卫生人员	3000	2455	2080
166	水产养殖人员	3500	2480	2100
167	水产品加工人员	4200	2980	2400
168	远洋捕捞人员	7300	5000	4000
169	氨机操作工	4920	3460	2410
170	化工产品生产工	4980	3522	2450

续 表

序号	工　种	高位数	中位数	低位数
171	车工	5500	3810	2460
172	铣工	5620	3820	2480
173	刨插工	5300	3620	2480
174	磨工	5100	3700	2510
175	镗工	5320	3780	2540
176	钻床工	5210	3680	2480
177	加工中心操作工	5500	3750	2510
178	制齿工	4580	3300	2280
179	抛磨光工	5400	3550	2280
180	拉床工	5300	3550	2250
181	锯床工	5280	3420	2280
182	铸造工	5500	3480	2350
183	锻造工	5600	3610	2380
184	冲压工	5100	3280	2320
185	剪切工	5100	3280	2320
186	焊工	6100	4000	2550
187	金属热处理工	5500	3620	2480
188	电切削工	4920	3455	2230
189	冷作钣金加工工	5000	3810	2510
190	镀层工	5000	3200	2360
191	涂装工	5500	3800	2480
192	基础件装配工	5300	3210	2260
193	部件装配工	5230	3210	2250
194	装配钳工	5500	3250	2400
195	工具钳工	5300	3720	2510
196	电气元件及设备装配工	5200	3600	2310
197	钳工	5210	3360	2410
198	机修钳工	5700	3810	2280
199	汽车修理工	6000	4210	2350
200	船舶修理工	6800	4420	2480
201	摩托车维修工	4200	3000	2120
202	仪器仪表修理工	5000	3080	2150
203	电力工程内线安装工	5300	3240	2700
204	专业电力设备检修工	7000	4500	2780
205	维修电工	6500	3600	2410
206	常用电机检修工	5000	3380	2510

续 表

序号	工 种	高位数	中位数	低位数
207	水电抄表工	3600	2780	2080
208	计算机修理工	6000	3890	2488
209	电子器件制造工	4700	3288	2250
210	电子元件制造工	4400	3210	2199
211	塑料制品加工工	4100	2850	2180
212	纺纱人员	3890	2850	2140
213	织造人员	4500	3000	2160
214	针织人员	4350	2980	2100
215	服装裁剪工	4420	3020	2180
216	服装缝纫工	4580	3120	2150
217	缝纫品整型工	4250	2800	2090
218	裁缝	4800	3350	2410
219	制鞋工	3900	3010	2120
220	酿酒工	3720	2950	2100
221	饮料制作工	3420	2850	2120
222	糕点、面包烘焙工	3650	2900	2100
223	糕点装饰工	3750	2910	2100
224	印前处理工	5800	3750	2350
225	印刷操作工	5750	3800	2400
226	印后制作工	4800	3300	2280
227	玩具制作工	3650	2650	2100
228	砌筑工	7000	5000	3500
229	木工	7000	5000	3520
230	混凝土工	6300	4800	3420
231	钢筋工	6900	4920	3520
232	架子工	5860	4450	3560
233	防水工	5860	4600	3380
234	电工	5860	4500	2700
235	装饰装修工	6500	4620	2820
236	建筑油漆工	5900	4510	2760
237	工程设备安装工、管工	6280	4430	2810
238	土石方施工人员	6300	4520	2730
239	土石方机械操作工	6620	4630	2930
240	建筑工程施工员	8200	4750	3200
241	建筑工程预决算员	9500	4820	3000

续 表

序号	工 种	高位数	中位数	低位数
242	500 总吨以下船长	13000	11000	9300
243	500 总吨以下大副	11500	10000	7800
244	500 总吨以下二副	10000	8500	6200
245	500 总吨以下三副	9500	7800	6000
246	500 总吨以下水手	6600	5400	4900
247	750kw 以下轮机长	13500	11200	9200
248	750kw 以下值轮	9800	8500	7300
249	500 总吨以上船长	35000	33000	31000
250	500 总吨以上大副	23000	19600	16000
251	500 总吨以上二副	12000	10000	9300
252	500 总吨以上三副	10500	8200	7300
253	500 总吨以上水手	7200	6600	6300
254	750kw 以上轮机长	25000	21000	16800
255	750kw 以上大管轮	23000	18000	13000
256	750kw 以上二管轮	12000	10000	8000
257	船舶甲板设备操作工	6700	6000	5300
258	船舶机舱设备操作工	7000	6500	5800
259	船体制造工	6500	4350	2660
260	船体装配工	6500	4300	2760
261	船舶涂装工	6200	4350	2790
262	船舶气割工	6250	4250	2610
263	船舶电焊工	6800	4580	2810
264	船舶冷作工	6230	4210	2789
265	船舶起重工	5890	3960	2750
266	船舶轮机装配工	6620	4450	3090
267	船舶钳工	6520	4250	2880
268	船舶管系工	6000	4150	2810
269	船舶电气装配工	6000	4180	2680
270	船舶电工	6850	4450	2820
271	船舶电气钳工	6000	4300	2820
272	船舶电器安装工	5800	3950	2730
273	船舶修理工	6500	4500	2820
274	船舶附件制造工	5200	3720	2350
275	船舶架子工	4950	3650	2620
276	港口系缆工	3600	2800	2300
277	港口机械操作工	4300	3150	2300

续 表

序号	工 种	高位数	中位数	低位数
278	港口机械维修工	4300	3350	2450
279	叉车司机	4680	3320	2480
280	门吊(门机)司机	5800	3750	2520
281	起重装卸机械驾驶员	6000	3750	2580
282	桥式起重机操作工	5280	3560	2410
283	货车驾驶员	5800	3600	2600
284	公交车驾驶员	6800	5100	4200
285	客车驾驶员	7800	5400	4000
286	汽车驾驶员	5800	3600	2720
287	油品储运调和操作工	4300	2980	2480
288	产品检验员	4250	2990	2250
289	产品计量员	4280	2890	2200
290	包装工	4000	2780	2180
291	简单体力劳动工	4200	2700	1980
292	家政服务钟点工	53 元/小时	48 元/小时	40 元/小时

注：各单位如有其他职业(工种),请在空白栏填写。

舟山市企业 2017 年不同学历毕业生初次就业工资指导价位调查表

单位：元/月

学 历	高位数	中位数	低位数
硕士	6482	4258	2932
本科	5327	3198	2235
大专	4814	2965	2064
高中、中专、技校	4685	2788	1922

注：本工资价位不分职业和工种。

台州市人力资源市场工资指导价位

台州市 2017 年部分职业(工种)劳动力市场工资指导价位

单位：元/月

序号	岗　位	高位数	中位数	低位数
1	企业高级管理人员	31309	15874	6978
2	厂长(经理)	18029	10912	5464
3	副厂长(经理)	15631	9136	5404
4	部门经理及管理人员	10247	6686	4172
5	生产或经营管理	10981	6446	4108
6	财务经理	13290	6592	3720
7	人事经理	11811	5937	3545
8	销售和营销经理	11966	7183	4596
9	广告和公关经理	8452	6502	4199
10	行政经理	10910	6506	3645
11	采购经理	11088	6189	3246
12	计算机服务经理	8240	6099	3992
13	研究和开发经理	11529	9573	4349
14	餐厅经理	6822	5906	3594
15	客房经理	6139	4805	2523
16	科学研究人员	9394	6761	4281
17	工程研究人员	10171	6696	2898
18	测绘工程师	7472	6693	3677
19	矿山工程技术人员	7355	6294	3288
20	化工工程师	8444	7248	4354
21	医药工程师	9532	6768	3159
22	机械工程师	10266	6626	3564
23	仪器仪表工程师	9100	7410	4650
24	计算机工程师	8067	6253	3940
25	系统分析员	5919	4973	2900
26	电器工程师	8028	7344	3916
27	电力工程师	9387	8212	4333
28	交通工程技术人员	7250	6344	3287

续 表

序号	岗 位	高位数	中位数	低位数
29	建筑工程师	8381	7266	4353
30	建筑设计师	10724	9784	5522
31	经济计划人员	7537	6531	2903
32	经济业务人员	7686	6060	2827
33	统计师	8570	6514	3284
34	财会人员	7999	6349	2776
35	出纳	6862	4731	2543
36	会计	8264	5729	2754
37	对外经贸业务员	7679	5392	2936
38	报关员	7416	4643	2704
39	金融业务人员	7299	6049	3674
40	银行业务人员	8280	6388	3051
41	信贷业务人员	10235	8141	3287
42	保险业务员(按业务量计发)	11669	8349	2424
43	保险理赔员	7402	5707	2630
44	证券业务员	8596	6632	3682
45	工艺美术专业人员	5695	4722	2778
46	广告设计人员	10233	6767	3127
47	图书资料档案业务人员	5411	4056	2343
48	行政办公人员	7824	5811	2332
49	行政业务人员	7128	5501	2307
50	人事劳资业务人员	6961	5290	2435
51	行政事务人员	7537	5230	2874
52	秘书	6430	4846	2359
53	打字员	4054	3128	2211
54	安全保卫和消防人员	4929	3871	2316
55	治安保卫人员	4551	3399	2557
56	邮政业务人员	7867	4751	2892
57	电信业务人员	7557	6153	3022
58	话务员	3698	3036	2039
59	购销人员	7824	5165	2759
60	营业人员	5010	4225	2173
61	营业员	4197	3621	2173
62	收银员	4719	3625	2314
63	推销展销人员	7250	4643	2755
64	推销员	7188	4606	2823

续 表

序号	岗 位	高位数	中位数	低位数
65	出版物发行员	8279	4842	2523
66	采购人员	6393	4391	2785
67	市场管理员	6035	4245	2748
68	其他购销人员	5993	4174	2692
69	医药商品购销员	4719	3667	2295
70	仓储人员	4051	3237	2277
71	保管人员	4313	3692	2174
72	储运人员	4466	3757	2750
73	餐饮服务人员	3855	3254	2179
74	中餐烹饪人员	9829	5508	2207
75	餐厅服务员	3943	3073	2258
76	饭店服务人员	3566	3106	2311
77	前厅服务员	4005	3324	2364
78	客房服务员	3916	3197	2228
79	旅游游览场所服务员	4791	3570	2141
80	康乐服务员	4010	3571	2173
81	公路运输服务人员	4722	3704	2279
82	汽车客运服务人员	3572	2752	2175
83	运输服务人员	4465	2655	2332
84	医疗卫生辅助服务人员	5000	3602	2318
85	物业管理人员	4410	3201	2319
86	供水热及生活燃料人员	4568	3177	2122
87	锅炉操作工	4719	3249	2316
88	美容美发人员	7139	4708	2369
89	美发师	8128	4826	3109
90	办公设备维修人员	5146	3175	2158
91	家庭服务员	4286	2809	2228
92	环境卫生人员	3268	2459	2157
93	农副林特产品加工工	4558	3273	2332
94	矿物开采工	4542	3269	2224
95	矿物处理工	4148	3206	2125
96	金属轧制人员	4520	3660	2269
97	化工产品生产工	5602	4102	2473
98	机械制造加工工	4714	3410	2614
99	机械冷加工工	5571	4248	2778

续 表

序号	岗 位	高位数	中位数	低位数
100	车工	5434	3924	2397
101	铣工	5367	4040	2537
102	刨插工	4440	3511	2260
103	磨工	4871	4156	2611
104	镗工	4553	3799	2330
105	钻床工	4717	3861	2309
106	加工中心操作工	5005	3821	2258
107	制齿工	4275	3435	2233
108	机械热加工工	4407	3189	2278
109	铸造工	5461	3568	2541
110	锻造工	5314	4282	2636
111	冲压工	4655	3569	2487
112	焊工	5979	4207	2622
113	金属热处理工	4923	3965	2425
114	特种加工设备操作工	5000	3595	2423
115	电切削工	5426	3879	2446
116	冷作钣金加工工	5570	4230	2424
117	工件表面处理加工工	4268	3583	2229
118	涂装工	5426	3893	2374
119	机电产品装配工	5111	3957	2421
120	机械设备装配工	5997	4180	2758
121	装配钳工	5571	3550	2362
122	工具钳工	6221	4740	2851
123	仪器仪表装配工	5550	4008	2233
124	运输车辆装配工	5862	3836	2302
125	机械设备维修工	5837	4248	3057
126	机修钳工	5645	3827	2228
127	汽车修理工	5247	3965	2374
128	仪器仪表修理工	4627	3891	2297
129	电力设备装运检修工	7556	4790	2900
130	电力设备安装工	8136	4795	2763
131	电力工程内线安装工	9712	5318	3152
132	专业电力设备检修工	11375	5452	3639
133	维修电工	6400	3493	2579
134	电子元器件制造装调工	4722	3334	2178
135	计算机维修工	7258	5005	2537

续 表

序号	岗　位	高位数	中位数	低位数
136	橡胶塑料制品生产人员	5000	3480	2336
137	纺织针织印染工	4102	2786	2187
138	裁剪缝纫毛皮革制作工	4994	3358	2226
139	药品生产制造工	4718	4060	2338
140	木材人造板生产制作工	5002	3303	2268
141	木工	4768	3521	2418
142	纸制品制作工	3875	3191	2247
143	工艺、美术制作工	4655	4149	2204
144	工程施工人员	6417	4719	2523
145	土石方施工人员	5919	4238	2503
146	砌筑工	4907	3744	2420
147	混凝土工	4537	3816	2542
148	钢筋工	4763	4009	2740
149	架子工	4655	3982	2297
150	装饰、装修工	7142	4272	2573
151	工程设备安装工	5564	3907	2369
152	管工	4299	3651	2128
153	驾驶员和运输设备操作工	5979	4801	2900
154	机动车驾驶员	7413	4690	2754
155	起重装卸机械操作工	5712	4347	2438
156	检验、计量人员	4314	3471	2234
157	检验员	4996	4060	2286
158	计量员	4577	3860	2550
159	生产运输简单体力工人	3999	2663	2152
160	包装工	4141	3052	2124
161	环境监测废物处理人员	5006	3212	2297
162	音响调音员	3993	3389	2128
163	制版印刷人员	3713	3317	2231
164	纺织工程师	5139	4177	2705
165	审计师	6407	5014	3287
166	通信工程师	7282	5462	3552
167	邮政工程师	7422	5457	3811
168	房地产业务人员	5003	3993	2475
169	美容师	7288	4261	2705
170	水产品加工工	4143	3388	2152

续 表

序号	岗 位	高位数	中位数	低位数
171	土木建筑工程师	7428	5652	3619
172	林业工程师	5950	5370	3241
173	家具设计师	6997	5266	3567
174	环境保护工程师	7550	6138	4329
175	资产评估人员	8277	4939	3159
176	农业技术人员	5408	4424	2903
177	食品工程师	6322	4708	3158
178	房地产开发业务人员	4811	3923	2523
179	化妆师	7139	4272	2689
180	商品监督和市场管理员	4062	3334	2162
181	护理员	4573	3878	2424
182	社会和居民服务人员	4004	3438	2269
183	验光配镜人员	5004	3708	2446
184	修脚师	4644	4056	2427
185	保育、家庭服务员	4615	3746	2895
186	铁路运输服务人员	4440	3752	2397
187	社会中介服务人员	3869	3400	2224
188	摄影服务人员	5000	4410	2912
189	浴池服务人员	4367	3398	2216
190	保健按摩师	5488	4486	2503
191	电子工程师	10004	6376	3812
192	广播影视工程师	11423	7365	3870
193	生物工程技术人员	11761	7895	3886
194	记者	11655	7306	4308
195	编辑	11839	7898	4433
196	校对员	4360	3775	2344
197	播音员及节目主持人	4447	3407	2218
198	导游	4752	3577	2128
199	健身娱乐场所服务员	4329	3387	2147
200	摄影师	9101	5947	2844
201	服装设计人员	5048	4295	3058
202	室内装潢设计人员	6210	4636	3305
203	垃圾清运工	5868	4899	2492
204	保洁员	3409	2640	2186
205	抛磨光工	3637	2684	2177
206	糕点、面包烘焙工	5210	4529	2125

续 表

序号	岗 位	高位数	中位数	低位数
207	水泥生产制造工	4173	3379	2333
208	地质勘探工程技术人员	7082	4557	3272
209	工程监理技术人员	5935	4918	2887
210	设备工程技术人员	5581	4374	2903
211	药剂人员	5210	3921	2795
212	不动产销售员	4696	3129	2332
213	律师	7382	5443	4166
214	行政执法人员	4916	4010	3410
215	收发员	3642	2687	2126
216	金融守押员	4802	4275	3437
217	电子计算机维修工	4560	3759	2389
218	冲印师	3709	3217	2232
219	眼镜定配工	4440	3266	2393
220	常用电机检修工	4564	3868	2756

丽水市人力资源市场工资指导价位

丽水市区企业 2017 年度部分职业(工种)劳动力市场工资指导价位

单位：元/年

序号	职　位	高位数	中位数	低位数
1	企业董事	425600	93720	52630
2	企业经理(厂长)	476300	96000	48630
3	生产或经营经理	154200	76300	42600
4	财务经理	168100	68200	46310
5	行政经理	183600	96800	45360
6	人事经理	175600	71200	39800
7	销售和营销经理	216300	62570	32640
8	广告和公关经理	82640	52160	36400
9	采购经理	92460	44086	30825
10	研究和开发经理	177900	68120	34620
11	餐厅经理	93170	59800	35000
12	客房经理	75075	58950	35600
13	地质勘探工程技术人员	125247	93500	55366
14	化工工程技术人员	136840	62980	42820
15	机械工程技术人员	125112	50400	30847
16	机械设计工程技术人员	109520	54000	30596
17	仪器仪表工程技术人员	79216	48150	32510
18	机械设备工程技术人员	92986	46350	34680
19	测绘工程技术人员	68368	49582	31341
20	其他机械工程技术人员	70000	45620	31200
21	建筑工程技术人员	139890	64950	37560
22	冶金工程技术人员	127920	74941	33901
23	通信工程技术人员	114610	61400	31470
24	计算机与应用工程技术人员	105374	51960	31110
25	工业管理工程技术人员	146870	86910	36370
26	计算机网络技术人员	85210	57642	35624
27	工艺美术专业人员	79460	56400	31470
28	电气工程技术人员	126540	63540	34210

续 表

序号	职 位	高位数	中位数	低位数
29	电力工程技术人员	116840	55905	40526
30	交通工程技术人员	112166	73696	52423
31	水利工程技术人员	113500	64050	36840
32	农业技术人员	61250	46812	36540
33	建材工程技术人员	74400	39586	31250
34	环境保护工程技术人员	76800	49487	38542
35	安全工程技术人员	136845	81003	38300
36	标准化、计量、质量工程技术人员	86712	57634	35135
37	其他工程技术人员	98652	47800	35800
38	建筑施工人员	73548	51235	30800
39	银行业务人员	302765	111110	46793
40	西医医师	86451	62350	36820
41	中医医师	76910	56320	34820
42	经济计划人员	64154	46800	31640
43	统计人员	86002	48721	28612
44	会计人员	109570	48370	27653
45	出纳	58850	32000	29340
46	审计人员	124940	42645	31965
47	资产评估人员	61526	32432	26889
48	房地产开发业务人员	125020	75410	25050
49	不动产销售员	61253	34589	28465
50	保险推销员	69885	38797	27876
51	保险理赔员	51250	34962	26580
52	律师	198640	67680	40590
53	服装设计人员	112560	55850	35780
54	室内装饰设计人员	77580	40875	35460
55	广告设计人员	58956	39000	28650
56	图书资料与档案业务人员	41867	32568	26580
57	行政业务办公人员	106354	57014	24960
58	秘书	54600	45320	27850
59	收发员	39000	31000	26300
60	打字员	32420	28576	25880
61	办公室文员	88422	42000	24810
62	办公室主任	104024	55573	32360
63	计算机操作员	43986	33862	23960
64	制图员	44872	32848	24960

续 表

序号	职 位	高位数	中位数	低位数
65	后勤人员	88054	62394	32858
66	其他行政办公人员	72880	42658	31960
67	保安员	61039	36500	21960
68	金融守押员	94620	42450	29546
69	邮政营业员	72280	42530	30152
70	话务员	54860	33485	21348
71	销售员	45000	35460	24000
72	售后人员	49860	35748	28768
73	营业员	71056	48800	31224
74	收银员	57520	39500	28685
75	推销员	64855	41200	29860
76	采购员	82920	47990	32953
77	收购员	45482	36560	22860
78	保管员	56663	39829	28350
79	理货员	36130	28595	21950
80	其他储运人员	46013	31900	22968
81	中式烹调师	75800	43285	29420
82	西餐烹饪人员	76582	49375	28920
83	餐厅服务员	53431	32185	26267
84	餐具清洗保管员	31856	28468	20960
85	酒店服务员	44323	32044	24775
86	其他餐饮服务人员	47470	35154	21350
87	导游	55986	39559	21960
88	废物处理人员	85265	56527	28960
89	汽车货运站务员	45842	35120	21580
90	汽车运输调度员	44863	31248	25896
91	铁路客货运输服务人员	64183	50058	38300
92	车站客运服务员	35877	31025	26475
93	车站货物员	37626	24988	21520
94	供电人员	174552	62847	42594
95	物业管理人员	57580	38740	24318
96	供水生产工	88097	33382	21090
97	电池制造人员	40557	31613	24238
98	锅炉操作工	60000	43200	28540
99	保洁员	62429	24100	18960

续 表

序号	职 位	高位数	中位数	低位数
100	办公设备维修工	47677	37653	24123
101	花卉园艺工	39175	28688	20960
102	化工产品生产工	47204	36364	30245
103	化工分析员	47200	39840	29640
104	数控车工	67912	43668	30560
105	车工	72316	54950	27960
106	铣工	62560	39810	25716
107	磨工	66980	44530	25265
108	钻床工	70620	42043	27855
109	加工中心操作工	41256	34570	30258
110	抛磨光工	53120	30152	27580
111	铸造工	52220	33562	28960
112	冲压工	61560	32557	23860
113	剪切工	33580	29825	25120
114	模具工	75336	51360	26708
115	焊工	69880	44580	30250
116	金属热处理工	68246	39600	23737
117	冷作钣金加工工(钣金工)	76682	42049	22600
118	电切削工	45120	29886	20960
119	电子元件制造人员	54310	37901	28592
120	造纸工	93595	45892	28429
121	鞋帽制作工	67441	42381	25338
122	基础件(部件)装配工	67992	30809	22921
123	机械设备装配工	92986	76080	21936
124	电气元件及设备装配工	54322	39207	24583
125	钳工	46123	33169	22540
126	抛光人员	45586	35460	29980
127	机修	90610	42621	25920
128	汽车修理工	49866	33250	28966
129	电力工程内线安装工	124766	72950	36000
130	专业电力设备检修工	148113	81341	40262
131	机械设备维修工	102965	45250	23521
132	维修电工	82000	60000	35860
133	印染人员	83510	54000	30588
134	裁剪工	94527	56978	32139
135	缝纫工	52659	36445	27702

续 表

序号	职 位	高位数	中位数	低位数
136	皮革、毛皮加工工	90012	39925	33126
137	塑料制品加工工	66508	45600	34282
138	橡胶制品加工工	42575	38000	27350
139	陶瓷制品加工工	46118	32364	21960
140	五金制品装配工	58145	36116	23960
141	日用化学品生产人员	60143	44376	27953
142	炼钢人员	90472	50488	29960
143	冷食品制作工	43025	31380	24960
144	糕点、面包烘焙工	43120	30357	21960
145	肉、蛋食品加工工	42356	31320	20960
146	园木绿化工	38524	29356	19960
147	制药人员	75160	55680	43185
148	药剂员	64800	49800	39360
149	手工木工	43898	31907	26867
150	美容师	43252	33650	23765
151	美发师	56327	35463	21068
152	摄影师	41558	26587	21325
153	后期制作	43589	30685	25010
154	雕刻	118800	67580	23120
155	工艺美术专业人员	59420	52400	31760
156	水泥制品工	43500	36972	28965
157	砌筑工	53200	43550	36900
158	混凝土工	52900	33600	26400
159	钢筋工	48000	41800	32880
160	拉丝	43520	36442	27930
161	架子工	59320	40300	33200
162	防水工	59100	41000	32000
163	装饰、装修、油漆工	73200	39685	30546
164	管工	69850	34880	29458
165	电工	47500	39600	30720
166	木工	78920	53530	42621
167	汽车驾驶员	82612	49227	32053
168	公交车驾驶员	57582	49852	45450
169	起重机械装卸驾驶员	96527	61200	28420
170	叉车工	94306	34315	23199

续 表

序号	职 位	高位数	中位数	低位数
171	检验员	89916	40357	23960
172	计量员	62752	36458	22960
173	包装工	64798	36400	25960
174	消防人员	41750	27120	23600
175	生产管理员	54600	40320	34920
176	车间主任	120000	74320	45920
177	门卫	36950	31210	18960
178	月嫂	8000 元/月	6500 元/月	5000 元/月
179	陪护、护理人员	150 元/天	120 元/天	100 元/天

索　引

S

T

W

X

Y

Z

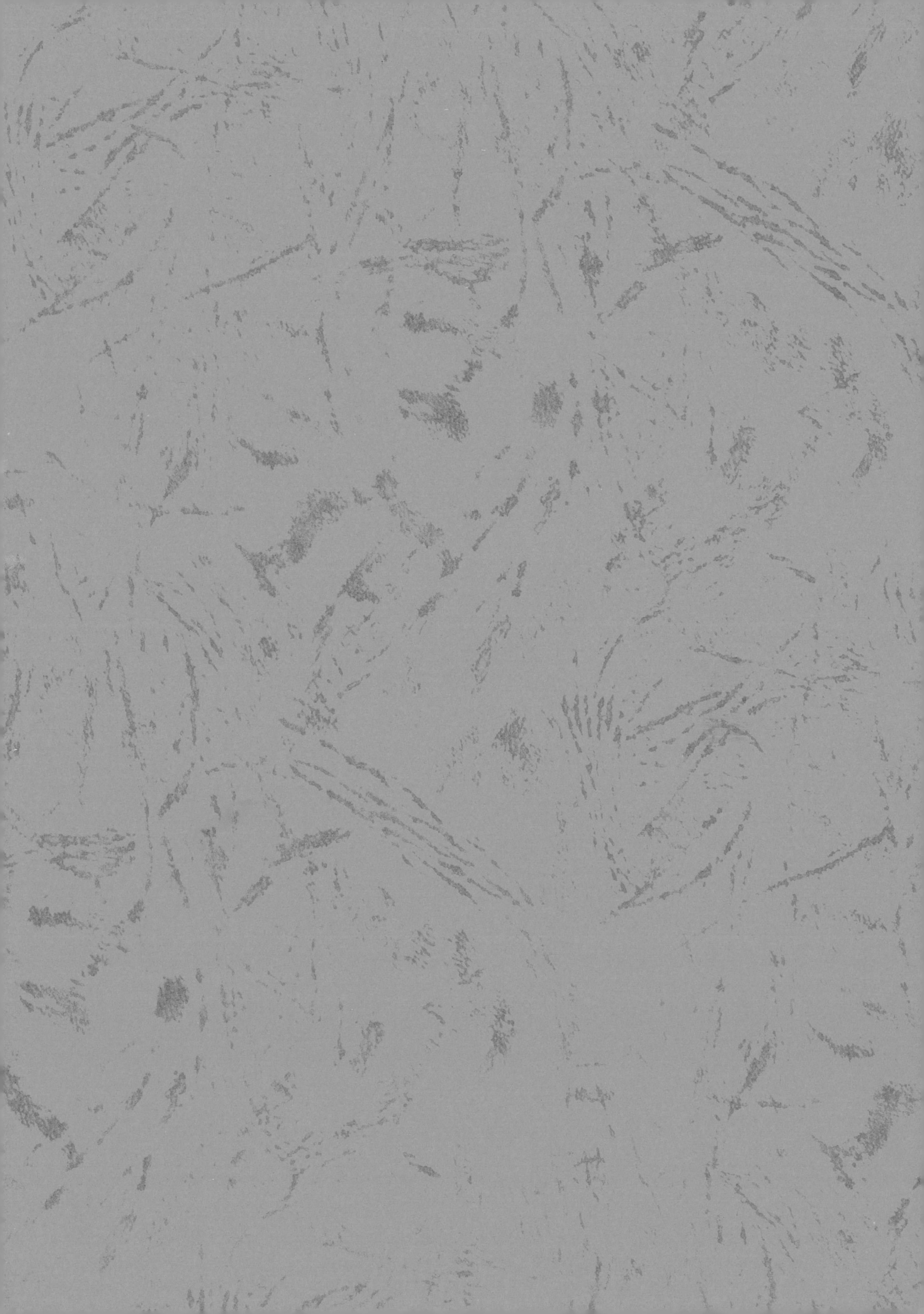

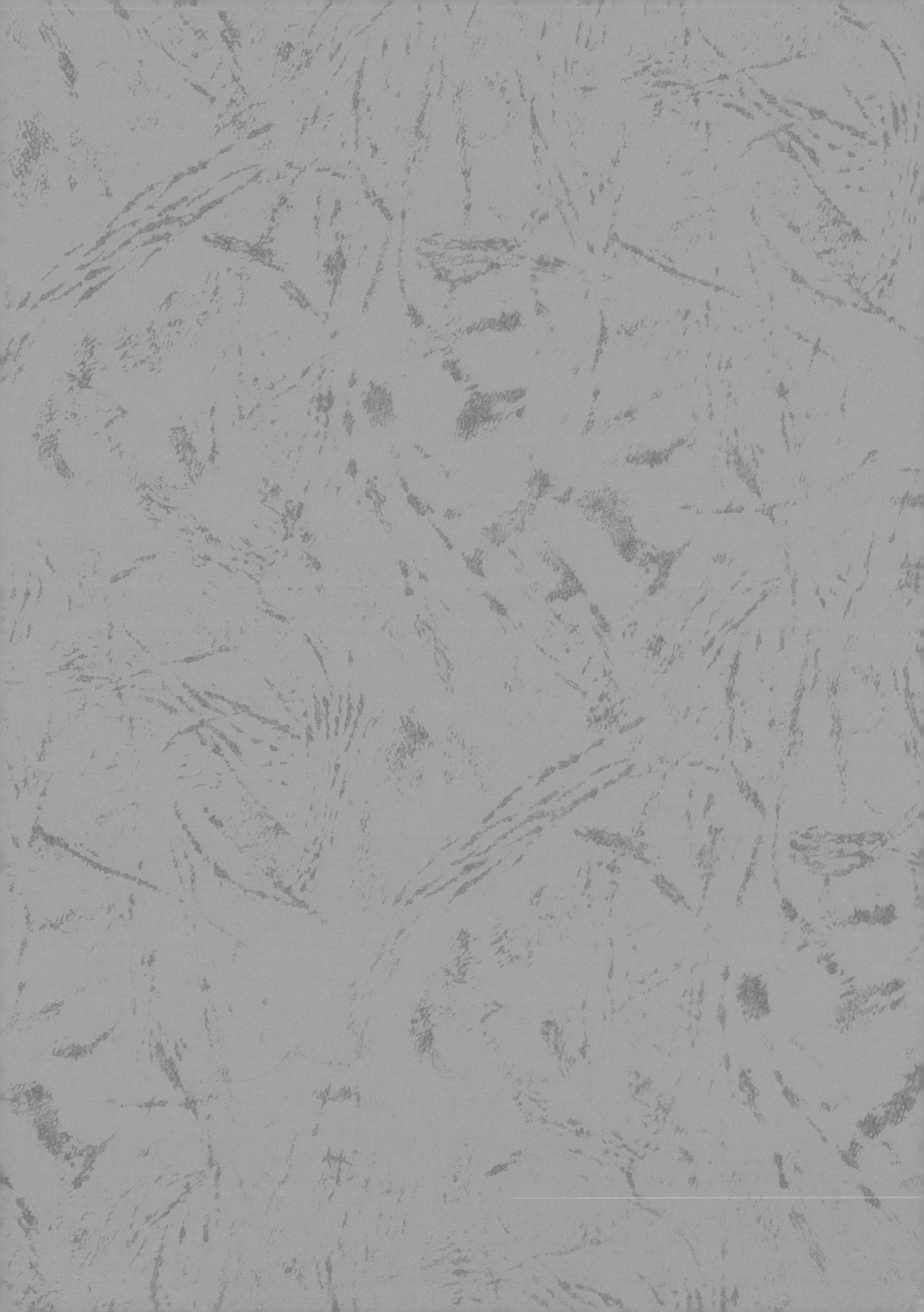